Heine-Jahrbuch

Heine-Jahrbuch 2022

Sabine Brenner-Wilczek (Hg.)
Heinrich-Heine-Institut der Landeshauptstadt Düsseldorf

61. Jahrgang

 J.B. METZLER

Anschrift der Herausgeberin:
Dr. Sabine Brenner-Wilczek
Heinrich-Heine-Institut
Düsseldorf, Deutschland

Redaktion: Christian Liedtke
Herausgegeben in Verbindung mit der Heinrich-Heine-Gesellschaft

ISSN 0073-1692   ISSN 2628-5312   (electronic)
Heine-Jahrbuch
ISBN 978-3-662-66143-7   ISBN 978-3-662-66144-4   (eBook)
https://doi.org/10.1007/978-3-662-66144-4

Die Deutsche Nationalbibliothek verzeichnet diese Publikation in der Deutschen Nationalbibliografie; detaillierte bibliografische Daten sind im Internet über http://dnb.d-nb.de abrufbar.

Einbandgestaltung: Willy Löffelhardt

Planung/Lektorat: Oliver Schütze
J.B. Metzler ist ein Imprint der eingetragenen Gesellschaft Springer-Verlag GmbH, DE und ist ein Teil von Springer Nature.
Die Anschrift der Gesellschaft ist: Heidelberger Platz 3, 14197 Berlin, Germany

Inhaltsverzeichnis

Siglen

B	Heinrich Heine: Sämtliche Schriften. Hrsg. v. Klaus Briegleb. Bd. 1–6. München 1968–1976.
DHA	Heinrich Heine: Historisch-kritische Gesamtausgabe der Werke. In Verbindung mit dem Heinrich-Heine-Institut hrsg. v. Manfred Windfuhr im Auftrag der Landeshauptstadt Düsseldorf. Bd. 1–16. Hamburg 1973–1997.
Galley/Estermann	Heinrich Heines Werk im Urteil seiner Zeitgenossen. Hrsg. v. Eberhard Galley und Alfred Estermann. Bd. 1–6. Hamburg 1981–1992.
Goltschnigg/Steinecke	Heine und die Nachwelt. Geschichte seiner Wirkung in den deutschsprachigen Ländern. Texte und Kontexte, Analysen und Kommentare. Hrsg. v. Dietmar Goltschnigg und Hartmut Steinecke. Bd. 1–3. Berlin 2006–2011.
HJb	Heine-Jahrbuch. Hrsg. vom Heinrich-Heine-Institut Düsseldorf (bis 1973: Heine-Archiv Düsseldorf) in Verbindung mit der Heinrich-Heine-Gesellschaft. Jg. 1–32 Hamburg 1962-1994; Jg. 33 ff. Stuttgart, Weimar 1995 ff.
Höhn	Gerhard Höhn: Heine-Handbuch. Zeit, Person, Werk. Stuttgart, Weimar [1]1987, [2]1997, [3]2004.
auf der Horst/Singh	Heinrich Heines Werk im Urteil seiner Zeitgenossen. Begründet v. Eberhard Galley und Alfred Estermann. Hrsg. v. Christoph auf der Horst und Sikander Singh. Bd. 7–13. Stuttgart, Weimar 2002–2006.

HSA   Heinrich Heine: Werke, Briefwechsel, Lebenszeugnisse.
                           Säkularausgabe. Hrsg. v. den Nationalen Forschungs-
                           und Gedenkstätten der klassischen deutschen Literatur in
                           Weimar (seit 1991: Stiftung Weimarer Klassik) und dem
                           Centre National de la Recherche Scientifique in Paris.
                           Bd. 1–27. Berlin, Paris 1970 ff.

Mende   Fritz Mende: Heinrich Heine. Chronik seines Lebens und
                           Werkes. 2. bearb. u. erw. Aufl. Stuttgart, Berlin, Köln,
                           Mainz 1981.

Werner/Houben   Begegnungen mit Heine. Berichte der Zeitgenossen.
                           Hrsg. v. Michael Werner in Fortführung v. H. H. Hou-
                           bens „Gespräche mit Heine". Bd. 1, 2. Hamburg 1973.

Aufsätze

Prisma eines Ichs
Versuch einer narratologischen Ausdifferenzierung der Ich-Ebenen in Heinrich Heines „Heimkehr"-Zyklus

Pauline Solvi

Wer ist dieses Ich, das in Heines Lyrik spricht? So einfach die Frage, so mannig-faltig sind deren Beantwortungsversuche. Denn Heines Selbstaussagen stellen nun eher ein Katz- und Maus-Spiel als eine Antwort dar. So bezeichnet er in einem Brief vom 24. Dezember 1822 an Karl Immermann sein „Lyrisches Intermezzo" als „Paßpartout zu [s]einem Gemüthslazarethe" (HSA XX, 61) oder sein „Buch der Lieder" als einen „hübschen Band […], der Anfang u[nd] Ende [s]eines lyrischen Jugendlebens enthält" (Heine an Karl August Varnhagen von Ense, 24. Oktober 1826, HSA XX, 272). Häufig zitiert die Forschung auch Heines Brief an Friedrich Merckel vom 16. November 1826, in dem es heißt, „dieses Buch würde [s]ein Hauptbuch seyn und ein psychologisches Bild von [ihm] geben" (HSA XX, 276). Dies alles steht jedoch im Kontrast zur Briefaussage an Karl Immermann vom 10. Juni 1823:

> Man entjungfert gleichsam das Gedicht, man zerreist den geheimnißvollen Schleyer des-selben, wenn jener Einfluß der Geschichte [eines Dichters; P.S.] den man nachweist wirk-lich vorhanden ist; man verunstaltet das Gedicht wenn man ihn fälschlich hineingegrübelt hat. Und wie wenig ist oft das äußere Gerüste unserer Geschichte mit unserer wirklichen, inneren Geschichte zusammenpassend! Bey mir wenigstens paste es n i e. (HSA XX, 93)

Immer wieder hat dieses Oszillieren zwischen faktualem Bekenntnis und Fiktion der Forschung Anlass zur Frage gegeben, ob das Ich in Heines Werk „eine Hohl-form [ist], der Heine wechselnde Rollen übertrug", oder gar „Ausdruck einer psychopathologischen Veranlagung, die in Heine ihre narzißtischen Blüten trieb".[1]

Den widersprechenden Selbstzeugnissen zum Trotz hat die jüngere und jüngste Forschung die biografische Lesart überwunden: Sie bezieht die Liebeslyrik nicht mehr auf Heines amouröse Verschmähungen durch seine Cousinen Amalie und

---

P. Solvi (✉)
Germanistisches Seminar, Universität Heidelberg,
Heidelberg, Deutschland

© Springer-Verlag GmbH Deutschland, ein Teil von Springer Nature 2023
S. Brenner-Wilczek, *Heine-Jahrbuch 2022*, Heine-Jahrbuch,
https://doi.org/10.1007/978-3-662-66144-4_1

Therese.[2] Es hat sich stattdessen die Ansicht durchgesetzt, Heines Lyrik sei „in eine Metapoetik des Rollenspiels eingebunden und weis[e] stets Züge des Posenhaften oder Inszenierten auf. Ironie, Maskerade und Uneigentlichkeit [...] [a]ls Distanzierungsverfahren bedingen [...] eine dezidierte Abkehr vom Konzept der ‚Erlebnisdichtung'".[3]

Hat sich also ein Forschungskonsens über Heines Lyrik als Rollenlyrik gebildet, ist neben dem dafür typischen Bild der Rollen und Masken[4] eine gemeinsame Argumentationsbasis für Ich-Strukturen der Rekurs auf Ironie mit ihrer tropisch zwangsläufigen Dopplung zwischen Eigentlichkeit und Uneigentlichkeit.[5] Die Zahl der Arbeiten über Heines Ironie ist Legion, ebenso die Feststellung einer ironisch gespaltenen Ich-Instanz. Zwar sollen die Ironie und der Witz in Heines oft spitzer Feder nicht geleugnet werden, trotzdem scheint das Stichwort in der Beschreibung personaler Strukturen dahingehend begrenzt, dass es auf eine Opposition von Aussage und Gegensatz beschränkt ist und folglich über eine Doppelungsstruktur nicht hinausgehen kann. Zudem gerät die Daseinsberechtigung der Ironie als Beschreibungsterminus von Ich-Strukturen umso mehr ins Wanken, wenn der Ironiegehalt des Gedichts generell infrage steht, wie bei „Heimkehr" II beispielsweise[6], und sich personale Störmomente[7] als terminologisch schwer zu fassen darstellen.

Neben dem weiten Feld der Ironie bei Heine scheint sich jedoch ein anderer Weg zur Ich-Konturierung anzubieten, nämlich die Analyse über Kommunikationsstrukturen. Dabei könnte eine narratologische Untersuchung, wie sie von Peter Hühn und Jörg Schönert vorgeschlagen wird, vielversprechend sein, um die Vervielfältigung des Ichs als erzählerische Selbstvervielfältigung und gestaffelten Selbstentwurf zu fassen. Daher soll im Folgenden auf innerfiktionale Redestrukturen, Redestaffelung und Perspektivierung eingegangen werden, um das Ich in seinen umfassenden narrativen Gestaltungsmöglichkeiten zu definieren. Dadurch soll die Forderung der Einbeziehung narratologischer Perspektiven in die Lyrikanalyse dahingehend verstärkt werden, dass hier das Inklusionsschema von Rahmen- und Binnenerzählung angewendet wird.

In diesem Sinne erfolgt die Interpretation der Gedichte vor allem im Zusammenhang des Zyklus. Zahlreiche Selbstzeugnisse heben hervor, mit welcher Akribie Heine die zyklische Anordnung seiner Gedichte entwarf.[8] Sie sind die Ursache der in der Wissenschaft zunehmend formulierten Forderung, die zyklische Eingliederung in die Interpretation zu integrieren.[9] Dabei wird der „Heimkehr"-Zyklus als Untersuchungsgegenstand gewählt.[10] Denn einerseits wird dieser Zyklus wegen seiner Themenvielfalt als besonders originell angesehen[11], andererseits bieten die ersten Gedichte besonders markante Redestrukturen, die eine narratologische Analyse als sinnvoll erscheinen lassen. Zudem ist hier auch werkgeschichtlich eine bewusste Arbeit am Zyklus als Komposition zu belegen.[12] Zwar gibt es bereits mehrere Hinweise zur Berücksichtigung der Zykluskomposition der „Heimkehr" bei der Interpretation[13], jedoch wurde ihr noch keine eingehende Analyse gewidmet.

Es wird die These vertreten, dass das Einleitungsgedicht eine intrazyklische Rahmung und damit eine novellistische Erzählstruktur vorschlägt, welche die folgenden Gedichte als Redestaffelung markieren. Dabei unternimmt ein trostloses ‚Rahmen-Ich' den Versuch, sich selbst durch die Erzählung in romantische Textmuster zu integrieren. Das Ich dispergiert auf den Ebenen der Exegesis und der Diegesis. So entsteht die hier im Titel vorgeschlagene Metapher des Prismas.[14] Es soll im Folgenden das Ich in seine Bestandteile zerlegt und in seine unterschiedlichen Schichten aufgegliedert werden. Mit dieser Erkenntnis müssen Ich-Spaltungen nicht mehr unter dem Stichwort der Ironie gefasst werden, sondern sie können auch unter Betrachtung der Erzählebenendispersion nachvollzogen und gegebenenfalls als narratologische Störmomente hervorgehoben werden.

I. Novellistische Redestaffelung und Auffächerung der Ich-Instanz

Der Zyklus „Heimkehr" setzt ein mit der Schilderung des desolaten Zustands eines Ichs, das, sein Leid und seine Aussichtslosigkeit reflektierend, den Entschluss fasst, jene singend zu „bannen" („Heimkehr" I; DHA I, 207, V. 7).

Die erste Strophe eröffnet eine zeitliche Dimension. Rückblickend auf sein „gar zu dunkles Leben" (V. 1) befindet sich dieses Ich „[n]un" (V. 3) an einem Tiefpunkt. Als Grund dieses Seelenzustandes wird der Verlust eines „süße[n] Bild[es]" (V. 3) angegeben. Dieses Bild kann interzyklisch einen Querverweis auf das erste „Traumbild" (DHA I, 17) der „Jungen Leiden" darstellen und somit eine poetologische Lesart suggerieren, da auch dort das „liebste[.] Traumgebild" (V. 6) verabschiedet wurde. Das Leid in „Heimkehr" I bleibt dennoch relativ unterdefiniert. Deutlich hingegen ist die Aussichtslosigkeit der Problemlage. Eine allumfassende Finsternis beherrscht das Gedicht, indem jede Strophe die Semantik der Nacht bzw. den Wortstamm der Dunkelheit aufgreift.

Um diesem Zustand zu entfliehen, wird ein Ausweg vorgeschlagen. Das Ich entsinnt sich des lauten Gesangs der Kinder als Angstbewältigung und übernimmt diesen Lösungsversuch. Mit dem schmerzlindernden Zweck des Gesangs führt der Adressant[15] die „selbsttherapeutische Funktion des Dichtens"[16] ein und weist „auf die psychische Funktion der Entlastung"[17] hin. Der poetologische Aspekt ist nicht zu verkennen: Das Einführungsgedicht stellt den Gesang als Selbstberuhigung dar. Nun ist es jedoch die dritte Strophe, welche die Bedeutung konkretisiert:

> Ich, ein tolles Kind, ich singe
> Jetzo in der Dunkelheit;
> Klingt das Lied auch nicht ergötzlich,
> Hat's mich doch von Angst befreit. (DHA I, 207, V. 9–12)

Das Adverb „[j]etzo" signalisiert eine Augenblicksimmanenz, die den nachfolgenden Gesang an den hier beschriebenen Gesangsakt bindet. Der Adressant tut es nicht nur generell den Kindern gleich, indem er, „ein tolles Kind" (V. 9), singt, sondern er tut es *jetzt*. Die Schlussstrophe des Eröffnungsgedichts lässt eine intrazyklische Bindung also deutlich erkennen.

Ebenso verraten die Textvarianten von den „Reisebildern" und dem „Buch der Lieder" eine Detailarbeit Heines, die den Eindruck der Simultaneität des Gesangs betrifft. So lautete nämlich bei den Abdrucken des Gedichts sowohl in der „Biene" als auch in den „Reisebildern" der zwölfte Vers: „Macht's mich doch von Angst befreyt."[18] Im Verb ,machen' steckt ebenso jenes performative Potential des Gesangs, die Angst zu bannen. Zwar wurde diese Wendung später im „Buch der Lieder" durch den Perfekt „Hat's [...] befreit"[19] ersetzt und damit die Augenblicksimmanenz abgeschwächt, so wurde allerdings auch der Vers 11 angepasst: In den „Reisebildern" lautete der Vers noch „Ist das Lied auch nicht ergötzlich", während im „Buch der Lieder" „Klingt das Lied auch nicht ergötzlich" steht: Die durch den Indikativ Präsens des Verbs ,klingen' suggerierte Simultaneität und sensorische Augenblicksgebundenheit wiegen jene Umänderung wieder auf.

Mit der performativen Ausrichtung der letzten Strophe können die folgenden Gesänge – die im „Heimkehr"-Zyklus folgenden Gedichte – an den Gesangsakt des leidenden Adressanten dieses Eröffnungsgedichts gebunden werden. Damit wird ein lyrisches Pendant zur Tradition der novellenzyklischen Rede kreiert. Auch motivisch weist die Grundkonstellation bedeutende Parallelen zum novellistischen Prototyp auf, nämlich zu Boccaccios „Il Decamerone": Das Eingangsgedicht motiviert den Gesang als Versuch, sich durch Erzählungen vom Leid abzulenken – war es im „Il Decamerone" die Angst vor der Pest, ist es hier eine unbestimmte Furcht. Die nachfolgenden Gedichte erscheinen somit als eine Reihe von erzählerischen Zerstreuungs-, ja Entgrenzungsversuchen. Dabei liegt jedoch in der Figurenkonstellation ein entscheidender Unterschied vor. Im Gegensatz zu seiner intertextuellen Vorlage ist der Adressant nicht Teil einer geselligen Gruppe, sondern auf sich selbst zurückgeworfen. Die Isolation und Entfernung von der Allgemeinheit, die Unfähigkeit, in eine Ganzheit Eingang zu finden, sind Kennzeichen der Ich-Strukturen des Zyklus, welche die Rede des Ichs motivisch bis zum letzten Gedicht im Bild der scheiternden Liebesbeziehung durchziehen.

Eben diese novellistisch anmutende Ausgestaltung der Erzählstruktur und Bindung der Gedichte an einen nichtdiegetischen Rahmen-Erzähler im „Heimkehr"-Zyklus rechtfertigt eine an die Narratologie angelehnte Herangehensweise in der Interpretation. Bereits 2002 haben Hühn und Schönert eine narratologische Analyse für alle Lyrikformen und nicht nur für erzählende Lyrikgattungen wie die Ballade oder die Verserzählung vorgeschlagen – ohne dabei die Gattungsunterschiede zwischen Epik und Lyrik übergehen zu wollen.[20] Denn sie stellten fest, dass die Lyrik „zwei Grundkonstituenten (und ihre spezifische Differenzierbarkeit) mit Erzählliteratur gemeinsam hat: eine zeitlich geordnete Geschehensfolge und deren perspektivische Vermittlung"[21], also ihre „Sequentialität" und ihre „Medialität".[22]

Jüngst haben Claudia Hillebrandt, Sonja Klimek, Ralph Müller und Rüdiger Zymner für die Lyrikforschung das Modell ,Adressant–Adressat'[23] vorgeschlagen und damit in die lyrikologische Frage um den Begriff des ,lyrischen Ichs' frischen Wind gebracht.[24] Es ist jedoch für den hier analysierten Fall der intrazyklischen Redestaffelung im Vergleich zum von Hühn und Schönert vorgeschlagenen

Modell zu eindimensional – vor allem in Bezug auf die ‚Medialität'.[25] Dahingegen bietet das Modell von Schönert und Hühn die Möglichkeit einer Betrachtung mehrerer gleichzeitiger Vermittlungsmodi (Stimme und Fokalisierung)[26] sowie Vermittlungsinstanzen: Es integriert nämlich *erstens* „de[n] Protagonist[en]/die Hauptfigur oder Figuren", *zweitens* „de[n] Sprecher/das Äußerungssubjekt/die Stimme", *drittens* „das Kompositions- oder Textsubjekt/de[n] abstrakte[n] Autor" und *viertens* „de[n] empirische[n] Autor/Textproduzent[en]"[27] – wohingegen letzterer für unsere Analyse nur insofern von Bedeutung ist, als er die Analyse in die literaturhistorische „Reduktionsphase"[28] der Romantik verortet.

Der erste Befund lautet in narratologischer Terminologie, dass das Einleitungs-gedicht als lyrischer Rahmen fungiert und daher die nachfolgenden Gedichte als Gesangsprodukte des ‚Rahmen-Ichs' gekennzeichnet werden. Denn dieses ‚Rahmen-Ich' will sich singend seiner Angst entledigen und produziert *jetzt* Gesänge. Dieses sich in „Heimkehr" I in der Dunkelheit ängstigende ‚Rahmen-Ich', der primäre Erzähler[29], artikuliert sich nichtdiegetisch: Es repräsentiert die erzählende Ebene der Exegesis. Es ist personal dargestellt, bleibt aber relativ unterdefiniert: Zuschreibungen sind seine Isolation, seine Trostlosigkeit und sein Erzählprojekt. Der primäre Erzähler fungiert in der Spaltung der Ebene des Äußerungssubjekts als eine zweite Vermittlungsinstanz, die sich über die diegetische Äußerungsinstanz der Binnenerzählungen legt. Wie er sich zu den erzählten ver-mittelnden und figuralen Instanzen der Diegesis verhält, sei nun erörtert.

An das Einleitungsgedicht schließt sich „Heimkehr" II (DHA I, 207 u. 209) an, das berühmte „Loreley"-Gedicht. Wahrscheinlich entstanden während der Auf-enthalte Heines in Cuxhaven im Sommer oder in Lüneburg im Herbst 1823[30], beschreibt es die Schilderung eines „Mährchen[s] aus alten Zeiten" (V. 3). Es wird als Erinnerungsgedicht gelesen[31], bestehend aus einem Rahmen und einem balladesken Binnenteil, der romantische Topoi in einem „funkelnden Land-schaftsbild konzentriert" und dessen Mittelpunkt die „erotisch anziehende, feen-hafte Gestalt" der Loreley ist.[32] Durch ihren Gesang einer „wundersame[n],/ [g]ewaltige[n] Melodei" (V. 15 f.) stürzt sie den betörten Schiffer ins Unheil (vgl. V. 17–22). Den aus der ersten und letzten Strophe bestehenden Rahmen bildet ein „traurig[es]" (V. 2), melancholisches Ich, welches das Märchen anzitiert und abschließend mit einer Vermutung über den Untergang sowie mit der Beschuldigung der Loreley und ihres Gesangs in grober Vereinfachung schließt (vgl. V. 21–24).

Das Gedicht wurde vielfach interpretiert: Man liest es vor dem (fatalen) Wesen der Frauengestalt[33], vor seinen romantischen intertextuellen Vorbildern Clemens Brentano und Joseph von Eichendorff[34], als Selbstpositionierung gegen-über romantischer Tradition[35] oder als Ausdruck eines ironischen Sprechers.[36] Selbst eine politische Deutung hat das Gedicht mit Jost Hermand erfahren.[37] Ein Forschungszweig – von Jocelyne Kolb als „‚naive' Lesart"[38] betitelt – behandelt das Gedicht als „sentimentales Volkslied […], als Beispiel einer ungebrochenen, melancholischen Stimmungslyrik"[39], während seit Heißenbüttel vor allem die Modernität des Gedichts herausgestellt wurde.[40]

Ohne die Fülle an Interpretationen in Abrede stellen zu wollen, konzentriert sich die folgende Analyse jedoch auf Redestrukturen und Querverweise im

Zyklus. Das Gedicht wurde auch bereits narratologisch [41] und im Hinblick auf seine Stellung im Zyklus betrachtet[42], allerdings wird der hier vorgeschlagene Ansatz lediglich bei Altenhofer angedeutet. Wenn er nämlich poetologisch die „Heimkehr" II als „literarische[.] Bearbeitung des Erlebten" beschreibt, bezieht er sie auf die „Eingangsverse des Zyklus" und auf die Fortführung der „selbst-kritisch-poetologische[n] Linie"[43], die von jenen ausgeht.[44]

Der Loreley-Felsen bei St. Goarshausen. Lithographie von Johann Ludwig Bleuler, um 1840

Auch die hier vorgeschlagene Analyse geht von einer Rückbindung an das Eröffnungsgedicht aus. Denn einerseits bildet „Heimkehr" II den Vollzug des just angekündigten Gesanges, andererseits wird der Seelenzustand aus „Heim-kehr" I weitergeführt: Zwar suggerieren die ersten vier Verse eine emotionale Betrübnis ob des zitierten Märchens[45], dennoch kann dies aufgrund der Unsicher-heit bezüglich des Ausgangs der balladesken Binnengeschichte infrage gestellt werden. Es ist fraglich, inwiefern das ‚Rahmen-Ich' an einem tragischen Märchen leiden kann, dessen Ende ihm nicht mehr ganz geläufig ist.[46] Deshalb kann die Melancholie, die Trauer auch auf den elenden Seelenzustand in „Heimkehr" I bezogen werden. Damit wäre sinngemäß auch nicht allein die Binnenerzählung die Ursache der Betrübnis, sondern sie kann – gemäß dem in „Heimkehr" I beschworenen therapeutischen Gesang – als deren Folge gelesen werden.

In der möglichen Identifizierung des ‚Rahmen-Ichs' aus II mit dem nicht-diegetischen primären Erzähler aus I wird im Hinblick auf die märchenhafte Binnenrede ersichtlich, dass „Heimkehr" II zuallererst einen scheiternden Erzähl-vorgang schildert. Das erzählende, nichtdiegetische ‚Rahmen-Ich' ist kein Teil der erzählten, diegetischen Welt der Figuren Loreley und Schiffer, sondern es unterstreicht seine temporale, personale und mediale Distanz zum „Mährchen aus alten Zeiten" (V. 3).[47]

Dabei fällt in der Betrachtung des Sprachduktus eine Besonderheit auf: Die Rahmenrede ist geprägt von fingierter Mündlichkeit, während die Binnenrede eine reflektierte Narrativität aufweist. Die erste Strophe, die wir dem ‚Rahmen-Ich' zuordnen können, suggeriert bereits in Vers 1 spontane Rede: „Ich weiß nicht, was soll es bedeuten" (V. 1) müsste grammatikalisch korrekt eigentlich lauten: ‚Ich weiß nicht, was *es bedeuten soll*'.[48] Daher suggeriert die Formulierung aposiopesisches Sprechen, sie fingiert einen Redeabbruch, der sich folgendermaßen lesen ließe: ‚Ich weiß nicht … Was soll es bedeuten'. Diese spontan und emotional erscheinende Sprechweise steht im starken Kontrast zur Ebene der ausgearbeiteten Narrativität im Binnenteil, die sich eines romantischen Sprachduktus bedient.

Dieser typisch romantische Sprachgebrauch ist vielfach belegbar. Zuallererst wird auf intertextueller Ebene ein romantischer Textbestand, nämlich die Sagengestalt der Loreley aufgerufen, die von Brentano im 36. Kapitel des Romans „Godwi" (1802) in der Ballade „Zu Bacharach am Rheine" zuerst beschrieben und von Joseph von Eichendorff im 15. Kapitel des zweiten Buches des Romans „Ahnung und Gegenwart" (1815) weiter ausgeführt wurde.[49] Das Gedicht besteht aus daktylischen Dreihebern mit Senkungsfreiheit. Es ist kreuzgereimt sowie männlich-weiblich alternierend und damit eine Weiterbildung der Volksliedstrophe.[50] In seiner metrischen Einfachheit knüpft es an die „Mythisierung der Volksdichtung" seit Herder an, der das „Volkslied zur poetischen Gattung der Ursprünglichkeit, Ganzheit, Unmittelbarkeit, Naivität und Authentizität"[51] erhob. Höhn stellt dahingehend auf sprachlicher Ebene zudem die Einfachheit und Schlichtheit des Redegestus in die Tradition des romantischen Volksliedes.[52] Außerdem werden wichtige romantische Topoi genannt: Hier sei zunächst auf den „Rhein" (V. 6) hingewiesen, der einerseits den symbolträchtigen Nationalmythos des ‚Vater Rhein' und andererseits eine Bandbreite an intertextuellen Bezügen auf die Rheinromantik aufruft. Zudem kann die durch die Landschaft kreierte Atmosphäre als typisch romantische identifiziert werden: Im Zwitterlicht der mysteriösen Abenddämmerung (V. 8)[53] werden zahlreiche Fahnenwörter wie ‚dunkeln' (V. 5), ‚funkeln' (V. 7), ‚wunderbar' (V. 10), ‚Geschmeide' (V. 11), ‚golden' (V. 11, 12 u. 13), ‚Schiff(er)' (V. 17) oder ‚Weh' (V. 18) genannt. Hierzu kann auch die Einfachheit der anaphorischen Wiederholungen in den Versen 12 und 13 bzw. 19 und 20 gerechnet werden. Es finden sich außerdem weitere Belege für typisch romantische Stilfiguren: In Vers 9 zeichnet der hyperbolische Superlativ die Jungfrau als „schönste" aus, und Kolb nennt die archaisierende Epenthese in „blitzet" und „sitzet".[54]

Mit der Annahme, dass jede Rede von einer Instanz geformt wird[55], können wir also feststellen, dass der Rahmenerzähler einen anderen Erzähler zitiert und sich somit im Binnenteil zwei Vermittlungsinstanzen überlagern. Somit haben wir in diesem Gedicht folgende Konstellation: Ein ‚Rahmen-Ich' äußert sich selbstreflexiv in der ersten und letzten Strophe, während es in den Binnenstrophen

ein durch einen auktorialen Erzähler geschildertes Märchen zitiert. Das Profil
des ‚Rahmen-Ichs' weist starke Parallelen zur Stimme aus „Heimkehr" I auf,
was eine Identifikation nahelegt, obwohl wir, da es sich bei „Heimkehr" II um
den ersten Gesang des ‚Rahmen-Ichs' aus I handelt, die Ebenen terminologisch
trennen sollten. Das ‚Rahmen-Ich' aus II wird in diesem diegetischen Gebilde als
sekundärer Erzähler, der zitierte auktoriale Erzähler als tertiärer Erzähler und das
Märchen als Binnengeschichte oder ‚zitierte Welt'[56] beschrieben.

Wie schon bezüglich des Sprachduktus lässt sich dieser Unterschied der Rede-
ebenen zwischen sekundärem und tertiärem Erzähler auch metrisch beobachten.
Ist nun die erste Strophe des sekundären Erzählers äußerst frei in der Senkungs-
fülle, entstehen Ungleichgewichte. So prallen beispielsweise direkt zu Beginn
in Vers 1 und 2 unterschiedlich gefüllte Verse aufeinander: Im ersten Vers folgt
auf einen unbetont einsilbigen Beginn ein daktylischer Dreiheber mit kata-
lektischem Versabschluss, während direkt im Anschluss der zweite Vers die von
der tradierten, populären Strophenform vorgegebene doppelte Senkung vermeidet
und nach einem unbetont einsilbigen Versanfang in eine trochäisch anmutende
Dreihebigkeit verfällt. Damit ist der zweite Vers um ganze drei Silben kürzer
als der vorherige. Die metrische Dysbalance führt zu einem erzählerischen Störmoment, einem ‚Attraktor'[57]. Diese unausgeglichene Rede unterstreicht die
Spontaneität und Alltagssprachlichkeit des Redegestus des sekundären Erzählers,
während der tertiäre Erzähler ausgewogen spricht: Er benutzt hauptsächlich ein-
fache Versfüllungen und wenn er doppelt füllt, stört dies ob der Silbenkürze wenig
– wie beispielsweise beim Adjektiv „goldenes" in Vers 12 – oder er trifft weniger
sinntragende Wörter (vgl. Vers 5 gegenüber 1). Die Rede des zitierten Erzählers ist
reflektiert und ästhetisch ausgearbeitet.

Die Redestaffelung – es beginnt schließlich auch die Loreley zu singen – in
Kombination mit der verstrickten erzählerischen Komposition des Zyklus hat
besondere Auswirkung. Sie setzt den Fokus auf den Erzählvorgang und damit
auf zwei Aspekte: zuerst auf das narrative Scheitern des ‚Rahmen-Ichs' und
schließlich auf die Materialität der romantischen Gesangsvorlage.

Zunächst wird dargestellt, wie der sekundäre Erzähler bei dem Versuch
scheitert, den Inhalt der zitierten Ballade wiederzugeben. Die Vermittlungsinstanz
des Rahmens weist auf ihre kognitive Unfähigkeit hin, die Ballade detailgetreu
zu schließen: Sie verfällt zum Ende hin in unsichere Paraphrase (V. 21–24) und
macht sich damit als ungenügende Vermittlungsinstanz kenntlich. Dagegen wurde
in der Forschung bereits das narrative Vermögen des tertiären Erzählers hervorgehoben, der „mit erstaunlicher mimetischer Akkuratesse [die] wiedergegebene
und eingefangene Natur"[58] darzustellen vermag. Hiergegen fällt der Rahmen-
Erzähler hinsichtlich kognitiver und darbietender Fähigkeiten ab.

Zudem weist Höhn auf die „schlaglichtartig[e]"[59] Wiedergabe des Märchens
hin. Heine vermag es hiermit, zwei Vermittlungsinstanzen zu überblenden und
gleichzeitig eine gelingende und eine scheiternde Narration zweier Erzähler
mit denselben Worten darzustellen. Denn die den tertiären Erzähler zitierenden
Binnenstrophen fokussieren auf drei Bilder, die der sekundäre Erzähler jedoch
nicht explizit miteinander verbinden kann: Strophe 2 schildert das landschaftliche

Setting, die Strophen 3 und 4 beschreiben die „schönste Jungfrau" (V. 9) und ihren „wundersame[n]" (V. 15) Gesang, Strophe 5 beschreibt den Schiffer, den es „mit wildem Weh" (V. 18) ergreift. Somit fällt der sekundäre Erzähler auf eine relativ unzusammenhängende Nacherzählung einzelner Bilder zurück und vermag es nicht, diese Bilder kausal zu verknüpfen.

Der Verlust kausaler Verknüpfung gipfelt in den Schlussversen: „Und das hat mit ihrem Singen/ Die Lore-Ley gethan." (V. 23 f.) Das „unpassende ‚und'", das Brunotte 1985 noch als ironischen Bruch und in Bezug auf den dargestellten „Schicksalszwang" der Ballade als „zynisch[..]" las[60], findet in der wissenschaftlichen Betrachtung jedoch auch gegenläufige Interpretationen. Der These, dass die „Affirmation der Schlussverse nach wie vor wenig glaubhaft"[61] erscheint, schließt sich auch die hier vorgeschlagene Lesart an. Vor dem geäußerten Verlust an Kausalität erscheint der letzte Doppelvers eher als nachgeschobene Pseudo-erklärung denn als Ausdruck von Sicherheit. Im unangebrachten Gebrauch der nebenordnenden Konjunktion „[u]nd" (V. 23) anstatt einer kausalen Konjunktion wird nämlich die Unsicherheit und der Verlust eines kausalen Verständnisses des ‚Rahmen-Ichs' auf die Spitze getrieben.

Das Unvermögen, das Märchen zu beenden und auch innerhalb der zitierten Verse Kausalitäten und Bezüge herzustellen, degradiert den Erzähler. Als Vermittlungsinstanz erweist er sich in der „syntagmatische[n] Organisation von Sequenzelementen zu Sequenzen"[62] als ungenügend. Somit hinterlässt der Rahmen, der als moderne Ummantelung des romantischen Märchens gelesen wird[63], ein zerrissenes Ich, das in seiner Gedichtvorlage keinen Zusammenhang erkennen kann und damit einen Widerspruch zwischen dem behandelten, materiellen Text und dem scheiternden Vortrag generiert. Damit verbleibt das Gedicht in der erzähltechnischen Lesart auf einer Erstarrung der romantischen Tradition zum bloßen Narrativ und einer Ich-Instanz, die sowohl in der Vermittlung als auch in der Herstellung von Sequentialität an diesem Punkt noch scheitert. Zu verzeichnen ist also sowohl eine im Versagen auf sich aufmerksam machende Darbietungsebene als auch eine Kluft zwischen den Erzählebenen und einem romantischen Narrativ.

Nun verändert sich das Verhältnis von Exegesis und Diegesis im folgenden Gedicht „Heimkehr" III (DHA I, 209 u. 211), indem sich ein vermittelndes ‚Ich' fortan auch auf diegetischer Ebene manifestiert. Entstanden wahrscheinlich in Lüneburg zwischen dem 21. Mai und dem 5. Juli 1823[64], präsentiert es ein Persona-Ich, das aus seiner Perspektive „[h]och auf der alten Bastei" (V. 4) die sich vor ihm erstreckende Tallandschaft in „Versatzstücke[n] einer Idyllenklein-welt"[65] beschreibt: Es stellt u. a. die Stadtbefestigung (V. 5 f.), einen pfeifenden Angelknaben (V. 7 f.) und die Mägde (V. 13 f.) dar. Die Schilderung schließt mit einem unerwarteten Paukenschlag: Die Beschreibung eines „rothgeröckte[n] Bursche[n]" (V. 19) gipfelt in einem im Konjunktiv formulierten Wunsch zum Mord am Ich: „Ich wollt', er schösse mich todt" (V. 24).

In der wissenschaftlichen Betrachtung wird das Gedicht epochal gelesen „als unglückliche Liebe des Nachgeborenen zur romantisch-biedermeierlichen Dichtung, die der sich ändernden Zeit nicht mehr gerecht wird und nur noch zitathaft produzierbar ist".[66] Andere interpretieren die Verse als „absichtsvoll falsche[s] Volkslied"[67], heben die Störelemente und deren ironischen Effekt hervor[68] oder verbinden das Gedicht mit der Raumdarstellung und Blickwechsel-verschiebung im Vergleich zum Vorgänger-Gedicht der Loreley.[69]

In der Tat lässt sich eine Rückbindung an „Heimkehr" I und II rechtfertigen. Einerseits ist der erste Vers nicht als bloßer, romantischer Topos zu lesen, wie es Brunotte tat[70], sondern als motivische Weiterführung des Seelenzustandes vom Ausgangspunkt der Rede aus „Heimkehr" I.[71] Andererseits lässt sich durch die Rahmung ein paralleler Aufbau erkennen.[72] Wenn auch auf zwei Verse beschränkt (V. 1 u. 24), liegt erneut ein Rahmen um einen Binnenteil vor. Allerdings besteht im Vergleich zu „Heimkehr" II eine deutliche Veränderung darin, dass die Ver-mittlungsinstanz in die Diegesis integriert ist. Der autodiegetische Erzähler ist Figur, ist ‚Persona'. Damit erscheint im Hinblick auf die Frage nach Ich-Dis-persion hier das Ich nun auf einer neuen narrativen Ebene: Es hat die diegetische, figurale Ebene erreicht. Mit der Integration des erzählenden Prinzips in die erzählte Objektwelt tritt der nichtdiegetische, primäre Erzähler aus „Heimkehr" I nur noch vermutbar hinter die Stimme, obwohl diese motivisch – oder ‚arabesk', um mit den Worten Wassermanns zu sprechen[73] – noch an den Seelenzustand von I und II und somit an die Exegesis gebunden ist.

Der Eintritt in die Diegesis bündelt Vermittlungsebene und Figurenebene. Doch selbst wenn die Distanz dieser beiden Ebenen schwindet, wird sie im Gedicht geo-grafisch vollzogen. Die Raumkonstellation zeigt die Persona stets als außen und oberhalb stehende Beobachterfigur. Dabei werden die Raumauszeichnungen – das Ich befindet sich „[h]och auf der alten Bastei" (V. 4), „[d]a drunten" ist der Stadt-graben (V. 5), „[j]enseits erheben sich […] Lusthäuser und Gärten und Menschen,/ [u]nd Ochsen und Wiesen und Wald" (V. 9–12), das „Mühlrad" ist „fern[]" (V. 15 f.) – auch metrisch hervorgehoben: Spondeische Momente an den Anfängen der Verse 4, 5 und 9 unterbrechen den sonst jambischen Dreiheber der Volksliedstrophe und akzentuieren die Differenzen. Damit ist die Persona zwar in die Diegesis ein-getreten, sie bleibt aber dennoch ein übergeordneter Beobachter und füllt durch ihre teichoskopische Erzählsituation die Rolle der Vermittlungsinstanz noch aus.

Diese Vermittlungsinstanz lässt sich mit jener der vorherigen Gedichte dahin-gehend verbinden, dass die Erzählweise der des Vorgedichts ähnelt. Das idyllische Blickporträt zerbröckelt in einzelne „isolierte Tableaux"[74], und in der schlag-lichtartigen Wiedergabe des Märchens wird hier die splitternde Darstellung eines romantischen Idylls geliefert.[75] Haas nennt als Höhepunkt der „Vereinzelung" die polysyndetische Aufzählung der Verse 11 und 12.[76] Dabei stellt Fingerhut fest, dass die „Aneinanderreihung isolierter Tableaux […] die Landschaft in eine ein-fache Kulisse transformiert."[77] Auf jeden Fall lässt sich erneut eine punktuelle Vermittlung als Textstrategie ausmachen, daher bedarf dieser Befund in der Folge einer eingehenderen Interpretation.

Die geografische Ausgeschlossenheit der Persona zeigt eine Kluft auf, die noch zwischen dem erzählenden figuralen Ich und der erzählten Welt besteht. Sie stellt dar, dass die Eingliederung in die romantischen „Kulissen"[78] noch nicht vollkommen eingetreten ist. Dies macht zunächst die komisch distanzierende

Darbietung im Binnenteil deutlich. Als Paradebeispiel hierfür fungiert die bereits erwähnte polysyndetische Aufzählung der dritten Strophe:

> Jenseits erheben sich freundlich,
> In winziger, bunter Gestalt,
> Lusthäuser und Gärten und Menschen,
> Und Ochsen und Wiesen und Wald. (V. 9–12)

Das Figurieren der Ochsen neben den Menschen als gleichwertige Komponenten der Aufzählung ist ein Paradebeispiel der Kontrastkomik. Als beliebtes Mittel finden sich auch im Prosawerk Heines zahlreiche Adaptionen, zu nennen wäre zum Beispiel in der „Harzreise" die antiklimaktische Aufzählung von „Studenten, Professoren, Philister[n] und Vieh" (DHA VI, 84). Zuallererst haben solche heterogenen Verbindungen Irritationspotential, weil sie gewohnte und damit erwartete Darstellungen konterkarieren. Denn „Aufzählungen, besonders asyndetische Reihungen aus Einzelwörtern, Wortgruppen oder Sätzen", so Höhn, „sind ein wirkungsvolles Mittel, traditionelle Ordnungen und Hierarchien durch-einander zu wirbeln."[79] Diese heterogenen Aufzählungen – hier in Form der gleichwertigen Nennung von Menschen und Ochsen – wirken derart degradierend, dass sie den eigentlich romantischen Ironiegedanken der absoluten Unendlichkeit, die sich in der beschränkten Endlichkeit manifestiert, untergraben und die End-lichkeit auf eine transzendenzlose Beschränktheit reduzieren.[80] Damit „erteilt [die Vermittlungsinstanz; P.S.] [...] jeder Vorstellung harmonischer Ganzheit eine grundsätzliche Absage".[81] Der Humor der Kontrastästhetik erscheint als Spiegel der „spaßhaften und kummervollen, schmutzigen und heiligen, grandiosen und winzigen Combinazionen einer umgestülpten Weltordnung" (DHA XI, 96), die „die grundsätzliche Widersprüchlichkeit und Unvernünftigkeit der Welt"[82] manifestieren. Damit ist die auf den romantischen Binnenteil zielende Kontrast-ästhetik nicht nur ein Mittel, um sich als distanzierende Vermittlungsinstanz auf Darbietungsebene von der Geschehensebene abzuheben.[83] Sie ist ebenso ein Hinwegsetzen über die eine Idylle postulierende romantische Textwelt und eine Gegenüberstellung „mit einer kontingent gewordenen Weltordnung"[84], der die schlaglichtartige Darbietung der Vermittlungsinstanz entspricht.

Diese Aushöhlung des Romantischen im Binnenteil wird ebenso durch Stimmungsbrüche an den Übergängen zum Rahmen komplettiert. Den nahtlosen Übergang vom ersten Vers zum nächsten sprengt die adversative Konjunktion „[d]och" (V. 2). Die in Geminatio betonte Trauer des Herzens wird abgebrochen und mit der „leichte Lebensfreude"[85] vermittelnden Alliteration in Opposition gebracht. Dabei erscheint die folgende lustvolle, romantische Erzählung samt ihren Topoi naiv und oberflächlich. Die postulierte „Lebensfreude [erhält] etwas chiffrenhaft Leeres."[86]

Ebenso setzt sich der Rahmen am Schluss in Vers 23 graphisch durch den Gedankenstrich vom Binnenteil ab:

> Ein rothgeröckter Bursche
> Dort auf und nieder geht.

Er spielt mit seiner Flinte,
Die funkelt im Sonnenroth,
Er präsentirt und schultert –
Ich wollt', er schösse mich todt. (V. 19–24)

Was Fingerhut als typisch romantischen Tod beschreibt[87] und Müller-Seidel in seiner Wahrhaftigkeit anzweifelt[88], bildet einen wichtigen Bruch, der den Rahmenschluss vom Binnenteil absetzt. Der inhaltliche Kontrast bezeugt, dass die romantische Idyllik darin scheitert, den emotionalen Ausgangspunkt des Äußerungssubjekts zu beeinflussen. Damit konterkariert die Vermittlungsinstanz die romantische Kunstphilosophie, die durch die Erkenntnis der Analogien zwischen dem Partikularen und dem Weltganzen eine ästhetische Versöhnung postulierte.[89] Dabei hebt nun der durch die Darbietung vollzogene Bruch gerade die Opposition zwischen romantischer „Harmonie von Innen und Außen", von „Stimmungen und Naturbilder[n]", von „Mensch und Natur" hervor.[90] Somit verkommen „die romantischen, aus ihrem universalisierenden Zusammenhang herausgebrochenen Topoi zu isolierten Stereotypen, Konventionen".[91] Die ironische Aushöhlung und „Entleerung der Topoi"[92] reduziert die romantischen Versatzstücke auf ihre starre Materialität. Mit dem ereignishaften Schluss trennt sich die Vermittlungsinstanz folglich von den Sequenzmustern und den Kulissen ab und hebt ihre Opposition hervor.[93]

Durch die Rahmung wird in „Heimkehr" III ein diegetisches ‚Rahmen-Ich' vernehmlich, das sich mittels dieser Störfaktoren als Vermittlungsinstanz auf Darbietungsebene vom romantischen Geschehen abhebt – im wahrsten Sinne des Wortes, wenn die räumliche Konstellation einbezogen wird. Dabei wird auch in diesem Gedicht der romantische Binnenteil auf seine narrative Materialität und künstliche Oberflächlichkeit reduziert. In der älteren Forschung finden sich bereits Beschreibungen der Tallandschaft als „Spielzeugwelt"[94] oder als

> […] Panoptikum […], dessen zahlreiche Figuren mit erhobenen Armen, ausschreitenden Beinen im Stillstand ihrer Hantierung verharren, bis der in den Kasten geworfene Groschen sie in Bewegung versetzt, in Bewegung freilich, deren mechanisch-gleichförmiger Ablauf ein Zerrbild des Lebendigseins liefert.[95]

Auch Haas weist auf den „literarischen Baukasten"[96] hin, dem diese Welt entsprungen sei, und verbindet dies mit einem epochalen Abschied[97], während Bernd Kortländer die Künstlichkeit der Landschaftsbilder des „Buchs der Lieder" als „entempirisierte, zu Chiffren geronnene Natur der romantischen Tradition" beschreibt, die sich „als Fluchtpunkt der ungestillten Sehnsucht" formt und als enttäuschte Erkenntnis über Kulissenhaftigkeit endet.[98]

Dabei ist der laut Müller-Seidel „übertrieben[e]" und dadurch „entwerte[nde]"[99] Irrealis allerdings kein formelhaft entleertes Klagen. Denn hier manifestiert sich auf Subjektebene ein metaleptischer Störmoment. Das Gedicht wird zwar von einem figuralen Ich eingeleitet, im Pronomen des letzten Verses sind allerdings auch nichtdiegetische Erzähler-Anteile zu erkennen: Der Konjunktiv unterstreicht die Irrealität der narrativen Binnenwelt, die keine handlungsfähigen Auswirkungen auf das erzählende Ich haben kann, und hebt damit die Begrenztheit der puppenhaften Welt der Romantik hervor. Der letzte Vers liest sich dahingehend ebenso als

Bedauern darüber, dass dieser ‚Spielzeugsoldat' ihn niemals totschießen und aus seinem Leid erlösen könnte. Der Irrealis lässt also diegetische Textwelt und nicht-diegetischen, intrazyklischen Rahmen kollidieren.

Bei solchen metaleptischen Momenten zeigt sich das personale Überblendungs-spiel. Denn je nach Identifizierung des Pronomens mit einer narrativen Ebene lassen sich unterschiedliche Interpretationen vornehmen. Die Auffächerung des Ich-Gebildes als mehrdimensionales Konstrukt ermöglicht, je nach Blickwinkel, eigene Lesarten: Der letzte Vers als diegetische Aussage, wie Fingerhut oder Müller-Seidel sie bieten, und als nichtdiegetische, wie hier vorgeschlagen, bietet für die narratologisch nachvollziehbare Dispersion des Ichs ein aussagekräftiges Beispiel. Dieser subtile, jedoch ausschlaggebende Spaltungsmoment erlaubt es, sich Stör-momenten zu nähern, ohne auf die Trope der Ironie zurückgreifen zu müssen.

„Heimkehr" I eröffnete eine intrazyklische Rahmung und stellte ein nicht-diegetisches ‚Rahmen-Ich' dar, das sich singend erheitern wollte. Daraufhin folgten zwei Gedichte, die einen Erzählvorgang schilderten, diesen jedoch durch ihre Rahmenkonstruktion brachen. Dabei war „Heimkehr" II extradiegetisch und „Heimkehr" III intradiegetisch gerahmt.

Gelang der Einzug der Vermittlungsinstanz als Figur in die innerfiktionale Welt doch eher schleppend, fällt in „Heimkehr" IV (DHA I, 211) nun jeglicher Rahmen weg. Die vollständige Integration in die Erzählwelt scheint schließlich gelungen, zumal die Persona nun auch mit innerfiktionalen Figuren in Kontakt zu treten vermag, wie hier die Kommunikation mit der Drossel belegt (vgl. V. 2–8). Trotzdem trägt auch dieses Gedicht als logische Entwicklung der Vorgedichte den emotionalen Zustand des intrazyklischen Rahmens motivisch weiter. Nun stellt sich allerdings die Frage nach dem Zweck dieses aufwändigen Integrations-prozesses und der Aufspaltung der verschiedenen Ebenen.

II. Das Romantische als Narrativ zwischen Vereinigung und Vereinzelung

Dem Sinn der erzählerischen Integration des Subjekts in die romantische Erzähl-welt nähern wir uns über eine genauere Betrachtung der ‚Figur'. Hillebrandt hat jüngst darauf hingewiesen, dass der Figur als Interpretament lange zu wenig Beachtung geschenkt wurde. Denn häufig sei die Interpretation eines mensch-lich entworfenen innerfiktionalen Wesens als ‚Figur' im Gegensatz zur ‚Person' nur auf Rollenlyrik beschränkt, während allein aufgrund der Kürze lyrischer Texte die spärliche Charakterisierung eben die Figürlichkeit und den Rückgriff auf „symbolische Gehalte"[100] nahelege. Besonders Lyrik, die sich selbst als artifiziell ausweist[101], neigt dazu, auf „Ko- und Kontextinformationen"[102] und Wissens-bestände zurückzugreifen, um ihren Protagonisten ein Profil zu geben.[103] Gerade wenn Heine mit romantischen Narrativen und Topoi spielt, ist der angenommene Grad der Figürlichkeit und damit der symbolischen Aufladung auftretender Protagonisten hoch.

Die Abhängigkeit der Figuren von ihrem Kontext bedingt die Bedeutung der ‚Frames' und ‚Skripts'.[104] Dies ist für unsere Fragestellung relevant, weil Figuren stark an ihren Kontext gebunden sind und sowohl statischen als auch dynamischen Konventionen unterliegen. Gerade der in „Heimkehr" I–III dargestellte Umgang mit romantischen Topoi und Narrativen belegt eine Auseinandersetzung mit der Romantik als Material und Bezugsrahmen. Daher gilt es zu analysieren, wie sich Erzähler und Figur zu den ‚Skripts' und ‚Frames' verhalten und welche Brüche sich hieraus ergeben. Dies ist bereits ausführlich unter dem Aspekt der Ironie betrachtet worden. Die hier vorgeschlagene narratologische und zyklusfokussierte Lesart nähert sich diesen Brüchen von einer anderen Seite.[105]

Die figurale Bindung des Selbst an den romantischen Kontext ist Ziel des Erzählvorgangs. Die Ausgangsthese dieser Arbeit beruhte auf der Feststellung, dass dem Zyklus die novellistische Grundkonstellation eines isolierten ‚Rahmen-Ichs' zugrunde liegt und dass dieses Ich sich erzählend schrittweise in den romantischen Diskurs integriert. Diesem schmerzstillenden Versuch liegt der Wunsch zugrunde, sich in eine romantische Textwelt zu integrieren, die philosophischen Grundannahmen wie der Totalität alles Seins gehorcht, welche dem isolierten Ich in „Heimkehr" I offensichtlich verwehrt bleibt. Somit würde das Romantische als Narrativ verwendet werden, um das Ich in ein romantisches Ganzheitsgeflecht zu integrieren. Damit soll der erzählerische Selbstentwurf als romantische Figur artifiziell eine Bindung herstellen, die das ‚Rahmen-Ich' nicht einzugehen vermag.

Der romantischen Philosophie liegt das „Prinzip einer die modernen Differenzen überwindenden Totalität"[106] zugrunde. August Wilhelm Schlegel, an dessen Vorlesungen Heine nachweislich teilgenommen hat[107], gilt als „Vermittler und Popularisierer romantischen Denkens"[108] und lehrte Ansichten wie die folgende:

> Denn jedes Ding stellt zuvörderst sich selbst dar, d. h. es offenbart sein Innres durch sein Äußres, sein Wesen durch die Erscheinung ‹Es ist also Symbol für sich selbst›, demnächst das, womit es in näheren Verhältnissen steht und Einwirkungen davon erfährt; endlich ist es ein Spiegel des Universums. In jenen schrankenlosen Übertragungen des poetischen Styls liegt also, der Ahndung und Anfoderung nach, die große Wahrheit daß eins alles und alles eins ist.[109]

In der Auffassung, dass „die Natur […] eine Form der sinnlichen Erscheinung des Geistes [ist] und […] symbolisch, in ‚Zeichen' und ‚Ziffern' auf die Einheit von Immanenz und Transzendenz [verweist]"[110], kommt der Sprache eine besondere Rolle zu: So „bietet die Sphäre der Kunst die Möglichkeit einer Kontaktaufnahme mit dem Absoluten und verbürgt somit die Erfahrung von Transzendenz in einem ansonsten weitgehend prosaischen Dasein."[111] In der Kunst könne folglich die Rückbindung an einen Totalitätszustand vollbracht werden. Der steigernde Erzählprozess der ersten Gedichte des „Heimkehr"-Zyklus in romantische Erzählmuster kann nicht nur als Flucht in eine romantische Surrogatwelt, sondern eben als Anwendung romantischer Thesen gelesen werden. Es sind diese kulturellen Bestände, die das Ich aufrufen möchte, dem in „Heimkehr" I „gänzlich nachtumhüllt" (DHA I, 207, V. 4) der Bezug zur Umwelt abhandengekommen zu sein scheint.

Nun verwehrt Heine diese Eingliederung in romantische Totalität, indem er eine störende Vermittlungsinstanz einsetzt. Denn wir können eine Spaltung dieses einfach scheinenden und dabei mehrere Erzählebenen bündelnden Pronomens erkennen: Dem Persona-Ich, das selbst Objekt seines Erzählprojekts ist, wirkt gleichzeitig der narrative Vorgang des Erzählers als Subjekt entgegen.[112] In dieser Spannung, die zwischen die Ich-Facetten tritt, wenn die objektive und die subjektive Narration in Widerspruch zueinander stehen, wird der Höhepunkt der Spaltung dieses gebündelten Ichs erkannt. Einerseits hat die Vermittlungsinstanz die Romantik immer wieder auf ihre Materialität zurückverwiesen und damit reduziert.[113] Sowohl in „Heimkehr" II als auch in III scheitert die Teilnahme an der Textwelt an den der Vermittlungsinstanz zuzuschreibenden Brüchen und Rahmungen.

Andererseits wurde mehrmals eine Erzählstrategie der unzulänglichen Sequentialität beobachtet. Sowohl in „Heimkehr" II als auch in III wurden eine fehlende kausale Verknüpfung und damit ein Prinzip der Vereinzelung festgestellt. Diese die Sequentialität betreffenden Störmomente treten auf in Aneinanderreihungen von Bildern und Begriffen, einem „Und-Karussel"[114], das mit seinen „Schnitt- […] [und] Klebestellen"[115] lediglich Splitter eines romantischen Narrativs zurücklässt. Hier besteht große Ähnlichkeit zum Prosawerk.[116] Mit der Erzählstrategie der Partikularisierung wird das Scheitern des Versuches dargestellt, die Welt künstlerisch zu einen. Denn in der Vermittlung des romantischen Materials bleiben allenfalls Fetzen eines Ganzheit verheißenden Narrativs übrig, die das Ich in seiner Zerrissenheit nur bestätigen. Die Leere des romantischen Stereotyps kann die versprochene ästhetische Vereinigung der Welt nicht leisten und scheitert sowohl an einer kontingent gewordenen Welt als auch am zerrissenen, modernen Menschen. Denn, so stellt der Eingangsvers in „Heimkehr" LVIII fest: „Zu fragmentarisch ist Welt und Leben" (DHA I, 271, V. 1). Die Einigungsphantasie der romantischen Kunst wird als utopisch erkannt und die romantische Kunstphilosophie aus ihren Angeln gehoben.[117] So heißt es beispielsweise in „Die Bäder von Lukka":

> Einst war die Welt ganz, im Alterthum und im Mittelalter, trotz der äußeren Kämpfe gabs doch noch immer eine Welteinheit, und es gab ganze Dichter. Wir wollen diese Dichter ehren und uns an ihnen erfreuen; aber jede Nachahmung ihrer Ganzheit ist eine Lüge, eine Lüge, die jedes gesunde Auge durchschaut und die dem Hohne dann nicht entgeht. (DHA VII, 95)

Dabei wird neben der Aushöhlung des romantischen Gedankens das Scheitern des zerrissenen Ichs dargestellt, das die kausale Durchdringung nicht mehr zu leisten und keine Verbindungen mehr herzustellen vermag. So stellt Kruse fest:

> Das konventionelle romantische Rollenmaterial dient der Artikulation der widersprüchlichen modernen Innerlichkeit. Heine nimmt eine Affirmation der romantischen Subjektivität vor, treibt sie aber weiter, bis der reale Kern der Vereinzelung und Isoliertheit in der subjektiven Totalität hervortritt.[118]

Dahingehend werden auch die immer wieder scheiternden Liebesbeziehungen nicht als Missmut über die Verschmähung durch seine Cousine Amalie gelesen, sondern als Scheitern interpretiert, Bindungen aufzubauen und die Vereinzelung zu überwinden.[119]

Das Scheitern des romantischen Diskurses am „große[n] Weltriß" (DHA
VII, 95) wird vom Ende des Zyklus bestätigt, indem es progressiv auf das
Rahmen-Ich aus „Heimkehr" I, den primären Erzähler, und seine desolate Aus-
gangslage zurückleitet. Dies erfolgt zunächst in den letzten numerischen „Heimkehr"-Gedichten über eine langsame Rückkehr zum Motiv der Dunkelheit.
Die Dämmerung aus LXXXV wird zur Nacht in LXXXVI und LXXXVII. Das
„nächt'ge Grauen" („Heimkehr" LXXXVI; DHA I, 299, V. 6) kehrt zurück,
zwar noch kurzzeitig vom toposhaften „[s]üße[n] Mond" (V. 5) gebannt, doch
schließlich setzt sich die Dunkelheit durch. Es „dunkelt" („Heimkehr" LXXXVII;
DHA I, 301, V. 3), und der Tod geht mit der Nacht einher. Der romantisch-
topische Anteil ebbt zunehmend ab: Lautet die erste Strophe aus LXXXVI noch
folgendermaßen:

> Nacht liegt auf den fremden Wegen,
> Krankes Herz und müde Glieder; –
> Ach, da fließt, wie stiller Segen,
> Süßer Mond, dein Licht hernieder (DHA I, 299, V. 1–4)

sind keine romantischen ‚Frames' mehr in der ersten Strophe von LXXXVII
übriggeblieben:

> Der Tod das ist die kühle Nacht,
> Das Leben ist der schwüle Tag.
> Es dunkelt schon, mich schläfert,
> Der Tag hat mich müd' gemacht. (DHA I, 301, V. 1–4)

Mit der Rückkehr zur Dunkelheit wird zur anfänglichen Erzählsituation des Ichs
der Exegesis zurückgefunden, dessen Erzählprojekt ins Stocken gerät: Der primäre
Erzähler greift immer weniger auf romantische Bildbereiche zurück. Die daraus
vorscheinende Resignation wird auch inhaltlich bestätigt: Mit der Dunkelheit kehrt
ebenso die Trostlosigkeit des Ichs wieder zurück. Das Erzählprojekt hat keine
Besserung der seelischen Verfassung vollbracht und ist demnach gescheitert: Der
Erzählversuch endet in Kälte und Trübnis, Isolation und Tod.

Parallel zum Anfang werden die Erzählebenen wieder im Zerbröckeln voneinander unterscheidbar. Als Erzählebenen auffächerndes, kontrastierendes und
gleichzeitig sprengendes Abschlussmotiv kehrt der Vogel aus „Heimkehr" IV in
LXXXVII und in LXXXVIII zurück, wenn die direkte Rede als Anschluss an die
Verben ‚singen' und ‚hören' („Heimkehr" LXXXVII; DHA I, 301, V. 7 f.) gelesen
wird. In LXXXVIII kann man einen metaleptischen Störmoment erkennen, wenn
sich der Vogel als Vertreter und Teil der romantisch fiktiven Welt an das nichtdiegetische Rahmen-Ich wendet und es dazu ermutigen will, seinen romantischen
Gesang fortzuführen. Gleichermaßen fragend hatte sich der Vogel in IV an die
Persona gewendet. Darauf erfolgt nun jedoch die dezidierte Absage des nicht-
diegetischen Ichs an den Vogel und den Gesang:

Jene Flammen sind erloschen,
Und mein Herz ist kalt und trübe,
Und dies Büchlein ist die Urne
Mit der Asche meiner Liebe. (DHA I, 301, V. 5–8)

Indem er das Motiv des Liebes- und Gesangsvogels verweigert, verneint der primäre Erzähler die Existenzberechtigung der Nachtigall und damit auch die Existenzberechtigung des Gesanges und der romantischen Textwelt an sich.

Mit dem Scheitern des Erzählprojekts hebt sich der Zyklus selbst auf: Mit einem letzten narrativen Störmoment verweist das ‚Rahmen-Ich' in einer *mise-en-abîme* auf seine eigene Materialität als „Büchlein" (V. 7). Es enthalte die letzten Überreste seiner „Liebe" (V. 8), die in der von Kruse vorgestellten Lesart auch bildlich als Verbindungsbestrebung oder schlichtweg als romantischer Erzählversuch interpretiert werden kann. Der scheiternde Erzählversuch wird potenziert. So schließt das ‚Rahmen-Ich' den „Heimkehr"-Zyklus mit einem sich selbst historisierenden Bruch und trägt mit dieser metaleptischen Selbstdestruktion die Romantik wie sich selbst zu Grabe.[120]

Zum Schluss bleibt die Einsicht, dass der hier vorgeschlagene novellistische und zyklusbetonte Ansatz freilich nicht der einzige Interpretationshintergrund ist, vor dem die einzelnen Gedichte des „Heimkehr"-Zyklus sinnvoll gelesen werden können. Auch einzeln betrachtet bieten die Gedichte eine sinngebende Einheit und eine komplett erscheinende Ich-Instanz. Doch war es Ziel dieser Untersuchung, die Vielschichtigkeit der Kommunikationsebenen, ihre Verschlungenheit und Interdependenz und damit einhergehend auch die Subtilität des kaum merklichen Wechsels unter ihnen herauszustellen. Sind nun zwar die einzelnen Kommunikationsebenen eigenständig, so ist es gerade deren mehrdimensionale Schichtung, die je nach Verbindung ein anders nuanciertes Bild zeigen kann: So wird dem Ich gerade in der Kombination der verschiedenen Schichten wie in einem Daumenkino Leben und Dynamik eingehaucht. Dagegen läuft jedoch derjenige, der auf eine eindimensionale Kommunikation besteht, Gefahr, im Eindruck zu verweilen, er habe es mit Operettenlyrik oder einfacher Herzensausschüttung eines verstoßenen Liebenden zu tun.[121]

Anmerkungen

Ich bedanke mich herzlich bei Priv.-Doz. Dr. Bernhard Walcher für seine Unterstützung und Ermutigung bei der Veröffentlichung dieser Arbeit.

1 Michael Werner: Rollenspiel oder Ichbezogenheit? Zum Problem der Selbstdarstellung in Heines Werk. – In: Heinrich Heine. Neue Wege der Forschung. Hrsg. v. Christian Liedtke. Darmstadt 2000, S. 17–34, hier S. 18.
2 Vgl. Höhn ³2004, S. 64 f.
3 Ingo Müller: Maskenspiel und Seelensprache. Baden-Baden 2020, Bd. 1, S. 21; Vgl. ebenso gegen den Begriff der Erlebnisdichtung Rolf Lüdi: Heinrich Heines Buch der Lieder. Poetische Strategien und deren Bedeutung. Bern u. a. 1979, S. 121; Karin Sousa: Heinrich Heines „Buch der Lieder". Differenzen und die Folgen. Tübingen 2007, S. 48; Norbert

Altenhofer: Ästhetik des Arrangements. Zu Heines ‚Buch der Lieder'. – In: Liedtke (Hrsg.): Neue Wege der Forschung [Anm. 1], S. 49–67, hier S. 51.

4 Vgl. dazu exemplarisch Stephan Braese: Heines Masken. – In: Konterbande und Camouflage. Szenen aus der Vor- und Nachgeschichte von Heinrich Heines marranischer Schreibweise. Hrsg. v. dems. u. Werner Irro. Berlin 2002, S. 51–72.

5 Vgl. beispielhaft jüngst Müller: Maskenspiel und Seelensprache [Anm. 3], S. 240.

6 Siehe unten.

7 Formuliert in Anlehnung an Brieglebs Begriff der „Störarbeit". Klaus Briegleb: Heines „Naturlaute" zwischen Goethe und Courbet. – In: ders.: Opfer Heine? Versuche über Schriftzüge der Revolution. Frankfurt a. M. 1986, S. 105–124, hier S. 109.

8 Dahingehend sind die Selbstaussagen nämlich eindeutig: „Sie wissen wie der ordnende Geist zu meinen Haupt Eigenschaften gehört" (Brief Heines an Julius Campe, 22. März 1852; HSA XXIII, 187). Diese Selbsteinschätzung Campe gegenüber wiederholte er, sich einen „große[n] Meister in der Anordnung" nennend (Brief Heines an Julius Campe, 12. August 1852; HSA XXIII, 221).

9 Durch die wissenschaftliche Bearbeitung der Zyklizität konnten Heines Selbstaussagen bestätigt werden: Höhn stellt fest, dass der „serielle Eindruck […] in Wirklichkeit auf einem kunstvollen, ästhetischen Arrangement [beruht], das die Liedersammlung zu einem durchkomponierten Ganzen gemacht hat, in dem der Sinn eines jeden Einzelgedichts letztlich durch seine Stellung im Gesamtgefüge bestimmt wird" (Höhn [3]2004, S. 60). Dabei wurde einerseits der Zyklus in seiner Intertextualität untersucht und dabei das dialektische Moment der Zyklen auf die Vorlage des „West-östlichen Divans" von Goethe bezogen; vgl. Sonja Gesse-Harm: Zwischen Ironie und Sentiment. Heinrich Heine im Kunstlied des 19. Jahrhundert. Stuttgart, Weimar 2006, S. 32 f. Andererseits hat auch die intratextuelle Vorgehensweise Blüten getragen: Wassermann beschreibt in seiner Analyse der „Traumbilder" das Kompositionsprinzip Heines unter dem Begriff der ‚Arabeske': „Innerhalb der Teile ist ein ausgeprägtes Beziehungsgeflecht von Gegenüberstellungen, Parallelen, Spiegelungen, Reihungen und Vor- und Rückverweisen auf andere Teile zu beobachten, das als arabesk zu bezeichnen ist. […] Der Begriff ‚Arabeske' wird hier und im folgenden gebraucht […] als Bezeichnung […] für die mannigfache Verknüpfung und Überschreitung möglicher poetischer Darstellung eines stets neu verwandelt einsetzenden Themas." Franz Wassermann: Kunst, Künstlichkeit und Komposition bei Heinrich Heine. – In: Vielfalt und Offenheit. Festschrift für Hans-Georg Grüning. Hrsg. v. Christine Berthold u. Hans-Günther Schwarz. München 2015, S. 54–72, hier S. 60.

10 Die Gedichte des „Heimkehr"-Zyklus wurden teilweise bereits 1824 und 1825 als Einzelgedichte abgedruckt, jedoch nach der Begegnung Heines mit Julius Campe im Januar 1826 für einen gesammelten Druck vorbereitet: Erstmals gebündelt wurde der „Heimkehr"-Zyklus im ersten „Reisebilder"-Band im Mai 1826 veröffentlicht. Hierin waren Prosa und Lyrik noch vermischt, und so wird das Erscheinen des reinen Lyrikwerks des „Buches der Lieder" (August 1827) von Pierre Grappin als bewusste Trennung zwischen dem „kritisch-ironischen Prosawerk[..]" (DHA I, 575) und seinem Werk als „Lieder- und Romanzendichter" (ebd., S. 576) angesehen.

11 Vgl. Höhn [3]2004, S. 56 f.

12 Schon die Entstehungsgeschichte der „Heimkehr" belegt die Gestaltung des Zyklus als Entität. Hierbei wird nämlich die Arbeit an der „Umrahmung durch Prolog- und Epilog-Gedichte" (DHA I, 862) ersichtlich. War die „Heimkehr" I bereits in der „Biene" gedruckt worden, wurde unter anderem „Heimkehr" LXXXVII eigens für die Komposition der „Reisebilder" verfasst (vgl. ebd.). Die Arbeit an der zyklischen Umrahmung unterstreicht die „raffinierte[n] Querverbindungen" und die Komposition als zyklische Entität, in die auch nur geringfügig eingegriffen wurde (Wassermann: Kunst, Künstlichkeit und Komposition [Anm. 9], S. 57). Zwischen dem „Heimkehr"-Zyklus der „Reisebilder" und dem des „Buches der Lieder" hat sich die Zusammenstellung der 88 Gedichte nur geringfügig geändert. Aus dem „Buch der Lieder" sind sechs erotische Gedichte „ausgeschieden, die den Schwachen im Lande als anstößig erscheinen könnten und […] [wurden] aufs

Tugendhafteste [ersetzt]", wie Heine am 16. Juni 1830 an Karl August Varnhagen von Ense schrieb (HSA XX, 412); vgl. DHA I, 863.

13 Vgl. Jocelyne Kolb: Die Lorelei oder die Legende um Heine. – In: Interpretationen. Gedichte von Heinrich Heine. Hrsg. v. Bernd Kortländer. Stuttgart 1995 [ND 2013], S. 51–71, hier S. 60 f.; Altenhofer: Ästhetik des Arrangements [Anm. 3], S. 55 f.

14 Die Metapher des Prismas findet sich bereits bei Gesse-Harm: Ironie und Sentiment [Anm. 9], S. 52, wird dort jedoch auf die Stilrichtungen der „Heimkehr" bezogen.

15 Das vorher absichtlich unterdefinierte ‚Ich' wird hier mit dem Terminus des ‚Adressanten' betitelt, auch wenn die im weiteren Verlauf des Beitrags eingeführte Forschung andere Termini nahelegt. Zum Begriff des ‚Adressanten' vgl. Claudia Hillebrandt, Sonja Klimek, Ralph Müller u. Rüdiger Zymner: Einleitung: Wer spricht das Gedicht? Adressantenmarkierung in Lyrik. – In: Grundfragen der Lyrikologie. Hrsg. v. dens. Berlin, Boston 2019, Bd. 1, S. 1–21.

16 Sousa: Buch der Lieder [Anm. 3], S. 7.

17 Altenhofer: Ästhetik des Arrangements [Anm. 3], S. 55.

18 Druck in der „Biene": In mein gar zu dunkles Leben. – In: Die Biene. Schönwissenschaftliches Unterhaltungsblatt, Nr. 13 vom 31.1.1826, Sp. 102 f.; Druck in den „Reisebildern": I [In mein gar zu dunkles Leben]. – In: Reisebilder I, (BN). Druckvorlage mit eigenhändiger Korrektur (Juni 1830). Nach dem Faksimiledruck. Hrsg. v. Friedrich Hirth. Hamburg 1920, S. 3. Vgl. auch die Lesarten in DHA I, 876.

19 Heinrich Heine: I [In mein gar zu dunkles Leben]. – In: Buch der Lieder von H. Heine. Hamburg 1827, S. 177.

20 Vgl. Peter Hühn u. Jörg Schönert: Zur narratologischen Analyse von Lyrik. – In: Poetica 34 (2002), S. 287–305. Ihr narratologischer Ansatz basiert auf den Theorien Gérard Genettes, Wolf Schmids und Niklas Luhmanns, vgl. ebd., S. 291. 2007 haben sie mit dem Hinweis auf das Erzählen als anthropologische Konstante ihr Plädoyer wiederholt; vgl. Peter Hühn u. Jörg Schönert: Einleitung: Theorie und Methodologie narratologischer Lyrik-Analyse. – In: Lyrik und Narratologie. Text-Analysen zu deutschsprachigen Gedichten vom 16. bis zum 20. Jahrhundert. Hrsg. v. dens. u. Malte Stein. Berlin, New York 2007, S. 1–18, hier S. 1.

21 Hühn/Schönert: Zur narratologischen Analyse [Anm. 20], S. 287.

22 Beide Begriffe befinden sich bei Hühn/Schönert: Einleitung [Anm. 20], S. 1; nur muss vorab klargestellt sein, dass sich die Ebene des Geschehens anders präsentieren kann: „In der Lyrik beziehen sich Geschichten […] vielfach auf innere Phänomene wie Wahrnehmungen, Gedanken, Vorstellungen, Empfindungen, Erinnerungen, Wünsche, Imaginationen, Einstellungen, die der Aktor in einem monologischen Reflexions- und Bewußtseinsprozeß sich selbst als Geschichte zuschreibt." Hühn/Schönert: Zur narratologischen Analyse [Anm. 20], S. 295.

23 Vgl. Hillebrandt/Klimek/Müller/Zymner: Einleitung [Anm. 15], S. 11–14.

24 Vgl. ebd., S. 1–11. Der jüngst erschienene Band zu Lyriktheorie „Autor und Subjekt im Gedicht" stellt zwar deren Modell infrage, schlägt jedoch kein neues vor; vgl. Peter Geist, Friederike Reents u. Henrieke Stahl: Einleitung: Autor und Subjekt im Gedicht – Positionen, Perspektiven und Praktiken heute. – In: Autor und Subjekt im Gedicht. Positionen, Perspektiven und Praktiken heute. Hrsg. v. dens. Berlin, Heidelberg 2021, S. 1–31, hier S. 4.

25 Die ‚Adressanten'-Instanz beschreibt den „pragmatischen Ausgangspunkt[..] des lyrischen […] Sprachzeichengebildes in dem Sprachzeichengebilde selbst und mit den Mitteln des Sprachzeichengebildes" Rüdiger Zymner: Begriffe der Lyrikologie. Einige Vorschläge. – In: Hillebrandt/Klimek/Müller/Zymner: Grundfragen [Anm. 15], S. 25–50, hier S. 26. Es kann auch personal, durch eine ‚Persona' repräsentiert sein. Zymner definiert Persona als: „Fiktive Figur, die in einem Sprachzeichengebilde als […] Adressant konstituiert wird (z. B. in Rollenlyrik)." Ebd., S. 40. Die Theoriebildung um den Bezugspunkt im Gedicht würde hier jedoch nicht der Auffächerung der Redeinstanzen gerecht.

26 Vgl. Hühn/Schönert: Einleitung [Anm. 20], S. 11.

27 Alle Zitate bei Hühn/Schönert: Zur narratologischen Analyse [Anm. 20], S. 296.

28 Jörg Schönert: 1815–1848 als eine konturlose Epoche oder als Zeitraum mit Konturen aus drei Epochen? – In: Droste-Jahrbuch 11 (2015/2016), S. 27–40, hier S. 31.

29 Die Beschreibung folgt dem Modell von Wolf Schmid nach der (nicht als Wertung zu verstehenden) Hierarchie der Rahmungsgrade und Einbettungsstufen: Er unterscheidet „den *primären* Erzähler (den Erzähler der *Rahmengeschichte*), den *sekundären* Erzähler (den Erzähler der *Binnengeschichte,* der in der Rahmengeschichte als Figur auftritt), den *tertiären* Erzähler (den Erzähler einer Binnengeschichte zweiten Grades, der in der ersten Binnengeschichte als Figur figuriert) usw." Wolf Schmid: Elemente der Narratologie. Berlin, Boston ³2014, S. 80. Zur Bevorzugung dieses Modells vor dem von ‚extradiegetischem‘, ‚intradiegetischem‘, ‚metadiegetischem‘, usw. Erzähler, vgl. Silke Lahn u. Jan Christoph Meister: Einführung in die Erzähltextanalyse. Stuttgart ³2016, S. 93 f.

30 Vgl. DHA I, 877.

31 Vgl. Höhn ³2004, S. 68.

32 Beide Zitate ebd.

33 Vgl. ebd., S. 69. Vgl. ebenso als kleine Auswahl Johann Jokl: Von der Unmöglichkeit romantischer Liebe. Heinrich Heines „Buch der Lieder". Opladen 1991, S. 165–174, und Felten, der die Loreley vor dem intertextuellen Bezug als „Replik auf Charybdis und Skylla" liest. Vgl. Georges Felten: Odysseus am Rhein. Heines „Ich weiß nicht, was soll es bedeuten" als poetologische Selbstverortung. – In: HJb 52 (2013), S. 24–41, hier S. 25.

34 Vgl. dazu den Kommentar in DHA I, 882 f.; vgl. ebenso beispielhaft Jeffrey L. Sammons: „Welch ein vortrefflicher Dichter ist der Freyherr von Eichendorff". Betrachtungen zu Heines Eichendorff-Urteil. – In: Aurora 45 (1985), S. 137–148.

35 Vgl. Heinz Wetzel: Heinrich Heines „Lorelei". Stimmungszauber oder Bewußtseinsbildung? – In: Germanisch-Romanische Monatsschrift 20 (1970), S. 42–54; Jürgen Kolbe: Das hat mit ihrem Singen die Loreley getan. Ein sagenhafter Einfall und einige Folgen. – In: Balladenforschung. Hrsg. v. Walter Müller-Seidel. Königsstein/Taunus 1980, S. 204–215. Vgl. ebenso Nikolas Immer: „Nicht das zukunftsweisende Potential einer impliziten Märchenpoetik wird beschworen, sondern problematisiert, ob diese Märchenpoetik noch Relevanz für die Gegenwart beanspruchen kann. Dabei rückt eine Sagengestalt ins Zentrum, die wie ein Amalgam aus weiblichen Stereotypen der Romantik wirkt: die Loreley, in der sich das Dämonische einer Hexe mit dem Verführerischen der Frau Venus und dem Verlockenden einer Meerfee verbindet." Nikolas Immer: Schiffbruch mit Zuschauerin. Spielarten der Ironie in Heinrich Heines „Loreley". – In: Zeitschrift für deutsche Philologie 129 (2010), S. 185–200, hier S. 187. Hier wird auch wiederholend der Rahmen als moderne Brechung des romantischen Inhalts beschrieben; vgl. Höhn ³2004, S. 69.

36 Vgl. Ulrike Brunotte: Zum Verhältnis von Schicksal und Ironie in der „Loreley" Heinrich Heines. – In: HJb 24 (1985), S. 236–245; Bernd Balzer: Zum Spektrum der Ironie Heines im ‚Buch der Lieder‘. – In: Literatur und Kultur im Querschnitt. Hrsg. v. Norbert Honsza. Wrocław 2003, S. 77–89, hier S. 86; Immer: Spielarten der Ironie [Anm. 35], S. 185–200. Dagegen: „Die Suche nach Ironie läßt sich nur aus dem verbreiteten Irrglauben herleiten, man müßte dem berühmten Heine-Ton und den Heineschen Kennzeichen überall auf die Spur kommen." Kolb: Lorelei [Anm. 13], S. 59.

37 Vgl. Jost Hermand: Ahasvers Rheinfahrt. Heines „Loreley". – In: ders.: Mehr als ein Liberaler. Über Heinrich Heine. Frankfurt a. M. u. a. ²1993, S. 29–36.

38 Kolb: Lorelei [Anm. 13], S. 54.

39 Ebd.

40 Vgl. Helmut Heißenbüttel: Materialismus und Phantasmagorie im Gedicht. Anmerkungen zur Lyrik Heinrich Heines. – In: Heinrich Heine. Ästhetisch-politische Profile. Hrsg. v. Gerhard Höhn. Frankfurt a. M 1991, S. 38–49.

41 Vgl. Immer: Spielarten der Ironie [Anm. 35], S. 194: Bei Immer geht es jedoch primär um das Stichwort der Ironie, und die narratologische Analyse wird nicht vollständig durchgeführt, sondern nur vereinzelt begrifflich in den Raum geworfen.

42 Kolb geht auf die Rahmungsstrukturen ein, aber verbleibt bei der vergleichenden Feststellung, dass die Gemeinsamkeit der ersten drei „Heimkehr"-Gedichte die Präsenz eines Rahmens „als gemeinsames Kompositionsprinzip" sei. Kolb: Lorelei [Anm. 13], S. 60. Dieser treibe den Leser zur Verbindungsleistung an. Vgl. ebd., S. 61. Danach entwickelt sie eine religiöse Lesart.

43 Alle Zitate bei Altenhofer: Ästhetik des Arrangements [Anm. 3], S. 55.

44 Vgl. ebd., S. 55 f.

45 So z. B. Brunotte: Zum Verhältnis von Schicksal und Ironie [Anm. 36], S. 242; Immer: Spielarten der Ironie [Anm. 35], S. 189.

46 Vgl. dagegen Immer: Spielarten der Ironie [Anm. 35], S. 196, der hier als Erklärung Verdrängung anführt.

47 Vgl. ebd., S. 189.

48 Dagegen erklärt Höhn dies mit fingierter Einfachheit und Schlichtheit der Volksliedtradition, was zwar gewiss nicht falsch ist, aber m. E. den Befund nicht vollständig erklärt. Vgl. Höhn [3]2004, S. 68.

49 Vgl. ebd., S. 69.

50 Vgl. Horst Joachim Frank: Handbuch der deutschen Strophenform. München, Wien 1980, S. 115–117; explizite Nennung des Gedichts ebd., S. 116.

51 Beide Zitate bei Müller: Maskenspiel und Seelensprache [Anm. 3], S. 242.

52 Vgl. Höhn [3]2004, S. 68.

53 Vgl. Monika Schmitz-Emans: Einführung in die Literatur der Romantik. Darmstadt [4]2016, S. 67 f. zur Bedeutung der Dämmerung und der Nacht als Gegenmodell zum vernunftorientierten Tagesgeschehen.

54 Vgl. Kolb: Lorelei [Anm. 13], S. 56.

55 Vgl. Hühn/Schönert: Einleitung [Anm. 20], S. 6.

56 Schmid: Elemente [Anm. 20], S. 81.

57 Zymner: Begriffe der Lyrikologie [Anm. 25], S. 29.

58 Paul Peters: Die Frau auf dem Felsen. Besuch bei Heines ‚Loreley'. – In: HJb 36 (1997), S. 1–21, hier S. 8.

59 Höhn [3]2004, S. 68.

60 Alle Zitate bei Brunotte: Schicksal und Ironie [Anm. 36], S. 243: „Dem tragischen Balladenschluß setzt Heine nun das unpassende ‚und' voran. […] In Verbindung mit dem ‚und' bekommt die schnoddrige Reflexion des Ich ‚Ich glaube am Ende' über die vermeintliche Katastrophe einen fast zynischen Zug. Aber erst durch das Wort ‚und' vor dem letzten, bestätigenden ‚das' in Verbindung mit dem Auftritt des lyrischen Ich wird der Schicksalszwang der Ballade ironisch gebrochen. An dieser Stelle wehrt sich das lyrische Ich erfolgreich gegen den Untergangssog, der den Balladenzwang mit der Obsession verbindet."

61 Immer: Spielarten der Ironie [Anm. 35], S. 196. Immer leitet aus dieser Beobachtung sein Ironiekonzept ab: „Daraus folgt, dass Heine den festgestellten Kontrast mit den Schlussversen bewusst provoziert, ein Kontrast, der als spezifisches Strukturmerkmal von Heines Ironie erkannt werden kann. Der komische Effekt, der sich hierbei aus der Inkongruenz von unbestimmter und bestimmter Haltung ergibt, führt zu einer deutlichen Distanz des Sprechers gegenüber dem Dargestellten. Was er ironisiert, ist freilich von der Forschung schon mehrfach herausgearbeitet worden: das Stimmungspathos der Romantiker." Ebd.

62 Hühn/Schönert: Zur narratologischen Analyse [Anm. 20], S. 294.

63 Vgl. beispielhaft Brunotte: Schicksal und Ironie [Anm. 36], S. 242.

64 Vgl. DHA I, 887.

65 Ulrike Brunotte: „Ein absichtsvoll falsches Volkslied". Konstruktion und Kritik der Idylle in Heinrich Heines ‚Heimkehr III'. – In: HJb 31 (1992), S. 57–78, hier S. 59.

66 Christoph Haas: Blicke, Worte. Notizen zu Heines ‚Mein Herz, mein Herz ist traurig' und Rückerts Amara-Sonett. – In: Gestörte Idylle. Vergleichende Interpretationen zur Lyrik Friedrich Rückerts. Hrsg. v. Max-Rainer Uhrig. Würzburg 1995, S. 63–73, hier S. 68.

67 So zuerst Theodor W. Adorno: Die Wunde Heine. – In: ders.: Noten zur Literatur. Frankfurt a. M. 1958, Bd. 1, S. 144–152, hier S. 151. Schließlich auch übernommen bei Brunotte: Konstruktion und Kritik [Anm. 65], S. 57.

68 Vgl. Höhn ³2004, S. 71.

69 Vgl. Kolb: Lorelei [Anm. 13], S. 61; vgl. ebenso Klaus H. Kiefer: „Mein Herz, mein Herz ist traurig" und „Ich weiß nicht, was soll es bedeuten" – ein Vergleich. Strukturanalyse – Hermeneutik – Ideologiekritik. – In: HJb 46 (2007), S. 107–130, hier S. 119–121.

70 Vgl. Brunotte: Konstruktion und Kritik [Anm. 65], S. 58.

71 Vgl. Karlheinz Fingerhut: Comique, satire et déconstruction. – In: chroniques allemandes 5 (1996), S. 41–62, hier S. 42.

72 Vgl. Kolb: Lorelei [Anm. 13], S. 61.

73 Vgl. Wassermann: Kunst, Künstlichkeit und Komposition [Anm. 9], S. 60.

74 Zitat im Original: „tableaux isolés". Fingerhut: Comique, satire et déconstruction [Anm. 71], S. 43 (Übersetzung durch P.S.).

75 So auch Jürgen Brummack: Heines Entwicklung zum satirischen Dichter. – In: Deutsche Vierteljahrsschrift für Literaturwissenschaft und Geistesgeschichte 41 (1967), S. 98–116, hier S. 108.

76 Haas: Blicke, Worte [Anm. 66], S. 67.

77 Fingerhut: Comique, satire et déconstruction [Anm. 71], S. 43 (Übersetzung durch P.S.): ganzes Zitat im Original: „la succession de tableaux isolés […] transforme le paysage en un simple décor. Ce sont ces décalages qui peuvent amener le lecteur à réfléchir et, de ce fait, à détruire l'atmosphère."

78 Zitat im Original: „décor". Ebd. (Übersetzung durch P.S.).

79 Gerhard Höhn: „Sauerkraut mit Ambrosia". Heines Kontrastästhetik. – In: HJb 48 (2009), S. 1–27, hier S. 16.

80 Vgl. ebd., S. 20 f.

81 Ebd., S. 21.

82 Ebd.

83 Zur Unterscheidung vgl. Hühn/Schönert: Zur narratologischen Analyse [Anm. 20], S. 291 f.

84 Höhn: Kontrastästhetik [Anm. 79], S. 21.

85 Brunotte: Konstruktion und Kritik [Anm. 65], S. 58.

86 Ebd.

87 Vgl. Fingerhut: Comique, satire et déconstruction [Anm. 71], S. 43.

88 Vgl. Walter Müller-Seidel: Probleme der literarischen Wertung. Über die Wissenschaftlichkeit eines unwissenschaftlichen Themas. Stuttgart 1965, S. 115: „Die unwahrhaft gewordene Trauer als die etwas weltschmerzliche Liebesklage der späten Romantik wird auf ihren Wahrheitsgehalt geprüft. Der Wahrheitsgehalt solcher Gefühle wird vermißt."

89 Vgl. Sandra Kerschbaumer: Heines moderne Romantik. Paderborn u. a. 2000, S. 59.

90 Alle Zitate bei Brunotte: Konstruktion und Kritik [Anm. 65], S. 58.

91 Bernhard Arnold Kruse: Die Liebe als Umgestaltung der modernen Subjektivität. Zur frühen Lyrik Heines. – In: Der Deutschunterricht 48 (1996), S. 21–38, hier S. 31.

92 Ebd.

93 Hühn und Schönert definieren ein „Ereignis" als „ein Sequenzelement, das eine Sequenz auf unvorhergesehene Weise fortsetzt oder beendet. […] Die Ereignishaftigkeit ist durch das Ausmaß der Abweichung vom Sequenzmuster bestimmt und damit graduierbar". Hühn/ Schönert: Zur narratologischen Analyse [Anm. 20], S. 294.

94 Walter Höllerer: Zwischen Klassik und Moderne. Lachen und Weinen in der Dichtung einer Übergangszeit. Stuttgart 1958, S. 90.

95 Gerhard Storz: Heinrich Heines lyrische Dichtung. Stuttgart 1971, S. 61.

96 Haas: Blicke, Worte [Anm. 66], S. 66.

97 „Die Welt des Gedichts stammt aus dem literarischen Baukasten, und ihre geschichtliche Ferne zeigt sich gerade darin, daß ihre Teile frei verfügbar geworden sind. Es ist eine herbeizitierte Welt, die der Blick des Autors abschiednehmend überfliegt." Ebd. Dabei ist es wichtig, anzumerken, dass Haas mit dem empirischen Autor argumentiert, was in diesem Beitrag abgelehnt wird.

98 Alle Zitate bei Bernd Kortländer: Natur als Kulisse? Landschaftsdarstellung bei Heinrich Heine. – In: Heinrich Heine 1797–1856. Internationaler Veranstaltungszyklus zum 125. Todesjahr 1981 bei Eröffnung des Studienzentrums Karl-Marx-Haus Trier. Trier 1981, S. 46–66, hier S. 50.

99 Müller-Seidel: Probleme der literarischen Wertung [Anm. 88], S. 115.

100 Claudia Hillebrandt: Figur und Person im Gedicht. Zum Stand der lyrikologischen Figurenforschung und zur Funktion von Figuren in lyrischen Gebilden. – In: Hillebrandt/Klimek/ Müller/Zymner: Grundfragen [Anm. 15], S. 148–163, hier S. 149.

101 Denn lyrische Texte „konstituieren ein (Text-)Signifikat und verweisen gleichzeitig auf die Materialität (die sinnliche Beschaffenheit des Signifikanten) mittels besonderer Strukturierungen der Klangqualitäten, des Schriftbildes, der Syntax, der Lexik, der Tropik etc." Hühn/Schönert: Zur narratologischen Analyse [Anm. 20], S. 290.

102 Hillebrandt: Figur und Person [Anm. 100], S. 157.

103 Vgl. ebd., S. 148–163. Hillebrandt definiert die Figur somit folgendermaßen: „Eine ‚Figur' ist demzufolge von einem fiktionsinternen Standpunkt aus betrachtet eine Person, also ein Mensch oder ein menschenähnlich gestaltetes Wesen, innerhalb eines fiktionalen Mediums. Von einem fiktionsexternen Standpunkt aus lässt sie sich als menschlich oder menschenähnlich gestaltetes, kommunikativ konstruiertes Artefakt auffassen". Ebd., S. 149.

104 Entlehnt aus der Psychologie und Psycholinguistik und angelehnt an die Sujet-Theorie Lotmans (vgl. Hühn/Schönert: Einleitung [Anm. 20], S. 5), werden diese Begriffe gebraucht, um Geschehenselemente (‚incident') von Gegebenheiten (‚existent') abzugrenzen. „Zu den Gegebenheiten zählen die statischen Elemente und Handlungsumstände wie beispielsweise alle konstanten Figuren- und Raumeigenschaften; als Geschehenselement ist hingegen jede – etwa durch Handlung bewirkte – Veränderung von Eigenschaften, Zuständen oder Konstellationen anzusehen." Ebd., S. 6. Mit der Annahme, dass sich aus „Verkettung und Bedeutungszuschreibungen" ergebende ‚Sequenzen' auf Kontext- und Weltwissen, bzw. „kulturspezifische Muster" zurückgreifen, erlauben diese Begriffe Erwartungshaltungen und Erwartungsbrüche von konventionalisierten Schemata zu detektieren (beide Zitate ebd., S. 7). Dabei bezeichnen ‚Frames' „thematische oder situative Kontexte, also Bezugsrahmen, innerhalb derer das betreffende Gedicht zu lesen ist", während ‚Skripts' „demgegenüber Sequenzmuster [bilden], das heißt, sie verweisen auf bekannte Prozesse oder Entwicklungen, auf konventionelle Handlungsabläufe oder stereotype Prozeduren" (beide Zitate ebd., S. 8). Ein Beispiel dafür ist der Abschlussvers aus „Heimkehr" III. Es ist ein Bruch mit dem typischen Handlungsverlauf, ein Verstoß im ‚Skript', wenn sich nach der Beschreibung der Idylle der Wunsch, zu sterben einstellt.

105 Das Verhältnis Heines zur Romantik als reine ironische Auf- und Ablehnung zu lesen, greift
     zu kurz, kann nämlich die literarhistorische Übergangsepoche auch als „Zeit der suchenden
     und versuchsweisen De- und Revaluierung des Ästhetischen" gelesen werden. Peter Stein:
     „Kunstperiode" und „Vormärz". Zum veränderten Verhältnis von Ästhetizität und Operativi-
     tät am Beispiel Heinrich Heines. – In: Vormärz und Klassik. Hrsg. v. Lothar Ehrlich, Hart-
     mut Steinecke u. Michael Vogt. Bielefeld 1999, S. 49–62, hier S. 49. Außerdem findet sich
     in der Forschung immer wieder der Hinweis, dass gerade das Aufbegehren Heines einen
     frühromantischen Zug besitzt in der Hinsicht, dass „die Frage nach den Bedingungen
     und der Möglichkeit von Kunst in der modernen Gesellschaft […] in der Sache an die
     rebellische Frühromantik" erinnert. Peter Uwe Hohendahl: Geschichte und Moderni-
     tät. Heines Kritik der Romantik. – In: Literaturkritik und Öffentlichkeit. Hrsg. v. dems.
     München 1974, S. 50–101, hier S. 82. Vgl. ebenso Christian Liedtke: „Mondglanz" und
     „Rittermantel". Heinrich Heines romantische Masken und Kulissen. – In: Romantik und
     Vormärz. Zur Archäologie literarischer Kommunikation in der ersten Hälfte des 19. Jahr-
     hunderts. Hrsg. v. Wolfgang Bunzel, Peter Stein u. Florian Vaßen. Bielefeld 2003, S. 237–
     256, hier S. 241. Vgl. auch Sousa: Buch der Lieder [Anm. 3], S. 15 und ihre Anmerkung 55
     mit weiterführender Literatur.
106 Kerschbaumer: Heines moderne Romantik [Anm. 89], S. 59.
107 Vgl. ebd., S. 25.
108 Ebd.
109 August Wilhelm Schlegel: Vorlesungen über schöne Literatur und Kunst. Erster Teil: Die
     Kunstlehre [1801–1804]. – In: ders.: Kritische Ausgabe der Vorlesungen. Hrsg. v. Ernst
     Behler in Zusammenarbeit mit Frank Jolles. Bd. 1: Vorlesungen über Ästhetik [1798–1803].
     Mit Kommentar und Nachwort. Hrsg. v. Ernst Behler. Paderborn u. a. 1989, S. 179–472,
     hier S. 250 f.
110 Kerschbaumer: Heines moderne Romantik [Anm. 89], S. 53.
111 Müller: Maskenspiel und Seelensprache [Anm. 3], S. 182.
112 Die Unterscheidung in Subjekt und Objekt stellt auch Kortländer dar, bezieht sie jedoch nur
     auf die ironische Grundstruktur. Vgl. Kortländer: Natur als Kulisse [Anm. 98], S. 51.
113 Obwohl der Verweis auf die eigene Materialität ein wichtiger Bestandteil der zur
     Transzendenz überleitenden romantischen Ironie ist, werden bei Heine metaphysische Ver-
     bindungen gekappt. Hier vorgeschlagene Erklärungen dafür sind die Rahmungsverfahren
     sowohl im Zyklus als auch im einzelnen Gedicht oder die im Folgenden ausgeführte Erzähl-
     strategie der Partikularisierung. Die brechende Ironie Heines ist eine andere Möglichkeit.
     Es haben sich mehrere Forscher mit einer genauen Gegenüberstellung romantischer und
     Heinescher Ironie befasst und diese detailliert herausgearbeitet. Als Beispiel sei ledig-
     lich angeführt Márta Gaál-Baróti: Die romantische und die Heinesche Ironie. – In: Heine.
     (1797–1856). Hrsg. v. Endre Kiss u. Tamás Lichtmann. Debrecen 2002, S. 123–138.
114 Brunotte: Konstruktion und Kritik [Anm. 65], S. 63.
115 Ebd., S. 63 f.
116 Vgl. dazu in der Prosaforschung: „Auf kleinstem Raum bringt Heine das Fragmentarische,
     Widersprüchliche, Inkommensurable und Kontingente der menschlichen Lebenswelt und
     der Geschichte in seinen bekannten ‚Katalogen' zur Sprache, d. h. in den häufigen Auf-
     zählungen heterogenster, disparatester Dinge und Realitäten." Wolfgang Preisendanz: Ironie
     bei Heine. – In: Ironie und Dichtung. Sechs Essays von Beda Allemann, Ernst Zinn, Hans-
     Egon Hass, Wolfgang Preisendanz, Fritz Martini, Paul Böckmann. Hrsg. v. Albert Schäfer.
     München 1970, S. 85–112, hier S. 95.
117 Vgl. so auch Kruse: Liebe als Umgestaltung [Anm. 91], S. 26; vgl. ebenso Müller: Masken-
     spiel und Seelensprache [Anm. 3], S. 183.
118 Kruse: Liebe als Umgestaltung [Anm. 91], S. 27.

119 Vgl. Kruses These, dass in der frühen Lyrik Heines die „[u]nglückliche Liebe als Dementi der romantischen Vereinigungsmetaphysik" fungiert. Ebd., S. 24. Vgl. auch ebd., S. 25: „Indem aber nun bei Heine die unglückliche Liebe in ‚unerschöpflichen Variationen' zum Regelfall der Geschichte wird, richtet sie sich gegen den metaphysischen Kern der romantischen Liebe, die Fusion von Subjekt und Objekt in der auf die Ureinheit zielenden Bewegung der Vereinigung."

120 Vgl. dazu die „Technik der reflexiven und historisierenden Brechungen". Altenhofer: Ästhetik des Arrangements [Anm. 3], S. 56.

121 Vgl. Höhn [3]2004, S. 54 zum Forschungsstreit über die frühe Lyrik Heines um Adorno und Karl Kraus.

„Schwarzhandel": Heines „Sklavenschiff", „Le Négrier" und „Précis sur la traite des noirs" von Édouard Corbière sowie das in Gott selige Reeder- und Handelshaus van der Smissen in Altona

Frank Stückemann

> Weit von meinem Vaterlande
> Muß ich hier verschmachten und vergehn,
> Ohne Trost, in Müh und Schande;
> Ohhh die weißen Männer!! Klug und schön.
>
> Und ich hab den Männern ohn Erbarmen
> Nichts getan.
> Du im Himmel! Hilf mir armen
> Schwarzen Mann!
>
> Matthias Claudius, „Der Schwarze in der Zuckerplantage"

Das Gedicht „Les Nègres et les marionettes" von Pierre-Jean de Béranger (1780–1857) gilt als wichtige Inspirationsquelle für Heinrich Heines 1854 entstandenes Pendant „Das Sklavenschiff" (B VI/1, 194–199). Beide behandeln dasselbe Sujet – den Sklavenhandel zwischen Europa, Westafrika und den Antillen –, beide thematisieren die entscheidende Schwierigkeit dabei: die „Ausfälle" an menschlicher „Ware" beim Transport über den Atlantik so gering wie möglich zu halten. Zu diesem Zweck werden die Farbigen in dem Gedicht Bérangers durch ein Marionettentheater bei Laune gehalten und bei Heine mit Musik und Tanz sowie unter Peitschenschlägen zur Fröhlichkeit angetrieben.

Die von Heine bis hin zum blasphemischen Gebet am Gedichtende zynisch ausgebreitete Überlegungen des Superkargo Mynheer van Koek und seines Schiffsarztes zur Kosten-Nutzen-Relation dieses menschenverachtenden Handels nimmt einen Großteil der 36 Quartette ein, bei denen – ähnlich wie in „Deutschland. Ein Wintermärchen" – jeweils nur der zweite und vierte Vers einen weiblichen

F. Stückemann (✉)
Soest, Deutschland
E-Mail: Partisander@gmx.de

© Springer-Verlag GmbH Deutschland, ein Teil von Springer Nature 2023
S. Brenner-Wilczek, *Heine-Jahrbuch 2022*, Heine-Jahrbuch,
https://doi.org/10.1007/978-3-662-66144-4_2

Reim aufweisen. Béranger bietet lediglich in der ersten Strophe eine vergleichbare Gewinnkalkulation des Patrons als Verständnishorizont für die folgende Darstellung des Marionettentheaters, dessen Aufbau an Deck, die Inhalte des Stücks,
die Reaktion der Farbigen und eine Moral am Ende auch für die weißen Leser:

> Sur son navire un capitaine
> Transportait des noirs au marché.
> L'ennui le tuait par vingtaine:
> Peste! dit-il; quel debouche!
> Fi, que c'est laid, sots que vous êtes!
> Mais; j'ai de quoi vous guérir tous.
> Venez voir mes marionettes;
> Bons esclaves, amusez-vous![1]

Heine, des Französischen mächtig, dürfte das Gedicht spätestens in der Übersetzung des von ihm sehr geschätzten Adelbert von Chamisso (1781–1838)
kennengelernt haben. Dieser verkürzte das achtsilbige Versmaß des Originals zu
vierhebigen Trochäen, griff in das Reimschema ein und ließ die Schlussstrophe
Bérangers unübersetzt; zum Vergleich sei die erste Strophe in deutscher Fassung
angeführt:

> Neger härmten sich und starben
> Auf dem Schiffe dutzendweise,
> Starben, starben, und verdarben
> Dem Patron die ganze Reise:
> „Blitz! Die Waare muß man retten!
> Ei, vergeßt doch eurer Ketten
> Seht auf meine Marionetten,
> Gute Sclaven, seid vergnügt!"[2]

Neben dem Gedicht Bérangers gibt es noch eine weitere mögliche Inspirations-
quelle, die sowohl für Bérangers „Les Nègres et les Marionettes" als auch für
„Das Sklavenschiff" von Heinrich Heine in Frage käme: „Précis sur la traite des
Noirs" von Édouard Corbière (1793–1875) aus dem Jahr 1823. In der Literatur zu
diesen beiden motivisch eng miteinander verwandten Gedichten von Béranger und
Heine ist bislang noch nicht auf diese gemeinsame Vorlage hingewiesen worden.
Ihrer Präsentation im Original und einer von mir angefertigten Übersetzung (s. u.,
Anhang) mögen einige Bemerkungen über den Verfasser vorangeschickt sein.

Édouard Corbière ging als Vater des französischen Seefahrerromans und vor
allem als Vater des *poète maudit* Tristan Corbière (1845–1875) in die Literaturgeschichte ein. Doch im Gegensatz zum Gedichtband „Les Amours jaunes" seines
Sohns, 1873 bei Glady zu Paris erschienen und 1970 als französische Höhen-
kammliteratur in der „Bibliothèque de la Pléiade" kanonisiert, ist das zu Lebzeiten der beiden sehr viel populärere literarische Schaffen von Édouard Corbière
weitaus weniger bekannt geblieben. In den Jahren 1832 bis 1846 publizierte er
zehn Romane, von denen sogar etliche Titel ins Deutsche übersetzt wurden, unter
anderem auch für Heines Verleger Julius Campe (1792–1867) in Hamburg, dazu
noch drei Sammlungen mit maritimen Erzählungen.[3] Ferner schrieb er Lyrik und
satirische Gedichte und übersetzte Tibull in französische Verse.[4] Er beteiligte sich

maßgeblich am „Journal lyrique et anecdotique", an „Soirées bretonnes ou recueil de poésies divers" sowie an „Le Navigateur. Journal des naufrages, pirateries, voyages, événements de mer etc." und gab 1818 f. in Brest „La Guêpe. Ouvrage moral et littéraire" und 1822 f. in Rouen die Tageszeitschrift „La Nacelle. Journal commercial et littéraire de la Seine-Inférieure" heraus, zu welchen er zahlreiche Artikel beisteuerte.[5] Von 1828 bis 1839 war er als Schriftleiter für „Le Journal du Havre" verantwortlich, wofür er noch bis 1843 Artikel schrieb; auch dieser Provinzzeitung gab er ein maritimes Profil. Daneben verfasste er politische Schriften.[6]

So vielfältig und abenteuerlich wie sein Schrifttum war auch sein Leben. Geboren wurde er in Brest als Sohn von Alexis Corbière (1749–1802), eines Hauptmanns (capitaine) der Marineartillerie hugenottischer Herkunft aus Valès (Tharn) und der Jeanne Renée Dubois (1768–1831) aus Morlaix; wegen seiner Eheschließung konvertierte Alexis zum Katholizismus. Er starb 1802; sein noch minderjähriger Sohn Édouard heuerte 1804 als Schiffsjunge bei der Kaiserlichen Marine an, diente auf verschiedenen Kriegsschiffen und wurde 1807 Seekadett. 1811 geriet er nach einem Enterkampf mit der englischen Brigg „Skylla" in Kriegsgefangenschaft, aus der er im Folgejahr auf Ehrenwort entlassen wurde. Diese Ereignisse fanden Eingang in seine Romane „Le Négrier" und „Le Prisonnier de guerre".[7] Unter den Bourbonen wurde er 1816 wegen liberaler Ansichten aus der Kriegsmarine entfernt. Sein Kapitänspatent erlaubte ihm einen mühelosen Wechsel zur Handelsmarine. Bis 1828 unternahm er verschiedene Fahrten in die Karibik.

Stärker noch als in der Kriegsmarine eckte Corbière mit aufklärerischer Verve und Antiklerikalismus in der Publizistik an. Ab 1818 begann er zu veröffentlichen, zunächst Gedichte und Theaterstücke, dann aber auch Satiren in Vers und Prosa gegen die restaurative bis reaktionäre Politik der Bourbonen nach dem Sturz des napoleonischen Kaiserreichs. Anlässlich der Wiedereinführung der Jesuiten in die Mission von Brest entfaltete Corbière erstmals sein Talent als Polemiker; „Trois jours d'une Mission à Brest" erlebt 1819 gleich vier Auflagen und eine Fortsetzung mit „La Marotte des ultras, ou recueil de chansons patriotiques", worüber es 1820 zum Prozess kam.[8] Dieser endete zwar mit Freispruch, doch die von ihm geleiteten Periodika „La Guêpe" in Brest wie auch später „La Nacelle" in Rouen mussten ihr Erscheinen einstellen: Corbière wurde 1823 wegen Verletzung der Pressegesetze zu einer empfindlichen Geld- und Haftstrafe verurteilt, der er sich nur durch ein sofortiges „Exil" als Kapitän eines Handelsschiffes aus Le Havre entziehen konnte.

Es gilt als ausgemacht, dass Corbière zwischen 1816 und 1828 als Schiffskapitän am Sklavenhandel zwischen Brest bzw. Le Havre, Westafrika und den Antillen beteiligt war, obwohl er diesen persönlich verabscheute und in seinen Romanen und Pamphleten schonungslos dokumentierte. Gerade die Beschlüsse des Wiener Kongresses zur Ächtung des Sklavenhandels und zur Abschaffung desselben aus humanitären Gründen (Beilage 15 zur Schlussakte) führten zu einer erhöhten Nachfrage in den Kolonien und damit zu erheblich höheren Gewinnspannen. Corbière stellte die Zusammenhänge bereits 1823 in seinem „Précis sur

la traite des noirs" dar, die er der ersten Ausgabe seiner „Élégies Brésiliennes" bei-
binden ließ.[9]

Sehr viel detailreicher und ausführlicher sind seine Beschreibungen dieses
„Schwarzhandels" an der Grenze der Legalität in seinem 1832 erschienenen
Erfolgsroman „Le Négrier" mit vier Auflagen zu Lebzeiten des Autors und zahl-
reichen Nachdrucken bis heute.[10] Weitaus mehr von seinen eigenen Erlebnissen
angeregt als durch die kurz zuvor erschienenen Seefahrerromane von James
Fenimore Cooper (1789–1851; vgl. „The Pilot. A Tale of the Sea", 1824; „The
Red Rover", 1828; „The Water Witch", 1830) oder Eugène Sue (1804–1857; vgl.
„Kernock le pirate", 1830) begründete er vor allem durch den authentischen Salz-
und Teergeruch, das maritime Idiom und die soziologischen Beobachtungen seiner
Schöpfungen das bis Pierre Loti (1850–1823) und weit darüber hinaus reichende
Genre des französischen Seefahrerromans. Alexandre Dumas (1802–1870) und
Stendal (1783–1842) schätzten ihn, der Literaturkritiker Charles-Augustin Saint-
Beuve (1804–1869) urteilte über sein Werk: „[...] de nos romanciers de mer c'est
lui le plus exacte à la manœure"[11], der Bildhauer David d'Angers (1788–1756)
schuf 1835 eine Bronzemedaille von ihm.

Édouard Corbière (1793–1875). Medaillon von Pierre Jean
David, genannt David d'Angers, 1835

Gewidmet ist „Le Négrier" dem Schweizer Autor, Pädagogen, Publizisten und
Politiker Heinrich Zschokke (1771–1848), der u. a. mit „Hans Dampf in allen
Gassen", „Das Goldmacherdorf" und „Die Branntweinpest" sprichwörtlich
gewordene Bestseller der deutschsprachigen Volksaufklärung schuf und ab 1804
mit dem Wochenblatt „Der aufrichtige und wohlerfahrene Schweizer-Bote" die
erste und für lange Zeit einzige liberale Zeitschrift der Schweiz herausgab.[12]

Corbières Beziehung zu Zschokke und dessen Vorbildfunktion als liberaler Volksaufklärer in Publizistik und Politik – sie dürfte nicht zuletzt für die maßgebliche
Beteiligung Corbières an der Julirevolution in Le Havre und Rouen eine Rolle
gespielt haben, wofür er im Folgejahr das Kreuz der Ehrenlegion erhielt – ist in
der bisherigen Literatur zu beiden ähnlich produktiven Autoren noch gar nicht in
den Blick genommen worden.[13]

Heinrich Zschokke (1771–1848). Stahlstich nach Alexander
Zschokkes Kopie eines Gemäldes von Julius
Schrader, 1842

Corbière und Zschokke hatten sich im Mai 1830 in Le Havre persönlich kennengelernt, als letzterer Tom Spengler, den Sohn eines Freundes aus Kuba und dessen
farbiger Lebensgefährtin, nach seiner Schulzeit in der Schweiz auf der Rückreise
zu seinen Eltern begleitete[14], um sicherzustellen, dass er dort auch wohlbehalten
ankomme und nicht auf dem Sklavenmarkt landete:

> Kunst und Pracht der Weltstadt aber verschwand zum Nichts beim Anblick der
> erschütternden Majestät des Weltmeers, welches in Havre sich vor mir auseinanderrollte.
> [….] Mein Landsmann und Freund Wanner, einer der angesehensten Handelsherren der
> Seestadt, und der Schiffskapitän Eduard Corbière [Anm. Zschokkes: Er ist in Deutschland
> durch seine sogenannten „Seeromane" und deren treue Schilderung des Lebens und der
> Sitten auf dem Meere, nicht ganz unbekannt. Im ersten der von ihm erschienenen Romane
> „Le Négrier" spielt er noch, in der an mich gerichteten Zuschrift, auf meine damalige
> Begeisterung an] weideten sich nicht wenig an meiner immer von neuem auflodernden
> Lust. [...] Es war mir nicht ganz leicht gewesen, den kleinen Mulatten, zur Überfahrt nach
> Westindien, endlich auf einem amerikanischen Schiffe zu verdingen. Man fand nähere
> Gemeinschaft mit ihm anstößig.[15]

Zschokke und Corbière verband die volksaufklärerische Absicht bei ihrer Schriftstellerei und in ihrem politischen bzw. gemeinnützigen Engagement. Zwiespältig
wie Corbières Haltung zum Sklavenhandel ist Zschokkes Einstellung zur Sklavenhaltung.[16] Auch die spätere Installierung Corbières in Morlaix und die Gründung
der dortigen Paketbootgesellschaft mit regelmäßiger Verbindung nach Le Havre
verdankt sich diesem gemeinnützig-volksaufklärerischen Impetus und ist keineswegs als Bruch in seiner Biographie zu sehen.[17] Im Vorwort an Zschokke wird der
philanthropische Blick auf das einfache (Schiffs-) Volk unmissverständlich:

> Vous avez désiré connaître les mœurs de ce marins. J'ai passé ma jeunesse au milieu
> d'eux: Leur profession a été vingt ans la mienne. Placé aujourd'hui en dehors de leur
> vie active, avec d'autres sensations et d'autres travaux, j'ai voulu peindre, comme d'un
> point de vue favorable à un artiste qui a parcouru le pays, leur caractère aventureux, et les
> habitudes de leur vie nomade, au milieu d'un élément dont ils se sont fait une patrie.[18]

Gleiches gilt auch für seinen o. g. „Précis" über den Sklavenhandel: Der Widerspruch
zwischen naturrechtlich-philosophischem Anspruch auf unteilbare Menschenwürde
und politischer Wirklichkeit, die unter den Bourbonen vor allem die Interessen der
französischen Pflanzer und Sklavenhalter in den Kolonien beförderten, sowie der
klandestine Charakter dieses Menschenhandels, welcher der kollektiven Heuchelei
bzw. der vorsätzlichen Ignoranz des von den Missständen profitierenden Bürgertums entsprach, begründen die durch und durch sozialkritische Absicht des Verfassers:

> Mais si rien ne peut la faire tolérer aux yeux de la philosophie, tout semble la justifier
> aux yeux de la politique, et l'on sait assez qu'en fait de politique, tout ce qui est lucratif
> et légitime. – La Traite n'est guère connue que de gens qui la font, ou de ceux qui
> s'intéressent assez à l'humanité pour avoir demandé comment on la fait. Mais nos petits-
> maitres et nos élégantes ignorent communément qu'à neuf cent mille lieues de Paris, on
> achète, comme des chevaux ou des bœufs, des êtres doués des mêmes que nos savants, et
> de la même sensibilité que nos beautés les plus irritables. – Un précis philosophique sur la
> manière dont on fait commerce dans la Guinée, nous a paru devoir offrir quelque intérêt,
> et nous en publions des fragments, plutôt par des vues de philanthropie que pour fournir
> un aliment à la curiosité fugitive de quelques lecteurs.[19]

Nach einem kurzen Verweis auf die internationale Ächtung des Sklavenhandels
in Beilage 15 der Schlussakte des Wiener Kongresses kommt er auf das gewinn-
trächtige Unterlaufen derselben durch Reeder und Unternehmer zu sprechen.
Diese begegneten der Gefahr, von englischen Schiffen verfolgt und aufgebracht zu
werden – schließlich diente die Abschaffung des Sklavenhandels der Vereinigten
Königreiche im „Slave Trade Act" von 1808 auch zur Durchsetzung der Seeherr-
schaft gegenüber der sklavenhaltenden und mit Sklaven handelnden französischen
Konkurrenz – durch eine veränderte, auf größere Schnelligkeit zielende Bau-
art der Schiffe. Sie wird ebenso präzis beschrieben wie die Ausstattung des
Zwischendecks mit größeren, durch Grätings abgedeckten Ladeluken zur besseren
Belüftung, die Trennung der „Ware" nach Geschlechtern, ihre Bewachung
durch Bewaffnete und entsprechend abgerichtete Neufundländer etc. Dann folgt
jene Passage, die in den Gedichten Bérangers und Heines ein kongeniales Echo
gefunden zu haben scheint:

Ces pares, où l'on entasse un si grand nombre d'hommes, sans songer qu'ils ont besoin de respirer, deviennent quelquefois des cloaques d'où s'exhalent la contagion et la mort. Il n'est pas rare de voir un négrier perdre le tiers ou le quart de sa cargaison dans le cours d'une traversée même rapide. Mais quels que ravages qu'exercent les épidémies sur les africains, le désespoir ou la mélancolie qui les atteint leur devient encore plus funeste: aussi les capitaines ont-ils le soin de faire prendre des distractions aux plus moroses, en les faisant danser sur le pont au bruit d'un tambour et d'un fifre. Pendant cet exercice, qui leur est offert comme un spécifique contre la douleur, des espingoles, braquées sur les danseurs, sont disposées à foudroyer au moindre signe de rébellion; et cette *triste joie* qu'on leur impose, en leur offrant le plaisir à côté de la mort, est encore plus féroce peut-être que les mauvais traitement dont on les accable. La plupart des capitaines, cependant, traitent leurs esclaves sinon avec humanité, du moins avec précaution. Ils les ménagent, comme une marchandise qu'ils ne veulent pas avarier, mais non pas comme des hommes qu'ils plaignent; car jamais il n'est entré dans l'idée d'un marin négrier qu'un noir fût de la même espèce que lui.[20]

Bérangers Gedicht, zehn Jahre nach Corbières „Précis" und nur ein Jahr nach dessen Erfolgsroman „Le Négrier" über dieselbe Thematik erschienen, wandelt die Zwangsveranstaltung bei Musik und Tanz zu einem weitgehend zwanglosen Marionettentheater ab, was wohl kaum der historischen Wirklichkeit auf einem Sklavenschiff entsprochen haben dürfte, wohl aber die Gleichsetzung zwischen den mit Brot und Spielen bei Laune gehaltenen farbigen Sklaven in der neuen und den weißen Lohnsklaven in der alten Welt erleichterte; vgl. die von Chamisso unübersetzt gebliebene Schlussstrophe:

Ainsi, voguant vers l'Amérique
Où s'aggraveront leurs destins,
De leur humeur mélancolique
Ils sont tirés par des pantins.
Tout roi que la peur désénivre
Nous prodigue aussi les joujoux.
N'allez pas vous lasser de vivre:
Bons esclaves, amusez-vous.[21]

Demgegenüber zeigt Heines Gedicht eine viel größere motivische Nähe zu Corbières „Précis" bei nur einem Unterschied: Statt unter Waffenzwang werden die Farbigen mit der Peitsche zur Fröhlichkeit angetrieben. Nicht nur obige Passage, sondern auch Corbières „Le Négrier" hat bis hin zur Titelwahl eine sehr viel engere Beziehung zu Heines „Das Sklavenschiff" als etwa der rührselige Roman „Uncle Tom's Cabin" von Harriet Beecher-Stowe (1812–1898) aus dem Jahr 1852, welchen Heine nachweislich kannte (vgl. B VI/1, 480).[22] Ob und auf welche Weise Heine von diesen Texten Corbières Kenntnis erhalten hatte, lässt sich aus seinen Werken und Briefen leider nicht ermitteln. Angesichts seines lebenslangen Interesses an maritimen Themen sowie an Reise- und Seefahrts-literatur erscheint dies jedoch überhaupt nicht unwahrscheinlich.

Sein unverwechselbares Profil erhält Heines Gedicht indessen durch das blasphemische Gebet am Ende, welches eine typisch pietistische Frömmigkeits-haltung mit der schamlosen Gewinnkalkulation des Superkargos Mynheer van Koek verquickt; als sozialkritisch-satirische Lehrdichtung ist „Das Sklavenschiff" Heines vom Ende her zu verstehen:

„Um Christi willen, verschone, o Herr,
Das Leben der schwarzen Sünder!
Erzürnen sie dich, so weißt du ja,
Sie sind so dumm wie die Rinder.

Verschone ihr Leben um Christi willen,
Der für uns alle gestorben!
Denn bleiben mir nicht dreihundert Stück,
So ist mein Geschäft verdorben." (B VI/1, 199)

Man täuscht sich, wenn man hierin eine religionskritische Frivolität Heines
und seines Witzes sehen wollte, denn exakt diese Mischung aus Frömmelei und
Menschenhandel hat durchaus historische Vorbilder, zu dem Heine am Anfang
des Gedichts in einer Indiskretion sondergleichen auch noch den Schlüssel
liefert: Die Familie des „Wasserfeldscherers", des Schiffsarztes Doktor van der
Smissen (vgl. B VI/1, 195). Aus gutem Grunde hat Heine diese beiden Schluss-
strophen aber nicht diesem, sondern dem Superkargo Mynheer van Koek in den
Mund gelegt: Es dauerte noch zwei Jahrhunderte, bis der auf Menschenhandel
gegründete Reichtum dieser „Führungseliten" im damals dänischen Altona mit
entsprechenden Dépendancen in Kopenhagen, Dänisch-Westindien, Wandsbek,
Flensburg etc. beim Namen genannt werden durfte:

> Die beteiligten Altonaer und Hamburger Reeder und Kaufleute heißen van der Smissen
> und Baur, Lawaetz und Voght. Die Schaluppen haben unter anderem die Altonaer Werften
> Lührs und Holzt gebaut. All diese Leute wissen, wozu die Boote gut sind und dass bis zu
> 30 % der Versklavten sterben, bevor sie in der Karibik ankommen, um dort auf Plantagen
> zu schuften. Den von ihnen billig erzeugten Zucker, Tabak und Rum lädt man wieder aufs
> Schiff. Holzverschlag und Netze werden entfernt; harmlos aussehend kehrt das Schiff mit
> „neutraler Ware" zurück nach Europa und auch nach Altona.[23]

Die Familie van der Smissen war ursprünglich in Antwerpen beheimatet und
zählte zu den Taufgesinnten (Mennoniten). Aufgrund religiöser Verfolgung suchte
sie u. a. am Niederrhein und in dem damals dänischen Altona Zuflucht. Der Verleger des reformierten Mystikers Gerhard Tersteegen (1697–1879), Johann van
der Smissen, gehört ebenso dazu wie der Reeder Gysbert van der Smissen (1717–
1793) aus Altona, welcher sich wie auch sein Sohn Jacob Gysbert (bzw. Gilbert;
1746–1829) neben der Ausrüstung von Walfängern auf den weitaus lukrativeren
dänischen Sklavenhandel gelegt hatte. Daneben standen beide in ausgeprägten
pietistischen Kontexten.[24]

1762 konnte Heinrich Carl Schimmelmann (1724–1782; 1762 zum Freiherrn
und 1779 in den Grafenstand erhoben) bei seiner durchaus nicht uneigennützigen
Sanierung der dänischen Staatsfinanzen die vier größten Baumwoll- und Zucker-
rohrplantagen in Dänisch-Westindien (Saint-Croix und Saint Thomas) sowie die
staatliche Zuckerrohrraffinerie in Kopenhagen wohlfeil erwerben; es war der
Grundstock für sein späteres Handelsimperium. In Ahrensburg und Wandsbek
ließ er Waffen herstellen, Baumwolle weben und Rum brennen. Diese Handels-
güter tauschten seine Kapitäne in Westafrika gegen Sklaven ein, die auf den
Schimmelmannschen Plantagen den Rohrzucker und die Baumwolle erzeugten,

die dann nach Dänemark geliefert und in den Schimmelmannschen Fabriken zu Zucker, Rum und Kattun weiterverarbeitet wurden.

Mit vierzehn eigenen Schiffen und weiteren des Reeders Gysbert van der Smissen verdienten Schimmelmann und Consorten an jeder Station des Handels zwischen Dänemark, Westafrika und den Antillen; unter seiner Regie stieg die Anzahl der Sklaven auf den Besitzungen in Saint-Thomas und Saint-Croix um mehr als das Doppelte, wobei sein Neffe Heinrich Ludwig Ernst von Schimmelmann (1743–1793) von 1773 bis 1787 als Generalgouverneur von Dänisch-Westindien durchaus im Sinne des Onkels bzw. von dessen Sohn, dem nachmaligen dänischen Finanz- und Außenminister Heinrich Ernst von Schimmelmann (1747–1831) regierte. Der dänische Sklavenhandel florierte auch deswegen, weil die englische Konkurrenz aufgrund des Unabhängigkeitskrieges ihrer nordamerikanischen Kolonien von 1775 bis 1783 ausgeschaltet war.

Der völlig klandestine Erwerbszweig blieb legalisiert bis zum dänischen Sklaven*handels*verbot von 1792; es trat ohnehin erst 1803 in Kraft und führte de facto nur zu einer Umsiedlung der Reeder von Altona nach Hamburg. Die Sklaven*haltung* in den dänischen Kolonien wurde erst 1848 abgeschafft. Selbst in der sehr genauen und detailreichen Autobiographie „Lebensbeschreibung eines alten Seemanns" von Jens Jacob Eschels (1757–1842), der von 1781 bis 1798 im Dienst van der Smissens und Schimmelmanns als Kapitän auf der „Henricus de Vierde" nach Saint-Thomas bzw. Saint-Croix segelte, werden Afrika und der Sklavenhandel geflissentlich ausgeblendet.[25] Immerhin bietet das Buch eine ziemlich vollständige Auflistung der im Dienst Schimmelmanns und van der Smissens befindlichen Schiffe sowie ihrer Kapitäne. Die teilweise bis heute transportierte Außendarstellung dieser Unternehmer als Wohltäter der Menschheit ist dringend revisionsbedürftig.[26]

Schimmelmann verstand es, nicht zuletzt durch Geld, seine beiden literarisch philanthropisierenden Töchter in den alten Adel einheiraten zu lassen: Julia von Reventlow (1763–1816), Mittelpunkt des Emkendorfer Kreises, dem u. a. Claudius, Heinrich Christian Boie (1744–1806), Friedrich Heinrich Jacobi (1743–1819), Johann Caspar Lavater (1741–1801), Friedrich Gottlieb Klopstock (1724–1803) und Johann Heinrich Voß (1751–1826) zugehörten, schrieb wie ihre u. a. mit Herder befreundete Schwester Caroline Adelheid Cornelia von Baudissin (1759–1826) in Knoop pädagogische Literatur zur Volksaufklärung ihrer Bauern und Domestiken auf den Gütern.[27] Es war der gesellschaftliche und kulturelle Firnis über dem Menschenhandel; wenn es um die Freilassung von Sklaven oder Leibeigenen ging, fand der ostentative Philanthropismus der Gräfin v. Reventlow ein jähes Ende.[28]

Schimmelmanns 1778 gegründete Königlich octroyierte Dänisch-Westindische Handelsgesellschaft und die Ostseeisch-Guineische Handelsgesellschaft von 1781, deren Leitung er seinem Sohn Heinrich Ernst anvertraute, warfen für die stillen Teilhaber und Aktionäre, zu denen u. a. auch der Kopenhagener Hofprediger Balthasar Münter (1735–1793) gehörte, unglaubliche Renditen aus dem Sklavenhandel ab.[29] Ein Gedicht wie „Der Schwarze in der Zuckerplantage" von Matthias

Claudius (1745–1817) – ironischerweise ausgerechnet in dem von Schimmel-
mann finanzierten „Wandsbecker Boten" abgedruckt – benennt 1773 die koloniale
Realität mit exzeptioneller Deutlichkeit.[30] Nicht ohne Grund erscheint auch bei
Édouard Corbière am Ende seines „Précis" die dänische Insel Saint-Thomas als
Paradies für Sklavenhändler zum Verfrühstücken ihres unlauteren Profits. Noch
1908, kurz vor Verkauf von Dänisch-Westindien an die USA, trauerte der Düssel-
dorfer Antipode Heines, Hanns Heinz Ewers (1871–1943), berühmt-berüchtigter
Verfasser der Romane „Alraune" (1911) und „Horst Wessel. Ein deutsches
Schicksal" (1932), der alten Sklavenhalterherrlichkeit in einer völlig rassistischen
Reisebeschreibung hinterher:

> Das Negerelement von St. Thomas galt und gilt wohl heute noch nach dem von Curaçao als
> das brauchbarste Arbeitsmaterial in ganz Westindien. Der St. Thomasmann gilt als – ver-
> hältnismässig! – arbeitslustig, ist auch intelligenter als seine Rassengenossen. Freilich klagt
> man heute schon sehr über die Leute, auch hier ist schon, wie bei allen anderen Negern,
> der starke Rückschritt zu bemerken, der überall seit Aufhebung der Sklaverei sich mehr
> und mehr geltend macht. Voraussichtlich wird auch für St. Thomas die Zeit kommen, die
> in den meisten anderen Plätzen längst eingetreten ist, wo der Neger, völlig arbeitsscheu und
> unbrauchbar, dem Staate entweder zu einer drückenden Last werden wird, wie in den Ver-
> einigten Staaten, oder ihn völlig ruinieren wird, wie auf Haiti. […] Und das wird immer
> schlimmer: die aus der Sklaverei befreite Generation war noch die Arbeit gewöhnt, die
> heutige hat schon recht wenig Gefallen daran und die nächste wird ebensowenig arbeiten,
> wie es die Haitineger tun, die seit fast hundert Jahren nun „freie" Menschen sind, so frei,
> dass sie sich von ihren Vettern im Kaffernlande kaum mehr unterscheiden.[31]

Vor diesem Hintergrund sind die Kontakte des Erweckungspredigers Friedrich
August Weihe (1721–1771) aus Gohfeld in Minden-Ravensberg zu Jacob Gysbert
van der Smissen und seiner Familie durchaus von Pikanterie: Nachdem sein Pfarr-
haus 1763 abgebrannt war, lernte Weihe van der Smissen 1766 bei einer seiner
Kollektenreisen in Altona kennen und korrespondierte mit ihm in frommen Tone
bis an sein Lebensende: Sechzehn Briefe Weihes wurden 2021 vom Kirchen-
historiker Ulrich Rottschäfer im „Evangelischen Monatsblatt für Westfalen" aus
dem Jahr 1889 aufgefunden, einem bei Bertelsmann in Gütersloh erscheinenden
Periodikum der Minden-Ravenbergischen Erweckung mit hoher Auflagenzahl.[32]
Auch gegenseitige Besuche und Geschenke sind belegt; das Thema des Sklavenhandels blieb freilich ausgeklammert. Publikationsrahmen und Inhalt der Briefe
sind wesentliche Bestandteile von Rottschäfers sehr weit gediehener Buchver-
öffentlichung „Fernbezüge des Ravensberger Pietismus im 18. Jahrhundert: Die
Verbindung von Friedrich August Weihe (1721–1771) und Gottreich Ehrenhold
Hartog (1738–1816) zu gesellschaftlichen Eliten im Ausland" (Münster, Verlag für
Regionalgeschichte/Aschendorff, Sommer 2022); ihm sei an dieser Stelle für die
großzügige Mitteilung gedankt.
    Wie dieser Titel Rottschäfers andeutet, wurde der Kontakt zu Jacob Gysbert
van der Smissen und dessen Familie durch Weihes engen Freund, den Herforder
Pfarrer Gottreich Ehrenhold Hartog (1734–1816), weitergeführt.[33] Spätestens
bei den Eheschließungen von dessen ältester Tochter Dorothea Augusta Hartog
(1771–1801) mit Henrich van der Smissen (1771–1848; Großneffe von Gysbert)
im Jahr 1795 und derjenigen von Weihes Enkeltochter Friederike Wilhelmine

Sophie Weihe (1780–1848) mit Jacob van der Smissen (1785–1846; Sohn von Jacob Gysbert) im Jahr 1805 dürfte man in den Kreisen der Minden-Ravensbergischen Erwecker sehr wohl gewusst haben, aus welch trüben Quellen der Reichtum dieses frommen Handelshauses floss. Angesichts einer mehr als guten Versorgung dürften sich etwaige Gewissensskrupel erübrigt haben; die Pietisten wussten, dass Geld nicht stinkt, noch nicht einmal das aus den kolonialen Senkgruben von Sklavenhändlern und Sklavenhaltern.

Noch umfangreicher ist die Korrespondenz zwischen dem Sklavenhändler Jacob Gysbert van der Smissen und dem Hallenser Theologieprofessor, Präsident der dortigen Bibelgesellschaft und Herausgeber der Missionsnachrichten der Ostindischen Heidenmission Georg Heinrich Knapp (1753–1825): Die Archive der Franckeschen Anstalten bewahren in der Indienabteilung des Missionsarchivs 26 Briefe van der Smissens und vier Gegenbriefe Knapps[34], ferner einen Brief van der Smissens an den Gründer der Basler Christentumsgesellschaft Johann August Urlsperger (1728–1806) einen von Friedrich Münter (1761–1830), Sohn des o. g. Hofpredigers, an ihn.[35] Weiteres Material ist im Archiv der Deutschen Christentumsgesellschaft Basel vorhanden.[36]

Sodann trat van der Smissen als Korrespondenzpartner von Heinrich Melchior Mühlenberg (1711–1787) hervor, der 1741 von Gotthilf August Francke zur Organisation des nordamerikanischen Luthertums in die englischen Kolonien entsandt worden war.[37] Auch der Theologe Johann Ernst Bergmann (1755–1824), ähnlich wie Mühlenberg 1786 von Halle aus einem Ruf in die gut fünfzig Jahre zuvor durch Salzburger Exulanten gegründete Gemeinde Ebenezer in Georgia folgend, erwähnt den für seine Reise sorgenden van der Smissen an mancher Stelle.[38] In der Zentralbibliothek Zürich finden sich schließlich 14 Briefe von Johann Caspar Lavater an den Altonaer Reeder; sie umfassen die Laufzeit von 1793 bis 1800.[39] Vertreter von Gegenaufklärung und Neupietismus geben sich bei van der Smissen ein fröhliches Stelldichein, weitere Trouvaillen dieser Art sind erwartbar und dürften u. a. in van der Smissens Reisetagebuch zu finden sein.[40] Sollte die Vernetzung des Sklavenhändlers mit Pietisten und Erweckern in aller Welt am Ende nur einer konsequenten Instrumentalisierung von letzteren zwecks Camouflage eines menschenverachtenden Gewerbes gedient haben?

Heine wird bei seinen ausgezeichneten Kontakten nach Hamburg die klandestine Geschichte des Familienunternehmens van der Smissen kaum verborgen geblieben sein. Vor allem die unheilige Allianz zwischen Sklavenhandel und Frömmelei musste geradezu aufreizend auf ihn wirken. Der Name des „Wasserfeldscherers" van der Smissen im Gedicht „Das Sklavenschiff" kann nur als gezielte Indiskretion, als Schlag ins Gesicht der gleichnamigen, auf die Fassade von bürgerlichem Anstand und Wohltätigkeit bedachten Altonaer Reeder- und Großkaufmannsfamilie gelesen werden, welcher ihm erst zehn Jahre nach Ableben seines Onkels Salomon Heine (1867–1844) aus den Tiefen der „Matratzengruft" möglich war. Ob nun Schiffschirurg, Reeder oder Kaufmann: Die van der Smissens waren in jedem Fall für das operative Geschäft zuständig. Heines unerhörte Satire bietet deshalb gewaltigen Zündstoff, weil sie in ihrer Drastik von den realsatirischen Tatsachen locker überholt und überboten wird, und das – wie stets in solchen Fällen – auf der rechten, auf der reaktionären, auf der eigentlich verbotenen Spur.

Dieselbe internationale Verzahnung gab es, wie dieser Aufsatz zeigt, indessen auch auf Seiten des volksaufklärerischen Pendants, und zwar sowohl bei den Kindern des Sklavenhändlers Schimmelmann, die sich am Ende des 18. Jahrhunderts vom Sklavenhandel, nicht aber von der Haltung von Sklaven und Leibeigenen zu lösen vermochten und in Heinrich Ernst Schimmelmann sogar einen aktiven Beförderer der Abolition besaßen[41], sondern ebenfalls in der Verbindung zwischen Zschokke und Corbière. Die Schweiz war ebenfalls in die Sklavenhandlung involviert, u. a. durch die in Basel und Nantes ansässige Firma Christoph Burckhardt (1766–1815), zu dessen Familie auch Zschokkes Korrespondenzpartner, der Bandfabrikant, Freimaurer und Ratsherr Emmanuel Burckhard (1776–1844) gehörte und zu deren Profiteuren schon in der Vorgängergeneration der Volksaufklärer Isaak Iselin (1728–1782); die Basler Mission opponierte erst 1828 gegen den Sklavenhandel.[42] Auch das Berner Patriziat war in den dänischen Sklavenhandel involviert[43]; es wäre kein Wunder, wenn die Kontakte über Basel und die o. g. Protagonisten zustande gekommen wären.

Ähnlich zwiespältig wie die Haltung van der Smissens ist diejenige Corbières: In der zweiten Auflage seiner „Élégies brésiliennes" von 1735 ist sein „Précis sur la taite des noirs" schon nicht mehr enthalten. Beim Menschenhandel verhält es sich wie beim Mord: Es gibt nur ein Geständnis, und dann ist es gut. Grund genug, dieses *document humain* im Anhang zu veröffentlichen. Die damaligen *global players* standen den heutigen Konzernen an krimineller Energie und organisiertem Verbrechen keineswegs nach, auf Seiten der pietistischen Fraktion kam zur doppelten Moral noch erschwerend die andächtelnd-heuchelnde Grimasse, von Heine treffsicher aufgespießt.

Anhang

Édouard Corbière: Précis sur la traite des noirs (1823)

La traite des noirs est à la fois la plus affreuse violation du droit des gens, et le trafic le plus humiliant pour l'espèce humaine, puisqu'elle prouve l'excès de tyrannie auquel parvient l'homme policé, et le dgré d'abaissement où l'on peut réduire l'homme sauvage. Ce brocantage déplorable est tellement contraire à toutes les nations d'équité, que ses plus forts partisans n'ont jamais essayé de le justifier qu'en prouvant qu'il était nécessaire. Il y a des axiomes de droit si positifs, des idées de justice tellement matérielles, que l'audace même ne peut les attaquer de front, et l'on réussirait autant à démontrer que l'assassinat n'est pas un crime, qu'à prouver que la Traite est un droit. Mais si rien ne peut la faire tolérer aux yeux de la philosophie, tout semble la justifier aux yeux de la politique, et l'on sait assez qu'en fait de politique, tout ce qui est lucratif et légitime.

La Traite n'est guère connue que des gens qui la font, ou de ceux qui s'intéressent assez à l'humanité pour avoir demandé comment on la fait. Mais nos petits-maitres et nos élégantes ignorent communément qu'à neuf cent mille lieues de Paris, on achète, comme des chevaux ou des bœufs, des êtres doués des mêmes que nos savants, et de la même sensibilité que nos beautés les plus irritables.

Un précis philosophique sur la manière dont on fait ce commerce dans la Guinée, nous a paru devoir offrir quelqu'interêt, et nous en publions des fragments, plutôt par des vues de philanthropie que pour fournir un aliment à la curiosité fugitive de quelques lecteurs.

Quand toutes les nations, réunies sur les débris du despotisme, voulurent signaler le prodige d'une paix universelle, en abolissant la traite des noirs, des trafiquants avides songèrent aussitôt à annuler, par la fraude, les bienfaits d'un traité aussi solennel.

Les bâtiments qui dès-lors furent destinés à cette navigation interlope, furent construits de manière à pouvoir braver une chasse à l'occasion. Les négriers, outre la supériorité de marche qui les distingue, ont aussi un emménagement qui leur est propre. Leurs panneau sont grands, de manière à donner les plus possible un libre accès à l'air. L'entre pont est divisé, dans le sans de sa longueur, en deux parties que l'on nomme *parcs-à-nègres*, et dont la dénomination indique assez l'usage. Un espace ménagé sur l'arrière, outre le logement des noirs et la chambre des officiers, contient les armes du bord, que l'on expose avec intention aux regards des esclaves. C'est dans cet arsenal, séparé des parcs par une grille, que se promène la sentinelle qui surveille les noirs. Le parc des négresses doit être à la vue des hommes. L'aspect de ces infortunées suffirrait pour porter les africains à des révoltes qui est toujours plus facile de prévenir que de réprimer.

Une inspiration, qui pourrait paraître bizarre si elle n'était pas féroce, a fait employer depuis peu un moyen de contenir les esclaves sans le secours des sentinelles. De forts chiens de Terre-Neuve, exercés à la garde des troupeaux d'hommes, sont maintenant chargés de la police intérieure des négriers. Deux de ces animaux suffisent pour garder deux à trois cents africains. Doués de plus d'instinct que leurs maîtres n'ont de cruauté, plus infatigables, aussi actifs, ils inspirent aux nègres autant d'effroi par leur surveillance que les marins par leur rigueur; et fiers du pouvoir qu'ils exercent sur des hommes, ils semblent, à force de zèle et d'intelligence, vouloir justifier la supériorité qu'on leur laisse usurper sur une misérable portion de notre espèce.

Ces pares, où l'on entasse un si grand nombre d'hommes, sans songer qu'ils ont besoin de respirer, deviennent quelquefois des cloaques d'où s'exhalent la contagion et la mort. Il n'est pas rare de voir un négrier perdre le tiers ou le quart de sa cargaison dans le cours d'une traversée même prapide. Mais quels que ravages qu'exercent les épidémies sur les africains, le désespoir ou la mélancolie qui les atteint leur devient encore plus funeste: aussi les capitaines ont-ils le soin de faire prendre des distractions aux plus moroses, en les faisant danser sur le pont au bruit d'un tambour et d'un fifre. Pendant cet exercice, qui leur est offert comme un spécifique contre la douleur, des espingoles, braquées sur les danseurs, sont disposées à foudroyer au moindre signe de rébellion; et cette *triste joie* qu'on leur impose, en leur offrant le plaisir à côté de la mort, est encore plus féroce peut-être que les mauvais traitements dont on les accable. La plupart des capitaines, cependant, traitent leurs esclaves sinon avec humanité, du moins avec précaution. Ils les ménagent, comme une marchandise qu'ils ne veulent pas avarier, mais non pas comme des hommes qu'ils plaignent; car jamais il n'est entré dans l'idée d'un marin négrier qu'un noir fût de la même espèce que lui.

On a longtemps cru, sur la foi de quelques navigateurs qui sans doute n'étaient pas physiologistes, que les noirs dont s'empare la mélancolie, se détruisaient en avalant leur langue… Un tel préjugé ne vaut pas la peine d'être combattu. Les noirs, il est vrai, se laissent quelquefois mourir d'inanition; vainement s'efforce-t-on alors leur faire prendre des aliments, ils expirent en en repoussant la main qui les leur présente, et cette lutte de plusieurs jours, qu'ils livrent aux angoisses de la faim, devient de l'héroïsme chez des hommes soumis autant que le sont des sauvages à l'empire des besoins physiques. On peut nier qu'il y ait du courage à se faire sauter la cervelle avec une arme qui vous épargne la douleur de la mort; mais personne n'essayera, je crois, à prouver qu'il y a de la faiblesse à se laisser mourir de faim.

Les objets contre lesquels les souverains de la Guinée échangent leurs sujets sont le tabac, l'eau-de-vie, l'arrak, et surtout les armes à feu. Les lieux où l'on traite sont le Sénégal, Biafra, Gabon, etc. Les sauvages de l'hémisphère sud sont peu estimés. Quelques courtiers européens, établis dans ces parages, se chargent, à l'arrivée des bâtiments, de toutes les négotiations à faire entre les capitaines négriers et les caciques.

Il était, il y a un siècle, plus difficile qu'aujourd'hui de faire la traite dans la Guinée. Les guerres qui survenaient alors entre les sauvages, s'éteignaient avec les motifs passagers qui les avaient allumées. Disperser l'ennemi suffisait à la gloire d'une nation; lui tuer quelques hommes satisfaisait sa vengeance. On ne s'attachait pas alors à faire des prisonniers, parce qu'il n'y a que dans les longues guerres des peuples civilisés, que l'on cherche à épuiser l'ennemi, en diminuant le nombre de ses combattants. Les négriers ne pouvaient alors se procurer des esclaves que par le rapt ou la séduction. Il fallait, pour obtenir de jeunes nègres, faire à leurs parents des cadeaux qui les engageassent à livrer leurs enfants… Plus ordinairement un souverain consentait à livrer un certain nombre de ses sujets, pour un fût d'eau-de-vie ou une caisse de fusils. Une fête donnée par ces Européens, attirait-elle, vers le rivage ou près des vaisseaux, les pirogues des africains, on fondait, au milieu de la joie et de la distraction que leur causait un spectacle aussi nouveau, sur ces hommes trop simples pour deviner un piège, et trop faibles pour se venger d'une trahison. Mais aujourd'hui, grâce à la demi-civilisation dont nous avons affligé ces peuples, il n'est plus nécessaire d'employer la perfidie pour les rendre esclaves. L'usage des armes à feu, ces ustensiles de mort qu'ils manient avec plus d'adresse que nous, a totalement changé leur manière de faire la guerre, et le but de leurs expéditions militaires. Auparavant ils ne faisaient de prisonniers que parce qu'ils combattaient: aujourd'hui ils ne combattent que pour faire des prisonniers; en sorte que l'effet de leurs guerres en est devenu la cause, et en offrant un but à la cupidité, à l'acharnement avec lequel ils se combattent, nous leur avons fait considérer des batailles comme des spéculations, et leur destruction comme une prospérité publique.

N'oublions pas que les Grecs, les Perses, les Romains même, réduisaient leurs captifs au plus honteux esclavage, et qu'un héros vaincu était quelquefois vendu au plus lâche des hommes. C'est ne que depuis que l'extrême civilisation a introduit des bienséances jusque dans la matnère de s'entretuer, que les vaincus ont conservé des droits en perdant celui du plus fort. Mais, selon la loi naturelle, il n'y a qu'un droit entre les peuples qui combattent: celui du vainqueur. Il est assez légitime que les africains vendent leurs prisonniers, puisque chaque peuplade marche à la guerre, avec l'espoir des avantages attachés à la victoire et la connaissance des malheurs compensatifs attachés à la défaite. Les soldats de deux armées qui se font une guerre à mort, peuvent immoler ceux qui succombent: c'est un acte barbare, sans doute, mais c'est un droit, une exécution affreuse, mais légitime. Mais à quel titre allons-nous arracher d'innocents africains à leur pays, des bras de leur parents, pour les plonger dans la plus abjecte servitude? Tout injuste qu'est le loup de la fable, il cherche un prétexte pour dévorer l'agneau qu'il convoite. Nous sommes, nous, moins scrupuleux que le loup de l'apologue: nous ne daignons pas même chercher un prétexte pour être féroces. Avec la certitude de l'impunité, nous savons qu'on est toujours assez en droit humain.

Aussitôt qu'un bâtiment a entassé dans la calle le nombre des nègres pour lequel il est jaugé, il fait voile pour les Antilles, la Havane, Cayenne ou le Brésil, selon celle de ces colonies ou la vente de sa cargaison lui promet le plus d'avantage. Mais combien une telle traversée ne présent-t-elle pas de motifs d'effroi à ceux qui la tentent! Il semble que tous les périls, toutes les terreurs qui peuvent assaillir l'homme de mer, aient été mis en compensation avec toutes les séductions, toutes les espérances d'une navigation aussi lucrative. Vingt ou vingt-cinq hommes seulement manœuvrent et gardent un navire où 300 noirs sont réduits, pendant deux mois, à un désespoir qui les conduit souvent à la révolte. Le moindre oubli, dans le service habituel du bord, la moindre imprévoyance dans les circonstances fortuites, peuvent coûter la vie à tout un équipage. Les grains, les orages si communs et si difficiles à prévoir, dans les régions équatoriales, viennent-ils fondre sur le bord: Il faut, avant d'exécuter une manœuvre aussi prompte que nécessaire, faire descendre les esclaves qui respirent sur le pont, leur montrer un pistolet ou un poignard, pour les empêcher de profiter de la confusion que le besoin de serrer ou d'amener les voiles jette ordinairement parmi les matelots. L'équipage d'un négrier de Nantes a été récemment la victime d'une telle circonstance; c'était pendant une nuit très chaude: 50 à 60 nègres avaient été tirés de la calle où ils étouffaient; on les avait placés sur le gaillard d'avant. Un grain blanc tombe avec fureur à bord: les voiles étaient toutes dehors; le quart chargé de la manœuvre, n'est composé que de huit hommes qui sautent sur les manœuvres: les nègres fondent alors sur eux, les désarment, les égorgent, et le reste des marins, réveillé par les cris de leurs frères expirants, montent et sont massacrés en paraissant aux écoutilles. Un seul est épargné; il est chargé par les noirs de ramener le navire au Cap du Palmes, d'où il était parti depuis trois ou quatre jours. En arrivant sur la côte, le bâtiment touche sur des rescifs. Les nègres jugent qu'ils ont été trahis par le français qu'ils ont épargné: ils le déchirent par lambeaux, mais le navire s'ouvre, et une trentaine de ces malheureux se sauvent à peine sur les rochers d'où un cacique les fait arracher pour les livrer à un nouvel esclavage.

Pendant mon séjour dans la petite ile de San-Thomé, située dans le golfe de Guinée, un négrier de Bahia eut tout son équipage égorgé par les esclaves que la perspective d'une captivité affreuse avait conduits à la révolte. Les coupables ne cherchèrent pas à désavouer une action qui les condamnait à périr. Ils marchèrent au supplice, satisfaits d'être vengés et d'échapper, en recevant la mort, à l'implacable barbarie de leurs maîtres.

On a souvent répété que les français étaient plus rigoureux envers les noirs, dans leurs colonies, que les autres colons. Il me serait difficile, je l'avoue, de juger jusqu'à quel point cette opinion est fondée; mais, si l'on jugeait la manière dont les esclaves sont traités chez les étrangers, par celle dont ils le sont à bord, on serait porté à croire qu'on rencontre encore, chez nos colons, moins de cruauté que dans les portugais et les espagnols. Les marins de ces deux nations se conduisent, à l'égard des nègres, avec quelque chose de plus que de l'inhumanité; 300 africains sont jetés dans une espace où un capitaine français en logerait à peine 200: entassés plutôt qu'animés dans une calle infecte, alimentés à peine, jamais traités des maladies qu'ils apportent ou qu'ils contractent à bord, ils arrivent au Brésil ou à la Havane, exténués incapables souvent de porter les fers qui les attendent. On doit cependant une justice et presque in éloge même aux colons portugais. On est si rarement dans la nécessité de les louer, que ce serait un crime d'en laisser échapper l'occasion.

Dans les possessions françaises, les noirs sont rarement vêtus. Cette pudeur, que nous avons en Europe, ne s'alarme pas de voir aux Antilles un esclave sans vêtement. Il semble que la nudité d'un nègre n'ait pas même le privilège de faire rougir une femme blanche, tant nous sommes parvenus à dégrader la valeur des hommes d'une autre couleur que nous. Au Brésil, les esclaves sont vêtus toujours proprement, souvent avec élégance; et les étoffes légères, avec lesquelles ils se drapent, donnent même à leur costume un air oriental. Les affranchis ont seuls le privilège de porter des souliers, et plusieurs d'entre eux parviennent quelquefois à masser une fortune assez considérable.

Après avoir appelé la pitié de nos lecteurs sur la triste condition des malheureux africains, nous ne pouvons guère espérer de les intéresser au sort de leurs affreux possesseurs. La transition serait trop brusque. Mais la destinée de l'esclave est presque toujours enchaînée à celle de son maître: parler de l'oppresseur, c'est parler aussi de l'opprimé, et c'est par cette considération que nous allons dire un dernier mot des marins négriers, pour ne pas perdre de vue leurs victimes, au moment où elles mettent le pied sur le sol de la servitude.

Comme les ports où la traite est défendue sont ceux où les noirs se vendent à mieux, les négriers manquent rarement d'y tenter des débarquements; mais ce n'est qu'en bravent une surveillance excessive et des peines rigoureuses, qu'ils réussissent. S'ils sont surpris par les garnisons des forts, des cachots les reçoivent, et leur cargaison d'hommes est confisquée. Mais lorsque, à travers les haies des soldats, les postes d'alguazils ou des gendarmes, ils parviennent à livrer à des *bazardeurs* les nègres que ses derniers leur ont achetés, ils se rendent pour la plupart, dans l'île de Saint-Thomas, consumer, parmi des pirates et des forbans, un or acquis au prix de l'honneur, et légitimé, s'il est possible, à force de sacrifices et de dangers.

Édouard Corbière: Abriss über den Sklavenhandel (1823) [Übersetzung]

Der Handel mit Schwarzen ist die scheußlichste Verletzung des Völkerrechts und gleichzeitig auch der die Menschheit am meisten entwürdigende Handelszweig: Er belegt das Unmaß an Tyrannei, dessen der gebildete Mensch fähig ist, und das Ausmaß der Erniedrigung, welche den Wilden angetan wird. Dieser beklagenswerte Schacher widerspricht dem Gerechtigkeitssinn aller Völker so sehr, dass selbst die stärksten Befürworter keinerlei Rechtfertigung dafür versucht haben, bis auf den Nachweis seiner Notwendigkeit. Derart positive Rechtsaxiome und materielle Vorstellungen der Juristerei vermag selbst der Mutigste nicht direkt anzugreifen; man könnte ebenso schlüssig beweisen, dass Mord kein Verbrechen ist, wie den Beweis dafür anzutreten, dass der Sklavenhandel ein Recht ist. Mag er auch in den Augen der Philosophen unerträglich sein, so scheint ihn alles in der Politik zu rechtfertigen, und man weiß, dass offenbar alles Lukrative in der Politik legitim ist.

Dieser Menschenhandel ist fast ausschließlich seinen Betreibern bekannt oder denjenigen, welche hinreichend an der Menschheit interessiert sind, um nach dessen Usancen zu fragen. Unsere Kleingeister und Zierdamen aber wissen gemeinhin nicht, dass man neunhundert oder tausend Meilen jenseits von Paris Wesen mit denselben Organen wie unsere Gelehrten und der reizbaren Empfindsamkeit unserer Schönen wie Pferde oder Ochsen verhökert.

Ein philosophischer Abriss über die Art dieses Handels in Guinea scheint interessant genug, um einige Fragmente darüber zu veröffentlichen, eher aus philanthropischen Gründen als zur Befriedigung der flüchtigen Neugier mancher Leser.

Sämtliche Nationen kamen auf den Trümmern des Despotismus überein, durch die Abschaffung des Sklavenhandels das Wunder des Weltfriedens zu verkünden; die Wohltaten eines derart feierlichen Vertrags gedachten einige Händler aus Geldgier sofort betrügerisch zu unterlaufen.

Die seit dieser Zeit für den „Schwarzhandel" gebauten Schiffe, sind so konstruiert, dass sie im Fall einer Verfolgung entkommen können. Die Sklavenschiffe zeichnen sich nicht nur durch hervorragende Schnelligkeit aus, sondern auch durch eine besondere Aufteilung. Zum Optimieren der Belüftung gibt es große Grätings. Das Zwischendeck ist der Länge nach in sogenannte Negerpferche zweigeteilt; die Bezeichnung macht den Verwendungszweck hinreichend deutlich. Abgesehen von der Unterkunft der Schwarzen und der Offiziersmesse enthält der Heckraum auch die Bordwaffen, die absichtlich den Blicken der Sklaven ausgesetzt sind. Dieses Arsenal ist durch ein Gitter von den Pferchen getrennt. Dort patrouilliert der Aufseher über die Schwarzen. Der Pferch der Negerinnen muss den Augen der Männer entzogen sein, würde doch der Anblick dieser unglücklichen Frauen die Afrikaner zu Aufständen verleiten, die immer leichter zu verhindern als zu unterdrücken sind.

Seit Kurzem hat man ein Mittel gefunden, um die Sklaven ohne Hilfe von Wächtern in Schach zu halten: Starke, zur Bewachung von Menschenhorden abgerichtete Neufundländer sind jetzt mit der Innenaufsicht der Sklavenschiffe betraut, ein Einfall, der bizarr erschiene, wenn er nicht so grausam wäre. Zwei dieser Tiere reichen zur Bewachung von zwei- bis dreihundert Afrikanern aus. Mit mehr Instinkt begabt als ihre Herren an Grausamkeit, unermüdlicher und ebenso aktiv, schüchtern sie die Neger durch ihre Wachsamkeit nicht weniger ein als die Seeleute durch ihre Strenge; stolz auf ihre Macht über Menschen scheinen sie ihr Eifer und ihre Intelligenz die Überlegenheit rechtfertigen zu wollen, die man ihnen über einen elenden Teil unserer Spezies einräumt.

Man zwängt in diesen Pferchen so viele Menschen zusammen und denkt nicht daran, dass sie atmen müssen. So werden sie oft zu Kloaken, die Ansteckung und Tod ausdünsten. Nicht selten verliert ein Sklavenschiff selbst bei einer schnellen Überfahrt ein Drittel oder Viertel seiner Ladung. Noch nachhaltiger als durch Epidemien werden die Afrikaner dezimiert, wenn Schwermut und Verzweiflung sie befallen. Deshalb sorgen die

Kapitäne bei den höchst missmutigen Menschen für Ablenkung und lassen sie auf Deck zum Trommel- und Pfeifenklang tanzen. Während ihnen diese Übung als Mittel gegen den Gram dargeboten wird, zielt man mit Drehbassen auf die Tänzer, um sie beim geringsten Anzeichen von Widersetzlichkeit abzuschießen; man mutet ihnen Vergnügen im Angesicht des Todes zu, eine traurige Freude, vielleicht noch grausiger als die ihnen angetane schlechte Behandlung. Die meisten Kapitäne gehen mit ihren Sklaven jedoch achtsam, wenngleich auch nicht menschlich um. Als Haushälter wollen sie ihre Ware nicht verderben, sie aber nicht als Menschen bedauern; keinem Sklavenhändler käme es je in den Sinn, dass ein Schwarzer seinesgleichen sein sollte.

Nach dem Dafürhalten mancher Seeleute, die beileibe keine Mediziner sind, glaubte man seit Langem, dass die Schwarzen, derer sich die Schwermut bemächtigt, durch das Verschlucken ihrer Zunge Selbstmord verübten... Ein solches Vorurteil braucht wohl kaum zu bekämpft zu werden. Tatsächlich aber sterben sie zuweilen an Entkräftung, wie sehr man sich auch um ihre Nahrungsaufnahme bemühen mag: Sie weisen jede Handreichung zurück und sterben, und dieser tagelange Kampf gegen die Schrecken des Verhungerns wird zum Heldentum bei den Menschen, die genauso wie die Wilden der leiblichen Notdurft unterworfen sind. Man kann den Mut dessen bezweifeln, der sich zur Verkürzung seines Leidenswegs das Gehirn mit der Waffe wegbläst; niemand aber wird wohl den Hungertod als Schwäche auslegen.

Die Herrscher von Guinea tauschen ihre Untertanen gegen Tabak, Branntwein, Arrak und vor allem Schusswaffen ein. Handelsorte sind Senegal, Biafra, Gabun etc. Die Wilden der südlichen Hemisphäre werden kaum begehrt. Einige europäische Makler, die sich in diesen Gegenden niedergelassen haben, befassen sich bei der Ankunft der Schiffe mit dem gesamten zu tätigenden Handel zwischen den Kapitänen der Sklavenschiffe und den Kaziken.

Vor einem Jahrhundert war es schwieriger als heute, in Guinea Handel zu treiben. Die damals zwischen den Wilden entbrannten Kriege erloschen mit den nichtigen Gründen, die sie entfacht hatten. Den Feind in die Flucht zu schlagen, gereichte einer Nation zum Ruhm; ihm ein paar Männer zu töten, befriedigte ihre Rache. Man hielt sich nicht dabei auf, Gefangene zu machen, denn nur in den langen Kriegen zivilisierter Völker sucht man den Feind durch zahlenmäßige Verringerung seiner Kombattanten zu erschöpfen. Sklavenhändler konnten nur durch Raub oder Verführung an Sklaven kommen. Um junge Neger zu erhalten, mussten sie deren Eltern mit Geschenken dazu bringen, ihre Kinder auszuliefern... Ein Fass Branntwein oder eine Kiste Gewehre ließ einen Herrscher gewöhnlich der Abtretung einer bestimmten Anzahl seiner Untertanen zustimmen. Lockte ein von Europäern ausgerichtetes Fest die Einbäume der Afrikaner zur Küste oder an die Schiffe, so fielen diese Leute, zu schlicht, um eine Falle zu wittern, und zu schwach zur Ahndung dieses Verrats, inmitten von Freude und Ablenkung darauf herein. Doch dank der Halbzivilisation, mit der wir diese Völker heimgesucht haben, bedarf es heute keiner Perfidie mehr zu ihrer Versklavung. Der Gebrauch von Schusswaffen, worin sie geschickter sind als wir, hat die Art ihrer Kriegsführung und den Zweck ihrer militärischen Expeditionen völlig verändert. Früher machten sie nur Gefangene, weil sie kämpften, heute kämpfen sie nur, um Gefangene zu machen: Die Wirkung ihrer Kriege ist zur Ursache geworden, und indem wir der Habgier und der Verbissenheit, mit der sie sich bekämpfen, ein Ziel bieten, haben wir sie dazu gebracht, Schlachten als Spekulation und ihre Zerstörung als öffentliche Wohlfahrt zu betrachten.

Vergessen wir nicht, dass Griechen, Perser und sogar Römer ihre Gefangenen in die schändlichste Sklaverei brachten und dass ein besiegter Held manchmal an den feigsten Mann verkauft wurde. Erst die extreme Zivilisation hat Anstandsregeln bis hin zum gegenseitigen Töten eingeführt, wonach Besiegten ihre Rechte behalten und das Recht des Stärkeren verloren. Nach dem Naturgesetz gibt es zwischen den kämpfenden Völkern aber nur ein Recht: das des Siegers. Es ist durchaus legitim, dass die Afrikaner ihre Gefangenen verkaufen, weil jede Völkerschaft bei ihren Kriegszügen auf die mit dem Sieg verbundenen Vorteile hofft und um die mit der Niederlage verbundenen kompensatorischen Unglücke weiß. Die Soldaten zweier Armeen, die sich auf Leben und Tod bekriegen, dürfen die Unterlegenen opfern: Das ist zweifellos ein barbarischer Akt, aber es ist ein Recht, eine schreckliche, aber legitime Hinrichtung. Aber mit welchem Recht reißen wir unschuldige Afrikaner aus ihrem Land, aus den Armen ihrer Eltern, um sie in die niederträchtigste Knechtschaft zu stürzen? So ungerecht der Wolf in der Fabel auch ist: Er sucht zumindest einen Vorwand zum Fressen des begehrten Lamms. Weit weniger skrupulös als der Wolf in der Apologie lassen wir uns noch nicht einmal zur Suche nach einem Grund für unsre Grausamkeit herab. Der Straffreiheit sicher wissen wir uns hinlänglich auf der Grundlage des Menschenrechts.

Sobald ein Schiff die ihm angemessene Zahl der Neger im Laderaum verstaut hat, segelt es zu den Antillen, nach Havanna, Cayenne oder Brasilien, je nachdem, in welcher dieser Kolonien der Verkauf seiner Ladung am lukrativsten ist. Doch eine solche Überfahrt bietet denjenigen, die sie wagen, allen Grund zur Furcht! Alle Verlockungen, alle Hoffnungen einer derart einträglichen Seefahrt scheinen von sämtlichen Schrecken und Gefahren aufgewogen, die einen Seemann treffen können. Lediglich zwanzig bis fünfundzwanzig Männer bedienen und bewachen ein Schiff, auf dem 300 Schwarze zwei Monate lang aus lauter Verzweiflung oftmals zum Aufstand getrieben werden. Beim gewöhnlichen Dienst an Bord kann das kleinste Versäumnis, die geringste Unachtsamkeit unter Umständen einer ganzen Mannschaft das Leben kosten. Wenn die in den Tropen so häufigen und schwer vorhersehbaren Stürme und Gewitter über das Schiff hereinbrechen, muss man vor den ebenso nötigen wie eiligen Manövern die Sklaven mit Hilfe von Pistole oder Dolch von der frischen Luft an Deck wieder nach unten bringen und sie nicht aus der Unordnung, die das notwendige Reffen oder Einholen der Segel gewöhnlich unter den Matrosen stiftet, Kapital schlagen lassen. Die Besatzung eines Sklavenschiffes aus Nantes wurde kürzlich Opfer solcher Umstände: 50 bis 60 Neger holte man in einer extrem heißen Nacht aus dem Laderaum, um sie nicht ersticken zu lassen; sie wurden auf das Vorschiff gebracht. Eine weiße Bö überfiel das Deck mit Wucht, als alle Segel gesetzt waren; die diensthabende Wache zum Manövrieren bestand nur aus acht Männern und sprang in die Wanten. Die Neger stürzten sich auf sie, entwaffneten sie, schnitten ihnen die Kehlen durch; die übrigen Matrosen, von den Schreien ihrer sterbenden Brüder geweckt, stiegen hinauf und wurden gleich bei ihrem Erscheinen an den Luken niedergemetzelt. Nur einer blieb verschont; er wurde von den Schwarzen beauftragt, das Schiff ans Palmenkap zurückzubringen, von wo aus es vor drei oder vier Tagen in See stach. Beim Anlanden lief das Schiff auf Riffe. Die Neger wähnten sich von dem Franzosen verraten, den sie verschont hatten; sie rissen ihn in Stücke, aber das Schiff schlug leck, und etwa dreißig dieser Unglücklichen konnten sich gerade noch auf die Felsen retten, von denen sie ein Kazike losriss, um sie einer neuen Sklaverei zuzuführen.

Während meines Aufenthalts auf der kleinen Insel San-Thomé im Golf von Guinea wurde die gesamte Besatzung eines Sklavenhändlers aus Bahia von Sklaven aufgeschlitzt, die durch die Aussicht auf eine schreckliche Gefangenschaft zum Aufstand getrieben wurden. Die Schuldigen versuchten die Tat keineswegs abzustreiten, welche ihnen zum Todesurteil gereichte. Befriedigt, sich gerächt zu sehen und der unerbittlichen Barbarei ihrer Besitzer durch den Tod zu enteilen, begaben sie sich zur Hinrichtung.

Oft behauptet man, dass die Franzosen die Schwarzen in ihren Kolonien strenger hielten als andere Siedler. Zugegeben fällt mir die Beurteilung schwer, ob diese Auffassung begründet ist. Beurteilt man aber die Sklavenhaltung bei Ausländern nach der Art und Weise, wie sie an Bord behandelt werden, würde man nicht zu der Annahme neigen, dass man bei unseren Kolonialherren weniger Grausamkeit antrifft als bei den Portugiesen und Spaniern. Die Seeleute dieser beiden Nationen führen sich den Negern gegenüber mehr als nur unmenschlich auf; 300 Afrikaner werden in einen Raum geworfen, in dem ein französischer Kapitän kaum 200 von ihnen unterbringen würde; mehr zusammengepfercht als untergebracht in einem dreckigen Laderaum, unterernährt, nie gegen die

Krankheiten behandelt, die sie an Bord mitbringen oder womit sie sich an Bord anstecken, kommen sie nach Brasilien oder Havanna, erschöpft und oft nicht in der Lage, die Eisen zu tragen, die auf sie warten. Doch ist man auch den portugiesischen Siedlern Gerechtigkeit und fast ein Lob schuldig. Man sieht sich so selten genötigt, sie zu loben, dass es ein Verbrechen wäre, sich diese Gelegenheit entgehen zu lassen zu lassen.

In den französischen Besitzungen sind die Schwarzen selten bekleidet. Unsre europäische Schamhaftigkeit wird nicht gestört, wenn sie auf den Antillen einen Sklaven ohne Kleider sieht. Es scheint, dass die Nacktheit eines Negers noch nicht einmal das Privileg besitzt, eine weiße Frau erröten zu lassen, so sehr haben wir es geschafft, den Wert von Menschen einer anderen als unserer Hautfarbe herabzusetzen. In Brasilien sind die Sklaven immer ordentlich und oft elegant gekleidet, und die leichten Stoffe, mit denen sie sich drapieren, verleihen ihrer Tracht sogar ein orientalisches Aussehen. Nur die Freigelassenen haben das Privileg, Schuhe zu tragen, und manche von ihnen haben zuweilen ein beträchtliches Vermögen zusammengebracht.

Nachdem wir an das Mitleid unserer Leser mit der traurigen Lage der unglücklichen Afrikaner appelliert haben, können wir kaum hoffen, sie für das Schicksal ihrer schrecklichen Besitzer zu interessieren. Der Übergang wäre zu abrupt. Aber das Schicksal des Sklaven ist fast immer an das seines Herrn gekettet: Wer vom Unterdrücker spricht, spricht auch vom Unterdrückten, und aus dieser Überlegung heraus gönnen wir uns ein letztes Wort über die Matrosen der Sklavenschiffe, um ihre Opfer nicht aus den Augen zu verlieren, wenn sie den Boden der Knechtschaft betreten.

Da Häfen, in denen Sklavenhandel verboten ist, auch diejenigen sind, in denen sich Schwarze am besten verkaufen lassen, verzichten die Sklavenhändler selten darauf, dort anzulanden. Aber sie haben nur Erfolg, wenn sie sich einer strengen Überwachung und den drakonischen Strafen entziehen. Überraschen sie die Garnisonen der Forts, so werden sie in Kerker gesteckt und ihre Ladung an Menschen wird konfisziert. Gelingt es ihnen dennoch, die Neger quer durch Soldatenketten und Posten von Bütteln oder Gendarmen hindurch an die *Bazardeure*[44] zu liefern und sie sich vergüten zu lassen, begeben sich die meisten von ihnen auf die Insel St. Thomas, um dort unter Piraten und Freibeutern das Gold zu verzehren, erworben um den Preis ihrer Ehre und, sofern das möglich ist, legitimiert durch Opfer und Gefahren.

Anmerkungen

1 Pierre-Jean de Béranger: Les Nègres et les marionettes. – In: ders.: Chansons. Bd. 3. Paris 1833, S. 106. Über die bislang bekannten möglichen Informationsquellen und Vorlagen für Heines „Sklavenschiff", zu denen neben Bérangers Gedicht und verschiedenen Presseberichten auch Motive bei Jean Paul und Prosper Mérimée gehört haben könnten, vgl. den Kommentar in DHA III, 1120 f. Corbière ist dort nicht genannt.
2 Béranger's Lieder. Auswahl in freier Bearbeitung von Adelbert von Chamisso und Franz Freiherrn Gaudy. Leipzig 1838, S. 141 f.
3 Vgl. Édouard Corbière: Le Négrier. Paris 1832; ders.: Les Pilotes de l'Iroise. Paris 1832; ders.: Contes de bord. Paris 1833; ders.: Les Aspirans de marine. 2 Bde. Paris 1834; ders.: La Mer et les Marins. Paris 1833; ders.: Le Prisonnier de guerre. Paris 1834; ders.: Scènes de mer. Paris 1835; ders.: Le Banian. Roman maritime. 2 Bde. Bruxelles 1836; ders.: Les trois Pirates. Paris 1838; ders.: Les Folles-Brises. 2 Bde. Paris 1838; ders.: Tribord et Babord. 2 Bde. Paris 1840; ders.: Les Ilots de Martin-Vaz. 2 Bde. Bruxelles 1842; ders.: Pelaio. Roman maritime. 2 Bde. Paris 1843; ders.: Cric-crac. Roman maritime. 2 Bde.

Paris 1846. Deutsche Übersetzungen: ders.: Das Seeleben. Malerische Schilderungen. Übers., v. Ludwig v. Alvensleben. Leipzig 1836; ders.: Die Zöglinge der Marine. Dt. v. E. J. B. Elbthal, 2 Bde. Hamburg 1837, ²1838; ders.: Die Seekadetten. Roman. 2 Bde. Braunschweig 1838; ders.: Die drei Seeräuber. Braunschweig 1838.

4 Édouard Corbière: Les Jeux floreaux. Brest 1818 (Komödie in zwei Akten); ders.: À la Liberté publique. Dithyrambe. Paris 1819; ders.: Le dix-neuvième Siècle. Satire politique. Paris 1819; ders.: La Marotte de Ultras, ou Recueil des chansons patriotiques. Brest, Paris 1819; ders.: Lanterne Magique. Pièce curieux, représentant la chambre des deputes. Paris 1819; ders.: Les Philippiques français. Poème. Paris 1820; ders.: Notre Âge. Satire. Paris 1821; ders.: Élégies brésiliennes, suivie de poésies diverses et une notice sur la traite des noirs. Paris 1823, 2. Auflage unter dem Titel: Brésiliennes, augmentée de poésies nouvelles. Paris 1825; Poésies de Tibulle. Traduit en vers français par Éd[uard]. Corbière. Paris 1829.

5 Vgl. Soirées bretonnes ou recueil de poésies divers. Hrsg. v. d. Société des Soirées bretonnes. Brest 1818; hierzu lieferte Corbière das Vorwort und 57 Gedichte; Journal lyrique et anecdotique. Hrsg. v. Édouard Corbière. Paris 1819; La Guêpe. Ouvrage moral et littéraire. Hrsg. v. dems. Brest 1818 f.; La Nacelle. Journal commercial et littéraire. Hrsg. v. dems. Rouen 1822 f.; Le Navigateur. Journal des naufrages, pirateries, voyages, evenemants de mer etc. Revue maritime. Hrsg. v. Joseph Molent, Jules Lecomte. Le Havre 1829–1838 (Mitarbeiter).

6 Vgl. Édouard Corbière: Trois jours d'une mission à Brest. Paris 1819; ders.: Épitre à Son Excellence le Comte de Corbière. Paris 1827; ders.: Petition maritime à l'Assemblée nationale. Le Havre 1848; ders.: Questions soumises à l'enquête sur la marine marchande. Le Havre 1851.

7 Vgl. Corbière: Le Négrier [Anm. 3.]; ders.: Le Prisonnier de guerre [Anm. 4].

8 Vgl. Corbière: Trois jours [Anm. 6]; ders.: La Marotte des ultras [Anm. 5].

9 Vgl. Corbière: Précis sur la traite des noirs, Élégies Brésiliennes [Anm. 4], S. 45–56. Zum Vorstehenden vgl. Jean Berthou: Edmond Corbière, père du roman maritime en France. Paris 1990, S. 9.

10 Vgl. Édouard Corbière: Le Négrier [Anm. 3.], 4. Auflage mit dem Untertitel: „revue sur un nouveau manuscrit de l'auteur". Le Havre 1855. Neuere Ausgaben in Auswahl: Paris 1936, Paris 1952 (Vorwort von Charles de la Morandière), Paris 1952 (Hrsg. v. Louis Pawels), Paris 1952 (Einleitung von Edmond Pognon), Paris 1953, Paris 1971 (Vorwort von Michel Dansel), Huelgoat 1978, Paris 1979 (Vorwort von Michel Dansel), Paris 1990, Saint-Malo 1990, La Rochelle 2007.

11 Zit. n. Berthou: Corbière, père du roman maritime [Anm. 9], S. 9.

12 Vgl. Heinrich Zschokke: Hans Dampf in allen Gassen. Aarau 1814; ders.: Das Goldmacherdorf. Aarau 1817; ders.: Die Branntweinpest. Aarau 1837; Holger Böning: Heinrich Zschokke und sein „Aufrichtiger und wohlerfahrener Schweizerbote". Die Volksaufklärung in der Schweiz. Frankfurt a. M., Bern 1983.

13 Vgl. Édouard Corbière: Dédicace: À monsieur Henri Zschokke, à Aarau. Ders.: Le Négrier. Paris 1834, S. 1–3; die Vorbildfunktion Zschokkes „comme un des patriarques du genre" mit einer „réputation élevée que vos ouvrages vous ont acquise", „honoré des fonctions publiques", „un homme public [qui porte] dans la littérature un caractère plus pur et des prétentions plus modestes" (ebd.) ist offensichtlich.

14 Vgl. Werner Ort: Heinrich Zschokke (1771–1848). Eine Biografie. Baden 2013, S. 576.

15 Heinrich Zschokke: Ein Ausflug in die Normandie. – In: ders.: Eine Selbstschau. Erster Theil: Das Schicksal und der Mensch. Aarau ⁵1853, S. 352 f. Vgl. auch ders.: Brief vom 21. Mai 1830 aus Dieppe an seine Frau Fanny über seine Erlebnisse am 17. Mai: „[…] Hr. Wanner hatte mir ein einfaches Schweizermahl versprochen. Aber, hilf Himmel, welcher Luxus, welche Eleganz! Die Gäste waren meistens Schweizer, auch dabei ein Gelehrter und Schiffcapitän. Ausser den Damen Wanner und Langer keine Andre. Der Kapitän gefiel mir besonders." Für die freundliche Mitteilung am 21.6.2021 sei Herrn Werner Ort aus Schönenwerd (CH) herzlich gedankt.

16 Vgl. Heinrich Zschokke: Der Pflanzer auf Cuba. – In: ders.: Ausgewählte Novellen und Dichtungen. Bd. 9. Aarau 1845, S. 233–256, eine novellistische Darstellung seiner Beziehung zu dem o. g. Tom Spengler, worin er die Sklavenhaltung in den Kolonien als milderes Los im Vergleich zu der europäischen Leibeigenschaft beurteilt.

17 Vgl. Jean Berthou: Histoire de la Compagnie maritime des Paquebots du Finistère (1839–1875). – In: Cahiers Havrais de Recherche Historique 51 (1992), S. 11–53.

18 Corbière: Dédicace [Anm. 13].

19 Corbière: Précis sur la traite des noirs. – In: ders.: Élégies brésilienne [Anm. 4], S. 45 f.

20 Ebd., S. 47 f.

21 Béranger: Les Nègres [Anm. 1], S. 142.

22 Zur Nähe Beecher-Stowes und ihres Mannes Calvin E. Stowe (1802–1886) zur philanthopinischen Reformpädagogik von Ludwig Natorp (1774–1846) und Adolph Diesterweg (1790–1866) vgl. Philipp von Türk: Wilhelm von Türk (1744–1846). Ein deutscher Gesellschaftsreformer aus der Perspektive amerikanischer Pädagogen des 19. Jahrhunderts. – In: Wer waren die Aufklärer? Zum sozio-biographische Hintergrund von „hoher" Aufklärung und Volksaufklärung. Hrsg. v. Holger Böning, Iwan-Michelangelo D'Aprile, Hanno Schmitt u. Reinhart Siegert. Bremen 2022, S. 257–294, insbes. S. 265–268.

23 Vgl. Petra Schellen: Altona, gebaut aus Sklaven-Gold. – In: taz Nord, 12.7.2017; Hauke Friederichs: Carl von Schimmelmann: „Sclaven-Handel liegt mir am Herzen". – In: Die Zeit 40, 13.10.2020.

24 Vgl. Christian Peters: Zur Vorgeschichte Volkenings. Die Frommen Minden-Ravensbergs auf dem Weg ins 19. Jahrhundert. – In: Pietismus und Neuzeit 30 (2004), S. 62–90, hier S. 78: „[…] eine von Hartogs Töchtern, die bereits 1800 [sic; recte: 1801] verstorbene Dorothe Auguste, war die Frau Heinrichs van der Smissen in Altona, hatte also in das unmittelbare Umfeld Tersteegens eingeheiratet. [Anm. Peters:] Die van der Smissens standen daneben aber auch noch in anderen pietistischen Kontexten. Hier ist z. B. auf Philipp Matthäus Hahn (1739–1790) hinzuweisen." Zu Johann van der Smissen vgl. Peter Jürgen Mennenöh: Duisburg in der Geschichte des niederrheinischen Buchdrucks bis zum Ende der alten Duisburger Universität (1818). Duisburg 1970, S. 106 f., Anm. 501. Johann van der Smissen verlegte Gerhard Tersteegen: Das ist der From[m]en Lotterie/Wobey man kan[n] verlieren nie. Elberfeld 1722.

25 Vgl. Jens Jacob Eschels: Lebensbeschreibung eines alten Seemanns von ihm selbst geschriebene. Altona 1835.

26 Vgl. vor allem Samuel Gottlob Meißner: Charakterzüge aus dem Leben edler Geschäftsmänner und berühmter Kaufleute. Zur Lehre und Nachahmung der merkantilischen Jugend gesammelt und herausgegeben. Elberfeld 1805; Matthias Rauert, Annelie Kümpers-Greve: Van der Smissen. Eine mennonitische Familie vor dem Hintergrund der Geschichte Altonas und Schleswig-Holsteins. Texte und Dokumente. Hamburg 1992.

27 Vgl. Julia von Reventlow: Sonntagsfreuden des Landmanns. Kiel 1791; dies.: Kinderfreuden oder Unterricht in Gesprächen. Kiel, Leipzig 1793; Caroline Adelheid Cornelia von Baudissin: Die Dorfgemeinschaft. Ein unterrichtendes Lesebuch für das Volk. 2 Bde. Kiel, Leipzig 1792. Vgl. ferner Arnold Stenzel: Johann Heinrich Pestalozzi und die „Sonntagsfreuden des Landmanns" der Julia von Reventlow. – In: Nordelbingen 66 (1997), S. 95–110; Silke Göttsch: „Sonntagsfreuden des Landmanns": Zur literarischen Selbstinszenierung zweier hochadliger Frauen um 1800 in Schleswig–Holstein. – In: Volksfreunde. Historische Varianten sozialen Engagements. Ein Symposium. Hrsg. v. Bernd Jürgen Warneke. Tübingen 2007, S. 107–118.

28 Vgl. Johann Heinrich Voß: Wie ward Fritz Stolberg ein Unfreier? – In: ders.: Werke in einem Band. Hrsg. v. Hedwig Voigt. Berlin, Weimar 1966, S. 303 f.

29 Vgl. Christian Degn: Die Schimmelmanns im atlantischen Dreieckshandel. Gewinn
    und Gewissen. Neumünster 1974; Stefan Winkle: Firma Schimmelmann und Sohn. Der
    dänische Sklavenhandel. – In: Hamburger Ärzteblatt 12/2003, S. 530–537, hier S. 535;
    Wendy Sutherland: Staging Blackness, Constructing Whiteness. Race in Eighteenth-
    Century Germany. New York 2016, S. 81 ff. (ebd., S. 82, wird auch kurz auf die mögliche
    Verbindung zwischen Heines „Schiffschirurgius" und dem Reeder van der Smissen hin-
    gewiesen); Hans Peter Richter von Arnauld: „…und hatten die Pest an Bord." Eine Kultur-
    geschichte der Krankheiten, Seuchen und Gefahren der Seefahrt. Norderstedt 2018, S.
    138–141.

30 Vgl. Matthias Claudius: Der Schwarze in der Zuckerplantage. – In: ders.: Sämt-
    liche Werke. Hrsg. v. Jost Perfahl u. Hansjörg Platschek. München 1976, S. 17 f. Zum
    Schimmelmannschen Sklavenhandel als Verständnishorizont vgl. Tanja Schurkus: Der
    Schwarze in der Zuckerplantage. – In: Helle reine Kieselsteine. Gedichte und Prosa von
    Matthias Claudius mit Interpretationen. Hrsg. v. Reinhart Görisch. Husum 2015, S. 39–49.

31 Hanns Heinz Ewers: St. Thomas. – In: ders.: Mit meinen Augen. Fahrten durch die
    lateinische Welt. Berlin 1908, München, Berlin [6]1914, S. 195 f.

32 Vgl. Briefe von Friedrich August Weihe an den Kaufmann Jakob Gisbert Vandersmissen in
    Altona [= Jacob Gysbert van der Smissen (1746–1829)]. Bisher noch nicht gedruckt und
    von einem Freunde für das Monatsblatt mitgeteilt. – In: Evangelisches Monatsblatt für
    Westfalen 1889, S. 140–143 (Briefe 1–2), S. 171–176 (Briefe 3–5), S. 202–212 (Briefe
    6–9), S. 236–240 (Briefe 10–11), S. 266–270 (Briefe 1214), S. 299–302 (Briefe 15–16).
    Zu diesem Periodikum vgl. Wilhelm Gröne: Die Gedankenwelt der Minden-Ravensberger
    Erweckungsbewegung im Spiegel des Evangelischen Monatsblatts für Westfalen 1845–77.
    – In: Jahrbuch für Westfälische Kirchengeschichte 65 (1972), S. 123–173.

33 Vgl. Karl Weihe: Gottreich Ehrenhold Hartog in seinem Wirken geschildert nebst
    Beantwortung einiger Fragen über Pietismus. Herford 1820, S. 84; Johann Friedrich
    Niemann: Gottreich Ehrenhold Hartog, ein Zeuge des Evangeliums in dürrer Zeit Herford
    1914, S. 27.

34 Vgl. Franckesche Anstalten, Missionsarchiv Indienabteilung, AF St/M, mit den Signaturen
    1 C 49:6, 1 C 49:13, 1 C 59:17, 1 C 49:27, 1 C 49:32, 1 C 49:38, 1 C 49:42, 1 C 49:43, 1
    C 49:44, 1 C 49:45, 1 C 49:46, 1 C 49:59, 1 C 49:64, 1 C 49:65, 1 C 50:47, 1 C 50:49, 1 C
    50:76, 1 C 50:81, 1 C 50:85, 1 C 50:87,3 L 11:6, 3 L 11:10 3 L 11:13, 3 L 11:16, 3 L 11:17,
    3 L 11:19 (Briefe van der Smissens); 1 C 49:11, 1 C 50:71, 1 C 50:86, 1 C 50:90 (Briefe
    Knapps).

35 Vgl. ebd., Signaturen 1 C 26:43a (Brief van der Smissen an Urlsperger vom 22.7.1786), 3
    L 11:18a (Brief van der Smissens an Friedrich Münter, Sohn des o. g. Kopenhagener Hof-
    predigers).

36 Vgl. Archiv der Deutschen Christentumsgesellschaft Basel, PA 653a V. 968: Jacob Gysbert
    van der Smissen und andere, Altona, Laufzeit 1803–1860 (Dossier).

37 Vgl. Die Korrespondenz Heinrich Melchior Mühlenbergs aus der Anfangszeit des Luther-
    tums in Nordamerika. Hrsg. v. Kurt Aland u. Hermann Wellenreuther. Bd. 5: 1777–1787.
    Berlin, New York 2002, S. 601.

38 Vgl. The Letters of John Ernst Bergmann, Ebenezer, Georgia 1786–1824. Religion,
    Community and New Republic. Ed. by Russell C. Kleckely in cooperation with Jürgen
    Göschl. Leiden, Boston, 2022.

39 Vgl. Zentralbibliothek Zürich, FA Lav Ms 585 23–37.

40 Vgl. Jacob Gysbert van der Smissen: Reisetagebuch. – In: Archiv der Mennonitengemeinde
    Altona, Sign. 223/12.

41 Zur Rolle von Heinrich Ernst Schimmelmann bei der Durchsetzung des Verbots des
    Sklavenhandels in Dänemark im Jahr 1792 vgl. Winkle: Firma Schimmelmann [Anm. 29],
    S. 566 f.: „Man hatte etwas verboten, was man aus Konkurrenzunfähigkeit nicht weiter
    betreiben konnte."

42 Vgl. Hans Werner Debrunner: Basel und der Sklavenhandel. Fragmente eines wenig
    bekannten Kapitels der Basler Geschichte. – In: Basler Stadtbuch 1993, S. 95–101;
    Nikolaus Stettler, Peter Haeger, Robert Labhardt: Baumwolle, Sklaven und Kredite. Die
    Basler Welthandelsfirma Christoph Burckhardt und Cie. in revolutionärer Zeit (1789–1815).
    Basel 2004. Zu Emmanuel Burckhard als Korrespondenzpartner Zschokkes vgl. Uni-
    versitätsbibliothek Basel, Ratsherrenkasten: Aufzeichnungen von Emmanuel Burckhardt-
    Iselin (1776–1834) u. a. zu den Basler Wirren mit seiner Korrespondenz mit Heinrich
    Zschokke.
43 Vgl. Richter von Arnauld: „…und hatten die Pest an Bord" [Anm. 29], S. 145.
44 Ein aus *Bazar* und *Hasardeur* zusammengesetztes Wortspiel.

„Tönende Instrumentwerdung des Menschen"? Das Verhältnis von Körper und Technik beim virtuosen Klavierspiel Franz Liszts und sein Echo bei Heinrich Heine

Esther Schmitz-Gundlach

Als „tönende Instrumentwerdung des Menschen" (B V, 435) bezeichnet Heinrich Heine 1843 in einem Artikel für die „Allgemeine Zeitung" (Lutetia LV) den von Klaviervirtuosen in Paris vermittelten Anspruch an das Klavierspiel. Sein Gefühl der Ohnmacht angesichts des expansiven Moments ihrer Musik und des konstatierten Drangs der bürgerlichen Gesellschaft zum Klavierspiel lässt Heine in ironische Distanz dazu treten. Dass die gesellschaftliche Präsenz des Klaviers dieses Gefühl auslöst, zeigt zugleich Aktualität und Bedeutung des Phänomens: Heines Bild, der Mensch selbst werde Instrument, spielt auf ein offenkundig als neuartig empfundenes Verhältnis zwischen Mensch und Instrument an. Es impliziert, dass nicht mehr wie eventuell zuvor der Mensch das Instrument bediene bzw. Herrschaft über das Instrument ausübe, sondern die Hierarchie sich umkehre, d. h. der Mensch selbst zum Technischen und durch das Instrument seiner menschlichen Eigenschaften enthoben werde.

Für die vorliegende Arbeit führt dies zu der These, dass sich verändernde Funktionen von Musik zur Zeit Heinrich Heines (1797–1856) und Franz Liszts (1811–1886) mit der Notwendigkeit eines optimierten Zusammenwirkens von Körper und Technik einhergehen. Es ergeben sich Fragen nach dem Verhältnis von Körper und Technik in der Geschichte der Entwicklung der Tasteninstrumente und des Klavierspiels bisher sowie danach, wie sich dies zu Heines und Liszts Zeit entwickelt und sich auf beider Konzepte von Virtuosität auswirkt, und schließlich, in welchem Zusammenhang dieses Verhältnis beim Gebrauch des Klaviers mit neuen Funktionen der Musik steht. Mit Blick auf die Feststellung Marcel Mauss', dass der „Körper das erste und natürlichste Instrument des Menschen"[1] sei, soll zunächst grob auf einige im Hintergrund des Themas wirkende Aspekte in der Entwicklung der Tasteninstrumente sowie hirnphysiologische bzw. neuro-

E. Schmitz-Gundlach (✉)
Krefeld, Deutschland
E-Mail: Estregu@gmx.de

© Springer-Verlag GmbH Deutschland, ein Teil von Springer Nature 2023
S. Brenner-Wilczek, *Heine-Jahrbuch 2022*, Heine-Jahrbuch,
https://doi.org/10.1007/978-3-662-66144-4_3

biologische Voraussetzungen des Klavierspiels eingegangen werden (Kap. 1). Dies dient als Basis zur Betrachtung der Veränderung des Klavierspiels in den 1830er und 1840er Jahren unter dem Fokus des Zusammenspiels von Körper und Technik, sowohl auf musikfeuilletonistische Reflexe bei Heine hin als auch in pianistischer Praxis und Ästhetik Liszts (Kap. 2 und 3). Vor Entwicklung der Aufnahmetechnik, die für den Hörer in der nächsten Stufe der Evolution des Umgangs mit Musik die physische Anwesenheit des Musikers überflüssig macht, werden an die körperlich produzierte Musik zunehmend höchste Anforderungen gestellt. Liszt sieht das Klavier 1837 unter den Instrumenten an erster Stelle[2]; den persönlichen Anforderungen an expandierende Aneignungsfähigkeit und mediales Potenzial seines Instruments[3] begegnet er, indem er die stete Weiterentwicklung seiner Klaviertechnik dem Ziel der vollständigen Unabhängigkeit von technischen Problemen unterstellt. Sein systematisiertes Training umfasst nicht nur das-jenige von Hand und Fingern im Sinne von Geläufigkeit und Anschlagskultur, sondern zunehmend auch des Gedächtnisses als ,Speicherort'. Liszt entwickelt es ausgehend von den Möglichkeiten, die das Instrument entsprechend seiner Konstruktion bietet und zu deren möglichst vollständiger Ausschöpfung.

Anhand der ihm von Heine zugeschriebenen Eigenschaften lässt sich einerseits die These aufstellen, dass im Moment der Aufführung tatsächlich der Mensch, obwohl zugleich Ausführender, hinter dem Instrument zurücktritt. Anderer-seits soll am Beispiel der eng verknüpften Methodik und Ästhetik Liszts gezeigt werden, inwiefern gerade die körpertechnisch gewonnene Unabhängigkeit in Gestalt einer automatisierten Beherrschung des Instruments den Raum für den Menschen wieder freigibt, d. h. für eine geistige, nicht mechanisch trainierbare Virtuosität, die sich in der Kunst der individuellen Interpretation äußert. Dies deutet sich nicht zuletzt darin an, dass Heine unter den Pianisten „Klavierspieler" bzw. „Virtuosen" von Liszt als dem „Genialen" und „Chopin, des Raffaels des Fortepiano" unterscheidet (B V, 357 f.).

Zum Verhältnis von Körper und Technik in der Entwicklung der Tasteninstrumente

In Heinrich Heines sprachlichen Bildern für Pianisten und ihre Musik wird das zeitgenössische Verhältnis zwischen Mensch und Instrument zum Thema. Auch für die Musik gilt die Feststellung Marcel Mauss', dass der „Körper das erste und natürlichste Instrument des Menschen"[4] sei. Abgesehen vom Gebrauch der Stimme ist die Beziehung von Mensch und Musikinstrument immer eine wechselseitige. Physische Voraussetzungen und technische Möglichkeiten, ein Instrument zu bedienen, wirken sich seit jeher auf den Bau von Instrumenten aus.[5] Musikinstrumente sind als kulturelle Phänomene zu sehen, je nach Zweck des Spiels werden ihnen Bedeutungen zugewiesen.[6] Im antiken Begriff „organon" kündigt sich die körpertechnische Ebene bereits an. Er verbindet das Wechselspiel von Körper und Instrument; während Platon den Begriff zur Bezeichnung von ‚Werkzeug' und ‚Instrument' verwendet, ergänzt Aristoteles die Bedeutungen um ‚Organ' bzw. ‚Körperteil'.[7]

In der Geschichte der Tasteninstrumente konnten frühe Formen des Hammerklaviers sich zunächst aufgrund des veränderten Spielgefühls, schwergängiger Mechanik und der vergleichsweise leisen Lautstärke nicht durchsetzen.[8] Mit der Entwicklung der Stein'schen Klaviermechanik in Wien um 1775[9] und später anderen Zentren des Klavierbaus setzt die Wechselbeziehung zwischen Verbesserungen in Instrumentenbau und Spieltechnik, veränderter Musikanschauung und wiederum wachsenden Anforderungen des Musikers an das Instrument ein. Dies führt beispielsweise zur Institutionalisierung des Klavierkonzerts[10]: Erst in dem Moment, in dem die technische Entwicklung des Instruments bestimmte Bedingungen zu erfüllen vermag – mit der klanglichen Tragweite einen größeren Saal zu füllen –, entsteht eine neue kulturkonstitutive Dimension.

Zur Zeit Frédéric Chopins und Franz Liszts, in den 1830er und 40er Jahren, besteht ein enger Zusammenhang zwischen der Konkurrenz der Pariser Klavierbauer Pleyel und Érard, den sich entwickelnden Institutionen Konzertsaal und Klavierkonzert, der Virtuosität, den technischen Verbesserungen an Mechanik und Konstruktion und ihren Auswirkungen auf die Spieltechnik.[11] Bahnbrechende Neuerungen englischer, amerikanischer und französischer Hersteller – die sogenannte Doppelrepetitionsmechanik bei Érard, die Einführung von Metallspreizen und Verstrebungen zum Auffangen des Saitenzugs sowie eines Rahmens aus Gusseisen, eine überkreuzende Spannung der tiefen Saiten zur Begrenzung der Größe des Instruments und die Bespannung der Hämmer mit Filz statt Leder[12] – hatten neben der Haltbarkeit des Instruments eine Erhöhung des Tonumfangs von fünf auf sieben Oktaven sowie eine Verbesserung von Klangvolumen, -qualität und Lautstärke zum Ziel. Dies erlaubte die angestrebte Differenzierung der Spieltechnik sowie ein der romantischen Musikanschauung entsprechendes Komponieren.

Einerseits wirkt also die Erweiterung der instrumentalen Möglichkeiten durch mechanische Verfeinerung und erhöhte Stabilität mit der Verfeinerung der spieltechnischen Möglichkeiten des Musikers zusammen. Nach dem heutigen Wissensstand um Hirnphysiologie, Neurobiologie und Motorik gilt darüber hinaus professionelles Musizieren als die anspruchsvollste Leistung, die der Mensch vollbringen kann.[13] In Bezug auf die Virtuosität ist der Körper insofern Instrument des Menschen bzw. seines Geistes, als Bewegungsabläufe an den Ausdruck von Emotionen gekoppelt sind[14], und diese sind bei professionellen Musikern als sogenannte mentale Repräsentationen[15] gespeichert. Am Klavier liegen besondere Schwierigkeiten darin, dass für die Handmotorik hochkomplexe Bewegungen, z. B. in Form des isolierten Einsatzes einzelner Finger bei gleichzeitig gegensinnigen Bewegungen ausgeführt werden müssen, sowie in der Tatsache, dass aufgrund der Anatomie verschieden geläufige Finger hinsichtlich Schnelligkeit, Kraft und Koordination gleichartige Aufgaben übernehmen und zudem die Bewegungen beider Hände in spiegelbildlichen oder in gleichsinnig-parallelen Bewegungen koordiniert werden müssen.[16]

Diese Aspekte gelten für das Klavierspiel allgemein – mit der auf den Ausdruck von Emotionen ausgerichteten Musikästhetik der Romantik wird insgesamt die Grenze der menschlichen Leistungsfähigkeit hinsichtlich Geschwindigkeit, Kraft und Ausdauer erreicht.[17] Klangexpansive Klavierkompositionen erfordern hinsichtlich der Geschwindigkeit und Masse der zum Klingen zu bringenden Töne ein wachsendes Maß an Automatisation[18], d. h. den Abruf von zuvor erlernten Steuerungsprogrammen bzw. Bewegungsmustern, die durch langsames Üben erworben werden, wobei das Zentralnervensystem schon vor Ausführung der Bewegung Informationen über die erforderliche Muskelaktivität erhält.[19] Des Weiteren erfolgen die Optimierung der Bewegungsabläufe zum angestrebten Klang unter Kontrolle des Gehörs und nach und nach die Speicherung im Bewegungsgedächtnis als sog. stabile neuronale Repräsentationen.[20] Wichtig gerade im Kontext der Virtuosität ist die ‚Einheit‘, die Körper und Geist eingehen: Die körperliche Tätigkeit in Form eines wiederholten Bewegungsablaufs auf der Tastatur prägt diesen dem Geist ein – er bringt zugleich die Fähigkeit zu Speicherung und Automatisation schon mit, sodass er den Körper dem Willen zu solchen feinmotorischen Höchstleistungen bis an die Grenze des von begabten Menschen Machbaren unterwerfen kann. Die Anforderungen neuer technischer, instrumentenbaulicher Entwicklungen und die des Musikers bzw. der zeitgenössischen Musikanschauung gehen also eine wechselseitige Beziehung ein.

Von „Klavierspielern" und „Pianisten": Das Klavierspiel in Heinrich Heines musikkritischen Schriften

Als Beobachter und Chronist seiner Zeit thematisiert Heinrich Heine in seinen Schriften auch das sich entsprechend den gesellschaftlichen Verhältnissen wandelnde Musikleben. In den 1830er Jahren ist Paris Hauptstadt „der ganzen zivilisierten Welt" (B III, 134): Sie umfasst auch die Hauptstadt der Welt des Klaviers. Mit dem sich wechselseitig bedingenden Erfolg u. a. von Frédéric Chopin und Franz Liszt sowie der Klavierbauer Pleyel und Érard wird Paris zum Anziehungspunkt für reisende Virtuosen. Schauplätze virtuoser Klaviermusik sind ebenso Salons wie Konzertsäle, in die das Bürgertum strömt. Heine betreibt Musikkritik als „Erfahrungswissenschaft" (B III, 333) und sucht der Musik Merkmale der Gegenwart abzulesen.[21] Mit den gesellschaftskritischen Kontexten der „Salon"-Literatur von Musikleben, Komponisten, Musikern und ihrem Publikum verknüpft ist der Diskurs um die Virtuosität. Als Zusammenwirken von Körper und Technik am Instrument kann Virtuosität sich dabei als transzendierendes Konzert-Ereignis zeigen, andererseits aber, als sie zur gesellschaftlichen Massenbewegung geworden ist, zur akustisch überreizenden Störung werden. Für Franz Liszt als Thema bei Heine führt diese Entwicklung zur Position eines ausführenden Musikers von legendärem Ruf, der mit seiner Kunst gesellschaftliche Intentionen verbindet.

Musik steht für Heine „als dämmernde Vermittlerin zwischen Geist und Materie" „zwischen Gedanken und Erscheinung", „beiden verwandt und doch von beiden verschieden"; ihre „Gesetze" sind nur „notwendige Mittel", das „Wesen der Musik ist Offenbarung" (B III, 332 f.). Musikalische Virtuosität ist bei Heine eines der Phänomene, an denen sich Zeitkritik üben lässt; die Auftritte der Virtuosen stellen sich in ihrer mechanischen Arbeit des Körpers geradezu als Symptom der Industrialisierung dar. Als Epigonen des Ruhms von Chopin, Liszt und anderen geht es ihnen 1841 rein um das Etikett ‚Paris', d. h. nicht einmal mehr um Einnahmen, sondern rein den Namen der Stadt, der in Rezensionen der Presse erscheinen muss.[22] Als frühe Produkte medial gesteuerter Biographie scheinen die Virtuosen frei von künstlerischem Anspruch und bedienen den Geschmack der bürgerlichen Schicht; sie erklärt rein die Beherrschung der Technik zur Kunst.[23] So wirkt „der berühmte Döhler" exemplarisch auf Heine in seinem Spiel: „hübsch, nett und niedlich" (B V, 359). Da sein Spiel „weder von Kraft noch von Geist" (ebd.) zeugt, scheint hier die „Instrumentwerdung des Menschen" (B V, 435) als körperlich ausgeführte Fertigkeit ohne Geist erfüllt. Aufgrund seiner geistigen Bedeutungslosigkeit wirkt das Spiel nicht beängstigend[24] wie dasjenige Liszts; doppelsinnig ist somit Döhlers „interessante Blässe" (B V, 359).

Als Bestandteil der Alltagskultur hat das Klavierspiel 1843 überdies weite Teile der Gesellschaft erreicht. In „Lutetia" LV (20. März 1843) reiht es sich geradezu als biblische Strafe in den Kontext von Heines Kritik an der regierenden Gesellschaftsschicht – „ihrer Sünden wegen" muss die „herrschende Bourgeoisie" einen „schauderhaften Kunstgenuß" ertragen: „jenes Pianoforte, dem man jetzt nirgends mehr ausweichen kann" (B V, 434 f.). In der Wirkung abstumpfend und weit davon entfernt, je Musikalität zu entwickeln, führt das Klavierspiel der bürgerlichen Dilettanten, als Bildungsideal institutionalisiert, zumeist nicht in geistige Höhen. Einzeln für sich sitzt der Übende hinter seinem Instrument, quasi in Erwartung von Erkenntnis, die die Mechanik ihm rückübertragen möge, während dem Instrument „Fortepiano" aufgrund seiner Omnipräsenz selbst die ihm eigene Unzulänglichkeit natürlichen Verhallens genommen ist.[25] In Gestalt einer kakophonen *Soundscape* der Stadt richtet sich der frühmoderne *Hype* um das Klavier, durch das Publikum von Soiréen und Konzerten zuvor erst geprägt, hier gegen die Gesellschaft selbst.

Im Kontrast zum Klavierspiel von Virtuosen und Dilettanten steht für Heine dasjenige Franz Liszts, das er an verschiedenen Stellen thematisiert. Heine und Liszt kannten sich seit 1831[26] persönlich und waren freundschaftlich verbunden. Liszts Auftritt in den „Florentinischen Nächten" ist mit Blick auf die Entstehungsgeschichte vermutlich der zeitlich früheste[27], der bei Heine erwähnt wird. Heine lässt hier die Figur des Maximilian eine Soirée besuchen. Am Salon interessieren Maximilian die Kontraste der dort zusammenkommenden Gesellschaft, nicht die „Gleichheit der Sitten, sondern die Verschiedenheit ihrer Bestandteile" (B I, 598). In der eindrücklich beschriebenen Atmosphäre des Salons, die visuell auf das äußere Erscheinungsbild der Anwesenden und somit auf gesellschaftliches Sehen und Gesehen Werden geprägt ist[28] und in der zudem die physische Nähe der verschiedenartigen Zuhörer[29] aufgrund der begrenzten räumlichen Dimensionen Teil des Konzerterlebnisses ist[30], tritt Liszt aus der versammelten Gesellschaft zunächst als derjenige, der als „Franz Liszt" namentlich alle Blicke auf sich vereint, heraus. Geradezu körperlich lässt er sich ans Klavier „drängen" (B I, 601), um dann mit dem, was er auditiv auslöst, aus der Gesellschaft hervorzuragen: Vom Ober-flächlich-Visuellen führt das Wahrzunehmende ins Akustisch-Innere. Der voran-gegangene Moment des ‚Abkühlens' durch Getränke[31] dient dem musikalischen Erlebnis als Vorbereitung. Es wandelt die oben zitierte „Verschiedenheit" der Anwesenden zu einer quasi im Einklang atmenden gesellschaftlichen Einheit.[32] Hier zeigt sich die nicht nur von Liszt selbst angestrebte, sondern ihm auch von Heine zugeschriebene Medialität von Musikauffassung und Klavierspiel. Die visuelle Wahrnehmung des Maximilian richtet sich nicht wie anfangs auf das Sichtbare – die anwesende Gesellschaft –, sondern verschiebt sich synästhetisch auf ein klanglich evoziertes Bild.

Ausgelöst wird dies durch den Klang des der Tastatur ‚Eingegebenen': Der ‚Körper' des Musikers dient hier als Überträger des ‚Geistes'. Angekündigt vom Aufwärtsstreichen der Haare[33] bringt Liszt in die auditiv geeinte Vielseitigkeit der Versammelten eine in Musik übersetzte geistige Idee; er scheint in Heines Bild über die „Essais de palingénésie sociale" (1827–29) von Pierre-Simon Ballanche zu improvisieren.[34] Dies verknüpft die Medialität des Klavierspiels mit jener der freien Form des Improvisierens: Wird sonst über Musik improvisiert, scheint diese Form sozusagen selbst als Medium auch die gesellschaftliche Theorie als Vorlage zu erlauben. Musik als universale Sprache dient hier der Lösung sprachlicher wie gesellschaftlich-kommunikativer Probleme. Dass Heine unterstellt, Liszt könne diese Schrift im Gegensatz zu den Anwesenden im Original lesen und somit selbst jenseits geistiger Schwierigkeiten stehen, zeigt Liszt, wenn auch überspitzt, als einen den Übrigen Vorangehenden.[35] Die körperliche Tätigkeit im Verbund mit dem „Fortepiano" gerät dabei zum akustisch ausgetragenen Kriegsspiel[36], die Tastatur zur von Hand ausgelösten Waffe, die Töne medialisiert zur geistigen Munition. Abgesehen von gesellschaftspolitischen Fragen richtet sie sich auch gegen eine Gesellschaft, die Musik rein als Unterhaltung betrachtet. Auffallend ist im Vergleich zu den Eigenschaften der Virtuosen, dass hier in der Hierarchie nicht der Körper die Technik, sondern der Geist Körper mitsamt Technik überwindet: Nicht der Mensch, sondern die Tasten scheinen am Ende zu bluten, bevor Liszt den „Marche au supplice" von Berlioz folgen lässt.[37]

Das Bild einer ‚geistigen' Klaviermusik Liszts ergänzt sich in Heines 10. Brief „Über die französische Bühne" (1836). Aus der „Sahara der Musik" im Konzertleben der Saison ragen nicht allein die Musik und die Konzerte Liszts und Berlioz', sondern ihre Person als „Merkwürdigkeiten" im Sinne von ‚bemerkens-wert' heraus.[38] Die Musik Liszts zeigt sich für Heine nicht als ‚schön' im Sinne einer sich selbst genügenden absoluten Musik, sondern als Denkaufgabe, die durchaus unbequem sein kann: „Ich sage die merkwürdigsten, nicht die schönsten, nicht die erfreulichsten" (B III, 349). Für Heine präsentiert sich Liszt als geistiges Abbild der Gegenwart, dem selbst seine Gegner volle Achtung zollen.[39] In Liszts „Geistesrichtungen" – diese sind es, die Heine für „höchst merkwürdig"

(B III, 351) hält – erkennt Heine philosophische Vielfalt und auch Zukunftsgerichtetheit.[40] Dies ist ein Hang, den Heine in seiner vermeintlichen Ziellosigkeit zu dieser Zeit in Frage stellt.[41] Teil der Orientierung Liszts sind zudem Religiosität und die gesellschaftliche Situation: „[…] mehr noch als die Interessen seiner Kunst, interessieren ihn die Untersuchungen der verschiedenen Schulen, die sich mit der Lösung der großen, Himmel und Erde umfassenden Frage beschäftigen" (B III, 349), diese trieben ihn in die „Wirre" (B III, 351).

Diese Themen also müssen, da Liszt Pianist ist, durch seinen Geist über Hände und Instrument ‚Musik' werden. Dem *Klavierspiel* selbst (und nicht dem erklingenden Werk) schreibt Heine hier zu, genau diese persönlichen Eigenschaften abzubilden, und setzt somit das Vermögen der körperlichen Tätigkeit voraus, Geistiges in Klängen zu übertragen. In Liszts Persönlichkeit zeigen sich Wesenszüge des Zeitalters gleichermaßen konzentriert wie über seine Ästhetik vervielfältigt; dazu gehört neben Kontrasten auch die Unruhe.[42] Im Moment der Aufführung werden sie körperlich reproduziert in der Art des Klavierspiels und in der Art der Musik, die erklingt. Heine fokussiert das überwältigende, sensationelle Moment des Klangs, das er auf die sichtbare, beschleunigte Bewegung der entgrenzt scheinenden Tätigkeit des Körpers zurückführt: „[…] dann stürmt er nicht selten allzutoll über die elfenbeinernen Tasten" (B III, 351). Liszts Charakterzuschreibungen durch Heine finden sich zudem in die erklingende Musik interpretiert. Das ritualisierte Zurückstreichen der Haare von der Stirn[43] deckt metaphorisch den Geist dahinter auf, und „es erklingt eine Wildnis von himmelhohen Gedanken" (ebd.). Von schwindelerregender Wirkung[44], übertragen auf klangliche Extreme, sind die Vielzahl und als ‚Himmelhöhe' der hohe Anspruch seiner geistigen Intentionen. Dies lässt sich gleichermaßen als Entfesselung der Fülle von Liszts Interessen, d. h. als Masse und somit als Moment von Virtuosität verstehen, zugleich aber auch als Unvereinbarkeit oder mögliches Ins Leere Laufen der Theorien. Virtuosität unter verschiedenen Gesichtspunkten zeigt sich also hier in der Masse der physisch bewegten Töne enggeführt. So ist es möglich, dass ausgerechnet in einem Benefiz-Konzert „für die armen Italiener" Heine „Themata aus der Apokalypse" (B III, 352) zu erklingen scheinen.

Es ist dabei buchstäblich die Hand, die an Gut und Böse abendländischer Prägung zu rühren vermag. Mit der Berührung der Tasten löst sie die Kette Ton/ Klang – auditiver Reiz – synästhetisches Bild – emotionale Wirkung aus.[45] Was Heine in diesem Konzert Liszts ‚sieht', ist „die Musik".[46] Ihr „Wesen" der „Offenbarung" (B III, 333) führt zu Anspielungen auf Liszt als einer Christus- bzw. Erlöserfigur[47], d. h. im Sinne der kunstreligiösen Ästhetik des 19. Jahrhunderts als eines Künstlers, der seiner Epoche vorangeht. Als solcher vermag er in Heines Bild selbst Satan und den Tod, das Böse und die Endlichkeit, hinter sich zu lassen.[48] Das zur Aufführung gebrachte Stück ist dabei nicht von Bedeutung – Heine erinnert sich nicht daran[49] –, wohl aber dieses von Liszts Spiel evozierte Bild, das darüber hinaus dem Leser Liszts ‚Bild' als Künstler vermittelt. Die Wirkung klanglicher Extreme führt nicht in eine hingegebene, versenkende Hörhaltung, sondern in eine Überreizung: Er konstatiert, Liszts Musik wirke „nicht angenehm" auf sein Gemüt (B III, 351). Dies verrät Heine als dem alten musikalischen Ideal anhängig, während Liszts Musik symbolhaft als Synthese geistiger und körperlicher Arbeit selbst Abbild der Zeit ist und gar nicht intendiert, angenehm sein zu wollen. Was auf Heine mehr beängstigend als beseligend[50] wirkt, ob die Liszt zugeschriebene Fähigkeit oder das Illusorisch-Utopische seiner Ideen, bleibt offen. Seine Virtuosität zeigt sich so in Überwindung der technischen als eine geistige Virtuosität, spiegelt die Zeit aber insofern, als diese gesellschaftliche Entwürfe *en masse* und mit ihnen Verunsicherung hervorbringt.

Im Vergleich zu Heines Beobachtungen von 1836 scheint Liszts Entwicklung als Künstler zur Zeit der Entstehung von „Lutetia" XXXIII (April 1841) vollendet.[51] Als „kurze Bemerkung" vorangestellt, mutmaßt Heine, diese Zeit sei „das Zeitalter der Musik" (B V, 356) – „die gesteigerte Spiritualität, das abstrakte Gedankentum, greift nach Klängen und Tönen, um eine lallende Überschwenglichkeit auszudrücken, die vielleicht nichts anderes ist, als die Auflösung der ganzen materiellen Welt" (B V, 357). Auf Liszt bezogen zeigt sich die „Auflösung" in Überwindung von Körper und Instrument und der glückenden Nachfolge Beethovens[52]; anders als fünf Jahre zuvor scheint er Heine nun „Ruhe" (B V, 358) auszustrahlen und überragt, was er spielt.[53] Einzig neben Chopin ist Liszt in Augen Heines in der Hierarchie klavierspielender Menschen nun „der Geniale" (B V, 357), neben denen andere „eben nur Klavierspieler" (ebd.) auf einer rein technischen Ebene[54] sind. Bei letzteren agiert die Hand in Beziehung zum Instrument, nicht aber als Überträgerin des Geistigen. In der Hierarchie zwischen Mensch und Instrument ist dagegen bei Liszt der Körper Werkzeug des Geistes. Auf Ebene sich herausbildender Institutionen führt dies dazu, dass er nun „gegen allen Gebrauch, ohne Mitwirkung anderer Künstler, ganz allein" (B V, 358) spielt: Das Klavier-Recital ist entstanden.

Zehn Finger für ein ganzes Orchester: Virtuose Technik und Medialität des Klavierspiels bei Franz Liszt

Über eine Virtuosität als körpertechnische Höchstleistung und musikalischer Selbstzweck hinaus lassen die von Heine für Liszts Klavierspiel gebrauchten und mit anderen Virtuosen kontrastierenden Bilder erkennen, dass das Klavierspiel hier mit ‚höheren' Zielen verknüpft und zudem zwischen ca. 1836 und 1841 eine Weiterentwicklung festzustellen ist. Für Franz Liszt besitzt das Klavier nicht nur eine beispiellose „Aneignungsfähigkeit", sondern auch ein bedeutsames Potenzial der Vervielfältigung.[55] Es dient ihm somit als eine Art Aufnahme- wie Wiedergabemedium. Es ist also zu vermuten, dass Liszt die körpertechnischen Voraussetzungen seiner pianistischen Technik bewusst und systematisch mit dem Ziel ausbaut, nicht nur jene technischen Schwierigkeiten zu überwinden, die sich aus der Konstruktion des Instruments im Zusammenspiel mit anatomischen und mentalen Voraussetzungen des Menschen ergeben, sondern seine geistigen Ziele musikalisch zu transportieren. Spieltechnisch erreicht Liszt klangliche Extreme, die Heine ‚mehr beängstigen als beseligen'[56] und deren Wirkung Auguste Boissier beschreibt, als stünde „nichts zwischen seinem Herzen und dem Zuhörer".[57]

Wie genau der Berührungspunkt zwischen Finger und Taste zum Überträger der Intentionen wird, d. h. in Art und Weise der Berührung unter körpertechnischen und instrumentenspezifischen Voraussetzungen, zeigt sich anhand von Liszts klaviertechnischer Methodik. Das Geheimnis liegt in einer ebenso disziplinierten geistigen wie (klavier-)technischen autodidaktischen Ausbildung[58], und wie bei Heine beschrieben wirken Liszts geistige Fähigkeiten ebenso beeindruckend wie sein Spiel.[59] Aus genauester Selbstbeobachtung hat Liszt bereits als Zwanzigjähriger ein Handwerkszeug um die Zusammenhänge von Klangwirkung und Instrument erworben, das das heutige Wissen der Neurobiologie vorwegnimmt. Körpertechnisch gewinnt er dies aus einer äußerst gewissenhaften[60] Selbstkontrolle über Gehör und Sehen während des Spiels, minutiöser Anpassung der Hand- und Fingerarbeit und zudem täglich stundenlangem Training technischer Übungen. Dies bildet die Grundlage der vielzitierten Überwindung technischer Schwierigkeiten bzw. der technischen Unabhängigkeit. Die technischen Übungen seien mindestens drei Stunden täglich in allen dynamischen und agogischen Schattierungen zu spielen[61], nur dies mache die Finger biegsam und kräftig[62]; körperlich-motorisch geht es also um Agilität, Feingefühl wie Ausbildung der Muskulatur. Die stete Selbstkontrolle geht mit einer wechselseitigen Beeinflussung körperlicher wie geistiger Aspekte auf die Bedingungen des Instruments und den gewünschten Klang hin Hand in Hand. Potenziert wird dieses Trainingsprogramm, indem Liszt auf drei Instrumenten von verschiedener Schwer- bzw. Leichtgängigkeit spielt[63], vermutlich, um auf jedwedes vor Ort vorgefundenes Instrument optimal reagieren zu können. In den Mittelpunkt der körpertechnischen Ausübung rückt die ‚Natürlichkeit', verbunden mit einer größtmöglichen Effizienz auf das klangliche Ergebnis hin. Liszts Methodik scheint frei von zeitgenössischen klaviertechnischen Lehren oder gar der Verwendung von Apparaturen zur vermeintlichen Dehnung und Kräftigung der Hand. Zu seinem technischen Handwerkszeug in Bezug auf Hand und Körper gehört nach den Berichten Boissiers, dass er „keinen Anschlag" habe „und doch alle Nuancen" ausdrücke.[64]

Der Mauss'sche Gedanke vom menschlichen Körper als natürlichstem Instrument[65] findet sich hier insofern, als es Liszt um eine Natürlichkeit der Bewegungen geht, die der Körper erlaubt, ohne wie bei anderen Lehren in Fehlhaltungen gezwungen zu werden[66], und die, als ‚Natürlichkeit' im Sinne von optimaler Kraftübertragung auf die Tastatur verstanden, einer solchen klangästhetischen dient, d. h. auf ästhetischer Ebene dem jeweiligen musikalischen Ausdruck nach Vorstellung des Interpreten völlig angemessen ist.[67] Mit dieser Natürlichkeit der Bewegungen weist seine Handhaltung bereits auf die geforderte Flexibilität des musikalischen Ausdrucks voraus. Schon der Auflagepunkt des Fingers bei der präzisen Übertragung der Kraft auf die Taste korreliert mit dem Klangergebnis[68], und mit diesem Punkt der Übertragung auf das Instrument ist letztlich die gesamte Haltung verknüpft. Liszt hält seine Hände „nicht rund, sagt daß eine solche Haltung dem Spiele Trockenheit verleihe, und das verabscheut er. Er hält sie auch nicht flach, aber sie sind so biegsam, daß sie keine bestimmte

Stellung annehmen."[69] Man solle „ausnahmslos und völlig mit dem Handgelenk spielen, was man so sagt ‚eine tote Hand' machen, den Arm unbewegt lassen; wie durch eine elastische Bewegung habe die Hand aus dem Gelenk auf jede Note zu fallen".[70] Dies erzeugt den teils vermittelten Eindruck der „Ruhe" des Spiels, u. U. auch trotz größter technischer Anforderungen; zugleich wird so, abgesehen vom physischen Gewicht, die Schubkraft der Arm-Muskulatur ausgenutzt. Ein Ungleichgewicht, wie es aufgrund des kräftemäßigen Potenzials zwischen ‚starken' und ‚schwachen' Fingern besteht, muss dem Körper unter Kontrolle des Gehörs regelrecht abtrainiert werden – „[…] man muß auf sie lauschen und sie erziehen".[71] Die feinmotorische Ausübung der Finger ist mit der Haltung des gesamten Körpers verbunden: „Seine Hand ist nicht unbeweglich; er bewegt sie mit Anmut, je nach seiner Laune – aber er spielt nie mit dem Arm oder mit den Schultern. Er will, daß der Körper gerade sei und der Kopf mehr nach hinten als nach vorne geneigt: dies fordert er gebieterisch."[72]

Deutet dies unter performativen Gesichtspunkten auf die Liszt oft zugeschriebene ‚heroische' Haltung, ist dafür spieltechnisch eine völlige Souveränität (d. h. neurologische Repräsentation nuancierter Bewegungsabläufe sowie räumliche Orientierung) nötig, indem diese Haltung das Sehen der Tastatur oder Hände oder gar Notenlesen erschwert oder sogar unmöglich macht.

Auf dem Weg zur Interpretation kommt das so erworbene und mental ‚abgespeicherte' Handwerkszeug bei einem weiteren Beispiel geistigen Trainings als Voraussetzung der spezifisch Liszt'schen Virtuosität zum Einsatz: der systematisierten Vorgehensweise beim Erlernen eines neuen Musikstücks. Anders als man erwarten könnte, beginnt Liszt nicht damit, das Stück vom Blatt zu spielen. Die Klangvorstellung des Werks muss vielmehr dem stummen Notat, also der Übersetzung eines musikalischen Werks in ein Schriftsystem, erst im Geiste in vielfältigen Schritten abgewonnen werden; dies ist nur unter der Voraussetzung möglich, dass der Klang durch tausendfaches Spiel schon mental abgespeichert ist. Das schrittweise Untersuchen von Stimmführung, Melodie, Harmonie, Dynamik und Agogik, dann das Hinzunehmen spieltechnischer, also von den Fingern bzw. der Hand umzusetzender Aspekte dient dem Ziel der Ergründung des Musikstücks.[73] Den „Geist" eines Musikstücks zu erfassen ist für Liszt oberstes Ziel der interpretatorischen Arbeit[74], die Klaviertechnik nur das Handwerkszeug dazu. Ein langsames Tempo beim Erlernen dient dabei einem bewussten Nachvollziehen, Untersuchen und Optimieren. Erst wenn der Grad der Automatisation erreicht ist, kann das dann vollständige Klanggebilde auf auditiver, das Bewegungsmuster auf feinmotorischer Ebene in hohem Tempo ‚unbewusst' abgerufen werden. An diesem Punkt kann der Aufmerksamkeit zusätzlicher Spielraum für die individuelle Interpretation gewährt werden. Liszt scheint sowohl um die Funktionsweise der Automatisation als auch um die Bedeutung des Faktors ‚Zeit', bis sich diese Strukturen im Gedächtnis repräsentieren, zu wissen (er mahnt zur Geduld[75]). Wie fortgeschritten Effekte der Automatisation bei Liszt zu dieser Zeit sind, zeigt, dass er die täglich stundenlangen technischen Übungen absolviert „und liest dabei, um sich zu unterhalten".[76]

Verallgemeinernd kann man sagen, dass der Körper bei Liszt so trainiert werden muss, dass er mit dem geistigen Anspruch Schritt halten bzw. ihn musikalisch verwirklichen kann. So ist es möglich, dass Liszt nicht „spielt" (in klassischem Sinne), sondern „spricht"[77] (in romantischem Sinne; darin deutet sich die Medialität an). Es entsteht eine Musik, die nicht unterhält, sondern unter Umständen „belastet"[78] und bei Heine synästhetische Effekte hervorruft, indem sie eine u. a. an den Ideen der französischen Romantik, d. h. auf Extreme des Ausdrucks ausgerichtete Klangästhetik umsetzt.[79]

Das geistige Programm, zu dessen Transport Liszt seine Technik dergestalt weiterentwickelt und auf das Heine anspielt, empfiehlt sich der Pariser Gesellschaft anhand verschiedener Schriften wie „Zur Situation der Künstler" und den „Briefen eines Bakkalaureus der Tonkunst", erschienen ab 1835 in Journalen und Zeitungen, zur Lektüre. Beeinflusst von autodidaktischen Studien der Philosophie und der Welt-Literatur allgemein, die er seit seiner Kindheit verfolgt, sowie der Auseinandersetzung mit der gesellschaftlichen Theorie des Saint-Simonismus in Pariser Künstlerkreisen in den 1830er Jahren, entwickelt Liszt sein künstlerisches Selbstverständnis aus dem Ziel einer an das Ideal der Antike anknüpfenden Synthese von Kunst, Gesellschaft und Religion heraus.[80] Kunst ist nach Liszts Auffassung „heilige Arbeit"[81], ihm geht es „um das soziale Wirken der Kunst, dem ich mein Leben widme".[82] Die Aufgabe als „Priester der Kunst"[83] in Person des auftretenden Pianisten und Komponisten braucht die Virtuosität; sie dient nicht als Selbstzweck im Sinne der von Heine beschriebenen ‚Virtuosen', sondern der geistige Anspruch erfordert sie zu seinem Transport. Entgegen der in der Pariser Gesellschaft vorherrschenden Praxis, Musik als reine Unterhaltung[84] zu betrachten, ist das Musizieren für andere von Liszt gesellschaftspolitisch gedacht. Ziele sind hier nicht nur klaviertechnische bzw. klangliche Perfektion, sondern auch, gesellschaftliche Grenzen zu sprengen.[85] Liszt setzt auf die Musik als einende, universale Macht, die sich mit dem Klavier umsetzen lässt. Dies betrifft einerseits die gesellschaftliche Verfügbarkeit des Klaviers, die Möglichkeit bedeutende Werke für Klavier zu bearbeiten und schließlich auch musikalische Verfahren wie die Improvisation. Entgegen der Erwartung seines Adressaten Adolphe Pictet, er werde sich bald dem Komponieren sinfonischer Werke zuwenden, ist für Liszt auch 1837 weiterhin das Klavier das Übertragungsmedium, auf das er sein gesamtes Schaffen konzentriert[86]: „Denn sehen Sie, mein Klavier ist für mich, was dem Seemann seine Fregatte, dem Araber sein Pferd, vielleicht sogar mehr, denn mein Klavier ist ja bis jetzt mein Ich, meine Sprache, mein Leben [...]."[87]

Franz Liszt. Zeitgenössische Karikatur. Stahlstich von Rougeron
Vignerot & Cie

Auf musikalischer Ebene geht die Erweiterung der Spielformen um weitgriffige Akkorde, Oktavengänge, Nachschlagtechnik, weitreichende Arpeggien, Überschlagstechnik, neuartige Pedaleffekte, Ausschöpfung des gesamten Tonraums[88] usw. für Liszt in der Medialität auf, die er dem Klavier zuweist, also der genannten Aneignungs- wie Verbreitungsfunktion. Das bis an die Grenzen des Mensch und Instrument Möglichen verfeinerbare Klangspektrum erlaubt, ein orchestrales Klangbild auf das des Klaviers zu übertragen. So lernte die musikalisch interessierte Welt ab 1834 über Liszts nicht mehr „Arrangements", sondern in Anlehnung an Orchesterwerke „Klavierpartituren"[89] genannten Übertragungen der „Symphonie Fantastique" von Hector Berlioz und der Sinfonien Beethovens diese Werke vielfach überhaupt erst klingend kennen.[90] Abgesehen davon dient die Improvisation auf musikalischer Ebene als Medium, das die künstlerische Philosophie Form annehmen lassen kann. Bestand unter anderen Voraussetzungen auch zu früherer Zeit eine vielseitige Improvisationskultur[91], verknüpft sie sich hier als Musik über Musik mit dem Gedanken der Verbreitung musikalischer Werke. In Gestalt von Opernparaphrasen hat sie teil an der Institutionalisierung des Klavierabends[92] und rückt bekannte Melodien in den Vordergrund, die mit dem technischen Potenzial des Musikers angereichert werden. Sie fordert einerseits ein feinmotorisches Programm spontan abrufbarer Bewegungsmuster, andererseits, ebenso virtuos, ein aus dem Gedächtnis verfügbares Repertoire musikalischer Muster bzw. musikalischer Werke, ‚über' die improvisiert wird. Ähnlich wie bei Heines literarischen Verfahren wirkt das Improvisieren als Reduktion, in Form z. B. der Paraphrase das Wesentliche eines musikalischen Werks fokussierend, nämlich seine ‚Idee'.

Zusammenfassung

Bei Heinrich Heine und Franz Liszt zeigt sich das Klavier als Messinstrument gesellschaftlichen Wandels. Ein optimiertes Zusammenwirken von Körper und Technik, wie es in Heines Bild von der „Instrumentwerdung des Menschen" thematisiert wird, steht in direktem Zusammenhang mit der wachsenden Bedeutung des Konzertsaals, der Konzertform des Klavierabends sowie der Entwicklung des Musikfeuilletons als kritischer Spiegel. Das Medium Klavier gibt die Spieltechnik vor und ist andererseits in seiner Konstruktion auf den Körperbau des Menschen ausgerichtet. Von Heine polemisch im Sinne von Stupidität gebraucht, zeigt sich, wie sehr das Bild von der „Instrumentwerdung des Menschen" in einem weiteren Sinne des Zusammenwirkens von Körper und Technik, bei dem jeder Faktor von allen anderen abhängt und sich auf alle anderen auswirkt, auch für Liszt bzw. für jeden Pianisten gilt, der die körperlich-motorischen Aspekte der Verwirklichung seiner geistigen, musikalischen Idee unterstellt. Liszt betont häufig die Natürlichkeit der Bewegung ebenso wie die Natürlichkeit des klanglichen Effekts, d. h. ihr Messen an und ihre Übereinstimmung mit musikalischer Idee und emotionalem Gehalt – dies intendiert das Gegenteil einer rein effektheischenden Virtuosität zu performativen Zwecken. Erst wenn die körperlichen, spieltechnischen Schwierigkeiten sich in abrufbare Bewegungsmuster gewandelt haben, kann die Aufmerksamkeit sich auf die ‚Arbeit' von Geist und Seele richten. Für die Ideale der Epoche und bezogen auf das Klavier ist die „Instrumentwerdung" so Voraussetzung für Spielräume der Individualität.

Heines Skepsis verweist auf die Demokratisierung dieses Ideals und seine politische Dimension – in Folge der Vorbilder und angesichts der gesellschaftlichen Verhältnisse möchte nun jeder ein ‚Individuum' sein. Mit Blick auf die von Liszt angestrebte Medialität, die das Klavier als ‚Maschine' zur Übersetzung von Ideen in Klang nutzt, erstaunt, dass die Entwicklung der Schreibmaschine in den 1840er Jahren sich in Design und Konstruktion am Vorbild der Tasteninstrumente[93] – als ‚Maschine' zur Übersetzung von Ideen nicht in Klang, sondern Schrift – orientiert. Das von Heine kritisierte rein ‚körperliche' Klavierspiel in Gestalt eines institutionalisierten bürgerlichen Bildungsguts führt gar in eine Entwicklung, die Eduard Hanslick 1867 als „Clavierseuche", die der Jugend zum „Raube an der ernsteren wissenschaftlichen Ausbildung"[94] werde, bezeichnen soll.

Bei Liszt dagegen scheinen dank der extrem verfeinerten Spieltechnik Mensch und Instrument eins zu werden. Dies erzeugt die Illusion, das Instrument verschwinde.[95] Für Liszts Spiel kann somit das von Heine so genannte „Höchste" in der Kunst als erfüllt gelten: „die selbstbewusste Freiheit des Geistes" (B V, 438). Dass Heine und Liszt sich darüber hinaus in der Auseinandersetzung mit ihrer Zeit auf Augenhöhe begegnen, mag sich darin andeuten, dass Heine die eigenen Briefe „Über die französische Bühne" ebenso als „Wildnis"[96] bezeichnet wie Liszts Klavierspiel.[97]

Anmerkungen

1 Marcel Mauss: Die Techniken des Körpers [1935]. – In: ders.: Soziologie und Anthropologie 2. Frankfurt a. M. 1989, S. 197–220, hier S. 206.

2 Vgl. Franz Liszt: Briefe eines Bakkalaureus der Tonkunst. III. An Adolphe Pictet. – In: ders.: Sämtliche Schriften. Hrsg. v. Detlef Altenburg. Bd. 1: Frühe Schriften. Hrsg. v. Rainer Kleinertz. Wiesbaden u. a. 2000, S. 121.

3 Vgl. ebd., S. 119 f.

4 Mauss: Die Techniken des Körpers [Anm. 1], S. 206.

5 Vgl. Rebecca Wolf: Musikinstrumente. – In: Handbuch Sound. Geschichte – Begriffe – Ansätze. Hrsg. v. Daniel Morat u. Hansjakob Ziemer. Stuttgart 2018, S. 338–344, hier S. 338.

6 Ebd., S. 338.

7 Vgl. ebd.

8 Vgl. Erich Tremmel: Kleine Geschichte des Pianofortes. – In: Kosmos Klavier. Historische Tasteninstrumente der Klassik Stiftung Weimar. Hrsg. v. Erich Tremmel u. Gert-Dieter Ulferts. Augsburg 2011, S. 59–68, hier S. 59 f.

9 Vgl. ebd., S. 61.

10 Vgl. ebd.

11 Vgl. ebd., S. 62.

12 Vgl. ebd., S. 65 f.

13 Eckart Altenmüller: Vom Spitzgriff zur Liszt-Sonate. – In: Die Hand. Werkzeug des Geistes. Hrsg. v. Marco Wehr u. Martin Weinmann. Heidelberg, Berlin, Oxford 1999, S. 79–111, hier S. 80.

14 Ebd., S. 82.

15 Ebd., S. 91.

16 Ebd., S. 90 f.

17 Vgl. ebd., S. 87.

18 Vgl. ebd., S. 97.

19 Ebd., S. 99 f.

20 Ebd., S. 100.

21 Vgl. Thorsten Palzhoff: Der Ort der Musik in Heinrich Heines Schriften. – In: HJb 44 (2005), S. 177–188, hier S. 181.

22 Vgl. B V, 435.

23 B V, 435: „Dieses Überhandnehmen des Klavierspielens und gar die Triumphzüge der Klaviervirtuosen sind charakteristisch für unsere Zeit und zeugen ganz eigentlich von dem Sieg des Maschinenwesens über den Geist. Die technische Fertigkeit, die Präzision eines Automaten, das Identifizieren mit dem besaiteten Holze, die tönende Instrumentwerdung des Menschen, wird jetzt als das Höchste gepriesen und gefeiert".

24 Vgl. B III, 351.

25 Vgl. B V, 435: „Diese grellen Klimpertöne ohne natürliches Verhallen, diese herzlosen Schwirrklänge, dieses erzprosaische Schollern und Pickern, dieses Fortepiano tötet all unser Denken und Fühlen, und wir werden dumm, abgestumpft, blödsinnig".

26 Vgl. Franz Liszt: Sämtliche Schriften. Frühe Schriften. Entstehung. Hrsg. v. Rainer Kleinertz. Wiesbaden u. a. 2000, Bd. 1, S. 485.

27 Es ist anzunehmen, dass der erwähnte Auftritt Liszts in die Zeit von Heines zweiter Ausführung der „Florentinischen Nächte" fällt, also zwischen Oktober 1835 und Februar 1836; vgl. zur Entstehungsgeschichte Höhn [3]2004, S. 368 f.

28 Vgl. B I, 601: „Es war eine glänzende Soirée, und nichts fehlte an den herkömmlichen Ingredienzen des gesellschaftlichen Vergnügens: genug Licht um beleuchtet zu werden, genug Spiegel um sich betrachten zu können […]".

29 Vgl. B I, 601: „genug Menschen um sich heiß zu drängen".

30 Vgl. Beatrix Borchard: Salon. – In: Handbuch Sound. Geschichte – Begriffe – Ansätze. Hrsg. v. Daniel Morat u. Hansjakob Ziemer. Stuttgart 2018, S. 302–306, hier S. 303 f.

31 Vgl. B I, 601: „[…] genug Zuckerwasser und Eis um sich abzukühlen".

32 Vgl. B I, 602: „Im ganzen Saale erblassende Gesichter, wogende Busen, leises Atmen während der Pausen, endlich tobender Beifall".

33 Vgl. B I, 601: „[…] strich seine Haare aufwärts über die geniale Stirne […]".

34 Vgl. Franz Liszt: Sämtliche Schriften. Frühe Schriften. Erläuterungen. Hrsg. v. Rainer Kleinertz. Wiesbaden u. a. 2000, Bd. 1, S. 607.

35 Vgl. B I, 601: „Wenn ich nicht irre, spielte er eine Passage aus den ‚Palingenesieen' von Ballanche, dessen Ideen er in Musik übersetzte, was sehr nützlich für diejenigen, welche die Werke dieses berühmten Schriftstellers nicht im Originale lesen können".

36 Vgl. B I, 601: „[…] und lieferte eine seiner brillantesten Schlachten".

37 Vgl. ebd.

38 Vgl. B III, 349: „[…] Die beiden letzteren sind wohl die merkwürdigsten Erscheinungen in der hiesigen musikalischen Welt; ich sage die merkwürdigsten, nicht die schönsten, nicht die erfreulichsten".

39 Vgl. B III, 350 f.

40 Vgl. B III, 351: „er hat große Anlagen zur Spekulation".

41 Vgl. ebd.: „Er glühte", „umnebelten ihn", „schwärmt er", „Steckenpferd".

42 Vgl. ebd.: „unruhiger Kopf".

43 Vgl. ebd.

44 Vgl. B III, 352: „Noch zittert mir der Verstand im Kopfe […]".

45 Vgl. B III, 351 f.: „[…] bei jedem Ton, den die Hand auf dem Klavier anschlägt […]".

46 Vgl. ebd.: „[…] bei jedem Ton, den die Hand auf dem Klavier anschlägt, auch die entsprechende Klangfigur in meinem Geiste anschlägt, kurz, da die Musik meinem inneren Auge sichtbar wird".

47 Vgl. B III, 352.

48 Vgl. ebd.

49 Vgl. ebd.

50 Vgl. B III, 351.

51 Vgl. B V, 358: „In dieser Beziehung hat Liszt, seit wir ihn zum letztenmal hörten, den wunderbarsten Fortschritt gemacht. Mit diesem Vorzug verbindet er eine Ruhe, die wir früher an ihm vermißten".

52 Vgl. ebd.: „Dieser Komponist muß in der Tat dem Geschmack eines Liszt am meisten zusagen. Namentlich Beethoven treibt die spiritualistische Kunst bis zu jener tönenden Agonie der Erscheinungswelt […]".

53 Vgl. ebd.

54 Vgl. ebd.: „[…] sie glänzen durch die Fertigkeit, womit sie das besaitete Holz handhaben".

55 Liszt: Briefe eines Bakkalaureus der Tonkunst. III. [Anm. 2], S. 121.

56 Vgl. B III, 351.

57 Franz Liszt als Lehrer. Tagebuchblätter von Auguste Boissier. Hrsg. v. Daniela Thode-von Bülow. Wien 1930, S. 91. Diese 1832 in Folge einer Zahl von Unterrichtseinheiten gemachten Aufzeichnungen Auguste Boissiers gelten der Liszt-Forschung als bedeutendes Dokument zu Liszts spieltechnischen Methoden.

58 Zum Zeitpunkt der Aufzeichnungen Boissiers ist Liszt zwanzig Jahre alt; die Aufnahme in das Pariser Konservatorium war ihm als Ausländer verwehrt worden.

59 Boissier: Franz Liszt als Lehrer [Anm. 57]: „[…] die geistige Organisation dieses jungen Mannes ist etwas ganz Außerordentliches" (S. 16), er besitze „das Gehirn eines Denkers" (S. 34), „sagt Dinge, die eine ganze Erkenntniswelt zu enthüllen scheinen" (S. 15), „Sein Gehirn ist ebenso außergewöhnlich, ebenso geschult wie seine Finger" (S. 48).

60 Ebd., S. 98: „Er ist fast nie zufrieden und läßt denselben Teil zehnmal wieder anfangen, bis man seiner Idee nähergekommen ist. Übrigens ist er mit sich selbst ebensowenig leicht zufrieden, und oft springt er wie in Verzweiflung vom Klavier auf, weil er sein Ideal von Vollendung nicht zu erreichen vermochte".

61 Ebd., S. 24.

62 Ebd., S. 54.

63 Vgl. Wilhelm von Lenz: Die großen Pianoforte-Virtuosen unserer Zeit aus persönlicher Bekanntschaft. Liszt – Chopin – Tausig – Henselt [1872]. ND Düsseldorf 2000, S. 9 ff.

64 Boissier: Franz Liszt als Lehrer [Anm. 57], S. 20.

65 Mauss: Die Techniken des Körpers [Anm. 1], S. 206.

66 Vgl. zu solchen Handapparaten, die z. B. gerade verhindern sollen, dass die Finger „zu flach" gehalten werden, Heiner Klug: Musizieren zwischen Virtuosität und Virtualität. Praxis, Vermittlung und Theorie des Klavierspiels in der Medienperspektive. Essen 2001, S. 69 f.

67 „*Spielen* Sie nicht so sehr", rät Liszt seiner Schülerin. Vgl. Boissier: Franz Liszt als Lehrer [Anm. 57], S. 42 [Hervorhebung ESG].

68 Vgl. ebd., S. 56: „Was den Anschlag betrifft, so will er nie, daß man den Ton mit der äußeren Spitze der Finger oder gar der Nägel nehme, sondern mit dem Ballen des Fingers, was diesen natürlich eindrückt und ihm Leichtigkeit gibt. Auf diese Weise wird der Ton rein, voll, rund und vollendet, nicht erstickt und kleinlich". Bei der beschriebenen Art der Fingerhaltung wird bei der Tonerzeugung am besten der Tastengrund erreicht.

69 Ebd., S. 20.

70 Ebd., S. 56.

71 Ebd., S. 57.

72 Ebd., S. 21.

73 Ebd., S. 21 f.

74 Ebd., S. 55.

75 Ebd., S. 58.

76 Ebd., S. 28.

77 Ebd., S. 91.

78 Ebd., S. 92.

79 Vgl. Mathias Matuschka: Die Erneuerung der Klaviertechnik nach Liszt 1880–1980. München, Salzburg 1987 (Berliner musikwissenschaftliche Arbeiten 31), S. 13.

80 Vgl. Franz Liszt: Briefe eines Bakkalaureus der Tonkunst. II. An George Sand. – In: ders.: Sämtliche Schriften. Hrsg. v. Detlef Altenburg. Bd. 1: Frühe Schriften. Hrsg. v. Rainer Kleinertz. Wiesbaden u. a. 2000, S. 103.

81 Ebd., S. 103.

82 Franz Liszt: Brief eines Reisenden an George Sand. – In: ebd., S. 79.

83 Franz Liszt: Zur Situation der Künstler. – In: ebd., S. 15.

84 Franz Liszt: Briefe eines Bakkalaureus der Tonkunst. I. An einen reisenden Dichter. – In: ebd., S. 93.

85 Liszt beschreibt George Sand eine dumpfe „Niedergeschlagenheit, die mich mitunter ergreift, wenn ich die Ohnmacht des *Wirkens* mit der Heftigkeit des *Verlangens* und die Nichtigkeit des *Werkes* mit der Unendlichkeit des *Gedankens* vergleiche; – die Wunder der Sympathie und der *Läuterung*, welche bei den Alten die dreimal heilige Leier vollbringen durfte, mit der nutzlosen und elenden Rolle, auf die man sie heute beschränken will". Liszt: Brief eines Reisenden [Anm. 82], S. 79.

86 Vgl. Liszt: Briefe eines Bakkalaureus der Tonkunst. III [Anm. 2], S. 121.
87 Ebd., S. 119.
88 Vgl. Matuschka: Die Erneuerung der Klaviertechnik [Anm. 79], S. 11.
89 Liszt: Briefe eines Bakkalaureus der Tonkunst. III [Anm. 2], S. 121.
90 Vgl. Matuschka: Die Erneuerung der Klaviertechnik [Anm. 79], S. 11 f.
91 Vgl. ebd., S. 25.
92 Ende der 1830er Jahre beginnt Liszt, allein Konzerte zu geben, was zuvor nicht üblich war, und bezeichnet diese als „soliloques musicaux" bzw. „le Concert c'est moi". Vgl. Franz Liszt: An die Fürstin Christine Belgiojoso in Paris, 04.06.1839. – In: Franz Liszt: Briefe. Hrsg. v. La Mara. Leipzig 1893, Bd. 1, S. 25.
93 Vgl. Maren Haffke: Archäologie der Tastatur. Musikalische Medien nach Friedrich Kittler und Wolfgang Scherer. Paderborn 2019, S. 64.
94 Zitiert in Wolfgang Scherer: Klavier-Spiele. Die Psychotechnik der Klaviere im 18. und 19. Jahrhundert. München 1989, S. 107.
95 Vgl. Franz Liszt als Lehrer [Anm. 57], S. 100: „[…] Liszt spielt sie wunderbar, wobei man weder Finger noch Nägel noch Instrument vernimmt", und Heine, B V, 358: „[…] bei Liszt hingegen denkt man nicht mehr an überwundene Schwierigkeit, das Klavier verschwindet und es offenbart sich die Musik".
96 Vgl. B III, 297: „Ich aber greife wieder zur Feder, um über das französische Theater meine verworrenen Gedanken in einem noch verworreneren Stile niederzukritzeln. Schwerlich wird in dieser geschriebenen Wildnis etwas zum Vorschein kommen, was für Sie, teurer Freund, belehrsam wäre".
97 Vgl. B III, 351: „Wenn er am Fortepiano sitzt und sich mehrmals das Haar über die Stirne zurückgestrichen hat, und zu improvisieren beginnt, dann stürmt er nicht selten allzutoll über die elfenbeinernen Tasten, und es erklingt eine Wildnis von himmelhohen Gedanken, wozwischen hie und da die süßesten Blumen ihren Duft verbreiten, daß man zugleich beängstigt und beseligt wird, aber doch noch mehr beängstigt".

„[…] welcher begriffen, daß bey Immanuel Kant die beste Critik der reinen Vernunft und bey Marquis die beste Chokolade zu finden" Heinrich Heine und Victor Cousin

Norbert Waszek

Heine zeichnet in seinen Schriften mehrfach Porträts des seinerzeit berühmten und einflussreichen Philosophieprofessors Victor Cousin (1792–1867). Er schildert Begegnungen mit ihm, beschreibt seinen Werdegang, äußert sich aber auch ironisch und kritisch über seinen nur wenige Jahre älteren, französischen Zeitgenossen. Über seine eigenen Stellungnahmen hinaus drängt sich der Vergleich mit Cousin immer dann auf, wenn sich Heine der selbstgestellten Aufgabe widmet, den französischen Lesern die bedeutenden Vertreter des deutschen Geisteslebens nebst ihren Werken vorzustellen, wie er dies insbesondere in seinen Schriften „Zur Geschichte der Religion und Philosophie in Deutschland" und „Die romantische Schule" leistet. In diesem Kontext tritt die Gestalt Cousins neben diejenige von Madame de Staël[1], deren stark idealisierte Darstellung deutscher Persönlichkeiten und Verhältnisse, „De l'Allemagne", das Deutschlandbild in Frankreich langfristig bestimmte.[2] Beide, Frau von Staël und Cousin bilden mit ihren Schriften über Deutschland für Heine eine Kontrastfolie, von der er sich bewusst und oft explizit absetzt, um seine eigene Darstellung als authentischer, besser informiert, kurz gesagt als überzeugender präsentieren zu können. In diesem Sinne sei Victor Cousin, so Gerhard Höhn, für Heine „der einflussreichste Konkurrent in der Vermittlung deutscher Philosophie in Frankreich" gewesen.[3] So kann es nicht überraschen, dass Cousin auch in der Forschungsliteratur zu Heine immer wieder auftaucht, auch wenn es sich meist nur um kurze, beiläufige Erwähnungen handelt.[4] Eine speziellere Untersuchung blieb ein Desideratum und der vorliegende Beitrag will dazu beitragen, diese Lücke zu schließen.

N. Waszek (✉)
Paris, Frankreich
E-Mail: norbert.waszek@gmail.com

© Springer-Verlag GmbH Deutschland, ein Teil von Springer Nature 2023
S. Brenner-Wilczek, *Heine-Jahrbuch 2022*, Heine-Jahrbuch,
https://doi.org/10.1007/978-3-662-66144-4_4

1. Wer war Victor Cousin und welche Bedeutung besaß er?

Cousin war aus bescheidenen Verhältnissen aufgestiegen (der Vater arbeitete als Geselle bei einem Juwelier, die Mutter als Wäscherin und Bügelfrau) und über glänzende Studien, bewunderte Lehrerfolge und zahlreiche Publikationen zu einem in Frankreich bedeutenden und einflussreichen Philosophen, ja, zum Staatsmann geworden. Zudem unterhielt er enge Beziehungen zu Deutschland und wird zu denjenigen gezählt, welche die klassische deutsche Philosophie (von Kant und Fichte bis Hegel und Schelling) in seiner Heimat eingeführt und verbreitet haben. Verschiedene Reisen nach Deutschland (1817[5], 1818, 1824/25, 1831) hatten ihn in persönlichen Kontakt mit den Hauptvertretern der zeitgenössischen Philosophie gebracht, ein Kontakt, der sich danach in einer reichen Korrespondenz verlängerte.[6]

Seine erste Deutschlandreise führte Cousin über Frankfurt (wo er mit Friedrich Schlegel sprechen konnte) und Heidelberg – dort lernte er Hegel kennen und begann, mit Hilfe eines seiner Studenten, der über vorzügliche Französischkenntnisse verfügte, Friedrich Wilhelm Carové (1789–1852), dessen „Enzyklopädie" zu lesen – nach Marburg, Göttingen, Berlin (dort Begegnung mit Schleiermacher), Leipzig, Jena und Weimar (wo er zum krönenden Abschluss im Oktober 1817 von Goethe empfangen wurde[7]). Die zweite Reise (1818) führte ihn nach München, wo sich Cousin etwa einen Monat aufhielt, Friedrich Heinrich Jacobi (1743–1819) traf und recht intensiv mit Schelling verkehren konnte.[8]

Victor Cousin (1792–1867). Lithographie von François Séraphin
Delpech nach einer Zeichnung von Antoine Maurin

Der dritte Deutschlandaufenthalt Cousins war entschieden der aufregendste, und das keineswegs allein deswegen, weil er dabei in Dresden wieder Hegel begegnete, der dort die Rückfahrt von einer Reise nach Wien unterbrach.[9] Im Herbst 1824 reiste Cousin als Erzieher der Söhne von Jean Lannes (1769–1809; 1808 von Napoleon zum Duc de Montebello ernannt und unter diesem Namen bekannt) mit ihnen nach Dresden, weil der älteste der Söhne, Louis Napoleon Lannes (1801–1874; 2. Herzog von Montebello) sozusagen auf Brautschau war und sich für die Tochter einer dort lebenden russischen Adelsfamilie interessierte. Ob dieser Anlass der Reise nur ein Vorwand war[10], wird wohl nie völlig geklärt werden können. Tatsache ist aber, dass Cousin auf einer früheren Reise nach Italien (Herbst 1820) und später in Frankreich selbst Kontakte zu italienischen Revolutionären unterhielt, besonders um Santorre di Santa Rosa (auch ‚Santarosa' geschrieben; 1783–1825[11]) aus dem Piemont, welche der französischen Polizei bekannt waren. Zur Zeit der Restauration in Frankreich reichten derartige Bekanntschaften schon aus, um Cousin verdächtig zu machen und einer strengen Überwachung zu unterwerfen. In der Sicht der französischen Polizei erschienen die Bildungszwecke von Cousins Auslandsreisen nur als Fassade, hinter welcher er subversive Aktivitäten verbarg. Jedenfalls schrieb der Polizeichef im französischen Innenministerium, François Franchet d'Espérey (1778–1864), bereits am 10. September 1824 dem preußischen Gesandten in Paris, Heinrich von Werther (1772–1859), um seine Verdachtsmomente mitzuteilen und eine Überwachung anzuraten.[12] Als Betreiber der folgenden Ereignisse darf der preußische Gesandte in Dresden, Johann Ludwig von Jordan (1773–1848), gelten. Cousin wurde am 14. Oktober 1824 in Dresden verhaftet und unter Aufsicht eines Offiziers an Preußen ausgeliefert. So geriet Cousin in preußische Untersuchungshaft, eine Behandlung, die in Frankreich Entrüstung hervorrief. Auf Verlangen des französischen Botschafters in Berlin wurde Cousin aus dem Gefängnis entlassen, doch stand er weiterhin unter Hausarrest. Erst nach einer mehrmonatigen Untersuchung, die am Ende zu keiner Verurteilung führte, durfte sich Cousin innerhalb von Berlin wieder frei bewegen, die Stadt aber erst im April 1825 verlassen und über Weimar nach Paris zurückkehren. Hegel hat sich damals bei den Behörden für Cousin eingesetzt und ihm einen guten Leumund bestätigt.[13]

Die unfreiwillige Muße des Hausarrests nutzte Cousin dazu, sich von Hegels Schülern Eduard Gans (1797–1839; zumindest in seiner Berliner Zeit war Heine mit Gans befreundet[14]), Karl Ludwig Michelet (1801–1893) und Heinrich Gustav Hotho (1802–1873) sozusagen Privatstunden in Hegelscher Philosophie erteilen zu lassen. Auf der Rückreise konnte Cousin im April 1825, ausgestattet mit einem Brief Hegels[15], Goethe ein zweites Mal besuchen.[16] Die Begegnungen mit Hegel und dessen Schülern in Berlin ermöglichten für Cousin dauerhafte Kontakte mit den deutschen Kollegen, die durch gegenseitige Besuche (Hegel selbst fuhr z. B. im September 1827 nach Paris[17]) und vor allem brieflich gepflegt wurden.[18] Mindestens bis zur Julirevolution (1830), die ihm akademische und politische Ämter eröffnete, war Cousin auch ein hervorragender Gastgeber für deutsche Besucher der französischen Hauptstadt, um die er sich geradezu liebevoll kümmerte.[19] Danach ließen ihm die Ämter und Würden, mit denen er ab 1830 überhäuft wurde, weniger Zeit zur Pflege gesellschaftlicher Kontakte.[20]

Während Cousin von der Restauration misstrauisch beobachtet und drangsaliert worden war, kam er mit dem Sieg der Julirevolution zum Zuge und konnte alle Stufen der Karriereleiter erklimmen: Mit Ausnahme seines Lehrstuhls an der Sorbonne (nach einem siebenjährigen Lehrverbot), den er schon 1828, am Ende der Restaurationszeit, erhalten hatte, stammten alle weiteren Ämter und Ehren, mit denen er überhäuft wurde, aus der Zeit der Julimonarchie (1830–1848). Ab 1830 war er fast zwei Jahrzehnte lang Präsident der Jury der *Agrégation* im Fach Philosophie (dem Wettbewerb, der über die Aufnahme in den Staatsdienst entscheidet), noch im selben Jahr wurde er in die Akademie der Wissenschaften und in die Königliche Kommission für Erziehungsfragen aufgenommen. 1831 wurde er in der Ehrenlegion zum Offizier befördert. 1832 erhielt er als „Pair de France" einen Sitz im Oberhaus (Sénat). 1835 wurde er Direktor der École Normale Supérieure, dieser stark selektiven Einrichtung, welche nur die besten Studenten absolvieren dürfen. In der zweiten Regierung (1840) von Adolphe Thiers (1797–1877), die nur neun Minister umfasste, wurde Cousin gar Erziehungsminister. Die doppelte Machtfülle, einerseits in den Fachinstanzen der Disziplin, andererseits als Staatsmann, ist in Frankreich wohl nie wieder von einem Philosophen erreicht worden. Er entschied persönlich darüber, wer eine erfolgreiche Laufbahn beschreiten durfte – und wer davon ausgeschlossen blieb, wofür er gehasst und gefürchtet wurde.

Abgesehen von den persönlichen Beziehungen, Netzwerken und Verflechtungen, dienten die Berufungen auch der Durchsetzung von Lehrinhalten und Methoden. In dem letztgenannten Kontext besuchte Cousin von Mai bis Juli 1831 Deutschland noch einmal, diesmal mit der offiziellen Mission, Erziehungssystem, Lehrpläne usw. zu studieren, um aus den Vorzügen und Fehlern anderer Länder die richtigen Konsequenzen für Frankreich ziehen zu können. Er hat seine Ergebnisse 1832 veröffentlicht[21] und dann im Rahmen seiner Möglichkeiten in Frankreich durchgesetzt. Mit der Julimonarchie des Bürgerkönigs Louis Philippe, mit welcher Cousin zu Recht identifiziert wurde, ging seine glänzende Karriere zu Ende. Unter dem Zweiten Kaiserreich Napoleons III. (ab 1852) zog sich Cousin von seinen öffentlichen Ämtern zurück, ließ sich von seinem Lehrstuhl an der Sorbonne emeritieren und verbrachte seinen Lebensabend in Cannes, wo er sich einerseits damit beschäftigte, Monographien über berühmte Frauen des 17. Jahrhunderts zu verfassen – u. a. über Madame de Longueville (1619–1679), Madame de Sablé (1599–1678), Madame de Chevreuse (1600–1679)[22] –, andererseits bearbeitete er seine früheren Schriften für neue Auflagen. Er starb am 14. Januar 1867 in Cannes, wurde aber am 24. Januar prunkvoll in Paris bestattet.[23]

In die Philosophiegeschichte ist Cousin als derjenige eingegangen, der die eklektische Methode zu rehabilitieren suchte.[24] Wie er selbst diese Methode verstand und warum er sie für richtig hielt, hat er in einem vielfach gedruckten Vortrag vom 4. Dezember 1817 erläutert.[25] Tatsächlich hat sich Cousin nicht nur von der zeitgenössischen klassischen deutschen Philosophie inspirieren lassen, sondern er schöpfte auch aus vielen anderen Quellen, z. B. aus der schottischen Philosophie des 18. Jahrhunderts, auf die ihn sein Lehrer Pierre-Paul Royer-Collard (1763–1845) aufmerksam machte, noch ohne von der antiken Philosophie und Descartes zu sprechen, von denen er große Werkausgaben vorlegte[26] und die ihn ebenfalls stark prägten. Ist sein Stern als Philosoph auch bald erloschen, so lebte er doch durch seine zahlreichen Schüler – beispielhaft seien hier nur Jules Simon (1814–1896) und Paul Janet (1823–1899) genannt, weil sie beide über Cousin veröffentlicht haben[27] – und seinen institutionellen Einfluss lange weiter.

2. Kontexte von Heines Berührungen mit Cousin

Heine konnte seit seiner Ankunft in Paris, am 19. Mai 1831, den geschilderten, kometenhaften Aufstieg Cousins aus der Nähe beobachten, und er lebte lange genug, um noch ab 1852 dessen Rückzug aus den öffentlichen Ämtern verfolgen zu können. Aus Berlin kannte er ihn nicht, da Heine die Stadt schon verlassen hatte, als sich Cousin 1824/25 dort zwangsweise aufhielt. Als Autor dürfte Heine Cousin aber schon gekannt haben, bevor er nach Paris kam, weil er die Zeitschrift „Le Globe" intensiv gelesen hat, in welcher Cousin eine große Rolle spielte. Beim „Globe" handelt es sich im Grunde genommen um zwei verschiedene Zeitschriften, denn es gab in der Entwicklung des Organs nach der Revolution des Julis 1830 einen Bruch, der den Charakter der Zeitschrift, ihre Herausgeber und auch den Kreis ihrer Beiträger stark veränderte. Der „Globe" wurde 1824, also unter der Restauration, gegründet und stellte sich gleich zu dieser in Opposition.[28] War Pierre Leroux (1797–1871) der Initiator, dessen spätere Laufbahn noch in einem bescheidenen jungen Mann verborgen war und den Heine erst fast zwanzig Jahre später als eine Art „Kirchenvater" des Kommunismus präsentieren sollte (vgl. DHA XIV, 100), wurde Paul-François Dubois (1793–1874) bald der eigentliche Direktor, dem es gelang, ein homogenes Mitarbeiter-Team an die Zeitschrift zu binden. Was die Mitarbeiter einigte, war ihre Jugend – im Durchschnitt waren sie weniger als 30 Jahre alt – und ihre Begabung. Es genügt, unter vielen anderen an einige der Namen und damit an die späteren Errungenschaften dieser Beiträger des „Globe" zu erinnern: François Guizot (1787–1874)[29], Charles de Rémusat (1797–1875)[30], Adolphe Thiers (1797–1877)[31], Eugène Lerminier (1803–1857)[32], Charles-Augustin Sainte-Beuve (1804–1869).[33] Zu Recht schrieb Eduard Gans über den ersten „Globe": „Alles, was in Frankreich […] zur jungen und wissenschaftlich aufstrebenden Generation gehörte, war hier versammelt."[34] In seinen späteren Texten hat Heine den Werdegang der genannten Persönlichkeiten im Umkreis des „Globe" verfolgt. Als Beispiel möge hier eine Ausführung über den Grafen Rémusat dienen, weil Heine ihn auch auf der Regierungsbank (zu Beginn der 1840er Jahre) neben Cousin setzt.[35]

Nach der Julirevolution des Jahres 1830 geriet der „Globe" schrittweise unter den Einfluss der frühsozialistischen Schule Saint-Simons, welche die Zeitschrift nach einigen Monaten auch offiziell übernahm und mit Michel Chevalier (1806–1879) einen neuen Chefredakteur ernannte. Zu diesem Zeitpunkt hatte sich

Cousin, dem nach der Julirevolution die oben umrissenen Perspektiven offenstanden, wie auch die große Mehrzahl der bedeutenden Beiträger, schon vom „Globe" zurückgezogen. Vorher hatte er aber zum inneren Kern der Zeitschrift gehört, sich direkt daran beteiligt und auch über seinen Schülerkreis starken Einfluss ausgeübt. Zu Beginn des „Globe", als sich Cousin in misslicher Lage in Berlin befand, konnte er sich zwar nicht um die Zeitschrift kümmern, doch wurde er dort nicht vergessen. Schon am 6. November 1824 erschien ein Beitrag, der auf die Ereignisse um „den Gefangenen von Berlin" aufmerksam macht und gleichzeitig auf die großen Ausgaben der Schriften von Platon und Descartes hinweist, an denen Cousin damals arbeitete.[36] Als drei Wochen später, am 27. November, eine wohlwollende Besprechung den zweiten Band von Cousins Plato-Ausgabe anzeigt, erinnert eine Nachschrift wiederum an Cousins „Gefangenschaft in den Gefängnissen Berlins".[37]

Als er nach dem Berliner Abenteuer wieder in Paris lebte, beteiligte sich Cousin aktiv an der Zeitschrift. Ohne jedem einzelnen seiner Beiträge näher nachzugehen, seien zwei hervorgehoben, die im März 1826 und im Mai 1827 erschienen sind.[38] Sie zeigen beispielhaft, welchen Nutzen Cousin aus dem „Globe" zog. Im Beitrag des Jahres 1826 will Cousin die Philosophie der Geschichte vom Aufgabenfeld des Historikers absetzen und damit diese Sparte der Philosophie begründen. Der Beitrag des Jahres 1827 beschäftigt sich auf analoge Weise damit, die Geschichte der Philosophie als Subdisziplin zu begründen, von anderen geistesgeschichtlichen Untersuchungen zu unterscheiden und den Anfang der Philosophie nachdrücklich in Griechenland zu verankern. Unabhängig von den inhaltlichen Aspekten dieser Beiträge kann an ihnen gezeigt werden, dass Cousin die Zeitschrift dazu benutzte, durch den Vorabdruck von Auszügen aus seinen Büchern für deren Verbreitung zu sorgen.[39] Ergänzt man diese Vorabdrucke noch um die Besprechungen seiner Editionen von Platon und Descartes – mehrere der seinerzeit erschienenen Bände wurde von Cousins Schülern und Freunden im „Globe" angezeigt –, könnte fast von einer Kommunikationsstrategie Cousins gesprochen werden: Der „Globe" diente ihm als Werbetrommel für seine Publikationen. Heines späterer Umgang mit dem saint-simonistischen „Globe" (s. u.) – auch er ließ Auszüge seiner Bücher abdrucken und über seine Publikationen und sich selbst im „Globe" berichten – ist durch Cousin vorgezeichnet.

Dass sich Heine für den „Globe" bereits vor seiner Ankunft in Frankreich interessierte, geht aus dem Brief hervor, den er am 22. September 1829 aus Potsdam an seinen Berliner Freund Moses Moser (1797–1838) schickte: „Hat die Börsenhalle die ersten Jahrgänge des Globe? und könntest Du sie für mich geliehen bekommen?" (HSA XX, 355)[40] Da Heine nur um die ersten, älteren Jahrgänge bittet, lässt sich zumindest vermuten, dass er die neueren Ausgaben schon zur Kenntnis genommen hatte. Wegen der bereits umrissenen Präsenz von Cousin im „Globe" musste Heine bei seiner Lektüre der Zeitschrift immer wieder auf den aufsteigenden Philosophen aufmerksam werden. Tatsächlich dürften Informationen über Cousin, die Heine in eigenen Texten bietet, die aber auf die Zeit vor seiner Ankunft in Paris zurückgehen, aus dem „Globe" stammen. Dies dürfte für Cousins Übersetzung der Werke Platos (vgl. DHA XIV, 103) ebenso gelten wie für dessen Berliner

Inhaftierung:[41]Was nun wirklich diese Gefangenschaftsgeschichte des Herren Cousin betrifft, so ist sie keineswegs ganz allegorischen Ursprungs. Er hat, in der That, einige Zeit, der Demagogie verdächtig, in einem deutschen Gefängnisse zugebracht […]. (DHA VIII, 247)

In einer Notiz, die er im Zusammenhang der „Englischen Fragmente" schrieb, gedenkt Heine ebenfalls des „Globe", fasst das Ergebnis seiner Lektüre zusammen und erinnert auch an die weltumspannende Funktion, auf welche der Titel der Zeitschrift anspielt:

[…] ich habe weit mehr im Auge die Jugend des neuen Frankreichs, als deren Organ ich den *Globe* betrachte, eine seit mehreren Jahren in Paris erscheinende Zeitschrift, worin junge Demokraten der Wissenschaft, gemeinsinnig und eitelkeitslos, die Resultate ihrer Forschungen niederlegen, oft sogar das Forschen selbst, indem sie die Preis-fragen des Menschengeschlechts, *l'ordre du jour*, oder besser gesagt *l'ordre du siècle* klar aussprechen, die Welthülfsliteratur genau diktiren, die Vorarbeiten aller Nationen gebrauchbar machen, und gleichsam das Zusammenstudiren einer ganzen Generazion großartig erleichtern. (DHA VII, 507 f.)

Heine las auch den saint-simonistischen „Globe" und pflegte enge Kontakte zu Michel Chevalier, dem Chef des saint-simonistischen „Globe" und der Redaktion der Zeitschrift – kein geringerer als Michael Werner schrieb, dass die Saint-Simonisten um den zweiten „Globe" für Heine „der erste Kreis der Soziabilität in Paris" war[42] –, doch ist Heines Beziehung zum saint-simonistischen „Globe" bereits erforscht.[43] Cousin hatte nach der Julirevolution und den Karriere-perspektiven, welche ihm diese eröffneten, das Interesse am „Globe" verloren. Sein Verhältnis zu den Saint-Simonisten hatte sich sogar schon früher spannungs-reich gestaltet. Eine andere Zeitschrift der saint-simonistischen Schule[44], „Le Producteur, journal philosophique. De l'industrie, des sciences et des beaux-arts", hatte aus der Feder von Paul-Mathieu Laurent (1793–1877) eine kritische Rezension von Cousins „Fragmens philosophiques" von 1826[45] publiziert, die von ihm forderte, endlich Theorien zu liefern, welche „zum Fortschritt der sozialen Ordnung beitrügen".[46] Cousin hat in der zweiten Auflage seiner Schrift (von 1833) ziemlich von oben herab auf diese Rezension reagiert.[47] Da Cousin nach 1830 als Amts- und Würdenträger der Julimonarchie auftrat, kann es nicht überraschen, dass er von den Saint-Simonisten als Verteidiger der etablierten Ordnung wahr-genommen wurde, welche sie gerade ändern wollten.

3. Heines explizite Stellungnahmen zu Cousin

Zunächst ist festzuhalten, dass Heine Cousins Laufbahn sehr aufmerksam ver-folgt haben muss, denn fast alle wissenschaftlichen Leistungen, ebenso wie die Titel und politischen Funktionen, die Cousin von 1830 bis 1848 erlangte, finden sich in Heines Texten wieder und dokumentieren so, gerade auch für seine deutschen Leser, dessen Werdegang recht umfassend und präzise. Schon in der

„Romantischen Schule" betont Heine grundsätzlich, dass „Herr Cousin [...] sehr einflußreich im Staate" sei (DHA VIII, 245), auch nennt er einzelne, von Cousin erlangte Ämter und Würden – Senator/Pair de France[48], Mitglied der Akademie, Minister von Frankreich (vgl. DHA XIII, 136) – wenngleich er sie oft, wie noch näher gezeigt wird, mit Ironie und Kritik verbindet.

Heine hatte sich in Paris bekanntlich die „Lebensaufgabe", „die pacifike Mission" zugeschrieben, „die Völker", besonders Franzosen und Deutsche, „einander näher zu bringen" (HSA XXI, 51)[49], und er hoffte, zur Lösung dieser Aufgabe durch einen doppelten Transfer von Ideen[50] beitragen zu können, indem er die Franzosen mit Informationen aus Deutschland versorgte und umgekehrt den Deutschen Kenntnisse der französischen Zustände vermittelte. Im Hinblick auf den ersten Teil der Aufgabe geriet Heine notwendig mit Cousin in ein Konkurrenzverhältnis, denn der Franzose galt unter seinen Landsleuten, durch seine Reisen nach Deutschland, seine Bekannt- und Freundschaften mit den deutschen Geistesgrößen, als der privilegierte Repräsentant deutscher Philosophie. Cousin hat dieses Privileg stets beschützt und als sein Monopol betrachtet. Zwar leistete er deutschen Gästen, wie bereits angeführt, durchaus eifrige Hilfe, wenn er sie etwa französischen Gelehrten vorstellte und ihnen auch sonst viele Türen öffnete. Andererseits instrumentalisierte er sie auch, wenn er sie als Zeugen der schlechten Behandlung herumführte, die er 1824/25 in Preußen erlitten hatte.[51] Zwar war Cousin bereit, z. B. dem Hegelschüler Karl Ludwig Michelet (1801–1893)[52] 1835 zu einem Preis der Académie des sciences morales et politiques zu verhelfen[53], aber er hat weder ihn noch einen anderen deutschen Philosophen, der über Kant, Fichte, Schelling und Hegel vielleicht besser Bescheid gewusst hätte als er selber, an eine französische Universität berufen lassen. Den Franzosen die klassische deutsche Philosophie zu erklären, war eine Domäne, die er für sich selbst reserviert hatte.

Strebte Heine in Paris auch keine Laufbahn als Hochschullehrer mehr an – in München mochte es noch anders gewesen sein[54] –, musste er doch, um seinen beiden Publikationen „Zur Geschichte der Religion und Philosophie in Deutschland" und „Die romantische Schule" in Frankreich überhaupt einen Platz zu schaffen, Cousins Monopol bei der Vermittlung deutscher Ideen angreifen. In dieser Konstellation dürfte Heine Cousins Schwächen bewusst gesucht haben und er wurde in mehrfacher Hinsicht fündig. Cousin wirft er nicht nur fehlende Kompetenz im Hinblick auf die deutsche Philosophie von Kant bis Hegel und den späten Schelling vor, sondern er stellt auch die Gültigkeit von Cousins eigener philosophischen Haltung oder gar Methode in Frage, gemeint ist dessen „Eklektizismus". Die Mittel, derer sich Heine dabei bedient, sind Polemik und Ironie. Wobei er, vermutlich aus strategischen Gründen, einige der schärfsten Angriffe anderen in den Mund legt und darüber sozusagen nur berichtet. Bleiben die Vorbehalte, die Heine in den 1830er Jahren gegen Cousin formulierte, auch in den Berichten aus Frankreich wirksam, die er in den 1840er Jahren verfasste und dann in zwei Bänden der „Lutezia" zusammenstellte, gibt es in diesen späteren Stellungnahmen doch auch Anzeichen dafür, dass er seine Einschätzung Cousins änderte.

Aus der Konkurrenzsituation der 1830er Jahre, als Heine zeigen musste, dass er selbst, als früherer Student Hegels[55], der in München auch Schellings Vorlesungen hörte[56], weit kompetenter war als Cousin, erklären sich seine heftigen Angriffe auf den französischen Philosophieprofessor. Mehrfach wirft er Cousin vor, zum Studium der deutschen Philosophie nicht über die nötigen Sprachkenntnisse zu verfügen – tatsächlich waren die meisten der einschlägigen Texte damals noch nicht ins Französische übersetzt:

> Daß aber Herr Cousin dort [als er sich in Berlin in Untersuchungshaft befand; N.W.], in seinen Mußestunden, Kants Kritik der reinen Vernunft studirt habe, ist, aus drey Gründen, zu bezweifeln. Erstens: dieses Buch ist auf Deutsch geschrieben. Zweitens: man muß Deutsch verstehen, um dieses Buch lesen zu können. Und drittens: Herr Cousin versteht kein Deutsch. (DHA VIII, 247)[57]

Mit diesem Vorwurf scheint Heine nicht Unrecht zu haben, denn Cousins deutsche Korrespondenten (u. a. Gans, Hegel, Schelling) schrieben ihm durchgängig auf Französisch – hätten sie sich dieser Mühe unterzogen, wenn sie davon ausgehen konnten, er verstünde ihre deutschen Briefe? Aufbauend auf diesem Vorwurf der fehlenden Deutschkenntnisse greift Heine Cousins Anspruch auf das Monopol der Verbreitung deutscher Philosophie in Frankreich grundsätzlich an: Es ist „keine deutsche Philosophie, was den Franzosen bisher unter diesem Titel, namentlich von Herren Victor Cousin, präsentirt worden. Herr Cousin hat sehr viel geistreiches Wischiwaschi, aber keine deutsche Philosophie vorgetragen." (DHA VIII, 190).

Fehlt es dieser Passage auch nicht an Polemik, so könnte Heine doch vorgehalten werden, dass er nicht näher begründet, was an Cousins Darstellung der deutschen Philosophie fehlerhaft oder zumindest unzureichend wäre. Um seine Ausführungen zu belegen und zu ergänzen, wählte Heine ein ungewöhnliches Mittel: Er integriert in den zweiten Band der französischen Ausgabe, also „De l'Allemagne" II (HSA XVII, 207–215) die Übersetzung einer kritischen Rezension von Cousins „Fragments philosophiques".[58] Zwar handelt es sich hierbei nicht um die einzige Ergänzung, die Heine unter dem Titel „Citations" am Ende des zweiten Bandes aufnahm.[59] Bei dem Übersetzer dieser Texte dürfte es sich um Pierre Alexandre Specht (1798–1874) gehandelt haben.[60] Der Bedarf für Ergänzungen war in formaler Hinsicht dadurch entstanden, dass die bis dahin in Zeitschriften erschienenen Artikelserien noch nicht ausreichten, um den zweiten Band von „De l'Allemagne" zu füllen.[61] Doch kann der bloße Mangel an Text, um den gewünschten Umfang zu erreichen, nicht erklären, *welche* Texte er aufnahm.

Ehe die Frage nach den Gründen der Aufnahme der Cousin-Rezension beantwortet werden soll, noch ein paar Informationen über diesen Text. Auf Deutsch war die Besprechung im August 1834 in den „Jahrbüchern für wissenschaftliche Kritik" erschienen.[62] Da die Berliner „Jahrbücher", an deren Gründung Hegel noch selbst beteiligt war, auch nach seinem Tod (1831) von dessen Schüler- und Freundeskreis getragen wurden, kann nicht geleugnet werden, dass diese Zeitschrift der Hegelschen Schule nahestand[63], wenngleich sie kein einseitiges Organ war, wie der bald auftauchende, pejorative Spitzname „Hegelzeitung" suggerierte.[64] Die Rezension hatte laut Heine „der große Hinrichs" geschrieben (DHA VIII, 248).[65] Es handelt sich um Hermann Friedrich Wilhelm Hinrichs (1794–1861), der zwar oft als bloßer Epigone Hegels gilt[66], von Hegel selbst aber dadurch unter seinen Schülern ausgezeichnet wurde, dass er zu Hinrichs' erster Schrift „Die Religion im innern Verhältnisse zur Wissenschaft" (1822) ein Vorwort schrieb[67] – eine Ehre, die er keinem anderen seiner zahlreichen Schüler zuteilwerden ließ. Hinrichs hatte in Heidelberg bei Hegel studiert und war unter dessen Einfluss dort zum Studienfach Philosophie gewechselt. Nach seiner Habilitation (1819) wirkte er zunächst als Privatdozent in Heidelberg, ab 1822 als außerordentlicher Professor in Breslau und dann ab 1824 als Ordinarius in Halle, wo er bis zu seinem Tode blieb. In Halle lebte und lehrte Hinrichs also auch, als er seine Rezension Cousins schrieb.

Über persönliche Kontakte zwischen Hinrichs und Heine ist nichts bekannt: Hinrichs taucht in Heines Korrespondenz nicht auf. Plausibler ist, dass Heine die Rezension irgendwo gelesen und für seine Zwecke geeignet fand. Die Berliner „Jahrbücher" gehörten durchaus zu seiner Zeitschriftenlektüre, tauchen sowohl in seinen Schriften[68] als auch in seiner Korrespondenz[69] verschiedentlich auf, und manchmal (insbesondere, wenn darin Heines Schriften behandelt wurden) schickte ihm sein Verleger, Julius Campe (1792–1867), ein paar Hefte der Zeitschrift.[70] Zwar ist es nicht belegt, dass Heine Hinrichs' Schrift „Die Genesis des Wissens" (1835) kannte, doch ist bemerkenswert, dass Hinrichs darin, genauer in seiner Vorrede, Heine mehrfach erwähnt.[71] Hinrichs versucht Heine ausgewogen zu beurteilen, gibt ihm manchmal Recht, glaubt ihn an anderen Stellen aber korrigieren zu müssen. Ohne dieser Würdigung hier näher nachgehen zu können, ist hervorzuheben, dass Hinrichs damit einer der ersten unter den Hegelschülern ist, der Heine als Philosoph ernst nimmt und ihm damit einschlägige Kompetenz zuerkennt.

In Hinrichs' herber Rezension von Cousin findet sich jedenfalls bereits der Vorwurf von dessen unzureichenden Deutschkenntnissen:

> Wir müssen uns wundern, wie so Hr. Cousin es nur hat über sich gewinnen können, ganze Abende bis tief in die Nacht hinein mit Hegel zu conversiren, indem er versichert, dass Hegel eben nicht mit Leichtigkeit französisch gesprochen habe. […] Warum kam Hr. Cousin ihm nicht mit Deutsch zu Hülfe? Er gibt sich ja in Frankreich dafür aus, des Deutschen kundig zu sein; freilich hat er in Deutschland diese Prätension jedes Mal fallen lassen, und hätte Hegel sich nicht mit dem Französischen bemüht, so würde Hr. Cousin auf die Rolle eines Taubstummen reducirt geblieben sein.[72]

Damit verbunden ist die grundlegendere und mehrfach wiederholte Rüge:

> […] dass Hr. Cousin von Hegel nichts, gar nichts verstanden habe. […] Wenn nun noch zuletzt Hr. Cousin sich viel damit wissen will, dass er die deutsche Speculation und Philosophie in Frankreich eingeführt habe, so können wir Deutsche ihm für die Art, *wie* sein Versuch ausgefallen ist, gewiss eben so wenig Dank sagen, als seine Landsleute.[73]

Gerade der letzte Punkt, Cousin als Vermittler deutscher Philosophie zu diskreditieren, war für Heine damals entscheidend. Allerdings bietet Hinrichs auch Gründe für seine Kritik, dass Cousin Hegel missverstanden habe und ihn deshalb auch seinen Landsleuten nicht angemessen vorstellen konnte. Cousin glaubte, dass Hegel Schellings System[74] geteilt und lediglich ausgebaut hätte. Dagegen empört sich Hinrichs nachdrücklich:

> Aber es handelt sich bei Hegel im Verhältniss zu Schelling nicht nur um eine weitere Ausführung der Wissenschaft, sondern um ein andres System. [...] Auch ist das Hegel'sche System bisher das einzige, worin die Sache von sich selbst den Beweis führt, oder was die Natur der Sache selbst zum Inhalt hat. Wenn daher Cousin von Schelling sagt, dass ihm eine mächtige Erfindungsgabe zu Theil geworden, und von Hegel, dass dieser eine tiefe Reflexion habe, so sieht es so aus, als wenn Hegel nichts erfunden haben soll, [obwohl] er doch in der Methode der Erfinder aller Zeiten ist.[75]

Zwar hat Heine in der französischen Übersetzung der Rezension den Schluss der Besprechung ironisch gewendet[76], doch dürften die Leser diese Ironie verstanden haben, und so blieb die Härte von Hinrichs' Kritik letztlich auch bei Heine erhalten. Konnte Heine, wie aus den bereits zitierten Stellen sichtbar, an Cousin das Fehlen von sprachlichen und philosophischen Voraussetzungen zur Vermittlung des deutschen Denkens in Frankreich durchaus scharf polemisch kritisieren, bleibt die Ironie, gerade in „Die romantische Schule" (1836; das Vorwort nennt „Herbst 1835" als den Zeitraum der Abfassung), seine Hauptwaffe gegen Cousin.[77] Der ganze „Anhang" (DHA VIII, 245–249) der „romantische[n] Schule" ist im Grunde eine einzige Parodie auf Cousin, den „großen Eklektiker", aus dem hier nur zwei Beispiele zitiert werden sollen:

> Er [Cousin] wirkte durch sein eignes Beyspiel zur Zerstörung eines Vorurtheils, welches vielleicht bis jetzt die meisten seiner Landsleute davon abgehalten hat, sich dem Studium der Philosophie, der wichtigsten aller Bestrebungen, ganz hinzugeben. Hier zu Lande herrschte nämlich die Meinung, daß man durch das Studium der Philosophie für das praktische Leben untauglich werde, daß man durch metaphysische Spekulazionen den Sinn für industrielle Spekulazionen verliere, und daß man, allem Aemterglanz entsagend, in naiver Armuth und zurückgezogen von allen Intriguen leben müsse, wenn man ein großer Philosoph werden wolle. Diesen Wahn, der so viele Franzosen von dem Gebiethe des Abstrakten fernhielt, hat nun Herr Cousin glücklich zerstört, und durch sein eignes Beyspiel hat er gezeigt: daß man ein unsterblicher Philosoph und zu gleicher Zeit ein lebenslänglicher Pair-de-France[78] werden kann.
>
> Freylich einige Voltairianer erklären dieses Phänomen aus dem einfachen Umstande: daß von jenen zwey Eigenschaften des Herren Cousin nur die letztere konstatert sey. Gibt es eine lieblosere, unchristlichere Erklärung? Nur ein Voltairianer ist dergleichen Frivolität fähig! (DHA VIII, 246)

Die schöne Auswertung der doppelten Bedeutung von „Spekulation", einmal als philosophische Reflexion, einmal als finanzielle Investition, richtet sich ironisch gegen Cousin. Mit dem „Ämterglanz" wird wieder kritisch auf die Häufung von Cousins Machtpositionen – innerhalb des Staates wie in der philosophischen Disziplin – angespielt. Wie vorhin schon am Beispiel der Verwendung von Hinrichs' Rezension gezeigt wurde, legt Heine auch hier den abschließenden Vorwurf, dass Cousins Stellung als „unsterblicher Philosoph" nicht belegt sei, anderen in den Mund, den „Voltairianern", die nicht näher bestimmt werden.

Am Schluss des Anhangs der „Romantischen Schule" bringt Heine wiederum die fiktiven „Voltairianer" gegen Cousin ins Spiel:

> Ich habe vielleicht das Verdienst um Frankreich, daß ich den Werth des Herren Cousin für
> die Gegenwart und seine Bedeutung für die Zukunft gewürdigt habe. Ich habe gezeigt,
> wie das Volk ihn schon bey Lebzeiten poetisch ausschmückt und Wunderdinge von ihm
> erzählt. Ich habe gezeigt wie er sich allmählig ins Sagenhafte verliert, und wie einst eine
> Zeit kömmt, wo der Name Viktor Cousin eine Mythe sein wird. Jetzt ist er schon eine
> Fabel, kichern die Voltairianer.
> O Ihr Verlästerer des Throns und des Altars, Ihr Bösewichter, die Ihr, wie Schiller
> singt „das Glänzende zu schwärzen und das Erhabene in den Staub zu ziehen pflegt,"
> ich prophezeye Euch, daß die Renommee des Herren Cousin, wie die französische
> Revoluzion, die Reise um die Welt macht! – Ich höre wieder boßhaft hinzusetzen: In der
> That, die Renommee des Herren Cousin macht eine Reise um die Welt und von Frank-
> reich ist sie bereits abgereist. (DHA VIII, 249)

Solange es um die Französische Revolution geht, kann deren ‚Reise um die Welt'
als Anspielung auf das Hegelsche Topos von der welthistorischen Bedeutung
der Französischen Revolution verstanden werden.[79] Zu den ‚welthistorischen
Individuen' aber hatte Hegel weder Cousin noch sonst einen Philosophen gezählt,
sondern diese Kategorie auf wenige handelnde Individuen beschränkt, die an
Epochenschwellen stehen: Alexander den Großen, Julius Cäsar und Napoleon.[80]
Wenn Heine die Revolution und Cousin nebeneinander stellt, scheint er eher
die Formel anzuwenden: „du sublime au ridicule il n'y a qu'un pas!" Napoleon
scheint sich im Oktober 1812 in Warschau, auf dem Rückzug aus Russland, selbst
dieser Formel bedient zu haben.[81] Heine hatte den Spruch erstmals an prominenter
Stelle verwendet, als er in „Ideen. Das Buch Le Grand" („Reisebilder" II)
Napoleons wechselhafte Geschicke, von der Vergöttlichung zu Verbannung und
Tod, anspricht (vgl. DHA VII, 200). Schon dort geht es ihm aber nicht nur um
Napoleon, sondern auch um die Erläuterung, die eigentlich das ganze Kapitel XII
der „Ideen. Das Buch Le Grand" ausmacht, eines von ihm selbst oft gebrauchten
Stilmittels, von dem er am Ende seiner Ausführungen selbst ein Beispiel bietet:

> Aber das Leben ist im Grunde so fatal ernsthaft, daß es nicht zu ertragen wäre ohne
> solche Verbindung des Pathetischen mit dem Komischen. Das wissen unsere Poeten. [...]
> Während ich das Ende des vorigen Capitels schrieb, und Ihnen erzählte, wie Monsieur
> Le Grand starb, und wie ich das *testamentum militare*, das in seinem letzten Blicke lag,
> gewissenhaft executirte, da klopfte es an meine Stubenthüre, und herein trat eine arme,
> alte Frau, die mich freundlich frug: Ob ich ein Doctor sey? Und als ich dies bejahte, bat
> sie mich recht freundlich, mit ihr nach Hause zu gehen, um dort ihrem Manne die Hühner-
> augen zu schneiden. (DHA VII, 200 f.)

Cousin könnte also nicht an die Bedeutung der Französischen Revolution heran-
reichen, und die bösen Zungen hätten Recht, die behaupten, sein Ruf wäre in
Frankreich bereits „abgereist", also verklungen.

In den 1840er Jahren, besonders in seiner „Lutezia", in der er Cousin mehrfach behandelt, modifiziert Heine seine Darstellung des französischen Philosophen nicht unerheblich. Nachdem er seine eigenen Texte über Deutschland in
den 1830er Jahren veröffentlich hatte, kann die durch ihr Konkurrenzverhältnis
bedingte Polemik zurücktreten. Dennoch gibt es auch hier Passagen, in denen
er sich über Cousin und besonders über dessen Eklektizismus lustig macht. Die
berühmteste Stelle, die bereits im Titel dieser Ausführungen herangezogen wurde,

ist sicher die Beschreibung eines gemeinsamen Spaziergangs, die er als Rückblick auf den „vorigen Herbst" (1840) unter dem Datum des 19. Mai 1841 liefert:

> Ich erinnere mich [...], vorigen Herbst, begegnete ich Herrn Cousins auf dem Boulevard des Italiens, wo er vor einem Kupferstichladen stand und die dort ausgestellten Bilder von Overbeck bewunderte. Die Welt war aus ihren Angeln gerissen, der Kanonendonner von Beyrut, wie eine Sturmglocke, weckte alle Kampflust des Orients und des Occidents, die Pyramiden Egyptens zitterten, diesseits und jenseits des Rheines wetzte man die Säbel – und Victor Cousin, damaliger Minister von Frankreich, stand ruhig vor dem Bilderladen des Boulevard des Italiens, und bewunderte die stillen, frommen Heiligenköpfe von Overbeck, und sprach mit Entzücken von der Vortrefflichkeit deutscher Kunst und Wissenschaft, von unserem Gemüth und Tiefsinn, von unserer Gerechtigkeitsliebe und Humanität. „Aber um des Himmels willen, unterbrach er sich plötzlich, wie aus einem Traum erwachend, was bedeutet die Raserey, womit Ihr in Deutschland jetzt plötzlich gegen uns schreyt und lärmt?" Er konnte diese Berserkerwuth nicht begreifen, und auch ich begriff nichts davon, und Arm in Arm über. den Boulevard hinwandelnd, erschöpften wir uns in lauter Conjekturen über die letzten Gründe jener Feindseligkeit, bis wir an den *Passage des Panoramas* gelangten, wo Cousin mich verließ, um sich bei Marquis ein Pfund Chokolade zu kaufen. [...]
>
> Sonderbar! das kriegerische Ministerium vom 1. Merz, das jenseits des Rheines so verschrien ward, bestand zum größten Theil aus Männern, welche Deutschland mit dem treuesten Eifer verehrten und liebten. Neben jenem Victor Cousin, welcher begriffen, daß bei Immanuel Kant die beste Critik der reinen Vernunft und bei Marquis die beste Chokolade zu finden, saß damals im Ministerrathe Herr v. Rémusat, der ebenfalls dem deutschen Genius huldigte [...]. (DHA XIII, 136 f.)

Der Eklektizismus Cousin wird hier als das Rosinenpicken eines Feinschmeckers verballhornt, der im 1818 gegründeten und seinerzeit in Paris berühmten Laden François Marquis gleich pfundweise Schokolade kauft und Kants erste Kritik ebenso verehrt und konsumiert. Dass der Abschnitt für Cousin nicht gut ausgehen würde, mochte der kundige Leser schon dadurch erwartet haben, dass Heine ihn gleich eingangs die Bilder von Johann Friedrich Overbeck (1789–1869)[82] „bewundern" lässt, obwohl er selbst dem in Rom etablierten Führer der wohl erst nachträglich so genannten „Nazarener Schule"[83] eher reserviert gegenüberstand.[84] So ließe sich der von Cousin in wenigen Gehminuten vollzogene Übergang, für Heine bekanntlich eine Antinomie, von den Bildern Overbecks (Spiritualismus) zur Schokolade von Marquis (sinnlicher Genuss) in Heines Kategorisierung von Nazarener- und Hellenentum einordnen. Diese Antinomie findet sich exemplarisch in Heines etwa zeitgleich (am 8. August 1840) erschienenen Buch „Ludwig Börne" dargestellt, mit der berühmten Kernstelle, in welcher er den Gegensatz am Beispiel von Börne und Goethe erklärt:

> [...] der kleine Nazarener haßte den großen Griechen, der noch dazu ein griechischer Gott war. [...] Wie in seinen Aeußerungen über Goethe, so auch in seiner Beurtheilung anderer Schriftsteller, verrieth Börne immer seine nazarenische Beschränktheit. Ich sage nazarenisch, um mich weder des Ausdrucks „jüdisch" noch „christlich" zu bedienen, obgleich beide Ausdrücke für mich synonym sind und von mir nicht gebraucht werden, um einen Glauben, sondern um ein Naturell zu bezeichnen. „Juden" und „Christen" sind für mich ganz sinnverwandte Worte im Gegensatz zu „Hellenen", mit welchem Namen ich ebenfalls kein bestimmtes Volk, sondern eine sowohl angeborne als angebildete Geistesrichtung und Anschauungsweise bezeichne. In dieser Beziehung möchte ich sagen: alle

Menschen sind entweder Juden oder Hellenen, Menschen mit ascetischen, bildfeind-
lichen, vergeistigungssüchtigen Trieben, oder Menschen von lebensheiterem, entfaltungs-
stolzem und realistischem Wesen. So gab es Hellenen in deutschen Prädigerfamilien, und
Juden, die in Athen geboren und vielleicht von Theseus abstammen. Der Bart macht nicht
den Juden, oder der Zopf macht nicht den Christen, kann man hier mit Recht sagen. Börne
war ganz Nazarener, seine Antipathie gegen Goethe ging unmittelbar hervor aus seinem
nazarenischen Gemüthe [...]. (DHA XI, 18 f.)[85]

In der Anekdote vom Spaziergang, der von einer Galerie mit Overbecks Heiligen-
köpfen zum Schokoladenladen von Marquis führt, wird Cousins Eklektizismus
damit vorgeworfen, unvereinbare Elemente zusammenzubringen. Dies wird auch
an einer anderen Stelle der „Lutezia" II deutlich, in dem auf den 15. Juni 1843
datierten Anhang „Communismus, Philosophie und Clerisey", worin Heine ernster
auf den Eklektizismus Cousins eingeht:[86]

Der Eklektizismus von Cousin ist eine feindrähtige Hängebrücke zwischen dem schottisch
plumpen Empirismus und der deutsch abstrakten Idealität, eine Brücke, die höchstens
dem leichtfüßigen Bedürfnisse einiger Spaziergänger genügen mag, aber kläglich ein-
brechen würde, wollte die Menschheit mit ihrem schweren Herzensgepäcke und ihren
trampelnden Schlachtrossen darüber hinmarschieren. (DHA XIV, 103 f.)

Auch wenn Heine leicht vorgehalten werden könnte, dass die schottische Philosophie – Heine nennt keine Namen, Cousin hat einen Teil seiner vierbändigen
Geschichte der Moralphilosophie der schottischen Schule gewidmet und darin
besonders Francis Hutcheson, Adam Smith, Thomas Reid und Adam Ferguson
behandelt[87] – kein „plumper" Empirismus und die klassische deutsche Philosophie nicht nur eine „abstrakte Idealität" ist, lässt sich seine Kritik an Cousins
Eklektizismus nachvollziehen. Einerseits hält er diesem vor, dass die beiden
Strömungen, der deutsche Idealismus und die schottische Aufklärung, letztlich
unvereinbar seien. Andererseits bleibt die eklektische Haltung für ihn auf einen
kleinen Kreis von Initiierten beschränkt und sei ungeeignet, die „Massen zu
ergreifen", wie Marx, sein damaliger Freund, schrieb.[88] Wenn Heine von Cousins
Eklektizismus spricht, fügt er öfters einen, zumindest indirekt vorgetragenen
Plagiatsvorwurf hinzu, z. B.: „Wie man dem großen Victor Cousin schon jetzt
nachsagt, daß er fremde Talente zu exploitiren und ihre Arbeiten als die seinigen
zu publiziren gewußt" (DHA VIII, 245 f.).

Doch abgesehen von diesen Stellen zu dessen Eklektizismus ändert sich in den
Texten der „Lutezia" der Ton von Heines Ausführungen über Cousin. Zumindest
zweimal thematisiert Heine selbst seinen Gesinnungswandel im Hinblick auf den
französischen Denker:

Die Rede, womit Victor Cousin vorigen Sonnabend die Sitzung der Akademie eröffnete,
athmete einen Freyheitssinn, den wir immer mit Freude bey ihm anerkennen werden.
[...] Nur so viel wollen wir erwähnen, daß der Mann, den wir früherhin nicht sonderlich liebten, uns in der letzten Zeit zwar keine wirkliche Zuneigung, aber eine bessere
Anerkennung einflößte. Armer Cousin, wir haben dich früherhin sehr maltraitirt, dich, der
du immer für uns Deutsche so liebreich und freundlich warst. (DHA XIII, 136 – auf den
19. Mai 1841 datiert)

Mit dem Cousin zuerkannten „Freyheitssinn" verlässt Heine den engeren Rahmen der Philosophie als Disziplin und sieht auf Cousin als politische Gestalt, der er, in expliziter Absetzung früherer Urteile, „Anerkennung" zollt.

Die zweite Stelle, die Heines verändertes Urteil thematisiert, ist vielleicht noch bedeutender, weil er darin auf sein eigenes, jugendliches (Vor)Urteil über Hegel zurückblickt:

> Sonderbare Wiedergeburt derselben Erscheinungen, wie wir sie bereits vor zwanzig Jahren in Berlin erlebt! Diesmal begreifen wir sie besser, und wenn auch unsre persönlichen Sympathien nicht für Cousin sind, so wollen wir doch unpartheyisch gestehen, daß ihn die radikale Parthey mit demselben Unrecht und mit derselben Beschränktheit verlästerte, die wir uns selbst einst in Bezug auf den großen Hegel zu Schulden kommen ließen. Auch dieser wollte gern, daß seine Philosophie im schützenden Schatten der Staatsgewalt ruhig gedeihe und mit dem Glauben der Kirche in keinen Kampf geriethe, ehe sie hinlänglich ausgewachsen und stark, – und der Mann, dessen Geist am klarsten und dessen Doktrin am liberalsten war, sprach sie dennoch in so trüb scholastischer, verklausulirter Form aus, daß nicht bloß die religiöse, sondern auch die politische Parthey der Vergangenheit in ihm einen Verbündeten zu besitzen glaubte. Nur die Eingeweihten lächelten ob solchem Irrthum, und erst heute verstehen wir dieses Lächeln; damals waren wir jung und thörigt und ungeduldig, und wir eiferten gegen Hegel, wie jüngst die äußerste Linke in Frankreich gegen Cousin eiferte. (DHA XIV, 101 f.)

Zunächst gilt es Heines Selbstkritik hervorzuheben – er habe in seinen Berliner Jahren „den großen Hegel" mit „Beschränktheit verlästert". Darin steckt eine Lesart von Hegel, die Schule machen sollte: die Unterscheidung zwischen dem exoterischen und esoterischen Hegel. Ausdrücklich und für die große Zahl der uneingeweihten Hörer und Leser hätte sich der Philosoph so „scholastisch" und „verklausulirt" ausgedrückt, dass sie glaubten, er sei ein Bündnis mit den religiösen und politischen Kräften „der Vergangenheit" eingegangen. So wäre Hegel in religiöser Hinsicht ein Vertreter des strenggläubigen, traditionellen Christentums und in politischer Hinsicht ein konservativer, wenn nicht gar reaktionärer Denker, Staatsphilosoph des Preußens der Restauration, gewesen. Auch Heine hätte den Philosophen so beurteilt und gegen ihn geeifert. Esoterisch, also für die lächelnden „Eingeweihten", steckte in Hegels Ausdrucksformen eine Taktik, welche die in Wirklichkeit vorhandenen subversiven Tendenzen seines Denkens bewusst verbarg. In seinen „Geständnissen" bietet Heine eine ausführlichere Erklärung dieser Deutung der Philosophie Hegels:

> Ich muß gestehen, diese Musik [die „fanatischen Töne" der „antireligiösen Predigten"; M.W.] gefällt mir nicht, aber sie erschreckt mich auch nicht, ich habe hinter dem Maëstro [Hegel; M.W.] gestanden, als er sie komponirte, freylich in sehr undeutlichen und verschnörkelten Zeichen, damit nicht jeder sie entziffre – ich sah manchmal, wie er sich ängstlich umschaute, aus Furcht, man verstände ihn. Er liebte mich sehr, denn er war sicher, daß ich ihn nicht verrieth; ich hielt ihn damals sogar für servil. Als ich einst unmuthig war über das Wort: „Alles, was ist, ist vernünftig", lächelte er sonderbar und bemerkte: „Es könnte auch heißen: ‚Alles, was vernünftig ist, muß sein'". Er sah sich hastig um, beruhigte sich aber bald, denn nur Heinrich Beer hatte das Wort gehört. Später erst verstand ich solche Redensarten. (DHA XV, 170)

Heine dokumentiert so sein früheres Fehlurteil über Hegel – „ich hielt ihn damals für servil" – korrigiert es aber aus späterer Einsicht: „Später erst verstand ich [ihn]". Die zukunftsgerichtete Wendung – „Alles, was vernünftig ist, muß sein" – des berühmt-berüchtigten Doppelsatzes aus dem Vorwort zu Hegels Rechtsphilosophie[89] offenbart schon das junghegelianische Programm einer Verwirklichung der Philosophie. Dass Hegel dies aber bewusst verborgen hätte, spricht Heine nicht nur durch die „sehr undeutlichen und verschnörkelten Zeichen, damit nicht jeder sie entziffre" an, sondern auch durch ein „ängstliches", „hastiges" Umschauen nach möglichen Zuhörern oder gar ‚Spitzeln', welches er Hegel zuschreibt. Ohne hier dem Verhältnis von Heine zu Hegel näher nachgehen zu können[90], waren diese Hinweise wichtig, weil Heine die Änderung seiner Sicht auf Cousin in Parallelität zum Übergang seiner frühen und späteren Urteile über Hegel entwickelt. Wie Hegel von rechts und links bedrängt, erweist sich Cousin für Heine am Ende als Verteidiger der Gedankenfreiheit und der Philosophie, dem alle seine „Siegeswünsche" gelten:

> So wird Cousin von zwey entgegengesetzten Seiten angegriffen, und während die ganze Glaubensarmee mit fliegenden Kreuzfahnen, unter Anführung des Erzbischofs von Chartres, gegen ihn vorrückt, stürmen auf ihn los auch die Sanskülotten des Gedankens, brave Herzen, schwache Köpfe, mit Pierre Leroux an ihrer Spitze. In diesem Kampfe sind alle unsre Siegeswünsche für Cousin; denn wenn auch die Bevorrechtung der Universität ihre Uebelstände hat, so verhindert sie doch, daß der ganze Unterricht in die Hände jener Leute fällt, die immer mit unerbittlicher Grausamkeit die Männer der Wissenschaft und des Fortschrittes verfolgten, und so lange Cousin in der Sorbonne wohnt, wird wenigstens dort nicht wie ehemals der Scheiterhaufen als letztes Argument, als *ultima ratio*, in der Tagespolemik angewendet werden. Ja, er wohnt dort als Gonfaloniere der Gedankenfreyheit, und das Banner derselben weht über dem sonst so verrufenen Obscurantenneste der Sorbonne.[91] (DHA XIV, 102)

Anmerkungen

Im Rahmen eines 2014 erschienen Aufsatzes über Heine und die Zeitschrift „Le Globe" konnte ich nur in der dort gebotenen Kürze auf Cousin eingehen. Vgl. Norbert Waszek: Usages du „Globe" par Heinrich Heine. – In: Heine à Paris: témoin de la vie culturelle française. Hrsg. v. Marie-Ange Maillet u. Norbert Waszek. Paris 2014, S. 88–132, besonders S. 95–97, wobei mir das Fehlen einer spezielleren Studie zu diesem Thema (siehe aber bereits die in Anmerkung 4 genannten Arbeiten) bewusst wurde und mich zu den folgenden Ausführungen veranlasste. Marie-Ange Maillet danke ich auch für Anmerkungen zu einer ersten Fassung dieses Aufsatzes.

1 Anne Louise Germaine Necker (später als Madame de Staël bekannt) wurde 1766 als Tochter von Jacques Necker und seiner Frau in Paris geboren. Ihr Vater war Genfer Bürger deutscher Abstammung, kam 1747 als Banklehrling nach Paris, wo er zum reichen Bankier und später zum Finanzminister Ludwigs XVI. aufstieg, ehe er sich 1790 auf seine Güter in Coppet am Genfersee zurückzog. Ihre ebenfalls aus der Schweiz stammende Mutter, Suzanne Curchod, die Necker im Jahre 1764 heiratete, wurde als Madame Necker dann rasch die Gastgeberin eines Salons, in welchem sich Diderot, d'Alembert, Buffon und andere Vertreter der Aufklärung regelmäßig trafen, und als Philanthropin die Stifterin

(1778) eines bis heute bestehenden Krankenhauses, welches seit 1802 den Namen Necker trägt. Vorzüglich gebildet, nicht zuletzt im Salon ihrer Mutter, heiratete Germaine 1786 den schwedischen Botschafter in Paris, Baron Eric Magnus von/de Staël-Holstein, auch wenn sie ein stürmisches Privatleben führte und längere Affären mit dem Herzog von Narbonne, mit Benjamin Constant u. a. unterhielt. Als Salonnière und Schriftstellerin (auch als Autorin von literaturwissenschaftlichen Werken) und nicht zuletzt als Persönlichkeit der Opposition gegen Napoleon gewann Madame de Staël eine große Bedeutung. Unter den zahlreichen Bio- und Monographien sei hier die neueste und detaillierte Darstellung angeführt: Michel Winock: Madame de Staël. Paris 2010.

2 „De l'Allemagne" geht auf eine mehrmonatige Reise u. a. nach Weimar und Berlin zurück, die Frau Staël 1803/4 unternahm, nachdem Napoleon sie aus Paris verbannt hatte. Die eigentliche Redaktion des Werkes scheint 1807 eingesetzt zu haben. 1810 wurde eine Erstausgabe gedruckt, die jedoch auf Napoleons Befehl beschlagnahmt und zerstört wurde (nur ein Satz Korrekturfahnen konnte von August Wilhelm Schlegel, der damals Hauslehrer ihrer Kinder war, gerettet werden). Es erschien erst 1813 in London und 1814 in Paris und wurde zu ihrem meistgelesenen Buch. Unter den vielfältigen Vergleichen zwischen Heine und Frau Staël seien hier nur zwei angeführt: Ernst Behler: Heinrich Heine und Madame de Staël zum Thema „De l'Allemagne". – In: Heinrich Heine und die Romantik. Erträge eines Symposiums an der Pennsylvania State University. Hrsg. v. Markus Winkler. Tübingen 1997, S. 116–128; Karin Füllner: „Ja, die Weiber sind gefährlich". Heinrich Heines Polemik gegen Germaine de Staël. – In: Differenz und Identität. Heinrich Heine (1797–1856). Europäische Perspektiven im 19. Jahrhundert. Tagungsakten des Internationalen Kolloquiums zum Heine-Gedenkjahr, Lissabon 4.-5. Dezember 1997. Hrsg. v. Alfred Opitz. Trier 1998, S. 67–78.

3 Höhn ³2004, S. 316.

4 Zu den Ausnahmen, den Studien, in denen Cousin gründlicher gewürdigt werden, gehören Michael Werner: Heine interprète en France de l'Allemagne intellectuelle. Conflits autour d'un cas modèle de transfert culturel. – In: Romantisme 21 (1991), S. 43–55, besonders S. 51–54; Michel Espagne: En deçà du Rhin: l'Allemagne des philosophes français au XIXe siècle. Paris 2004, besonders S. 19–44, S. 88–93 u. ö. Vgl. auch den älteren Beitrag von Joseph Dresch: Heine et Victor Cousin. – In: Études Germaniques 11 (1956), S. 122–132.

5 Vgl. hierzu die schöne Neuausgabe eines autobiographischen Textes von Victor Cousin: Souvenirs d'Allemagne. Notes d'un journal de voyage en l'année 1817. Mit einer Einleitung, Anmerkungen und Bibliographie hrsg. v. Dominique Bourel. Paris 2011.

6 Der reiche Cousin-Nachlass, der in der Sorbonne betreut wird, enthält 40 Bände Korrespondenz mit tausenden von Briefen. Ein alter und ein neuerer Band bieten daraus immerhin eine repräsentative Auswahl: Jules Barthélemy-Saint-Hilaire: M. Victor Cousin. Sa vie et sa correspondance. 3 Bde. Paris 1895; Lettres d'Allemagne. Victor Cousin et les hégéliens. Hrsg. v. Michel Espagne u. Michael Werner. Tusson, Charente 1990.

7 Über diese Begegnung hat Cousin in einem Bericht informiert. Vgl. Victor Cousin: Première Visite à Goethe. – In: Le Globe. Recueil philosophique et littéraire. Bd. 5, Nr. 26 (2. Juni 1827), S. 133; leicht überarbeitet wiederabgedruckt in Victor Cousin: Fragments et souvenirs. Paris 1857, S. 151–155. Im Anschluss daran auch ein Bericht über seinen zweiten Besuch, im April 1825 (s. u.).

8 Auch diese Begegnung wurde durch eine Korrespondenz verlängert; vgl. Victor Cousin, suivi de la correspondance Schelling-Cousin. Hrsg. v. Patrice Vermeren. Paris 1991.

9 Vgl. Briefe von und an Hegel. Bd. 3: 1822–1931. Hrsg. v. Johannes Hoffmeister. Hamburg [1954] ³1969, S. 77. Ob das Treffen zufällig war, wie es Hegel erscheinen lässt, oder geplant, wie etwa D'Hondt: Hegel en son temps [Anm. 12], S. 209 suggeriert, muss durch das Fehlen von Belegen offenbleiben.

10 Jedenfalls hat der junge Herzog von Montebello in Dresden nicht geheiratet, sondern sich erst im Jahre 1830 in London mit Eleonor Jenkinson (1810–1863) vermählt. Den Memoiren des deutschen Diplomaten und späteren russischen Reichskanzlers Graf von Nesselrode

lässt sich entnehmen, dass es sich bei der russischen Dame, die Montebello ursprünglich heiraten wollte, um ein „Fräulein von Gerebzof" (genauer Olga Aleksandrowna Scherebzowa, 1807–1880) handelte, eine Enkelin des Fürsten Pjotr Lopuchin (1753–1827), welche dann 1826 einen Prinz Orlow (1787–1862) heiratete; vgl. Lettres et papiers du Chancelier Comte de Nesselrode. Bd. 6: 1819–1827. Paris 1908, S. 209 f. Nesselrode berichtet übrigens auch, dass er selbst Cousin habe ausspionieren lassen. Vgl. ebd., S. 210 und über die preußischen Hintergründe der Verhaftung Cousins ebd., S. 211.

11 Cousin hat nach dem Tode des piemontesischen Revolutionärs mehrfach über ihn geschrieben, z. B. in der Revue des deux mondes Bd. 21 (1840), S. 640–688.

12 Der Brief wurde gedruckt bei Patrice Vermeren: Les vacances de Cousin en Allemagne. La raison du philosophe et la raison d'Etat. – In: Raison présente 63 (1982), S. 77–97, hier S. 77. Doch hatte bereits Jacques D'Hondt diese offizielle Nachricht veröffentlicht. Vgl. Jacques D'Hondt: Hegel en son temps: Berlin 1818–1931. Paris 1968, S. 194; in der deutschen Ausgabe dieses Buches wurde das Dokument auch übersetzt: Hegel in seiner Zeit: Berlin 1818–1831. Übers. von Joachim Wilke. Berlin 1984, S. 111.

13 Cousin hat den dritten Band seiner Übersetzung der Werke von Platon (der den als „Gorgias" betitelten Dialog von Sokrates mit Gorgias von Leontinoi u. a. enthält) Hegel gewidmet und sich in der Widmung für dessen Engagement für ihn öffentlich bedankt. Die Widmung ist in Hegel: Briefe [Anm. 9], Bd. 3, S. 404 f. abgedruckt.

14 Gans taucht auch später noch in Heines Texten auf; vgl. Norbert Waszek: Aufklärung, Hegelianismus und Judentum im Lichte der Freundschaft von Heine und Gans. – In: Aufklärung und Skepsis. Internationaler Heine-Kongress 1997 zum 200. Geburtstag. Hrsg. v. Joseph A. Kruse, Bernd Witte u. Karin Füllner. Stuttgart 1998, S. 226–241.

15 Hegel: Brief an Goethe (vom 24. April 1825), – In: Hegel: Briefe [Anm. 9], Bd. 3, S. 82–84, hier S. 82: „Die endliche Abfahrt meines Freundes, des Herrn Professors Cousin aus Paris, der dahin zugleich mit der Absicht abgeht, Euer Excellenz sich in Weimar zu präsentieren, wird mir zur nähern Veranlassung, auch mich Ihrem gütigen Andenken darzustellen. [...]"

16 Auch über diese zweite Begegnung mit Goethe hat Cousin in einem Bericht informiert, Cousin: Seconde Visite à Goethe. – In: Le Globe. Recueil philosophique et littéraire. Bd. 5. Nr. 26 (2. Juni 1827), hier 133 f.; leicht überarbeitet wieder abgedruckt in Cousin: Fragments et souvenirs [Anm. 7], S. 155–160.

17 Was er dort unternahm, wen er dort traf usw. lässt sich Hegels ausführlichen Briefen an seine Frau entnehmen; vgl. Hegel: Briefe [Anm. 9], Bd. 3, S. 183–198.

18 Eine Auswahl der Briefe wurde von M. Espagne und M. Werner veröffentlicht. Vgl. Espagne, Werner (Hrsg.): Lettres d'Allemagne [Anm. 6].

19 Am 9. September 1827 schrieb Hegel an seine in Berlin gebliebene Frau: „Cousin, dessen vertrauliche Freundschaft [...] in jeder Rücksicht für mich besorgt ist". Hegel: Briefe [Anm. 9], Bd. 3, S. 185; vgl. auch Eduard Gans: Rückblicke auf Personen und Zustände. Berlin 1836, S. 3: „Mir kam die Bekanntschaft mit Herrn Cousin um so wichtiger vor, als ich in ihr einen guten Unter- und Vorbau für meinen Aufenthalt in Paris zu haben gedachte. Wie man es dort anfangen musste, um zugleich den wissenschaftlichen Studien, dem Besuch der Gerichtshöfe und dem Umgange mit interessanten Personen obzuliegen, wurde vielfach [in Berlin; N. W.] besprochen: Cousin sagte mir Hilfe und Vermittlung zu, und hat sein Wort allerdings bei diesem ersten Aufenhalt [in Paris, 1825] redlich gehalten."

20 Vgl. ebd., S. 57 f., wo Gans ausführt, er hätte Cousin „während seines ganzen Aufenthaltes [im Jahre 1830] nur wenige Male" wiedergesehen. „Der Universitätsrath, der Candidat zur Pairie, zum Staatsrath oder zu einem Ministerium, mochte den deutschen Doctor gerade nicht von sich weisen, aber ihm auch nicht mehr mit aller Freundlichkeit begegnen. Die Zeit, welche er vor fünf Jahren einem Fremden zuwenden durfte, war durch Erwartungen, so wie durch wirkliche Arbeiten, in Anspruch genommen. Die letzteren hielten mich dann auch ab, Cousin mehr zu behelligen, als es nötig schien."

21 Sein Bericht erschien 1832 auf Französisch und im gleichen Jahr ins Deutsche übersetzt; vgl. Victor Cousin: Rapport sur l'état de l' instruction publique dans quelques pays de l'Allemagne, et particulièrement en Prusse. 2 Bde. Paris 1832; Bericht des Herrn M. V. Cousin über den Zustand des öffentlichen Unterrichts in einigen Ländern Deutschlands, und besonders in Preußen. 2 Bde. Übersetzt u. hrsg. v. Johann C. Kröger. Altona 1832.

22 Vgl. Victor Cousin: Madame de Longueville. 2 Bde. Paris 1853–1859; ders.: Madame de Sablé. Paris 1854; ders.: Madame de Chevreuse et Madame de Hautefort. Paris 1856.

23 Nicht weniger als drei Mitglieder der Akademie sprachen bei seiner Beisetzung auf dem Friedhof Père Lachaise: Silvestre de Sacy (1801–1879), Henri Patin (1793–1876) und Félix Esquirou de Parieu (1815–1893).

24 Über die Begriffsgeschichte des Eklektizismus, bis zur Antike (Diogenes Laertios), informiert Wolfgang Nieke: Eklektizismus. – In: Historisches Wörterbuch der Philosophie. Hrsg. v. Joachim Ritter, Karlfried Gründer, Gottfried Gabriel. 12 Bde. Basel 1971–2007, hier Bd. 2 (1972), Sp. 432 f.

25 Victor Cousin: Discours prononcé à l'ouverture du cours, le 4 décembre 1817. – In: Cours de philosophie: professé a la faculté des lettres pendant l'année 1818 par V. Cousin sur le fondement des idées absolues du vrai, du beau et du bien. Hrsg. v. Adolphe Garnier. Paris 1836, S. 1–12, hier S. 11: „[…] ce que je recommande, c'est cet Eclectisme éclairé qui, jugeant toutes les doctrines, leur emprunte ce qu'elles ont de commun et de vrai, néglige ce qu'elles ont d'opposé et de faux […]."

26 Cousin übersetzte die Werke von Plato: Œuvres de Platon. Übersetzt und hrsg. v. Victor Cousin. 13 Bde. Paris 1822–1840. Und er legte eine Neuausgabe der Werke von Descartes vor: Œuvres de Descartes. Hrsg. v. Victor Cousin. 11 Bde. Paris 1824–1826.

27 Vgl. Paul Janet: Victor Cousin et son œuvre. Paris 1885; Jules Simon: Victor Cousin. Paris 1887.

28 Karl X. (1757–1836) folgte am 16. September 1824 seinem Bruder Ludwig XVIII. (1755–1824, König von 1815 bis 1824). Der „Globe" erschien erstmals, fast gleichzeitig mit dieser Thronfolge, am 15. September 1824.

29 Durch seine Schriften als Historiker ausgewiesen, wurde Guizot Abgeordneter, Innen-, dann Außenminister und zeitweiliger Ministerpräsident. Wenn er selbst auch wenig zum „Globe" beigetragen hat, so übte er über seine Schüler, die darin auch über ihn und seine Werke schrieben, doch einen großen Einfluss auf die Zeitschrift aus.

30 Rémusat schrieb ab 1824 für den „Globe". Er wurde ab 1830 Abgeordneter und war zweimal Minister.

31 Thiers zeichnete sich zuerst durch seine Geschichte der französischen Revolution aus, die in 10 Bänden von 1823 bis 1827 erschien und damals ein Bestseller wurde. Er war ab 1824 Beiträger des „Globe". Seine lange Laufbahn als Staatsmann reichte von der Julimonarchie (wo er schon mehrfach Minister und Regierungschef war) bis zur Dritten Republik, deren erster Präsident er wurde (1871–1873).

32 Lerminier schrieb ab 1828 für den „Globe". 1831 erhielt er den ersten Lehrstuhl für vergleichende Rechtsgeschichte am Collège de France.

33 Der Literaturkritiker Sainte-Beuve, der ab 1824 für den „Globe" schrieb, wurde später Mitglied der französischen Akademie (1844), ins Collège de France berufen und gegen Ende seines Lebens zum Senator ernannt.

34 Gans: Rückblicke [Anm. 19], S. 44.

35 Vgl. DHA XIII, 137: „Neben […] Victor Cousin […] saß damals im Ministerrathe Herr v. Remusat, der ebenfalls dem deutschen Genius huldigte und ihm ein besonderes Studium widmete."

36 Vgl. [Anonymus:] Philosophie. M. Royer-Collard – M. Cousin. – In: Le Globe. Revue littéraire. Nr. 26, 6. 11. 1824, S. 107–108. Die Einzelheiten zu Cousins großen Ausgaben wurden bereits genannt. Vgl. Anm. 26.

37 Vgl. Le Globe. Revue littéraire. Nr. 35, 27. 11. 1824, S. 156–157. Diese Besprechung
    schrieb der Philosoph Théodore Jouffroy (1796–1842), ein Schüler Cousins, der auch
    dessen eklektische Methode teilte. Jouffroy wurde nach der Julirevolution ans Collège de
    France und dann an die Sorbonne berufen. In seinen eigenen Schriften ist er besonders
    im Bereich der Ästhetik hervorgetreten. Er hat Dugald Stewart und Thomas Reid ins
    Französische übersetzt.

38 Vgl. De la philosophie de l'histoire, fragment par M. Victor Cousin. – In: Le Globe. Revue
    littéraire. Nr. 42, 30. 3. 1826, S. 223–224; Philosophie. Du vrai commencement de l'histoire
    de la philosophie. (Fragment communiqué par M. Victor Cousin). – In: In: Le Globe. Revue
    littéraire. Nr. 17, 12. 5. 1827, S. 85–86.

39 Beide Texte fanden sich bald in Büchern von Cousin wieder; vgl. Victor Cousin: Fragmens
    philosophiques. Paris 1826; ders.: Nouveaux fragmens philosophiques. Paris 1828. Der
    1826 im „Globe" erschienene Auszug war mit einer Anmerkung versehen, die auf das
    baldige Erscheinen des Buches aufmerksam macht und so den Werbezweck des Vorab-
    drucks verdeutlicht.

40 Mit der „Börsenhalle" dürfte Heine das Lesekabinett der Berliner Kaufmannschaft gemeint
    haben, das sich im oberen Geschoss der alten Börse befand. Die alte Börse stand auf der
    Spreeinsel (heute als ‚Museumsinsel' bekannt), wurde 1800 gebaut und diente von 1802
    bis 1863 als Börse, das Gebäude wurde 1893 abgerissen; vgl. Elke Blauert: Der Neubau der
    Berliner Börse im Lustgarten als bauliches Zeichen der Vereinigung der Kaufmannschaft
    und der Emanzipation der Juden in Berlin. – In: Neue Baukunst. Berlin um 1800. Hrsg. v.
    ders. Berlin 2007, S. 129–143.

41 Von Cousins Inhaftierung hätte Heine auch von Berliner Freunden gehört haben können,
    doch finden sich in den erhaltenen Briefwechseln keine Hinweise darauf.

42 Michael Werner: Heine interprète en France de l'Allemagne intellectuelle. Conflits autour
    d'un cas modèle de transfert culturel. – In: Romantisme 73 (1991), S. 43–55, hier S. 46
    [Übersetzung N.W.].

43 Vgl. Nina Bodenheimer: Zwischen den Zeilen. Ein Versuch über Heine als Leser des
    „Globe". – In: HJB 49 (2010), S. 63–80; dies.: Heinrich Heine und der Saint-Simonismus
    (1830–1835). Stuttgart, Weimar 2014, S. 11–67; Norbert Waszek: Usages du „Globe" par
    Heinrich Heine. – In: Heine à Paris: témoin de la vie culturelle française. Hrsg. v. Marie-
    Ange Maillet u. Norbert Waszek. Paris 2014, S. 88–132 (dort auch Hinweise auf die ältere
    Literatur zum Thema).

44 Zu den diversen Zeitschriften der Saint-Simonisten vgl. zuletzt: Philippe Régnier: Les
    premiers journaux saint-simoniens. L'invention conjointe du journal militant et du
    socialisme: Enfantin et Le Producteur; Laurent et Bazard, et L'Organisateur. – In: Quand les
    socialistes inventaient l'avenir (1825–1851). Hrsg. v. Thomas Bouchet, Vincent Bourdeau,
    Edward Castleton, Ludovic Frobert, François Jarrige. Paris 2015, S. 36–48.

45 Vgl. Anm. 39.

46 Paul-Mathieu Laurent: Fragmens philosophiques par M. Victor Cousin. – In: Le Producteur,
    journal philosophique de l'industrie, des sciences et des beaux-arts, Bd. 3 (1826), S. 325–
    338; Bd. 4 (1826), S. 19–37, hier S. 37.

47 Victor Cousin: Fragmens philosophiques [1826]. Zweite Auflage, Paris 1833, S. 25–27.

48 Vgl. DHA VIII, 245: „Er gehört zu jenem lebenden Pantheon Frankreichs, welches wir
    die *Pairie* nennen, und seine geistreichen Gebeine ruhen auf den Sammetbänken des
    Luxembourgs." Das Palais du Luxembourg mit seinem berühmten Park ist seit 1800 Sitz
    des Senats.

49 Vgl. sein Testament vom 13. 11. 1851 (DHA XV, 210): „La grande affaire de ma vie était
    de travailler à l'entente cordiale entre l'Allemagne et la France, et à déjouer les artifices
    des ennemis de la démocratie qui exploitent à leur profit les préjugés et les animosités
    internationaux."

50 Es ist bezeichnend, dass das Forschungsfeld des Kulturtransfers von Heine-Forschern initiiert wurde. Vgl. Michel Espagne, Michael Werner: Deutsch-Französischer Kulturtransfer im 18. und 19. Jahrhundert. Zu einem neuen interdisziplinären Forschungsprogramm des C.N.R.S. – In: FRANCIA. Forschungen zur westeuropäischen Geschichte 13 (1985), S. 502–510; Transferts, les relations interculturelles dans l'espace franco-allemand: XVIIIe et XIXe siècle. Hrsg. v. Michel Espagne u. Michael Werner. Paris 1988. Aus der neueren Literatur dazu vgl. Gerhard Höhn: Vormärz: Sternstunde des deutsch-französischen Ideentransfers. – In: Deutsch-französischer Ideentransfer im Vormärz. Hrsg. v. Gerhard Höhn u. Bernd Füllner [Forum Vormärz Forschung. Jahrbuch 8]. Bielefeld 2002, S. 19–47; ders.: Kulturaustausch und Kulturtransfer I: deutsch-französischer Kulturtransfer. – In: Vormärz-Handbuch. Hrsg. v. Norbert Otto Eke. Bielefeld 2020, S. 392–402.

51 Vgl. Gans: Rückblicke [Anm. 19], S. 5: „Cousin nahm uns ernst und feierlich auf: er freute sich für den Augenblick, Berliner zu haben, die ihm bezeugen konnten, was er gelitten."

52 Vgl. Adolf Lasson: Michelet, Karl Ludwig. – In: Allgemeine Deutsche Biographie Bd. 55 (1910), S. 842–844; Norbert Waszek: Michelet, Karl Ludwig. – In: Neue Deutsche Biographie Bd. 17 (1994), S. 447.

53 Cousin selbst hatte die Akademie dazu veranlasst, 1833 eine Preisfrage über die Metaphysik des Aristoteles auszuschreiben, und da er 1835 einen Bericht von 120 Druckseiten über die neun eingesandten Arbeiten vorlegte, war er auch an der Vergabe des Preises entscheidend beteiligt. Für seine französische Abhandlung „Examen critique de l'ouvrage d'Aristote intitulé la Métaphysique" (erschien als Buch: Paris 1836) erhielt Michelet, *ex aequo* mit Félix Ravaisson (1813–1900), den Preis im Jahre 1835.

54 Vgl. Marie-Ange Maillet: Heinrich Heine et Munich. Paris 2004, S. 110–118.

55 Im Anschluss an Walter Kanowsky: Vernunft und Geschichte. Heinrich Heines Studium als Grundlegung seiner Welt- und Kunstanschauung. Bonn 1975 ist Jean-Pierre Lefebvre den Lehrveranstaltungen Hegels nachgegangen, die Heine vermutlich besucht hat. Vgl. Jean-Pierre Lefebvre: Der gute Trommler. Heines Beziehung zu Hegel. Hamburg 1986, bes. S. 31–50.

56 Vgl. DHA VIII, 187: „Da [in München] sah ich ihn einst und hätte schier Thränen vergießen können über den jammervollen Anblick. [...] so hörte ich Herren Schelling, als ich ihn zufällig mal sah, über Hegel sprechen"; Lefebvre: Der gute Trommler [Anm. 55], S. 182; Maillet: Heine et Munich [Anm. 54], S. 104.

57 Vgl. etwas weiter (auf derselben Seite): „Kant scheint schon geahnt zu haben, daß einst ein solcher Mann erscheinen werde, der sogar seine Critik der reinen Vernunft, durch bloße intuitive Anschauung, verstehen wird, ohne diskursiv analytisch Deutsch gelernt zu haben."

58 Es handelt sich um die Rezension der zweiten Auflage (die Erstausgabe war 1826 erschienen): Victor Cousin: Fragmens philosophiques. Paris 1833.

59 In der Abfolge des Bandes stehen unter ‚Citations': 1. ein Bericht über das Gespräch Friedrichs II. mit Gellert; 2. die Ausführungen über Cousin; 3. die Ausführungen von Johann Heinrich Voß über Ludwig Hölty; 4. Auszüge aus Johannes Falks Erinnerungen an Goethe (vgl. HSA XVII, 199–240).

60 Vgl. DHA VIII, 512. Bei Specht handelte es sich um einen höheren Postbeamten, der seine Aktivitäten als Übersetzer und Publizist sozusagen nebenbei entfaltete und deswegen manchmal Pseudonyme benutzte (z. B. Adolphe Specht, Germanus Lepic). Specht wurde „Heines Hauptübersetzer in den dreißiger Jahren" (DHA VIII, 513); vgl. Höhn [3]2004, S. 343 u. ö.

61 Vgl. HSA XVI/XVII K, 67–71 und Höhn [3]2004, S. 303 f., 345.

62 Vgl. [Hermann Friedrich Wilhelm] Hinrichs: [Rez.] Fragmens philosophiques [...]. – In: Jahrbücher für wissenschaftliche Kritik 1834. Bd. 2, Nr. 35 (August 1834), Sp. 283–288; Nr. 36, Sp. 289–294.

63 Vgl. Die „Jahrbücher für wissenschaftliche Kritik" – Hegels Berliner Gegenakademie. Hrsg. v. Christoph Jamme. Stuttgart-Bad Cannstatt 1994; Norbert Waszek: Hegelsche Schule, Links- und Rechtshegelianer, Jung- und Althegelianer. – In: Vormärz-Handbuch. Hrsg. v. Norbert Otto Eke. Bielefeld 2020, S. 372–380, hier bes. S. 373 f.

64 Die Kritik setzte ein mit Ludwig Börne: Einige Worte über die angekündigten Jahrbücher der wissenschaftlichen Kritik, herausgegeben von der Societät für wissenschaftliche Kritik zu Berlin. Heidelberg 1827. – In: ders.: Sämtliche Schriften. Hrsg. v. Inge u. Peter Rippmann. Bd 1. Düsseldorf 1964, S. 598–633. Börne benutzt die pejorative Bezeichnung ‚Hegelzeitung' noch nicht, doch scheint sie sich bald danach durchgesetzt zu haben, wie ein auf den 10. Dezember 1828 datierter Aufsatz von Adolph Müllner (1774–1829) belegt: „*Hegelzeitung* ist bekanntlich der Scherzname, welchen man den Berliner Jahrbüchern für wissenschaftliche Kritik beigelegt hat, weil der Philosoph Hegel an der Spitze der kritischen Gesellschaft steht." Adolph Müllner: „Ueber die Hegel'sche Philosophie. Hegel's Schriften". – In: Anthologie der geistreichsten und witzigsten Gedanken Müllner's über Kunst, Literatur und Leben. Bd. 2. Hrsg. v. Friedrich Karl Julius Schütz. [Müllner's Werke; Suppl.-Bd. 3.2]. Meißen 1830, S. 61–80, hier S. 62.

65 In der französischen Ausgabe ist auch vom „illustren" Herrn Hinrichs die Rede. Vgl. DHA VIII, 490 f.

66 Vgl. Carl von Prantl: Hinrichs, Hermann Friedrich Wilhelm. – In: Allgemeine Deutsche Biographie Bd. 12 (1880), S. 462–463; Jürgen Gebhardt: Hinrichs, Hermann Friedrich Wilhelm. – In: Neue Deutsche Biographie Bd. 9 (1972), S. 187–188.

67 Vgl. Hermann Friedrich Wilhelm Hinrichs: Die Religion im innern Verhältnisse zur Wissenschaft. Nebst Darstellung und Beurtheilung der von Jacobi, Kant, Fichte und Schelling gemachten Versuche, dieselbe wissenschaftlich zu erfassen, und nach ihrem Hauptinhalte zu entwickeln. Heidelberg 1822; vgl. Hegels Vorwort, mit einer berühmten Polemik gegen Schleiermachers Gefühlstheologie, ebd., S. I–XXVIII; doch ist Hegels Vorwort in allen Werkausgaben leichter zugänglich, so z. B. in: Georg Wilhelm Friedrich Hegel: Theorie Werkausgabe. 20 Bde. Hrsg. von Eva Moldenhauer u. Karl Markus Michel. Frankfurt a. M. 1969–71. Bd. 11, S. 42–67.

68 Wenn Heine z. B. in seinen „Englischen Fragmenten" über Walter Scott spricht, erwähnt er eine Besprechung in den „Jahrbüchern für wissenschaftliche Kritik". Vgl. DHA VII, 224.

69 Vgl. HSA XX, 355; HSA XXIV, 219 u. ö.

70 Am 28. August 1827 schickte ihm Campe die Nr. 95–98 der Berliner „Jahrbücher"; vgl. HSA XXIV, 36. Sie enthielten u. a. eine Besprechung von Heines „Reisebildern", die Karl Immermann (1796–1840) verfasst hatte.

71 Vgl. Hermann Friedrich Wilhelm Hinrichs: Die Genesis des Wissens. Heidelberg 1835, S. XXV–XXVII. Den Hinweis auf diesen Text und den darin enthaltenen Bezug auf Heine verdanke ich Höhn [3]2004, S. 359.

72 Hinrichs: [Rez.] Fragmens philosophiques [Anm. 62], Nr. 36, Sp. 293 f.

73 Ebd., Sp. 292 und 294. Zu Cousins Hegel-Vermittlung in Frankreich vgl. Patrice Vermeren: Victor Cousins Hegel. – In: Der französische Hegel. Hrsg. v. Ulrich Johannes Schneider. Berlin 2007, S. 33–48.

74 Gemeint ist vermutlich Friedrich Wilhelm Joseph Schelling: System des transzendentalen Idealismus. Tübingen 1800.

75 Hinrichs: [Rez.] Fragmens philosophiques [Anm. 62], Nr. 36, Sp. 291 f.

76 Vgl. HSA XVII, 215: „Nous avons lieu d'espérer que les Français, de leur côté, ne seront pas moins reconnaissants envers leur compatriote, et qu'ils lui sauront infiniment gré d'avoir étudié et compris la philosophie allemande et d'en avoir répandu la connaissance." Dort der bereits zitierte [Anm. 72] Absatz der „Jahrbücher", Nr. 36, S. 294.

77 Vgl. Höhn [3]2004, S. 316.

78 Die Pairswürde geht auf das 12. Jahrhundert zurück, gegen Ende der Regierungszeit (1137– 1180) von Ludwig VII. entstanden, und hatte, als das Erstgeburtsrecht noch nicht die Norm war, ursprünglich die Funktion, den König zu wählen. Von daher war sie vergleichbar mit der Rolle der Kurfürsten in Deutschland und ebenso in relativ kleiner Zahl (in Frankreich meist zwölf Mitglieder des Hochadels). Ohne allen Wandlungen, welche diese Institution über die Jahrhunderte erfuhr, hier nachgehen zu können, bedeutete die Pairswürde zur Zeit der Julimonarchie (1830–1848) die Mitgliedschaft im Oberhaus/Senat. Victor Cousin wurde am 11. Oktober 1832 vom Bürgerkönig Louis-Philippe zum Pair ernannt. Zwar wurden die Pairs de France im Prinzip auf Lebenszeit ernannt, doch wurde das Oberhaus im Zuge der Revolution von 1848 abgeschafft. So endete Victor Cousins Pairswürde am 24. Februar 1848, am Tag als Louis-Philippe die Krone niederlegen und nach England flüchten musste.

79 Georg Wilhelm Friedrich Hegel: Vorlesungen über die Philosophie der Geschichte. – In: Ders.: Theorie Werkausgabe [Anm. 67], Bd. 12, S. 535: „Wir haben jetzt die Französische Revolution als *welthistorische* zu betrachten, denn dem Gehalt nach ist diese Begebenheit welthistorisch [...]."

80 Vgl. ebd., S. 45–49, hier S. 46: „Solche Individuen hatten in diesen ihren Zwecken nicht das Bewusstsein der Idee überhaupt, sondern sie waren praktische und politische Menschen. Aber zugleich waren sie denkende, die die Einsicht hatten von dem, was not und was *an der Zeit ist*. [...] Ihre Sache war es, dies Allgemeine, die notwendige, nächste Stufe ihrer Welt zu wissen, diese sich zum Zwecke zu machen und ihre Energie in dieselbe zu legen. Die welthistorischen Menschen, die Heroen einer Zeit, sind darum als die Einsichtigen anzuerkennen; ihre Handlungen, ihre Reden sind das Beste der Zeit."

81 Laut einer zeitgenössischen Quelle handelt es sich um den Bericht des damaligen Botschafters von Napoleon in Warschau, Dominique Dufour de Pradt (1759–1837), von 1809 bis 1815 auch Erzbischof von Malines (Mechelen), worin Napoleon der Satz mehrfach in den Mund gelegt wird; vgl. De Pradt: Histoire de l'ambassade dans le grand-duché de Varsovie en 1812. Paris 1815, S. 215, S. 218 f. Da de Pradts Buch in kurzer Zeit mehrere Auflagen erlebte, scheint es entscheidend dazu beigetragen haben, Napoleons Spruch rasch in ein geflügeltes Wort zu verwandeln; vgl. B II, 818 f.

82 Um welche Bilder es genau geht, kann nicht eindeutig bestimmt werden. Bei einem „Kupferstichladen" wird es sich kaum um Gemälde gehandelt haben. Gedacht werden könnte z. B. an die 1826 entstandene Radierung Philipp Neris (1515–1595; führende Gestalt der Gegenreformation, die in der römisch-katholischen Kirche als Heiliger verehrt und manchmal als „Apostel von Rom" bezeichnet wird) oder die 1831 von Otto Speckter angefertigte Lithographie „Einzug Christi in Jerusalem" (nach Overbecks Gemälde des Jahres 1824).

83 Als Bezeichnung für den Stil der Malergruppe hat sich der Begriff ‚Nazarener' erst gegen Ende des 19. Jahrhunderts durchgesetzt. „Nazarener" war ursprünglich nur ein Spottname für einige in Rom lebende deutsche Maler, den sie wegen ihrer langen Haartracht mit Mittelscheitel, die an Bilder von Jesus erinnerten, erhielten. In diesem pejorativen Sinne taucht der Begriff schon im Briefwechsel Goethes mit Johann Heinrich Meyer (1760–1832) auf. Vgl. Goethes Briefwechsel mit Heinrich Meyer. Hrsg. v. Max Hecker. 4 Bde. Weimar 1917–1932, hier Bd. 2, S. 408 (Brief Goethes vom 7. Juni 1817) und S. 420 (Goethes Brief vom 4. Juli 1817). Die beteiligten Künstler (neben Overbeck und Franz Pforr, Joseph Sutter, Josef Wintergerst, Johann Konrad Hottinger und Ludwig Vogel) gaben sich selbst 1809 den Gruppennamen ‚Lukasbund'.

84 Vgl. DHA XIV, 12: „Wie bei den Malern, so herrscht auch bei den Musikern eine ganz falsche Ansicht über die Behandlung christlicher Stoffe. Jene glauben, das wahrhaft Christliche müsse in subtilen magern Konturen und so abgehärmt und farblos als möglich dargestellt werden; die Zeichnungen von Overbeck sind in dieser Beziehung ihr Ideal."

85 Vgl. Höhn ³2004, S. 426 f., 436 (weiterführende Literaturangaben).

86 Dort zieht Heine auch die Kritik an Cousins Eklektizismus heran, die Pierre Leroux wenige
    Jahre vorher veröffentlich hatte. Vgl. Pierre Leroux: Réfutation de l'éclectisme où se
    trouve exposée la vraie définition de la philosophie, et où l'on explique le sens, la suite, et
    l'enchaînement des divers philosophes depuis Descartes. Paris 1839.

87 Vgl. Victor Cousin: Cours d'histoire de la philosophie morale au dix-huitième siècle.
    Professé a la faculté des lettres en 1819 et 1820. 4 Bde. Paris 1839–1842. Der zweite Band
    (1840) trägt den Titel „Ecole écossaise" und umfasst fast 400 Seiten. Später hat er den Band
    noch einmal grundlegend überarbeitet und unter dem Titel „Philosophie écossaise" ver-
    öffentlicht (Paris 1857); vgl. George Elder Davie: Victor Cousin et les philosophes écossais.
    – In: Victor Cousin: Les idéologues et les Écossais. Colloque international de février 1982
    au Centre international d'études pédagogiques de Sèvres. Paris 1985, S. 177–199.

88 Karl Marx: Zur Kritik der Hegelschen Rechtsphilosophie. Einleitung [1844]. – In: Marx-
    Engels-Werke [MEW]. Hrsg. v. Institut für Marxismus-Leninismus beim ZK der SED. Bd.
    1. Berlin 1981, S. 385: „[…] auch die Theorie wird zur materiellen Gewalt, sobald sie die
    Massen ergreift."

89 Georg Wilhelm Friedrich Hegel: Grundlinien der Philosophie des Rechts [1820]. – In:
    Ders.: Theorie Werkausgabe [Anm. 67], Bd. 7, S. 24: „Was vernünftig ist, das ist wirklich;
    und was wirklich ist, das ist vernünftig." Heines fortschrittliche Deutung wurde vorwiegend
    ignoriert oder, noch schlimmer, die zweite Hälfte des Doppelsatzes als Beleg für Hegels
    Akkommodation an die Restauration gehalten, doch Dieter Henrich konnte eine Nachschrift
    der Hegelschen Vorlesung veröffentlichen, die Heines Bericht glaubhaft macht. Vgl. Georg
    Wilhelm Friedrich Hegel: Philosophie des Rechts. Die Vorlesung von 1819/20 in einer
    Nachschrift. Hrsg. v. Dieter Henrich. Frankfurt a. M. 1983, S. 51: „Was vernünftig ist, wird
    wirklich, und das Wirkliche wird vernünftig."

90 Vgl. Lefebvre: Der gute Trommler [Anm. 55] und Höhn [3]2004, S. 354–357; weitere
    Literaturangaben ebd., S. 362.

91 DHA XIV, 102. Wenn Heine schreibt, „so lange Cousin in der Sorbonne wohnt", ist dies
    nicht nur metaphorisch zu verstehen, sondern auch im wörtlichen Sinne. Als Professor
    an der Sorbonne und von der Julirevolution begünstigt, machte Cousin von dem Privileg
    Gebrauch, dort auch wohnen zu dürfen. Er war 1835 eingezogen, und seine Wohnung wird
    z. B. von dem Literaturkritiker Charles-Augustin Sainte-Beuve (1804–1869) beschrieben:
    M. Victor Cousin [1867]. – In: Nouveaux Lundis, Paris 1886, Bd. 10, S. 449–457,
    besonders S. 453. Als dieses Wohnrecht in den 1850er und 1860er Jahren, unter veränderten
    politischen Rahmenbedingungen und nach dem Rückzug Cousins von vielen Ämtern,
    bedroht erschien, fand Cousin mit Hilfe des mit ihm befreundeten Schriftstellers Prosper
    Mérimée (1803–1870), damals auch Frankreichs oberster Denkmalschützer, eine Lösung,
    die ihn vor einem erzwungenen Umzug bewahrte. Er verpflichtete sich, seine ca. 16.000
    Bände umfassende Bibliothek, nebst Inkunabeln und Manuskripten, der Sorbonne zu ver-
    erben. Nach einer so großzügigen Geste sprach niemand mehr von Umzug. Vgl. hierzu
    Mathilde Bombart, Dinah Ribard: Le philosophe et la bibliothèque. Érudition, amour des
    livres et pratiques de pouvoir chez Victor Cousin. – In: Les Bibliothèques, entre imaginaires
    et réalités. Hrsg. v. Claudine Nédelec. Arras 2009, S. 207–220.

Spiegelungen
Börne, Marcus, Heine und ihre Beiträge zur jüdischen Emanzipation

Inge Rippmann und Joseph A. Kruse

Julius H. Schoeps zum 80. Geburtstag

1. „Für die Juden". Ludwig Börnes jüdisches Engagement

> Wenn ich nicht kämpfte für das geschändete Recht
> und die misshandelte Freiheit aller Menschen, dürfte
> ich ein Herz haben für die Leiden eines Volks, eines
> Geschlechts, für meine eignen allein.[1]

Am 8. Mai 1786, drei Jahre vor Ausbruch der Französischen Revolution, wurde Juda Löb Baruch als Sohn eines in der Israelitischen Gemeinde hoch angesehenen, aus Hoffinanzkreisen stammenden Wechselmaklers in Frankfurt am Main geboren. Das Trauma der Kindheit in dem berüchtigten Getto, seinem „Kinderparadies"[2], sollte ihn sein Leben lang verfolgen. Zusammen mit drei Geschwistern erfuhr er eine Sozialisation nach orthodoxem Ritual. Seine einst gelobten Hebräischkenntnisse muss er bei der Lektüre der deutsch in hebräischen Lettern geschriebenen Bibelübersetzung Moses Mendelssohns erprobt haben. Die ihm damit erschlossene Welt alttestamentarischer Geschichte und Poesie spielte jedoch in Leben und Denken des späteren Publizisten so gut wie keine Rolle, sehr im Gegensatz zu den Impulsen der Großen Revolution, die ihm, kaum im Sinn des Vaters, durch den reformorientierten Hauslehrer Jakob Sachs vermittelt wurden.

In Berlin, wo sich der Sechzehnjährige der gymnasialen Vorbereitung auf das vom Vater verordnete Studium der Medizin widmen sollte, erfuhr der Jüngling eine bis zum Selbstmordversuch gesteigerte „éducation sentimentale".

I. Rippmann (✉)
Basel, Schweiz
E-Mail: inge.rippmann@bluewin.ch

J. A. Kruse
Berlin, Deutschland
E-Mail: josephantonkruse@googlemail.com

© Springer-Verlag GmbH Deutschland, ein Teil von Springer Nature 2023
S. Brenner-Wilczek, *Heine-Jahrbuch 2022*, Heine-Jahrbuch,
https://doi.org/10.1007/978-3-662-66144-4_5

Die zunächst ahnungslose Gattin seines Mentors, die schöne Salonnière Henriette Herz, verwies Louis, wie Börne sich jetzt nannte, nach dem plötzlichen Tod ihres Mannes zu seiner weiteren Förderung an den befreundeten Arzt und Psychiater Johann Christian Reil in Halle. Dort fand sich der früh zum Zynismus neigende Noch-nicht-Student zum ersten Mal in einer nichtjüdischen Umgebung. Der arrogant auftretende junge Jude erlebte jetzt unter Gleichaltrigen die Bedeutung des Ausgegrenztseins.

Mit dem aufklärerischen Rüstzeug, das er weitgehend dem Berliner Gelehrten Bendavid verdankte, wandte sich der ‚Muss-Mediziner' bald der Hallenser philosophischen Fakultät zu. Hier erfuhr er die erste Berührung mit frühromantischem Denken durch den Naturphilosophen und Schellingianer Henrich Steffens und den Freund seiner Berliner Mentorin, den Theologen Friedrich Schleiermacher. Nachhaltig wirkte auf ihn die philosophische Ethikvorlesung des Letzteren von 1805. Die Dialektik der organologisch verstandenen Ethik, die Denken und Handeln integrierende Staats- und Gesellschaftstheorie des frühen Schleiermacher, findet sich in ihren Grundzügen in den ersten Essays des Doktoranden („Theorie und Praxis in der Politik", 1808) wie in den Projektentwürfen des Publizisten Börne („Ankündigung der Wage", 1818).

Tagebuchnotizen, Briefe und Aphorismen lassen auf die Entwicklung von Baruchs problembelastetem Selbstverständnis schließen. Bezeichnend ist einer der frühesten Einträge: „Ich habe mich entschlossen, meine Lebensgeschichte in Quart herauszugeben. Das Buch wird folgenden Titel bekommen: Ludwig Bartel, ein psychologischer Roman. Berlin 1804."[3] Das natürlich nicht realisierte Romanprojekt des Sechzehnjährigen, das sich offensichtlich der Lektüre von Karl Philipp Moritz' Roman „Anton Reiser" verdankte, zeugt weniger von Louis' Interesse an der religiösen Thematik als an der Neigung der Titelfigur zur Introspektion des gesellschaftlich Marginalisierten.

Schwerer zu interpretieren, weil in sich widersprüchlich, ist der Brief an die inzwischen Mutterrolle einnehmende Henriette Herz vom 6. Juli 1806, im Vorfeld der preußisch-napoleonischen Waffengänge. In diesem Brief kommen gleichzeitig ein generationsgebundenes allgemeines Glücksgefühl, ein voluntaristisches Bekenntnis und das Bewusstsein tiefer Verletzbarkeit zum Ausdruck: „Wie beneidenswert finde ich mich und alle Jünglinge, daß wir in einer Zeit geboren worden, wo wieder Götter auf Erden walten und kein Zufall unser Herr ist. Ja glücklich fühle ich mich, dass ich sagen darf: ich bin, was ich will." Und wenig später:

> Wie wird dir's erst gehen [...] Wenn sie erst kommen und dir sagen, daß du ein Jude bist, wenn sie den Mauschel beohrfeigen, dass man sich kranklachen möchte. O, wenn ich dies bedenke [...], es möchte die Seele aus ihrem Wohnhaus stürzen, und sich den Leib eines Löwen suchen, dass sie den Frechen begegnen könnte mit Klaue und Gebiß.[4]

Sollte es sich um den Willen zur militärischen Teilnahme handeln, der er sich physisch nicht gewachsen fühlte, oder ging es um die Vorausahnung judenfeindlicher Attacken, denen er sich kampfbereit entgegenstellen wollte? Möglicherweise ist zu diesem Zeitpunkt beides miteinander verbunden und wir haben hier bereits ein pathetisch verschlüsseltes Zeugnis seiner deutsch-jüdischen Ambiguität.

Eindeutiger tönt es in einem Aphorismusheft aus der Zeit um Baruchs Gießener Promotion im Fach Kameralistik. Zwischen vielen gelehrten Gemeinplätzen fällt ein reflektiertes Bekenntnis zur doppelten Identität auf: „Eins ist, was mir Freude macht: nämlich daß ich ein Jude bin. Dadurch werde ich zum Weltbürger und brauche mich meiner Deutschheit nicht zu schämen."[5] Die in einem geradezu Hegelschen Dreischritt aufgehobene Polarisierung scheint Börnes spätes Bekenntnis zum Kosmopolitismus bereits vorwegzunehmen. In unserem Zusammenhang auffallen muss auch der letzte dieser Aphorismengruppe: „Die jüdische Nation gleicht einer ägyptischen Mumie, die ohne Leben den Schein des Lebens trägt und als Leiche noch der Verwesung widersteht."[6] Auch hier wirkt zweifellos der Einfluss Schleiermachers nach, der in der fünften seiner Reden „Über die Religion" den „Judaismus" eine „schon lange [...] tote Religion" genannt hatte.[7] Fünfundzwanzig Jahre später sollte Börne dieses harte Urteil in einer, wie man sehen wird, neuen Sinngebung aufheben.

Börne hat in verschiedenen Perioden und in unterschiedlichen Kontexten Schutzschriften für seine Glaubensgenossen verfasst. Als erster in diesem Sinn geplanter Text lässt sich eine „Rede an die Juden" vermuten, die in der angespannten politischen Situation Ende 1806 die Zensur in Halle nicht passieren konnte.[8] Nach seinem Gießener Doktorat beschäftigte sich der beruflich unabhängige Kameralist mit historischen Studien zum Judenbürgerrecht. Davon zeugt eine umfangreiche, unpublizierte Dokumentensammlung im Frankfurter Börne-Archiv. 1806 hatte ihn, vermutlich vermittelt durch den Vater, die Israelitische Gemeinde mit einer kritischen Kommentierung der umstrittenen neuen „Judenstättigkeit" betraut. Es sollte eine ergänzende Stellungnahme zu dem offiziellen Protest durch den jüdischen Reformer und Bürgerrechtler Jacobsohn und einen weiteren Kritiker sein. Indem Baruch das Fehlen jeden modernen Toleranzdenkens an den Beispielen aus den Frankfurter Verhältnissen nachwies und damit den alten reichsstädtischen Geist der neuen Stättigkeit offenlegte, geriet der Text zu einer Anklageschrift; deren allzu persönlicher, auch sarkastischer Ton wird die Auftraggeber veranlasst haben, auf eine Publikation zu verzichten, umso mehr als der Autor die rückständigen Verhältnisse in der jüdischen Gemeinde selbst nicht mit seiner Kritik verschonte.[9]

Für eine offenbar demselben Zweck dienende, 1816 in Rödelheim bei Frankfurt gedruckte „Actenmässige Darstellung des Bürgerrechts der Israelitischen Gemeinde zu Frankfurt", ergänzt durch die vollständige Dokumentation des Schriftverkehrs der Gemeinde mit den zuständigen Behörden, verweigerte Baruch, einer der beiden Bearbeiter, seine offizielle Autorschaft; als offenbar nicht in seinem Sinn verfasste Auftragsarbeit wird sie auch später nicht in seine „Gesammelten Schriften" aufgenommen worden sein.

Eine letzte, als Schutzschrift zu verstehende Adresse, im Namen von Mitgliedern der Frankfurter Israelitischen Gemeinde verfasst, sollte im Februar 1832 eine Sammlung für den neu gegründeten deutschen Press- und Vaterlandsverein nach Zweibrücken begleiten. Die Frankfurter Freunde bittet Börne, Unterzeichner zu werben: „Es ist höchste Zeit, daß die Juden etwas tun für die allgemeine Sache des Vaterlandes".[10] Der zweifellos zur Publikation gedachte Text klagt die bürgerliche Zurückstufung selbst der jüdischen Kriegsteilnehmer nach dem sogenannten Befreiungskrieg an. Jedoch will der Verfasser nicht allein die Juden als Opfer des Sieges sehen: „Dich, christlich deutsches Volk, haben Deine Fürsten und Edelleute als ein besiegtes Volk, Dein Land als ein erobertes Land behandelt."[11] Die hier zu vermutende Anspielung auf das immer wieder auch von ihm eingeklagte Verfassungsversprechen von Artikel XIII der Wiener Bundesakte nimmt Börne zum Anlass, das Siegervolk mit in das Boot der immer noch marginalisierten Juden zu nehmen, um sie damit zum gemeinsamen Kampf für die wahre „Freiheit des [gemeinsamen! – I. R.] Vaterlands" zu gewinnen.

In den Jahren nach 1808 blieb Börnes persönliches Geschick weitgehend vom politischen Schicksal Frankfurts abhängig. Inzwischen Mitglied und Redner der Loge „Zur aufgehenden Morgenröthe", im Volksmund „Juden- und Polizeiloge", konnte er in der kurzen Phase des unter französischer Verwaltung stehenden Großherzogtums Polizeibeamter werden. 1813 gelang es dem judenfeindlichen Senat der wieder „Freien Reichsstadt", den von der Israelitischen Gemeinde mit Großherzog Dalberg ausgehandelten und teuer bezahlten Reluitionsvertrag rückgängig zu machen. Der damit zwangspensionierte ehemalige Aktuar Baruch brachte sich nun, vor allem im Interesse der jüdischen Gemeinde, kritisch in die andauernden Frankfurter Verfassungskämpfe ein.

1818 nahm Louis Baruch offiziell einen neuen Namen an und ließ sich in aller Stille lutherisch taufen. Im gleichen Jahr erschien, zuerst im Selbstverlag, sein eignes Periodikum „Die Wage. Eine Zeitschrift für Bürgerleben, Wissenschaft und Kunst". Hier nahm er den von Goethe im abschätzigen Sinn inaugurierten Begriff des „Zeitschriftstellers" auf, um ihn neu zu interpretieren. Unter wiederholter Betonung frühliberaler Forderungen (Pressefreiheit, Öffentlichkeit der Gerichtsbarkeit, Minderheitenrecht) entwarf er ein Programm, das sich, wie der Titel versprach, den verschiedenen Lebensbereichen öffnete. Den Leser in den Meinungsbildungsprozess einbeziehend, sollte das Journal dem Meinungsaustausch, nicht dem Meinungskrieg dienen. In seinen auf Ausgleich bedachten Grundzügen war das Programm bereits im Jahr zuvor für ein von Cotta geplantes, offenbar aus innenpolitischen Gründen nicht verwirklichtes offiziöses Blatt in preußischem Interesse entworfen worden.

Der Herausgeber der „Wage" erwarb sich bald einen deutschlandweiten Ruf als brillanter Theater- und Literaturkritiker. Zur gleichen Zeit hatte Börne die Redaktion der überregionalen „Zeitung der Stadt Frankfurt", wenig später die der in Offenbach erscheinenden Wochenschrift „Zeitschwingen" übernommen. Das Krisenjahr 1819 forderte als politisch brisantestes seit dem Ende der napoleonischen Kriege die Aktivität des oppositionellen Journalisten heraus. Die Diskussion um den Kotzebue-Mord, die Frankfurter Lokalstreitigkeiten um den Judenstatus, die Hep-Hep-Welle in einigen deutschen Städten provozierten seine Zensurfehden, trugen ihm eine kurze Haft ein und weckten die Aufmerksamkeit Wiens. Die gegen alle liberalen und demokratischen Kräfte in Deutschland gerichteten Karlsbader Beschlüsse vom Herbst 1819 und die von ihnen eingeleitete Demagogenjagd veranlassten Börne, wie auch andere prominente Oppositionelle, sich für einige Wochen nach Paris abzusetzen.

„Hepp-Hepp! – Würzburg 1819" Kolorierte Radierung von Johann Michael Voltz.
Gedruckt im Verlag Friedrich Campe, Nürnberg

Noch im August hatte er einer Artikelserie einen Grundsatzessay „Für die Juden" vorangestellt unter dem Motto: „Für Recht und Freiheit sollte ich sagen."[12] Diesem Kampf hatte er schon 1816 die Strategie vorgegeben: „Die Sache der Juden muß aus einem Gegenstande der Empfindung zu einem Gegenstande der Überlegung gemacht werden, und dann ist das Gute gewonnen."[13]

Mit einem erklärten Verzicht auf einen historischen Rückblick auf die Judenverfolgungen wandte sich Börne jetzt den Problemfeldern der jüngsten Zeit zu. Es sind drei Motive, die er für die latente Pogromstimmung verantwortlich machte: Den Franzosen hatten die Juden ihre kurzzeitige bürgerliche Emanzipation zu verdanken; jetzt sah man in ihnen in erster Linie die Freunde des verhassten Gegners. Zum anderen blieb auch nach dem Sieg der Waffen die damit verbundene Hoffnung auf eine staatliche Einheit Deutschlands uneingelöst. Nun schien sich den „Germanomanen", so sah es Börne, in einem rassisch verstandenen Deutschtum ein Ersatz anzubieten, der die Juden ausschloss, wie Turner und Burschenschafter es schon praktizierten.

Einem dritten Motiv für die antijüdische Stimmung konte Börne die eigene Zustimmung nicht versagen, der Allianz von Juden und Adel, von „Geld und Vorherrschaft".[14] Sein sarkastischer Lösungsvorschlag: Man gebe den Juden das Bürgerrecht und mache sie damit nicht mehr schutzbedürftig; die Feudalherren, ihrer finanziellen Stützen beraubt, würden damit abhängig von den „bewilligende[n] oder versagende[n] Volksvertretern". Kurz gesagt: So könnte die Judenemanzipation zum Schlüssel der Demokratie werden!

Die ab Herbst 1819 verordnete Friedhofsstille im deutschen Blätterwald erforderte eine veränderte Schreibstrategie. Einem durch die väterlichen Beziehungen vermittelten indirekten Ruf der Wiener Staatskanzlei, die den unbequemen Kritiker restaurativer Machtpolitik zu gewinnen und damit auszuschalten suchte, widerstand Börne. Die nächsten Jahre verbrachte er, meist in Gesellschaft seiner Freundin Janette Wohl, in Paris, später in München, Heidelberg oder Stuttgart, wo er in der von Friedrich List im Interesse einer nationalen Handelspolitik gegründeten „Neckar-Zeitung" seine politiklastigen und politikkritischen Aphorismen publizierte.

Durch die Bekanntschaft mit Cotta standen ihm dessen Medien, vorab die „Allgemeine Zeitung" und das „Morgenblatt für gebildete Stände" zur Verfügung, in denen in loser Abfolge seine „Schilderungen aus Paris" (so der spätere Buchtitel) erschienen. Der kulturhistorisch interessierte Flaneur schildert die Theater- und Literaturszene des Paris der Restauration nicht ohne chauvinistische Untertöne, so etwa, wenn er die deutsche Musik als überlegen verteidigt oder in der deutschen Philosophie eine den Franzosen schwer zugängliche Lektüre sieht. Vor allem wird er Zeuge eines epochalen Ereignisses: des Kampfes zwischen dem englischen und dem französischen Theater, in den Nachkriegsjahren eine mehr als nur kulturelle Auseinandersetzung![15]

In seinen feuilletonistischen Texten unterlief Börnes Kritik oft schon in der Titelei die Zensur. So gab sich die „Monographie der deutschen Postschnecke" mit biedermeierlicher Redundanz als Kritik am Thurn- und Taxis'schen Postwesen, traf aber gleichzeitig mit den burschenschaftlichen „Spätturnern" und Franzosenverächtern die *vis inertiae* des gesamten deutschen Lebens. In der vorgeblichen Charakterstudie eines skurrilen „Esskünstlers" verbargen sich die Absurditäten der „Germanomanie" wie der Demagogenjagd. Der „Narr im Weißen Schwan", Satire auf Leerlauf und Auswüchse des deutschen Pressewesens, gipfelt in einer janusköpfigen Hymne auf die deutsche Sprache als dem noch immer einzigen einenden Band aller deutschen Länder. Die Methode seiner sprachkünstlerischen Verfremdungen gab der Autor in manchen seiner Texte selber preis:

Mehrere deutsche Journalisten werden es einst bereuen, daß sie die gegenwärtige vorteilhafte Zeit nicht zur Verbesserung ihres Stils benutzt haben. Die goldene Zeit der römischen Literatur begann, als die der Freiheit aufhörte. Natürlich. Wenn man nicht frei herausreden darf, ist man genötigt, für alte Gedanken neue Ausdrücke zu finden. [...] Man möchte von Konstitution, von Spanien und Italien sprechen, aber es ist verboten. Was tut ein erfinderischer Kopf? Statt Konstitution sagt er „Leibesbeschaffenheit", statt Spanien „Iberien", statt Italien „das Land, wo im dunklen Hain die Goldorangen glühen" und gebraucht für diesen und jenen Gedanken diesen und jenen dichterischen Ausdruck, den der gemeine Mann nicht versteht.[16]

Der wohl bekannteste Text dieses Jahrzehnts ist Börnes „Denkrede auf Jean Paul", eine Hommage auf seinen Lieblingsschriftsteller, den er als „Sänger der Armen" zum Gegenpart Goethes stilisiert.[17] Widerspruch erregte Börne mit seiner wiederholten Kritik an dem Weimarer, die in erster Linie nicht dem Dichter sondern dem „Zeitablehnungsgenie[]" (Heinrich Heine; HSA XX, 389) und seiner „Sachdenklichkeit"[18] galt. Mit der Lektüre des Briefwechsels zwischen Schiller und Goethe holte er die Klassiker vom Sockel der aristokratischen Erhabenheit und zeigte sie als geheime Verächter ihres Volks.[19]

In den Literaturkritiken dieser Periode befassen sich die geschichtsphilosophischen Reflexionen Börnes vielfach mit der Problematik der Macht. Bei der zunehmenden Ablehnung jeglicher Herrschaftsstrukturen nimmt sein Freiheitsbegriff anarchistische Züge an, denen er 1833/34 in den Fragment gebliebenen „Studien über Geschichte und Menschen der Französischen Revolution" historisch nachgeht.

Auf der politischen und der gesellschaftlichen Ebene spielt das Judenproblem in den Jahren vor 1830 für Börne kaum mehr eine Rolle; in seiner Theaterkritik gewinnt es eine neue Dimension. 1828/29 schreibt Börne im Vorfeld der mit dem Hamburger Verleger Julius Campe vertraglich vereinbarten Herausgabe seiner „Gesammelten Schriften" seine gewichtigsten dramaturgischen Studien. Vor allem Shakespeares, des großen Menschenkenners Figuren, folgt er in jedem ihrer Charakterzüge. So sieht er in Hamlet, dem „Todesphilosophen", den ewigen Kunktator, bei dem die Reflexion der Tat im Wege steht. Seine überraschende Folgerung sollte in die Literaturgeschichte eingehen: „Hätte ein Deutscher den Hamlet gemacht, würde ich mich gar nicht darüber wundern. Ein Deutscher brauchte nur eine schöne leserliche Hand dazu. Er schreibt sich ab, und Hamlet ist fertig."[20]

Der andere Shakespeare gewidmete Essay gilt dem „Kaufmann von Venedig". Gerade diesen Text hat der Autor nicht in die „Gesammelten Schriften" aufgenommen. Und doch hat er dem Juden Shylock eine nicht minder differenzierte Charakterstudie zugedacht als dem Dänenprinzen.

1819 hatte Börne in der „Wage" die Aufführung eines offenbar beliebten alten Stücks besprochen, Cumberlands „Der Jude". Der Shewa, ein gedemütigter und demütiger alter Jude, war eine der Glanzrollen Ifflands, eine Rolle, die der Rezensent als die „eines abstrakten Begriffsmenschen" für besonders problematisch hielt, eine idealtypische Figur aus dem Geist der Aufklärung, nicht aus dem Leben.[21] Ganz anders bei Shakespeare: Es geht bei Shylock um eine tief tragische Gestalt, um das Wesen dieses ganz besonderen Juden, eines eigentlichen „Racheengels". Auch hier weiß Börne um die Schwierigkeit dieser so anderen, so komplexen Rolle:

> Er will sein geschmähtes, niedergetretenes Volk an dessen Peiniger, dem Christenvolke, rächen, […] wenn uns der leibhaftige Teufel erscheint, ist wahrlich nicht Zeit zum Lachen. Nun aber im Teufel den Gott zu zeigen, durch eine Sandwüste von Sünde bis zur kleinen Quelle der Liebe vorzudringen […], das gibt wohl dem darstellenden Künstler Arbeit genug. Denn Shakespeare tut nicht wie gewöhnliche Menschen und gewöhnliche

Dichter [...] reine Charaktere darstellen [...] – so tut Shakespeare nicht. Er nimmt nicht Partei, er gibt keinem Recht als der Sittlichkeit, die lauter im Leben nie erscheint.[22]

Börne verehrt in dem englischen Dichter, das wird hier deutlich, nicht allein den Künstler, er verehrt in ihm ebenso die höchste moralische Instanz. Damit hatte Ludwig Börne die zentrale Maxime auch seines eigenen ästhetischen Urteilens offengelegt. Mit der Verbeugung vor dem bewunderten Dichter aber endet dieser Essay nicht. Er hat noch eine Coda, mit der der Autor von der erhöhten Bühne in die gegenwärtige Welt hinabsteigt, von der Analyse der zeitlosen Gestalt zu den Gestalten seiner eigenen Zeit, für die er sich einen Porträtisten wie Shakespeare wünscht.

Wie hätte Shakespeare unsere Shylocks, die großen Shylocks, mit christlichen Ordensbändern auf jüdischem Rockelor, geschildert! Wie hätte er die papierverkehrenden Shylocks ohne Rockelor gezeichnet, die das Fleisch und Blut ganzer Völker in Scheinen besitzen und die nicht mit Lumpen Papier, sondern mit Papier Lumpen machen! [...] O, wie hätte Shakespeare, dieser große Wechselmäkler zwischen Natur und Kunst [...] die Geheimnisse der Börsenherzen aufgedeckt! [...] [U]nsere Shylocks, alten und neuen Testaments, ersäufen für ein Achtelchen ganz Hellas als wär's ein blindes Kätzchen.[23]

Diese Schlüsselstelle für Börnes Sicht der börsengesteuerten internationalen Politik hätte zu jener Zeit wohl kaum die Zensur passiert. In einer satirischen Fassung hingegen hatte zwei Jahre später die im gleichen Sinn mit einer aktuellen Szene belegte Aussage ihren Platz in Börnes „Briefen aus Paris" gefunden: „Rothschild hat dem Papste die Hand geküsst und beim Abschiede seine hohe Zufriedenheit mit dem Nachfolger Petri unter allergnädigsten Ausdrücken zu erkennen gegeben."[24] Carl von Rothschild war von Papst Gregor XVI. in Audienz empfangen worden. Das gab Börne Anlass für eine der Satire folgende weitere Darlegung der engen Verflechtung von Politik, Kirche und Finanzwelt.

Inzwischen war der Schriftsteller durch die Nachricht von der Pariser Revolution aus einer Phase der nicht zuletzt politisch bedingten Depression gerissen worden. Begeistert eilte er an den Ort des von ihm als Zeitenwende und Vollendung der Revolution des achtzehnten Jahrhunderts verstandenen Geschehens. Aus der Privatkorrespondenz mit seiner Frankfurter Freundin wird, auf ihre Anregung hin, das Manuskript der wiederum bei Julius Campe verlegten „Briefe aus Paris". Die zensurbefreite Stimmung provoziert einen neuen, spontanen Stil. Schon das Paris der Restauration erschien dem deutschen Provinzler als „Zifferblatt Europas" und „Register der Weltgeschichte"[25], die Julirevolution hatte die französische Hauptstadt zum Kristallisationspunkt aller freiheitlichen Bewegungen in Europa gemacht. Börne sendet die Bilder einer sich selber feiernden Öffentlichkeit nach Deutschland, dessen gesellschaftliches Kastenleben er damit umso deutlicher herabsetzt. Der genaue Zeitungsleser verfolgt und bejubelt die revolutionären Erhebungen in Polen und Italien, beobachtet aber gleichzeitig die Degeneration der Julimonarchie zum kapitalgestützten Regime des Juste Milieu: Im Januar 1832 prophezeit er satirisch: „Louis-Philippe, wenn er in einem Jahre noch König ist, wird sich krönen lassen; aber nicht zu

Reims in St. Remi, sondern zu Paris in Notre-Dame de la bourse; und Rothschild wird dabei als Erzbischof fungieren."[26]

Der liberale Publizist, der als konstitutioneller Monarchist nach Paris gekommen war, verlässt für die Sommermonate die französische Hauptstadt als Republikaner. Als im November 1831 mit dem ersten Aufstand der Lyoner Seidenweber die Stimme des Prekariats die Pariser Regierung erreicht hatte, schreibt Börne, Casimir Périer mit bitterem Hohn zitierend:

> Es ist wahr, der Krieg der Armen gegen die Reichen hat begonnen, und wehe jenen Staatsmännern, die zu dumm oder zu schlecht sind, zu begreifen, daß man nicht gegen die Armen, sondern gegen die Armut zu Felde ziehen müsse. Nicht gegen den Besitz, nur gegen die Vorrechte der Reichen streitet das Volk; wenn aber diese Vorrechte sich hinter dem Besitze verschanzen, wie will das Volk die Gleichheit, die ihm gebührt, anders erobern als indem es den Besitz erstürmt?[27]

Börnes Kant verpflichteter Eigentumsbegriff lässt ihn noch vor einem sozialpolitischen Schritt innehalten. Hier wie in der Auseinandersetzung mit dem Saint-Simonismus und in den Fragmenten zur Französischen Revolution wird Anarchie nur als politisch notwendige Katharsis gesehen. 1825 hatte er schon im Diskurs um die Einschränkung der Macht geschrieben: „Freiheit geht nur aus Anarchie hervor."[28] Seine Revolutionsstudien bestätigen ihm diese Erkenntnis:

> Nur durch gewaltsame Revolutionen wird der Staat verbessert, nur durch Ausgelassenheit wird das Volk zur Freiheit erzogen; denn nur die Anarchie vermag die Keime der Unterwürfigkeit und des Knechttums in den Bürgern zu zerstören, jene Keime, aus welchen bei jeder günstigen Witterung die Tyrannei immer von neuem wieder aufschießt.[29]

Börne, Mitglied des Zweibrücker „Press- und Vaterlandvereins zur Verteidigung der freien Presse", wird im Februar 1832 zum politischen Aktivisten. Als Flugblattautor und Redner in den Versammlungen der deutschen Arbeiter und jungen Kaufleute gibt er der oppositionellen Bewegung entscheidende Impulse, ehe er zu seiner Sommerreise nach Süddeutschland und in die Schweiz aufbricht.

Um die Jahreswende verfolgt er von Paris aus das Echo auf seine Ende 1831 erschienenen ersten „Briefe". Hatte man über Jahre den 1818 getauften Frankfurter Publizisten als geistvollen Liberalen wahrgenommen und 1828 sogar in den literarischen Zirkeln Berlins gefeiert, so brach jetzt über seine vom außerdeutschen Standort offen ausgesprochene Deutschlandkritik helle Empörung aus. Als er sich nun als Franzosenfreund bekannte, spülte die nationalistische Stimmung die latente antisemitische Grundwelle empor, die selbst gemäßigte Liberale mitriss.

Börne reagierte auf zweierlei Weise, in beiden Fällen unter dem Datum des 7. Februar. Es handelt sich dabei nicht nur um ganz unterschiedliche Textsorten, vielmehr um die verschiedenen Arten, wie Börne das Grundproblem seiner Existenz verarbeitete. Im Laufe eines Briefes, in dem er einen seiner ihm wohlgesonnenen Rezensenten zitiert, steigert er sich in ein emotionales Bekenntnis zu seiner doppelten Identität, das die Erinnerung an den Aufschrei des Jünglings wie an den klugen Aphorismus aus der gleichen Zeit wachruft:

Es ist wie ein Wunder! Tausend Male habe ich es erfahren, und doch bleibt es mir ewig neu. Die einen werfen mir vor, daß ich ein Jude sei; die andern verzeihen mir es; der dritte lobt mich gar dafür; aber alle denken daran. Sie sind wie gebannt in diesem magischen Judenkreise, es kann keiner hinaus. [...] Nein, daß ich ein Jude geboren, das hat mich nie erbittert gegen die Deutschen, das hat mich nie verblendet. Ich wäre ja nicht wert, das Licht der Sonne zu genießen, wenn ich die große Gnade, die mir Gott erzeigt, mich zugleich ein Deutscher und ein Jude werden zu lassen, mit schnödem Murren bezahlte – wegen eines Spottes, den ich immer verachtet, wegen Leiden, die ich längst verschmerzt. Nein, ich weiß das unverdiente Glück zu schätzen, zugleich ein Deutscher und ein Jude zu sein, nach allen Tugenden der Deutschen streben zu können, und doch keinen ihrer Fehler zu teilen. Ja, weil ich ein Knecht geboren, darum liebe ich die Freiheit mehr als Ihr. [...] Ihr habt den Juden die Luft genommen; aber das hat sie vor Fäulnis bewahrt. Ihr habt ihnen das Salz des Hasses in ihr Herz gestreut; aber das hat ihr Herz frisch erhalten. [...] Wenn der Frühling kömmt, wollen wir sehen, wer früher grünt, der Jude oder der Christ.[30]

Auf den Vorwurf, die Franzosen als den Deutschen überlegen zu zeigen, reagiert er souverän:

Sie sagen: die Franzosen erschienen mir als Riesen, und die Deutschen stellte ich als Zwerge neben sie. [...] Austauschen, nicht tauschen sollen wir mit Frankreich. Käme ein Gott zu mir und spräche: Ich will dich in einen Franzosen umwandeln mit allen deinen Gedanken und Gefühlen [...] – ich würde ihm antworten: Ich danke, Herr Gott. Ich will ein Deutscher bleiben mit allen seinen Mängeln und Auswüchsen; ein Deutscher mit seinen sechsunddreißig Fürsten, mit seinen heimlichen Gerichten, mit seiner Zensur, mit seiner unfruchtbaren Gelehrsamkeit, seinem Demute, seinem Hochmute, seinen Hofräten, seinen Philistern – auch mit seinen Philistern? ---- Nun ja, auch mit seinen Philistern.[31]

Nach diesem emphatischen, Lessing nachempfundenen Bekenntnis fährt Börne in sachlichem Ton fort, sich mit den Vorwürfen seiner Kritiker auseinanderzusetzen.

Dem Brief beigeschlossen war ein separater Text, das Satyrspiel nach der Tragödie: „Häringsalat", die satirische Abstrafung vor allem seiner Berliner Kritiker.[32] Die Form, die der Autor des in der Literatur verpönten Pasquill auf Willibald Alexis alias Häring wählte, lässt auf noch einen anderen, nicht namentlich genannten Gegner schließen. Wie Alexis hatte der Germanist und Spezialist für althochdeutsche Dichtung und germanische Mythologie Karl Simrock mit Anspielungen auf Börnes jüdische Herkunft ‚argumentiert'. Nun versetzt Börne seinen Stammbaum, besser gesagt „Ariernachweis" in die Welt der germanischen Mythologie, die er, wie seine Bibliothek zeigt, zuvor genau studiert hatte. Er, der sich als den kleinsten aller Deutschen bezeichnete, führt, selbstironisch, seine Abkunft auf die Riesengestalt des „Großen Bör" zurück, den er in einem Zeitsprung von zweitausend Jahren in eine kriegerische Auseinandersetzung mit dem von einem Opernkönig regierten Volk der Hofräte geraten lässt. Von ihrer obrigkeitshörigen Jugend angewidert, verlässt der Riese Heimdallr, Börnes Urahn, den Kampfplatz. Ein später Nachfahre heiratet eine schöne Jüdin aus Mergentheim, dem Sitz von Börnes Großvater (!), und gründet mit ihr eine neue Stadt am Main, das spätere Frankfurt. „Also waren es Juden, die Frankfurt gegründet", und, in Anspielung auf seinen Streit mit dem Frankfurter Senat um das Judenbürgerrecht, fährt Börne fort:

> Wenn hier die Religion ein Recht geben oder nehmen könnte, wären die Frankfurter Juden die einzigen Bürger, und die Christen wären bloß Schutzchristen, welche die Juden in eine Christengasse einsperren und ihnen verbieten dürften mehr als zwölf Ehen jährlich zu schließen.[33]

In diesem Spiel mit der Mythologie gelingt es dem Autor, zugleich mit seinen persönlichen Kritikern das reaktionäre Preußen sowie das judenfeindliche Frankfurt mit Hohn einzudecken.

Im Mai 1832 nimmt Börne am Hambacher Fest, dem ersten „Nationalfest der Deutschen" teil. Dort wird der gerade im literarischen Schlagabtausch als frankophiler Jude Apostrophierte von Studenten wie von Bürgern begeistert begrüßt: „Es lebe der deutsche Börne, der Verfasser der Briefe aus Paris!"[34]

In freundschaftlichem Kontakt mit den liberalen Politikern diesseits und jenseits der Grenze verbringt Börne die Sommermonate 1832/33 in Süddeutschland und in der Schweiz, für ihn die Wiege der demokratischen Freiheit. In den Wintermonaten arbeitet er sich in den Pariser Archiven durch die noch nicht lange zugänglichen Quellen zur Französischen Revolution. Der Rousseau-Verehrer und Jakobinersympathisant hinterlässt ein umfangreiches, bis heute nicht voll erschlossenes Fragment über „Geschichte und Menschen der Französischen Revolution", in dem die metahistorische Sichtweise überwiegt. In seinen letzten Lebensjahren publiziert Börne im „Réformateur" des Republikaners Raspail umfangreiche Kritiken und widmet sich der Planung und ersten Durchführung eines neuen eigenen Mediums, der „Balance". Im Raum der Literatur wird er damit zum Promotor der deutsch-französischen Freundschaft als Kern eines künftigen Europa.

Überschattet wurde diese letzte Periode durch zwei öffentlich ausgetragene, literaturpolitisch folgenreiche Auseinandersetzungen. 1827 fand in Frankfurt eine erste Begegnung Börnes mit Heinrich Heine statt. Man weiß sich verbunden im Kampf für die freie Presse wie in der Opposition gegen Feudalismus, Deutschtümelei und Philistertum. Dass dieser erste Eindruck ein beidseitig positiver gewesen sein muss, dafür zeugt die Widmung, mit der Heine seinen mit dem Motto aus Börnes „Denkrede für Jean Paul" eröffneten ersten Band der „Reisebilder" den neuen Freunden schickte: „Anbey ein dummes Buch. Es ist nicht viel Gemüth drin; denn mein Herz ist immer bey euch." (HSA XX, 308).

Im Herbst 1831 liest Börne in Paris den eben erschienenen vierten Band der „Reisebilder" und kommentiert ihn enthusiastisch: „Ich sprach so allein in dieser Zeit, und Heine hat mir geantwortet."[35] Nach der zweiten persönlichen Begegnung, jetzt in Paris, berichtet Börne Jeanette Wohl unter dem Siegel der Verschwiegenheit: „Heine gefällt mir nicht."[36]

Nicht nur Heines Ablehnung eines gemeinsamen Journalprojekts noch sein offenes Bekenntnis zum Juste Milieu werden es letztlich gewesen sein, die Börnes Argwohn weckten. Vielmehr wird in der exiltypischen Nähe und der politischen Krisensituation immer deutlicher, dass Mentalität und Zielsetzungen der beiden Emigranten grundverschieden waren. Heine wird sie später unter dem Schule machenden Gegensatzpaar „Nazarener" und „Hellene" einordnen. Vorerst distanzierte er sich zu Anfang des Jahres 1832 von den republikanischen Landsleuten, ohne jedoch die Absicht zu zeigen, „als Tribun abzudanken", wie er im Mai dem Freund Varnhagen schrieb (HSA XXI, 36).

In seiner entscheidenden Rezension von 1835 nutzte Börne die in der französischen Buchfassung „De l'Allemagne" zusammengeführten Artikel-serien Heines, die 1833 in der „Europe littéraire" und 1834 in der „Revue des deux mondes" erschienen waren, für einen Rundumschlag, der vor allem Heines Charakter galt. In seinen gehässigen Angriffen auf den Hedonisten und Pan-theisten, mit denen er auch den deutschen Republikanern in Paris eine Stimme lieh, gewann die zeittypische Polarisierung mehr als eine persönliche Facette. Börne konnte Heines folgenreiche Antwort in der „Denkschrift" nicht mehr erleben; sie sollte das Bild des Frankfurters nachhaltig prägen.

Unabhängig davon, dass aus den als „Dioskuren" und „Vorschwimmer[n]"[37] einer neuen Schriftstellergeneration (Ludolf Wienbarg) wahrgenommenen Autoren eine „Constellation des Hasses"[38] geworden war (Theodor Mundt), bleibt eine wirkungsgeschichtliche Beobachtung in unserem Zusammenhang von besonderer Bedeutung. 1839 erinnert sich Karl Gutzkow an die literarische Aufbruchs-stimmung seiner ersten Studienzeit:

> Die Literatur nahm damals in allen ihren Richtungen die Farbe des Zeitgeistes an. [...] Verdunkelt wurden alle diese Erfolge von Heine und Börne. [...] Es gab viel zu über-winden, ehe sich der Blick dauernd an diese beiden Gestalten gewöhnte; denn kein geringes Hindernis ihrer Festsetzung mußte bei den Deutschen schon ihre israelitische Herkunft sein. Wenn wir auch [...] nie bei Moses Mendelsohn daran gedacht haben, seine Religion zum Maßstabe seiner Philosophie zu machen, so war hier ein anderer Fall eingetreten. Zwei Israeliten hatten in ihre Schriften den ganzen Verlauf der neuern Geschichte aufgenommen, sprachen von den allgemeinsten Interessen der Nation, von Christenthum, von Politik, von bürgerlichem Leben. [...] Welt, Staat, Kirche, Geschichte, alles sprachen sie mit demselben Rechte an, auf das wir bisher mit so vieler Eifersucht gewacht hatten.[...] Heine und Börne beschäftigten die Nation, und diese Beschäftigung hat uns außerordentlich viel genützt.[39]

Es ist ein Paradigmenwechsel in der Literaturszene des jungen 19. Jahrhunderts, den Gutzkow hier beschreibt; und dieser Wechsel wurde von zwei jüdischen Schriftstellern ausgelöst, den Protagonisten des neuen Zeitgeists.

Das Zerwürfnis mit Wolfgang Menzel, das ebenso zu einer allgemeinen Grund-satzdebatte geriet, fand Heine („Der Denunziant") mit Börne in gleicher Front-stellung. Der anfänglich nationalliberale Schriftsteller Menzel, ab 1830 Leiter von Cottas „Literaturblatt", hatte sich sowohl im württembergischen Landtag wie im „Literaturblatt" bis 1833 für die bürgerliche Emanzipation der Juden ein-gesetzt. In seinen Rezensionen wollte er in Börne den unglücklichen Patrioten sehen und versuchte vorerst, ihn bei seinem Kampf gegen die junge Literatur auf seine Seite zu ziehen.[40] Auch hier war es Börne, der den ersten öffentlichen Angriff auf den „germanomanen" Franzosenfeind in seinem neuen, französisch geschriebenen Medium startete. Menzel, der das als Aufkündigung der nationalen Solidarität ansah, hielt sich ab 1835 in seiner als öffentliche Denunziation ver-standenen moralischen Entrüstung über die jungen Autoren mit judenfeind-lichen Formulierungen (es waren keine Juden darunter!) nicht zurück. Börnes Essay „Menzel der Franzosenfresser" sollte, wie Heine es formulierte, sein unwidersprochener „Schwanengesang" (DHA XI, 97) werden. Das erlaubt uns, den folgenden Satz aus dieser letzten Schrift Börnes als Vermächtnis eines bedeutenden Kosmopoliten zu lesen: „Die nächsten Jahrhunderte werden weder den Deutschen noch den Franzosen noch sonst einem andern Volke oder Fürsten gehören; sondern der Menschheit."[41]

Während Börne die sozialutopische Bewegung des Saint-Simonismus vorwiegend wegen ihrer meritokratischen und hierarchischen Struktur ablehnte, wurde er zum enthusiastischen Rezipienten und Übersetzer der Botschaft des katholischen Sozialisten Robert de Lamennais. Es ist ein Missverständnis, wenn dieses Engagement als ein christliches, ja ein katholisches Bekenntnis im engeren Sinn verstanden worden ist. Entscheidend für Börnes Zuwendung waren die leitmotivischen Stichworte „Liberté" und „Egalité" und ihre geschichtsphilosophische Einbettung in das Börne schon durch Lessing bekannte joachitische Dritte Testament, Gegenstück zu dem wirtschaftlich-innerweltlichen Ansatz der Utopie Saint-Simons.

Wie Ludwig Börnes religiöse Standortbestimmung gesehen werden kann, das sollte deutlicher geworden sein im vorausgegangenen Versuch, sein Eintreten für die Sache der Juden durch die verschiedenen Stadien seiner Vita zu verfolgen. Mit seiner Taufe im Jahr der „Wage"-Gründung sah Börne weniger einen karrierefördernden Schritt als das bereits mit dem Namenswechsel eingeleitete Betreten eines neuen Kulturraums. Das Judentum, in dem er sozialisiert worden war, trug für ihn – und nicht nur für ihn – mittelalterliche Züge. Mit dem Bekenntnis zum Christentum als der „größten bekannten Revolution"[42] ging sein Fortschritts- und Freiheitsverständnis einher. Die wechselnde Auseinandersetzung mit der Figur Luthers gehört in einen anderen Kontext.

Es muss auffallen, dass sich bei Börne keine auch nur marginale oder private Erwähnung des 1819, im Jahr der Hep-Hep-Welle, in Berlin gegründeten „Vereins für Kultur und Wissenschaft der Juden" findet. Der aus einem Club junger jüdischer Intellektueller – Zunz, Wohlwill, Gans, Moser und dessen Freund Heine – hervorgegangene Verein hatte sich die Bildung der jungen Generation im Sinn eines erneuerten und geläuterten Judentums zum Ziel gemacht. Keine Aufgabe also des Judentums (die Taufe war verpönt), vielmehr sollte eine modernisierte jüdische Religion als gleichberechtigt in den deutschen Kulturhorizont eingebracht werden.[43] Gerade von diesem nationalstaatlichen Denken aber war Börne mehr und mehr abgerückt. In seiner späten Reaktion auf eine Publikation des Hamburger Juristen Gabriel Riesser wird deutlich, dass Börne die jüdische Religion als nationale Absonderung verstand.[44] Seine immer stärker entwickelte kosmopolitische Überzeugung ließ ihn einzig das supranationale Christentum als für ihn mögliche Religion begreifen, ein Christentum allerdings, das er als historisches Erbe der mosaischen Religion sah:

[…] die Nationalität der Juden ist auf eine schöne und beneidenswerte Art zugrunde gegangen; sie ist zur Universalität geworden. Die Juden beherrschen die Welt, wie es ihnen Gott verheißen; denn das Christentum beherrscht die Welt, dieser schöne Schmetterling, der aus der garstigen Raupe des Judentums hervorgegangen. […] Die Juden sind die Lehrer des Kosmopolitismus, und die ganze Welt ist ihre Schule. Und weil sie die Lehrer des Kosmopolitismus sind, sind sie auch die Apostel der Freiheit. Keine Freiheit ist möglich, solang es Nationen gibt.[45]

I. R.

2. „Denkworte" für eine jüdische Existenz. Ludwig Marcus

> [...] aber von allen seinen Geistesexkursionen kam er
> immer gleichsam nach Hause zurück zu der Leidens-
> geschichte Israels, zu der Schädelstätte Jerusalems
> und zu dem kleinen Väterdialekt Palästinas.
> (DHA XIV, 266)

Leben, Leistung wie Bedeutung des Orientalisten Ludwig Marcus (auch Markus;
Dessau, 31.10.1798 – Paris, 15.07.1843) werden für die Nachwelt vor allem durch
Heinrich Heines zeitlich gestaffelte „Denkworte"[46] über ihn von 1844 mit einer
Ergänzung von 1854 festgehalten, wobei der Vor- und Zuname des Verstorbenen,
genauso wie bei der „Denkschrift" über den viel berühmteren Schriftsteller-
kollegen Ludwig Börne (1786–1837) von 1840 den eigentlichen Titel bildet. Erst
durch Heines Form einer, im Vergleich zum berühmten Buch „Ludwig Börne.
Eine Denkschrift" sehr viel schmaleren Darstellung, selbstverständlich mit den
von ihm gesetzten Schwerpunkten und aus längst entstandener, wenn nicht immer
schon vorhandener Distanz in Bezug auf Erscheinung wie Persönlichkeit von
Marcus, wird dieser zum Exempel für eine bewundernswerte jüdische Existenz
aus Gelehrsamkeit und Traditionsbewusstsein.

Hinzukommt, dass Heines Text bereits nach eigener, noch so ironischer Einschätzung zu den stilistischen Höhepunkten seiner außerordentlichen Schreib-
kunst gehört. Er fordert beispielsweise seinen Verleger Julius Campe in Hamburg
im Brief vom 19.03.1854 durch einen bemerkenswerten Passus zur speziellen
Anerkennung auf:

> Wenn Sie diese Denkrede lesen, so lassen Sie sich vorher von Ihrer Frau ein Kissen geben
> und lesen Sie das Werk knieend, denn Sie werden nicht alle Tage Gelegenheit finden,
> einen so guten Styl anzubeten. Ich überzeugte mich mit Freuden, daß fast der ganze 2te
> Theil anbetungswürdig ist in stilistischer Beziehung. (HSA XXIII, 312)

Diese Bemerkung schließt gemäß seinem literarischen Sendungsbewusstsein den
harmonischen Zusammenklang von Formulierung und Botschaft ein. Dass Stil
und Erkundung der auch eigenen jüdischen Bedingungen das literarische Bekenntnis und die Auseinandersetzung mit dem aus dem Frankfurter Getto stammenden
Börne das eigenständige Buch mit seinen fünf Unterteilungen geprägt hatte, sei
zum Verständnis von Unterschied und Verhältnismäßigkeit im Vergleich zu den
wenige Jahre später erschienenen, umfangmäßig wahrlich überschaubaren Ausführungen über Marcus ergänzt. Dennoch ist gerade bei diesen „Denkworten"
deren Schreibprozess angesichts der chronologischen Folge wie aufgrund
thematischer Informationsfülle sozusagen mit einem „Slalom"[47] gleichzusetzen.

Heines Gedenken an seinen Berliner Mitstreiter aus den Tagen des ‚Vereins für
Cultur und Wissenschaft der Juden‘[48] in den frühen 1820er Jahren bildet dabei
gleichzeitig einen Abgesang auf die frühen eigenen Bemühungen und die, neben
Ludwig Marcus, beachtenswerten und teilweise von Heine herzlich bedachten
Vereinsmitglieder wie Freunde. Das sind der Judaist Leopold Zunz (1794–1886),
der Kantianer und Direktor der jüdischen Freischule in Berlin Lazarus Bendavid
(1762–1832), der Bankier Moses Moser (1796–1838) sowie der Präsident des

Vereins und spätere Juraprofessor Eduard Gans (1797–1839), der Ende 1825, ein halbes Jahr nach dem mit ihm deshalb strikt hadernden, aber aus genau denselben Karrieregründen getauften Heine, Christ wurde. Die „Denkworte" enthalten im Werkzusammenhang des damals längst berühmt gewordenen Pariser Schriftstellers Heine, der just in den Jahren 1843 und 1844, den Aufenthalt in Frankreich unterbrechend, seine beiden Reisen nach Hamburg unternahm, selber wiederum die Funktion einer literarischen „Klammer"[49] für ein ganzes Jahrzehnt seines Projekts der autobiographischen Bewältigung auch eigener Beziehungen zum jüdischen Erbe. Der nicht gerade umfangreiche, mit „Ludwig Marcus" überschriebene Text wird durch die zur Titelei gehörende inhaltliche Bemerkung dabei nachdrücklich als „Denkworte" akzentuiert sowie anschließend mit dem genauen Entstehungsdatum versehen: „(Geschrieben zu Paris den 22. April 1844.)".

Es handelt sich keineswegs um eine spontane emotionale Äußerung. Denn acht Monate waren seit dem Tod von Marcus bereits vergangen. Knapp zwei Wochen nach der Niederschrift erschien dann Heines Nachruf verstümmelt am 2. und 3. Mai 1844 in der Beilage der Augsburger „Allgemeinen Zeitung". Ergänzt durch die „Spätere Note" aus dem März 1854 bildete er schließlich den, wie bei Heine immer, überlegt komponierten Abschluss des ersten Bandes der „Vermischten Schriften" aus demselben Jahr, wo die „Geständnisse" den Auftakt bilden, dann die Sammlung der „Gedichte. 1853 und 1854" folgt sowie sich die mythologischen Texte „Die Götter im Exil" und das Ballettszenario „Die Göttin Diana" (ausdrücklich als „Nachtrag zu den Göttern im Exil" untertitelt) anschließen und endlich dem Nachruf auf Marcus das letzte und somit bewusst existentiell-bedeutsame Wort überlassen bleibt. Dagegen enthielten die zwei weiteren Bände jene überarbeitete Artikelfolge aus der Augsburger „Allgemeinen Zeitung" aus den 1840er Jahren unter dem ursprünglich lateinischen Namen der Stadt Paris, nämlich „Lutezia", und dem Untertitel „Berichte über Politik, Kunst und Volksleben". Heines Würdigung des verstorbenen Marcus besitzt, indem er sich ebenfalls auf die „Geständnisse" am Anfang der „Vermischten Schriften" bezieht, einen mehr als zufälligen Zusammenhang auch mit der „Lutezia" als Zeitbild. Das kleine Werk und das gewichtige Opus, das ihm in zwei eigenen Bänden folgt, sind kontextuell zu denken und erhalten ihre Grundierung immer auch durch gemeinsame Erfahrungen der langen jüdischen Geschichte mitsamt allen Schrecknissen, Besonderheiten wie Schönheiten.

Nicht umsonst hatte Heine je länger desto mehr die Parallelen des deutschfranzösischen Orientalisten mit seiner eigenen „Matratzengruft"-Existenz (DHA III, 177) erspürt und somit die Tiefenstruktur von religiös-kulturellem und durch die Herkunft bestimmtem Erbe, von Sprache und Vermittlung auf den Punkt gebracht. Seine „Spätere Note", unterschrieben durch die Zeitangabe „(Im Merz 1854.)", also knapp zwei Jahre vor seinem Tod, bezieht sich darum auf die eigene sogenannte Bekehrung, die ein der Bibel-Lektüre zu verdankendes Ereignis darstellt. Dabei spielt besonders die Identifikation mit Hiob eine Rolle, dessen Gestalt bei Heine mit der Gestalt des armen Lazarus aus der Gleichnis-Erzählung Jesu sowie mit dem von Jesus auferweckten Freunde Lazarus aus Bethanien in der späten Figuration und den damit verknüpften „Lazarus"-Texten zusammengesehen wird: „Aber warum muß der Gerechte so viel leiden auf Erden?", heißt es da. „Das Buch Hiob löst nicht diese böse Frage. Im Gegentheil, dieses Buch ist das Hohelied der Skepsis", es bleibe das ewige „Warum?"; „bey der Rückkehr aus Babylon" habe „die fromme Tempelarchiv-Comission" unter Esra das Buch „in den Canon der heiligen Schriften aufgenommen", da sie wussten, „daß der Zweifel in der menschlichen Natur tief begründet und berechtigt ist". Er müsse nur geheilt werden, nicht „homöopathisch", sondern „durch solche überstarke Dosis von Zweifel", wie das Buch Hiob sie darstelle: „dieses Gift durfte nicht fehlen in der Bibel, in der großen Haus-Apotheke der Menschheit". Heine spricht dann vom „ausweinen" beim Leiden und „auszweifeln", wenn der Mensch „sich grausam gekränkt fühlt in seinen Ansprüchen auf Lebensglück"; denn „durch den höchsten Grad des Zweifels, den die Deutschen so richtig die Verzweiflung nennen", entstehe „die Crisis der moralischen Heilung". Danach endet der Nachruf auf Ludwig Marcus mit einem Gedankenstrich und dem Seufzer: „Aber wohl demjenigen, der gesund ist und keiner Medizin bedarf!" (DHA XIV, 274 f.)

Heine selbst wurde stets vom Problem einer in seinem Falle eben nicht ungetrübten Gesundheit umgetrieben, auch im übertragenen Sinn, und fühlte sich geradezu formelhaft in „dieser kranken alten Welt" als der „krankste von Euch allen", der umso „bedauernswürdiger" sei, als er wisse „was Gesundheit ist" (DHA VIII, 80). Auch diese existenzielle Voraussetzung eines unbelasteten Lebens durch einen sorgenlos physischen Status, der sich auf die Psyche positiv auszuwirken pflegt, und dem er, und sei es anfänglich durch eine variable Hypochondrie, insgesamt so gar nicht entsprach, macht Heine empfänglich für die von Beschwerden gezeichnete sowie stets angegriffene sowie schließlich überspannte Persönlichkeit von Ludwig Marcus. Dem melancholischen Schluss der von ihm nach einem Jahrzehnt erweiterten „Denkworte" ist seine solidarische Skepsis zu entnehmen. Erst zu diesem späten Zeitpunkt vermag er die Leistung von Marcus endgültig zu erfassen. Der Anfang seiner Würdigung dagegen versucht dem unauffälligen, aber dennoch faszinierenden Leben des Orientalisten zwar eine Form der bewundernden Anteilnahme zu verleihen, die jedoch sehr viel distanzierter anhebt. Der verspätete Nachruf beginnt mit einer Reflexion über den „Wahnsinn", dem so viele Deutsche verfallen, „die nach Frankreich herüber gekommen"; die „meisten hat der Tod aus der Geistesnacht erlöst; andre sind in Irrenanstalten gleichsam lebendig begraben"; viele suchten ihren Zustand zu verbergen „und geberden sich halbweg vernünftig, um nicht eingesperrt zu werden". „Dies sind die Pfiffigen", stellt Heine fest, „die Dummen können sich nicht lange verstellen". Überhaupt, so meint er, möchte man beinahe behaupten, „der Wahnsinn sey die Nationalkrankheit der Deutschen in Frankreich", die wahrscheinlich „den Keim des Gebrestens mit über den Rhein" brächten. Möglicherweise zeuge bereits die Tatsache, „daß man das Vaterland verließ", ihrerseits „von einem hohen Grade des Wahnwitzes". Es wird „das noch härtere Brot des Exils" ins Spiel gebracht und festgestellt, man müsse nicht glauben, „als seyen es exzentrische Sturm- und Drangnaturen oder gar Freunde des Müßiggangs und der entfesselten Sinnlichkeit, die sich hier in die Abgründe des Irrsinns verlieren". Nein, sagt Heine, „dieses Unglück betraf immer vorzugsweise die honorabelsten Gemüter, die fleißigsten und enthaltsamsten Geschöpfe" (DHA XIV, 265).

Erst nach diesem Absatz leitet er zum eigentlichen Gegenstand über, nämlich zum armen „Landsmann" Ludwig Marcus selbst, der zu „den beklagenswertesten Opfern, die jener Krankheit erlagen", gehörte: „Dieser deutsche Gelehrte, der sich durch Fülle des Wissens eben so rühmlich auszeichnete wie durch hohe Sittlichkeit, verdient in dieser Beziehung, daß wir sein Andenken durch einige Worte ehren." Das alles klingt noch nicht sonderlich emphatisch. Und was als Charakterisierung folgt, wird von vornherein durch Unsicherheiten im Vergleich zu einer wirklich intimen Kenntnis, die dem Trauerredner einfach fehlt, auch irisierend zum Ausdruck gebracht: „Seine Familienverhältnisse und das ganze Detail seiner Lebensumstände sind uns nie genau bekannt gewesen. So viel ich weiß, ist er geboren zu Dessau, im Jahr 1798, von unbemittelten Eltern, die dem gottesfürchtigen Cultus des Judenthums anhingen." Damit wird die ihm selber für die eigene Biographie immer wieder als Stigma erscheinende jüdische Herkunft auf noble Weise zur Bedingung der daran anknüpfenden Darstellung. Zunächst folgt endlich die Hervorhebung der persönlichen Begegnung mit dem 22-jährigen Marcus in Berlin, wo dieser begonnen hatte, Medizin zu studieren, das Fach aber schließlich aufgab. Beide trafen gewissermaßen im Rahmen eines ‚studium universale' aufeinander, „und zwar im Collegium von Hegel, wo er oft neben mir saß und die Worte des Meisters gehörig nachschrieb" (DHA XIV, 265). Auch Heines erste berufliche oder akademische Pflicht bestand für den Jurastudenten nicht eben aus Hegel-Vorlesungen. Sie sind aber zweifellos das gemeinsame Band für die anschließende Tätigkeit im Kulturverein. Trotz seiner eigens betonten Jugend nennt Heine den Kommilitonen, was „seine äußere Erscheinung" betraf, „nichts weniger als jugendlich": „Ein kleiner schmächtiger Leib, wie der eines Jungen von acht Jahren und im Antlitz eine Greisenhaftigkeit, die wir gewöhnlich mit einem verbogenen Rückgrat gepaart finden. Eine solche Mißförmlichkeit aber war nicht an ihm zu bemerken, und eben über diesen Mangel wunderte man sich." (DHA XIV, 265 f.)

Heine schließt an diese Schilderung des kleinen Marcus eine genealogische Spekulation an, die für jene unbefangen-offenherzige Kolportage steht, womit unsere inzwischen gewahrte politische Korrektheit bei weitem unterlaufen wird:

> Diejenigen, welche den verstorbenen Moses Mendelssohn persönlich gekannt, bemerkten mit Erstaunen die Aehnlichkeit, welche die Gesichtszüge des Marcus mit denen jenes berühmten Weltweisen darboten, der sonderbarerweise ebenfalls aus Dessau gebürtig war. Hätten sich die Chronologie und die Tugend nicht allzu bestimmt für den ehrwürdigen Moses verbürgt, so könnten wir auf einen frivolen Gedanken gerathen. (DHA XIV, 266)

Solche Frivolität geht den daran sich anschließenden ernsten Beiträgen zur inneren Vergleichbar- oder Ähnlichkeit als kleine Posse voraus. Denn Heine notiert im Anschluss tiefverwurzelte Parallelen, die nach dem langsamen Auftakt jene Fahrt gewinnen, für die seine „Denkworte" mit Recht Bewunderung verdienen. Dem „Geiste nach" sei Marcus „wirklich ein ganz naher Verwandter jenes großen Reformators der deutschen Juden" gewesen, schreibt Heine, „und in seiner Seele wohnte ebenfalls die größte Uneigennützigkeit, der duldende Stillmuth, der bescheidene Rechtsinn, lächelnde Verachtung des Schlechten, und eine unbeugsame, eiserne Liebe für die unterdrückten Glaubensgenossen". Solidarität ist es, die Heine beeindruckt und betont, denn das „Schicksal" der Juden sei „wie bey jenem Moses, auch bey Marcus der schmerzlich glühende Mittelpunkt aller seiner Gedanken" gewesen, ja „das Herz seines Lebens". Marcus habe schon als jugendlicher „Polyhistor" ganze Bibliotheken verschlungen; es habe „auf diesem Erdball kein Faktum, keine Ruine, kein Idiom, keine Narrheit, keine Blume" gegeben, „die er nicht kannte – aber von allen seinen Geistesexkursionen kam er immer gleichsam nach Hause zurück zu der Leidensgeschichte Israels, zu der Schädelstätte Jerusalems und zu dem kleinen Väterdialekt Palästinas, um dessentwillen er vielleicht die semitischen Sprachen mit größerer Vorliebe als die anderen betrieb." (DHA XIV, 266).

Den bewundernswerten Beschreibungen folgen in Heines Nekrolog mit seinem heiter-tragischen Ton noch manche, die ungeachtet dessen einer gewissen sarkastischen Kritik an den formulierten Forschungsergebnissen von Marcus nicht entbehren. So spricht er über „das unglückliche Streben, das gescheiterte, fruchtlose aber großmütige Wollen", formuliert „eine Ohnmacht der künstlerischen Gestaltung" oder nennt die Artikel und Bücher von Marcus: „Ungenießbar, unverdaulich, abstrus" (DHA XIV, 266). Dabei werden die „linguistischen, astronomischen und botanischen Schriften" angesprochen sowie das „bekannteste Werk von Markus" (DHA XIV, 1284), „eine Geschichte der Vandalen in Afrika", vor allem aber ein „in Manuskript" hinterlassenes „ungeheuer großes Werk über Abessynien" erwähnt, weil den Orientalisten „wohl zunächst die Untersuchungen über die Falaschas, einen jüdischen Stamm, der lange in den abyssinischen Gebirgen seine Unabhängigkeit bewahrt" habe, bewegt hätten. Trotz seines Wissens „über alle Weltgegenden" habe Marcus „doch am besten Bescheid" gewusst „hinter den Mondgebirgen Aethiopiens, an den verborgenen Quellen des Nyls" und sei „einst glücklich" gewesen, Heine mit Auszügen zu versehen „aus arabischen und talmudischen Schriften", die die Königin von Saba betrafen, „weßhalb die Könige von Abyssinien sich rühmen, aus dem Stamme David entsprossen zu sein", da sie aus der Beziehung der Königin „mit dem weisen Salomon zu Jerusalem" abstammten (DHA XIV, 267). Dass Heines frivoler Neigung in diesem Zusammenhang auch bestimmte problematische Themen des Orientalisten Marcus wie nebenbei zum Opfer fallen, belegt die Anekdote aus Anlass von dessen Artikel für die kurzlebige „Zeitschrift für die Wissenschaft des Judenthums", worin er „die Beschneidung bey den Abyssinierinnen" behandelte. „Wie herzlich lachte", schreibt Heine und zitiert das berühmte, inzwischen ebenfalls verstorbene Vereinsmitglied Eduard Gans als Gewährsmann, der ihm „in jenem Aufsatze die Stelle" gezeigt habe, „wo der Verfasser den Wunsch aussprach, es möchte jemand diesen Gegenstand bearbeiten, der demselben besser gewachsen sey" (DHA XIV, 267).

Heine nimmt Gelegenheit, bei den Gedanken an Marcus und den ‚Verein für Cultur und Wissenschaft der Juden' unter den genannten Gefährten zumal seines engen Freundes Moses Moser zu gedenken und somit eine Gruppencharakterisierung zu schaffen, wodurch Marcus sein ganz spezielles Profil gewinnt. Moser lebte als Bankmitarbeiter in Berlin und bildete für den Verein als

das „thätigste Mitglied, die eigentliche Seele desselben" sowie für den Dichter
selbst eine jahrelang verlässliche Stütze:

> Er war unermüdlich in philanthropischen Bestrebungen, war sehr praktisch, und hat in
> scheinloser Stille an allen Liebeswerken gearbeitet. Das große Publikum hat von seinem
> Thun und Schaffen nichts erfahren, er focht und blutete incognito, sein Name ist ganz
> unbekannt geblieben, und steht nicht eingezeichnet in dem Adreßkalender der Selbstauf-
> opferung. (DHA XIV, 268)

Da er Moser auf diese Weise in den „Denkworten" für Marcus ebenfalls, wenn
auch zu einem konträren Spiegelbild der Vereinsarbeit erhebt, erreicht seine
Würdigung des eigentlich Belobigten einen Grad von Anerkennung zugunsten der
stellvertretenden Leistung aufklärerisch-humanen Verhaltens einer Gruppe, das er
seinen frühen jüdischen Freunden insgesamt bescheinigen möchte, wobei Marcus
trotz seiner gelehrten Leistungen de facto genauso als „incognito" bezeichnet
werden könnte.

Die Berliner Jugendjahre im Verein erscheinen Heine, der die folgende Einschätzung auch dem Verstorbenen selbst unterstellt, als Höhepunkt der Biographie
von Marcus, ja „als die sonnigste Blüthenstunde seines kümmerlichen Lebens".
Denn der „esoterische Zweck jenes Vereins" sei nichts anderes gewesen „als
eine Vermittlung des historischen Judenthums mit der modernen Wissenschaft,
von welcher man annahm, daß sie im Laufe der Zeit zur Weltherrschaft gelangen
würde" (DHA XIV, 270). Man wäre als Leser des Heineschen Nekrologs versucht, Marcus als Propheten dieser Absicht zu betrachten. Und die Emanzipation
der Juden ist denn auch das von Heine im Blick auf Marcus beschworene eigentliche Problem und Anliegen. Der Appell an die „Regierungen" zur Förderung
der jüdischen Religion als einer solchen, deren Gläubige als „Schweitzergarde
des Deismus" bezeichnet werden könnten und zwar aufgrund des Bewusstseins
in Hinsicht der Juden, „daß es noch ein Volk Gottes gibt", mündet in dem Auf-
ruf: „Fördert, beschleunigt die Emanzipazion, damit sie nicht zu spät komme und
überhaupt noch Juden in der Welt antrifft, die den Glauben ihrer Väter dem Heil
ihrer Kinder vorziehen." (DHA XIV, 271).

Heine nennt seine „Betrachtungen" über Marcus „weniger durch individuelle
Bedeutung als vielmehr durch historische und moralische Bezüge" von Interesse
und kommt dann mit wenigen Blicken auf dessen französische Zeit, darunter als
Deutschlehrer in Dijon[50], zum vorläufigen Schluss der Betrachtung über den ihm
nach gut anderthalb Jahrzehnten in Paris wieder begegnenden Bekannten, der
zum Glück von der gemeinsamen Freundin, der Baronin Betty von Rothschild,
gefördert wurde: „Seine Erscheinung, die früher ans Possierliche streifte, war jetzt
eine entschiedene Carikatur geworden, aber eine angenehme, liebliche, ich möchte
fast sagen erquickende Carikatur." Marcus glich am Schluss „so ziemlich jenen
breitköpfigen Figuren mit dünnem Leibchen und kurzen Beinchen, die wir auf
den Glasscheiben eines chinesischen Schattenspiels sehen". Die Verfremdung, die
„die zwerghafte Gestalt" im Heineschen Text erlebt, findet ihren Höhepunkt im
Vergleich zu seinem „ungeheur großen und stattlichen" Mitarbeiter wie Begleiter
„auf den Boulevards", dem Professor Joseph Duesberg, so dass dem Dichter „der

Humor in der Brust", wie Heine ausdrücklich sagt, „jauchzte". Der Trauerredner, der selber auch für damalige Verhältnisse wahrlich nicht großgewachsen war, gibt den kleinen Marcus auf Nachfrage eines Bekannten schlichtweg als „König von Abyssinien" aus, ein Name, der „ihm bis an sein Ende geblieben" sei (DHA XIV, 272).

Der „Schöpfer", meint Heine, hätte für die „schöne Seele" des Marcus „wirklich eine bessere Enveloppe erschaffen können", sei aber gewiss dabei gestört worden, „der edlen Perle eine prächtig ciselirte Goldfassung zu verleihen" (DHA XIV, 272). Marcus endete gemäß Heines Bericht etwa fünf Jahre später im furchtbarsten Wahnsinn. Er sang „mit wilder, trotziger Stimme die trotzigsten Gassenlieder": „Er, der nie gesungen und in Wort und Ton immer die Keuschheit selbst war!" Nach einem vierzehntägigen Aufenthalt in einer „Heilanstalt" sei er Mitte Juli 1843 gestorben und zwei Tage später „auf dem Kirchhof Montmartre" begraben worden. Dort übrigens fand auch Heine selbst gut zwölfeinhalb Jahre später, im Februar 1856, seine letzte Ruhe. Heine, der vom Tode seines ehemaligen Kommilitonen zu spät erfahren habe, versuchte mit seinen „Denkworten" „gleichsam im Geiste an seinem Leichenbegängniß Theil" zu nehmen und bittet am Schluss „nach altem Brauch den Todten um Verzeihung [...] für den Fall, daß ich ihn etwa im Leben beleidigt." Auch wenn er die „gelehrten Arbeiten" von Marcus für alle nachlesbar, wie er eingesteht, „nicht besser gewürdigt" hat (DHA XIV, 273), so bleibt dem Dichter zweifellos das Verdienst, Leben und Werk von Ludwig Marcus in einen weltliterarischen Kontext auf bewegende Weise und vor allem höchst selbstreferentiell eingebettet zu haben.

Den kursorisch referierten Heineschen „Denkworten" mit ihren hintergründigen Beziehungen müssen einige biographische Notizen folgen, die dem poetischen Nekrolog freilich keineswegs widersprechen. Der Orientalist Ludwig Marcus, der wie der maßgebliche Wegbereiter einer Annäherung von jüdischer Überlieferung und deutscher Philosophie, nämlich Moses Mendelssohn, aus der jüdischen Gemeinde in Dessau stammte und mit ihm sogar äußere Vergleiche provozierte, gehört in der Tat nicht zu den allgemein bekannten jüdischen Persönlichkeiten, hat zum Glück aber durchaus bereits zu Lebzeiten und danach, und sei es im Heine-Zusammenhang, seine getreuen Biographen und redlich bemühten Sachwalter gefunden.[51] Ludwig Marcus war das vierte von sieben Kindern des Kleinhändlers Marcus Levy. Er besuchte die namhafte ‚Franzschule' der jüdischen Gemeinde, wo der Leiter von der Begabung des schmächtigen Schülers überzeugt war und ihn förderte. Durch Herzog Friedrich wurde dem unbemittelten Schüler der Besuch des Dessauer Gymnasiums ermöglicht, auf dem er sich vor allem für Mathematik interessierte. Als Marcus 18 Jahre alt war, starb sein Vater. Die Mutter versuchte ihm sein Studium zu ermöglichen, was beim dankbar-empfindsamen Sohn bis zu deren Tod 1835 eine besonders emotionale Nähe hervorrief.

Seit dem Wintersemester 1818 holte er sich sein akademisches Rüstzeug in Berlin, begann mit dem Medizinstudium, weil das den jüdischen Studenten eine Stellung außerhalb des Staatsdienstes ermöglicht hätte, konnte jedoch im Januar 1822 vor dessen Abschluss in die Philosophische Fakultät wechseln und lernte auf diese Weise Heine in der Hegelschen Vorlesung kennen. Seine Wohnung lag damals in der neuen Friedrichstraße 10, wobei er sich offenbar durch Privatunterricht, jüdische Freitische und Krankenpflege den Lebensunterhalt sichern musste. Seine Interessen gingen dabei weit über die Philosophie hinaus. So studierte er ebenfalls Astronomie. Der zeitgenössische Biograph für die frühen Jahre von Marcus, der Orientalist Salomon Munk, der auch bei Heine am Ende des Nachrufs von 1844 bereits Erwähnung findet (vgl. DHA XIV, 273), geht davon aus, Marcus habe sich im letzteren Fach überarbeitet und sei nervlich überanstrengt gewesen. Jedenfalls wurde Marcus in der jüdischen Krankenanstalt des Schwiegervaters seines Vereinsfreundes Leopold Zunz, Levi Beermann, zwischen August und November 1823 wegen einer Depression behandelt. Möglicherweise schloss sich 1824 ein Aufenthalt in Dessau an, wobei insgesamt deutlich wird, „als wäre Marcus in den jüdischen Kreisen Berlins der unbemittelte Provinzjude und letztlich ein Außenseiter geblieben".[52] Heine hatte sich sogar während der Erkrankung um Unterstützung für ihn bemüht, wie seine brieflichen Bemerkungen über seinen Kommilitonen Marcus gegenüber Moser belegen, so dass dieser Briefwechsel 1823/24 in der Tat „zwischen Spott, Mitleid und seltsamer Ehrfurcht"[53] pendelt, was sich dann nach zwei Jahrzehnten in den „Denkworten" wiederholt. Die Mitgliedschaft im Verein hat sicherlich zu der für Marcus trotz seiner Sonderstellung kommunikativsten Zeit seines Lebens gehört und seine unverbrüchliche Treue zu Herkunft und Geschichte der Juden nicht nur unter Beweis gestellt, sondern seine gesamte Existenz bestimmt.

1825 emigrierte Marcus nach Frankreich, wo er anschließend ein gelehrtes, eher unscheinbares Leben zubrachte. Am 1. Mai hatte er Dessau verlassen und war über Leipzig nach Paris gereist. Dort, im damaligen Zentrum der Orientalistik, arbeitete er bis 1830 in der entsprechenden Abteilung der Bibliothèque Royale. Außer den Notabilitäten der Orientalistik, die er während dieser ersten französischen Jahre kennenlernte, war er besonders befreundet mit dem Zoologen Etienne Ajasson de Grandsagne (1802–1845), der ein Mitarbeiter von Georges de Cuvier im Musée d'histoire naturelle war, aber auch als Romanschriftsteller reüssierte und sich für die soziale Frage interessierte. Bekannt geworden ist Ajasson beispielsweise als erster Liebhaber von George Sand, die er zur Literatur gebracht haben soll. Obendrein war er der Vater ihrer älteren Tochter. Die Veröffentlichungen von Marcus finden sich in ihrer Mehrzahl übrigens, und zwar aus der Privatbibliothek Cuviers stammend, im Besitz der Bibliothèque de l'Ecole Normale Supérieure. Neben manchen anderen wissenschaftlichen Verflechtungen ist das ein Zeichen für seinen hohen und anerkannten akademischen Standard, zumal die „Begegnung von deutscher Philologie (Marcus) und französischer Naturgeschichte (Cuvier und andere)" somit zur „Konkretisierung einer einheitlichen historisch ausgerichteten Forschungsrichtung" führte.[54]

Offenbar musste er Paris aus Geldmangel verlassen und eine Stelle als Deutschlehrer im Collège royal de Dijon annehmen. In dieser Zeit entstand seine umfangreiche „Histoire des Wandales", die 1836 erschien, von großem Erfolg in der Kritik gekrönt wurde und bereits zwei Jahre später ihre zweite Auflage erlebte. Das Buch spielte sogar innerhalb der Ideen zur Kolonialgeschichte Frankreichs eine Rolle und fand damals an höchster monarchisch-ministerieller Stelle Beachtung. Marcus erklärte die Vandalen nicht als Slaven oder Wenden, sondern als deutsche, keinesfalls barbarische Siedler. Gerade diese Arbeit war es, die Marcus am 28.12.1836 mit der Schlussformel vom höflich „ergebenen und getreuen Freund" zum Anlass nahm, Heine um eine eigene oder fremde Rezension bzw. auch Vermittlung einer Selbstanzeige für die dem Dichter vertraute „Revue des deux Mondes" zu bitten, weil Marcus seinerseits keinen Kontakt dorthin besaß. Salomon Munk sollte als Vermittler tätig werden und Heine ein Exemplar zukommen lassen, das sich allerdings in der Heineschen Nachlassbibliothek nicht findet.

In seinem Brief sinniert Marcus, offenbar mit Bezug auf das Ende 1835 erfolgte Verbot des Jungen Deutschland, als dessen Haupt Heine galt, über beider Exil-Situation in Frankreich und schreibt:

> Ich möchte mich irren, aber, den Pariser Blättern nach, muß ich fast glauben, daß Sie nicht nach Deutschland zurückkehren können. Das wäre nun kein großes Unglück, hätten Sie Ihre Familie nicht dort. Ich wenigstens würde, wäre ich auch nicht Jude geblieben, den Aufenthalt in Frankreich schon seiner liberalern Verfassung und seiner Einheit halber dem Wohnen in Deutschland vorziehen; und doch muß ich, meiner äußeren Verhältnisse wegen, leider nun schon fern von der Hauptstadt Frankreichs vegetiren, wo ich mir für meine schriftstellerischen Arbeiten, die meistens die Geschichte des Alterthums und des Mittelalters und die Astronomie und Naturgeschichte der Alten, oder der Araber betreffen, nicht immer ohne Mühe die nöthigen Bücher und Handschriften verschaffen kann. (HSA XXIV, 429)

Gerade diese von ihm beschriebene Situation des freieren Lebens für sich selbst, nämlich einen, ganz im Gegensatz zu Heine selbst und dem von diesem sogar wegen der Konversion nicht nur in den „Denkworten" abgekanzelten Gans, seinem angestammten und verteidigten Judentum treu gebliebenen Gelehrten, der jedoch der Nähe zu den wissenschaftlichen Quellen der Orientalistik in der Hauptstadt bedarf, zeigt das quälende Ungenügen an der Gymnasial-Stelle in der Provinz. Dafür hatte er andererseits trotzdem anerkennenswertes didaktisches Lehrmaterial zur Vermittlung der deutschen Sprache und Literatur erarbeiten und sogar drucken lassen können, ja hatte obendrein auch praktisch-pädagogisch eine „bemerkenswerte Emanzipation von der lateinischen Grammatik" erreicht und war auf diese Weise sogar anscheinend erfolgreich tätig gewesen.[55] Heine „scheint ihm auf den Brief nicht geantwortet zu haben" (HSA XXIV K, 329, vgl. 330) und ihn somit offenbar gar nicht erst, wie der Schreiber ausdrücklich erhoffte, „erfreuen" (HSA XXIV, 429) wollen, hat aber Marcus später in Paris gelegentlich wiedergesehen und dem ganzen Zwiespalt der Gefühle gegenüber diesem Märtyrer für seine standhaft ertragenen Lebensbedingungen den schriftlichen Tribut der „Denkworte" gezollt.

Dennoch, entgegen den Widerständen einer sicheren Einnahmemöglichkeit, trieb es den Gelehrten nach Paris, um dort wieder für seine umfangreichen Forschungen die Bibliotheken benutzen zu können. Seine Angaben zu einer erbetenen Versetzung beispielsweise an ein Pariser Collège gehen gar so weit, notfalls auch Englischunterricht zu erteilen. Tatsächlich kam er im Sommer 1838 wieder in Paris an und wohnte 10 rue de Savoie in der Nähe des Boulevard Saint-Michel. Er konnte es erreichen, dass er für ein Jahr mit dem halben Lohn von 600

Francs beurlaubt wurde. In seinen regelmäßigen Einlassungen an die zuständige Obrigkeit fühlte er sich anschließend oft genug hintangesetzt und verfolgt, hätte jedem anderen Posten zugestimmt. Glücklicherweise erhielt er letztendlich durch die Baronin Rothschild eine regelmäßige Jahreszuwendung, die seinem früheren Gehalt entsprach. Seine Nervenkrankheit setzte ihm zu. Er musste Anfang Juli 1843 in das Krankenhaus des berühmten Psychiaters Casimir Pinel, 76 rue de Chaillot, eingeliefert werden, wo er am 15. Juli 1843 gegen 6 Uhr abends starb. Dieses Maison de santé hatte seinerseits auch bedeutenden Karikaturisten der Julimonarchie Obdach gewährt wie Philippon und Daumier, die dadurch einer Gefängnisstrafe entgingen. Pinel versuchte besonders durch die Verschreibung von Opium der Gemütskrankheiten Herr zu werden. Auch durch eine solche Form der medizinischen Behandlung wurden sich am jeweiligen Ende Marcus und sein alter Freund Heine sehr ähnlich.

Ähnlich blieben sie sich auch durch ihre rastlose schriftstellerische Tätigkeit. Marcus arbeitete, wie Heine dessen gesamtes Leben charakterisierte, bis zuletzt unentwegt an seiner Geschichte der Juden in Abessynien und bereitete zwei Abhandlungen über die Chronologie der antiken Völker sowie über lateinische und griechische Prosodie vor. Wie er früher an Übersetzungswerken beteiligt war, so blieb er bis zu seinem frühen Tod immer auch den eigenen, seit den Jugendjahren verfolgten Themen verhaftet. Für Ludwig Marcus war dieser Tod in „Elend" und „Fremde"[56], trotz eines gewissen Pariser Heimatgefühls von Studium wie Gelehrtheit, in seiner materiellen Bedeutung, aber auch im Sinne einer unheilbaren ,Entfremdung' von einem sinnvoll-glückhaften Leben eingetroffen. Der Heinesche Nachruf, den der Dichter seinem Freund Gustav Kolb von der Augsburger „Allgemeinen Zeitung" am 12.4.1844 als „einen der größten und besten Aufsätze" anpries, den er je für das Blatt geschrieben (HSA XXII, 99), hat dem Orientalisten Marcus, gerade durch die vorherrschende Ambivalenz zwischen Spott und Bewunderung, jene Würde bewahrt, die er verdient, und jenes poetische Profil verliehen, durch das er letztendlich für die Nachwelt „verewigt"[57] wurde.

J. A. K.

3. „Ein Abkömmling jener Märtyrer". Heinrich Heine

> [...] die der Welt einen Gott und eine Moral gegeben, und auf allen Schlachtfeldern des Gedankens gekämpft und gelitten haben.
> (DHA XV, 42)

Heinrich Heine, weltweit berühmter und von bedeutenden Komponisten wie Franz Schubert, Felix Mendelssohn Bartholdy, Robert Schumann, Johannes Brahms, Gustav Mahler oder Richard Strauss sowie von hunderten anderen Musikern des 19. und 20. Jahrhunderts, ja bis in die Gegenwart tausendfach vertonter Lyriker[58]; mit seinen Jugendtragödien „Almansor" und „William Ratcliff", ein wenig zu Unrecht, gescheiterter Dramatiker; bereits zu Lebzeiten verehrter, gleichzeitig geschmähter, aber stets beachteter Journalist und politischer, von der Zensur verfolgter Schriftsteller und Erzähler sowie obendrein in beachtlicher Symbiose ein exemplarisch deutsch-jüdisch-französischer Autor[59], überwand durch seinen ungewohnten thematischen wie sprachlichen Zugriff manche geläufigen Gattungs- und Genregrenzen. Durch die Extreme einer multivalenten lyrischen Liebessprache, die artistisch zwischen Glück, Schmerz und Ironie changiert, aufgrund der politischen Lyrik, weiterhin wegen der satirisch schonungslosen wie humoristisch anspielungsreichen Versepen „Deutschland. Ein Wintermährchen" und „Atta Troll. Ein Sommernachtstraum", genauso wegen ihrer originellen Wirkung jedoch auch aufgrund der glänzenden Prosa von den „Reisebildern" bis zur „Lutezia", die zwischen sentimentaler Erinnerung und journalistisch scharfer Anklage inhumaner Verhaltensweisen oder Zustände wechselt, wurden seine Werke, eben auch aufgrund der Übersetzungen in alle Weltsprachen, immer wieder als Fanal für eine notwendige Aufklärung und die stets und ständig einzufordernde Gerechtigkeit gelesen.

Als Kind des 19. Jahrhunderts erlebte er während seines gesamten Lebens die jüdische Herkunft als Gratwanderung, was sich zumindest in der deutsch-sprachigen Presse über ihn niederschlug[60] und selbst in den gut dokumentierten Briefwechseln wie den sogenannten ‚Gesprächen' immer wieder eine Rolle spielte. Das jüdische Merkmal bestimmte auch trotz und nach seiner protestantischen Taufe am 28. Juni 1825 drei Wochen vor dem Ende seines durch eine Promotion gekrönten Jurastudiums ganze Partien seiner Nachwirkung.[61] Von einem Kafka-Effekt der allgemeinen Bekanntheit und eines internationalen Identifikations-angebots für jedermann kann bei ihm nach so vielen Generationen einer immer problematischen Nachwirkung, ja trotz einer erstaunlichen Heine-Renaissance, die der Missachtung durch die nationalsozialistische Zeit folgte, mit dem Säkularjahr seines Todes 1956 in Ost und West sowie seinem 175. Geburtstag 1972, als in west-östlicher Konkurrenz Düsseldorf wie Weimar seiner gedachten, nur bedingt die Rede sein. Das ergab sich zwar zeitweise durch den absoluten Höhepunkt mit in aller Welt begangenen Heine-Feiern nach der deutschen Wiedervereinigung zum 200. Geburtstag im Jahre 1997 und durch den beachtlichen Nachklang 2006 zum 150. Todesjahr mit einem enormen Zugewinn für ein positives Heine-Bewusstsein. Doch einer von Heine-Freunden befürchteten, nur noch historisch wirkenden Klassizität dieses sprichwörtlich gewordenen Dichters der Unabhängig-keit und Freiheit wirkte vor allem seine widersprüchliche Rezeption als Stein eines unaufhörlichen Anstoßes deutlich entgegen. Gerade unter dieser Perspektive sind gleichwohl sein Leben und das Gesamtwerk trotz gelegentlicher Ruhephasen einer, übrigens auch vom Dichter selbst, erhofften allgegenwärtigen Anerkennung nach wie vor als mehrsinnig folgenreich zu bezeichnen.[62] Die Heine-Aufnahme scheint sogar eine gewisse Scheidegrenze der jeweiligen ideologischen Situation im globalen Geschehen zu bilden: Seine Unbekümmertheit, radikale Ehrlichkeit und überraschende Treffsicherheit bei der Formulierung von unterschiedlichsten Zuständen, sie sind und bleiben in der globalen Rezeption ein aufklärerischer Gradmesser für die Belange von individueller Freiheit und ernst genommener Humanität.

Heine wurde in eine Epoche der Revolutionen und Umwälzungen hinein-
geboren, die eine alte monarchische Ordnung und das gewohnte europäische
Gleichgewicht von „Thron und Altar" (DHA XI, 158; HSA XXIV, 111)[63] – einem
Begriffspaar von für Heine verhasster politisch-religiöser, dabei offizieller Unter-
drückungsmechanik – grundlegend veränderten. Immerhin verknüpfte sich für
ihn damit die Denunziation des ‚Jungen Deutschland', als dessen „gefährlichstes
Oberhaupt" Heine „verehrt" wurde. Er schrieb an besagter Stelle in „Ueber den
Denunzianten", womit der frühere Bonner Kommilitone und spätere einfluss-
reiche Publizist Wolfgang Menzel (1798–1873) angesprochen war, der mit seinem
Angriff gegen den Roman „Wally, die Zweiflerin" von Karl Gutzkow das Bundestagsverbot vom Dezember 1835 ausgelöst hatte:

> Sonderbar! Und immer ist es die Religion, und immer die Moral, und immer der Patriotis-
> mus, womit alle schlechten Subjekte ihre Angriffe beschönigen! Sie greifen uns an,
> nicht aus schäbigen Privatinteressen, nicht aus Schriftstellerneid, nicht aus angebornem
> Knechtsinn, sondern um den lieben Gott, um die guten Sitten und das Vaterland zu retten.
> (DHA XI, 158).

Zeitlebens hat Heine sich, in einem mehrfach sich wandelnden Sinn, innerhalb einer Entwicklung der bürgerlichen Gesellschaft und angesichts der sich
manifestierenden Säkularisierung als „Sohn der Revoluzion" (DHA XI, 50) verstanden. So formulierte er es bereits in seinen sogenannten „Briefen aus Helgoland" zur Zeit der Pariser Julirevolution von 1830 emphatisch und publizierte
diesen Zusatz ein Jahrzehnt später absichtsvoll im zweiten Buch von „Ludwig
Börne. Eine Denkschrift" (1840).

Die Französische Revolution von 1789 und die im Anschluss das gesamte
politische System aufbrechende napoleonische Zeitspanne bis 1815, deren
kriegerische Expansion des neuen französischen Kaiserreichs mit unzähligen
Menschenverlusten erkauft wurde, wobei gleichzeitig aber mit dazu im Widerspruch stehender Konsequenz den Prinzipien der Revolution von Freiheit,
Gleichheit und Brüderlichkeit weit über Frankreich hinaus wenigstens zeitweise Geltung verschafft werden konnte, bestimmten seine Biographie und sein
Selbstbewusstsein als Schriftsteller bis ins Kleinste, beispielsweise den Schul-
besuch des jüdischen Außenseiters durch die Folgen der staatlich verordneten
Emanzipation. Davon wird seine Napoleon-Verehrung grundiert, wie sie sich
z. B. in seinem Gedicht „Die Grenadiere" (DHA I, 77 u. 79) aus der ersten,
seinen Ruhm begründenden Gedichtsammlung „Buch der Lieder" von 1827 aus-
spricht, das sowohl von Robert Schumann wie Richard Wagner mit Anklang an
die Marseillaise vertont worden ist. Dadurch wird selbst noch seine späte, nicht
leicht einzuordnende Wertschätzung des letzten, von ihm ebenfalls als Zeitgenosse
empfundenen und erlebten französischen Monarchen Napoleon III. (1808–1873)
verständlich, insofern familiengeschichtliche Voraussetzungen für Heine die welthistorischen Fakten leichter erklären.

Die sich nach dem Ende der napoleonischen Zeit stabilisierende Neuordnung
der europäischen Verhältnisse durch den Wiener Kongress (1815) wurde nicht
umsonst von der Kulturgeschichtsschreibung als Biedermeierzeit mit ihren
oberflächlichen Beruhigungen und systematischen Abgründen bezeichnet,

die als unverhohlene Restauration bzw. Reaktion und durch eine ausgefeilte Zensur sich Geltung zu verschaffen suchte. Die von Heine begeistert begrüßte französische Julirevolution von 1830 war einer der Gründe seines Wechsels nach Paris im Mai des folgenden Jahres. Für ihn von Belang war ebenfalls die gewissermaßen emanzipativ-frühchristlich und gleichberechtigt-sensualistisch zu charakterisierende Bewegung des bald verbotenen Saint-Simonismus, die auch Rahel Varnhagen in Berlin interessiert zur Kenntnis genommen hatte. Überhaupt entwickelte Heine in diesem Zusammenhang das begrifflich-historische Gegensatzpaar von Spiritualismus und Sensualismus im öffentlich moralischen Leben wie Empfinden. Ein anderer Grund bestand schließlich in der Platen-Affäre, da sein Schriftstellerkollege August Graf von Platen (1796–1835), veranlasst durch Immermanns kritische Xenien als ausdrücklich erbetene Zugaben zum zweiten „Reisebilder"-Band über die grassierende östlich-lyrische Mode, Heine wegen seiner jüdischen Herkunft und Beschneidung angegriffen hatte und Heines scharfe Erwiderung in den „Bädern von Lukka", im dritten Teil der „Reisebilder" (1830), seinerseits aus einer erbarmungslos-satirischen Sottise auf Platens Homosexualität bestand. Zwei Außenseiter mit durchaus vergleichbaren liberalen politischen Ansichten verübten damit einen gegenseitigen Rufmord, der nur durch eine Emigration zu mildern war. Heine ging im Mai 1831 nach Frankreich, wo er umgehend Beachtung fand; Platen, nur ein Jahr älter als Heine, starb bereits 1835, zur Zeit des frühen Höhepunktes der positiven Heine-Wirkung innerhalb der grenzüberschreitenden Vermittlungtätigkeit sowie der negativen deutschen Zensurgeschichte, in Syrakus auf Sizilien.

Bei der Hinreise von Hamburg nach Paris wurde Heine, was ein emanzipatives Symbol darstellt, in Frankfurt am Main vom jüdischen Maler Moritz Oppenheim, u. a. Porträtist der Rothschild-Familie, gemalt, dessen Werk als „Entdeckung des jüdischen Selbstbewußtseins in der Kunst" bezeichnet wurde.[64] Ende 1835 traf ihn das Bundestagsverbot des Jungen Deutschland, als dessen Haupt er galt. Die bereits erschienenen wie künftigen Werke von ihm selber sowie von Heinrich Laube (1806–1884), Karl Gutzkow (1811–1878), Theodor Mundt (1808–1861) und Ludolf Wienbarg (1802–1872) unterlagen dem Bann, wobei diese Ächtung nach einiger Zeit an Schlagkraft verlor. Dennoch verursachte erst dieses Verbot sein eigentliches Exil, das dann erst recht durch den preußischen Haftbefehl vor seiner zweiten Hamburg-Reise von 1844 zur Realität wurde. Die zeitgenössischen Versuche einer Aussonderung des regimekritischen Autors Heine erlebten ihre Wiederkehr auch an vielen Punkten seiner Nachwirkung. Vor allem seine wechselvolle Denkmalsgeschichte erzählt davon, die als diffiziles Szenario für jeglichen Widerstreit um Heine zu betrachten ist.[65]

Die Februarrevolution von 1848, die dem Juste Milieu unter dem Bürgerkönig Louis-Philippe ein Ende bereitete und die der bereits leidende Dichter als unmittelbarer Zeuge in Paris erlebte, enttäuschte ihn im Unterschied zur Julirevolution, so dass er sie als „Weltkuddelmuddel" und „Gotteswahnsinn" (HSA XXII, 287) bezeichnete. Sie beraubte ihn im Übrigen auch einer französischen Staatspension, die er selber nie als Gängelband, sondern als Geste einer gastlichen Unterstützung angesehen hatte. Die Revolution von 1848 läutete in direkter Folge für die deutschen Zustände das Ende der Biedermeier- oder Vormärzzeit ein und fiel mit dem Beginn der eigenen Bettlägerigkeit seiner letzten acht Jahre zusammen, offenbar Folge der seit dem Ende des 15. Jahrhunderts ganz Europa durchseuchenden Syphilis, wovon er selber ausging und worüber er sich in derselben Weise wie sein literarisch-sarkastischer Leidensgenosse Ulrich von Hutten aus der Lutherzeit völlig „unbefangen"[66] und unverbrämt-vorurteilslos äußerte, während die Nachwelt immer wieder ebenso kontrovers wie schamhaft die Diagnose abzuschwächen versuchte. Der mit der Revolution gleichzeitig zu konstatierende gesundheitliche Zusammenbruch erschien ihm eine ähnliche Koinzidenz zu enthalten wie über ein Vierteljahrhundert zuvor der Tod Napoleons (1821), der mit der zweifellos poetisch stilisierten Katastrophe seiner gescheiterten Hamburger Liebe zur Kusine Amalie, Tochter des geradezu sagenhaften Salomon Heine, zusammengetroffen war. Heine blieb ein Meister erfahrbarer Korrelationen zwischen den öffentlichen Ereignissen von Belang und seinem eigenwillig und durch Rollenspiele von ihm selbst gedeuteten Privatleben.

„Aus den frühesten Anfängen erklären sich die spätesten Erscheinungen" (DHA XV, 60), stellt das sogenannte „Memoiren"-Fragment des todkranken Dichters fest, der wenige Jahre zuvor im Nachwort der dritten und letzten eigenständigen Lyriksammlung „Romanzero" von 1851 seine „Matratzengruft zu Paris, wo ich früh und spat nur Wagengerassel, Gehämmer, Gekeife und Claviergeklimper vernehme" (DHA III, 177), so anschaulich geschildert hatte. Was als Binsenweisheit wirken könnte, trägt jedoch seine spezifischen Bedingungen in sich. Heine kommt in den autobiographischen Überlegungen seines erst postum veröffentlichten Fragments zu dem Ergebnis: „Ort und Zeit sind auch wichtige Momente: ich bin geboren zu Ende des skeptischen achtzehnten Jahrhunderts und in einer Stadt, wo zur Zeit meiner Kindheit, nicht bloß die Franzosen sondern auch der französische Geist herrschte." (DHA XV, 61) Diese politische Voraussetzung bestimmt sogar noch den deshalb unproblematischen Wechsel nach Paris sowie seine sich dann ergebende französische Zeit von einem ganzen Vierteljahrhundert. Dabei ist festzuhalten, dass Heine sich von früh an durch autobiographische Texte seiner eigenen Existenz und ihrer besonderen Bedingungen zu vergewissern vermochte. Dafür sind im zweiten Band der „Reisebilder" von 1827 vor allem die Skizzen seiner „Ideen. Das Buch Le Grand" ein Beleg, wo er bewusst die Düsseldorf-Erinnerung samt dem Erlebnis des Napoleon-Besuchs im November 1811 und seine rheinische Vorliebe mit dem romantisch getönten Begriff „nach Hause" begründet, wie ihn Novalis im Romanfragment „Heinrich von Ofterdingen" (1798–1801) beschworen hatte, indem Heine über seine Geburtsstadt sagt: „[...] und wenn man in der Ferne an sie denkt, und zufällig dort geboren ist, wird einem wunderlich zu Muthe. Und wenn ich sage nach Hause gehen, so meine ich die Bolkerstraße und das Haus, worin ich geboren bin" (DHA VI, 182).

Später erfolgt auf autobiographische Weise dann die Auseinandersetzung mit seinem Freund und Antipoden Ludwig Börne (1786–1837) in der diesem gewidmeten „Denkschrift" nach dessen Tod, die als kritische Stimme über den in Deutschland geachteten Demokraten seinem eigenen Ruf mehr als schadete.

Leichtfertige Autoreneitelkeit galt immer wieder als Stigma des auf die eigene „Imagepflege" einschließlich einer „Presselenkung zur Propagierung seines Persönlichkeitsbildes"[67] stets außerordentlich bedachten deutsch-französischen Schriftstellers Heine. Überdies konnten die jüdischen Bedingungen beider Autoren verschiedener nicht sein: Ludwig Börne wuchs im verrufenen Frankfurter Getto als Löb Baruch auf und änderte den Namen beim durchaus ernst gemeinten Übertritt zum Christentum, das bei ihm vom angenommenen Protestantismus schließlich zum Katholizismus changierte. Heinrich Heine, der ursprünglich mit Vornamen Harry hieß (als Anklangsname an den verstorbenen väterlichen Großvater Heymann Heine, gleichzeitig wohl auch auf einen englischen Geschäftsfreund des Vaters), wurde durch den Vor- wie Hausnamen (letzterer kannte auch christliche Träger und gelegentlich ein ‚von') keineswegs stigmatisiert, sondern verwandte nach seiner eher aus Karrieregründen erfolgten protestantischen Taufe im hauptsächlich katholischen Heiligenstadt/Eichsfeld auf die Vornamen Christian Johann Heinrich nur den kaum veränderten letzten, auch wenn er zeitweilig mit dieser Eindeutschung fremdelte. Für die Mitgliedschaft zur deutschen Romantik dagegen, zu deren Vertreter, zumal der Rheinromantik, er sozusagen organisch erwuchs, und eben nicht nur einer leichter zu beschreitenden Laufbahn wegen, war die Taufe eine offenbar zähneknirschend in Kauf genommene Bedingung. Die Spätschriften der „Geständnisse" und des postumen „Memoiren"-Fragments bilden den Abschluss für ein Lebenswerk als Autobiographie und Botschaft an die Leserschaft.

Eine besondere Rolle in seiner Erinnerung spielt eine frühe Bestrafungsgeschichte. Das „Memoiren"-Fragment enthält den vom Vater übernommenen knappen Bericht über den nichtrheinischen väterlichen Großvater vor den Klassenkameraden, dass der nämlich „ein kleiner Jude" gewesen sei und „einen großen Bart" hatte (DHA XV, 75). Nach seinem ebenso naiv wie stolz vorgetragenen Beitrag zur endlich ermittelten Herkunft setzt ein antijüdischer Tumult unter den Mitschülern ein, worauf der hinzukommende und den Anlass nicht kennende geistliche Lehrer im Klassenzimmer des ehemaligen Franziskanerklosters dem Auslöser jene unvergesslichen Prügel versetzte. Die kleine Episode vermöchte geradezu nahezulegen, dass dem Kind Heine seine Außenseiterstellung vorher offenbar nicht im selben Grade bewusst gewesen war und die Bestrafung für ihn verständlicherweise mit dem bisher verborgenen Geheimnis seiner Abstammung zusammenhing. Von gnadenlosen Prügeln war allerdings die Erziehung und Pädagogik in der seiner Kindheit vorausgegangenen Vergangenheit sogar derartig geprägt, dass der Emigrant Richard Friedenthal (1896–1979) in seiner Luther-Biographie beispielsweise die psychologischen Voraussetzungen des Reformators, den Heine seinerseits ausdrücklich neben und vor Lessing zum persönlichen Vorgänger erklärte, auf diese „unbarmherzige Zucht" zurückgeführt hat.[68] Heine selbst bezieht die auch seinerzeit noch übliche Erziehungsmethode mit ihren körperlich sichtbaren Folgen zweifellos vor allem auf seine Rolle als eines kindlich nichtsahnenden jüdischen Außenseiters. Die existentiellen Schmerzen des wie Hiob auf die Probe gestellten Menschen werden von Heine am Lebensende schließlich durch die ebenfalls biblische Lazarus-Figuration in ihrem zweifachen

Sinn gespiegelt: Die Beispielerzählung über den armen Lazarus und die Gestalt des auferweckten Freundes Jesu bilden seine verzweifelte Möglichkeit zur Identifikation mit der jüdischen Verfolgungs- und Leidensgeschichte, mit Errettung wie Auferstehung.[69]

Sein Leben war bis zu seiner achtjährigen „Matratzengruft zu Paris" von großer Mobilität in jedem Sinne bestimmt. Was den Ersatz solcher Beweglichkeit durch gezielte Lektüre, Briefwechsel und literarische Arbeit angeht, gilt diese Feststellung sogar bis zum Schluss. „Eine große Landstraß' ist unsere Erd',/ Wir Menschen sind Passagiere", heißt es schon in einer frühen Romanze (DHA I, 113) seines auflagenstarken ersten Gedichtbandes „Buch der Lieder" von 1827: Düsseldorf, Frankfurt am Main, Hamburg, Bonn, Berlin, Lüneburg, Göttingen, Heiligenstadt, München, Norderney und Helgoland lauten neben den vielen sonst noch auf Fußwanderungen und Reisen gestreiften Orten seine deutschen Stationen bis zum Mai 1831, als er für die kommenden 25 Jahre, was durchaus nicht von Anfang an die Absicht war, als Korrespondent nach Paris ging. Nicht umsonst entscheidet sich Heine beim Obertitel seiner frühen Erfolgsbände der deutschen Periode für den offenen Begriff „Reisebilder" (1826–1831), wobei die frisch wie frei erzählte „Harzreise" den Auftakt bildete, die frühen „Briefe aus Berlin" wenigstens teilweise im zweiten Band wieder reaktiviert wurden, eine andere im gesamten Rahmen nicht aufgenommene Zeitschriftenarbeit als Vorläufer sich mit Polen beschäftigt hatte, die Nordsee ihren lyrischen wie prosaischen Teil abbekam und die beiden letzten Teile der vier Bände seinen Begegnungen mit Italien und England gewidmet sind. Genauso wie beim Wechsel der Orte und Adressen (in Paris kam er auf gut 15 Wohnanschriften und lernte im Übrigen bei seinen Sommerreisen ganz Frankreich kennen) wurde seine Wirkung stets durch eine außerordentlich wechselhafte Resonanz ausgezeichnet. Inzwischen kann man an seinen Aufenthaltsorten oder Lebensstationen bemerkbare Erinnerungsmale in oder an Häusern bzw. als Denkmäler finden.

Der Geburtstag, dem exakten Datum nach wegen eines Archivbrandes in der jüdischen Gemeinde Düsseldorfs nur durch historische Schlussfolgerungen erschlossen, deutet bereits auf die ihn begleitenden psychologischen Probleme gewissermaßen einer Selbstschöpfung oder Personalerfindung hin. Sämtliche übrigen Geburten bzw. Taufen wurden seinerzeit in der heimischen Zeitung angezeigt, nur jüdische Kinder waren in den Jahren um die Jahrhundertwende vom 18. zum 19. Jahrhundert von solcher öffentlichen Meldung ausgeschlossen. Das Geburtshaus für ihn und die drei jüngeren Geschwister Charlotte (später verheiratete Embden in Hamburg), Gustav (später Zeitungsherausgeber in Wien und als Freiherr von Heine-Geldern geadelt) und Maximilian (später als Militärarzt und Schriftsteller in St. Petersburg ebenfalls geadelt) in der Bolkerstraße 53, das auch als Geschäftshaus des Vaters für Textilien diente, gehörte mütterlichen Verwandten der Familie van Geldern. Diese weitverzweigte, geradezu europäisch-jüdische Familie wohl holländisch-sephardischer Herkunft hatte Hoffaktoren gestellt und anschließend durch Judenärzte eine beachtliche Rolle in der rheinisch-bergischen Residenzstadt gespielt. Sein Großonkel, der Chevalier de Gueldres, Palästinareisender, jüdischer Casanova, Aspirant auf die dann von Lessing erlangte

Bibliothekars-Stelle in Wolfenbüttel und geistig-praktischer Beistand der Judenemanzipation in Frankreich avanciert zu seinem phantasmagorischen Doppelgänger.[70] Die väterliche Familie Heine dagegen war ins Weserbergland und nach
Bückeburg gelangt, schließlich in Hannover und Hamburg ansässig. Ihre Mitglieder dienten als Hofbankiers oder waren als Kaufleute tätig. Heines Onkel
Salomon Heine lebte als bedeutender jüdischer Bankier und Mäzen in der Hansestadt.[71] Seine Töchter und erfolgreichen Schwiegersöhne konvertierten zum
Protestantismus, während nur sein Nachfolger und Sohn Carl Heine aufgrund der
Unabhängigkeit seiner Vermögensverhältnisse sich nicht taufen lassen musste und
die jüdische Bankierstochter Cécile Furtado aus Paris heiratete, die mütterlicher-
seits mit der bedeutenden, auch politisch namhaften Familie Fould verwandt war.
Der öffentlich ausgetragene Erbschaftsstreit des Dichters nach Salomon Heines
Tod Ende 1844, weil der bereits kranke Neffe in Paris von einer sehr viel höheren
Zuwendung für sich und seine Frau glaubte ausgehen zu dürfen, gehört zu den
dunkelsten Kapiteln seiner Biographie, das erst durch das Einlenken seines Vetters
Carl, wohl auch aufgrund der zerrütteten Gesundheit des Dichters, schiedlich aus-
gestanden wurde.

Bereits das untergegangene Archiv der jüdischen Gemeinde in Düsseldorf,
wodurch die Geburtseinträge der vier Kinder aus der Heine-Familie vernichtet
wurden, spiegelt zugleich eine symbolische zeitliche Entwurzelung. Immerhin
war der offenbar besonders mütterliche emanzipative Erziehungswille so ausgeprägt, dass die drei Knaben als einzige ‚Israeliten' das Lyzeum besuchten. Die
soziale Kompetenz des Vaters spiegelte sich neben einigen Ehrenämtern in der
jüdischen Gemeinde auch durch seine Mitgliedschaft bei den Freimaurern, was
sein Dichtersohn in Paris wiederholte. Probleme des familiären Selbstbewusst-
seins ergaben sich schließlich auch, trotz inzwischen erlangten Hauseigentums der
ersten Adresse gegenüber, durch die geschäftliche Katastrophe des Düsseldorfer
Textilhandels, u. a. wegen der Erkrankung des Vaters, und die daraus resultierende
materielle Abhängigkeit von Salomon Heine in Hamburg. Der Dichter, der als
junger Mann nach einem kurzen Aufenthalt in Frankfurt am Main dort an der Elbe
zunächst beim Onkel in die Lehre ging und eine Filiale seines Vaters in Hamburg
abwickeln sollte, konnte seit dem Wintersemester 1819 in Bonn Jura studieren,
wo er nebenher durch den anerkannten Gelehrten und Übersetzer August Wilhelm
Schlegel poetische Anregungen sammeln und die bereits während der Kaufmanns-
zeit erworbenen literarischen Sporen wesentlich vergrößern konnte. Die Station
Berlin brachte ihn in Kontakt mit dem Philosophen Hegel sowie mit dem Salon
der berühmten Rahel Varnhagen. Deren Mann, die graue Eminenz der ersten
Hälfte des 19. Jahrhunderts, Karl August Varnhagen von Ense, der aus Düsseldorf stammte, avancierte zu seinem vertrauten Freund und Kritiker. Nachdem
die Eltern und Geschwister inzwischen nach Lüneburg übergesiedelt waren, fand
auch er dort für einige Zeit ein geradezu biedermeierlich anregendes Idyll vor.
Das Ende des Jurastudiums in Göttingen, wo seine literarische Karriere keineswegs unbeachtet geblieben war, und die Erreichung des juristischen Doktorhutes
wurde mit dem im einerseits nahen, andererseits weit genug entfernten Heiligen-
stadt/Eichsfeld unauffälliger zu gestaltenden Übertritt zum Christentum verknüpft,

um eine öffentliche Laufbahn anstreben zu können, wozu die Zugehörigkeit zu einer der christlichen Konfessionen die Voraussetzung war. Als sich dieses Ziel als schwieriger herausstellte als erhofft, bereute Heine die protestantische Taufe mehr oder weniger und wusste wie sein Kollege Börne, dass für den getauften Juden das öffentliche Leben anschließend keineswegs unbeschwert verlief, ja durch die „Geschichte einer Schmähung" aufgrund der Bezeichnung „Dichterjude" erst recht die gezielte Ausgrenzung generationenlang greifbar wurde.[72]

Seinem Berliner Freund Moses Moser aus dem Kulturverein gesteht er am 09.01.1826 sogar, er sei „jetzt bey Christ und Jude verhaßt", er „bereue sehr daß ich mich getauft hab; ich seh noch gar nicht ein daß es mir seitdem besser gegangen sey, im Gegentheil, ich habe seitdem nichts als Unglück" und resümiert am Schluss des folgenden, mit anderen Dingen befassten Absatzes: „Ist es nicht närrisch, kaum bin ich getauft so werde ich als Jude verschrien. Aber ich sage Dir, nichts als Widerwärtigkeiten seitdem" (HSA XX, 234 f.). Ein halbes Jahr später lautet dem Freund gegenüber gar die bittere Prognose: „Es ist aber ganz bestimmt daß es mich sehnlichst drängt dem deutschen Vaterlande Valet zu sagen. Minder die Lust des Wanderns als die Qual persönlicher Verhältnisse (z. B. der nie abzuwaschende Jude) treibt mich von hinnen." (HSA XX, 261) Aber auch vom „Taufzettel" als „Entre Billet zur Europäischen Kultur" kann in den fragmentarischen Notizen jener Zeit die Rede sein, um die damaligen Bedingungen auf den Punkt zu bringen (DHA X, 313). Überhaupt ist Heine begabt für die Formulierung von Sachverhalten, die sich als geflügelte Worte verwenden ließen. Schon die Bonner Tragödie „Almansor" bringt unter dem Mantel der Maurenverfolgung in Granada die Bücherverbrennung, in diesem Fall des Korans, als „Vorspiel" für die Verfolgung von Menschen auf einen hellsichtigen Nenner: „Das war ein Vorspiel nur, dort wo man Bücher/ Verbrennt, verbrennt man auch am Ende Menschen." (DHA V, 16). Heine wurde zum freien Schriftsteller[73], der in Hamburg 1826 durch Julius Campe den Verlag fürs Leben fand, 1827/28 für ein halbes Jahr eine feste Stelle in München als Redakteur der „Neuen allgemeinen politischen Annalen" des im mehrfachen Sinne ‚klassischen' Verlegers Johann Friedrich Cotta annahm und die Hoffnungen auf eine Professur oder eine höhere Verwaltungsstelle aufgeben musste.

Heines Wechsel nach Frankreich bot zunächst weitaus unabhängigere, ja befreiende Schaffensmöglichkeiten. Schon am Ende seines Reisebilds „Englische Fragmente" formulierte er mit religiösem Pathos: „Paris ist das neue Jerusalem, und der Rhein ist der Jordan, der das geweihte Land der Freyheit trennt von dem Lande der Philister" (DHA VII, 269). Das Ziel des kulturellen Transfers zwischen Deutschland und Frankreich vermochte er rückblickend in der Tat zu erreichen: Literatur, Theater, Kunst, Musik und Politik, aber auch Fragen von Mythologie und Religion vermochte er nicht nur verständlich, poetisch und lesbar darzustellen, sondern wirklich zu vermitteln.

In Deutschland war Heine wahrlich nicht ohne kulturelle Kontakte oder eine gar familiär wie freundschaftlich ihm wohlgesonnene Gemeinde gewesen. Doch durch die französische Elite von Schriftstellerinnen und Schriftstellern, Komponisten und Künstlern, die ihn rasch in ihre Mitte aufnahmen (man denke

an George Sand, Frédéric Chopin, Victor Hugo, Honoré de Balzac, Hector
Berlioz), wurde er geradezu geadelt, wobei ausdrücklich ergänzt werden muss,
dass einige seiner Beziehungen durchaus ebenfalls aus der Gruppe von ganz oder
teilweise sich im Exil befindlichen Deutschen, Wahlfranzosen oder Besuchern
bestand (neben Börne oder Richard Wagner auch Franz Liszt, von dem ebenfalls
Heine-Vertonungen stammen, oder etwa Karl Marx, Friedrich Engels, Ferdinand
Lassalle und die italienische Principessa Cristina di Belgiojoso).[74] Sein damals in
Paris übliches, jahrelang freies Verhältnis mit einer sehr viel jüngeren Französin
namens Augustine Crescence Mirat (1815–1883), die aus dem Volke stammte
und die ‚Heinrich' Heine gemäß dem romantischen Liebespaar aus dem Roman
„Heinrich von Ofterdingen" von Novalis ‚Mathilde' nannte, wurde endlich zu
einer Ehe sanktioniert. Das geschah kurz vor einem bevorstehenden Pistolen-
duell mit Salomon Strauß, dem Mann der mit Börne befreundeten und von
Heine nicht gerade ehrenhaft dargestellten Jeanette Wohl, also vor allem aus Ver-
sorgungsgründen, am 31. August 1841. Der Dichter, der nur an der Hüfte getroffen
wurde, hatte neben der bürgerlichen Trauung seiner Frau sogar eine katholische
Zeremonie in der von ihr gewünschten, bedeutenden Kirche St. Sulpice
zugestanden und ironischerweise der katholischen Kindererziehung zugestimmt.
Wie bei anderen biographischen und literarischen Verhältnissen Heines wurde
auch diese Ehe mit den Lebens- und Schaffensbedingungen von Goethe verglichen. So viel scheint deutlich, dass Heine insgesamt eine unabhängige Form
der Lebensführung für sich beanspruchen konnte, die epochemachend war und
in der Öffentlichkeit große Aufmerksamkeit gefunden hat. Dazu gehört am Ende
auch die geradezu platonisch-spiritualistische „Gesundheitsliebe" (DHA III, 397)
des todkranken Dichters zu der jungen Abenteuerin Elise Krinitz, die ihm als
Gesprächspartnerin, Vorleserin und Muse in den letzten Monaten vor seinem Tode
nahestand.

Eine solche, häufig als frivol betrachtete Weise, zwischen den Religionen
zu leben und ihre ursprünglichen Botschaften zu hören bzw. aus einem
verderbten Sprachgebrauch mit kirchlich oder staatlich moralischen Konsequenzen
unbekümmert herauszuschälen, stellt er als Lyriker schon in der zweiten „Harz-
idylle" (DHA I, 340–345), wie sie nach der „Harzreise" schließlich auch im „Buch
der Lieder" Aufnahme gefunden hat, unter Beweis, jedoch ebenso in manchen der
weltläufigen Texte des Zyklus „Verschiedene" aus den „Neuen Gedichten",
worunter besonders die Nr. IX der ersten Folge „Seraphine" (mit der Anfangs-
strophe „Auf diesem Felsen bauen wir/ Die Kirche von dem dritten,/ Dem dritten
neuen Testament,/ Das Leid ist ausgelitten.") belegt, wie sehr die verfremdeten
Moralvorstellungen eine „dumme Leiberquälerey" nach sich gezogen haben und
in welchem Maße die persönlich-aufgeklärte, human-verantwortliche Vision
eben von einem „dritten neuen Testament" das von Heine verkündete neue Zeitalter bestimmen soll (DHA II, 34). Die von ihm formulierten Regeln eines
sensualistisch befreiten Lebens- wie Glücksgefühls verstehen sich als zeitgemäße
Überhöhung der religiösen, in diesem Fall an die Erwartungen der christlichen
Überlieferung geknüpften Maxime.[75]

Familiäre Herkunft, schulische Ausbildung, kaufmännische Berufstätigkeit, juristisches Studium bis hin zum freien Schriftstellerdasein sprechen von Beginn an für emanzipative Bestrebungen mit einem bemerkbaren Hang zur Assimilation, selbst wenn dabei stets der unausweichliche Zwang sowie die nie ganz verhinderte Reserve oder gar Ablehnung bei Teilen des Publikums wegen der jüdischen Herkunft, des französischen Aufenthalts, der schriftstellerischen Freizügigkeit und der mit Reserve betrachteten Krankheit außer Acht gelassen werden darf. Anerkennung jeglicher freiheitlichen Bestrebungen und Teilhabe am Entwicklungsprozess von Humanität und Individualität sind als Triebkräfte der Heineschen Existenz zu betrachten. Die erstaunlich militärische Charakterisierung („Ich habe nie großen Werth gelegt auf Dichter-Ruhm [...]. Aber ein Schwert sollt Ihr mir auf den Sarg legen") bringt schon in der „Reise von München nach Genua" den eigenen Beitrag zur Lösung der großen „Aufgabe unserer Zeit" mit Verve zum Ausdruck: Selbstbewusst zieht er als „braver Soldat im Befreyungskriege der Menschheit" in den Kampf. Denn es geht, gerade auch angesichts der zeitgenössischen Opfer der „Bevorrechteten", wie es z. B. die „Frankfurter Juden" und andere von ihm benannten Minderheiten darstellten, um „die Emanzipazion der ganzen Welt, absonderlich Europas" (DHA VII, 69 u. 74). Nicht verwunderlich, dass Jahre später im lyrischen Lebensrückblick „Enfant perdü" („Verlor'ner Posten in dem Freyheitskriege,/ Hielt ich seit dreyzig Jahren treulich aus") als Schluss der „Lamentazionen" im „Romanzero" die tragische Folge solchen Dienstes an der Humanität, das gebrochene „Herze" und die dennoch ungebrochenen „Waffen" (DHA III, 122), ihren eigenen, geradezu utopischen Ausdruck finden.

Genauso kritisch wie anspruchsvoll ist seine Rede von der Religion als „geistiges Opium" für das leidende „Menschengeschlecht" (DHA XI, 103) bzw. des Volkes, wie es bei Karl Marx heißt[76], oder vom Tode Gottes vor Friedrich Nietzsche. Die Frage der jüdischen Emanzipation stellte dabei nur einen Teilbereich des von ihm ins Auge gefassten notwendigen Entwicklungsganges der Gesellschaft dar, bleibt ihm aber das Urbild jeglicher weiteren notwendigen gesellschaftlichen Veränderung als Lebensform für mündige Menschen und als Emanzipation von allen Formen der Unterdrückung. Denn nicht umsonst wird der metaphorische Gipfel seines Einsatzes für die Menschlichkeit in den „Geständnissen" durch folgendes Bekenntnis über das „Werk" des Moses, nämlich „die Juden", gekrönt, wodurch Heine sich mutig einbringt und selber begreift:

> Ich habe sie seitdem besser würdigen gelernt, und wenn nicht jeder Geburtsstolz bey dem Kämpen der Revoluzion und ihrer demokratischen Prinzipien ein närrischer Widerspruch wäre, so könnte der Schreiber dieser Blätter stolz darauf seyn, daß seine Ahnen dem edlen Hause Israel angehörten, daß er ein Abkömmling jener Märtyrer, die der Welt einen Gott und eine Moral gegeben, und auf allen Schlachtfeldern des Gedankens gekämpft und gelitten haben." (DHA XV, 41 f.)

So sehr das lokale oder regionale Element Anerkennung fand, eigentlich ging es Heine im angedeuteten Sinn um großräumigere Wirkungsformen, die sich für ihn bald in konzentrischen Kreisen als national, europäisch und schließlich übernational-kosmopolitisch herausschälten. Gerade ein solcher notwendiger „Kosmopolitismus" (DHA XIII, 319 und vor allem HSA XXI, 52: „Ich bin daher der inkarnirte Kosmopolitismus")[77] enthält für ihn eine jüdische Grundierung durch die Bibel, die den Juden „im Exile gleichsam wie ein portatives Vaterland", das sie „mit sich herumschleppten", eine bleibende Aufgabe darstellte, ja den historischen Sinn erschloss (DHA XV, 43). Dieser Prozess eines jüdischen Selbstverständnisses hin zum Kosmopolitismus lässt sich spiegelbildlich später auch in Lion Feuchtwangers Romantrilogie über den jüdischen Historiker der Antike Josephus Flavius nachvollziehen („Der jüdische Krieg" 1932, „Die Söhne" 1935, „Der Tag wird kommen", engl. 1942, dt. 1945), wo Heine gewissermaßen das Alter Ego des römisch-jüdischen Schriftstellers, aber wohl auch des Emigranten Lion Feuchtwanger (1884–1958) bildet. Nicht umsonst hatte dieser bereits seine 1907 erschienene Doktorarbeit über Heines Romanfragment „Der Rabbi von Bacherach" geschrieben. Der „Psalm des Weltbürgers" endet im ersten Roman „Der jüdische Krieg" mit der Strophe: „Lobet Gott und verschwendet euch über die Länder./ Lobet Gott und vergeudet euch über die Meere./ Ein Knecht ist, wer sich festbindet an ein einziges Land./ Nicht Zion heißt das Reich, das ich euch gelobte,/ Sein Name heißt: Erdkreis."[78]

Heines eigene Beschäftigung mit dem Judentum, seine historischen Studien und Kenntnisse der hebräischen Bibel, aber auch der christlichen Schriften des Neuen Testaments, wie sie in den Evangelien, der Apostelgeschichte, den Paulus- und sonstigen Briefen sowie der Apokalypse des Johannes niedergelegt sind, gingen weit über die zeitgenössische nichttheologische Praxis hinaus. Der Religionsstifter Moses, den er erst spät als großen „Künstler" zu würdigen lernte, der „Menschenpyramiden" baute und „ein Volk Gottes" schuf (DHA XV, 41), steht für ihn auf der einen Seite. Auf der anderen steht Jesus, der Begründer des Christentums, den er als „Wahlgott" bezeichnet (DHA VII, 179). Beide Gestalten sind es, denen er sich nach und nach sehr ernsthaft, gelegentlich aber auch auf durchaus humoristische, wenn nicht respektlose Weise, nähert. Hiob und Lazarus hingegen bilden schließlich die identitätsstiftenden Figurationen seiner Spätzeit. Der ungarische Emigrant Graf Ferenc Pulszky erzählte der Heine-Freundin Fanny Lewald, die selber mit ihrem Gefährten Adolf Stahr zu den glaubwürdigsten Zeugen und besten Berichterstattern über Heines späte Pariser Zeit zu gelten hat, beispielsweise Mitte 1850 in London: „dass Heine effektiv fromm geworden sei"; denn Pulszky habe Heine gegenüber im Jahr zuvor bei einem Besuch in Paris geäußert: „was kann denn an einer Bildung sein, deren Hauptträger die Bibel und der Barbarismus des Codex Justinianus sind?" Heine habe geantwortet: „den Just. gebe ich Ihnen preis, die Bibel aber lassen Sie mir unangefochten, in der ist mehr, als wir jetzt noch zu verstehen vermögen".[79]

Gleichzeitig ist Heines Überlegung von den Eigenarten wie Folgen des deutschen Nationalgefühls mit manchen positiven Aspekten, jedoch besonders auch vom Nationalismus mit seinen negativen Folgen bestimmt. Ohne den Dichter und sein Werk ist beispielsweise ein Nachdenken über die Frage, was deutsch sei, gar nicht möglich.[80] Seine Vaterlandsliebe wird von ihm immer wieder zur Sprache gebracht und beschworen, gleichzeitig jede Form von Nationalismus abgelehnt. Selbst dass er nach manchen Querelen in die von ihm selbst zu Lebzeiten durchaus ironisierte Walhalla bei Regensburg endlich am 28. Juli 2010 seinen ihm wie anderen Opfern der deutschen Geschichte gebührenden Platz fand, gehört zu den staunenswerten Ereignissen seiner widersprüchlichen Nachwirkung zumal in Deutschland. Auch wenn Heine sich selber als ‚entlaufenen Romantiker' empfand, ist diese spezifische Herkunft aus einem gesamteuropäischen literarisch wie kulturellen Phänomen der Romantik gerade in seinem individuellen Lebensverständnis wie in der internationalen Nachwirkung bis heute bestimmend geblieben.

Aus der nie ganz zu lösenden Italiensehnsucht als einer „Qual dieser armen Schwäne" von der Binnenalster in Hamburg, denen die „Flügel gebrochen" sind, wie es in den „Memoiren des Herren von Schnabelewopski" (DHA V, 161) heißt, damit sie „im Herbst nicht auswandern konnten, nach dem warmen Süden" und somit „der Norden sie festgebannt" hielt „in seinen dunkeln Eisgruben", erwuchs dem Dichter („Ach! Auch mir erging es einst nicht viel besser") seine spätere Heimatlosigkeit ganz im Sinne seines Gedichtes „Jetzt wohin?" (DHA III, 101 f.), wo in den Ländern und Staaten der Welt keines Bleibens ist, sondern sein eigener „Stern" sich im „güldnen Labyrinth" am „Himmel" verirrt hat wie er sich selber im „irdischen Getümmel". Einen Nachklang stellt sogar noch sein unvollendetes Versepos „Bimini" (DHA III, 363–387) dar, in dem sich einer der Entdecker der Neuen Welt, der Conquistador Juan Ponce de Leon, samt seiner alten indianischen Gefährtin in der Karibik auf die Suche nach der Insel der ewigen Jugend begibt, die freilich nicht als verlorenes Paradies oder Jungbrunnen gefunden werden kann, sondern letztendlich nur als „Lethe" oder Tod zu erreichen ist. In dieselbe Richtung zielt denn auch eines seiner allerletzten ironisch-souveränen Gedichte aus dem Nachlass mit der ersten Zeile: „Beine hat uns zwey gegeben" (DHA III, 400–403), wo sich „Gottes Nützlichkeitssystem" bei der Erschaffung des Mannes dadurch erweist, dass das „skabrose [sprich: heikle oder schlüpfrige] Requisit" nur „einfach" ist, d. h. zur gleichen Zeit dazu dient, damit dieser „fortpflanze seine Race" und „zugleich sein Wasser lasse". In ebenso pragmatisch-skeptischer wie melancholischer Weise geht es nach Heines Resümee eben schlicht und einfach mit ein und demselben „Omnibus" zum „Tartarus".

Heine gehörte schon zu Lebzeiten zur Weltliteratur. Seine Biographie spiegelt eindrücklich sämtliche Probleme der Emanzipation und Assimilation der deutschen Juden in der ersten Hälfte des 19. Jahrhunderts wider. Die spannungsgeladene Rezeption schlug sich in den ihm gerecht werdenden Betrachtungen von Sigmund Freud (1856–1939), des Begründers der Psychoanalyse, mit dem berühmten Titel „Der Witz und seine Beziehung zum Unbewussten" (1905) genauso nieder wie in den seit etwa einem Vierteljahrhundert zuvor und bei manchen Gelegenheiten danach heftig ausgetragenen, zum Teil ausufernd antisemitischen öffentlichen Auseinandersetzungen über ein Dichterdenkmal für ihn. Es darf nicht verschwiegen werden, dass seine „Nachtgedanken" mit den Anfangszeilen „Denk ich an Deutschland in der Nacht,/ Dann bin ich um den Schlaf gebracht" (DHA II, 129 f.) zu einem der Haupttexte nicht nur der von der Emigration betroffenen großen Schar deutscher und österreichischer Kultureliten, jüdischer wie nichtjüdischer Herkunft, während der nationalsozialistischen Zeit avanciert ist, sondern auch vielen späteren Gelegenheiten jeweiliger Sorge um die

Zukunft Deutschlands die passend-anrührenden Worte verliehen haben. Heines wissenschaftliche wie publikumswirksame Nachwirkung hat, wenn auch jeweils eigentümlich verspätet, das kulturelle Gedenken an andere große Gestalten der deutschen Geistesgeschichte inzwischen durchaus eingeholt. Das spricht für eine anregende Aktualität des Dichters, deren Fortbestand dem gesunden wie kritisch wachen Menschenverstand weiterhin mit umsichtiger Fürsorge und praktisch politischem Gewinn angelegen sein sollte, damit Heines Wirkung wie ‚Folgen‘ den kommenden Generationen als Garant einer immer zu pflegenden Aufklärung und notwendigen Humanität erhalten bleiben.

J. A. K.

Anmerkungen

1 Ludwig Börne: Sämtliche Schriften. Neu bearb. u. hrsg. v. Inge u. Peter Rippmann. Bd. 1–5. Düsseldorf 1964–68, hier Bd. 3, S. 364. Im Folgenden werden Börnes Werke nach dieser Ausgabe zitiert, mit römischer Ziffer für die Bandnummer und arabischer Ziffer für die Seitenzahl.
2 V, 576. Über Börne und das Judentum vgl. Helmut Bock: Ludwig Börne. Vom Gettojuden zum Nationalschriftsteller. Berlin 1962; Inge Rippmann: Juden. – In: dies.: Börne-Index. Historisch-biographische Materialien zu Ludwig Börnes Schriften und Briefen. Ein Beitrag zu Geschichte und Literatur des Vormärz. 1. Halbbd. Berlin, New York 1985, S. 361–381; dies.: Emanzipation und Akkulturation. Ein nicht ganz typisches Beispiel: Ludwig Börne. – In: HJb 41 (2002), S. 161–187.
3 IV, 7.
4 IV, 146 f.
5 I, 145.
6 I, 163.
7 Friedrich Schleiermacher: Über die Religion. Reden an die Gebildeten unter ihren Verächtern. Hamburg 1958, S. 158.
8 Vgl. IV, 152.
9 Vgl. I, 14–72. Zu dieser Schrift vgl. Bernhard Budde: Verwahrung aufklärerischer Vernunft. Literarisch-publizistische Strategien in Börnes Schutzschriften für die Juden. – In: Jahrbuch des Forum Vormärz Forschung 4 (1998): Juden und jüdische Kultur im Vormärz, S. 111–140.
10 V, 171.
11 III, 581.
12 I, 871.
13 I, 171.
14 III, 482.
15 II, 124–131.
16 I, 594 f.
17 Vgl. I, 789–799.
18 II, 783.
19 Vgl. I, 810–820.
20 I, 499.
21 Vgl. I, 386 ff.
22 I, 501 f.

23 I, 504 f.
24 III, 482 f.
25 II, 16.
26 III, 482 f.
27 III, 371 f.
28 II, 416.
29 II, 1104 f.
30 III, 510 ff.
31 III, 512 f.
32 Vgl. dazu Joachim Bark: Härings-Salat. Alexis und Börne im Streit. – In: Willibald Alexis (1798–1871). Ein Autor des Vor- und Nachmärz. Hrsg. v. Wolfgang Beutin u. Peter Stein. Bielefeld 2000, S. 119–139; Inge Rippmann: „Häringsalat". Eine Abrechnung. – In: Georg Weerth und die Satire im Vormärz. Hrsg. v. Michael Vogt. Bielefeld 2007, S. 69–84.
33 III, 529 f.
34 V, 235.
35 III, 170.
36 V, 11.
37 Ludolf Wienbarg: Ästhetische Feldzüge. Dem jungen Deutschland gewidmet. Hamburg 1834, S. 298.
38 Theodor Mundt: Geschichte der Literatur der Gegenwart. Vorlesungen. Berlin 1842, S. 351.
39 Karl Gutzkow: Vergangenheit und Gegenwart. 1830–1838. – In: Jahrbuch der Literatur 1 (1839). Mit H. Heine's Bildniß. Hamburg 1839, S. 1–110, hier S. 12 ff.
40 Vgl. Inge Rippmann: Menzel, Wolfgang. – In: dies.: Börne-Index [Anm. 2], S. 504–523.
41 III, 957.
42 I, 593.
43 Vgl. Siegfried Ucko: Geistesgeschichtliche Grundlagen der Wissenschaft des Judentums. (Motive des Kulturvereins vom Jahre 1819). – In: Zeitschrift für die Geschichte der Juden in Deutschland 5 (1934), S. 1–34.
44 Vgl. III, 757 f.
45 III, 758.
46 Vgl. Walter Wadepuhl: Heines Nachruf für Ludwig Markus. – In: ders.: Heine-Studien. Weimar 1956, S. 135–151, sowie die kritischen Hinweise dazu, was die Entstehung des Heineschen Textes betrifft, von Klaus Briegleb in seiner Heine-Ausgabe der Sämtlichen Schriften, hier B V, 909–915; weiterhin z. B. Catherine Creecy: Eulogy of a Lost Cause: Heine's Essay „Ludwig Marcus". – In: HJb 22 (1983), S. 83–95, und Höhn ³2004, S. 445–448.
47 Jean-Pierre Lefebvre: Parcours libre sur le manuscrit de Ludwig Marcus. – In: Cahier Heine 3 (1984), S. 13–27, hier S. 27.
48 Vgl. Edith Lutz: Der „Verein für Cultur und Wissenschaft der Juden" und sein Mitglied H. Heine. Stuttgart, Weimar 1997, S. 189 ff. Vgl. auch Norbert Waszek: Hegel, Mendelssohn, Spinoza – Beiträge der Philosophie zur „Wissenschaft des Judentums"? Eduard Gans und die philosophischen Optionen des „Vereins für Kultur und Wissenschaft der Juden". – In: Menora. Jahrbuch für deutsch-jüdische Geschichte 1999, S. 187–216.
49 Joseph A. Kruse: Nachdenken über Denkworte: *Ludwig Marcus* als Klammer zur *Lutezia*. – In: Zu Heinrich Heines Spätwerk „Lutezia". Kunstcharakter und europäischer Kontext. Hrsg. v. Arnold Pistiak u. Julia Rintz. Berlin 2007, S. 211–227; der Bandbearbeiter der DHA, Volkmar Hansen, spricht übrigens bezüglich der „Denkworte" in Bezug auf deren Publikationszusammenhang bereits von „Übergang" (DHA XIV, 1191), was Heines Verweis-Funktion entspricht.
50 Aus jener Zeit stammt der weiter unten herangezogene Brief von Marcus an Heine vom 28.12.1836, in dem er den Dichter um Unterstützung zur Propagierung seines durchaus in Frankreich interessiert aufgenommenen Werkes zur Vandalen-Geschichte bittet (HSA XXIV, 428 f.).

51 Ich beziehe mich im Folgenden vor allen Dingen auf Michel Espagne: Der König von
   Abyssinien. Leben und Werk des „kleinen Marcus". – In: HJb 25 (1986), S. 112–138 (mit
   entsprechenden Hinweisen zu den französischen Personalakten und zur Literatur).
52 Ebd., S. 114.
53 Ebd., S. 112.
54 Ebd., S. 121.
55 Ebd., S. 132.
56 Heine spielt mit den beiden bedeutungsverwandten Worten (vgl. das Grimmsche Wörterbuch) z. B. bei der Schilderung der schwäbischen Auswanderer in der Vorrede zum ersten
   Band des „Salon" vom 17.10.1833 (DHA V, 371: „als ich das Vaterland in Elend erblickte,
   in der Fremde, im Elend"), aber auch schon in seiner Vorrede der „Französischen Zustände"
   vom 18.10.1832 (DHA XII, 66: „Ich werde nicht in die Heimath zurückkehren, solange
   noch ein einziger jener edlen Flüchtlinge […] in der Fremde, im Elend, weilen muß").
57 Höhn ³2004, S. 446.
58 Vgl. Günter Metzner: Heine in der Musik. Bibliographie der Heine-Vertonungen. Bd. 1–12.
   Tutzing 1989–1994; Arnold Pistiak: Leier von „gutem Golde". Ausgewählte Heinelieder
   des 20. Jahrhunderts. Zwölf Miniaturen. – In: HJb 55 (2016), S. 89–120 und HJb 56 (2017),
   S. 160–181.
59 Vgl. z. B. Die französische Heine-Kritik. Rezensionen und Notizen zu Heines Werken
   (1830–1856). Hrsg. v. Hans Hörling. Bd. 1–3. Stuttgart, Weimar 1996–2002.
60 Vgl. Galley/Estermann sowie die Fortführung der Dokumentation auf der Horst/Singh.
61 Vgl. Goltschnigg/Steinecke. Als in Aufmachung wie Inhalt direkten Vorläufer des Nationalsozialismus vgl. ein Verzeichnis, das ausdrücklich „Den deutschen Fürsten gewidmet" war:
   Semi-Kürschner oder Literarisches Lexikon der Schriftsteller, Dichter, Bankiers, Geld-
   leute, Ärzte, Schauspieler, Künstler, Musiker, Offiziere, Rechtsanwälte, Revolutionäre,
   Frauenrechtlerinnen, Sozialdemokraten usw., jüdischer Rasse und Versippung, die von
   1813–1913 in Deutschland tätig oder bekannt waren. Hrsg. v. Philipp Stauff. Berlin 1913
   [mithilfe von Spenden im Selbstverlag!], Sp. 157–159 (der völlig ablehnend-sarkastische
   Heine-Artikel propagiert u. a. den Angriff auf den Dichter von Adolf Bartels und wendet
   sich gegen die positive Stellungnahme von „Alfred Kempner-Kerr" zugunsten eines Heine-
   Denkmals; im Anschluss, Sp. 159, ist auch Maximilian Heine mit seinen St. Petersburger
   Schriften aufgeführt und als „Bruder von Harry" gekennzeichnet, während beim Eintrag
   „Heine-Geldern, Gustav Freiherr v.", dessen „Wiener Fremdenblatt" genannt, aber nicht die
   genauso enge Verwandtschaft mit Heine erwähnt wird.
62 In Anspielung auf das Pamphlet von Karl Kraus aus dem Jahre 1910 vgl. innerhalb der u. a.
   damit begründeten ‚Folgen'-Reihe des Metzler-Verlages: Joseph A. Kruse: Heine und die
   Folgen. Stuttgart 2016.
63 Vgl. insbes. „Die Stadt Lukka" mit der vernichtenden Charakteristik der Staatsreligion:
   „Eben weil ich ein Freund des Staats und der Religion bin, hasse ich jene Mißgeburt, die
   man Staatsreligion nennt, jenes Spottgeschöpf, das aus der Buhlschaft der weltlichen und
   der geistlichen Macht entstanden, jenes Maulthier, das der Schimmel des Antichrists mit der
   Eselinn Christi gezeugt hat." (DHA VII, 194). Vgl. zum ganzen Komplex Johann Michael
   Schmidt: Thron und Altar. Zum kirchengeschichtlichen Hintergrund von Heines Kritik des
   preußischen Protestantismus. – In: HJb 16 (1977), S. 96–198.
64 Moritz Daniel Oppenheim. Die Entdeckung des jüdischen Selbstbewußtseins in der Kunst.
   Hrsg. v. Gerd Heuberger u. Anton Merk. Frankfurt a. M. 1999, mit 14 Registerverweisen
   auf Heine. Dieser Ausstellungskatalog des Jüdischen Museums der Stadt Frankfurt am Main
   zeigt beide eindrucksvollen Bildnisse, wovon die kleinere und unbekanntere interessant-
   schöne Fassung (Öl/Lwd., auf Pappe montiert, im Werkverzeichnis-Teil, S. 357, unter II.62
   um 1830 datiert) im Heinrich-Heine-Institut, Düsseldorf aufbewahrt wird, während das,
   ebenso wie Oppenheims Börne-Darstellung, in der Druckgraphik vielfach variierte berühmte

Porträt von 1831 (Öl/Papier auf Lwd. montiert, Werkverzeichnis, S. 357, unter II.63) sich als Campesche Stiftung in der Kunsthalle Hamburg befindet; dazu heißt es im Beitrag von A. Merk über die „künstlerische Entwicklung" von Oppenheim: das Heine-Bildnis sei „locker und spontan gemalt. Heine ist sowohl in seiner spontan-freiheitlichen als in seiner sensiblen Künstlernatur getroffen, zu der sich ein melancholisches Moment gesellt." Oppenheim sei damit „nochmals eine Meisterleistung der Portraitkunst gelungen"; es gehöre „zu den besten Portraits, die Oppenheim geschaffen hat, und zu den schöpferisch eigenständigsten Bildnissen der deutschen Kunst des 19. Jahrhunderts überhaupt" (S. 41). Vgl. zur kunsthistorischen Bedeutung dieses Porträts auch Ekaterini Kepetzis: „Was habt ihr gegen mein Gesicht?" Heinrich Heines zeitgenössische Porträts. – In: Heinrich Heine im Porträt. Wie die Künstler seiner Zeit ihn sahen. Hrsg. v. Christian Liedtke. Hamburg 2006, S. 113–134, 151–157, hier S. 120 ff.

65 Vgl. Dietrich. Schubert: „Jetzt wohin?". Heinrich Heine in seinen errichteten und verhinderten Denkmälern. Köln u. a. 1999. Weiterhin Christian Liedtke: Heines Denkmäler, 1891–2012. Ein kommentiertes Verzeichnis. – In: HJb 53 (2014), S. 170–214, und ders.: Überall und nirgends. Heinrich Heines Denkmäler. Mit unbekannten Dokumenten zum Düsseldorfer Denkmalsprojekt. – In: Düsseldorfer Jahrbuch 87 (2017), S. 77–100.

66 So im Kapitel über Ulrich von Hutten bei Richard Friedenthal: Luther. Sein Leben und seine Zeit. Neuausg. 5. Aufl. München, Zürich 1979, S. 283.

67 Vgl. Michael Werner: Imagepflege. Heines Presselenkung zur Propagierung seines Persönlichkeitsbildes. – In: Heinrich Heine. Artistik und Engagement. Hrsg. v. Wolfgang Kuttenkeuler. Stuttgart 1977, S. 267–283.

68 Friedenthal: Luther [Anm. 66], S. 16 f., mit Verweis auf Jakob Burckhardt, der einmal davon gesprochen habe, „daß eine Weltgeschichte des Prügelns höchst aufschlußreich sein könnte".

69 Vgl. Joseph A. Kruse: Heinrich Heine – Der Lazarus. – In: ders.: Heine-Zeit. Stuttgart, Weimar 1997, S. 273–287.

70 Vgl. Ludwig Rosenthal: Heinrich Heines Großoheim Simon von Geldern. Ein historischer Bericht mit dem bisher meist unveröffentlichten Quellenmaterial. Kastellaun 1978; Joseph A. Kruse: Simon von Geldern (1720–1788), der Morgenländer. – In: Grenzgänger. Jüdische Wissenschaftler, Träumer und Abenteurer zwischen Orient und Okzident. Hrsg. v. Julius H. Schoeps u. Thomas L. Gertzen. Leipzig 2020, S. 311–334.

71 Vgl. Sylvia Steckmest: Salomon Heine. Bankier, Mäzen und Menschenfreund. Die Biographie eines großen Hamburgers. Hamburg 2017.

72 Für den gesamten Komplex zum Thema Heine und das Judentum vgl. die Berliner Dissertation des kanadischen Germanisten Paul Peters: Heinrich Heine „Dichterjude". Die Geschichte einer Schmähung. Frankfurt a. M. 1990, aber auch die von ihm erarbeitete Anthologie Heinrich Heine: Prinzessin Sabbat. Über Juden und Judentum. Hrsg. u. eingel. v. Paul Peters. Bodenheim 1997. Er legt Wert auf die jüdisch konnotierte Themenvielfalt, die sich in der Fülle der Überlieferung umso staunenswerter darbietet.

73 Hier sei stellvertretend für eine ganze Fülle von bemerkenswerten Heine-Biographien verwiesen auf die Jüngste im Bunde von Rolf Hosfeld: Heinrich Heine. Die Erfindung des europäischen Intellektuellen. Biographie. München 2014. Verwiesen sei auch auf die ‚Suhrkamp BasisBiographie' von Joseph A. Kruse: Heinrich Heine. Leben, Werk, Wirkung. Frankfurt a. M. 2005.

74 Nicht nur für eine allwissende Chronologie, sondern gerade auch für die ungezählten Kontakte Heines vgl. Mende.

75 Vgl. z. B. Karin Wollschläger: „daß unser Leben nur ein farbiger Kuß Gottes sey". Heinrich Heines religiöser Sensualismus. Tönning 2005.

76 Vgl. Joseph A. Kruse: Heines Opium. Private Erfahrung und tradierte Religionskritik (z. B. durch Achim von Arnim). – In: Harry … Heinrich … Henri … Heine. Deutscher, Jude, Europäer. Hrsg. v. Dietmar Goltschnigg, Charlotte Grollegg-Edler, Peter Revers. Berlin 2008, S. 181–190.

77 Von ungemein utopischer Brisanz ist bereits die Formulierung in der Vorrede zu den „Französischen Zuständen" (1833), wo es generationenlang vor Kurt Tucholsky heißt, dass „die Völker sich nicht mehr von den Lohnschreibern der Aristokratie zu Haß und Krieg verhetzen" ließen, „das große Völkerbündniß, die heilige Allianz der Nazionen kommt zu Stande, wir brauchen aus wechselseitigem Mißtrauen keine stehenden Heere von vielen hunderttausend Mördern mehr zu füttern, wir benutzen zum Pflug ihre Schwertern und Rosse" (DHA XII, S. 65).

78 Lion Feuchtwanger: Der jüdische Krieg. Roman. Gesammelte Werke in Einzelausgaben. Bd. 2. Berlin, Weimar 1974, S. 276. Der Roman fährt fort: „So machte sich Josef aus einem Bürger Judäas zum Bürger der Welt und aus dem Priester Josef Ben Matthias zu dem Schriftsteller Flavius Josephus." Ebd., S. 277.

79 Am 24. Juni 1850 im Brief an Stahr: Ein Leben auf dem Papier. Fanny Lewald und Adolf Stahr. Der Briefwechsel 1846 bis 1852. Hrsg. u. kommentiert v. Gabriele Schneider u. Renate Sternagel. Bd. 3: 1850–1852. Bielefeld 2017, S. 224. Der ungarische Schriftsteller, Ästhetiker, Archäologe und Politiker Franz Aurel Pulszky von Lubócz und Cselfalva (1814–1897) spielt ansonsten in der Heine-Biographik keine Rolle, außer im Kommentar der Werke als Rezipient der „Romantischen Schule" (DHA VIII, 1114 f.) und bei Mende, S. 263 u. 413 als „Umgang" im Januar 1849 neben Alfred Meißner.

80 Vgl. Dieter Borchmeyer: Was ist deutsch? Die Suche einer Nation nach sich selbst. Berlin 2017 („Heine" im Register mit 37, oft seitenlangen Verweisen).

Andersen, Jacobsen, Jensen
– drei weltberühmte dänische Heine-Fans

Ernst-Ullrich Pinkert

> Wenn ich in Heines Büchern blättere, finde ich, dass
> Europa 1830 weiter war. Heine war ein enorm großer
> Mann.
>
> Georg Brandes am 21.9.1891 an Alexander Kielland

Die Aufmerksamkeit und Bewunderung für Heinrich Heine war in Dänemark im
19. Jahrhundert und zu Beginn des 20. Jahrhunderts außerordentlich groß. Aber
es wurde nicht immer der gleiche Heine bewundert. Zwar begeisterten sich z. B.
sowohl Hans Christian Andersen als auch Georg Brandes für Heine, doch sie taten
es aus recht unterschiedlichen Gründen. Andersen hatte in seiner romantischen
Begeisterung Heines „Frivolität" verdrängt und die „politische Brisanz" seiner
Schriften „entschärft".[1] Brandes dagegen, der in den 1870er Jahren den Anstoß
zum „modernen Durchbruch" in Skandinavien gegeben hatte, d. h. zum Durchbruch der Moderne in Literatur und Kunst, schätzte und propagierte gerade den
„frivolen" und politisch brisanten Heine.

Heine ist im 19. Jahrhundert neben Goethe der wichtigste literarische
Orientierungspunkt vieler dänischer Autoren. Beide wurden als „die Pole der
Kultur" schlechthin rezipiert.[2] Nach der Lektüre von Heines „Reisebildern"
schwärmte Georg Brandes 1871: „Heine ist entschieden einer der größten Schriftsteller, den die Welt hervorgebracht hat. [...] Er ist der einzige der modernen
Dichter in Deutschland, der [...] sich in verschiedenen Bereichen auf Augenhöhe
mit Goethe befindet."[3] Holger Drachmann schrieb 1879, die „ganze Literatur" sei
in Dänemark auf „Goethe, Heine und Byron" aufgebaut, und Johannes V. Jensen
erklärte, Heine habe ihn, „gleichgestellt mit Goethe", das „ganze Leben hindurch"
begleitet.[4] In Herman Bangs Roman „Das graue Haus" (1901) orientiert sich die

E.-U. Pinkert (✉)
Gistrup, Dänemark
E-Mail: eupinkert@gmail.com

ältere Generation in Dänemark weiterhin an Goethe und Heine, und das „Buch
der Lieder" liegt griffbereit auf dem Tisch.[5] In Bangs „Liebesgeschichte in drei
Briefen" (1886) stehen Heines Gedichte in den Bücherschränken des Bürgertums,
bei den einen offen zugänglich, bei den anderen jedoch verschlossen hinter Glas.[6]
So oder so – Heines Gedichte sind Allgemeingut, besonders bei den Gebildeten;
diese sind Jeppe Aakjær zufolge von Heine „durchtränkt".[7] Seit 1839 finden sich
Heines Texte auch in dänischen Schulbüchern.[8]

Georg Brandes (1842–1927), der eine nach dem verlorenen Krieg von 1864
erstarrte und mit sich selbst beschäftigte Gesellschaft für die moderne Zeit öffnen
wollte, war in seinem langjährigen Kampf „für Freisinn und gesellschaftliche
Erneuerung" und „für den Wahrheitsanspruch der Wissenschaft gegen religiösen
Aberglauben"[9] der wohl engagierteste Fürsprecher Heines in Dänemark. Schon
der Achtzehnjährige identifiziert sich mit dem Dichter und Denker Heine.[10] In
seiner historisch gewordenen Kopenhagener Vorlesung vom 3. November 1871
rühmt Brandes Heine als Persönlichkeit, die zusammen mit den Schriftstellern
des Jungen Deutschlands die Ideen der Julirevolution von 1830 weiterführt und
„ebenso wie die zeitgenössischen französischen Schriftsteller die Umwälzung
von 1848 vorbereitet" haben.[11] Heine ist für Georg Brandes der personifizierte
Durchbruch der liberalen Ideen in Deutschland, eine der Hauptfiguren des freien
Gedankens in Europa[12] und „einer der wichtigsten Schriftsteller der Welt."[13]

Genau und kenntnisreich hatte Brandes den Einfluss Heines auf die dänische
Literatur und Kultur in den vorangegangenen Jahrzehnten verfolgt:

> Im Norden haben seine Schriften früh Zuspruch gefunden. Von der Lesewelt wurde er ver-
> schlungen. Die Besten von Dänemarks Älteren hat er beeinflusst. Männer wie Christian
> Winther, Orla Lehmann, Emil Aarestrup, M. Goldschmidt und zahlreiche der Jüngeren
> von J. P. Jacobsen bis Sophus Claussen.[14]

Einige von ihnen haben Gedichte von Heine übersetzt; in Aarestrups Werk z. B.
finden sich zahlreiche Heine-Übersetzungen bzw. Nachdichtungen, und Christian
Winther nimmt 1843 zwölf Heine-Übersetzungen in seine „Gedichte" auf. Auch
der stark sozial engagierte Jeppe Aakjær (1866–1930) tritt zwischen 1890 und
1901 mit acht Übersetzungen von „Zeitgedichten" Heines hervor.[15]

Brandes' Engagement für Heine war ein zentraler Teil jenes Aufklärungs- und
Modernisierungsprojekts „moderner Durchbruch", das er dem noch unter der
Niederlage von 1864 leidenden Land verordnete, das zwei Fünftel seines Gebietes
und mehr als ein Drittel seiner Bevölkerung an Preußen und Österreich verloren
hatte. Da das Werk Heines für ihn Ausdruck der angestrebten Überwindung der
politischen und klerikalen Reaktion ist, sieht Brandes eine Auseinandersetzung mit
ihm auch in Dänemark als notwendig und nützlich an. Für ihn erklärt sich Heines
starke Resonanz in Dänemark aber auch dadurch, dass er in seiner Dichtung einen
Ausdruck für die Zerrissenheit des modernen Menschen gefunden hat. Brandes
liebt den Witz in Heines Satiren und hebt besonders das Versepos „Deutschland.
Ein Wintermärchen" hervor, weil die Menschen hier immer noch „Nahrung finden
für ihre Begeisterung, Empörung und ihren Tatendrang."[16]

In den Erinnerungen dänischer Schriftsteller finden sich vielfältige Hinweise auf die große Bedeutung, die Heine für sie schon seit ihrer Schulzeit hatte.
Johannes V. Jensen (1873–1950) hatte 1891 in Viborg im Deutschunterricht

„Die Harzreise" gelesen und durch Heines Werke seinen „Witz geschliffen".[17] Tom Kristensen (1893–1974) erklärt: „Meine Generation ist mit ihm [Heine] erzogen worden"[18], was besonders dem Engagement Georg Brandes' zu verdanken sei. Ähnliches gilt für Karen Blixen (1885–1962), in deren Werken sich offenbar 29 Hinweise auf Heine finden, und die von Kritikern deshalb als „Heinrich Heine's little sister" bezeichnet wurde; 1924 gibt sie an, sie verdanke Georg Brandes nicht nur ihre Begeisterung für Bücher, sondern auch für Heine.[19]

Brandes' Heine-Publikationen basieren besonders auf Vorlesungen, die er 1883 und 1887 an der Universität Kopenhagen gehalten hatte. Diese Vorlesungen und die daraus entstandenen Publikationen prägen die Heine-Rezeption in Dänemark; in den neunziger Jahren, so erinnert sich Jeppe Aakjær, erlebt Heine „eine wahre Renaissance" – besonders in den akademischen Kreisen.[20]

In der ersten Phase der dänischen Heine-Rezeption suchen bedeutende dänische Autoren Heine in Paris auf: Hans Christian Andersen in den Jahren 1833 und 1843, Adam Oehlenschläger 1844, Meïr Aron Goldschmidt 1850. Die zweite Phase wird entscheidend von Georg Brandes als intellektuellem Motor des modernen Durchbruchs in Dänemark geprägt. Beim Erscheinen des Heine und dem Jungen Deutschland gewidmeten sechsten Bandes seiner „Hauptströmungen der Literatur des 19. Jahrhunderts" schreibt Brandes am 16.8.1891 an seinen norwegischen Kollegen Alexander Kielland:

> Heine ist einer der besten Schriftsteller auf der Welt. Ich habe in meinem Buch […] alles zusammengetragen, was sich gegen ihn einwenden ließe, damit man nicht sagen kann, ich hätte ihn wegen unserer Stammesgemeinschaft [als Juden; E.-U-P.] unzulässig gelobt. Nun aber finde ich, dass er gewiss nicht genug gelobt worden ist. Tatsächlich ist er außerhalb von Deutschland der am meisten bewunderte von Deutschlands Männern.[21]

Der Erfolg dieses Buches veranlasst Brandes dazu, aus den Heine-Kapiteln 1897 – zum 100. Geburtstag Heines – ein eigenständiges Buch zu machen.[22]

Ganz im Sinne Brandes' dürfte die 15-strophige Hymne zu Heines 100. Geburtstag gewesen sein, die Holger Drachmann (1846–1908), der um die Jahrhundertwende populärste dänische Dichter, in seinem Buch „Den hellige Ild" veröffentlichte. Drachmann preist in seinem „prächtigen Gedicht über Heine"[23], was viele dänische Schriftsteller an Heine bewunderten: „Witz, Mut, revolutionäres Bewusstsein, Leidensfähigkeit."[24] Für ihn wie für andere ist Heine der Spiegel, in dem sie ein Wunschbild von sich selbst finden können.

Im Folgenden liegt der Fokus auf drei dänischen Schriftstellern aus drei Generationen, deren Werke zur Weltliteratur zählen und die im 19. Jahrhundert auf unterschiedliche Weise von Heine beeindruckt und beeinflusst wurden: Hans Christian Andersen (1805–1875), Jens Peter Jacobsen (1847–1885) und Johannes Vilhelm Jensen (1873–1950). Andersens Heine-Sympathie wird hier im Kontext seiner frühen Reiseprosa thematisiert. Dabei wird u. a. die These diskutiert, Andersen habe in seinem zweiten Reisebuch Heines fragmentarische „Harzreise" zu Ende geschrieben. Jacobsen hat sich m. W. öffentlich nie direkt zu Heine geäußert, doch seine Briefe an die Brüder Georg und Edvard Brandes zeigen, dass er mit dessen Werk wohlvertraut war und sich mit ihm identifizierte. Johannes V. Jensen ist der dänische Schriftsteller, der sich in den unterschiedlichsten Genres – in Dichtungen,

Reiseberichten und Zeitungsessays – und über Jahrzehnte hinweg explizit und implizit über Heine geäußert bzw. sich zu ihm bekannt hat. Andersen, Jacobsen, Jensen: alle drei sind Fans von Heine, doch als Vorbild wirkt er unterschiedlich.

„Oh, reisen! reisen!"[25] Andersen und Heine

Hans Christian Andersen erklärt in seiner Autobiographie, drei Schriftsteller hätten ihn in seiner Jugend besonders beeindruckt; Heinrich Heine ist einer von ihnen:

> […] er verdrängte Hoffmann, der […] in jener Periode bedeutend auf mich eingewirkt hatte. So waren es in meiner Jugendzeit nur drei Schriftsteller, die mir gleichsam geistig ins Blut übergegangen sind, Schriftsteller, in denen ich eine Zeitlang ganz und gar gelebt habe, und das sind Walter Scott, Hoffmann und Heine.[26]

Für Andersens Beziehung zu Heine wurde ein Besuch bei dem jungen Orla Lehmann (1810–1870), einem späteren Minister, bedeutungsvoll. Mit diesem Besuch, der nach dem Erscheinen seines ersten Romans „Fußreise" im Januar 1829 stattfand (vermutlich im Sommer 1829), begann die Entthronung E. T. A. Hoffmanns als wichtigstem Vorbild:

> […] ich kam eines Tages zu Lehmann hinaus, […] er jubelte mir einen Vers von Heine entgegen: ‚Thalatta, Thalatta, du ewiges Meer!' Und nun lasen wir zusammen Heine; der Nachmittag und der Abend vergingen, es wurde späte Nacht, ich musste bis zum nächsten Morgen dort bleiben, aber ich hatte einen Dichter kennengelernt, der mir aus der Seele sang und in ihr die am stärksten vibrierenden Saiten anschlug.[27]

Wenn Andersen unter „Kennenlernen" Heines das tiefe Eindringen in Heines Dichtung versteht, so schließt das eine frühere Begegnung mit Heines Texten nicht aus. Auch die Festellung Johan de Mylius', Orla Lehmann habe Andersen 1829 „in die Lektüre des modernen und zerrissenen Heine eingeführt"[28], lässt durchaus die Möglichkeit offen, dass Andersen schon früher mit Heine in Berührung gekommen sein kann. Für diese Möglichkeit spräche, dass Andersen den von Orla Lehmann zur Begrüßung zitierten Vers offenbar als Werk Heines erkannt hat.

Die Frage, ob Andersen vielleicht schon vor dem Besuch bei Orla Lehmann mit Werken Heines in Kontakt gekommen sein kann, drängt sich auf, weil eine ganz besonders auffällige Textstelle in Andersens Anfang Januar 1929 erschienenem Roman „Fußreise" unter dem Einfluss von Heine entstanden sein könnte. Träfe das zu, so hätte sich Andersen doch bereits 1828 mit Heine auseinandergesetzt und nicht erst 1829. Per Øhrgaard bemerkte zu Recht, dass Andersens Erstling in mancher Hinsicht an Heine erinnert; zugleich geht aber auch er davon aus, dass Andersen Heine bei der Fertigstellung der „Fußreise" Ende 1828 noch nicht kannte: „Wer [Andersen] nicht unter die Klauen gekommen ist, ist übrigens jener Autor, dem Andersens „Fußreise" vielleicht am nächsten steht: Heinrich Heine. […] seine Spottlust steht der Heines in nichts nach – und die Melancholie dahinter übrigens auch nicht."[29]

Dieser berechtigte Hinweis auf Ähnlichkeiten zwischen Andersens „Fußreise" und Heines Reiseprosa soll im Folgenden an einem Beispiel konkretisiert werden. Dadurch wird gewiss nicht bewiesen, dass Andersen Heine doch bereits

1828 studiert hat. Aber angesichts der frappierenden Ähnlichkeit zwischen dem außergewöhnlichen letzten Kapitel der „Fußreise" und einem außergewöhnlichen Kapitel der „Reisebilder" (Bd. 2) wäre dies vielleicht dennoch möglich.

Andersens „Fußreise von Holmens Kanal zur Ostspitze von Amager in den Jahren 1828 und 1829"

Es ist bekannt, dass Andersens „Schattenbilder von einer Reise in den Harz, die Sächsische Schweiz etc. etc. im Sommer 1831" (u. a.) unter dem Eindruck der Lektüre von Heines „Harzreise" („Reisebilder", Bd. 1, 1826) entstanden sind[30]; doch es scheint – wie gesagt – möglich, dass auch Heines „Reisebilder" (Bd. 2, 1827) Andersen bei Abfassung der „Fußreise von Holmens Kanal zur Ostspitze von Amager"[31] beeindruckt haben können.

Nicht nur die Spottlust hat der Autor der „Fußreise" mit Heine gemeinsam, Andersens Erstling und Heines „Reisebilder" ähneln sich auch darin, dass die Vermittlung von authentischen Reiseeindrücken nicht im Vordergrund steht. Das Buch basiert offensichtlich nicht auf einer Reise als empirischer Grundlage, auch wenn der Titel einen Text über eine Wanderung vom Kopenhagener Zentrum zu der über Brücken erreichbaren Insel Amager verspricht. Einzelne Wegmarken werden zwar angegeben, doch weitere topografische oder kulturhistorische Ausführungen unterbleiben. Andersens Text ist im Wesentlichen eine Verbindung von Produkten der eigenen Phantasie mit denen der Phantasie anderer. Zentrale Motive und wichtige literarische Figuren werden nämlich z. B. von E. T. A. Hoffmann, Voltaire oder Chamisso übernommen und für die eigenen Zwecke eingesetzt. Daneben finden sich zahlreiche allegorische Figuren, dazu Sankt Peter und andere Außerirdische. Zu dem in vielfältiger Form in Erscheinung tretenden „Labyrinth des Übernatürlichen"[32] gehört auch eine Zeitreise ins Jahr 2128.

In der „Fußreise" wird explizit auf mehr als 30 Schriftsteller von Aristophanes bis Goethe verwiesen: Andersen „inventarisiert [hier] seine literarische Bildung".[33] Die „Fußreise" ist aber mehr als eine Kavalkade der Lesefrüchte. Der Ich-Erzähler, ein junger Schriftsteller, will als Stadt-Wanderer Stoff für seine erste literarische Arbeit sammeln, und diese ist identisch mit eben dem Buch „Fußreise"; doch auf der Insel Amager findet er keinen originären Stoff, sondern lediglich die „Ablagerungen der bisherigen Literaturgeschichte."[34] Belesen und phantasievoll thematisiert der Ich-Erzähler seine literarische Welt, sein schwieriges „Coming Out" als Schriftsteller, und er bekämpft die Angst, die Dichtkunst bringe nur Schimpf und Schande und einen leeren Magen ein.[35] Das in der Überschrift verheißene Reisebuch mutiert zu einem Kaleidoskop über das Schreiben und Dichten, über die Literatur im Allgemeinen, die dänische Gegenwartsliteratur im Besonderen und die Schwierigkeiten, ein Teil davon zu werden. Unablässig reflektiert der Ich-Erzähler – oft im Gespräch mit phantastischen Figuren – seine eigene Rolle als Schriftsteller.

Heine hatte mit den „Reisebildern" eine flexible Form entwickelt, „um mit besserer Bequemlichkeit alles zu sagen was ich will", wie er Varnhagen im

Oktober 1826 erläuterte (HSA XX, 271). Gegenüber Immermann äußerte er sich ähnlich: „Die Reisebilder sind vor der Hand der Platz, wo ich dem Publikum alles vorbringe, was ich will." (HSA XX, 264). Eine vergleichbare Haltung charakterisiert kaum drei Jahre später auch Andersens „Fußreise". Hier entfaltet er tatsächlich phantasievoll die Möglichkeit, „alles" zu sagen. Steht „alles" bei Heine im Dienste der gesellschaftlichen Erneuerung und der Emanzipation, so geht es Andersen vordinglich darum, „alles" zu sagen, was er in Bezug auf die Dichtkunst, seine literarischen Vorbilder, seine persönliche Emanzipation und sein Selbstverständnis als Schriftsteller, sein Verhältnis zu den Lesern und seine Abneigung gegenüber Kritikern und Rezensenten auf dem Herzen hat. Im Zentrum des Geschehens steht der Ich-Erzähler mit seinem mehrfach thematisierten Buchprojekt „Fußreise". Zu den Besonderheiten dieses Buches gehört es, dass es, obwohl erst im Entstehen begriffen, einzelnen Figuren, denen der Ich-Erzähler unterwegs begegnet, bereits vorliegt. Ansätze von Gesellschaftskritik kommen besonders ausgeprägt als Kritik an der Literaturgesellschaft mit ihren dummen „Gänsen" und eingebildeten „Eseln" zum Ausdruck.

Unter den vielen explizit erwähnten Schriftstellern, die den Ich-Erzähler beeindruckt haben, tritt E. T. A. Hoffmann am häufigsten in Erscheinung. Den Bezugspersonen Chamisso und Tieck begegnet Andersen später auf seiner ersten Deutschlandreise persönlich und schreibt darüber in seinem zweiten Reisebuch, den „Schattenbildern" von 1831. Darin wird Heine mehrfach explizit erwähnt – auch als Autor der „Reisebilder"[36] – , in der „Fußreise" dagegen gar nicht. Doch vor allem das völlig aus dem bisherigen epischen Rahmen fallende abschließende Kap. 14 führt zu der Vermutung, dass Andersen hier von Heines „Reisebilder" Bd. 2 – und hier besonders von dem berühmten 12. Kapitel des „Buches Le Grand" – inspiriert worden sein kann. Im 13. Kapitel kündigt der „Fußreise"-Erzähler augenzwinkernd ein 14. Kapitel an,

> […] das freilich nichts enthält. Aber das sind die Leser aus vielen anderen Büchern gewöhnt. – Ich will nur die Interpunktionszeichen darin setzen, dann kann es ein jeder nach eigenem Belieben ausfüllen, so prächtig, wie er will.

Vierzehntes Kapitel
(Enthält nichts.)
- - - - ! ! ! - - - - - - ? - -, - - - - ,
- - -, - - - ; - - - . - - ! - - - - ? –
-, - - -, - -, - , - - - , - - -, - - :- - - .
„- - -. - - -; - - - !- - - - !!!!!!!"[37]

Dieses[37] sehr kurze, im Wesentlichen wortlose 14. Kapitel erinnert auffällig an das kaum längere 12. Kapitel des „Buches Le Grand" im zweiten Band von Heines „Reisebildern", das bis auf die vier Worte „die deutschen Zensoren […] Dummköpfe" nur aus Strichen besteht (B II, 283). Diese symbolisieren die Eingriffe der Zensoren; die von den Zensoren verschonten vier Worte unterstreichen satirisch die Borniertheit der deutschen Zensur.

Auch Andersen zeigt durch Striche das Fehlen von Wörtern an. Dabei wird allerdings kein politischer Kontext satirisch angedeutet, aber indem er sich keck über die Leere vieler anderer Bücher lustig macht, endet sein Buch doch mit der ironischen Andeutung einer aufklärerischen Geste. Allerdings setzt die minutiös vorgegebene Interpunktion dem „eigenen Belieben" der Leser beim Ausfüllen der Leerstellen recht enge Grenzen.

Der Ich-Erzähler begegnet zuletzt einem Wassermann, dem das „Fußreise"-Buch ebenfalls schon vorliegt, für das der Ich-Erzähler noch auf der Stoffsuche ist. Durch die Kommentare des Wassermanns antizipiert Andersen selbstironisch die mögliche Kritik an seinem Buch: „Ihre ganze Reise [...] ist ein Chaos von verwirrten Ideen, aufgewärmten Reminiszenzen"[38]. Die „Fußreise", die bei ihrem Erscheinen jedoch überwiegend positiv aufgenommen wurde, ist keineswegs „verwirrt", thematisiert sie doch sich selbst und ihre eigene Entstehung. Das Buch ist die kecke literarische Visitenkarte eines an E. T. A. Hoffmann, Washington Irving und zuletzt vielleicht auch noch an Heine geschulten jungen Autors. Hatte sich Heine des als unverdächtig geltenden Genres „Reisebilder" bedient, um Religions- und Gesellschaftskritik an der Zensur vorbei zu schmuggeln, so schmuggelte Andersen vor allem sich selbst auf die literarische Szene. In den „Reisebildern" erhebt Heine 1829 die Emanzipation zur „große[n] Aufgabe unserer Zeit" und zielt auf nicht weniger als die „Emanzipation der ganzen Welt" (B II, 376) ab; die „Fußreise" kreist dagegen vor allem um die Emanzipation des Ich-Erzählers im Reich der Literatur und in der Kopenhagener Literaturszene.

Sollte sich Andersen bei der Gestaltung seines 14. Kapitels tatsächlich am 12. Kapitel des „Buches Le Grand" in dem 1827 erschienenen zweiten Band der „Reisebilder" orientiert haben, dann müsste seine erste Heine-Begegnung bereits 1828 stattgefunden haben, da die „Fußreise" Anfang Januar 1829 veröffentlicht wurde. Andersen selbst schließt diese Möglichkeit in seiner Autobiographie nicht aus, denn er sagt nicht ausdrücklich, er sei Heine erstmals bei Lehmann begegnet, so dass es doch denkbar wäre, dass sich Andersen schon früher mit Heine beschäftigt hat: „Heine war kürzlich hervorgetreten, seine Gedichte haben die jungen Leute hin- und hergerissen und bewegt; ich kam eines Tages zu Lehmann, [...] er kam mir jubelnd mit einem Vers von Heine entgegen: ‚Thalatta, Thalatta, du ewiges Meer.'"[39] Der am Schluss zitierte Vers leitet das Gedicht „Meergruß" ein, das 1827 in jenem zweiten Band der „Reisebilder" veröffentlicht wurde, der auch „Ideen. Das Buch Le Grand" mit dem oben erwähnten 12. Kapitel enthält. Da Andersen Heine als den Verfasser des von Lehmann zitierten Verses identifiziert, könnte ihm der zweite Band der „Reisebilder" also durchaus schon bekannt gewesen sein. Wenn dies der Fall wäre, so könnte es nicht ausgeschlossen werden, dass das 14. Kapitel der „Fußreise" unter dem Eindruck des 12. Kapitels im „Buch Le Grand" im 2. Band der „Reisebilder" entstanden sein kann.

„Schattenbilder von einer Reise in den Harz, die Sächsische Schweiz etc. etc."

Andersens Reisebuch „Eines Dichters Bazar" wurde 1840 von einem Rezensenten mit Heines „Reisebildern" verglichen: „Wie ähnlich sind sich diese beiden Dichter, und doch wie himmelweit verschieden [...]."[40] Dieser Befund trifft auch zu, wenn man Andersens zweites Reisebuch „Schattenbilder von einer Reise in den Harz, die Sächsische Schweiz etc. etc. im Sommer 1831" mit Heines „Harzreise" vergleicht.

Hatte Heine mit den „Reisebildern" eine Form entwickelt, die es ihm erlaubte, „alles" zu sagen, und hatte auch Andersen diese Möglichkeit in der „Fußreise" wahrgenommen, so wird diese jedoch in den nachfolgenden „Schattenbildern" verworfen. Zwar erwägt der Ich-Erzähler einleitend „eine neue Manier der Reisebeschreibung" einzusetzen, doch er verwirft diesen Gedanken, da er in der Natur „gar keine aufgesetzte Originalität" entdecken könne.[41] Er ändert sein Konzept: „[…] und ehe ich selbst recht davon wusste, waren all die selbstgeschaffenen originellen Ideen verflogen, und ich dachte: Ich will es geben, wie ich es bekommen habe; […] ich will mein Herz öffnen und darin die bunte Reihe von Bildern zeigen, welche die Reise hervorgezaubert hat."[42] Das ist eine deutliche Absage an moderne Formexperimente und das Bekenntnis zur eher traditionellen Beschreibung einer Reise, die von Etappe zu Etappe zu verfolgen ist. Andersens „Bilder" sind also keine „Reisebilder" à la Heine und entfernen sich bewusst von einem neuen Konzept der Reiseliteratur, so wie es in der „Fußreise" in Umrissen sichtbar wird.

Andersen hatte auf seiner Wanderung durch den Harz zweifellos Heines „Harzreise" von 1826 im Gepäck, sie war mit Sicherheit die literarische Inspiration für diese Tour[43] – aber eben mehr für die Reise selbst als für den späteren Reisebericht. Heine ist in Andersens zweitem Reisebuch „Schattenbilder" durchaus präsent, nämlich in den vier der insgesamt vierzehn Kapitel, die im Harz spielen. Doch der Einfluss von Heines „Harzreise" darf auch nicht überschätzt werden; Johan de Mylius unterstreicht, dass die „Schattenbilder" eher mit Baggesens „Das Labyrinth" verwandt sind als mit Heines Werk.[44] Der Harz ist in Andersens Reisebuch im Übrigen nur einer von mehreren Schauplätzen. In Dresden trifft der Ich-Erzähler Ludwig Tieck und in Berlin Adelbert von Chamisso. Durch die Begegnungen mit diesen schon in der „Fußreise" positiv erwähnten Autoren erfährt der Ich-Erzähler und Schriftsteller Bestätigung und Anerkennung.[45] Sie sind die emotionalen Höhepunkte der Reise.

Heine wird in den „Schattenbildern" viermal explizit erwähnt.[46] Die ausführlichste und zudem witzigste Erwähnung als Dichter findet sich im Hamburg-Kapitel. Später wird Heine als Autor der „Reisebilder" und insbesondere der „Harzreise" präsentiert, wenn von Goslar gesagt wird, das Städtchen sei „durch sein Bergwerk und Heines Reisebilder bekannt." Bei diesem Satz hat Heine sogar Formulierungshilfe geleistet, denn er wurde gebildet in Analogie zu dem „Die Harzreise" einleitenden Satz „Die Stadt Göttingen, berühmt durch ihre Würste und Universität […]" (B II, 103). Zum Witz der Textstelle gehört es, dass in Andersens Schilderung die Goslarer Bürger ausgerechnet gegenüber jener Person Vorbehalte äußern, die die Stadt bekannt gemacht hat: „sie zogen ein sehr saures Gesicht, wenn ich Heine nannte."

Heines „Harzreise" tritt auch implizit in Erscheinung, denn eine Reihe ihrer Motive werden von Andersen aufgegriffen, und einige Orte im Harz, die bei Heine vorkommen, liegen auch auf seiner Route. In beiden Texten wird die Prosa auch durch lyrische Einschübe unterbrochen bzw. kommentiert. Trotz dieser Gemeinsamkeiten sind die „Schattenbilder" keine „Reisebilder" im Sinne Heines, zugleich unterscheiden sie sich grundlegend von Andersens vorangegangener „Fußreise". Johan de Mylius sieht zwar in den „Schattenbildern" auch das Neue zum Ausdruck kommen, das in den 1830er Jahren ästhetisch sichtbar wurde[47], doch der Erstling „Fußreise" ist zweifellos moderner als die nachfolgenden „Schattenbilder".

Andersens zweites Reisebuch „Schattenbilder" ähnelt traditionellen Berichten von romantischen und empfindsamen Reisen. Er möchte hier nicht mehr „alles sagen", sondern nur das, was durch das eigene Reiseerleben empirisch vorgegeben ist. Ein Vergleich zwischen den „Schattenbildern" und Andersens Reisetagebuch zeigt allerdings, dass das Reisebuch manches enthält, was im Tagebuch nicht vorformuliert ist. Diese Textelemente hat Andersen entweder neu erfunden oder mit ihnen aus dem Gedächtnis heraus Lücken im Tagebuch ausgefüllt. Die amüsanten Postkutschengespräche über Heine z. B. sind im Tagebuch nicht vorgezeichnet.

In der „Fußreise" ist Andersen Heine stilistisch und kompositorisch recht nahe, doch dieser wird namentlich nicht erwähnt, dagegen sind die „Schattenbilder" stilistisch und kompositorisch von der Reiseprosa Heines weit entfernt, auch wenn Heine darin mehrfach erwähnt und zitiert wird und obwohl es thematische Entsprechungen gibt. Andersen ist in den „Schattenbildern" zweifellos durch Motive der „Harzreise" und von Heines Witz inspiriert worden, doch gegenüber Heines „Reisebilder"-Konzept hatte er u. a. deshalb Vorbehalte, weil es für ihn zu wenig Reisebeschreibung aus dem eigenen Erleben heraus enthielt. Über Heines italienische „Reisebilder" äußerte er sich deshalb einmal betont kritisch. In einem Schreiben an Ludwig Müller bemerkt Andersen 1834, „dass Heine, der ja kaum über den Apennin gekommen ist, das Ganze auch in Hamburg geschrieben haben könnte; es sind nur Arabesken, die in seinem eigenen Kopf entsprungen sind, und ohne alles italienische Blattwerk."[48]

Heine hätte darüber und auch über manches andere in Andersens „Schattenbildern" vermutlich gespottet. Wo seine Bücher schon heftige Kritik am modernen Tourismus enthalten, tritt Andersens reisender Ich-Erzähler unverhohlen als Tourist auf, wie seine Sprache beweist. Manchmal reist er als Teil einer „Reisegesellschaft", unterwegs engagiert er verschiedene „Führer"[49]. Er hat ein Programm für die „Besichtigung" von Orten und weiß, ob ein Ort „einen Besuch wert" ist; dieses Programm wird leicht zum Pflichtprogramm: „Wir hatten noch eine Felsenplatte zu besuchen" (in der Sächsischen Schweiz), und „viele Dinge gab es noch zu sehen" (in Dresden).[50]

Andersens Ich-Erzähler ist außerdem auf romantische Naturerlebnisse aus und freut sich über eine „romantische Gegend"[51]; doch da die besonderen Qualitäten des Romantischen hier nicht mehr mitgeteilt werden, gerät das „Romantische" leicht zur Leerformel. Eine Variante der „romantischen Gegend" ist die vom Erzähler mehrfach gepriesene „malerische Gegend". Über ein Dorf im Harz sagt er: „Hier war alles so malerisch, doch ganz nach der holländischen Schule, dass ich es am liebsten auf der Leinwand gesehen hätte."[52] Der Erzähler dementiert an dieser Stelle seinen Wunsch nach Originalität, denn die „malerische Landschaft" ist per se Wiederholung und Klischee. Heine parodierte gerade in den italienischen „Reisebildern" den Blick auf die Landschaft als Klischee, wenn er den Bildungsreisenden Gumpelino sagen lässt: „Welche Schöpfung! Sehen Sie mahl die Bäume, die Berge, den Himmel, da unten das Wasser – ist nicht alles wie gemalt? Haben Sie es je im Theater schöner gesehen? Man wird sozusagen ein Dichter." (B II, 404) Dieser Parodie eines Dichters nähert sich Andersens Ich-Erzähler, wenn er die malerische Natur lobt. Erneut wird deutlich, dass Heine und Andersen mit unterschiedlichen Konzeptionen von Reiseliteratur operieren, auch wenn in den „Schattenbildern" Heines Spuren sichtbar sind.

Diese Auffassung teilt auch Fritz Paul, allerdings bewertet er die „Schattenbilder" als eine Art Gegenentwurf zur „Harzreise". Andersen habe nämlich dem „übermächtigen Vorbild" Heine „ein eigenes Reisebuch [...] entgegen[gestellt]", eine „selbstbewusste Antwort auf die Herausforderung des Vorbildtextes"; er sei bemüht gewesen, „das Vorbild in den ihm eigenen thematischen und motivischen Feldern wie auch in seinen Stilregistern zu übertreffen"; diesen Vergleich mit Heines Prosa habe er „schließlich bravourös[...] bestand[en]."[53] – Davon kann gewiss keine Rede sein.

Bei einem Vergleich könnte Andersen nur als Sieger hervorgehen, wenn die romantische, empfindsame Reiseliteratur von vornherein als wertvoller oder besser gälte als moderne, gesellschaftskritische Reisebilder. Doch da es sich dabei um unvergleichbare Größen handelt, konnte Andersen unter keinen Umständen „das Fragment [Heines] zum abgerundeten Werk mit romantischer Gesamtkonzeption weiter[schreiben]".[54]

Heine weiterschreiben zu wollen, das wäre aus der Sicht Andersens als dichtender Newcomer und Heine-Schüler auch vermessen gewesen. Heine etwas „entgegenstellen" zu wollen und sich so als dessen Konkurrent oder gar Widersacher in Szene zu setzen, wäre Andersen damals nicht in den Sinn gekommen. Seine Beschreibung des ersten Treffens mit Heine im Jahre 1833 in Paris zeugt von demütigem Respekt, Bescheidenheit sowie gewissen Minderwertigkeitsgefühlen[55]; auch aus diesem Grund ist es nicht vorstellbar, dass er Heine mit seinen „Schattenbildern" „übertreffen" wollte, wie Fritz Paul mutmaßt: „Indem Andersen [...] Heines Fragment fortschreibt und gleichsam fertigstellt, will er den deutschen Dichter als Vorbild sicher auch in einem spezifischen Akt des *writing back* übertreffen."[56] Sicher? Sicher nicht, denn um Heines „Harzreise" tatsächlich „fortzuschreiben", hätte er auch Heines Tonlage treffen müssen, und das war unmöglich, wie schon die knappe Analyse seiner stellenweise touristisch gefärbten Sprache beweist. Im Übrigen ist Johan de Mylius zuzustimmen: „Die *Schattenbilder* sind nicht Literatur über Literatur. Sie sind ein durchweg selbständiges Werk mit eigener Stimmung und Methode, ganz unterschiedlich von Heine".[57]

Andersens „Schattenbilder" sind kein Buch, in dem Heine verbessert, vollendet oder übertrumpft wird, und sie sind schon gar keine Kampfschrift, denn „sein Geist war ganz ohne Angriffswaffe", wie Georg Brandes schrieb, der mit Andersen persönlich bekannt war.[58] Andersens „Schattenbilder" haben viel eher den Charakter eines Heine-Pastiches; als Reisebuch sind sie viel eher eine Hommage an Heine, u. a. weil die expliziten und impliziten Hinweise auf Heine und seine

Dichtung geprägt sind von Witz und Sympathie. Sie sind aber auch eine Hommage an Chamisso und Tieck, die dem jungen Andersen Anerkennung zuteilwerden lassen und ihm so als Dichterkollegen den erhofften Ritterschlag geben.[59]

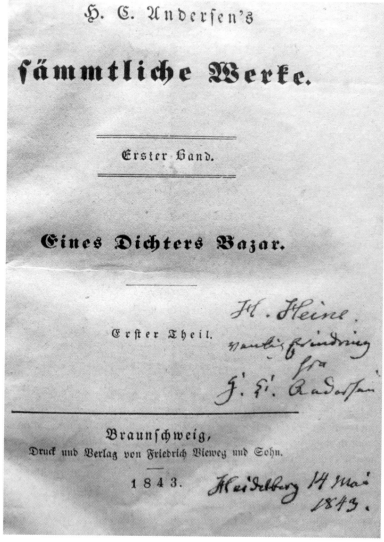

„H. Heine. venlig Erindring fra H. C. Andersen Heidelberg 14 Mai 1843". Eigenhändige Widmung Andersens an Heine in Band 1 seiner Werkausgabe. Exemplar in der Nachlassbibliothek des Dichters im Heinrich-Heine-Institut

Ein bewegendes und richtungsweisendes Zeugnis von Andersens Heine-Begeisterung findet sich in dem 1861 veröffentlichten Text „Det nye århundredes musa" („Die Muse des neuen Jahrhunderts"). In einem Brief an Bernhard Severin Ingemann vom 8. Februar 1861 erklärt der Autor, dieser Text sei „eine Art poetisches Hoheslied in Prosa über den neuen Höhepunkt in der Dichtung."[60] Er wirft darin die Frage auf, wann und wie sich die Muse des kommenden Jahrhunderts offenbaren werde. Er ist überzeugt davon, dass Heine auch in ferner Zukunft zum literarischen Kanon gehören werde; Andersen stellt sich nämlich vor, dass die Amme der jungen Muse vorsingt und dabei zurückgreift auf Werke von Firdusi, der Minnesänger und auf das, „was Heine in knabenhaftem Übermut seiner echten Dichterseele sang".[61] In diesem erlauchten Poeten-Kreise sieht Andersen Heine auch in einer zukünftigen Moderne weiterwirken. Er hat hier offenbar nur den Dichter und Sänger Heine im Sinne; von den „Reisebildern" hat er zwar, wie besonders die „Schattenbilder" beweisen, Anregungen erhalten, aber ihre Gesamtkonzeption bleibt ihm eher fremd. Vielleicht deutet sich in der „Fußreise" eine Empfänglichkeit für den satirischen Übermut der „Reisebilder" an, doch in den nachfolgenden Reisebüchern wird daran nicht angeknüpft. Der Lyriker Heine aber, dem der Lyriker Andersen ohne nennenswerten Erfolg nachgeeifert hatte, bleibt ein Fixstern an seinem literarischen Himmel.

Jens Peter Jacobsen und Heine

Der Botaniker Jens Peter Jacobsen übersetzte 1872 und 1875 Darwins Abhandlungen „On the Origin of Species" und „The Descent of Man" ins Dänische, veröffentlichte populärwissenschaftliche Artikel über die Darwinsche Entwicklungslehre und führte so gleichsam den Darwinismus in Dänemark ein. Das verschaffte ihm Zugang zum Kreis um die Brüder Edvard und Georg Brandes. 1872 tritt Jacobsen als Schriftsteller hervor und wird u. a. zusammen mit Georg Brandes Gründungsmitglied der Literaturgesellschaft in Kopenhagen. Das gesamte Prosawerk Jacobsens erscheint in Dänemark zwischen 1872 und 1882. Georg Brandes widmete ihm 1883 ein Kapitel in jenem Buch über „Die Männer des modernen Durchbruchs" in Skandinavien, das bald einer literarischen und kulturellen Bewegung den Namen geben sollte. Das Buch enthält Porträts von einer „Gruppe von Männern, die hier im Norden die moderne literarische Bewegung herbeigeführt und vorangebracht haben."[62] Jacobsens Leistung habe u. a. darin bestanden, zum Entstehen der modernen dänischen Literatursprache entscheidend beigetragen zu haben.[63] Um 1900 zählte Jacobsen in Deutschland und Österreich zu den am häufigsten gelesenen ausländischen Autoren; er wurde gar zu einem „literarischen Modephänomen"[64] und erfuhr geradezu „kultartige Bewunderung".[65]

Jens Peter Jacobsen (1847–1885). Fotografie, ca. 1883

Jacobsen äußerte sich 1881 über seine Kenntnis der deutschen Literatur: „[…] als ich 18 Jahre alt war, stiftete ich Bekanntschaft mit dem ganzen Goethe, Schiller, Wieland und manchen anderen […], und als ich 20 geworden war mit Søren Kierkegaard, […] Feuerbach und Heine."[66] Jacobsen dürfte also ca. 1867 mit den Werken Heinrich Heines in Berührung gekommen sein. Zu dieser Annahme passt auch, dass er Heine in seinem Tagebuch erstmals am 20. Juni 1867 knapp erwähnt: „Nur durch Leiden wird der Mensch ein Mensch. H. Heine." Die Bedeutung dieser Worte für Jacobsen lässt sich aus den beiden im Tagebuch direkt darauffolgenden Sätzen ableiten: „Nur durch Frauen wird der Mann zum ‚Mann'./ Und nur die Frau macht einen ‚Mann' zum Sklaven."[67] Jacobsen bedient sich einer von ihm leicht abgewandelten und zur Sentenz verkürzten Paraphrase aus Heines „Reise von München nach Genua".[68] Er verwendet sie als Folie, um sich dann grundsätzlich über die Beziehung zwischen den Geschlechtern zu äußern. Er formuliert seine beiden Sätze syntaktisch genau nach dem Vorbild des Tagebuch-Zitates, so dass Heines „Mensch" bei Jacobsen zuerst zum „Mann" und dann zum „Sklaven" verwandelt wird und dass aus Heines „Leiden" bezeichnenderweise „Frauen" wird. Durch diese Transformationen erscheinen die Frauen sowohl als Quelle männlicher Identitätsbildung als auch des Identitätsverlustes.

Sein Interesse an Heine zeigt sich im Tagebuch erneut, als er im August 1868 die Lektüre von Heines Briefen vermerkt. Dieses Interesse macht sich bald auch in der lyrischen Produktion Jacobsens bemerkbar, denn seine „ironischen Pastiches" sind, wie Anker Gemzøe dargelegt hat, besonders von Heine inspiriert. Als ein Beispiel dafür führt er u. a. das Gedicht „Genrebild" an, das metafiktive Züge hat.[69]

Die Heinesche Ironie klingt auch in jener Szene von Jacobsens Roman „Niels
Lyhne" an, in der Heine explizit eine Rolle spielt. Hier wird die lebenslustige,
kunstinteressierte und (eine Zeit lang) für die Rechte der Frauen eintretende
Frau Boye als Heine-Leserin vorgestellt: „[…] die Frühlingsluft hatte sie so sehr
ermüdet, deshalb ging sie nicht in die Mittagsgesellschaft, sondern […] hatte es
vorgezogen, sich auf das Sofa zu legen, starken Tee zu trinken und Heine zu lesen;
aber nun war sie der Verse müde und hatte Lust, Lotto zu spielen."[70] Diese Heine-
Leserin gehörte zu Georg Brandes' Lieblingsfiguren, denn er sieht sie „ausgestattet
mit dem überlegensten Humor […] aller dummen Vorschriften der Gesellschaft
spottend."[71]

Die intertextuelle Beziehung zwischen Jacobsen und Heine kommt Gemzøe
zufolge „weniger durch konkrete Zitate und Verweise zum Ausdruck als durch
Jacobsens ‚organische', persönliche Aneignung von Heines ironischem Zugriff
und die prosaischen Stilhaltung".[72] Das trifft für Jacobsens literarische Werke zu,
doch in seinen Briefen und selbst in einem wissenschaftlichen Aufsatz gibt es tatsächlich eine Reihe von „konkreten" Heine-Zitaten.

In seinem Aufsatz „Om Bevægelsen i Planteriget" [„Von der Bewegung
im Pflanzenreiche"] von 1870 kritisiert Jacobsen eine Abhandlung über „das
Seelenleben der Pflanzen" von Gustav Theodor Fechner und weist dessen Über-
legungen über eine Kommunikation zwischen den Pflanzen zurück. Das geschieht,
indem er sie zu zwei Versen aus dem „Buch der Lieder" in Beziehung setzt:
„Wie bei Heine:/ ‚Heimlich erzählen die Blumen/ Sich duftende Märchen in's
Ohr.'"[73] Durch das Heine-Zitat stellt Jacobsen zwar Fechners Theorie über die
Kommunikation zwischen Pflanzen als Produkt einer blühenden Phantasie in
Frage, von Heine jedoch distanziert er sich nicht, denn er weiß um die eigene
Wirklichkeit der Literatur.

Jacobsens Umgang mit Heine-Zitaten zeugt von seiner überaus großen Ver-
trautheit mit dem „Buch der Lieder" und dem „Neuen Frühling" aus „Neue
Gedichte". Die Leichtigkeit, mit der er sie in eine naturwissenschaftliche
Abhandlung und in Briefe einflicht, lässt darauf schließen, dass er die zitierten
Gedichte auswendig konnte. Das ist angesichts der großen Popularität Heines in
Dänemark im 19. Jahrhundert keine Überraschung, denn viele Dänen konnten
Heines Gedichte, wie Georg Brandes betonte, „fast auswendig".[74]

Einige von Jacobsens Heine-Zitaten weichen vom Originaltext ab: Neben eher
unbeabsichtigten, flüchtigen Abweichungen, die den Sinn nicht verändern, gibt es
auch bewusst vorgenommene Abänderungen. Diese lassen die veränderten Zitate
mehrschichtig erscheinen und vermitteln so den Charakter eines Palimpsests:
Die leichten grammatischen oder orthografischen Fehler in einigen Zitaten lassen
zusammen mit den unbeabsichtigten Abweichungen vermuten, dass Jacobsen die
Heine-Texte aus dem Gedächtnis zitiert.

Jacobsen und Georg Brandes

In seiner umfangreichen Korrespondenz setzte Jacobsen Heine-Zitate offenbar nur in Briefen an die Brüder Edvard und Georg Brandes ein. Die Art seines Zitierens lässt seine Überzeugung erkennen, dass beide Brüder die von ihm auf Deutsch zitierten Textstellen gut kennen und darum auch die vorgenommenen Abweichungen vom originalen Text zu goutieren wissen. Das auffällige Vorkommen von Heine-Zitaten in ihrer Korrespondenz lässt bei allen Beteiligten auf eine Identifikation mit Heine und dessen Witz schließen, ihre Verwendung und die spielerische Abänderung einiger von ihnen ähnelt einem Code, der das Einverständnis untereinander zum Ausdruck bringt.

Die Verwendung von Heine-Zitaten bzw. Anspielungen auf Heine sind in der Korrespondenz von Georg Brandes im Übrigen gang und gäbe. Zum Beispiel schreibt er der Mutter über einen Besuch in Bremen: „ich trank eine halbe Flasche Wein im berühmten Rathauskeller: ich sah dort nicht (wie Heine) die rote Nase des Weltgeists, aber schön schien der Mond."[75] Georg Brandes geht gewiss davon aus, dass die Adressatin mit Heines Gedicht „Im Hafen" (B I, 211) gut vertraut ist. Auch die Art und Weise, wie sich Brandes am 16. März 1876 im Brief an Jacobsen auf Heines Gedicht „Doktrin" (B II, 412) bezieht, zeigt, dass er Jacobsens Vertrautheit mit diesen Versen Heines voraussetzt, denn das Zitat bricht ab mit „und so weiter", da Brandes offensichtlich kein Textstück reproduzieren möchte, von dem er annehmen kann, dass Jacobsen es kennt: „Schlage den [!] Trommel und fürchte dich nicht/ Und küsse die Marketenderin/ Das ist die ganze Wissenschaft u.s.w."[76]

Als Jacobsen Georg Brandes am 2. Mai 1877 eröffnet, viel von bedeutenden europäischen Schriftstellern gelernt zu haben[77], zitiert er auch aus Heines „Buch der Lieder" und verändert dabei den Text ein wenig – und doch entscheidend. Gut aufgelegt und augenzwinkernd beschreibt er dadurch seine Stellung unter den besten Schriftstellern: „Bei mir ist es ganz anders als bei Heine, und ich kann sagen:/ Nennt man den meinigen Namen/ Dann werden die besten genannt."[78] In Heines Ausgangstext positioniert sich ein deutscher Dichter sehr selbstbewusst im Verhältnis zu anderen Schriftstellern und fühlt sich ihnen ebenbürtig:

> Ich bin ein deutscher Dichter,
> Bekannt im deutschen Land;
> Nennt man die besten Namen,
> So wird auch der meine genannt. (B I, 115)

Jacobsen, der gerade erst seinen ersten Roman „Marie Grubbe" (1876) veröffentlicht hat, ist in seiner humorvollen Zitat-Bearbeitung nicht im Zweifel, dass sein Name es verdient, sogar noch vor denen der besten Schriftsteller genannt zu werden. Zwei Jahre später greift er diese Thematik noch einmal auf und erklärt pathetisch: „Ich gehöre ja nun einmal zur Familie der Besten, [...] Ich sehe mich selbst als Teil der dichterischen Elite an".[79]

Auch Georg Brandes bediente sich der zitierten Heine-Verse bei einer Selbst-einschätzung. Er dagegen identifiziert sich voll und ganz mit Heines jungem Poeten, denn er leidet darunter, als Intellektueller in Dänemark nicht hinreichend respektiert zu werden. In einem Brief an Alexander Kielland erklärt er deshalb am 3.3.1880, er lebe und arbeite nun in Deutschland, denn „hier bin ich geachtet und genieße literarisches Ansehen", was in Dänemark nicht der Fall sei: „Hier [in Berlin; E.-U.P.] aber kann ich sagen, was Heine in einem Vers zum Ausdruck gebracht hat: ‚Nennt man die besten Namen, so wird auch der meine genannt.'"[80]

Auch am 26. April 1878 bezieht sich Jacobsen auf Heine, als er im Brief an Georg Brandes auf seinen noch unfertigen Roman „Niels Lyhne" eingeht. Der handele „von schlechten Freidenkern", die er als „halbherzige Kerle und ganze Quatschköpfe" bezeichnet und die, „wie Heine sagt, ‚pissen wie Freigeister und denken wie Saffiansstiefel'[!]."[81] Drei Jahre zuvor hatte Jacobsen bereits im Gespräch mit Georg Brandes erklärt, er verstehe unter „schlechten Freidenkern" Menschen, die sich zwar als Atheisten gebärden, die aber „nicht leben können, ohne ab und zu den Beistand von Oben zu erbitten."[82] Mit seinem Heine-Zitat distanziert sich Jacobsen also 1878 von der Doppelmoral atheistisch auftretender Freigeister, die sich, von Zweifeln geplagt, dennoch ein Hintertürchen zu Gott und der Kirche offenlassen. Auch hier dient das Heine-Zitat als Ausdrucksverstärker, um dem eigenen Urteil durch Heines Witz mehr Schärfe und Schlagkraft zu verleihen.

In seinem Jacobsen-Porträt erklärt Georg Brandes 1883, warum die jungen Schriftsteller um 1870 eine „weit sinnlichere, bildhaftere Sprache" benötigten als die vorangegangene Generation.[83] Brandes, der dieser Generation selbst angehörte, hatte sich von Heine zu einer neuen Ausdrucksweise inspirieren lassen, und Vergleichbares galt auch für Jacobsen. Die „heineschen Respektlosigkeiten"[84] in der Rhetorik von Georg Brandes dürften auch Jacobsen beeindruckt und seine Sprache beeinflusst haben. Jacobsens Heine-Zitate und seine Art des modi-fizierenden Zitierens sind in jedem Fall ein Zeichen dafür, dass er Georg Brandes' vehementes Engagement für Heine als dem Wegbereiter neuer Ideen und einer kulturellen Erneuerung schätzt und unterstützt. Brandes seinerseits hebt explizit hervor, dass Heine neben vielen anderen jüngeren Schriftstellern auch Jakobsen beeinflusst hat.[85] Nicht nur Jacobsens Briefe an ihn enthalten diesbezüglich deut-liche Beweise, sondern auch der Roman „Niels Lyhne". Georg Brandes verfolgte die literarische Arbeit Jacobsens genau und setzte sich schließlich erfolgreich dafür ein, dass dieser Roman in Deutschland veröffentlicht wurde.

Jacobsen und Edvard Brandes

Die Verwendung von Heine-Zitaten in Briefen an die Brüder Brandes signalisiert, dass Jacobsen mit ihnen auf der gleichen (inter)kulturellen Wellenlänge kommuniziert. Die Funktion des Zitierens ist gleichwohl adressatenabhängig. Während nämlich Heine-Zitate in Briefen an Georg Brandes vor allem Signale im literarischen Diskurs sind, so werden sie in den Briefen an den engen Freund Edvard (1847–1931) eingesetzt und ggf. umgeformt, um persönlichen Botschaften einen besonderen Klang zu verleihen. In jedem Fall aber spiegelt sich sowohl im veränderten wie im unveränderten Heine-Zitat jenes Vergnügen, das die Beschäftigung mit Heine Jacobsen und den Brüdern Brandes bereitet hat.

Der Briefwechsel zwischen Jacobsen und dem gleichaltrigen Edvard Brandes begann 1872 und endete 1885 mit Jacobsens Tod. Die freundschaftliche Beziehung zwischen ihnen, die die Entwicklung Jacobsens zum Schriftsteller zweifellos begünstigt hat, spiegelt sich in vielen ihrer Briefe wider. Am 3. Juli 1873 leitet Jacobsen auf seiner ersten Auslandsreise einen Brief aus Dresden an Edvard Brandes selbstironisch mit einem leicht bearbeiteten Zitat ein: „Such mich nicht ins [!] Collegium,/ Such mich beim Glas Tokayer."[86] Bekenntnishaft ersetzt das persönliche „mich" Heines distanziertes „ihn"; dadurch deutet Jacobsen ausgelassen an, dass er in Elbflorenz eher den kulinarischen als den geistigen Genüssen fröne. Schließlich beendet er diesen Brief mit einem weiteren Heine-Zitat, das als Gruß an Edvard Brandes' Ehefrau zu verstehen ist: „Wenn Du eine Rose siehst,/ Sag ich lass sie grüßen."[87] Die Abweichung vom Originaltext ist minimal und nicht sinnverändernd.[88]

Ein Zitat aus Heines Gedicht „Ein Fichtenbaum steht einsam" in einem Brief an Edvard Brandes enthält durch die Vertauschung des ursprünglichen Standorts von Fichte und Palme eine ganz persönliche Botschaft. Am 18. November 1878 schreibt Jacobsen aus Rom nach Kopenhagen: „Es steht eine Fichte im Süden, einsam auf kahler Höh' und sehnt sich nach einer Palme im Norden." Unmittelbar nach dieser sinnverändernden Heine-Paraphrase fragt Jacobsen den Freund: „Wann werde ich endlich auf deiner Chaiselongue liegen?"[89] – In Heines Ausgangstext, von dem Georg Brandes bewundernd sagt, er werde „nie veralten"[90], steht die Fichte allein im eisigen Norden und träumt von einer Palme im Süden (B I, 88); in seiner Zitat-Bearbeitung behält Jacobsen die Nord-Süd-Polarität und die Einsamkeit der Fichte und ihre Sehnsucht nach der Palme bei. Jacobsens Fichte dagegen befindet im Süden – die Palme im Norden. Thematisiert Heine in seinem Gedicht existenzielle Einsamkeit und gleichzeitige Sehnsucht der Menschen nacheinander, so verändert Jacobsen grundlegend die Koordinaten der Sehnsucht: die nordische Fichte, die sich im südlichen Sehnsuchtsort Rom einsam fühlt, meint den Italienreisenden Jacobsen selbst, und das Objekt der Sehnsucht, die Palme im Norden, steht für Edvard, den dänischen Freund. Vermutlich enthält die im Norden exotische Palme dazu eine Anspielung auf die jüdische Herkunft Edvards. Heines Thematisierung von Nord und Süd bzw. Orient und Okzident als komplementären Größen und die Sehnsucht nach einer Überwindung der Trennung von Menschen behält Jacobsen bei, doch durch die Verkehrung der Nord-Süd-Polarität wird Heines Gedicht zur Folie einer besonderen Freundschaftsbekundung aus der Ferne.

1886 – ein Jahr nach Jacobsens frühem Tod – gab Edvard Brandes die Gedichte des Freundes aus dem Nachlass heraus, und 1899 veröffentlichte er auch seinen Briefwechsel mit ihm.[91]

Exkurs: die Brüder Brandes und „Politiken" als Betätigungsfeld von Heine-Sympathisanten

Georg Brandes hatte 1883 neben Jacobsen auch seinen Bruder Edvard Brandes in dem Buch „Die Männer des modernen Durchbruchs" in einem Kapitel gewürdigt, denn dieser hatte sich in Skandinavien als Kulturwissenschaftler, Literatur-kritiker, Dramatiker, Redakteur und Politiker einen Namen gemacht. Von 1880 bis 1894 war er als Vertreter der Partei „Venstre" Mitglied des dänischen Parla-ments (Folketing), und zusammen mit dem Politiker und Redakteur Viggo Hørup (1841–1902) gründete er 1884 die Zeitung „Politiken". 1905 gehörte er auch zu den Gründern der linksliberalen Partei „Radikale Venstre" und fungierte später fast zehn Jahre lang als dänischer Finanzminister. „Politiken" sollte in Dänemark nach dem Willen von Edvard Brandes „der Mittelpunkt für die oppositionellen Bewegungen in Politik, Wirtschaft, Literatur und Kunst. sein" und „das Volk ans Ziel des demokratischen Fortschritts führen: die völlige persönliche und bürger-liche Freiheit auf allen Gebieten des Geistes und des gesellschaftlichen Lebens."[92]

Nach dem Erscheinen des Buches von Georg Brandes setzte sich der Begriff „Moderner Durchbruch" als kulturelle Epochenbezeichnung durch, und „Politiken" wurde nicht nur zum Forum des Modernen Durchbruchs in Kultur und Gesellschaft, sondern auch zum Betätigungsfeld engagierter Heine-Sympathisanten. Die Zeitung entwickelte sich besonders unter der redaktionellen Leitung von Viggo Hørup (1884–1901) und Edvard Brandes (1901–1904) zum „Kampforgan" des sozialliberalen und freisinnigen Bürgertums, d. h. zum „Mittel zur Förderung bestimmter Vorstellungen über den Fortschritt in Demokratie, Kunst und Sexualmoral".[93] 1901 kam unter der Führung der bisherigen Oppositionspartei Venstre die erste dänische Regierung auf parlamentarischer Grundlage zustande, und „Politiken" wurde nach dieser „Systemwende" („systemskifte") sogar zu einer Art Regierungsorgan. Als Viggo Hørup in die neue Venstre-Regierung als Minister eintrat, sah Edvard Brandes darin „ein Symbol für die neue Zeit", das auf „einen neuen Geist" hoffen lasse.[94]

Schon als Schüler hatte sich Viggo Hørup mit Heine intensiv auseinander-gesetzt. In den 1870er Jahren schrieb er im Rausch seiner Heine-Begeisterung selbst Gedichte, darunter auch Heine-Nachdichtungen und -Übersetzungen.[95] Nicht anders als Georg und Edvard Brandes, Jacobsen und andere skandinavische Schriftsteller wie Alexander Kielland führte er in seiner Korrespondenz Heine oft im Munde und setzte gern ein Zitat aus Heines Lyrik ein, um damit seine eigene Befindlichkeit auf den Punkt zu bringen. Das geschieht besonders 1872 und 1873 in Briefen an Henriette Steen, wo er sich z. B. Heines Gedichts „Der Schiff-brüchige" als Spiegel bedient: „ein trübes langweiliges Geschäft und nutzlos, wie mein eignes Leben" bzw. des Gedichts „Der Abgekühlte" aus dem „Romanzero": „Unjung und auch nicht ganz gesund/ wie ich es bin in dieser Stund."[96] In einem Brief vom 9. Mai 1873 kommentiert er eine eigene Übersetzung von Heines Gedicht „Doktrin" mit den Worten: „[…] der lebendige Heine hat so viele Seiten wie ein Prisma, und diese ist eine davon."[97] Hørups intellektuelle

Heine-Grundierung prägte auch seine Arbeit als Journalist; dazu bemerkte Jeppe Aakjær, die „ganze Façon Hørups als Schriftsteller" sei „sehr heinesch" gewesen, und „Politiken" stehe „in außerordentlicher Schuld bei Heine".[98]

Auch Georg Brandes setzte sich in „Politiken" als Plattform des Modernen Durchbruchs unermüdlich für die Erneuerung der dänischen Gesellschaft und die kulturelle Öffnung in Richtung Europa ein. Von 1900 bis 1904 war er hier jeden Montag mit einem Artikel auf der ersten Seite vertreten und stellte literarische und gesellschaftliche Probleme zur Debatte.[99] Brandes war auch zur Stelle, als „Politiken" 1905 eine attraktive und folgenreiche Neuerung einführte: die „Kronik" als täglichen Essay für Nicht-Redaktionsmitglieder. Am 16. Mai 1905 trat Georg Brandes als erster „Kronik"-Verfasser in Erscheinung. Edvard Brandes war ebenfalls bis zu seinem Tode Mitarbeiter bei „Politiken" und brachte es auf insgesamt 367 „Kroniken".[100] Auch Johannes V. Jensen verfasste im Laufe von 45 Jahren als freier Mitarbeiter von „Politiken" mehrere Hundert Essays dieser Art.[101]

Hatte Jensen „Unabhängigkeit", „Respektlosigkeit" und „freimütiges Sprechen" von Heine gelernt[102], so gilt Ähnliches für die Gründer und Wortführer der Zeitung – Viggo Hørup, Edvard und Georg Brandes. Sie machten daraus – trotz politischer und weltanschaulicher Unterschiede[103] – ein kulturelles und journalistisches Programm, das von Jensen als die „Demokratisierung der öffentlichen Meinung" bezeichnet wurde.[104] Mit „Politiken" und Heine als wichtigem Bestandteil des kulturellen Kapitals gelang ihnen der Moderne Durchbruch in Bezug auf die demokratische Meinungsbildung und zugleich ein wesentlicher Beitrag zur Modernisierung der dänischen Gesellschaft.

Johannes V. Jensen und Heine

Das von „Politiken" eingeführte Textgenre „Kronik" sagte Johannes V. Jensen als flexible Ausdrucksform besonders zu; das bezeugen seine vielen ganz unterschiedlichen Essays dieser Art. Einer davon ist am 10. 12. 1935 seinem großen Vorbild gewidmet: „Heinrich Heine in memoriam."[105]

Jensen schrieb seine sechsspaltige „Kronik" in dem Bewusstsein, dass für Heines Bücher und für die jüdische Bevölkerung in Deutschland nach der Machtübergabe an die Nationalsozialisten schlimme Zeiten angebrochen waren[106]; doch vordringlich ist sein Wunsch, Heine mit dem Essay zu würdigen und über die langjährige Inspiration durch Heine und seine Werke Rechenschaft abzulegen. Der Maler Fritz Syberg dankte für Jensens Heine-Essay mit den Worten: „Man wird beim Lesen man selbst, wird wieder jung."[107] Es ist möglich, dass es Jensen schon beim Schreiben ähnlich ergangen ist, denn die „Kronik" offenbart in konzentrierter Form, dass ihm Heines Lyrik und Prosa und Unerschrockenheit vor allem in seiner Jugend entscheidende Impulse vermittelt und Kreativität in ihm freigesetzt haben. Dieser Einfluss hat, wie Monica Wenusch dokumentiert hat, „bis etwa 1910" angedauert.[108]

Johannes Vilhelm Jensen (1873–1950). Porträt von Ludvig Find,
1927

Johannes V. Jensen gibt an, seine erste Begegnung mit Heinrich Heine habe 1891
in der Viborg Kathedralschule stattgefunden, als im Deutschunterricht „Die Harzreise" behandelt wurde. Über die Folgen dieser Begegnung äußert er sich mehrfach – u. a. auch 1912:

> Man gab uns auch Heine zu lesen, und das war folgenschwer, denn obwohl wir die
> Schule auch schon zuvor hassten und geringschätzen, so war er es doch, der uns auf ewig
> gegen das Unwesen des klassischen Unterrichts aufbrachte. Kein späteres Erlebnis ist
> mit dem ersten Eindruck zu vergleichen, den dieser dynamische Geist auf uns in Viborgs
> unflexibler Kathedralschule machte. Noch immer greife ich zu Heine, wenn ich mich an
> Mut und reiner, funkelnder Todesverachtung erfreuen will.[109]

Der Gymnasiast beschaffte sich auch die Reclam-Ausgabe des „Buchs der
Lieder", wo ihn ganz besonders die „Vorrede" fesselte: „damals lief sie in die
Adern wie Feuer."[110] Auch 1935 erinnert sich Jensen noch mit Vergnügen an
die Begegnung mit Heine im klerikal-autoritären Viborg. Hier „wirkte Heines
Unimponiertheit wie eine Brandstiftung. Seine Dialektik, seine Zweischneidig-
keit, lag mir in der Hand wie eine altbekannte Waffe, schien mir, eine verwandte
Geistesform, […] Ich übersetzte das lange feuergefährliche Gedicht ‚Disputation'
aus ‚Romanzero' […] und erquickte mich daran".[111]

Vergnügt beschreibt Jensen 1935 den Einband seiner alten Ausgabe mit Heines Gedichten, weil die Spuren auf dem Lederrücken davon zeugen, „dass ich gelegentlich mein Rasiermesser darauf geschliffen habe, wenn ich ihn mitführte auf Reisen. Dass ich auch meinen Witz geschliffen habe, mit Heines Werken in Händen, wird der Kenner leicht herausfinden; selbst habe ich öfter, da und dort, bekannt, was ich ihm schulde."[112] Tatsächlich gibt es von Jensen zahlreiche Heine-Bekenntnisse oder Hinweise auf Eigenschaften und Qualitäten Heines, die ihn besonders berührten. Schon 1920 erinnert sich Jensen an seinen leidenschaftlichen Umgang mit seiner alten Ausgabe von Heines Gedichten: „im Inneren ramponiert durch heftige Ausrufezeichen, die neben den tollsten Strophen an Blitzschläge erinnerten."[113] Diese „Blitzschläge" signalisieren, wie sehr die Heine-Lektüre den jungen Jensen elektrisierte. Oluf Friis (1894–1979) konnte Jensens Heine-Ausgabe einsehen und bestätigt die vielen Anstreichungen von Jensens Hand. Die meisten betreffen den Gedichtzyklus „Die Heimkehr" – und hier besonders das Gedicht „Du hast Diamanten und Perlen"[114], das in Jensens erstem Roman „Danskere" („Dänen") eine bemerkenswerte Rolle spielt.

Dieser 1896 veröffentlichte Roman hat autofiktionale Züge: Buris Holm, die Hauptfigur, ist ebenso wie Johannes V. Jensen Medizinstudent in Kopenhagen und stammt aus der jütländischen Provinz. Auch die Vorliebe für Heine teilt der Student Jensen mit seiner Romanfigur. Das geht u. a. aus einem Brief an die Eltern vom 11. 10. 1895 hervor, in dem er sein Zimmer beschreibt: „Ich habe einen Tisch und ein Schreibpult, einen Spieltisch, auf dem Nippfiguren und meine Tabaksachen stehen, ein Bücherregal mit Heines Gesammelten Werken, dreiteilige große Fenster mit schönen Gardinen, einen Schrank, einen amerikanischen Schaukelstuhl usw."[115] Heines Werke nehmen einen zentralen Platz in seiner Welt ein, doch dass im Zimmer überdies ein Porträt von Georg Brandes hängt, verschweigt er – vermutlich, um die Eltern in der Provinz nicht zu beunruhigen.[116] Die Heine-Ausgabe begleitete Jensen später nach Tibirke Bakker, wo er ein Sommerhaus erwarb.[117]

Johannes V. Jensens Roman „Dänen" handelt vom Leben eines jungen Mannes aus Jütland, der sich in der Hauptstadt fremd und frustriert fühlt. Edvard Brandes sah die Bedeutung des Romans besonders darin, dass künftige Leser durch ihn erführen, was junge Dänen Ende des 19. Jahrhunderts „fühlten und dachten".[118] Zu diesem Denken und Fühlen gehört im Roman neben der Erörterung der „modernen Fragen wie Sozialismus, Determinismus und anderen -ismen"[119] auch die Auseinandersetzung mit Darwin, Georg Brandes und Heinrich Heine.

Der erste explizite Hinweis des Romans auf Heine deutet an, dass seine Bücher in den 1890er Jahren in der dänischen Provinz nicht unumstritten sind, denn die ältere Generation versucht, der jüngeren den Zugang zu ihnen zu verwehren. Das Heine-Verbot betrifft hier Nina Holck, eine Arzttochter, der Buris Holm bisweilen Bücher leiht:

> Unter anderem hatte er Heine hineingeschmuggelt, den Fräulein Nina nicht lesen durfte, weil Mama etwas dagegen hatte. Aber das Fräulein fand ihn hinreißend und eigentlich gar nicht unpassend. Buris seinerseits hatte sich J. P. Jacobsens Bücher ausleihen dürfen. Für den schwärmten sie alle beide.[120]

Ein weiterer expliziter Hinweis auf Heine findet sich, als der mit sich und der Welt unzufriedene Buris aufgewühlt Heines Versepen zur Hand nimmt: „Nun griff er zu ‚Atta Troll‘ und ‚Deutschland‘ und las sie zum hundertsechzehnten Male.“[121] Vierzig Jahre später bestätigt Jensen explizit die dauerhafte Bedeutung der beiden Versepen für ihn: „Juwelen der Phantasie, Witz und Pracht der Bilder“, die auch formal unerreicht seien: „jede Strophe ein Edelstein“; Jensen ist besonders fasziniert von der „sprachliche[n] Ökonomie in Verbindung mit Visionskraft der Gedanken“.[122] In seinem Handexemplar von „Deutschland. Ein Wintermärchen“ markierte Jensen besonders jene einleitenden Strophen, in denen der Grundton der Dichtung anklingt: „Ein neues Lied, ein besseres Lied,/ O Freunde, will ich Euch dichten!“[123] (B IV, 578)

Zwei Zitate aus Heines Lyrik werden in dem Roman „Dänen“ ohne Hinweis auf den Autor eingeblendet. Im Kontext des Romans geben sie Aufschluss über das Denken und Fühlen der Hauptfigur im Jahre 1894. Buris ist verliebt in Nina Holck, doch er ist schüchtern und unbeholfen; ihre Avancen machen ihn eher unsicher und er fühlt sich als Verlierer. Zudem hat der junge Darwinist bezüglich der Liebe keine Illusionen: „Ich habe die Beweggründe der Menschen durchschaut, und ihre Instinkte ekeln mich an. Ich möchte nicht Gegenstand eines Betruges sein. Wenn ich sehe, dass ich mich zu einer Frau hingezogen fühle, dann durchschaue ich den Betrug…“[124] Buris’ erotische Orientierungslosigkeit macht sich später auch in jener Szene bemerkbar, in der zweimal aus dem „Buch der Lieder“ ohne Erwähnung des Autors zitiert wird. Während eines Festes in einem Gutshof in Jütland wird Buris gefragt, ob er singen könne. Der Erzähler erklärt: „Ja, Buris würde schon singen, wenn da ein Lied wäre, das er konnte. Er blätterte in den Notenheften und fand: ‚Du hast Diamanten und Perlen‘.“[125] Buris singt die drei Strophen des Liedes Nr. 62 aus dem Zyklus „Die Heimkehr“ im „Buch der Lieder“[126] und denkt dabei an Nina:

> Du hast Diamanten und Perlen,
> Hast alles, was Menschenbegehr,
> Und hast die schönsten Augen –
> Mein Liebchen, was willst du mehr?
>
> Auf deine schönen Augen
> Hab ich ein ganzes Heer
> Von ewigen Liedern gedichtet –
> Mein Liebchen, was willst du mehr?
>
> Mit deinen schönen Augen
> Hast du mich gequält so sehr,
> Und hast mich zu Grunde gerichtet –
> Mein Liebchen, was willst du mehr? (B I, 137)

Von dem gesungenen Liedtext gibt der Erzähler nur den ersten, dritten und vierten Vers der ersten Strophe wieder. Daneben beschreibt er die Reaktionen der Zuhörer. Einige finden schon die erste Strophe unpassend; der Gastgeber amüsiert sich über Buris, und es gelingt ihm, ihn betrunken zu machen. Buris singt außerdem noch ein volksliedhaftes Liebeslied und dann die Marseillaise, jenes republikanische

Kampflied aus dem Jahre 1792. Der Gutsherr äußert sich deshalb ironisch über Buris als einen „richtigen Radikalen" und animiert ihn dazu, eine Rede zu halten über ein Thema, das er selbst ganz besonders verabscheut: „Sozialismus und Brandesianismus".[127] Buris spricht auch über Darwin und die Anforderungen der neuen Zeit besonders für die junge Generation, bis der Gutsherr ihn auffordert, auch über „Brandes und seine närrischen Affen" zu reden.[128] Die Szene, die u. a. zeigt, dass der moderne Durchbruch in der dänischen Provinz noch sehr befremdlich wirkte, endet damit, dass sich der angetrunkene Brandes-Anhänger Buris unter dem Druck der Situation ereifert und sogar zu frauenfeindlichen Äußerungen hinreißen lässt. Er schämt sich darüber und dass er singend seine Seele entblößt hatte; betrübt wird ihm bewusst, den ganzen Abend hindurch an Nina gedacht zu haben – auch und gerade, als er das Heine-Lied im Notenheft entdeckt und vorsingt.

Das Lied spiegelt Buris' Befindlichkeit weniger durch die drei vom Erzähler wiedergegebenen Verse als durch den im Roman ausgesparten Text, der vom gebildeten Leser mitgedacht und ergänzt wird. In der dritten Strophe versagt die Stimme des Sängers an jener Stelle des Textes, wo die Stimmung kippt und er den Bruch zwischen den Liebenden auf sich selbst bezieht: „Buris sang die letzte Strophe, und als er den hohen Ton anschlug, versagte die Stimme."[129] Jensen spielt hier mit dem Text Heines, indem er wichtige Textpassagen ausspart – z. B. die Worte „hast mich zu Grunde gerichtet", aber der in Sachen Heine sattelfeste Leser weiß, dass Buris beim Singen (oder bereits bei der Auswahl des Liedes) davon überzeugt ist, dass ihn Nina und die Liebe zu ihr zugrunde gerichtet haben. Buris' frauenfeindliche Bemerkung im späteren Verlauf des Festes, die gerade für einen Anhänger von Georg Brandes befremdlich ist, hat ihren Ursprung an dieser Stelle.

Der Ablauf des Festes wird dadurch geprägt, dass das melancholische Heine-Lied und die abschätzigen Reaktionen der konservativen Festgesellschaft bei Buris die depressive Stimmung verstärken und ihn unter Alkoholeinfluss dazu animieren, eine Lobrede auf den Aufklärer Georg Brandes zu halten, der besonders in der konservativen, klerikal geprägten Provinz verabscheut wird. Der junge Johannes V. Jensen, der dem Aufklärer Brandes in den 1890er Jahren tatsächlich sehr verbunden war[130], stellt hier zwar keinen ursächlichen Zusammenhang zwischen Heine und Georg Brandes her, und doch deutet er in gewisser Weise an, dass eine Auseinandersetzung mit Heine im konservativ regierten Dänemark leicht zu einer Auseinandersetzung über den Erneuerer und Heine-Fan Brandes führen konnte, der die drei Grundpfeiler des Staates in Frage stellte: Religion, Vaterlandsliebe und Ehe.

Eine weitere auf Heine verweisende Textstelle findet sich am Ende des Romans, als Buris' Verklemmtheit in zynischen Egoismus mündet. Mit einer zuvor noch angehimmelten jungen Frau hat er nach hastigem Austausch formelhafter Liebesbekundungen Geschlechtsverkehr, um sie sodann eilig und wortlos zu verlassen. Da Buris zugetragen worden war, dass die von ihm zuvor noch idealisierte Auserkorene leicht zu haben sei, verachtet er sie, als er das Gerücht (nicht ohne sein Zutun) bestätigt findet. Buris' zynische Gefühlslage wird durch vier Verse aus dem „Romanzero" erhellt, die ihm in den Sinn kommen, als er die sich anbahnende Sexszene wie von außen beobachtet. Heines wird vom Erzähler aber in Verbindung mit dem Zitat nicht beim Namen genannt:

> Als sie sich nun gegenseitig leise, süße Geständnisse machten, sang Buris in seinem Herzen freudig amüsiert:
>
> Das war ein Locken und ein Werben!
> Wohl seufzte die Braut: Ach Gott! Ach Gott!
> Sie war wehmütig wie zum Sterben –
> Doch endlich stieg sie hinab in den Pott.[131]

Diese Verse sind zwar identisch mit dem Text der Vorlage, doch ihre Bedeutung im Kontext des Romans weicht erheblich von der in Heines Gedicht „Kleines Volk" ab. Hier wird die märchenhafte Szene mit liebevoll ironischer Nachsicht behandelt, wohingegen der die Verse Heines memorierende Buris die junge Frau verachtet und verhöhnt. Mit den von Buris beim Sex erinnerten Heine-Versen gelingt es Jensen, den jungen Mann als problematischen, zerrissenen Charakter vorzustellen, der auch nicht davor zurückscheut, seinen Lieblingsautor Gewalt anzutun. Die wohlkalkulierte Bedeutungsverschiebung des „Romanzero"-Zitates zeigt erneut den souveränen Umgang Johannes V. Jensens mit Heine und dass die Verehrung des Vorbildes den kreativen Umgang mit seinem Werk nicht ausschließt. Die beiden expliziten Hinweise auf Heine in dem Roman „Dänen" unterstreichen die Heine-Begeisterung Buris', die der Jensens ähnelt; die beiden impliziten Hinweise – d. h. die vom Erzähler unkommentierten Heine-Zitate – dienen demgegenüber dem Zweck, die Entwicklung der Hauptperson vom Heine-begeisterten, verklemmten Romantiker zum frauenfeindlichen Zyniker zu akzentuieren.

Dass Johannes V. Jensen bei Heine „eine Reihe von Identifikationsbereichen" fand, erklärt Monica Wenusch damit, dass der junge Jensen ebenso wie Heine in einer „Übergangszeit" lebt, „wo alte Werte und Normen noch bestehen und neue sich noch nicht vollständig durchgesetzt haben."[132] Darum ist es verständlich, dass Jensen „den innovativen Heine" bewundert, der in seinen Texten klassische Genregrenzen überwindet; da dies sowohl in der Lyrik wie in der Prosa geschieht, lässt sich Heines Einfluss auf Jensen „sowohl im Prosaschaffen als auch in Teilen der Lyrik nachweisen]."[133] Den großen Einfluss Heines auf die Lyrik Jensens hat Monica Wenusch aufgearbeitet.[134]

Nachhaltig wurde Jensen bei seiner Tätigkeit als produktiver Reiseschriftsteller geprägt durch die Lektüre von Heines „Reisebildern", „Deutschland. Ein Wintermärchen", „Atta Troll" und „Die Nordsee". Die Inspiration macht sich u. a. durch die Spiegelung der Reisebeschreibung in der Subjektivität des Dichters bemerkbar.[135] Als Beispiele für die Heine-Nähe von Jensens Reiseprosa werden in der Forschung vor allem die Werke „Intermezzo" (1899) und „Skovene" (1904) angeführt.[136] Die intertextuellen Bezüge in „Skovene" belegen nicht nur Johannes V. Jensens „profunde Kenntnis unterschiedlicher Heine-Texte", sondern auch seine „konkrete produktive Rezeption dieser Texte".[137] 1932 hatte Jensen selbst angegeben, Heines „Atta Troll" habe „wohl zur Tendenz und zur launigen Komposition beigetragen", denn „Skovene" sollte die „Parodie einer Entdeckungsreise" sein.[138] Über das Kompositionsmuster von „Intermezzo" heißt es in der

Forschung, es folge dem der „Reisebilder"[139], auch der Titel „Intermezzo" sei „heinesch".[140] In „Dolores" und „Louison", den beiden „novellistischen Reise-skizzen" des Buches, erlebt der reisende Antiheld erotische Abenteuer, „die im besten Heine-Stil verfasst sind, ein witziges Feuerwerk sprachlicher Bilder und eine ätzende Satire auf Erotik, Religion, Kunst und moderne Großstadtkultur".[141]

„Jenseits der Politik gehört Heine zu den Göttern", schreibt Jensen 1912 und geht ironisch auf Distanz zu einigen politischen Statements Heines.[142] Dabei haben doch auch und gerade die für ihn maßgeblichen und vorbildhaften „Reise-bilder" eine politische Dimension. Später aber klammert Jensen in einer Heine-Würdigung das Politische nicht mehr aus, als er konstatiert, dass Heines Arbeiten als Journalist, politischer Schriftsteller und Causeur „einen dauerhaften Beitrag zur Geschichte des 19. Jahrhunderts" darstellen.[143]

Jensens Feststellung im Jahre 1912, Heine sei weiterhin aktuell, enthält die implizite Empfehlung, ihn auch weiterhin zu lesen: „Er ist immer noch jung, man kann zwei Menschenalter zu ihm zurück springen und ihn weiterhin voller Lebenskraft vorfinden, er nimmt an dem Leben teil, das wir heute führen."[144] Heines fortdauernde Aktualität ist für Jensen eng verbunden mit seiner Vor-stellung von Heines revolutionärem Geist, an der er auch 1946 festhält: „Er ist der einzige, dessen Weg ich wirklich gehen konnte, ohne meinen Instinkt zu ver-gewaltigen; ich verstand seinen revolutionären Geist und zollte ihm Beifall."[145] Die Auseinandersetzung mit diesem Geist half ihm schließlich auch dabei, die fünf Jahre der Besatzung Dänemarks von 1940 bis 1945 zu überstehen. Oluf Friis hat Jensen noch während der Besatzungszeit mit Heine beschäftigt gesehen: „Es war für ihn notwendig, sich in dieser finsteren Zeit durch Heines Furchtlosigkeit zu stärken."[146] Ein konkretes Beispiel dafür vermittelt Leif Nedergaard (1914–1995), der während der deutschen Besatzung Jensen zu Hause besuchte und erlebte, wie dieser dem aggressiven Adler des NS-Militarismus mit einem Zitat aus „Deutsch-land. Ein Wintermärchen" den Kampf ansagt; „Du hässlicher Vogel…" Dieser Anfang einer Strophe in Caput IV wird, wie Jensen mitteilt, zu einer subversiven Formel und Geste des Widerstandes gegen die NS-Besatzer: „Wenn ich während der fünf Kriegsjahre ein deutsches Flugzeug in der Luft über Kopenhagen sah, sagte ich zu mir – und ich lehrte es meine Freunde flüstern – ,Du hässlicher Vogel…'"[147] Jensen rechnete offensichtlich damit, dass seine Gesprächspartner die fehlenden Verse ergänzen konnten:

> Du häßlicher Vogel, wirst du einst
> Mir in die Hände fallen,
> So rupfe ich dir die Federn aus
> Und hacke dir ab die Krallen. (B IV, 583)

Zwar hatte ihm Heine als Vorbild gedient, doch Jensen gibt an, sich mit ihm dennoch nicht total identifiziert zu haben, denn schließlich sei „Unabhängigkeit" das Wichtigste gewesen, was er von ihm gelernt habe.[148] Heine habe als „Genius mit unvergänglichem individuellen Gepräge" durch seine „freie Rede" und seine „Lehre der Unehrerbietigkeit" auf ihn gewirkt und in ihm Kräfte freigemacht.[149] Seine „Prägnanz der Sprache", ihre „Ausdrucksfülle" und dazu die Fähigkeit, „das

Wort in seiner Gewalt zu haben und es zu brauchen wagen", hatten besonderen
Eindruck auf ihn gemacht.[150]

Jensens „Kronik" beschwört abschließend „Heines Ausnahmestellung" und
„Sonderklasse"; als Dichter habe er „Töne hinterlassen [...] aus einem ewigen
Land, dem Land der Poesie."[151] Jensen scheint 1935 zwar zu ahnen, dass dieses
„Land" durch den Antisemitismus in Deutschland bedroht ist, doch es war auch
für ihn unvorstellbar, dass dieser seine Utopie in Bezug auf die Mission der Juden
in der Welt zunichtemachen würde, die er geradezu paradigmatisch mit Heines
Werk und Werdegang verbindet.

Heines jüdische Herkunft wird von Jensen immer wieder thematisiert – auch
1935. Jensen fasst das Judentum offensichtlich als eine eigene Nation auf, denn er
spricht von Heines „Schwanken zwischen zwei Nationen, außer seiner eigenen";
Jensens Nationenbegriff ist sonderbar, denn er begreift die Juden zugleich auch
als „Rasse" und vermischt somit kulturelle, politische und biologische Vorstellungen.[152] Johannes V. Jensen feiert die Juden 1915 als „den vornehmsten Versuch der Natur, mehrere Rassen miteinander zu vermischen und daraus ein Volk zu
formen."[153] Am Anfang dieser Entwicklung steht für ihn die Notwendigkeit, die
Enge des jüdischen Gettos zu überwinden. Heinrich Heine ist für ihn der Inbegriff
des Juden, dem dies gelungen ist und dessen Schriften dieses Gelingen bezeugen
und vorantreiben. Dazu sagt Jensen 1911:

> Heine war sich [...] voll im Klaren über das Ziel seines Schreibens. Da, wo er wahrhaftig
> ist, geht es ihm darum, sich von seiner Abstammung zu befreien und diese zugleich zu
> bestätigen, er streift das Ghetto ab und entfaltet sich zum reinen Juden, zum Weltbürger,
> zum Prometiden Heinrich Heine. In diesem Lebenswerk, das streng persönlich ist, liegt
> der Wert seiner Dichtung auch für andere Menschen.[154]

1935 veranschlagt Jensen diesen Wert besonders hoch, als in Deutschland Heines
Bücher von den Nazis verbannt werden. Davon aber spricht er nicht direkt,
sondern sagt verklausuliert:

> Jetzt in diesem Augenblick, nachdem Ebbe und Flut mit Heine und seinen Rassegenossen
> getummelt haben, und wieder Springflut ist, tritt umso stärker hervor, welche seltene
> geistige Fähigkeit und Fruchtbarkeit er besaß, ja gerade Fruchtbarkeit, eine Eigenschaft,
> die man seiner Rasse abzusprechen pflegt.[155]

Dieses Lob für den Juden Heine war 1935 wegen der Juden-Verfolgungen
im Nachbarland gewiss bemerkenswert, aber Jensens Rassebegriff ist höchst
problematisch. Er ist zweifellos philosemitisch eingestellt, wenn er z. B. die
„jüdische Unbändigkeit, eine unbändige Lebenslust, die bei Heine in Ironie
umgesetzt wird", hervorhebt, aber sein Hinweis auf die „orientalische Frivolität des deutschen Dichters" wäre auch in antisemitischen Pamphleten denkbar.[156]
Diese Formulierungen finden sich 1910 in einem Essay über Mark Twain, den er
für einen Juden hält und dessen kulturelle und rassische Verwandtschaft mit Heine
er betont, denn ihrer beider Witz sieht er als Ergebnis einer „robusten Intelligenz
im Zusammenstoß mit wesensfremden Umgebungen" aus derselben Quelle
kommen.[157] Die Annahme, der deutsche Poet habe sich in „wesensfremder"
Umgebung entwickelt, bezeichnet aber jene Grenze, wo sich Philosemitismus und
Antisemitismus berühren.

Jensens Äußerungen zu Heine aus 50 Jahren zeigen, dass er sich nie von ihm distanziert. Zweifellos irritiert ihn manches an Heine, doch stets neutralisiert er gewisse Vorbehalte durch die Herausstellung seiner Vorzüge. Die „Byron-Pose" und „allerlei andere Ungezogenheiten" mögen ihn zwar ärgern, aber für Jensen zählt vor allem, dass „ein großer Künstler [übrig]bleibt."[158] Auch Heines „Streitigkeiten, seinem Schwanken zwischen zwei Nationen"[159] kann Jensen nichts abgewinnen, doch das alles bleibt ohne Folgen für seine Gesamteinschätzung Heines. Jensen räumt 1935 ein, in seiner Jugend ein sehr viel glühenderer Heine-Verehrer gewesen zu sein und dass z. B. die erneute Lektüre der „Vorrede" zum „Buch der Lieder" in ihm nicht mehr die früheren Gefühle weckt: „[…] der Eindruck ist nicht mehr der gleiche jetzt, nach Verlauf von 44 Jahren, die Echtheit ist nicht mehr so einleuchtend, und für die blendende Form hat man nun einen andern Blick."[160] Obwohl er aber im Laufe der Zeit auch andere Vorbilder hatte, z. B. Oehlenschläger, Bjørnson, Hamsun, Nietzsche und Kipling, so ändert das nichts an dem ganz besonderen Vorbildcharakter Heines. Die Erschütterung durch die erste Begegnung von 1891 wirkte ein Leben lang nach.

Besonders dankbar ist Jensen dafür, durch Heine „Unabhängigkeit", „Respektlosigkeit" und „freimütiges Sprechen" gelernt zu haben. Diese Qualitäten haben mit Sicherheit dazu beigetragen, dass Johannes V. Jensen 1944 der Nobelpreis für Literatur zuerkannt wurde, denn in der Preisbegründung heißt es, er erhalte den Preis „for the rare strength and fertility of his poetic imagination with which is combined an intellectual curiosity of wide scope and a bold, freshly creative style."[161]

Drei Heine-Fans, ihr Vorbild und der Vermittler Georg Brandes

Da der Begriff „Fan" in der Bedeutung „begeisterter Anhänger" erst seit Ende des 19. Jahrhunderts gebräuchlich wurde, war keiner der hier behandelten drei dänischen Schriftsteller in seinem Selbstverständnis ein Heine-Fan. Versteht man aber unter „Fan" einen Menschen, „der längerfristig eine leidenschaftliche Beziehung zu einem für ihn externen, öffentlichen, entweder personalen, kollektiven, gegenständlichen, abstrakten oder sportlichen Fanobjekt hat"[162], so darf man Andersen, Jacobsen und Jensen heute zweifellos als Heine-Fans bezeichnen. Der „externe" Charakter des Fanobjekts Heine änderte sich im Laufe der Zeit. Bei Andersen geschieht dies auch durch seine Pariser Begegnungen mit Heine, der sich zuletzt als Andersen-Fan zu erkennen gibt.[163] Die drei „begeisterten Anhänger" verharren nicht in der Distanz zum externen Fanobjekt, sondern nähern sich ihm auch durch ihre eigene literarische Produktion. Dabei leistet das Fanobjekt auf unterschiedliche Weise Hilfestellung, inspiriert, wirkt als Katalysator oder verführt zur Nachahmung. Der junge Andersen z. B. verfasste Gedichte im Stile Heines – mit mäßigem Erfolg; in der Lyrik konnte er sich nicht vom „übermächtigen Vorbild" freimachen.[164] Der Gymnasiast Jensen erlebte durch die Begegnung mit Heine-Texten einen inspirierenden Kulturschock und übersetzte das antiklerikale Gedicht „Disputation" für die Schülerzeitung im klerikalen Viborg[165] – ein sehr mutiges ‚Coming out' als Heine-Sympathisant in der konservativen dänischen Provinz!

Aus „begeisterten Anhängern" werden literarische Produzenten, in deren Schriften die Sympathie für Heine bzw. die Identifikation mit ihm und seinem Schreiben explizit und implizit zum Ausdruck kommen. Andersen und Jensen äußern sich sehr nachdrücklich darüber, dass Heine eine Zeit lang ihr Vorbild war; der Vorbildcharakter Heines für J. P. Jacobsen lässt sich dagegen am ehesten aus dessen Lust ableiten, seinen Briefen an die Brüder Brandes durch Heine-Zitate Glanzlichter aufzustecken.

Lars Handesten und Monica Wenusch unterstreichen, dass Jensen in Heine nicht nur ein „literarisches", sondern auch ein „persönliches Vorbild" bzw. eine „Identifikationsfigur" hatte.[166] Zahlreiche Beispiele aus Jensens literarischen und essayistischen Texten bestätigen diesen doppelten Vorbildcharakter. Bei Jacobsen ist die Bestimmung des Vorbildcharakters wegen der schmaleren Textbasis schwieriger, aber es scheint, als sei ihm Heine ebenfalls beides gewesen: literarisches und persönliches Vorbild. Das literarische Vorbild kommt im Roman „Niels Lyhne" besonders durch die Figur der Heine-Leserin Frau Boye und ihre Kunstauffassung zum Ausdruck, das persönliche Vorbild bzw. die Identifikationsfigur aber wird erkennbar, wenn Jacobsen versucht, seinen Worten in der Korrespondenz durch aufgesetzte Heine-Zitate oder -Anspielungen mehr Gewicht und zugleich mehr Leichtigkeit zu verleihen. H. C. Andersen erklärt in seiner Autobiografie ohne Umschweife, dass Heine als literarisches Vorbild E. T. A. Hoffmann abgelöst hatte. Doch als persönliches Vorbild kam er für ihn nicht in Frage. Aus Paris schreibt er am 26. Juni 1833: „Ich will mich jedoch mit ihm [Heine] nicht abgeben, ich glaube, dass man sich vor ihm sehr in Acht nehmen muss."[167] Er traute Heine nicht recht über den Weg, was u. a. darauf zurückzuführen war, dass er bei ihm neben dem „tiefen Gefühl" auch jene „krasse Ironie"[168] konstatierte, die ihn verunsicherte.

Johannes V. Jensen stürzte einige seiner Vorbilder später vom Sockel[169] – doch Heinrich Heine nie. In einem Vorwort preist Jensen 1901 „einen Mann, ohne den ich nichts war."[170] Er verschweigt hier zwar seinen Namen[171], doch auf Nachfrage teilt er 1946 mit, dass er dabei Heine im Sinne hatte: „Heinrich Heine ist der Mann, dem ich meine Aufklärung verdanke."[172] Das unerhörte Geständnis, ohne Heine „nichts" zu sein, offenbart, dass Heine für Jensen sehr viel mehr war als nur ein literarisches Vorbild. Heine als Identifikationsfigur hat ihn ganz entscheidend geprägt – existentiell und charakterlich. Deutsche Kritiker loben seit Anfang des 20. Jahrhunderts Johannes V. Jensens „Modernität und seinen Kosmopolitismus."[173] Dieser wusste mit Sicherheit, dass er das Lob auch und gerade seinem Vorbild Heinrich Heine zu verdanken hatte.

Andersen, Jacobsen und Jensen hatten nicht nur die Verehrung Heines als Vorbild gemeinsam – alle drei waren auch mit Georg Brandes persönlich bekannt bzw. befreundet. Ein Aufsatz über Andersens Märchen brachte Brandes 1869 die Freundschaft des um fast vierzig Jahre Älteren ein, doch diese kriselte, als

Andersen Brandes' Buch „Die Romantische Schule in Deutschland" (1873) gelesen hatte und die dort thematisierten Aspekte der Moderne ablehnte.

Jens Peter Jacobsen und Johannes V. Jensen haben Heine für sich unabhängig von Georg Brandes entdeckt, aber in ihrer Sympathie für ihn sind beide gewiss auch im direkten Kontakt mit Brandes und durch seine Schriften bestärkt worden; Jacobsen hatte in den frühen 70er Jahren sogar einige von Brandes' aufsehenerregenden Vorlesungen gehört. Der Briefwechsel zwischen ihm und dem um fünf Jahre älteren Brandes lässt erkennen, dass es in Bezug auf Heine ein tiefes Einverständnis zwischen den Briefschreibern gegeben haben muss, das dazu beigetragen haben wird, dass Brandes bei seinen Bemühungen um die Veröffentlichung von „Niels Lyhne" in Deutschland Jacobsen als Mitstreiter im Dienste „unserer gemeinsamen Sache"[174] rühmte. Für den jungen Johannes V. Jensen war der um dreißig Jahre ältere und europaweit bekannte Brandes in den 1890er Jahren „Freiheitsheld" und auch „Vaterfigur".[175] Als Vermittler des Vorbilds Heine wird er sogar selbst zum Vorbild. Jensens späteres Aufbegehren gegen ihn führte jedoch nicht zur gleichzeitigen Aufgabe des Vorbilds Heine. Zwar benötigte der späte Jensen Heine nicht mehr als literarisches Vorbild, doch davon bleibt der dauerhafte Wert des Vorbilds und der Identifikationsfigur seiner Jugend unberührt. Auch im Alter vermittelt ihm die Heine-Lektüre Genuss und stärkt seine politische Widerstandskraft.

Andersen, Jacobsen, Jensen – diese dänischen Schriftsteller aus drei aufeinander folgenden Generationen haben Heine in unterschiedlicher Weise als Vorbild erfahren. Das gilt auch für Georg Brandes, der ca. fünfzig Jahre lang unter Bezug auf den Dichter, Freigeist und Kosmopoliten Heine den Kampf für die kulturelle Erneuerung Dänemarks und Skandinaviens propagierte. Jacobsen und Jensen sind mit Heine und Georg Brandes als Inspirationsquellen neue Wege gegangen und haben Werke hervorgebracht, die zur Weltliteratur gehören. Auch Andersen hat sich zu Heine als Vorbild bekannt, doch mit dem politischen und satirischen Heine wusste er nur wenig anzufangen, als Vorbild kam er gar nicht in Frage. Als Vorkämpfer für eine neue Zeit interessierte er Andersen eigentlich wenig, doch zweifelte er nicht daran, dass gerade der Poet Heine in der neuen Zeit weiterhin aktuell sein werde. Deshalb bekennt er sich in seinem visionären Text „Die Muse des neuen Jahrhunderts" auch vorsichtig zu Heine als Autor der Moderne.

Anmerkungen

1   Helge Hultberg: Heine in Dänemark 1825–70. – In: Heinrich Heine – Werk und Wirkung in Dänemark. Vorträge des Kolloquiums am 2. und 3. Oktober 1983. Hrsg. v. Klaus Bohnen, Ernst-Ullrich Pinkert u. Friedrich Schmöe. Kopenhagen, München 1984, S. 77–90, hier S. 82 f.

2   Vilhelm Andersen: Illustreret dansk Litteraturhistorie. Bd. 4. Kopenhagen 1929, S. 819 f. In der vorliegenden Studie sind alle Übersetzungen aus dem Dänischen von mir selbst, wenn kein Übersetzername angegeben ist.

3   Georg Brandes: Breve til forældrene 1859-1871. Bd. 2. Kopenhagen [2006], E-Buch, unpaginiert, Brief Nr. 196.

4 Holger Drachmann im Brief an K. Gjellerup vom 26.3.1879, zit. in: Walter A. Berendsohn: Der lebendige Heine im germanischen Norden. Kopenhagen 1935, S. 39; Johannes V. Jensen: Ungt er endnu Ordet. Portrætter og Personligheder. Kopenhagen 1958, S. 112.

5 Herman Bang: Værker i Mindeudgave. Bd. 1. Kopenhagen, Kristiania 1912, S. 354.

6 Herman Bang fortæller. Stille eksistenser. Tunge melodier. Ausgew. v. Ellinor u. Poul Carit Andersen. Kopenhagen 1966, S. 200 f.

7 Zit. in: Berendsohn: Der lebendige Heine [Anm. 4], S. 45.

8 Vgl. Birgitte Kristensen: Heinrich Heines Gedichte und Prosa in dänischen Lehrbüchern für den Deutschunterricht 1839–1982. – In: Bohnen, Pinkert, Schmöe (Hrsg.): Heinrich Heine – Werk und Wirkung in Dänemark [Anm. 1], S. 197–213, hier S. 205.

9 Astrid Sæther [u. a.]: Forord. – In: Ibsen og Brandes. Studier i et forhold. Hrsg. v. Astrid Sæther, Jørgen Dines Johansen, Atle Kittang. Oslo 2006, S. 9–14, hier S. 9.

10 Georg Brandes: Dagbogen, 11.11.1860, S. 58. Online-Edition der Königlichen Biblio-thek Kopenhagen unter URL: http://www5.kb.dk/permalink/2006/manus/676/dan/58/?var = [letzter Zugriff: 14.05.2022].

11 Georg Brandes: Hovedstrømninger i det nittende Århundredes Litteratur. Bd. 1: Emigrantlitteraturen. Kopenhagen 1966, S. 17 f., S. 230.

12 Per Dahl: Georg Brandes und Heinrich Heine. – In: Bohnen, Pinkert, Schmöe (Hrsg.): Heinrich Heine – Werk und Wirkung in Dänemark [Anm. 1], S. 91–113, hier S. 92, S. 97.

13 Georg und Edvard Brandes: Brevveksling med nordiske forfattere og videnskabsmænd. Hrsg. v. Morten Borup u. John Landquist. 8 Bde. Kopenhagen 1939 f., hier Bd. 4, S. 367.

14 Georg Brandes: Heinrich Heine. Kopenhagen 1897, S. 9.

15 Vgl. Jeppe Aakjær: Samlede Digte. Bd. 3. Kopenhagen 1947, S. 206–220.

16 Brandes: Heinrich Heine [Anm. 14], S. 5.

17 Jensen: Ungt er endnu Ordet [Anm. 4], S. 110–113.

18 Tom Kristensen: Oplevelser med lyrik. Kopenhagen 1957, S. 13.

19 Marianne Wirenfeldt Asmussen: Karen Blixen und Heinrich Heine. – In: HJb 39 (2000), S. 192–199, hier S. 196, 198.

20 Berendsohn: Der lebendige Heine [Anm. 4], S. 45 f.

21 G. u. E. Brandes: Brevveksling [Anm. 13], Bd. 4, S. 367.

22 Vgl. Anm. 14.

23 Edvard Brandes: Litterære Tendenser. Artikler og anmeldelser i Udvalg ved Carl Bergstrøm Nielsen. Kopenhagen 1968, S. 198.

24 Ernst-Ullrich Pinkert: Eine dänische Hymne zu Heines 100. Geburtstag: Holger Drachmanns „Heine in Hamburg". – In: HJb 45 (2006), S. 191–199, hier S. 191.

25 Hans Christian Andersen: Schattenbilder von einer Reise in den Harz, die Sächsische Schweiz etc. etc.im Sommer 1831. – In: ders.: Die frühen Reisebücher. Hanau 1984, S. 137–280, hier S. 141.

26 Hans Christian Andersen: Das Märchen meines Lebens. Briefe. Tagebücher. Aus dem Dänischen von Thyra Dohrenburg. München 1961 [1. Aufl. 1855], S. 96.

27 Ebd.

28 Johan de Mylius: Livet og skriften. En bog om H. C. Andersen. Kopenhagen 2016, S. 140.

29 Per Øhrgaard: Hans Christian Andersens Fußreise und die deutsche Romantik. – In: Romantik im Norden. Hrsg. v. Annegret Heitmann u. Hanne Roswall Laursen. Würzburg 2010, S. 91–103, hier S. 102.

30 Vgl. Fritz Paul: Plagiat, imitatio oder writing back? Hans Christian Andersen auf Heines Spuren im Harz. – In: HJb 37 (1998), S. 225–237.

31 Hans Christian Andersen: Fußreise von Holmens Kanal zur Ostspitze von Amager in den Jahren 1828 und 1829. – In: ders: Die frühen Reisebücher [Anm. 25], S. 5–135.

32 Ebd., S. 38.

33 Øhrgaard: Andersens Fußreise [Anm. 29], S. 101.

34 Ebd., S. 98.

35 Andersen: Fußreise [Anm. 31], S. 119.

36 Andersen: Schattenbilder [Anm. 25], S. 178.
37 Ebd., S. 135.
38 Andersen: Fußreise [Anm. 31], S. 133.
39 Andersen: Märchen meines Lebens [Anm. 26], S. 96.
40 Tellburn: [Rez.] Eines Dichters Bazar von Hans Christian Andersen [...]. – In: Beiblätter des Planeten für Literatur, Theater und öffentliches Leben. Nr. 20, Mai 1843, S. 78. Zit. n.: Joseph A. Kruse: „Man ist Poet oder man ist es nicht." Heines Begegnung mit der dänischen Literatur. – In: Bohnen, Pinkert, Schmöe (Hrsg.): Heinrich Heine – Werk und Wirkung in Dänemark [Anm. 1], S. 11–35, hier S. 20.
41 Andersen: Schattenbilder [Anm. 25], S. 140.
42 Ebd., S. 140 f.
43 Vgl. Johan de Mylius in: H. C. Andersen: Skyggebilleder af en Reise til Harzen. [...]. Hrsg. von Johan de Mylius. [Kopenhagen 1986], S. 147.
44 Vgl. ebd.
45 Andersen: Schattenbilder [Anm. 25], S. 264 f., 273 f.
46 Ebd., S. 156 f., 173, 178, 259.
47 De Mylius: Livet og skriften [Anm. 28], S. 215.
48 Breve fra H. C. Andersen. Hrsg. v. C. St. A. Bille u. Nikolaj Bøgh. Kopenhagen 2000, S. 177 f.
49 Andersen: Schattenbilder [Anm. 25], S. 187, 195, 197 f., 201, 204 f., 207, 247, 274.
50 Ebd., S. 227, 220, 257, 250.
51 Ebd., S. 260.
52 Ebd., S. 214.
53 Paul: Plagiat, imitatio [Anm. 30], S. 227 f., 231 f.
54 Ebd., S. 234.
55 Andersen: Märchen meines Lebens [Anm. 26], S. 126 f.
56 Paul: Plagiat, imitatio [Anm. 30], S. 234.
57 De Mylius zit. in: H. C. Andersen: Skyggebilleder [Anm. 43], S. 147.
58 Georg Brandes: H. C. Andersen som Menneske og Eventyrdigter. – In: Elias Bredsdorff: H. C. Andersen og Georg Brandes. Kopenhagen 1994. S. 93–116, hier S. 93.
59 Andersen: Schattenbilder [Anm. 25], S. 230–233, 263 f., 273 f.
60 Hans Christian Andersen an Bernhard Severin Ingemann, 8. Februar 1861. Nr. 18.291 in der Online-Edition des H. C. Andersen Centret unter URL: https://andersen.sdu.dk/brevbase/brev.html?bid=18291 [letzter Zugriff: 14.05.2022].
61 Hans Christian Andersen: Die Muse des neuen Jahrhunderts. – In: ders.: Gesammelte Märchen und Geschichten. [Übersetzt v. Etta Federn-Kohlhaas.] Bd. 2. Jena 1925, S. 187–192, hier S. 189.
62 Georg Brandes: Det moderne gjennembruds mænd. En række portrætter. 2. Aufl. Kopenhagen 1891, Vorwort, unpaginiert.
63 Ebd., S. 145–159.
64 Klaus Bohnen: Ein Kulturmissionar in Europa. – In: Georg Brandes: Nietzsche. Mit einer Einleitung von Klaus Bohnen. Berlin 2004, S. 7–24, hier S. 21.
65 York-Gothart Mix: „Kunst ist Kindheit". R. M. Rilke, R. Musil und die Rezeption skandinavischer Literatur zur Zeit des Fin de siècle. – In: Wirkendes Wort 51 (2001), S. 375–387, hier S. 375.
66 Jens Peter Jacobsen: Samlede Værker. Hrsg. v. Frederik Nielsen. Bd. 6. Kopenhagen 1974, S. 137.
67 Jens Peter Jacobsen: Samlede Værker. Hrsg. v. Morten Borup. Bd. 3. Kopenhagen 1927, S. 8. Zit. n. der Onlineausgabe des Arkiv for Dansk Litteratur, URL: https://tekster.kb.dk/text/adl-texts-jacob03val-root [letzter Zugriff: 14.05.2022].
68 Dort heißt es: „[...] nur der kranke Mensch ist ein Mensch, seine Glieder haben eine Leidensgeschichte, sie sind durchgeistet. Ich glaube sogar, durch Leidenskämpfe können

die Tiere zu Menschen werden; ich habe mal einen sterbenden Hund gesehen, der in seinen Todesqualen mich fast menschlich ansah." (B II, 371)

69 „Auf dem Turme ganz allein/ Saß der Page lange,/ Dichtete von Liebespein/ Dort mit heißer Wange,/ Konnte es nicht fertig bringen/ In dem Ringen/ Jetzt mit Sternen, jetzt mit Rosen –/ Gar nichts reimte sich auf Rosen –/ Setzte verzweifelt das Horn an den Mund,/ Eigener Liebe Scherge,/ Blies dann seine Liebe aus/ Über alle Berge." Jens Peter Jacobsen: Sämtliche Werke. Leipzig o. J., S. 858 f. (Übersetzung: Erich von Mendelssohn). Vgl. Anker Gemzøe: Dissonanser i J. P. Jacobsens poesi og prosa. – In: Jacobseniana. Skrifter fra J. P. Jacobsen Selskabet 5 (2011), S. 3–50, hier S. 10.

70 Jens Peter Jacobsen: Sämtliche Werke. Leipzig o. J., S. 401 (Übersetzung: Anka Mathiesen).

71 Georg Brandes: Danske Digterportrætter. Kopenhagen 1966, S. 307.

72 Gemzøe: Dissonanser [Anm. 69], S. 14.

73 Jens Peter Jacobsen: Om Bevægelsen i Planteriget. – In: ders.: Samlede Værker. Bd. 5. Hrsg. v. Morten Borup u. Georg Christensen. Kopenhagen 1924-29, S. 1-18, hier S. 4. Zit n. der Onlineausgabe des Arkiv for Dansk Litteratur, URL: https://tekster.kb.dk/text/adl-texts-jacob05val-shoot-workid54295 [letzter Zugriff: 14.05.2022]. Jacobsen zitiert auf Deutsch; Heines „Rosen" werden zu „Blumen". Jacobsen bezieht sich auf Gustav Theodor Fechner: Nanna oder über das Seelenleben der Pflanzen. Leipzig 1848.

74 Brandes: Heinrich Heine [Anm. 14], S. 5.

75 Georg Brandes: Breve til Forældrene 1872–1904. Kopenhagen 1994, Bd. 1, S. 251.

76 Georg und Edvard Brandes: Brevveksling med nordiske forfattere [Anm. 13], Bd. 3, S. 114 f. Heines Gedicht „Doktrin" hat für die Vertreter des modernen Durchbruchs offensichtlich einen besonderen Signalwert. Anfang der 1870er Jahre war es auch im Kreis um Holger Drachmann sehr populär, wo es als eine Art Losung diente. Drachmann stellte es 1892 auch seiner Gedichtsammlung „Unge Viser" als Motto voran. Drachmanns Cousin Viggo Hørup präsentiert 1873 in einem Privatbrief seine Übersetzung des Gedichts ins Dänische, vgl. Anm. 95.

77 Jens Peter Jacobsen: Samlede Værker. Bd. 5. Kopenhagen 1973, S. 186 f.

78 Ebd., S. 186.

79 Im Brief an Edvard Brandes vom 30.12.1879. J.P. Jacobsen, Samlede Værker. Bd. 6 [Anm. 67], S. 101.

80 G. u. E. Brandes: Brevveksling [Anm. 13], Bd. 4, S. 274 f.

81 Jacobsen: Samlede Værker, Bd. 6 [Anm. 67], S. 49 f. Das Zitat „Ihr piβt wie Freygeister u[nd] denkt wie Safianstiefel", findet sich in Heines Brief an Moser vom 9.1.1824 (HSA XX, 133).

82 Jacobsen zit in: G. Brandes: Danske Digterportrætter [Anm. 71], S. 299.

83 Ebd., S. 278.

84 Det stadig moderne gennembrud. Georg Brandes og hans tid, set fra det 21. århundrede. Hrsg. v. Hans Hertel. Kopenhagen 2004, S. 69.

85 Vgl. Text zu Anm. 14.

86 Vgl. B I, 130; Jacobsen: Samlede Værker, Bd. 5, [Anm. 77], S. 94.

87 Ebd.

88 „Wenn Du eine Rose schaust,/ Sag, ich laβ sie grüßen." (B IV, 301).

89 Jacobsen: Samlede Værker, Bd. 6 [Anm. 66], S. 69.

90 Georg Brandes: Samlede Skrifter. Bd. 17. Kopenhagen, Kristiania 1906, S. 301.

91 J. P. Jacobsen: Digte og udkast. Hrsg. v. Edvard Brandes u. Vilhelm Møller. Kopenhagen 1886; Breve fra J. P. Jacobsen med et Forord udgivet af Edvard Brandes. Kopenhagen 1899.

92 Edvard Brandes zit. in: Bjørn Bredal: Politiken mod Politiken. Idékampe 1884–2009. Kopenhagen 2009, S. 112, 7.

93 Ebd.

94 Edvard Brandes an Bjørnson, 16.11.1901. – In: G. u. E. Brandes: Brevveksling med nordiske forfattere [Anm. 13], Bd. 5, S. 14.

95 Karsten Hørup i Breve og Digte; breve, digte og litterære prosastykker til belysning af Viggo Hørup og hans kreds. Kopenhagen 1981, S. 377 f., 426–428.

96 Ebd., S. 32, 35. Vgl. B I, 200 und B VI/1, 111.

97 Ebd., S. 42 f.

98 Jeppe Aakjær, zit. in: Berendsohn: Der lebendige Heine [Anm. 4], S. 46.

99 Jørgen Knudsen: Georg Brandes: Magt og afmagt 1896–1914. Bd. 2, Kopenhagen 1998, S. 427.

100 E. Brandes: Litterære Tendenser [Anm. 23], S. 29.

101 Journalisten Johannes V. Jensen. Udvalgt og indledt af Lars Handesten. Aarhus 2002, S. 13.

102 Jensen: Ungt er endnu Ordet [Anm. 4], S. 110–113.

103 Ebbe Kløvedal Reich: Brandes og Hørup. – In: Den kulturradikale udfordring. Kultur-radikalismen gennem 130 år. En antologi. Århus 2001, S. 32–54.

104 Johannes V. Jensen: Nordisk Aand. Kroniker og Karakteristika. Kopenhagen, Kristiania 1911, S. 104.

105 J. V. Jensens Heine-„Kronik" erschien 1935 in Kopenhagen in deutscher Übersetzung mit der Überschrift „Dem Andenken Heinrich Heines" in Walter A. Berendsohn: Der lebendige Heine [Anm. 4], S. 7–11. Wir zitieren aus dieser Übersetzung.

106 S. u., Text zu Anm. 155.

107 Fritz Syberg an Else und Johannes V. Jensen, 11.12.1935. Onlineausgabe der Kilder til Dansk Kunsthistorie, URL: http://fynboerne.ktdk.dk/d/oFJL?locale=da&q = [letzter Zugriff: 14.05.2022].

108 Monica Wenusch: „Alles kommt von Deutschland …" Johannes V. Jensen und die Einflüsse aus dem deutschsprachigen Raum. Wien 2022 [in Vorbereitung], S. 188. Monica Wenusch machte mir das Heine-Kapitel ihres Buches (S. 145–189) schon vor der Veröffentlichung zugänglich. Meinen herzlichen Dank dafür!

109 Johannes V. Jensen: Rudyard Kipling. Kopenhagen 1912, S. 8 f.

110 Jensen: Dem Andenken Heines [Anm. 105], S. 8.

111 Ebd., S. 8 f.

112 Ebd., S. 7 f.

113 Johannes V. Jensen: Mytens Ring. Efterladte Myter og Beskrivelser. Kopenhagen 1957, zit. n. E-Buch 2017, unpaginiert.

114 Oluf Friis: Den unge Johannes V. Jensen 1873–1902. Bd.1. Kopenhagen 1974, S. 87.

115 Zit. in: Lars Handesten: Johannes V. Jensen. Liv og Værk. Kopenhagen 2000, S. 25.

116 Ebd. Vgl. auch Leif Nedergaard: Johannes V. Jensen. Liv og Forfatterskab. Kopenhagen 1993, S. 176.

117 Vgl. Aage Jørgensen: Den Store Jensen og andre præciseringer. Kopenhagen 2017, S. 274.

118 E. Brandes: Litterære Tendenser [Anm. 23], S. 180.

119 Johannes V. Jensen: Danskere. Roman. Kopenhagen 2000 (1. Aufl. 1896), S. 17.

120 Ebd., S. 47.

121 Ebd., S. 80.

122 Jensen: Dem Andenken Heines [Anm. 105], S. 10. Spuren aus „Deutschland. Ein Winter-märchen" entdeckte Monica Wenusch in Jensens Erzählung „Knokkelmanden" (1901). Vgl. Wenusch: „Alles kommt von Deutschland…" [Anm. 108], S. 168 f.

123 Friis: Den unge Jensen, Bd.1 [Anm. 114], S. 90.

124 Jensen: Danskere [Anm. 119], S. 68.

125 Ebd., S. 64.

126 Da der Erzähler „den hohen Ton" der letzten Strophe hervorhebt, könnte es sich um die Vertonung von Johann Hoven (d. i. Johann Vesque von Püttlingen;1803–1883) aus dem Jahre 1851 handeln. Monica Wenusch dagegen vermutet Giorgio Strigelli (1819–1868) als Komponisten. Vgl. Wenusch: „Alles kommt von Deutschland…" [Anm. 108], S. 167.

127 Jensen: Danskere [Anm. 119], S. 65.

128 Ebd., S. 66.

129 Ebd., S. 65.

130 Jørgensen: Den Store Jensen [Anm. 117], S. 16.
131 Ebd., S. 133 mit zwei unbedeutenden Abweichungen vom Originaltext, vgl. B VI/1, 37.
132 Wenusch: „Alles kommt von Deutschland…" [Anm. 108], S. 146, 152.
133 Ebd., S. 159.
134 Ebd., S. 145. Vgl. ebd., S. 174–184.
135 Vgl. Oluf Friis: Den unge Jensen 1873–1902. Bd. 2. Kopenhagen 1974, S. 40. Harry
     Andersen hebt Heines „Die Nordsee" auch als Vorbild für Jensens Lyrik vor. Vgl. Harry
     Andersen: Johannes V. Jensen og Heine. – In: Danske Studier 45 (1949/50), S. 84–103, hier
     S. 95.
136 Sven Hakon Rossel: Johannes V. Jensen og Tyskland. – In: På tværs af grænser. Johannes
     V. Jensen i europæisk og genremæssigt perspektiv. Hrsg. v. Anders Thyrring Andersen,
     Per Dahl, Aage Jørgensen. Amsterdam 2011, S. 9–34, hier S. 21. Vgl. auch: Nedergaard:
     Johannes V. Jensen [Anm. 116], S. 230 f., 293.
137 Wenusch: „Alles kommt von Deutschland…" [Anm. 108], S. 166.
138 Johannes V. Jensen: Pisangen, Myter. Kopenhagen 1932, S. 132.
139 Vgl. Friis: Den unge Jensen, Bd. 2 [Anm. 135], S. 41: „eine Reihe zusammengestellter
     Beschreibungen und Betrachtungen, zusammengehalten durch ein Ich, in dem sich alles
     spiegelt, und mit einem dünnen novellistischen roten Faden."
140 Nedergaard: Johannes V. Jensen [Anm. 116], S. 123 f.
141 Handesten: Johannes V. Jensen [Anm. 115], S. 72. Ähnlich äußert sich Nedergaard über die
     Texte „Dolores" und „Louison": „Heinescher Mutwille, Humor und Treffsicherheit prägen
     die beiden großen Erzählungen". Nedergaard: Johannes V. Jensen [Anm. 116], S. 109.
142 Jensen: Kipling [Anm. 109], S. 9.
143 Jensen: Dem Andenken Heines [Anm. 105], S. 11.
144 Jensen: Kipling [Anm. 109], S. 9.
145 Zit. in: Friis: Den unge Jensen. Bd. 1 [Anm. 114], S. 87.
146 Zit. ebd., S. 91.
147 Nedergaard: Johannes V. Jensen [Anm. 116], S. 561.
148 Jensen: Dem Andenken Heines [Anm. 105], S. 9.
149 Ebd., S. 10.
150 Ebd.
151 Ebd., S. 11.
152 Ebd., S. 10 f.
153 Johannes V. Jensen: Introduktion til Vor Tidsalder. Kopenhagen 2016. (1. Aufl. 1915).
     E-Buch, unpaginiert.
154 Jensen: Nordisk Aand [Anm. 104], S. 162.
155 Jensen: Dem Andenken Heines [Anm. 105], S. 10.
156 Jensen: Nordisk Aand [Anm. 104], S. 90 f. Zuerst am 23.4.1910 in „Politiken".
157 Ebd., S. 90.
158 Jensen: Dem Andenken Heines [Anm. 105], S. 10.
159 Ebd.
160 Ebd., S. 8.
161 The Nobel Prize in Literature 1944. Online unter URL: https://www.nobelprize.org/prizes/
     literature/1944/summary/. [letzter Zugriff: 14.05.2022].
162 Fan. – In: Wikipedia, online unter URL: https://de.wikipedia.org/wiki/Fan [letzter Zugriff:
     14.05.2022].
163 Andersen notiert am 26.3.1843 in seinem Tagebuch: „Heine empfing mich auf das Herz-
     lichste. […] ‚Sie sind ein wahrer Dichter!', sagte er." H. C. Andersens Dagbøger. Bd. 2:
     1836–1844. Hrsg. v. Helga Vang Lauridsen. Kopenhagen 1973, S. 334 f.
164 Paul: Plagiat, imitatio [Anm. 30], S. 227.
165 Jensen: Dem Andenken Heines [Anm. 105], S. 9.
166 Handested: Johannes V. Jensen [Anm. 115], S. 71; Wenusch: „Alles kommt von Deutsch-
     land…" [Anm. 108], S. 189. Vgl. dort auch S. 145 f.

167 Bille, Bøgh (Hrsg,): Breve fra H. C. Andersen [Anm. 48], S. 107.
168 Ebd., S. 337, Brief vom 4.11.1838.
169 Vgl. Handested: Johannes V. Jensen [Anm. 115], S. 74; Jørgensen: Den Store Jensen [Anm. 117], S. 18–22, 28 f. Wenusch verweist auf Jensens „ironische Abrechnung mit Friedrich Nietzsche im Heine-Stil" in „Skovene". Vgl. Wenusch: „Alles kommt von Deutschland..." [Anm. 108], S. 166.
170 Johannnes V. Jensen: Den gotiske Renaissance. Kopenhagen 2000 (1. Aufl. 1901), S. 12.
171 Harry Andersen vermutet wohl zurecht, dass Jensen den Namen Heines verschwieg, weil dieser damals besonders mit Brandes assoziiert wurde, zu dem er selbst gerade in Opposition stand. Vgl. Andersen: Johannes V. Jensen og Heine [Anm. 135], S. 97.
172 Zit. in: Nedergaard: Johannes V. Jensen [Anm. 116], S. 176.
173 Monica Wenusch: Johannes V. Jensen og Tyskland. – In: Andersen, Dahl, Jørgensen (Hrsg.): På tværs af grænser [Anm. 136], S. 35–67, hier S. 60–62.
174 Georg Brandes am 16. 12. 1888 im Brief an Th. Wolff. – In: Jens Peter Jacobsen: Niels Lyhne. Roman. Aus dem Dänischen von Marie von Borch. Mit Dokumenten zur Entstehungsgeschichte und Rezeption des Romans in Deutschland. Hrsg. v. Klaus Bohnen. Stuttgart 2013, S. 238.
175 Handested: Johannes V. Jensen. Liv og Værk [Anm. 115], S. 25.

Karl Gutzkows „Vergangenheit und Gegenwart. 1830–1838" Politik, Literatur und Hegelianismus

Lucien Calvié

> Da er sein Preußen kannte, verließ er
> [Gutzkow] Berlin mit zwanzig Jahren.
> Franz Mehring (1911)[1]

Von der Politik zum Theater und zum Roman

In seinem Artikel „Vergangenheit und Gegenwart" von 1838/39 scheint Karl Gutzkow das zu tun, was man heute *name dropping* nennt, das heißt „große" Namen „fallen zu lassen", als ob es selbstverständlich wäre, sie persönlich zu kennen. In diesem Artikel erwähnt Gutzkow die Namen von ungefähr zweihundert Personen. Beim Abdruck in der einzigen erschienenen Nummer des „Jahrbuchs der Literatur" bei Hoffmann und Campe in Hamburg umfasst der Artikel ungefähr hundert Seiten[2], nennt also etwa zwei neue Personennamen pro Seite.

Zeitlebens ist Gutzkow von dem steten Wunsch getrieben worden, seine sehr bescheidene soziale Herkunft im Umfeld des Hohenzollern-Hofes sowie seine Demütigungen als Kind der Berliner Unterschicht mit so viel Erfolg wie möglich zu kompensieren. Von einer deutschen oder europäischen Großstadt zur anderen eilend, wurde er von 1830 an bis in die 1870er Jahre von dem Willen getrieben, an der Spitze des intellektuellen und literarischen Lebens zu bleiben: das, was man einen Arrivisten nennen könnte.[3]

Fast ein halbes Jahrhundert lang hat Gutzkow sein Ziel nicht aus den Augen verloren. Es ist ihm sogar gelungen, gegen ihn gerichtete repressive Maßnahmen in ein Element zur Förderung seiner literarischen Produktion zu verwandeln.

L. Calvié (✉)
Université Toulouse II-Jean-Jaurès, Toulouse, Frankreich
E-Mail: claude.calvie@orange.fr

© Springer-Verlag GmbH Deutschland, ein Teil von Springer Nature 2023
S. Brenner-Wilczek, *Heine-Jahrbuch 2022*, Heine-Jahrbuch,
https://doi.org/10.1007/978-3-662-66144-4_7

Zweimal hat er sich damit beschäftigt, zuerst zwischen 1845 – erst vierunddreißig Jahre alt – und 1852 und dann 1873–1876, seine „gesammelten" Werke selbst zu veröffentlichen und sich somit zu einem „klassischen" Autor zu erheben, wie es Heine in Paris seit den 1830er Jahren beim Verleger Renduel und in den 1850er Jahren bei Michel Lévy für seine Werke in französischer Sprache tat, die er vielleicht höher schätzte, zumindest was die kritische Prosa betrifft, als seine Werke in deutscher Sprache.[4]

Zu diesen „gesammelten" Werken gebrauchte Gutzkow seine Bücher, die aus den sehr zahlreichen Artikeln bestanden, die vorher in Zeitungen und Zeitschriften erschienen waren, die Gutzkow selbst herausgab oder zu denen er Zugang hatte. Im Laufe dieser „Besatzung" des deutschen Literaturbetriebs, von der Tagespresse bis zu den „gesammelten" Werken, ist eine Entwicklung zu beobachten, die Gutzkow, nach der von ihm selbst so genannten „Katastrophe"[5] des Verbots des Jungen Deutschlands Ende 1835, vom eher politischen Anliegen seiner Anfänge zu einer „klassischen" literarischen Produktion führte, ohne dass er dabei auf seine politischen Ideale verzichtete. Und dies in einer Zeit, in der die Leugnung der eigenen politischen Positionen sozusagen Mode war.

In dieser literarischen Produktion nahm das Theater mit „Bühnenstücke[n] am laufenden Band"[6] vom Ende der 1830er Jahre bis 1848 zunächst den ersten Platz ein. Danach entwickelte sich Gutzkows zweite literarische Phase, die der langen ideologischen Romane der 1850er und 1860er Jahre. Alles läuft so ab, als ob Gutzkow, sich in die Niederlage des Liberalismus mit demokratischer Tendenz einfügend, den er nach der Julirevolution als eine politische Hoffnung empfunden hatte, zu einer literarischen Praxis kam, die sich stufenweise vom Ort der politischen Praxis entfernte.

Diese Entfernung vollzog sich zunächst zugunsten der zumindest physisch „engagierten" Theaterszene. Die nächste Stufe war die des „sozialen" Romans. Diese allzu schematische Darstellung muss durch die Bemerkung ergänzt werden, dass Gutzkows Theaterstücke und Romane mit Ideen und Themen verbunden blieben, die man als freiheitlich und emanzipatorisch bezeichnen kann: der Ablehnung des preußischen Militarismus in der Komödie „Zopf und Schwert" 1844, dem Kampf gegen die religiöse Engstirnigkeit in einer anderen Komödie des gleichen Jahres, „Das Urbild des Tartüffe", und dem Kampf für Toleranz in der Tragödie „Uriel Acosta" 1846. Und im Roman mit der Öffnung zur sozialen und proletarischen Frage in „Die Ritter vom Geiste" 1850–1851, nach dem Vorbild von Eugène Sues „Mystères de Paris", und mit der Kritik des katholischen Ultramontanismus im „Zauberer von Rom" 1858–1861.

Der Artikel „Vergangenheit und Gegenwart" von 1838/1839 steht also chronologisch an der Schnittstelle zwischen der politischen Anfangsphase von Gutzkows Wirken, in deren Mitte die „Katastrophe" liegt, die 1835 paradoxerweise das Junge Deutschland begründet hat, und den beiden folgenden literarischen Phasen zuerst des Theaters und dann des Romans. In diesem Artikel zieht Gutzkow eine Bilanz seines eigenen und des allgemeinen intellektuellen Lebens in Deutschland seit der Julirevolution. Gutzkow ist einer von den vielen begeisterten deutschen Anhängern des französischen „Sonnenaufgangs" vom Juli 1830, so wie es schon

1789, Hegels oft zitiertem Wort nach, einen „herrlichen Sonnenaufgang" in Frankreich gegeben hatte. Mit dem skizzierten Bild der deutschen Literatur seiner Zeit bereitet Gutzkow seine eigene Eroberung des deutschen literarischen Feldes vor, chronologisch diesseits wie jenseits der gescheiterten Revolutionen von 1848, also im Vor- und Nachmärz.

Juli 1830: Börne, Heine, und… Menzel

Die Julirevolution bedeutete für den Berliner Studenten Gutzkow, damals erst neunzehn Jahre alt, den sehr raschen Übergang von der politischen Unschuld des in der „Wissenschaft"[7] eingesperrten, angehenden Gelehrten zur Erkenntnis der Geschichte als einer sozial-politischen Praxis. Dieser Übergang stand im Zeichen von zwei Charakteren, die sich durch ihre Pariser bzw. Berliner Anmaßung auszeichneten: auf der französischen Seite Saint-Marc Girardin, ein liberaler Schriftsteller und Journalist, der nach Berlin gekommen war, um die Sprache und die Kultur zu studieren, und auf der deutschen Seite Eduard Gans, ein liberaler, frankophiler und hegelianischer Universitätsprofessor, beide der Burschenschaft gegenüber feindlich gesinnt, deren nationalistischer Ideologie der junge Gutzkow noch anhing.[8]

Die deutsche „neue Bildung"[9], so Gutzkow, sei ab Juli 1830 mit dem allmählichen Verschwinden des burschenschaftlichen, franzosen- und judenfeindlichen Nationalismus entstanden. Anstelle der hauptsächlich vom Teutomanen Ernst Moritz Arndt und dem „Turnvater" Jahn vertretenen Ideologie der antinapoleonischen Kriege wurzelte nun in der deutschen intellektuellen Jugend, laut Gutzkow, ein Liberalismus, der umso offener für französische Einflüsse war, besonders für den Saint-Simonismus[10], als sich Frankreich zu derselben Zeit der deutschen Kultur öffnete: der Musik, der Literatur, z. B. mit E. T. A. Hoffmann[11], und der Philosophie.

Zwei Schriftsteller, beide merkwürdigerweise Juden, Börne und Heine, trugen dazu bei, so Gutzkow, diese Neuorientierung zu verstärken. Gerade wegen ihrer jüdischen Abstammung entkamen sie der nationalistischen, juden- und franzosenfeindlichen Ideologie der Burschenschaft. Da sie beide seit langem wussten, was viele Deutschen nicht wussten oder nicht wissen wollten, dass „die Juden frei gewesen [waren] unter Napoleon"[12], wussten sie auch, dass die französische und allgemein menschliche Emanzipation von 1789, langsam im Untergrund fortschreitend, im Juli 1830 in Paris wieder aufgetaucht war. Daher ihre jubelnde Freude im Juli 1830.[13]

In seinen „Rückblicke[n] auf mein Leben" von 1875 wies Gutzkow auf das negative Urteil hin, das Hegel 1831 vor sich hin gemurrt hatte, als er ihm als Berliner Student seine Absicht erklärt hatte, sich Wolfgang Menzel in Stuttgart journalistisch anzuschließen: „Wie kann man sich einem solchen Mann anschließen?"[14] Diese Erinnerung klingt wie eine späte Solidaritätserklärung Gutzkows mit dem 1831 verstorbenen Hegel, der damals, 1875, vom triumphierenden Positivismus fast überall beiseitegeschoben wurde. Gutzkow hatte den Denker 1830 persönlich kennengelernt, als er aus dessen Hand den Preis entgegennahm, den die Berliner Philosophische Fakultät ihm für seine Abhandlung über die Schicksalsgötter zuerkannt hatte.

Zu den beiden emanzipatorischen Figuren Börne und Heine fügt Gutzkow 1838/39 erstaunlicherweise eine dritte hinzu, die seines journalistischen „Vaters" Wolfgang Menzel (1798–1873). Um sich diesem und dem von ihm herausgegebenen „Literaturblatt" des einflussreichen Cottaschen „Morgenblatts" anzuschließen, hat Gutzkow, kaum zwanzig Jahre alt, Berlin im Frühjahr 1831 verlassen, um nach Stuttgart zu gehen. In die preußische Hauptstadt kehrte er danach nicht oft und nie für lange zurück.

Dass Gutzkow 1838/39 ausgerechnet Menzel lobt, mag überraschen, wenn man an die heftige Polemik zwischen den beiden Männern denkt, zu der es einige Jahre zuvor, während der hitzigen Diskussion über das Junge Deutschland bis zu dessen Verbot Ende 1835 gekommen war. Damals wurde Menzel von Heine als feiger „Denunziant" (B V, 26–42) und von Börne als niederträchtiger „Franzosenfresser"[15] verunglimpft.

Die ziemlich unpräzise Grundlage des Gutzkowschen Lobes ist, dass Menzel, wie Heine, Börne, Gutzkow selbst und die Jungdeutschen im Allgemeinen, dem „Leben" in der Literatur gegenüber der „Kunst" den Vorrang gegeben habe. Gutzkow unterstreicht die positive Rolle Menzels in der Goethe-Diskussion vor und nach der Julirevolution. Dabei gewinnt man den Eindruck, dass das kritische Dreieck Börne-Heine-Menzel in seinen Augen eine unauflösliche Einheit gebildet hat und immer noch bildet.

Der alte Goethe, 1832 gestorben, war zunächst Gegenstand einer Polemik in Menzels „Die deutsche Literatur" von 1828[16], über die Heine eine zurückhaltende und vorsichtige Rezension geschrieben hatte (B I, 444–456), in der er den Begriff der klassisch-romantischen „Kunstperiode" zum ersten Mal zu definieren versuchte, auf welchen er in den 1830er Jahren mehrmals zurückkommen sollte.[17] Menzel kontrastierte das „Talent" Goethes, des unpolitischen Ästheten, mit dem „Charakter" Schillers, des national-moralischen Geistes.[18] Börne sah Goethe als einen „gereimten Knecht" und Hegel als einen „ungereimten"[19], der weder Reime noch Vernunft habe. Was Heine angeht, der Goethe bekanntlich als den großen Heiden „Nr. 1" darstellte und sich selbst den Titel „der große Heide Nr. 2" (B V, 109) vorbehielt, was eine Vater-Sohn- oder Lehrer-Schüler-Beziehung implizierte, war sein Verhältnis zum großen Schriftsteller eher dialektisch: Goethe als eine leider unvermeidliche, imponierende und egoistische Größe, aber auch als ein Vorbild und ein Alliierter im notwendigen Kampf gegen die schlechten Literaten und die falschen Moralisten.[20]

Was die nuancierte Position Gutzkows in seinem „Über Goethe im Wendepunkte zweier Jahrhunderte" betitelten Essay von 1836 betrifft, so hat sie zumindest das Verdienst, in einem leicht identifizierbaren Text zusammengefasst zu sein, was bei Heine nicht der Fall ist, dessen Bemerkungen und Exkurse über Goethe überall in seinem Werk verstreut sind, als ob die Beziehung zum „großen Heiden" eine der wichtigsten Angelegenheiten seines Lebens gewesen wäre.

Die Politik: Einheit und/oder Freiheit?

Noch zu Beginn der 1830er Jahre galt Menzel (als Schlesier war er administrativ gesehen Preuße) als ein Anhänger des gemäßigten Liberalismus, wie es derlei viele in seiner Wahlheimat Württemberg gab. Er nahm am lokalen politischen Leben aktiv teil und wurde im Dezember 1831 zum Abgeordneten in die Zweite Kammer des württembergischen Landtages gewählt. Der württembergische König Wilhelm I. beschloss jedoch, wegen der allgemeinen politischen Gärung im Deutschen Bund und in Europa, die Einberufung des Landtags auf den 15. Januar 1833 aufzuschieben, ein Jahr nach dem ursprünglich geplanten Termin.

Unterdessen veränderten das Fest der deutschen Liberalen und Radikalen in Hambach in der bayerischen Pfalz im Mai 1832 und die darauf folgende Repression durch die Bundesbeschlüsse vom Juni und Juli 1832 die politische Situation grundlegend. Nach den Hoffnungen der Julirevolution ist das Jahr 1832 aus Sicht der liberalen und revolutionären Kräfte von großen Rückschritten im Deutschen Bund geprägt. Die triumphierende repressive Reaktion wird von Gutzkow im Abschnitt „1832" des Artikels „Vergangenheit und Gegenwart" in dunklen und tragischen Farben beschworen:[21] Die „Ruhe" des Todes ist wieder da, die Menschen können nur noch „im Traum" handeln, die des Liberalismus verdächtigen Beamten sehen ihre Karrieren zerschmettert, und viele Studenten und Professoren gehen ins Exil, ohne ihren Platz in einem einseitig repressiven System zu finden oder wiederzufinden. Daher wahrscheinlich die spätere Bemerkung des jungen Marx, die Deutschen hätten sich an den Restaurationen ihrer Nachbarvölker – also hauptsächlich der Franzosen – beteiligt, ohne an ihren Revolutionen teilzunehmen.[22]

Im Artikel von 1838/39 scheint Gutzkow jedoch seine eigene Beteiligung an der politischen Bewegung der 1830er Jahre „vergessen" zu haben. Vor mehr als vierzig Jahren (1979), habe ich versucht, diese Beteiligung so präzis wie möglich zu rekonstruieren. Und dies im Teil über Gutzkow und das Junge Deutschland einer Habilitationsschrift, die einen breiteren chronologischen Rahmen umfasste, von 1789 bis zu den ersten 1840er Jahren und den Lineamenten dessen, was später „Marxismus" genannt wurde. Diese Arbeit wurde mit gewissen Korrekturen und Ergänzungen 1989 zur zweihundertjährigen Gedächtnisfeier von 1789 wiederaufgenommen und 2018 in einer revidierten und vervollständigten Fassung neu herausgegeben.[23]

Gutzkows Beteiligung an der politischen Bewegung der Jahre 1831/32 hatte vier Hauptmomente:

1. Im September und Oktober 1831, vor seiner Abreise nach Stuttgart im November, schickt Gutzkow einige Korrespondenzartikel aus Berlin an die liberale Stuttgarter Zeitung „Hesperus". Der am 21. September veröffentlichte Artikel warnt die süddeutschen Liberalen vor der Idee, Preußen könne durch einen angeblich liberalen Konstitutionalismus die Führung der Bewegung zur nationalen Einheit übernehmen, während die Hohenzollern-Monarchie diese Einheit einfach als die Erweiterung ihres eigenen inneren Despotis-

mus begreift.[24] Offensichtlich betrifft diese Warnung das im Februar 1831 erschienene und im Dezember neu aufgelegte Erfolgsbuch des württembergischen Liberalen Paul Pfizer, welcher der Bruder des schwäbischen Dichters Gustav Pfizer war.[25] Dieses Buch führte den Titel „Briefwechsel zweier Deutschen". Von der Schillerschen Idee einer „Entfremdung" des deutschen Menschen in den zersplitterten deutschen Staaten ausgehend, hatte Pfizer eine Ausweitung des Wahlrechts auf die Gesamtheit des Volkes vorgeschlagen sowie, auf eine ziemlich widersprüchliche Weise, ein Abkommen zwischen dem deutschen Volk und den Fürstenhäusern, allen voran dem preußischen. Die staatliche Einheit Deutschlands hatte also für Pfizer den Vorrang vor der politischen Freiheit in den einzelnen deutschen Staaten. Außerdem, so Pfizer, sei Preußen seit Friedrich II., im Gegensatz zu Österreich, zum Staat der Vernunft, der Toleranz und des Fortschritts geworden, und sein „Protektorat", das war sein Wort, über ganz Deutschland könne also nur vorteilhaft sein.

2. Gutzkow trifft Ende November 1831 in Stuttgart ein. Im folgenden Monat ergeben die Wahlen zur Zweiten Kammer des württembergischen Landtages eine liberale und radikale Mehrheit. Menzel wird unter anderen neben Uhland und Paul Pfizer gewählt. Als Fortsetzung und Ergänzung seiner Korrespondenzen zum „Hesperus" schreibt Gutzkow Anfang 1832 einen Artikel „Über die historischen Bedingungen einer preußischen Verfassung", der halb anonym – mit der Unterschrift „K.z.w", die sich leicht als „Karl Gutzkow" entschlüsseln lässt – im April 1832 in den „Allgemeinen Politischen Annalen" erscheint. Diese Zeitschrift wurde vom bedeutenden Juristen und liberalen Politiker Karl von Rotteck[26] herausgegeben, der mit Karl Theodor Welcker, einem Professor für Rechtswissenschaft an der Universität Freiburg im Breisgau (Baden), eine gegensätzliche Meinung zu Paul Pfizer vertrat.[27] Der Meinung der beiden Politiker nach hatte die politische Freiheit in jedem einzelnen Staat den Vorrang vor der nationalen Einheit, unter Ausschluss jeglicher Zugeständnisse an die absolutistische preußische Dynastie.
Die Geschichte Preußens, so Gutzkow, zeige die Unvereinbarkeit des preußischen Absolutismus mit dem süddeutschen Liberalismus. Preußen aber besitze die sehr gefährliche Fähigkeit, sich mit spitzfindigen Ideologen zu versorgen, die seinen Absolutismus als vollkommen zeitgemäß, menschlich, paternalistisch, ja sogar mütterlich rechtfertigen. Deswegen sei dieser moderne Berliner Despotismus gefährlicher als das ganze „Ancien Régime" in Europa. Zu diesen stipendierten Ideologen zählt Gutzkow den im November 1831 verstorbenen Hegel, der die bestehende Ordnung und die „Macht des Positiven" als ein rational-notwendiges Produkt der Geschichte rechtfertige.[28] Eine preußische Verfassung sei also eine Illusion im Dienste eines wiederholten preußischen Betrugs nach der 1813 zu Beginn der antinapoleonischen Kriege von König Friedrich Wilhelm III. versprochenen und nie verwirklichten preußischen Verfassung.

3. Im April 1832, gerade beim Erscheinen seines Artikels, kehrt Gutzkow bis zum Herbst 1832 nach Berlin zurück. Dort findet er die patriarchalische Stimmung

und das beängstigende Erstickungsgefühl wieder, das er mehr als vierzig Jahre später in seinen Memoiren beschrieben hat.[29] Die Reise von Stuttgart nach Berlin ist Gegenstand eines Berichts, datiert vom 9. bis 17. April 1832 und von Gutzkow noch einmal anonym im „Morgenblatt" unter dem Titel „Aus dem Reisetagebuch des jüngsten Anacharsis. Briefe an zwei Freundinnen in Stuttgart" veröffentlicht.[30] Diese Anonymität war gerechtfertigt, da Preußen von Gutzkow als ein militarisiertes und barbarisches „Scythien" mit einem despotischen und durchaus „chinesischen" König an der Spitze beschrieben wurde. China als Äquivalent des europäischen Despotismus war damals schon ein geläufiges Motiv, z. B bei Börne[31] sowie bei Heine im Gedicht „Der Kaiser von China" (B IV, 425 f.).

Auf der Reise erblickt Gutzkow eine phrygische Mütze mit einer dreifarbigen französischen Kokarde auf einem Kirchturm. Dabei muss man wissen, dass diese drei Farben, besonders in der französischen Reihenfolge, in Preußen verboten waren. Dagegen wurden diese drei Farben und die phrygische Mütze 1830–1832 im Rheinland und in Süddeutschland wie zur Zeit des „Jakobinismus" der 1790er Jahre oft gebraucht. An anderer Stelle werden die grausamen Methoden beschrieben, mit denen die deutschen Behörden, besonders in Preußen, mit ihrer trügerischen „Gemütlichkeit" daran gehen, in Kerkern und Festungen junge und nach Freiheit strebende Menschen physisch und geistig zu vernichten.

4. Diese stark antipreußischen Warnungen Gutzkows an die süddeutschen Liberalen und Demokraten sind auch in seinen „Briefen eines Narren an eine Närrin" zu lesen, die er zwischen Dezember 1831 und April 1832 schreibt, also vor dem Hambacher Fest im Mai, und im September 1832 anonym veröffentlicht, also zwei Monate nach den repressiven Bundesbeschlüssen vom Sommer 1832. Die in diesen „Briefen" zum Ausdruck gebrachten politischen Hoffnungen stehen daher zur Zeit ihrer Veröffentlichung im Widerspruch zur wirklichen politischen Lage.

In den „Briefen eines Narren an eine Närrin" prangert Gutzkow noch einmal die Ideologen an, die auf eine getarnte oder offene Weise die repressive Politik Preußens unterstützen, darunter Henrik Steffens[32], Professor an der Universität Berlin, weiter die nationalistisch gesinnten „Altpreußen", die sich immer wieder auf Fichtes „Reden an die deutsche Nation" stützen, und schließlich die Anhänger des Pseudoliberalismus wie den Historiker Friedrich von Raumer und den hegelianisch gesinnten Juristen Eduard Gans.[33]

Die Zweideutigkeit der Hegelschen Schule zwischen Konservatismus und Liberalismus wird von Gutzkow als ein Element des politischen Problems Preußens und Deutschlands betrachtet, das im Allgemeinen zugunsten der bestehenden Ordnung wirkt, obwohl er selbst später, im Laufe der 1830er Jahre und noch 1845 bemerkt hat, wie wir im Folgenden sehen werden, dass eine liberale, ja sogar revolutionäre Deutung des Hegelianismus durchaus möglich ist und fruchtbar sein kann.

„Deutscher" Liberalismus und „französischer" Radikalismus

Gegen die Gefahr der Gewissensstarrheit, ja sogar des physischen Todes – also der „Ruhe " im preußisch-österreichischen Sinn des Wortes – ist für Gutzkow in jedem einzelnen deutschen Staat wie im Deutschen Bund die einzig mögliche Strategie die der Einheit zwischen Liberalen und Radikalen. Die repressiven Bundesbeschlüsse vom Sommer 1832 hatten zu einer Annäherung zwischen Gemäßigten und Radikalen geführt. In Württemberg forderten Petitionen den König auf, den gewählten Landtag sofort einzuberufen, indem die Widersprüche zwischen den Bundesbeschlüssen vom Sommer 1832 und der württembergischen Verfassung von 1819 über die Pressefreiheit und die parlamentarischen Beratungen unterstrichen wurden.[34]

Dieser Protest wurde in der radikalen Zeitung „Der Hochwächter" von Rudolf Lohbauer[35] zum Ausdruck gebracht. Darüber hinaus veröffentlichte Lohbauer Ende August 1832 eine einundzwanzig Bogen umfassende Broschüre „Der Hochwächter ohne Zensur" mit dem Ziel, der Vorzensur[36] zu entgehen und die seit Anfang 1831 verfassten Artikel zu publizieren, die wegen der Zensur oder der Selbstzensur nicht hatten erscheinen können. Und Paul Pfizer hat in einem im Herbst 1832 erschienenen neuen Buch[37] seine bisherige pro-preußische Position aufgegeben und für eine Vorabstimmung aller konstitutionellen Staaten plädiert, bevor eine Gesamtverhandlung mit Preußen eventuell zur deutschen Einheit führen könne.

Die politische Lage in Württemberg war besonders angespannt, als König Wilhelm I. im Herbst 1832 Beamte entließ, die Petitionen gegen die Bundesbeschlüsse unterzeichnet hatten, und zwei Bücher beschlagnahmen ließ: Das erste, von Friedrich Seybold, schlug eine Annäherung zwischen französischen und deutschen Revolutionären vor.[38] Das zweite, in Straßburg gedruckte und anonym erschienene Buch zog eine Parallele zwischen den Ordonnanzen des französischen Königs Karls X., die Ende Juli 1830 zu dessen Sturz geführt hatten, und den repressiven Bundesbeschlüssen des Sommers 1832. Es rief das deutsche Volk auf, es den Franzosen nachzutun und dem Despotismus Widerstand zu leisten.[39]

Lohbauer, der von der württembergischen Polizei aktiv gesucht wurde, ging nach Straßburg ins Exil. Aber radikale Elemente um den „Hochwächter" hegten den Plan einer republikanischen Regierung in Stuttgart. So tauchte das von süddeutschen „Jakobinern" formulierte Projekt einer „Schwäbischen Republik" wieder auf, an dem Freunde Hölderlins in den 1790er Jahren beteiligt gewesen waren.[40]

In dieser angespannten Atmosphäre veröffentlicht Gutzkow Ende November 1832 anonym eine „Divination" über den kommenden württembergischen Landtag.[41] Die Autorschaft dieses Textes hat er 1835 zur Zeit der Menzelschen Polemiken anerkannt.[42] In dieser Schrift zieht Gutzkow die traurige Bilanz der liberalen und radikalen Rückschläge seit den repressiven Bundesbeschlüssen vom

Sommer 1832. Wegen dieser Rückschläge scheint ihm die Einheit der gemäßigten Kräfte, die er symptomatisch für den „deutschen" Liberalismus nennt, und der radikalen Kräfte, die für ihn den „französischen" Liberalismus bilden, besonders notwendig.

Der „deutsche" Liberalismus ist, so Gutzkow, hauptsächlich die Sache von Dichtern, Literaten und Professoren an der Universität Tübingen, die alle schon ziemlich alt sind. Auf dieser „schwachen Seite"[43] des württembergischen Liberalismus sieht Gutzkow Uhland, einen ehrlichen, aber in der Vergangenheit versunkenen Dichter und Gelehrten, und Paul Pfizer, der in einer sentimentalen Religiosität gefangen bleibe, die politisch zu nichts führen kann. Die Radikalen des „französischen" Liberalismus schätzt er sicherlich höher als diese „schwache Seite": Meistens sind es junge Anwälte und Journalisten aus Stuttgart, die vom „Hochwächter", den Handwerkern der Stadt und einem Teil der Bauern unterstützt werden. Ihr Hauptvertreter ist Christian Albert Schott[44], den Gutzkow nachdrücklich lobt.

Gutzkow kritisiert jedoch sowohl die Radikalen als auch die Gemäßigten in einem Punkt: Sie lägen alle vollkommen falsch, wenn sie der Reaktion auf einem Terrain entgegentreten wollen, das diese seit 1815 zu ihrem Vorteil organisiert hat, dem der Beziehungen zwischen den einzelnen deutschen Staaten und dem Deutschen Bund. Es sei daher notwendig, den antidespotischen Kampf auf der Ebene der Einzelstaaten zu organisieren, da der Bundesdespotismus nichts anderes sei als die Summe der lokalen Despotien. Diese zu schwächen bedeute also, den Bundesdespotismus zu schwächen, indem man ihm seine sicherste Grundlage entzieht. Der Deutsche Bund werde dann, so Gutzkow, im Laufe der Zeit einem einheitlich-demokratischen Nationalstaat weichen. Das Wort „Republik" wird nicht ausdrücklich geschrieben, aber darum geht es sicherlich.

Dem Anschein nach kann Gutzkows Position als die eines vorsichtigen Rückzugs auf den lokalen Kampf verstanden werden. In der Tat ist aber diese Stellungnahme radikal und könnte unter Umständen revolutionär werden, da sie den Despotismus an seiner Wurzel – etymologisch: radikal – bekämpft, also dem monarchischen Prinzip in jedem einzelnen deutschen Staat. Die Frage eines deutschen Nationalstaates und seiner Verfassung ist 1848/49 im Frankfurter Parlament noch einmal aufgetaucht, entweder im Sinne, nach Meinung der übergroßen Mehrheit, eines wiederherzustellenden germanischen Reichs oder, nach Meinung einer kleinen Minderheit, einer einheitlichen Republik nach dem französischen Muster von 1792 und 1848.

Höhnisch fordert Gutzkow die liberalen und radikalen Mitglieder des württembergischen Landtages auf, den illusorischen Scheinkampf gegen den Deutschen Bund in einem sinnlosen Bündnis mit dem König von Württemberg aufzugeben und sich auf den Kampf gegen den lokalen Despotismus eben dieses württembergischen Königs zu konzentrieren:

> Ihr getäuschten Demokraten, die ihr am Arm eurer Fürsten in den Tempel der Freiheit treten wolltet! Ihr beneidenswerthen Jakobiner, die ihr euren Großherzogen die rothe Mütze aufsetztet! Nicht die Fürsten mache man vom Bundestage frei, das wäre vergeb-

liche Mühe; sondern der heimischen Freiheit gebe man ihre Rechte, ihren stärksten Nach-
druck. Oder denkt man gar, die Zukunft werde befreite Könige, und nicht entfesselte
Völker brauchen![45]

Das Ende der „Divination" betrifft präzise den Landtagsabgeordneten Wolfgang
Menzel, der, so Gutzkow, der notwendigen Synthese zwischen Liberalismus
und Radikalismus fähig sein könnte. Diese Erwägung einer möglichen positiven
Rolle Menzels hat dazu geführt, dass man manchmal gemeint hat, Menzel wäre
der Verfasser der „Divination".[46] Aber an Menzel rühmt Gutzkow vielmehr den
festen und klugen Charakter als die politischen Positionen. Sein ziemlich zurück-
haltendes Lob für Menzel klingt anders als seine offene Begeisterung für Schott,
Lohbauer und den „Hochwächter", so dass man den Eindruck hat, Gutzkow
schreibe mit Vorbehalt für Menzel und die großen Cottaschen Zeitungen, aber
denke und fühle mit und für Schott, Lohbauer und den kleinen, mutigen „Hochwächter".

Die „Briefe eines Narren an deine Närrin" wurden mit einigen
Abschwächungen in die 1845–1852 und 1873–1876 erschienenen Werke
Gutzkows aufgenommen. Die „Briefe aus dem Reisetagebuch des jüngsten
Anacharsis" gingen in die Werkausgabe von 1873–1876 ein. Aber die drei anderen
oben zitierten Texte (Korrespondenzen im „Hesperus", Artikel in Rottecks
„Annalen" und „Divination") wurden dreimal „vergessen": In Gutzkows Büchern
der 1830er Jahre, in den von ihm selbst herausgegebenen „Gesammelten" Werken
von 1845–1852 und 1873–1876 und in den drei „Ausgewählten" Sammlungen
seiner Schriften, die am Anfang des 20. Jahrhunderts erschienen sind.[47] Das seit
den 1990er Jahren erarbeitete, zugleich digitale und gedruckte „Gutzkow Editionsprojekt" hat eine „Schriften zur Politik und Gesellschaft" betitelte Abteilung vor-
gesehen, in der diese Texte ihren Platz sicherlich finden werden.[48]

Die Orientierung des jungen Gutzkow an einem Liberalismus mit radikalen
und republikanischen Tendenzen bildete 1979 in meiner Habilitationsschrift den Ausgangspunkt eines Versuchs, das Junge Deutschland als eine
intellektuelle Scheinrevolution zu interpretieren, nach dem Scheitern der wirklichen politischen Revolution in Deutschland von 1830 bis Sommer 1832: als
eine „kompensatorische", ideologische und literarische Revolution oder als eine
Art Ersatz für eine versäumte oder misslungene politische Revolution. Über den
exemplarischen Fall Gutzkows und des Jungen Deutschlands hinaus schien mir
dieses Schema mit einigen Varianten zu früheren (bei Schiller, Fichte, Hölderlin
und Elementen der Romantik) sowie späteren (hauptsächlich bei Heine und im
Jung- oder Linkshegelianismus) politischen und intellektuellen Konstellationen
zuzutreffen, bis zum jungen Marx und seiner ersten Formulierung dessen, was
1845 in der bis 1932 unveröffentlicht gebliebenen „Deutsche[n] Ideologie" als
„historischer Materialismus" bezeichnet worden ist.[49]

Gutzkow, das Junge Deutschland und Heine

In Gutzkows Beschreibung der deutschen Gegenwartsliteratur im Artikel von 1838/39 nehmen seine Kollegen des Jungen Deutschlands den Löwenanteil ein. Aber sie sind nicht diejenigen, die die positivsten Urteile erhalten: ein häufiges Phänomen, dass die nächsten Nachbarn nicht unbedingt die beliebtesten sind. Hinzu kommt, dass Gutzkow in einer repressiven Zeit vielleicht hoffen kann, sein eigenes Schicksal könne durch die Distanzierung von seinen vermeintlichen Genossen und durch die Betonung des „künstlichen" und bloß „polizeilichen" Charakters des Jungen Deutschlands gelindert werden.

Innerhalb des Jungen Deutschlands im breiteren Sinne, das über die Gruppe der Ende 1835 verbotenen Autoren weit hinausgeht, erwähnt Gutzkow ein weibliches Element, das sich zum Teil mit dem französischen Saint-Simonismus deckt, um das sehr allgemeine Thema der „Emanzipation des Fleisches und der Frau", einem Thema, von dem Gutzkow, sich hier auch wahrscheinlich aus taktischen Gründen, mehrfach und deutlich distanziert. Es war, so Gutzkow, vor allem Rahel Varnhagen[50], die in ihrem Berliner Salon Bezüge zum Saint-Simonismus herstellte. Was Bettina Brentano[51] betrifft, so schwankte sie zwischen einer wirklich kreativen Freiheit und einer Mythomanie, insbesondere in ihrem Verhältnis zu Goethe. Die Freiheit in allen Bereichen, die diese beiden Frauenfiguren charakterisiert, findet ihren radikalen und tragischen Ausdruck, so Gutzkow, im Selbstmord der Charlotte Stieglitz, die ihrem Ehemann Heinrich[52] die schöpferische Inspiration zurückgeben wollte, einem Selbstmord, ohne den Gutzkow, so schreibt er zumindest, seine „Wally" – die Gestalt sowie das Buch – nie hätte schaffen können.

Es sind vorwiegend die Gutzkow literarisch am nächsten stehenden Laube[53] und Mundt[54], die die Gutzkowsche Selbstkritik des Jungen Deutschlands zu ertragen haben. Handelt Gutzkow hier in dem Willen, sich von einem lästigen Teil seiner eigenen Vergangenheit zu befreien, oder versucht er, zwei aktive Konkurrenten literarisch zu diskreditieren? Oder legt er hier vielleicht bewusst ein vorsichtiges Verhalten gegenüber der bestehenden Ordnung an den Tag, indem der Gruppeneffekt gebrochen wird, der mit der polizeilichen Zensurbezeichnung Junges Deutschland heraufbeschworen worden war?

Diese letzte Hypothese ist jedoch sehr fragwürdig, da Gutzkow in seinem Artikel ausdrücklich betont, dass das, was ihn von Laube und Mundt grundsätzlich unterscheidet, gerade seine Treue zum politischen Ideal der Jahre 1830–1832 sei. Laube tut es umgekehrt, zumindest in seinem von Gutzkow angebotenen Porträt als eine Renegatenfigur, die immerfort bestrebt war, die eigene Karriere bestmöglich zu fördern. Und Mundt versah Gutzkow in seinem Text mit dem Profil eines mittelmäßigen Intellektuellen, der in seinen Studien lange eingesperrt bleibt, mit seiner ziemlich schlecht verstandenen Hegelschen Philosophie[55] spielt und unfähig ist, die sozial-politische Wirklichkeit, ja sogar jede Wirklichkeit zu erfassen.

Ludolf Wienbarg[56], Gutzkows treuer Partner im sofort unterdrückten Unternehmen, eine „Deutsche Revue" nach dem Muster der Pariser „Revue des deux

Mondes" zu gründen, wird von Gutzkow besser behandelt als Laube und Mundt. Gutzkow betont die Aufrichtigkeit Wienbargs gegenüber den echt demokratischen Komponenten der Burschenschaft. Der Fehler Wienbargs ist, laut Gutzkow, das mangelnde Beharren in einer Universalkritik, die vorher von Menzel im Sinne der politischen Reaktion fehlgeleitet worden ist. Abschließend erscheint Gustav Kühne[57] als das, was man in der nordamerikanischen Filmkultur einen *underdog* nennt. Durch die Erwähnung des Vorschlags Kühnes, den großen Namen Heines im Jungen Deutschland durch seinen eigenen kleineren zu ersetzen, kehrt Gutzkow zur polizeilichen, „künstlichen", ja sogar lächerlichen Natur des Jungen Deutschlands zurück.

Die literarische Unterdrückung des Jungen Deutschlands 1835/36 kam tatsächlich marginalerweise zu einer früheren – im Sommer 1832 – und wichtigeren Unterdrückung auf politischem Boden hinzu, die die Presse, die Universitäten, die politischen Vereinigungen und die parlamentarischen Institutionen der Verfassungsstaaten betraf und sie dazu zwang, sich den beiden absolutistischen Mächten Österreich und Preußen zu unterwerfen, und das trotz der illusorischen, von Gutzkow schon 1831/32 hellsichtig in Frage gestellten Hoffnung einer möglichen liberalen Konstitutionalisierung der preußischen Monarchie.

Gutzkows negative Urteile über Laube und Mundt beruhen hauptsächlich auf einer Konfrontation dieser beiden Autoren mit Heine, indem dieser als ein literarisches Modell aufgestellt wird. Gutzkow beschreibt Laube als einen oberflächlichen Schriftsteller, der Heine nachahmt, ohne dessen subtile Anmut zu besitzen: Was Heine auf eine lapidare Weise ausdrückt, werde bei Laube „zu einer seitenlangen Orgie" von Worten, und „eine Tauperle bei Heine wurde ein Zuber bei Laube".[58] Dieser häuft in seinem „Neuen Jahrhundert" Heinesche Ausdrücke an. Im „Jungen Europa" stellt Gutzkow pädagogisch-ironisch einen winzigen „Fortschritt" fest, der auf der wiederholten Nachahmung Heines fußt, dessen Elan jedoch bei Laube der Verwässerung weicht. Was die „Reisenovellen"[59] betrifft, erscheint die stete Nachahmung Heines als ein vulgäres Zerrbild.

Was Mundt und seine abstrakte Trockenheit als Berliner Hegel-Schüler betrifft, so Gutzkow, besteht seine Hauptschwäche darin, die Bedeutung Heines für die neue Literatur nicht zu begreifen. Mundts Urteil über Heines Prosa[60] ist laut Gutzkow ein Zeichen seines Missverständnisses dieses außergewöhnlichen Phänomens. Die lyrische und prosaische Neuheit Heines soll für Gutzkow die Propädeutik der neuen literarischen Welt bilden, die Mundt im Auge hat, wobei Heine nicht die Neuheit an sich ist, sondern die Öffnung, die den Zugang zu dieser Neuheit möglich macht. Die Funktion Heines als einer Brücke oder einer Tür zwischen der alten und der neuen literarischen Welt hat Mundt nicht fassen können, weil er, wie jeder gute Schüler, alles versteht, so Gutzkow, nur nicht das Wesentliche.

Sein Lob als außergewöhnliches literarisches Phänomen und als Vorbote einer neuen Literatur hätte Heine zufrieden stellen sollen. Laut Gutzkow hat Heine die allzu archaische und oberflächliche Lyrik der Schwäbischen Dichter auf eine gemäßigte Weise kritisiert, ohne sie abzuwerten: Nochmals Lob also, zumal Gutzkow im Teil seines Artikels über die Lyrik ein Urteil über dieselbe Schule fällt, das von dem Heines nicht sehr verschieden ist, indem beide im Grunde einem zeitgenössischen Urteil Goethes ähnlich sind.

Zu Beginn des Teils über Mundt im Artikel von 1838/39 erinnert Gutzkow an die Abhandlung „Goethe, Uhland und Prometheus", die er am 4. Februar 1835 im „Literaturblatt" zum „Phönix" bei Gelegenheit einer Ausgabe des Briefwechsels zwischen Goethe und seinem Freund Zelter anonym erscheinen ließ.[61] Diesen Artikel hat er 1836 mit einigen Veränderungen in seine „Beiträge zur Geschichte der neuesten Literatur" aufgenommen.[62] In diesem Artikel wies Gutzkow auf die Goethesche Formel vom „sittig-religiös-poetischen Bettlermantel"[63] (Goethes Brief an Zelter vom 4. Oktober 1831) der schwäbischen Dichterschule hin, die merkwürdigerweise von der Formel verschieden ist, die er im Artikel von 1838/39 wiederaufnimmt und zitiert: Da ist von einem „sittlich-religiös-patriotische[n] Bettlermantel" die Rede, „welchen Göthe der Uhland'schen Poesie umwarf".[64] Also „patriotisch" bei Gutzkow statt „poetisch" bei Goethe: Vielleicht wird hier die ganze Frage der „Kunstperiode" in zwei kleinen Wörtern zusammengefasst.

Über diese zugleich archaische und oberflächliche Schwäbische Dichterschule, über die Heine und Gutzkow im Grunde einig waren, entstand jedoch ein erster Streit zwischen Heine und Gutzkow sowie mit Campe, dem klugen Verleger beider Schriftsteller. Heine warf Campe und Gutzkow vor, seinen „Schwabenspiegel" im „Jahrbuch der Literatur" in verstümmelter Form veröffentlicht zu haben (vgl. B V, 69 ff.). Dahinter war vielleicht, so Heine, noch einmal die Hand Menzels zu erblicken, der den Ruf seiner württembergischen Freunde, der schwäbischen Dichter verteidigt hätte. Und er hätte darauf umso mehr geachtet, als einige dieser Dichter wie Menzel selbst in Württemberg als Landtagsabgeordnete eine nicht unwichtige politische Rolle hatten oder, wie Gustav Schwab, seit langem für die Menzelsche Literaturbeilage des „Morgenblatts" arbeiteten.

Heines Meinung nach war also die Verstümmelung seines „Schwabenspiegels" nicht staatlicher, sondern verlagsinterner Art, als Resultat der bösartigen Tätigkeit Campes und Gutzkows, wobei es unklar war, wer von den beiden den anderen beeinflusste, ob der eine und/oder der andere Instrument(e) einer Menzelschen Intrige war(en). Diese dunkle Affäre des „Schwabenspiegels" war nur ein Schritt in Richtung einer tieferen und wichtigeren Konfrontation, die vielleicht von Campe selbst zwischen seinen beiden Spitzen- oder Starautoren inszeniert wurde, nämlich über ihre jeweiligen Börne-Biographien, die fast zugleich bei Campe erschienen waren. Dieser Heine-Gutzkow Konflikt um Börne geht sicherlich tiefer und weiter als der um den von Heine diesen Dichtern vorgehaltenen „Spiegel".[65]

Gutzkow, die Junghegelianer, Heine, und die Romantik

In „Vergangenheit und Gegenwart", seinem Tableau der deutschen Literatur seit 1830, geht Gutzkow zuletzt auf den Bereich ein, der ihm am stärksten am Herzen liegt, die Literaturkritik. Er bedauert ihren fast allgemeinen Mangel an Objektivität sowie das Phänomen der „Cliquen", die zu einem bedauerlichen Mangel an

Vertrauen bei den Lesern geführt hat. Die einzige Hoffnung auf eine Erneuerung der Kritik will Gutzkow bei jungen Elementen der Hegelschen Schule erblicken, die die am meisten vernachlässigte Seite des Hegelschen Systems kultivieren, nämlich die Ästhetik. In dieser Hinsicht zitiert Gutzkow Hotho und Rosenkranz, die „Autoritäten" seien, aber auch Vischer, Schlesier, Ruge und Echtermeyer.[66]

Dieses scheinbar erstaunliche Lob der Hegelschen Schule überschneidet sich mit der allgemeineren und wichtigeren Frage des Verhältnisses Gutzkows zur Hegelschen Philosophie, vor allem auf politischer Ebene, wo Hegel, wie wir oben sahen, mal durch eine Art struktureller Homologie als ein Ideologe des preußischen Konservatismus, mal als ein Element in der Entwicklung eines kritischen Denkens erscheint, das die bestehende Ordnung in Frage stellen könnte. Auch im Hinblick auf Hegels politische Zweideutigkeit kann man also sagen, dass Gutzkow Heine ziemlich nahe steht. Der Konflikt zwischen beiden Männern 1839/40 ist also vielmehr ein Konflikt des literarischen Ehrgeizes als ein tiefer, intellektueller und politischer Konflikt.

Über den Heine-Gutzkow-Konflikt hinaus betrifft die Beziehung Gutzkows zur Hegelschen Philosophie zugleich seine Beziehung zum Links- oder Junghegelianismus, die vorwiegend eine Konkurrenz-Beziehung ist, da die „Hallischen Jahrbücher" von Ruge, 1838 gegründet, und Gutzkows „Telegraph für Deutschland" in Hamburg, auch ab 1838 erschienen, fast dasselbe Publikum hatten oder zumindest fast um dasselbe gebildete Publikum warben.

Am 13. Januar 1836 wurde Gutzkow in Mannheim (Baden), dem Erscheinungsort seiner „Wally", zu einem Monat Gefängnis verurteilt wegen „Untergrabung" der christlichen Religion und der Sittlichkeit. Im Gefängnis verfasste Gutzkow hastig ein „Zur Philosophie der Geschichte" betiteltes Buch, aber ohne die notwendigen Referenzen bei der Hand zu haben. Daher rührt das oft Verschwommene und Unpräzise in der Argumentation, was ohnehin ein Charakteristikum der schnellen Arbeitsweise Gutzkows war.

In der Neuauflage des Buches im Jahre 1845 unter dem scheinbar jung-hegelianischen[67] neuen Titel „Philosophie der Tat und des Ereignisses" hat Gutzkow den Vorsprung von fünf Jahren unterstrichen, den seine eigene Auffassung einer liberalen, ja sogar revolutionären Interpretation der Philosophie Hegels gegenüber der Auffassung des Linkshegelianismus habe und betont, dass seine eigene Interpretation der Hegelschen Philosophie dem Linkshegelianismus sozusagen den Weg geöffnet habe:

> Dies Alles wurde geschrieben v o r Ruge, v o r Feuerbach und v o r den Bauer [Bruno und seinem Bruder Edgar; L.C.]. Nichtsdestoweniger haben die Hallischen Jahrbücher vornehm auf den Verfasser herabgesehen, der jungdeutschen Literatur unphilosophischen und prinzipienlosen Dilettantismus, abstraktes Literatenthum, wie sie es nannten, vorgeworfen. Feuerbach's Theorie, das Menschenthum in seiner Tiefe und Schöne zum Maßstabe unserer Gotterkenntniß zu machen, lag fünf Jahre vor dem Hervortreten der neusten Entwicklungen der Hegel'schen Philosophie in diesem Buche ausgesprochen. Ich sage das nicht, um mich zu rühmen, sondern lege nur ein Gewicht – in die Wagschale der Gerechtigkeit.[68]

Wie Gutzkow bemerkt, sind zwei Grundpfeiler des antitheologischen und antichristlichen Junghegelianismus, „Das Wesen des Christentums" von Feuerbach und „Die Posaune des Jüngsten Gerichts" von Bruno Bauer 1841 erschienen, also genau fünf Jahre nach seinem eigenen Buch „Zur Philosophie der Geschichte". Über die vielschichtige Frage der Beziehungen zwischen dem Jungen Deutschland und dem Junghegelianismus war 1972 eine interessante wissenschaftliche Arbeit bahnbrechend.[69] Aber viel früher schon wurde dieselbe Frage vom französischen Universitätsprofessor, Kritiker und Politiker Saint-René Taillandier in seinen Rezensionenin der „Revue des Deux Mondes" erörtert, besonders 1844, unter dem Titel „De la littérature politique en Allemagne" [„Über die politische Literatur in Deutschland"], über Wienbarg, Gutzkow, Feuerbach und Ruge, die dort also als ein Ganzes betrachtet und behandelt wurden. Taillandier behauptete, das Junge Deutschland und der Junghegelianismus seien in der Tat eine und dieselbe Ideenbewegung im doppelten Bereich der Literatur, vorwiegend für das Junge Deutschland, und der Philosophie, besonders für den Junghegelianismus, aber die journalistische Rivalität zwischen den beiden führe zur Auflösung des schwächeren Jungen Deutschlands.[70]

Nun stellt sich die Frage, ob die Gutzkowsche Schilderung des durchaus negativen Charakters der Urteile des Junghegelianismus über das Junge Deutschland („prinzipienlose[r] Dilettantismus, abstraktes Literatentum") der Wirklichkeit der Texte entspricht. In dieser Hinsicht sind die von Arnold Ruge veröffentlichten Kritiken besonders charakteristisch. Und sie vermitteln des Öfteren den Eindruck, dass Gutzkows Klage über die Negativität der junghegelschen Urteile über sein eigenes Schaffen und über das Junge Deutschland im Allgemeinen durchaus gerechtfertigt ist.

Am Ende eines Artikels über Friedrich von Gentz[71], den Geheimrat des österreichischen Kanzlers Metternich, bemerkt Ruge, dass Romantiker wie Friedrich Schlegel, Adam Müller oder Joseph Görres in ihren Laufbahnen als „Höflinge" den Weg nach München oder nach Wien immer schnell und leicht gefunden hätten, also zu den Hochburgen der politischen Reaktion im Deutschen Bund und in ganz Europa, und dass das scheinbar „aufgeklärte" Preußen mit seinen vielen „Staats- und Kirchendiernern" diesem Phänomen leider nicht fremd geblieben sei. Für Ruge ist also die Gleichsetzung der deutschen Romantik mit der politischen Reaktion vollkommen zutreffend.

In einem weiteren Artikel über „Die romantischen Generationen"[72] kommt Ruge auf die seines Erachtens negative Kontinuität einer deutschen Romantik im breitesten Sinne zu sprechen, vom „Sturm und Drang" der 1770er Jahre bis zu den 1830er Jahren, also während der ganzen später sogenannten „Goethezeit". Und die eigentliche Romantik der 1830er Jahre erblickt er seltsamerweise im Jungen Deutschland, das seiner Meinung nach den „Neuschellingianern" und den „Hegelianern mit dem romantischen Zopf" nah steht, also den Rechtshegelianern, während Hegel selbst bis zu seinem Tod 1831 immer wieder versucht habe, ein gewisses Gleichgewicht zwischen seiner rational-liberalen und seiner romantisch-reaktionären Seite aufrecht zu erhalten.

Das negative Urteil Ruges über ein in die romantische Reaktion und den Rechtshegelianismus „mit dem romantischen Zopf" assimiliertes Junges Deutschland findet sich in seiner Rezension von Gutzkows 1839 veröffentlichtem Roman „Blasedow und seine Söhne" wieder.[73] Ruge sieht in diesem „satirischen" Roman ein Produkt der oberflächlichen Literatur der Periode. Er betont die übertriebene Subtilität der „Witze" – ein typisch romantisches Schlagwort – Gutzkows, also eines deutschen „Literaten", dessen *à la mode* Stil gar nicht die Wirklichkeit der jetzigen Welt in Frage stellt, sondern sich damit begnügt, seine eitle Ironie egoistisch zu bewundern.

Hier nimmt Ruge fast wörtlich die Kritik der Romantischen Ironie wieder auf, die von Hegel zuerst 1807 in der „Phänomenologie des Geistes" und später in seinen Berliner Vorlesungen über die Ästhetik sowie in seiner Rezension der postumen philosophischen Werke von Karl Wilhelm Ferdinand Solger (1780–1819) entwickelt wurde.[74] Das ironische Spiel des romantischen und jungdeutschen Geistes mit sich selbst, bei Friedrich Schlegel in den 1790er sowie bei Gutzkow in den 1830er Jahren, ist für Ruge der Ausdruck eines und desselben Unbehagens an der praktischen Wirklichkeit, die immer wieder aus den Augen verloren geht.

Die Rugesche Kritik der im Jungen Deutschland fortgeführten Romantischen Ironie betrifft auch Heine, besonders in zwei wichtigen Artikeln von 1838 und 1843. In seinen „Sämtlichen Werken" von 1847–1848 hat Ruge diese Artikel wiederaufgenommen, aber mit Beispielen aus den nach 1843 veröffentlichten Werken Heines, den „Neuen Gedichten", dem „Wintermärchen" und „Atta Troll", ergänzt.[75] Im Falle Heines konzentriert sich die Rugesche Kritik auf die „Schlusspointe", die die Heinesche Form des romantischen Witzes ist, also im Grunde nichts anderes als „Frivolität", „Lüge" und „Koketterie".[76]

Aber zur gleichen Zeit und auf eine scheinbar widersprüchliche Weise erkennt Ruge, dass Heine, mit seinem fast französischen „Blut" und seiner französischaufgeklärten Bildung in Düsseldorf und später auch durch die „gute Seite" der Philosophie Hegels in Berlin ein ausgezeichneter Feind der deutschen reaktionären Romantik gewesen ist. In diesem Sinne hat paradoxerweise der teilweise romantische Heinesche Witz gegen diese Romantik, die sich in der Person Menzels sozusagen versteinert hat, mit den leeren Formeln von Gott, der Moral und dem Vaterland, eine gute Arbeit geleistet, also einen ersten Sieg der Revolution gegen die Reaktion erreicht, da der Heinesche Witz, als Gegenstück zum romantischen, in der Literatur das repräsentiert, was die Revolution in der Politik ist.[77]

Gutzkows Artikel „Vergangenheit und Gegenwart" von 1838/39 endet mit einer Lobrede auf den heute fast vollkommen vergessenen Kritiker Alexander Jung (1799–1884), ab 1827 ein Hegel-Schüler, der 1837, so Gutzkow, ein Muster wirklich guter Literaturkritik geliefert hat. Fünf Jahre später, 1842, stellte ein anderes Buch von Jung, der vom Hegelianer und Ästhetik-Spezialisten Rosenkranz stets unterstützt wurde, die Fortsetzung des Buches von 1837 dar.[78] Dieses Buch von 1842 erfuhr jedoch im Juli 1842 in den „Deutschen Jahrbüchern" von Ruge, dem Hauptorgan des Junghegelianismus, eine durchaus negative Kritik. Diese Kritik hatte ein gewisser Friedrich Oswald geschrieben, ein Pseudonym für den damals sehr jungen Friedrich Engels, den späteren Lebensfreund von Karl Marx.

Oswald/Engels warf Jung vor, die politische Bewegung seiner Zeit und besonders den Linkshegelianismus zu ignorieren und an den überholten „Neuheiten" des nicht mehr Jungen Deutschlands festzuhalten, z. B an einem neuen Theaterstück Gutzkows, einem neuerschienenen Roman Mundts oder einer kuriosen Veröffentlichung Laubes.[79] Gerade zu der Zeit, als er dies schrieb, hatte Engels seine dreijährige Journalistenlehre (von 1839 bis 1841) beim Gutzkowschen „Telegraph[en] für Deutschland" in Hamburg abgeschlossen.[80] Zu dieser Zeit vollzog sich also der rasche Übergang des jungen Engels vom alternden Jungen Deutschland mit Gutzkow und dem „Telegraph[en]" zum Mode gewordenen Junghegelianismus mit den „Deutschen Jahrbüchern" und dem hyperaktiven Ruge.

Was den Gutzkow stets treu gebliebenen Alexander Jung betrifft, so bemühte er sich in einem 1848 erschienenen Buch über Hölderlin und einem weiteren 1854 über Goethe, die angebliche Kluft zwischen dem Jungen Deutschland und der deutschen Klassik zu überbrücken, wie es Gutzkow schon 1836 mit seinem Goethe-Buch versucht hatte. Und 1856 veröffentlichte er eine Laudatio auf Gutzkow und seinen Roman „Die Ritter vom Geiste".[81]

Durch den Fall von Jung kann man dessen gewahr werden, dass Gutzkow dem Phänomen der literarischen „Cliquen", deren Macht er im Artikel von 1838/39 beklagt, nicht so fremd war, wie er sagt, und dass er sich sogar manchmal selbst im Zentrum einer dieser „Cliquen" befinden konnte. Aber die Gutzkowsche „Clique" schien 1842 ziemlich zersplittert: Ruge, Echtermeyer und Engels auf der einen, modernen, radikalen und linkshegelianischen Seite, und Gutzkow, Rosenkranz und Jung auf der anderen, schon altmodischen, jungdeutschen und gemäßigten Seite, wobei die Trennung nicht zwischen Hegelianern und Nichthegelianern verlief, da alle Teilnehmer mehr oder weniger Hegelianer waren.

Im Artikel von 1838/39 lässt Gutzkow noch eine deutliche Lobrede auf diese „Clique" von mehr oder weniger patentierten Hegelianern hören. Die Auflösung dieser Gutzkowschen „Clique" mit hegelianischer Ausrichtung geschah erst etwas später und war mit der großen politischen und ideologischen Metamorphose Deutschlands ab 1840 verbunden, mit der Ankunft des neuen Königs Friedrich Wilhelms IV. auf dem preußischen Thron, dem Ende des seit 1837/38 andauernden Konflikts zwischen dem preußischen Staat und der rheinischen katholischen Kirche, der diplomatischen deutsch-französischen Krise über die Rheinfrage und der Radikalisierung, mit rasch aufeinander folgenden Spaltungen, innerhalb der ihren Einfluss schnell verlierenden Hegelschen Schule.[82]

Büchner: ein weiteres „Vergessen"?

Neben der „Auslassung" seiner eigenen radikalen und antipreußischen Texte des
Jahres 1832 muss im Panorama, das Gutzkow 1838/39 von der deutschen Literatur
seit der Julirevolution gibt, eine weitere „Auslassung" bemerkt werden. Es geht um
das seltsame „Vergessen" Georg Büchners, das dem Stolz Gutzkows darauf, am
11. Juli 1835 im „Phönix" als erster Kritiker Büchner zitiert und gelobt zu haben,
widerspricht. Dieses Vergessen ist umso merkwürdiger, als Gutzkow Anfang 1835,
also kurz vor dem Verbot des Jungen Deutschlands, Büchner dazu ermutigt hatte,
sein Drama „Dantons Tod" so schnell wie möglich zu veröffentlichen.

Das „Vergessen" seiner eigenen politischen radikalen Texte von 1832 sowie
von Büchners „Dantons Tod" sind sicherlich nicht das Ergebnis von Leicht-
fertigkeit, die bei einer so gut organisierten und so ehrgeizigen Persönlichkeit
wie Gutzkow sehr überraschend wäre. Viel wahrscheinlicher sind beide „Ver-
säumnisse" bei Gutzkow das Ergebnis des politischen Kalküls, seinen eigenen
Radikalismus beiseite zu schieben, wenn er auch im Artikel vom 11. Juli
1835 im „Phönix" schon vorsichtig geschrieben hatte, er ziehe die moderaten
Girondisten den Dantonisten und diese den radikalen Anhängern Robespierres
vor. Dabei zitierte Gutzkow drei politisch voneinander verschiedene französische
Strömungen, die alle drei an der Französischen Revolution beteiligt waren,
was für die damaligen restaurativen deutschen Autoritäten, auch im liberalen
badischen und württembergischen Süden, an sich das Zeichen eines unerträglichen
republikanisch-revolutionären Geistes war.

Und diese sorgfältige Beseitigung der Spuren und Zeichen seines eigenen
politischen Radikalismus mit dem Ziel, seiner Laufbahn ein Mindestmaß an Sicherheit und Komfort zu verleihen, steht 1838/39 am Ende der Hauptschwierigkeiten
der Jahre 1835 und 1836, also der jungdeutschen „Katastrophe", und in einer immer
noch beängstigenden Situation der Zensur, die bis 1843 zumindest in Preußen
andauern sollte. Zweifellos müssen diese politischen „Versehen" der Sorge um eine
literarisch-politische Ehrwürdigkeit zugeschrieben werden, die Gutzkow am Ende
seines Artikels „Vergangenheit und Gegenwart" von 1838/39 zum Ausdruck bringt,
wenn er die Literatur und die Literaturkritik als eine autonome Sphäre beschreibt,
die den Launen der politischen Welt fremd und überlegen sei und bleiben solle.[83]

Diese so „klassisch" wie möglich gemeinte Vorstellung fasst Gutzkow in
einer Anspielung auf das alte und ruhige Ägypten zusammen: Man müsse die
Literatur so vorsichtig behandeln, als wäre sie ein archäologisches und köstliches
Element aus dem alten Ägyptenlande. Dies widerspricht durchaus seiner eigenen
Definition, auch manchmal noch, aber auf eine schon gedämpfte Weise, im
Artikel von 1838/39, und der allgemeinen jungdeutschen Definition einer neuen
und „jungen" Literatur, einer Literatur der „Bewegung", die mit ihrer Zeit so eng
wie möglich verbunden sei und sich an ihren Debatten und Konflikten, auch den
politischen und sozialen, beteilige. Diese Vorstellung wird im Übrigen heute noch
fast automatisch dem Jungen Deutschland zugeschrieben, vor allem von denen,
die keine einzige Zeile von Gutzkow, Laube, Mundt, Wienbarg und Kühne gelesen

haben, sondern nur eine schnelle und allzu schematische Zusammenfassung ihrer „Tendenz" in irgendeiner deutschen Literaturgeschichte, wenn diese von ihnen noch etwas sagt.

Anmerkungen

1 Franz Mehring: Karl Gutzkow. – In: Die Neue Zeit. Wochenschrift der deutschen Sozialdemokratie 29 (1910/11), Bd. 1, S. 889–895. Zit. n ders.: Gesammelte Schriften. Bd. 10: Aufsätze zur deutschen Literatur von Klopstock bis Weerth. Berlin 1961, S. 351–359, hier S. 358. Franz Mehring (1846–1919) stammte aus der liberalen Bourgeoisie, wurde Kolumnist der sozialdemokratischen Zeitschrift „Die Neue Zeit", später Mitbegründer der Spartakusgruppe und der kommunistischen Partei (KPD). Er hat Biographien von Lessing, Heine und Marx verfasst. Ich danke Christian Liedtke herzlich für seine wertvolle Hilfe bei der Redaktion dieses Artikels.

2 Karl Gutzkow: Vergangenheit und Gegenwart. 1830–1838. – In: Jahrbuch der Literatur. 1. Jg. Hamburg 1839, S. 1–110. Reprint Frankfurt a. M. 1971. Vgl. demnächst auch ders.: Passé et présent. 1830–1838. Texte traduit de l'allemand, présenté et annoté, avec une chronologie, une bibliographie et des notices biographiques par Lucien Calvié. Paris 2023 (in Vorbereitung).

3 Vgl. Joachim Grimm: Karl Gutzkows Arrivierungsstrategie unter den Bedingungen der Zensur (1830–1847). Frankfurt a. M. 2010.

4 Vgl. Lucien Calvié: Le Soleil de la liberté. Henri Heine (1797–1856), l'Allemagne, la France et les révolutions. Paris 2006, S. 15–30; ders.: Heine, écrivain français putatif? – In: Recherches Germaniques. Hors-série 18: Identités littéraires franco-allemandes, dir. Maryse Staiber, Dirk Weissmann. Erscheint voraussichtlich 2023.

5 Gutzkow: Vergangenheit und Gegenwart [Anm. 2], S. 85.

6 Eitel Wolf Dobert: Karl Gutzkow und seine Zeit. Bern, München 1968, S. 114.

7 Gutzkow: Vergangenheit und Gegenwart [Anm. 2], S. 8.

8 Marc (genannt Saint-Marc) Girardin (1801–1873), 1830 Professor an der Sorbonne, 1833 vom Minister François Guizot mit einer Mission beauftragt, das Unterrichtswesen und die Universitäten in den deutschen Staaten betreffend, Mitarbeiter des liberalen „Journal des Débats" und der „Revue des deux Mondes" und Autor von Artikeln über das politische und intellektuelle Leben Deutschlands; Eduard Gans (1798–1839), Hegel-Schüler jüdischer Abstammung, 1825 zum Lutheranismus konvertiert, um Professor werden zu können. 1825, 1830 und 1835 unternahm er Frankreichreisen und entwickelte Interesse für den Saint-Simonismus. 1837 gab Gans die „Vorlesungen über die Philosophie der Geschichte" von Hegel heraus. Nach dem frühen Tod von Gans veröffentlichte Saint-Marc Girardin in der „Revue des Deux Mondes" (Bd. 20 [1839], S. 689–707) einen langen Nekrolog, in dem er Gans' „Rückblicke auf Personen und Zustände", seinen eigenen Aufenthalt in Berlin 1830 und seine freundschaftliche Beziehung zu Gans herzlich kommentierte.

9 Gutzkow: Vergangenheit und Gegenwart [Anm. 2], S. 8.

10 Dem Theoretiker Claude-Henri de Rouvroy, comte de Saint-Simon (1760–1825) folgend verband der Saint-Simonismus die Emanzipationsidee mit dem Solidaritätsgefühl. Um 1830 organisierte sich der Saint-Simonismus in einer in Kapellen aufgeteilten Kirche, von denen einige mit Prosper Enfantin (1796–1864) auf der „Emanzipation des Fleisches und der Frau" bestanden, einer vom Jungen Deutschland wieder aufgenommenen Thematik.

11 Der Schriftsteller und Kritiker Théophile Gautier (1811–1872), ein guter Freund Heines in Paris, trug dazu bei, ab 1830–1832 die Werke von E. T. A. Hoffmann in Frankreich einzuführen, die bei Renduel erschienen, dem Verleger vieler romantischer Schriftsteller wie Victor Hugo, Gérard de Nerval oder Charles Nodier.

12 Gutzkow: Vergangenheit und Gegenwart [Anm. 2], S. 16.

13 Vgl. ebd., S. 17.

14 Karl Gutzkow: Ausgewählte Werke. Hrsg. v. Heinrich Hubert Houben. Leipzig o. J. Bd. 11, S. 16.

15 Vgl. Ludwig Börne: Menzel der Franzosenfresser und andere Schriften. Hrsg. u. eingel. v. Walter Hinderer. Frankfurt a. M. 1969. Über Menzel vgl. Lucien Calvié: Wolfgang Menzel ou la gallophagie comme passion. – In: Cahiers d'Études Germaniques 41 (2001), S. 117–128.

16 Wolfgang Menzel: Die deutsche Literatur. Erster und zweiter Teil. Reprographischer Druck der Ausgabe Stuttgart 1828. Nachwort v. Eva Becker. Hildesheim 1981.

17 Vgl. dazu Calvié: Le Soleil de la liberté [Anm. 4], S. 98–101 und 111–114.

18 Menzel: Die deutsche Literatur [Anm. 16], 2. Teil, S. 209–227.

19 Ludwig Börne: Sämtliche Schriften. Hrsg. v. Inge u. Peter Rippmann. Düsseldorf 1964–1968, Bd. 2, S. 838.

20 Über Heines vielschichtige Beziehung zu Goethe vgl. Calvié: Le Soleil de la liberté [Anm. 4], S. 89–159.

21 Vgl. Gutzkow: Vergangenheit und Gegenwart [Anm. 2], S. 26–29.

22 Zit. in: François Furet: Marx et la Révolution française. Suivi de Textes de Marx réunis, présentés, traduits par Lucien Calvié. Paris 1986, S. 148–149.

23 Vgl. Lucien Calvié: Les Intellectuels allemands, les réalités politiques allemandes et l'idée de révolution (1789–1844) – De la Révolution française aux débuts du marxisme. Thèse d'État, Université Paris III-Sorbonne Nouvelle 1979 (Microfiches, Lille 1984), über das Junge Deutschland S. 383–482, und ders.: Le Renard et les raisins. La Révolution française et les intellectuels allemands. 1789–1845 [1. Ausg. Paris 1989]. Édition revue et augmentée. Parthenay 2018, über das Junge Deutschland S. 185–211.

24 Vgl. Anonymus [Karl Gutzkow]: Berlin, vom 4. Septbr. 1831. – In: Hesperus. Encyclopädische Zeitschrift für gebildete Leser. Nr. 226, 21. September 1831, S. 901–903, hier S. 902. Eine Kopie der Artikel wurde mir freundlicherweise vom Cotta-Archiv im Deutschen Literaturarchiv Marbach zur Verfügung gestellt.

25 Paul Achatius Pfizer (1801–1867), württembergischer Jurist und Politiker; Gustav Pfizer (1807–1890), schwäbischer Dichter und Redakteur beim Cottaschen „Morgenblatt".

26 Vgl. Anonymus [Karl Gutzkow]: Über die historischen Bedingungen einer preußischen Verfassung. – In: Allgemeine politische Annalen. Neueste Folge, Bd. 10 (1832), S. 56–66. Eine Kopie wurde mir freundlicherweise vom Cotta-Archiv im Deutschen Literaturarchiv Marbach zur Verfügung gestellt. Karl Wenzeslaus von Rotteck (1775–1840) war ein liberaler badischer Politiker, Verfasser eines „Lehrbuch[s] des Vernunftrechts" und zusammen mit Welcker eines einflussreichen „Staatslexikon[s]".

27 Carl Theodor Welcker (1790–1869), Professor der Rechtswissenschaft, von 1822 bis 1832 an der Universität Freiburg im Breisgau und 1831 bis 1851 liberaler Abgeordneter in der zweiten badischen Kammer.

28 Vgl. [Gutzkow:] Über die historischen Bedingungen [Anm. 26], S. 60 f.

29 Vgl. Karl Gutzkow: Werke. Hrsg. v. Peter Müller. Leipzig, Wien o. J. [1911], Bd. 4, S. 88.

30 Erschienen in Nr. 104–107, 109–114, 117, 118, 120 und 123 des „Morgenblatts" vom 1. bis zum 23. Mai 1832. Eine Kopie wurde mir vom Cotta-Archiv im Deutschen Literaturarchiv Marbach zur Verfügung gestellt. Ab 1790 erschien eine deutsche Übersetzung des „Voyage du jeune Anacharsis en Grèce" von Jean-Jacques Barthélémy (1788). Diese Übersetzung, so Gutzkow, befand sich in der Bibliothek seines Berliner Gymnasiums. Vgl. Gutzkow: Werke [Anm. 29], Bd. 3, S. 414 f.

31 Börne: Sämtliche Schriften [Anm. 19], Bd. 1, S. 633.

32 Henrik/Heinrich Steffens (1773–1845), in Norwegen geboren, der deutschen Frühromantik (Novalis, Friedrich Schlegel) nahe stehend, Professor an der Universität Breslau, nahm 1813 am antinapoleonischen Krieg teil und wurde 1834 zum Rektor der Universität Berlin ernannt. Er verteidigte den orthodoxen Lutheranismus gegen das Junge Deutschland und besonders gegen Mundt.

33 Friedrich Ludwig Georg von Raumer (1781–1873), liberaler preußischer Beamter hohen Ranges, Professor für Geschichte an der Universität Berlin und Anhänger einer konstitutionellen Monarchie für Preußen. Über Gans vgl. Anm. 8.

34 Über die politische Lage Württembergs in den frühen 1830er Jahren folgt meine Darstellung dem Junghegelianer Edgar Bauer: Geschichte der constitutionellen und revolutionären Bewegungen im südlichen Deutschland 1831–1834. Bd. 3. Charlottenburg 1845.

35 Rudolf Lohbauer (1802–1873), ein aktiver Verleger und Journalist in Stuttgart.

36 Seit den Karlsbader Beschlüssen (1819) wurden Schriften mit einem Umfang von weniger als zwanzig Bogen einer Vorzensur unterworfen.

37 Paul Pfizer: Gedanken über das Ziel und die Aufgabe des deutschen Liberalismus. Tübingen 1832.

38 Anonymus [Friedrich Seybold]: Erinnerungen aus Paris im Jahre 1831. Von einem Süddeutschen. Stuttgart 1832. Ludwig Georg Friedrich Seybold (1783–1842) war ein republikanischer württembergischer Offizier, der sich im Juli 1830 in Paris befand und im Oktober 1832 in Württemberg zu sieben Monaten Gefängnis verurteilt wurde. Vgl. Rutger Booß: Ansichten der Revolution. Paris-Berichte deutscher Schriftsteller nach der Juli-Revolution. Köln 1977, S. 53–58, und Arthur Schielinsky: Zensur im Vormärz. Der Prozess gegen den württembergischen Schriftsteller Friedrich Seybold im Jahre 1832. Frankfurt a. M., Bern, New York 1983.

39 [Anonymus:] Stimmen aus Deutschland, Frankreich und England gegen die Bundestagsbeschlüsse vom 28. Juni 1832 oder Deutschlands Juli-Ordonnanzen. Straßburg 1832.

40 Vgl. Pierre Bertaux: Hölderlin und die Französische Revolution. Frankfurt a. M. 1969, S. 85–113. Pierre Bertaux, der meine Forschungsarbeit betreute, hat mich 1970 dazu getrieben, meine Arbeit über Gutzkow und das Junge Deutschland bergauf zur Periode 1789–1830 und bergab zu den 1840er Jahren bis zum jungen Marx so zu erweitern, dass aus einer geplanten thèse de Troisième cycle (Dissertation) eine thèse d'État (Habilitationsschrift) wurde (vgl. Anm. 23).

41 Anonymus [Karl Gutzkow]: Divination auf den nächsten württembergischen Landtag. Hanau 1832. Eine Kopie wurde mir freundlicherweise von der Württembergischen Landesbibliothek Stuttgart zur Verfügung gestellt.

42 Gutzkow: Werke [Anm. 29], Bd. 4, S. 102.

43 [Gutzkow:] Divination [Anm. 41], S. 18.

44 Albert Christian Friedrich Schott (1782–1861), württembergischer Jurist und Politiker, der in den 1820er Jahren den griechischen Unabhängigkeitskampf sehr aktiv unterstützt hatte.

45 [Gutzkow:] Divination [Anm. 41], S. 28.

46 Siehe Anm. 42.

47 Vgl. Gutzkows ausgewählte Werke in zwölf Bänden. Hrsg. v. Heinrich Hubert Houben. Leipzig o. J. [1908]; Gutzkows Werke. Auswahl in zwölf Teilen. Hrsg. v. Reinhold Gensel. Berlin, Leipzig, Wien o. J. [1910]; Gutzkow: Werke [Anm. 29]. Die Periode kurz vor dem Ersten Weltkrieg sah eine starke Entwicklung der Forschung über Gutzkow und das Junge Deutschland, vgl. Johannes Proelß: Das Junge Deutschland. Ein Buch deutscher Geistesgeschichte. Stuttgart 1892; Ludwig Geiger: Das Junge Deutschland und die preußische Zensur. Berlin 1900; Heinrich Hubert Houben: Gutzkow-Funde. Berlin 1901; Zeitschriften des Jungen Deutschlands. Hrsg. v. dems. Bd. 1. Berlin 1906, Bd. 2. Berlin 1909; ders.: Jungdeutscher Sturm und Drang. Leipzig 1911; ders.: Gutzkow als württembergischer Politiker. – In: Württembergische Vierteljahreshefte für Landesgeschichte. Neue Folge 20 (1911), S. 249–263. Vor 1914 erschien auch die thèse d'État des französischen Germanisten Joseph Dresch: Karl Gutzkow et la Jeune Allemagne. Paris 1904. Es ist meines Wissens die einzige französische Arbeit über Gutzkow und das Junge Deutschland, zusammen mit einem Teil meiner eigenen thèse d'État von 1979 (vgl. Anm. 23).

48 Vgl. Gutzkows Werke und Briefe. Kommentierte digitale und gedruckte Gesamtausgabe. Münster 2001 ff. Zu Konzeption und Stand des Vorhabens vgl. Martina Lauster: Gutzkows

Werke und Briefe, herausgegeben vom Editionsprojekt Karl Gutzkow. Ein Erfahrungs- und Werkstattbericht nach mehr als zwanzig Jahren. – In: HJb 59 (2020), S. 207–224. Vgl. auch meine Rezension des Eröffnungsbands dieser Ausgabe in Études Germaniques 62 (2007), S. 490–492.

49 Vgl. Anm. 23 und 40.

50 Rahel Varnhagen, geb. Levin (1771–1833), jüdischer Abstammung, war die Gattin von Karl August Varnhagen von Ense (1785–1858), dem ehemaligen und liberal gesinnten preußischen Botschafter in Karlsruhe (Baden), der Heine zu Beginn der 1820er Jahre in die Berliner literarischen Kreise eingeführt und die Texte seiner Frau nach ihrem Tod herausgegeben hatte.

51 Bettina Brentano (1785–1859), oft einfach „Bettina" genannt, Schwester des Dichters Clemens Brentano, heiratete 1811 einen Freund des letzteren, Achim von Arnim, der mit Brentano 1806–1808 die Volksliedersammlung „Des Knaben Wunderhorn" herausgegeben hatte. Nach Arnims Tod 1831 beschäftigte sie sich mit sozialen Fragen.

52 Charlotte Stieglitz (1806–1834), die Gattin von Heinrich Stieglitz (1801–1849), einem ab 1824 von Hegel beeinflussten und zum Lutheranismus konvertierten deutschen Dichter („Griechenlieder", 1823; „Stimmen der Zeit", 1832) jüdischer Abstammung. Charlotte hat sich selbst getötet, um das Genie ihres Mannes zu erwecken, das ihrer Ansicht nach eingeschlafen war.

53 Heinrich Laube (1806–1884), von 1826–1828 Mitglied einer Burschenschaft, später sympathisierte er mit der Julirevolution und dem polnischen Aufstand 1830/31. 1836 wurde er zu sieben Jahren Gefängnis verurteilt, die auf achtzehn Monate reduziert wurden. Er war ein aktiver Journalist und produktiver Verfasser von Romanen, Novellen, Theaterstücken und Kritiken.

54 Theodor Mundt (1808–1861), Student von Hegel in Berlin, 1832 Verfasser einer Schrift über „Die Einheit Deutschlands in politischer und ideeller Entwicklung " und 1849 einer Schrift über „Heine, Börne und das sogenannte Junge Deutschland", Autor von zahlreichen Romanen, Novellen und Literaturkritiken. 1848–1849 Professor an den Universitäten Breslau und Berlin. 1851 wurde er aus politischen Gründen zwangspensioniert.

55 Über Mundt und die Hegelsche Philosophie vgl. Walter Grupe: Mundts und Kühnes Verhältnis zu Hegel und seinen Gegnern. Halle 1928.

56 Christian Ludolf Wienbarg (1802–1872), Mitglied einer Burschenschaft, lehrte ab 1833 an der damals dänischen Universität Kiel. Bekanntlich sind seine „Ästhetischen Feldzüge" von 1834 „dem jungen Deutschland gewidmet". Vgl. Ludolf Wienbarg: Ästhetische Feldzüge. Mit einer Einleitung und Anmerkungen von Walter Dietze. Berlin, Weimar 1964, S. 1.

57 Ferdinand Gustav Kühne (1806–1888), Freund von Theodor Mundt und Mitarbeiter vieler Zeitungen und Zeitschriften, 1835 Autor des Romans „Eine Quarantäne im Irrenhause".

58 Gutzkow: Vergangenheit und Gegenwart [Anm. 2], S. 30. Zuber: ein großes Gefäß zum Baden oder Waschen, oft aber auch im Sinne von Abort oder Toilette.

59 Heinrich Laube: Das neue Jahrhundert. Bd. 1: Polen. Fürth 1833, Bd. 2: Politische Briefe. Leipzig 1833; ders.: Das junge Europa. 1. Die Poeten, 2. Die Krieger, 3. Die Bürger. Leipzig 1833 und Mannheim 1837; ders.: Reisenovellen. Bd. 1, 2 Leipzig 1834, Bd. 3–6 Mannheim 1836–1837.

60 Vgl. Theodor Mundt: Die Kunst der deutschen Prosa. Aesthetisch, literargeschichtlich, gesellschaftlich. Berlin 1837, S. 114 f., S. 415.

61 Vgl. Gutzkow: Vergangenheit und Gegenwart [Anm. 2], S. 55.

62 Vgl. Karl Gutzkow: Beiträge zur Geschichte der neuesten Literatur. Bd. 1. Stuttgart 1836, S. 57–66.

63 Briefwechsel zwischen Goethe und Zelter in den Jahren 1799 bis 1832. Hrsg. v. Friedrich Wilhelm Riemer. Sechster Teil. Berlin 1834, S. 306. Die Formel Goethes bezieht sich nicht auf Uhland selbst, sondern auf die ganze Schwäbische Dichterschule.

64 Gutzkow: Vergangenheit und Gegenwart [Anm. 2], S. 55.

65 Vgl. Eberhard Galley: Heine im literarischen Streit mit Gutzkow. Mit unbekannten Manuskripten aus Heines Nachlaß – In: HJb 5 (1966), S. 3–40; Hans Kaufmann: Die Denkschrift Ludwig Börne und ihre Stellung in Heines Werk. – In: Internationaler Heine-Kongreß 1972. Referate und Diskussionen. Hrsg. v. Manfred Windfuhr. Hamburg 1973, S. 178–189, und Martina Lauster: Nachwort. – In: Karl Gutzkow: Börne's Leben. Münster 2004, S. 207–243.

66 Heinrich Gustav Hotho (1802–1873), Hegelianer und Herausgeber von Hegels „Vor-lesungen über die Ästhetik". Johann Karl Friedrich Rosenkranz (1805–1879), Hegelianer und 1844 Verfasser der ersten Biographie von Hegel. Gustav Schlesier (1810–1881), Schriftsteller und Journalist, Mitarbeiter der Zeitschrift „Europa. Chronik der gebildeten Welt". Friedrich Theodor Vischer (1807–1887), Hegelianer, Theoretiker der Ästhetik und Mitarbeiter der „Hallischen Jahrbücher". Ernst Theodor Echtermeyer (1805–1844), Hegelianer und Spezialist der Ästhetik und der Literaturkritik. Arnold Ruge (1802–1880), als Mitglied einer radikalen studentischen Organisation von 1825 bis 1830 in Preußen inhaftiert, Linkshegelianer und zugleich Freund und Kritiker von Marx in Paris 1843–1845. Ruge und Echtermeyer gründeten 1838 die „Hallischen Jahrbücher", ab 1841 in Dresden als „Deutsche Jahrbücher" fortgeführt. Über Ruge vgl. Aux origines du couple franco-allemand. Critique du nationalisme et révolution démocratique avant 1848. Arnold Ruge. Textes traduits, présentés et annotés par Lucien Calvié. Toulouse 2004; Arnold Ruge: La Fondation de la démocratie en Allemagne. Texte présenté, traduit de l'allemand et annoté par Lucien Calvié. Grenoble 2021.

67 1838 hatte der polnische Adelige und Berliner Student (ab 1832) August von Cieszkowski (1814–1894) „Prolegomena zur Historiographie" veröffentlicht, in denen eine „Philosophie der Tat" dargelegt wurde, die als eine der Grundlagen des Linkshegelianismus als Kritik des Hegelschen Konservatismus oder Quietismus betrachtet wurde. In der neuen Überschrift seines eigenen Buches hat vielleicht der gut informierte Gutzkow an diesen merkwürdigen Ausdruck gedacht.

68 Karl Gutzkow: Gesammelte Werke. Frankfurt a. M. 1845, Bd. 4, S. 30.

69 Vgl. Udo Köster: Literarischer Radikalismus. Zeitbewußtsein und Geschichtsphilosophie in der Entwicklung vom Jungen Deutschland zur Hegelschen Linken. Frankfurt a. M. 1972.

70 Vgl. Saint-René Taillandier: De la littérature politique en Allemagne. – In: Revue des Deux Mondes. 1844, Bd. 5, S. 995–1040.

71 Vgl. Arnold Ruge: Sämtliche Werke. 2. Aufl. Mannheim 1847–1848, Bd. 1, S. 432–450.

72 Ebd., S. 451–454.

73 Ebd., Bd. 3, S. 128–146 (Hallische Jahrbücher für deutsche Wissenschaft und Kunst, 1.-5. Juni 1839).

74 Über die Kritik der romantischen Ironie bei Hegel und seinen Nachfolgern vgl. Jeffrey Reid: L'Anti-romantique. Hegel contre le romantisme ironique. Sainte-Foy 2007, und Lucien Calvié: Philosophie, littérature et politique. Le romantisme allemand et sa critique hégélienne. – In: Romantisme 182 (2018), S. 15–25.

75 Ruge: Sämtliche Werke [Anm. 71], Bd. 3, S. 3–38 und 39–60 (Heinrich Heine, charakterisiert nach seinen Schriften. In: Hallische Jahrbücher für deutsche Wissenschaft und Kunst, 29. Januar–1. und 2. Februar 1838, und: Die Frivolität. Erinnerung an Heinrich Heine. In: Deutsche Jahrbücher für Wissenschaft und Kunst, 19. Januar 1843).

76 Über die Ansicht von Heines Lyrik als Poesie der Lüge vgl. Alfred Opitz, Ernst-Ullrich Pinkert: Heine und das neue Geschlecht. Von der „Poesie der Lüge" zur „politischen Satire". Die Rezeption von Heines Lyrik in der Literaturkritik der Junghegelianer. 2. Aufl. München, Kopenhagen 1994.

77 Vgl. Ruge: Sämtliche Werke [Anm. 71], Bd. 3, S. 12.

78 Alexander Jung: Briefe über die neueste Literatur. Denkmale eines literarischen Verkehrs. Hamburg 1837; ders.; Vorlesungen über die moderne Literatur der Deutschen. Danzig 1842.

79 Marx-Engels: Werke. Bd. 1. Berlin 1970, S. 433–445, besonders S. 434.

80 Über die Beziehung zwischen Engels und Gutzkow vgl. Peter Demetz: Marx, Engels und die Dichter. Ein Kapitel deutscher Literaturgeschichte. Frankfurt a. M., Berlin 1969, S. 16–22.

81 Vgl. Alexander Jung: Friedrich Hölderlin und seine Werke. Mit besonderer Beziehung auf die Gegenwart. Stuttgart, Tübingen 1848; ders.: Goethe's Wanderjahre und die wichtigsten Fragen des 19. Jahrhunderts. Mainz 1854; ders.: Briefe über Gutzkow's Ritter vom Geiste. Leipzig 1856. Über die Beziehung des Jungen Deutschlands zur deutschen Klassik vgl. Walter Dietze: Junges Deutschland und deutsche Klassik. Zur Ästhetik und Literaturtheorie des Vormärz. Berlin 1962 [1. Ausg. 1957].

82 Vgl. Lucien Calvié: Heine/Marx. Révolution, libéralisme, démocratie et communisme. Uzès 2013, S. 75–94.

83 Vgl. Gutzkow: Vergangenheit und Gegenwart [Anm. 2], S. 110.

Hegels Denken und Sprache – undialektisch betrachtet

Johann Braun

Hegels Denken und Sprache – das ist ein Thema, über das man ins Grübeln geraten könnte. Der Versuchung, von der Sprache auf das Denken zu schließen, sei es von der sprachlichen Dunkelheit auf die gedankliche Tiefe oder von der semantischen Ambivalenz auf die logische Beliebigkeit, ist dabei nicht leicht zu widerstehen. Je nachdem, welcher Version man zuneigt, gilt Hegel den einen als überlegener Meisterdenker, den anderen jedoch als geistiger Caliban, der nicht weiß, was er redet. Von offenkundigem Reiz ist vor allem die letztgenannte Alternative, weil sie den Kritiker im Handumdrehen über einen namhaften Philosophen erhebt. An Kritik an Hegels Sprache hat es daher von Anfang an nicht gefehlt. Hegel war noch nicht unter der Erde, als Otto Friedrich Gruppe dem Publikum seinen „Briefwechsel über spekulative Philosophie in ihrem Konflikt mit Wissenschaft und Sprache" präsentierte.[1] War dies eine überaus kompetente Kritik, die es ungeachtet des über Hegels Philosophie verhängten Unwerturteils an Respekt vor dessen persönlicher Leistung nicht fehlen ließ, so geriet Schopenhauer bei der Lektüre der „Phänomenologie" buchstäblich in Raserei. Hegels Sprache und Denken waren für ihn gleichermaßen Ausgeburten eines desolaten Kopfes. In Hegels Philosophie sah er ernsthaft „eine alle Geisteskräfte lähmende, alles wirkliche Denken erstickende und, mittelst des frevelhaftesten Gebrauchs der Sprache, an dessen Stelle den hohlsten, sinnleersten, gedankenlosesten, mithin, wie der Erfolg bestätigt, verdummendsten Wortkram setzende Pseudophilosophie". Auf alle „echte Philosophie" dagegen „und dadurch auf die Deutsche Literatur überhaupt" habe Hegel „einen höchst verderblichen, recht eigentlich verdummenden, man könnte sagen pestilenzialischen Einfluss gehabt, welchem daher, bei jeder Gelegenheit, auf das Nachdrücklichste entgegen zu wirken, die Pflicht jedes selbst zu denken und selbst zu urteilen Fähigen" sei.[2]

Der Form nach nicht ganz so schroff wurde über die „Dunkelheit" von Hegels Ausdrucksweise indessen auch anderwärts geklagt. Diese sei, so monierte Wilhelm

J. Braun (✉)
Juristische Fakultät, Universität Passau, Passau, Deutschland
E-Mail: braun@uni-passau.de

© Springer-Verlag GmbH Deutschland, ein Teil von Springer Nature 2023
S. Brenner-Wilczek, *Heine-Jahrbuch 2022*, Heine-Jahrbuch,
https://doi.org/10.1007/978-3-662-66144-4_8

von Humboldt, „nicht anregend und wie die Kantische und Fichtesche kolossal und erhaben wie die Finsternis des Grabes, sondern entsteh[e] aus sichtbarer Unbehilf-lichkeit. Es ist, als wäre die Sprache bei dem Verfasser nicht durchgedrungen.“³ Friedrich Ludwig Lindner machte aus seinem Herzen ebenfalls keine Mördergrube und gab einem Schauspiel, in dem er Hegels Begrifflichkeit und Ausdrucksweise durch den Kakao zog, den unmissverständlichen Untertitel „Der absolute Stiefel“.⁴

Für Heinrich Heine war Hegel zwar „der größte Philosoph, den Deutschland seit Leibnitz erzeugt hat“ (DHA VIII, 113). Aber man darf getrost davon aus-gehen, dass er dabei nicht an Hegels Sprache dachte. War ihm doch bereits der Stil des „Oberhegelianers“ Eduard Gans ein Graus, obwohl dieser durchaus über eine geschliffene Zunge und Feder verfügte. „Ich will keine Göthische Sprache, aber eine verständliche“, beklagte sich Heine. „Ich habe alle Sorten deutsch studirt […]. Wüste ich zufällig nicht, was [der Hegelschüler; J.B.] Ludwig Markus und Doktor Gans wollen, so würde ich gar nichts von Ihnen verstehen.“ (HSA XX, 102) Wie musste er da erst über den kryptischen Stil Hegels denken? Zugunsten des bewunderten Philosophen interpretierte er ihn wenigstens als eine Art Tarnmaske: „Ich glaube, er wollte gar nicht verstanden seyn, und daher sein verklausulirter Vortrag […].“ (DHA XV, 33).

Georg Wilhelm Friedrich Hegel (1770–1831). Lithographie von
Ludwig Sebbers nach eigener Zeichnung

Hegels Kathedervortrag: schwerfällig und beeindruckend zugleich

Man fragt sich unwillkürlich, wie sich Hegel auf dem Katheder behaupten konnte, was er seinen Hörern darbot, namentlich solchen, die mit seinen Schriften Schwierigkeiten hatten. Wie man weiß, war Hegels ungelenker Vortrag einer der Umstände, die im Vorfeld seiner Berufungen nach Heidelberg und Berlin eingehend erörtert wurden.[5] Über Hörermangel hatte Hegel in seiner Berliner Zeit zwar nicht mehr zu klagen, aber sein Vortrag war nach wie vor gewöhnungsbedürftig. Selbst in der „offiziellen" Biografie seines ergebenen Schülers Karl Rosenkranz heißt es: „Studierende aus allen Gegenden Deutschlands, aus allen europäischen Nationen, […] lauschten seinen magischen Worten, die er, in Papieren auf dem Katheder wühlend, hustend, schnupfend, sich wiederholend, nicht ohne Mühsamkeit vorbrachte."[6] Die bekannteste Darstellung von Hegels Kathedervortrag hat Gustav Hotho hinterlassen, der sich abgestoßen und angezogen zugleich fühlte, abgestoßen durch die unbeholfene äußere Form, angezogen durch den sachlichen Ernst und den denkerischen Anspruch Hegels:

> Abgespannt, grämlich saß er mit niedergebücktem Kopf in sich zusammengefallen da und blätterte und suchte immer fortsprechend in den langen Folioheften vorwärts und rückwärts, unten und oben; das stete Räuspern und Husten störte allen Fluß der Rede, jeder Satz stand vereinzelt da und kam mit Anstrengung zerstückt und durcheinander geworfen heraus; jedes Wort, jede Silbe löste sich nur widerwillig los, um von der metalleeren Stimme dann in Schwäbisch breitem Dialekt, als sei jedes das Wichtigste, einen wundersam gründlichen Nachdruck zu erhalten. Dennoch zwang die ganze Erscheinung zu einem so tiefen Respekt, zu solch einer Empfindung der Würdigkeit, und zog durch eine Naivetät des überwältigendsten Ernstes an, dass ich mich bei aller Missbehaglichkeit, obschon ich wenig genug von dem Gesagten mochte verstanden haben, unabtrennbar gefesselt fand. […]
>
> Ganz nur in die Sache versenkt, schien er dieselbe nur aus ihr, ihrer selbst willen und kaum aus eigenem Geist der Hörer wegen zu entwickeln, und doch entsprang sie aus ihm allein, und eine fast väterliche Sorge um Klarheit milderte den starren Ernst, der vor der Aufnahme so mühseliger Gedanken hätte zurückschrecken können. Stockend schon begann er, strebte weiter, fing noch einmal an, hielt wieder ein, sprach und sann, das treffende Wort schien für immer zu fehlen, und nun erst schlug es am sichersten ein, es schien gewöhnlich und war doch unnachahmlich passend, ungebräuchlich und dennoch das einzig rechte; das Eigentlichste schien immer erst folgen zu sollen, und doch war es schon unvermerkt so vollständig als möglich ausgesprochen. Nun hatte man die klare Bedeutung des Satzes gefaßt und hoffte sehnlichst weiterzuschreiten. Vergebens. Der Gedanke statt vorwärts zu rücken drehte sich mit den ähnlichen Worten stets wieder um denselben Punkt. Schweifte jedoch die erlahmte Aufmerksamkeit zerstreuend ab und kehrte nach Minuten erst plötzlich aufgeschreckt zu dem Vortrage zurück, so fand sie zur Strafe sich aus allem Zusammenhange herausgerissen. Denn leise und bedachtsam durch scheinbar bedeutungslose Mittelglieder fortleitend hatte sich irgend ein voller Gedanke zur Einseitigkeit beschränkt, zu Unterschieden auseinandergetrieben und in Widersprüche verwickelt, deren siegreiche Lösung erst das Widerstrebendste endlich zur Wiedervereinigung zu bezwingen kräftig war. […]
>
> Nur im Fasslichsten wurde er schwerfällig und ermüdend. Er wandte und drehte sich, in allen Zügen stand die Misslaunigkeit geschrieben, mit der er sich mit diesen Dingen herumplagte, und dennoch, wenn er das tädiöse Geschäft zu Ende gebracht hatte, lag

wieder alles so klar und vollständig vor Augen, daß auch in dieser Beziehung nur die lebendigste Eigentümlichkeit zu bewundern war.[7]

Jósef Kremer, einer der vielen polnischen Hörer Hegels, berichtet mit etwas anderen Worten im Grunde dasselbe. Hothos Darstellung erhält dadurch eine aus einer ganz anderen Quelle stammende Beglaubigung:

> Der Anblick des erleuchteten Saales war wunderlich. Auf den Bänken eine Menge Jugend, insbesondere polnischer, mit geröteten, frischen Gesichtszügen, voller Leben und Stolz; auf dem Katheder hinter dem Stuhle Hegel wie eine Erscheinung aus anderen Welten. Das Gesicht blass ohne einen Tropfen Blut, die Augen geschlossen, die Bewegungen der Hände wie die eines in schaukelndem Wasser Schwimmenden … Sobald er zu sprechen begann, wurde es wie mäuschenstille, hörte man nur noch das Geräusch der schreibenden Federn, lauschten wir in andächtiger Anspannung jedem Wort. […]
>
> Hegel sprach nicht glatt, nicht fließend, fast bei jedem Ausdruck krächzte er, räusperte sich, hustete, verbesserte sich ständig, kehrte zu den bereits ausgesprochenen Sätzen zurück, suchte mit Mühe im Kopf nach einem passenden Ausdruck; seine Sprache war nicht metallisch, eher hölzern, fast grob. Seine Vorlesung war eher ein Monolog, es schien, als vergäße er seine Hörer, als spräche er selbst zu sich, als sei er mit seinem Geiste ganz allein. Seine Rede war wie ein lautes Fürsichalleindenken, eine Arbeit und ein Ringen des Geistes mit sich und eine ständige schwierige Missgeburt des *Geistes*. Oft sprach er einen Ausdruck aus, um einen in der Tiefe seines Wesens geborenen Gedanken vorzubringen, aber der Ausdruck schien ihm nicht geeignet, daher räusperte er sich von neuem und zerbrach sich den Kopf, dann brachte er einen zweiten schon treffenderen Ausdruck aus sich heraus, aber auch dieser befriedigte ihn noch nicht, also tauchte er noch einmal in sich unter und sodann brachte er den dritten Ausdruck hervor – und der war allerdings von höchster Vollkommenheit, [...] denn dieser Ausdruck war die wirkliche, lebendige Verkörperung seines tiefsten Gedankens [...].
>
> Oft jedoch, wenn er sich räusperte, hielt er in seinem Vortrag inne; es war zu erkennen, daß sein Gedanke untertauchte in die Tiefe der Welt; also stöhnte er, sein Geist litt schwer und rang in abschüssigen Tiefen; bis er von neuem angesichts unser an die Oberfläche, an das Tageslicht kam und im Triumph die teuren Perlen hervorbrachte, welche er in den dunklen Abgründen des Alls erbeutet hatte.[8]

Ähnlich erging es Iwan Kirejewski, der Hegel 1830 sowohl in der Vorlesung als auch privat erlebte. Er fühlte sich durch die äußere Form zunächst konsterniert und wurde erst allmählich durch den Inhalt des Gesagten in den Bann gezogen:

> Er spricht unerträglich, hustet bei jedem Wort, verschluckt die Hälfte der Laute, und mit der zitternden, weinerlichen Stimme spricht er kaum den letzten Satz zu Ende. Es gibt hier einen Professor, welcher allein das Studium in Berlin nützlich und unersetzbar machen kann – das ist Professor Ritter, ein Professor für Geographie.

Doch wenig später heißt es über Hegel: „Ich habe mich mit seiner scheußlichen Vortragsweise abgefunden: seit einiger Zeit, an die Stelle meines Ritters, der zu denselben Stunden liest, seine gesetzt."[9]

Hegel in direkter Rede, aber auf Hochdeutsch

Eine besondere Delikatesse verdanken wir Karl Gutzkow. Dieser kannte den „lahmen, schleppenden, von ewigen Wiederholungen und zur Sache nicht gehörenden Flickwörtern unterbrochenen Vortrag Hegels" sehr wohl. Das hielt ihn zwar nicht davon ab, ihn mit der virtuosen Suada Schleiermachers zu vergleichen, weil immerhin.

> […] bei beiden die Redeweise den Charakter der Improvisation trug, beide gleichsam ein Herausspinnen des Vortrags aus einer erst im Moment vor den Augen der Hörer tätigen Denkoperation gaben. Die andern gaben fertige Ergebnisse vorangegangener Meditation. Schleiermacher sowohl wie Hegel erneuerten, um dies oder jenes Resultat zu gewinnen, den Denkprozess, Hegel vollends wie eine Spinne, die in der Ecke ihres Netzes verborgen liegt und ihre Fäden nach außen immer weiter hinaus, nach innen immer enger zusammenzuziehen sucht.[10]

In seiner Tragödie „Nero" hat Karl Gutzkow indessen versucht, den holprigen Lehrvortrag Hegels, wenn auch nicht dessen schwäbisches Idiom[11], wortgetreu nachzuahmen. Die Art und Weise, wie der dritte unter den dort auftretenden Sophisten seinen Schülern „Sein" und „Denken" erläutert, ist, wie Gutzkow schreibt, „wörtlich die Kopie der Hegelschen Vortragsweise mit ihren mehrmaligen Wiederholungen des eben Gesprochenen und einem stereotypen ‚also‘ nach jedem dritten Wort.[12] Der Gedankengang schiebt sich da langsam vorwärts, geht immer wieder einen halben Schritt zurück nach einem ganzen Schritte vor."[13] Zugleich hat Gutzkow bei dieser Gelegenheit die mediokren Nachbeter unter Hegels Schülern aufs Korn genommen, die von Hegel nichts anderes übernahmen als seinen Jargon. Unter diesen herrschte, wie berichtet wird, „die Mode, fast die Manie, nicht nur über wichtige Dinge, sondern sogar über unbedeutende, sich in den spekulativen Formeln Hegels zu unterhalten".[14] Hegel tritt bei Gutzkow in Gestalt des „dritten Lehrers" auf und trägt den Anfang seiner Logik vor, die vom Sein und vom Nichts handelt:

> *Dritter Lehrer mit seinen Schülern*: Nichts, wie gesagt, Nichts, meine Herren, also Nichts ist Alles. Jeder, meine Herren, ist also Keiner. Denn gesetzt also, zum Exempel, es klopfte, gesetzt also, es klopfte Jemand, Jemand also an meine Thür, an meine Thür also: wie? nun wie? was würd' ich sagen? also sagen? Wie gesagt, ich würde fragen: wer da? Also wer da? Nun aber, wie gesagt, würde draußen geantwortet, also geantwortet: Ich! Ja, Ich! Was bin ich? dumm! Ich ist Jeder! also Jeder: Jeder also, also jeder ist so viel wie Keiner. Nun aber, also, nun ist doch ohne Zweifel, also ohne Zweifel ist doch Jemand da. Sie sehen also, meine Herren, wie gesagt, das Seyn ist so gut als Nichts. Denn ich, ich, der ich frage, bin denkend freilich, aber die Person draußen, also draußen ist Nichts; denn wie gesagt, sie sagt: Ich! Ich kann aber also Jeder seyn. Nun sehen Sie, wer also pocht, ja pocht auf seine blose Existenz, seine natürliche Existenz also, ist nichts; denn wie gesagt, das abstrakte Seyn ist Nichts.
> *Erster Schüler*: Auch das Meinen ist nichts, also wie gesagt, das Meinen –
> *Lehrer*: Ja, wer denkt, meine Herren, der *ist* also: aber Meinen, also Meinen kommt, wird hergeleitet, hergeleitet, derivirt also von Mein; aber das Partikuläre, wie gesagt, das Personelle entscheidet nicht, also Mein, Mein also ist Nichts.

Zweiter Schüler: Das Organ des Denkens nun, wie gesagt, ist der Geist, das heißt also, nichts, was ich besitze, so daß es also, also etwas Partikuläres sey, sondern der Geist, also der Geist kommt, wird hergeleitet, hergeleitet, derivirt also von Seyn, Geist ist das Ge-ist. Also –

Lehrer: Also das wahre Sein; so daß also zuletzt das Sein doch wieder Etwas ist. Ist? Etwas? Wieder? Doch? O, meine Herren, die Sprache also, ist also das größte Hindernis der Philosophie: denn man stößt an, wie gesagt, bei jedem Worte an. Die Wissenschaft braucht aber jedes Wort also, also jedes Wort in einem andern Sinne, also als dem gewöhnlichen also, drum, meine Herren, drum ist die wahre Philosophie also eine stumme, obschon, wie gesagt, das Schweigen, dies Schweigen also leicht in Mysticismus übergeht; die wahre philosophische Sprache also ist die Sprache, wie gesagt, die Sprache Gottes.[15]

Höhenflüge eines Tiefbohrers

Über die Gründe von Hegels eigentümlicher Sprache ist viel gerätselt worden. Manche haben dafür die prosaische Erklärung angeführt, dass Hegels Weinrechnungen höher waren als seine Bücherrechnungen bei der Nicolai'schen Buchhandlung in Berlin. Schon aus seiner Zeit im Tübinger Stift verlautet, dass ihn der Stubenälteste einmal ermahnt haben soll: „O Hegel, du saufscht dir g'wiß noch dein ganz bissle Verstand vollends ab!"[16] Auch in Otto Friedrich Gruppes Posse „Die Winde oder ganz absolute Konstruktion der neuern Weltgeschichte" lässt sich der absolute Philosoph von seiner Frau gern einen Schnaps, „einen Schluck konkreten Geist" reichen und erwidert dankend:

> Für den Augenblick belebt es – ja es geistigt – that mir gut!
> Gieb mir, Frau, den ganzen Rest noch, noch ein Schnäpschen Absolut. –
> Ach wie mir der Schluck hinunter durch den Schlund nur ist passirt,
> Ist mir Mund und Schlund und Magen wiederum sofort negirt.
> Merkst du's, hier im Allgemeinen sind wir ausser Zeit und Uhr.[17]

Heiner Höfener berichtet, dass „zu jener Zeit der Schnupftabak, dem Hegel kräftig zusprach, mit Cannabis versetzt war und damit eine rauschhafte Wirkung hatte." Dadurch habe „sich Hegel ständig in einem euphorisierten Zustand [befunden], der sichtbaren und hörbaren Einfluß auf seine Sprache gehabt haben muss". „Während einer Vorlesung", heißt es weiter, „schnupfte er so kräftig, dass die Reste auf dem Katheder ausreichten, um seine Hörer zu erfrischen. […] So mancher poetische Mystizismus Hegels – so dürfen wir folgern – rührt nicht vom Griff in den Bücherschrank her, wo Jacob Böhmes Werk stand, sondern vom Griff zur Schnupftabaksdose."[18]

Von anderen erfährt man, dass Hegel zur Autosuggestion und Selbstberauschung fähig gewesen sein soll und auf dem Katheder gelegentlich über seine „Normalform" hinausgewachsen sei. Ein Meister in dieser Kunst war Hegels Schüler Eduard Gans, den Otto Friedrich Gruppe in seiner philosophischen Posse „Die Winde" als Schenkwirt zum konkreten Geist auftreten ließ. Über ihn hieß es geradezu: „Seine sprichwörtliche Redegewandtheit ausspielend, […] war Gans in

manchen Augenblicken von wahrhaft poetischer Begeisterung durchdrungen.[...]
Seine Augen begannen zu glänzen, seine ganze Gestalt stand ‚in Flammen', und
seine Rede formte wundersame Bilder."[19] Wie man bei Gustav Hotho nachlesen
kann, war auf seine Weise aber auch Hegel zu darstellerischen Höhenflügen fähig:

> [...] in diesen Tiefen des anscheinend Unentzifferbaren gerade wühlte und webte jener
> gewaltige Geist in großartig selbstgewisser Behaglichkeit und Ruhe. Dann erst erhob sich
> die Stimme, das Auge blitzte scharf über die Versammelten hin und leuchtete in stillauf-
> loderndem Feuer seines überzeugungstiefen Glanzes, während er mit nie mangelnden
> Worten durch alle Höhen und Tiefen der Seele griff. Was er in diesen Augenblicken aus-
> sprach, war so klar und erschöpfend, von solch einfacher Wahrhaftigkeit, dass jedem,
> der es zu fassen vermochte, zu Mute ward, als hätt' er es selber gefunden und gedacht,
> und so gänzlich verschwanden dagegen alle früheren Vorstellungsweisen, dass keine
> Erinnerungen der träumerischen Tage übrig blieb, in welchen die gleichen Gedanken noch
> zu der gleichen Erkenntnis nicht erweckt hatten.[20]

Auch hierzu findet sich eine parallele Stelle bei Jósef Kremer:

> In solchen Augenblicken der Inspiration war er von großer Poesie, in solchen Augen-
> blicken sprach er glatt und seine Worte fügten sich zu einem Bild voller unvorher-
> gesehenen Zaubers zusammen. In solchen Augenblicken überzog eine rosenfarbene
> Wolke, eine Röte des Entzückens sein blasses, kreideweißes Antlitz – wie eine Blüte aus
> den Tiefen des Geistes selbst. So versteht ihr, dass Hegel, obwohl seine Vorlesung sich
> nicht auszeichnete durch die Zierden einer guten Rede, dennoch mit magischer Kraft die
> Zuhörer gefangennahm und festhielt [...].[21]

Bei keinem steigerte sich die Faszination durch Hegel zu einer solchen Verehrung
wie bei Ludwig Feuerbach, der einmal geradezu bekannte: „Er war der einzige
Mann, der mich fühlen und erfahren ließ, was ein Lehrer ist; der Einzige, in dem
ich den Sinn für dieses sonst leere Wort fand [...]."[22]

Hegels Vortrag in den Mit- und Nachschriften seiner Hörer

Die überlieferten Zeugnisse von Hegels Kathedervortrag werfen im Hinblick auf
die Edition seiner Vorlesungen, die großenteils auf der Grundlage von Notaten
seiner Hörer erfolgte, einige Fragen auf. Während manche Dozenten ihre Vorlesungen oder jedenfalls das, was sie zuverlässig festgehalten wissen wollten,
damals wörtlich ins Heft diktierten – „vom Mund in die Feder" –, kommt Hegels
Vortrag eher der Methode des „verdeckten Diktierens" nahe, bei der jeder Satz in
mehreren Varianten wiederholt wurde, um das Mitschreiben ohne Unterbrechung
des Vortrags zu ermöglichen. Zwar ging es Hegel primär eher darum, seine Hörer
am Prozess des Denkens teilnehmen zu lassen. In gewisser Weise kam sein Vortrag jedoch auch dem Mitschreiben entgegen. Durch Hegels Bestreben, so wird
berichtet, „in verschiedenen metaphorischen und parallelen Ausdrücken den
Zuhörern verständlich zu werden, entsteht eine gewisse Breite des Vortrags,
welche das Nachschreiben zwar sehr erleichtert, aber für den bloß Hörenden eine
umso angestrengtere Aufmerksamkeit nötig macht."[23] Wenn die oben mitgeteilte

Imitation von Hegels Redeweise einigermaßen zutrifft, dürfte allerdings auch das „Nachschreiben" nicht leicht gewesen sein. Denn es setzte einen Skribenten voraus, der mitdenken und das von Hegel Gemeinte erfassen und adäquat wiedergeben konnte. Kein Geringerer als Johann Eduard Erdmann bekannte freimütig, „dass diese Übersetzungen dessen, was ich aus Hegels Mund hörte, […] meinen Kopf sehr anstrengten.".[24] Bekannt ist auch, dass eifrige Hörer ihre in den Vorlesungen geführten „Hefte" nachträglich überarbeiteten und säuberlich ausformulierten. So handelt es sich etwa bei den von Griesheim zu Hegels Rechtsphilosophie überlieferten Aufzeichnungen nicht um eine *Mit-*, sondern um eine *Nach*schrift, noch dazu um eine von dritter Hand angefertigte.[25] Auch bei bestem Willen aller Beteiligten wird man nicht annehmen können, dass unter solchen Voraussetzungen entstandene Nachschriften eine wörtliche Wiedergabe des tatsächlich gehaltenen Vortrags enthalten.

Der gegen die ersten Herausgeber von Hegels Vorlesungen erhobene Vorwurf, sie hätten sich nicht immer minutiös an die benutzte Vorlage – also an die womöglich nachträgliche Überarbeitung einer an sich bereits „summarischen" Mitschrift – gehalten, setzt diese Vorlagen allzu sehr mit dem Vortrag Hegels selbst gleich. Wer die Usancen des damaligen Lehrbetriebs kennt, kann nachempfinden, warum die unmittelbaren Schüler Hegels es für geboten hielten, gelegentlich einen unpassenden Ausdruck im Sinne Hegels zu verbessern. Zu Recht hat Karl-Heinz Ilting einer allzu formalistischen Kritik entgegengehalten, man verstehe nicht, „was bei einer Vorlesungsnachschrift ‚absolute philologische Treue' heißen k[önne].".[26] Ähnlich wie die am Anfang ihres Studiums stehenden Hörer sich bemühen mussten, aus Hegels Vortrag den wesentlichen Gehalt zu extrahieren und festzuhalten, so standen die mit Hegels Philosophie seit langem vertrauten Herausgeber seiner Vorlesungen vor der Aufgabe, dem offenbar Gemeinten, aber gelegentlich unzulänglich Wiedergegebenen zu flüssiger Lesbarkeit und Geltung zu verhelfen. Heinrich Laube, der zwar nicht zu Hegels Hörern zählte, wohl aber zu solchen Kontakt hatte, war sich der Aufgabe, zwischen Hegels eigenen Notizen, seinem mündlichen Vortrag und den Notaten seiner Hörer behutsam zu vermitteln, offenbar wohlbewusst:

> Obwohl er sich beim Vortrage im Kollegium des ausführlichen Heftes bediente, so fügte er doch so viel Augenblickliches hinzu, dass ein nachgeschriebenes Heft durchaus nötig ist, um diesen Vortrag im vollständigen Drucke wiederzugeben. Daraus ist ersichtlich, welche Arbeit seine Schüler mit Herausgabe seiner Werke übernommen haben. Jegliches Buch, was aus solch herumfliegenden Fahnen zusammengebracht werden muss, erfordert die Arbeit eines halben, eines ganzen Jahres […].[27]

Mehrdeutigkeit als Movens der Spekulation

Wer sich von Hegels tiefem Ernst nicht beeindrucken ließ, versuchte stattdessen nicht selten, anhand von Hegels eigentümlicher Sprache der dialektischen Methode auf die Spur zu kommen, nach der Hegel sich vorwärts bewegte und einen Gegenstand aus dem andern entwickelte. Manche Kritiker glaubten den

Kern dieser Dialektik darin gefunden zu haben, dass Hegel immer wieder Begriffe in einer doppelten Bedeutung benutzte und diese unvermerkt miteinander austauschte, so dass aus dem einen überraschend etwas anderes hervorging. So liest man bei einem Rezensenten der „Rechtsphilosophie" folgendes:

> In dieser Vermengung ähnlicher, gleichwohl wesentlich verschiedener Vorstellungen in dem Gebrauche desselben Ausdruckes für mehrere Begriffe, ohne deren Unterschied zu erkennen und zu beachten, liegt denn auch die Ursache der den gesunden Menschenverstand wie die Wissenschaft gleich stark beleidigenden Verirrung des Verf.[28]

Das von Hegel praktizierte Verfahren wäre danach nicht logischer, sondern eher assoziativer Natur gewesen, weil es Hegel erlaubt hätte, vom einen zum andern zu kommen, wie es ihm gerade einleuchtete. Rudolf Haym hat Hegels Philosophie daher einmal als „die schlechthinige Zweideutigkeit" bezeichnet.[29]

Wer würde hier nicht an Hegels berüchtigte Identitätsthese denken, wonach die Wirklichkeit vernünftig und das Vernünftige wirklich ist? Tatsächlich schreibt bereits der erwähnte Rezensent: „Es sind besonders die Begriffe von Vernunft, Sein und Wirklichkeit, die er in solchem Doppelsinn gebraucht hat, und durch Verwechslungen ihrer doppelten Bedeutungen zu unrichtigen Urteilen und Schlüssen verleitet worden ist."[30] Zwar hat Rosenkranz den Stein des Anstoßes dadurch zu glätten versucht, dass er die Identitätsthese als „nur eine andere Formulierung der Opposition von Begriff und Realität" nannte: „Was Hegel vernünftig nennt, ist dasselbe, was Schelling mit dem Seinsollenden bezeichnet, und wie nichts im Dasein als dies nur aushält, so verdient auch nichts, wie Hegel sagt, den emphatischen Namen des Wirklichen als nur das Vernünftige."[31] Desungeachtet hat Rudolf Haym dem entgegen gehalten:

> Die empirische, erscheinende Wirklichkeit ist nicht identisch mit der wahren, vernünftigen Wirklichkeit. Das ist in der Logik, das ist noch nachdrücklicher in der zweiten Ausgabe der Enzyklopädie gesagt. Gesagt jedoch oder nicht gesagt: das System, wie es ist, kömmt lediglich durch die fortwährende, durch die wahrhaft heillose Verwirrung dieses zwiefachen Begriffs des Wirklichen zustande. [...] „Was wirklich ist, das ist vernünftig, und was vernünftig ist, das ist wirklich." In diesem Diktum konzentriert sich die ganze Duplizität des Systems; es ist die Brücke, um je nach Belieben und Bedürfen dem Empirismus oder dem Idealismus den Rücken zu kehren.[32]

Heinrich Heine hat das Chamäleonhafte in Hegels Denken bekanntlich in die oft kolportierte Anekdote gekleidet, er habe Hegel einmal seinen Unmut über das Wort „Alles, was ist, ist vernünftig" bekundet. Doch dieser habe nur „sonderbar" gelächelt und bemerkt: „‚Es könnte auch heißen: Alles, was vernünftig ist, muß seyn.' Er sah sich hastig um, beruhigte sich aber bald [...]." (DHA XV, 170).

Ein ähnliches Spiel lässt sich bei Hegels Umgang mit der Verfassungsfrage beobachten. Dieses Thema war in Preußen hoch brisant, weil der König eine Verfassung mehrfach in Aussicht gestellt hatte, aber nicht daranging, sein Versprechen zu verwirklichen. Für Hegel war es gar keine Frage, dass jeder Staat eine Verfassung haben müsse. Allerdings verstand er darunter die „unmittelbare Wirklichkeit" der Staatsidee, also die Realstruktur eines jeden Staates. Das bezog sich auf die Art von Verfassung, die man meint, wenn man sagt, jemand sei „in guter oder schlechter Verfassung". Der politische Streit ging jedoch nicht um diese faktische, sondern ausschließlich um die künstlich gemachte und in Form einer Urkunde ver-körperte förmliche Verfassung. Von seinem zweideutigen Verfassungsverständnis her fiel es Hegel leicht, sich mit der Bemerkung aus der Affäre zu ziehen, dass *jeder* Staat von Haus eine Verfassung habe, eine „natürliche" nämlich, noch dazu diejenige, die dem Volk „angemessen [sei] und für dasselbe gehört"[33], so dass sich gemessen daran die politische Forderung nach einer geschriebenen Verfassung als naiv darstellte.[34] „Zu etwas bloß Formellem herabgesetzt, wird die ständische Versammlung zur Hälfte konstruiert und zur Hälfte wieder wegkonstruiert", kommentierte Rudolf Haym Hegels Verfahren. „Der Konstitutionalismus wird bewiesen, aber angedeutet zugleich die Entbehrlichkeit und die Resignation in das Fehlen desselben [...]."[35] Auch Karl Rosenkranz wusste durchaus, welches schwer durchschaubare Spiel mit Hegels Begriffen getrieben werden konnte. Hatte er doch selber in jungen Jahren den Eindruck, dass Hegel „eine Sprache redete, die mir Sterblichem verschlossen schien."[36] In seinem Schauspiel „Das Zentrum der Spekulation" legte er dem als spekulativen Methodisten getarnten Hegelschüler Heinrich F. W. Hinrichs daher folgende Worte in den Mund:

> Alles taumelt durcheinander: Anfang, Fortgang, Mitte, Ende.
> Pseudodialektisch wandelt eins in's andre sich behende.
> Einheit wird zum Unterschiede; aus dem Unterschied wird Einheit:
> Positiv wird negativ selbst durch die Taschenspielerfeinheit.
> Was sub **A** ich bei dem einen treffe, ist beim andern **B**;
> Was abstrakt hier, heißt konkret dort; darum ruf' ich, weh' Euch, weh'![37]

Haym hat Hegel vorgehalten, er habe sich in seine gedanklichen Konstruktionen derart hineingesteigert, dass er sie am Ende mit der Wirklichkeit gleichgesetzt habe. Die Gretchenfrage, auf welche geheimnisvolle Weise der Gedanke die Wirklichkeit aus sich hervorbringt, wäre dann leicht zu beantworten: durch die Konfusion beider im Kopf des Denkers.

Das, was ist, gedanklich begreifen

Zu meinen, dass Hegel mit der realen Welt auf dem Kriegsfuß gestanden hätte, wäre jedoch ein Irrtum. Seine Rechtsphilosophie etwa gibt ein treffenderes Bild des damaligen Rechts und Staates, enthält also mehr „Empirie" als die ent-sprechenden Werke von Kant, Fichte und Fries zusammengenommen. Und das zweifellos deshalb, weil sich Hegel erst über die Fakten kundig machte, bevor er sie gedanklich „konstruierte". Der Kirchenrechtler Ferdinand Walter hatte Gelegenheit, Hegel in seiner Heidelberger Zeit bei einigen von dem Juristen Thibaut veranstalteten musikalischen Abenden zu beobachten, und kam bereits hier zu dem Urteil:

> Dieser kalte, scharfe, aber für alles Wahre und Große empfängliche Geist horchte erst genau zu und legte sich dann die Sache für seine Zwecke zurecht. [...] Es war interessant zu hören, wie er, und oft recht scharf und geistreich, seine Terminologien auch nach dieser Seite hin zu strecken wusste [...].

Ähnliches glaubte Walter auch in Hegels Haltung gegenüber dem animalischen Magnetismus beobachten zu können, der damals viele Gemüter bewegte und auch Hegel nicht unberührt ließ:

> Hegel verhielt sich nach seiner Weise lange bloß beobachtend, legte sich aber dann die Tatsache zurecht. Er hatte früher aus den im Sein ruhenden dialektischen Gesetzen bewiesen, dass es keinen [animalischen] Magnetismus geben könne. Jetzt bewies er aus denselben Gesetzen, dass es einen Magnetismus geben müsse. Durch diese Richtung, die Augen weit auf zu machen und alles Seiende an seinen Platz zu bringen, war mir aber doch diese Philosophie […] im Allgemeinen sehr bildend und anregend […].[38]

„Worauf es beruhen soll, dass Hegel die Erfahrung missachtet habe", schreibt daher Rosenkranz zu Recht, „weiß ich nicht, wenn man nicht immer und ewig das Geschichtchen wiederkäuen will, dass er die Existenz eines Planeten da geleugnet habe, wo er gleichzeitig entdeckt worden.[…] Wenn unter den neuern Philosophen irgendeiner genannt werden darf, der mit rastlosem, Aristotelischem Fleiß sich um eine innige Vertrautheit mit allen empirischen Wissenschaften bemüht hat, so ist es gewiss Hegel gewesen."[39] Anders als es sich manche Spötter wohl wünschen, hat Hegel auch keineswegs einen Planeten oder Planetoiden aus Vernunftgründen geleugnet, vielmehr verhält sich die Sache, wie so oft bei solchen Witzen, auch hier ein wenig anders.[40] In der praktischen Philosophie wird sogar umgekehrt offenbar, dass Hegel manches wahrnahm, was vielen verborgen blieb. Bereits in seinen Jenaer Jahren, also lange vor Marx und Engels, hatte er sich mit der massenhaften Verelendung im Gefolge der Industrialisierung befasst und wusste von dieser Kehrseite der bürgerlichen Gesellschaft auch noch in seiner Berliner Zeit zu berichten. Wenn sich viele zu Hegel wegen seiner „Logik" hingezogen fühlen, so gibt es daher auch solche, die ihn vor allem deshalb schätzen, weil er wie kaum jemand sonst die Augen für die Wirklichkeit öffnet. Denn das, was ist und geschieht, zu begreifen, ist nach Hegel auch eine Aufgabe der Philosophie, und diese in Angriff zu nehmen, hat er sich durch das Formelhafte seines Systems und seiner Methode keineswegs hindern lassen. Das erschließt sich vor allem dem, der seine Philosophie in derselben Weise studiert, in dem Hegel die Welt überhaupt betrachtete.

Anmerkungen

1 Otto Friedrich Gruppe: Antäus. Briefwechsel über spekulative Philosophie in ihrem Konflikt mit Wissenschaft und Sprache. Berlin 1831 (die Vorrede datiert vom „Sept. 1831").
2 Arthur Schopenhauer: Die beiden Grundprobleme der Ethik. Vorrede zur ersten Auflage. – In: ders.: Sämtliche Werke. Nach der ersten, von J. Frauenstädt besorgten Gesamtausgabe neu bearb. u. hrsg. v. Arthur Hübscher. Bd. 4. Wiesbaden 1966, S. V-XXXX, hier S. XVIII f.
3 Wilhelm von Humboldt zit. n. Karl Rosenkranz: Georg Wilhelm Friedrich Hegels Leben. Berlin 1844, S. 398. Vgl. auch Hegel in Berichten seiner Zeitgenossen. Hrsg. v. Günther Nicolin. Hamburg 1970, S. 379.
4 Friedrich Ludwig Lindner: Der von Hegel'scher Philosophie durchdrungene Schuster-Geselle oder Der absolute Stiefel, Stuttgart 1844. Vgl. Hegel-Spiele. Hrsg. v. Heiner Höfener. München 1977, S. 7.
5 Vgl. Briefe von und an Hegel. Hrsg. v. Johannes Hoffmeister. 3. Aufl. Hamburg 1953, Bd. 2, S. 74 f., 112, 123, 398, 402 f., 407.

6   Rosenkranz: Hegels Leben [Anm. 3], S. 379 f.

7   Gustav Hotho: Vorstudien für Leben und Kunst. Stuttgart, Tübingen 1835, S. 384 ff. Vgl.
    Nicolin (Hrsg.): Hegel in Berichten seiner Zeitgenossen [Anm. 3], S. 246 ff.

8   Jósef Kremer, zit. n. Hegel bei den Slawen. Hrsg. v. Dmitrij Tschižewskij. 2. Aufl. Darm-
    stadt 1961, S. 106 f. Vgl. Nicolin (Hrsg.): Hegel in Berichten seiner Zeitgenossen [Anm. 3],
    S. 375 ff.

9   Iwan Kirejewski zit. n. Arsen Gulyga: Georg Wilhelm Friedrich Hegel. Aus dem Russischen
    von Waldemar Seidel. Frankfurt a. M. 1974, S. 286.

10 Karl Gutzkow: Das Kastanienwäldchen in Berlin. – In: ders.: Werke. Auswahl in zwölf
    Teilen. Hrsg. v. Reinhold Gensel. Bd. 8. Berlin, Leipzig, Wien, Stuttgart o. J. [1910],
    S. 7–49, hier S. 39. Vgl. auch Nicolin (Hrsg.): Hegel in Berichten seiner Zeitgenossen
    [Anm. 3], S. 421 f.

11 Den Versuch, den Anfang der Logik in „Hegels dialektaler Klanggestalt" wiederzugeben,
    unternimmt Violetta L. Waibel: Zum Raum wird hier der Leib. Mythos und Wahrheit vom
    vergessenen Körper des Philosophen. Online unter URL: https://homepage.univie.ac.at/
    arno.boehler/php/wp-content/Wien_Philosophy-on-stage-Liessmann-Waibel.pdf   [letzter
    Zugriff: 14.05.2022], S. 11 f.

12 Vgl. Theodor von Kobbe: „Die Synthesis allein in ihrer Geläufigkeit veranlasste, dass er
    jeden dritten Teil eines Satzes oder jeden dritten Satz mit ‚also' begann, so dass es Hohl-
    köpfe in seinem Auditorio gab, welche sich damit unterhielten, bei jedem ‚also' einen
    Strich zu machen." Nicolin (Hrsg.): Hegel in Berichten seiner Zeitgenossen [Anm. 3],
    S. 181.

13 Gutzkow: Das Kastanienwäldchen [Anm. 10], S. 39. Vgl. Nicolin (Hrsg.): Hegel in
    Berichten seiner Zeitgenossen [Anm. 3], S. 422.

14 Kremer zit. n. Tschižewskij (Hrsg.): Hegel bei den Slawen [Anm. 8], S. 107 f. Vgl. Nicolin
    (Hrsg.): Hegel in Berichten seiner Zeitgenossen [Anm. 3], S. 379.

15 Karl Gutzkow: Nero. Eine Tragödie. Stuttgart, Tübingen 1835, S. 66–68. Ein im Ansatz
    ähnlicher Versuch von Alexander Jung findet sich bei Nicolin (Hrsg.): Hegel in Berichten
    seiner Zeitgenossen [Anm. 3], S. 532 f.

16 Dokumente zu Hegels Entwicklung. Hrsg. v. Johannes Hoffmeister. 2. Aufl. Stuttgart-Bad
    Cannstatt 1974, S. 433.

17 Otto Friedrich Gruppe: Die Winde, oder ganz absolute Konstruktion der neuern Welt-
    geschichte durch Oberons Horn. Leipzig 1831, S. 17. Vgl. Höfener (Hrsg.): Hegel-Spiele
    [Anm. 4], S. 87.

18 Höfener (Hrsg.): Hegel-Spiele [Anm. 4], S. 58, 60 f.

19 Januarius M. Neverov: Eduard Gans. – In: Otetschestwennyje Sapiski 1839, Nr. 6,
    S. 39–51, hier S. 47. Zit. n. der deutschen Übersetzung von E. Podsuchina bei Johann
    Braun: Januarius M. Neverovs Nekrolog auf Eduard Gans. – In: Journal der Juristischen
    Zeitgeschichte 16 (2022), S. 4–13, hier S. 5 ff.

20 Hotho: Vorstudien [Anm. 7], S. 387 f. Vgl. Nicolin (Hrsg.): Hegel in Berichten seiner Zeit-
    genossen [Anm. 3], S. 248.

21 Tschižewskij (Hrsg.): Hegel bei den Slawen [Anm. 8], S. 107. Vgl. Nicolin (Hrsg.): Hegel
    in Berichten seiner Zeitgenossen [Anm. 3], S. 377.

22 Karl Grün: Ludwig Feuerbach in seinem Briefwechsel und Nachlass sowie in seiner Philo-
    sophischen Charakterentwicklung. Bd. 1. Leipzig, Heidelberg 1874, S. 387 f. Vgl. Nicolin
    (Hrsg.): Hegel in Berichten seiner Zeitgenossen [Anm. 3], S. 292.

23 Gruppe: Antäus [Anm. 1], S. 3. Vgl. Nicolin (Hrsg.): Hegel in Berichten seiner Zeit-
    genossen [Anm. 3], S. 287.

24 Zit. n. Klaus Vieweg: Hegel. Der Philosoph der Freiheit. Biographie. München 2019,
    S. 566.

25 Vgl. Georg Wilhelm Friedrich Hegel: Vorlesungen über Rechtsphilosophie. Hrsg. v. Karl-Heinz Ilting. Stuttgart-Bad Cannstatt 1974, Bd. 3, S. 79, Bd. 4, S. 73.
26 Ebd. Bd. 3, S. 52.
27 Heinrich Laube: Neue Reisenovellen. Mannheim 1837, S. 392. Vgl. Nicolin (Hrsg.): Hegel in Berichten seiner Zeitgenossen [Anm. 3], S. 541.
28 Z. C.: [Rez.] Grundlinien der Philosophie des Rechts. Von. Dr. G. W. F. Hegel […]. – In: Hermes oder kritisches Jahrbuch der Literatur XI (1822), Bd. 1, S. 309–351, hier S. 314. Vgl. Materialien zu Hegels Rechtsphilosophie. Hrsg. v. Manfred Riedel. Bd. 1. Frankfurt a. M. 1975, S. 106.
29 Rudolf Haym: Hegel und seine Zeit. Vorlesungen über Entstehung und Entwickelung, Wesen und Werth der Hegel'schen Philosophie. Berlin 1857, S. 462.
30 Z. C.: [Rez.] Grundlinien [Anm. 28], S. 314. Vgl. Riedel (Hrsg.): Materialien [Anm. 28], S. 106.
31 Karl Rosenkranz: Aus einem Tagebuch. Königsberg Herbst 1833 bis Frühjahr 1846. Leipzig 1854, S. 102 f.
32 Haym: Hegel und seine Zeit [Anm. 29], S. 368.
33 Hegel: Grundlinien der Philosophie des Rechts, § 274.
34 Ebd., §§ 259, 273 f.
35 Haym: Hegel und seine Zeit [Anm. 29], S. 386.
36 Karl Rosenkranz: Von Magdeburg bis Königsberg. Berlin 1873, S. 187. Vgl. Nicolin (Hrsg.): Hegel in Berichten seiner Zeitgenossen [Anm. 3], S. 276.
37 Karl Rosenkranz: Das Centrum der Spekulation. Eine Komödie. Königsberg 1840, S. 16. Vgl. Höfener (Hrsg.): Hegel-Spiele [Anm. 4], S. 252.
38 Ferdinand Walter: Aus meinem Leben. Bonn 1865, S. 94, 98. Vgl. Nicolin (Hrsg.): Hegel in Berichten seiner Zeitgenossen [Anm. 3], S. 157 f.
39 Rosenkranz: Tagebuch [Anm. 31], S. 103 f.
40 Thomas Sören Hoffmann: Georg Wilhelm Friedrich Hegel. Eine Propädeutik. Wiesbaden 2004, S. 141 ff.

Heinrich-Heine-Institut
Sammlungen und Bestände
aus der Arbeit des Hauses

„Eine menschenfreundliche Handlung"
Neue Heine-Briefe (Berichtszeitraum 2020–2021)

Christian Liedtke

Zuletzt konnte im „Heine-Jahrbuch" 2020 über neu aufgefundene Heine-Briefe berichtet werden. Die folgenden Mitteilungen schließen daran sowie an die früheren Publikationen unbekannter Briefe von und an Heine an.[1] Verzeichnet werden hier Schreiben, die weder dort noch in der Heine-Säkularausgabe (HSA) oder der Abteilung „Neue Briefe" der Online-Edition im „Heine-Portal" aufgeführt sind.

Alle hier vorgestellten Stücke stammen aus den Pariser Jahren des Dichters und sind keine eigentlich literarischen Zeugnisse, sondern Alltagsdokumente von biographischer Bedeutung. Der erste der neuen Briefe von Heine etwa zeigt ihn in seiner Rolle als Anlaufstelle für Deutsche in Paris und beweist seine Hilfsbereitschaft sowie die Vielzahl und die Bedeutung seiner Kontakte „in der Hauptstadt der Revoluzion" (DHA XI, 56). Besonders interessant sind die hier mitgeteilten Briefe an Heine, denn sie werfen ein neues Licht auf zwei für ihn wichtige persönliche Beziehungen: zu George Sand und zu Franz Liszt.

Die Art der Darstellung folgt den Editionsgrundsätzen der Brief-Abteilung der Heine-Säkularausgabe[2]; wie dort erscheinen auch hier die Brieftexte recte, der Herausgebertext kursiv, die Rubriken des Apparates (Datum, Adresse, Überlieferung, Mitteilungen zum Text, Erläuterungen) wurden übernommen.

C. Liedtke (✉)
Heinrich-Heine-Institut, Düsseldorf, Deutschland
E-Mail: christian.liedtke@duesseldorf.de

© Springer-Verlag GmbH Deutschland, ein Teil von Springer Nature 2023
S. Brenner-Wilczek, *Heine-Jahrbuch 2022*, Heine-Jahrbuch,
https://doi.org/10.1007/978-3-662-66144-4_9

1. Neue Briefe von Heine

An Didier Roth

Paris, 23. Oktober 1837, Montag

Liebster Roth!
Der Ueberbringer dieses, der Baron Lobek, Preußischer Offizier, hat ein
Ansuchen an die preußische Gesandtschaft, und wünscht an Herrn Brazier
St-Simon empfolen zu seyn, damit dieser ihm behülflich sey in seine Heimath
zurückzukehren. Wenn Sie ihm hierbey nützlich seyn können, üben Sie eine
menschenfreundliche Handlung.

Freundschaftlich
grüßt Sie

d. 23 oct. 1837.   H. Heine.

ADRESSE

Monsieur / le Docteur Roth. / rue Caumartin / No. 29.

ÜBERLIEFERUNG

H   Privatbesitz.

MITTEILUNGEN ZUM TEXT

Kleiner Siegelausriss ohne Textberührung.

ERLÄUTERUNGEN

*Roth – der eng mit Heine befreundete Didier (David) Roth (1808–1885) aus
Kaschau (heute slowakisch: Košice), ein vielseitig gebildeter und interessierter
Arzt, Erfinder (er konstruierte und sammelte Rechenmaschinen) und Autor zahl-
reicher medizinischer Fachpublikationen. Er war Homöopath, aber in vielen
Punkten ein erklärter Gegner Samuel Hahnemanns, des Begründers der Homöopathie.[3] Seit 1831 lebte und praktizierte er in Paris. Auch wenn sein Name in den
einschlägigen Studien über Heines Ärzte fehlt[4], hat er den Dichter behandelt:
Heine bezeichnete ihn erstmals 1833 als* mein Arzt *(HSA XXI, 53), zuletzt scheint
er Roth 1846 konsultiert zu haben (vgl. HSA XXII, 190). Zu Roths Patienten
zählten neben Heine und Fréderic Chopin viele andere Prominente und Künstler,
in deren Zirkeln er sich häufig bewegte. Als Hausarzt der Familie Rothschild hatte
er Zutritt zu höchsten gesellschaftlichen und diplomatischen Kreisen, so dass er
zweifellos ein geeigneter Adressat für dieses Empfehlungsschreiben und das
Ansuchen* seines Überbringers *an die preußische Gesandtschaft* war.

Baron Lobek – *Dieser hatte Heine offenbar schon einige Tage zuvor aufgesucht und ihm dabei mündlich einen Gruß von seinem Freund August Lewald überbracht. Daraufhin muss Heine sich in seinem nur fragmentarisch überlieferten Brief vom 18. Oktober (vgl. HSA XXI, 238 f.) bei Lewald nach dem Besucher erkundigt haben, denn dieser schrieb ihm am 24. Oktober:*

> *Vor H. Lobek warne ich Sie. Ich habe ihm keine Grüße aufgetragen und wußte auch nicht daß er sich nach Paris betteln würde; da er hier Collecte machte um nach Wien und dann nach Griechenland zu gehen. Ein Mensch von ganz entgegengesetzter Gesinung, der Sie im Herzen haßt, mit einem Wort ein Vaut rien! Hüten Sie sich vor dem, er könnte Sie in Verlegenheit bringen. Am Besten Sie weisen ihm gleich die Thür. (HSA XXV, 92)*

Lewalds Warnung kam jedoch zu spät, denn als sie von Stuttgart aus in Paris eintraf, hatte Heine den Gast bereits empfangen und den hier vorliegenden Brief für ihn aufgesetzt.

Die Identität des Mannes, für den sich Heine trotz der Vorbehalte Lewalds mit diesem Empfehlungsschreiben verwendete, ist nicht mit Gewissheit zu ermitteln. Die Heine-Säkularausgabe und Mendes Chronik ließen diesen Namen denn auch gänzlich unkommentiert.[5] Die Suche nach einem adeligen preußischen Offizier Lobek, der 1837 nicht mehr im Dienst war und in politischen und möglicherweise auch finanziellen Schwierigkeiten steckte, die einer Rückkehr in die Heimat im Wege standen – denn darauf deuten sein hier von Heine formuliertes Anliegen und Lewalds Warnung hin –, führt zu einer Familie Lobeck: „Zum Briefadel gehöriges, in Neu-Vorpommern zeitweise begütertes Geschlecht, dessen Heimath und Ursprung unbekannt ist und von dem mehrere Mitglieder seit circa 100 Jahren in der Preuss. Armee gedient haben.“[6] Seinen Sitz hatte es in dem bei Stralsund gelegenen Ort Klein Kedingshagen,[7] wo das Gutshaus, das die Familie von 1804 bis 1852 bewohnte, noch heute steht.[8] Es ist anzunehmen, dass Heines Besucher aus dieser Familie stammte.

In Frage kommt der in Klein Kedingshagen geborene Johann Heinrich von Lobeck (1813–1891)[9], der nach dem Gymnasialbesuch in Stralsund und einem (nicht abgeschlossenen) Studium an der Universität Greifswald 1834/35 als Freiwilliger bei den „Greifswalder Jägern“ Militärdienst leistete, der 2. („Pommerschen“) Jäger-Abteilung, die seit 1821 in Greifswald stationiert war. Sie sollte später vor allem dadurch bekannt werden, dass Otto von Bismarck ihr 1838/39 angehörte.[10] Johann Heinrich von Lobeck hatte sich der „Gesellschaft der Volksfreunde“ angeschlossen, einer verbotenen burschenschaftlichen Verbindung von Greifswalder Studenten, weswegen er 1835 mehrfach verhört und schließlich zu einer sechswöchigen Haftstrafe verurteilt wurde.[11] Vor allem dieses burschenschaftliche Engagement könnte dafür sprechen, dass Johann Heinrich von Lobeck der Besucher war und Lewald ihn deswegen gegenüber Heine als „Mensch von ganz entgegengesetzter Gesinung, der Sie im Herzen haßt“ (HSA XXV, 92), darstellte. Schließlich hatte Heine in der Harzreise *für seine Karikatur eines teutomanischen Burschenschafters als Narr in Lebensgröße (DHA VI, 123) ausdrücklich einen Greifswalder Studenten gewählt.*

Über eine Ausweisung von Lobecks aus Preußen oder einen Auslandsaufenthalt ist allerdings nichts bekannt. Nach der Haftentlassung (1836) hat er auf den väterlichen Gütern gearbeitet und war in der Stadtverwaltung Stralsund tätig, zuletzt als Oberamtmann. Dass der Sohn eines Gutsbesitzers 1837 in einer politischen und finanziellen Notlage in Stuttgart und später in Paris auftaucht, erscheint, auch angesichts dieses Lebenslaufes, doch eher unwahrscheinlich. Auch spricht Heine im Brief an Roth ausdrücklich von einem Offizier, Johann Heinrich von Lobeck aber hatte bei den „Greifswalder Jägern" als Einjährig-Freiwilliger gedient und keinen Offiziersrang bekleidet.[12]

Anders verhält es sich bei dem vermutlich mit ihm verwandten Herrmann von Lobeck, der 1812 in Breslau geboren wurde: Er wird tatsächlich in der Offiziersnomenklatur der preußischen Armee geführt.[13] *Er war seit 1831 Sekondlieutenant im 2. Reserve-Infanterie-Regiment und seit 1835 in der 6. Artillerie-Brigade des Pommerschen Füsilier-Regiments Nr. 34, das ab 1820 in Stralsund und Kolberg, nach 1833 in Aachen und Jülich stationiert war.*[14] *Den gedruckt vorliegenden Stamm- und Ranglisten des Regiments zufolge schied er im Mai 1836 aus dem Dienst aus; ansonsten ist dort lediglich vermerkt: „Weiteres unbekannt."*[15] *Die zeitliche Nähe seiner Demission zum Datum des vorliegenden Briefes könnte dafür sprechen, dass Herrmann von Lobeck möglicherweise der Besucher Heines gewesen ist.*

Schon aus Altergründen wohl eher nicht in Frage kommt dagegen der 1769 geborene August Baron von Lobeck, der 1813 im Rang eines Majors aus dem Sechsten Kürassier-Regiment ausschied und danach als Kreis-Brigadier der Gendarmerie wirkte.[16] *Er spielte 1834 eine führende Rolle bei den Altlutheranern, die sich im schlesischen Hönigern der preußischen Kirchenpolitik widersetzten. Das Aufbegehren der religiösen Dissidenten wurde durch einen Militäreinsatz beendet; die von Karl Freiherr von Altenstein geleitete Untersuchungskommission empfahl, die Weiterzahlung von Lobecks Offizierspension an die Bedingung zu knüpfen, dass dieser Hönigern verließ.*[17] *Dass die Nachwirkungen dieser Unruhen, zu denen eine Auswanderungswelle der Altlutheraner gehörte*[18]*, der Hintergrund des Anliegens sind, das Heines Besucher – möglicherweise ein Verwandter August von Lobecks – bei der preußischen Gesandtschaft in Paris verfolgte, ist nicht auszuschließen. Ohne weitere Informationen lässt sich aber der* Baron Lobek, *für den Heine Roth mit diesem Brief um* eine menschenfreundliche Handlung *bittet, nicht eindeutig identifizieren.*

Brazier St-Simon – *Joseph Maria Anton Brassier de Saint-Simon-Vallade (später: Graf von Brassier de Saint-Simon-Vallade; 1798–1872), Angehöriger einer adeligen französischen Familie, die das Land während der Revolution verlassen hatte, war seit 1826 im diplomatischen Dienst Preußens tätig. Von 1833 bis 1838 war er als Legationssekretär der preußischen Gesandtschaft in Paris akkreditiert.*[19] *Es gibt sogar zwei mögliche Berührungspunkte mit Heine: Brassier war mit dem Kölner Komponisten Joseph Klein befreundet, den Heine aus seiner Berliner Studienzeit kannte. Und Brassier hatte 1829 an den Verhandlungen zum Frieden von Adrianopel teilgenommen, der den Krieg Russlands gegen*

das Osmanische Reich beendete; just in jenem Jahr war auch Heines Bruder
Maximilian nach Adrianopel gekommen, wo er seinen Dienst als Arzt in der
russischen Armee antrat.[20] Dass sie einander dort begegnet sind, ist sicher nicht
auszuschließen. Trotz dieser möglichen Verbindungen wäre ein direktes Schreiben
Heinrich Heines an einen Geschäftsträger der preußischen Regierung in Paris
aber natürlich in keinem Falle opportun gewesen.

   Roth aber war der ideale Wegbereiter, um an Herrn Brazier St-Simon empfolen
zu seyn. Zum einen wegen seiner Kontakte zum diplomatischen Corps, zum
anderen vor allem, weil Brassier „in der Jugend einer der begeistertsten Prediger
der Homöopathie gewesen war"[21], so dass er mit einem so prominenten deutschsprachigen Pariser Homöopathen wie Roth gewiss bekannt war, wenn nicht als
Patient, so doch in jedem Fall als Gesprächspartner. Dieser Brief zeigt, dass
Heine dies offensichtlich bewusst war und ist insofern auch ein Beleg dafür, wie
gut informiert er war und wie gut er zu dieser Zeit in Paris vernetzt war.

An Rothschild frères

Paris, 15. Januar 1849. Montag

Gut für sechshundert Mark B^{co}
Heinrich Heine
50. rue d'Amsterdam.

ÜBERLIEFERUNG

H   Unbekannt.
D^1 Hellmut Meyer und Ernst, Autographenhandlung und Antiquariat. Auto-
      graphen aus sechs Jahrhunderten: 1450 – 1930. Katalog Nr. 36. Ver-
      steigerung am 8. Dezember 1933. Berlin 1933, S. 56, Los 365 (Auszug).
D^2 Swann Auction Galleries, New York, Auktionskatalog 2461, 7. November
      2017, Los 241 (Faksimile des Recto).[22]

MITTEILUNGEN ZUM TEXT

Eigenhändiger Zusatz auf einem Prima-Wechsel mit dem Wortlaut:

B. P. 600 Marc Banco.

Paris den fuenfzenten Januar 1849.
Einen Monat nach Dato zahlen Sie gegen diesen Wechsel an die Order der Herren Rothschild frères die Summe von sechs hundert Marc Banco, und stellen solche auf Rechnung
laut bericht.
An die Herren Hoffmann & Campe (Buchhandlung) in Hamburg.

Mit Akzept-Vermerk des Bezogenen in Querschrift, durchgestrichen: „Angenommen.
/ Hoffmann & Campe", Wechselstempel: „Hamburg No. 9414, d 22. Janr. 1849",
sowie weiteren Bankvermerken: recto u. a. Wiederholung des Fälligkeitsdatums „15
Feb.", verso Vermerk des kassierenden Bankhauses Lutteroth in Hamburg.[23]

ERLÄUTERUNGEN

sechshundert Mark B^{co} – *In seinem Brief an Julius Campe vom 15. Januar 1849 hatte Heine angekündigt,* daß ich wieder den Betrag meiner Semesterpension nemlich 600 Mc. Bco. an die Ordre der H. H. Rothschild Frères 1 Monath nach dato auf Sie trassire *(HSA XXII, 304). Es handelt sich dabei um die halbjährliche Rentenzahlung, die Heine aus § 10 seines Vertrages mit Campe vom 5. Dezember 1843 zustand (vgl. HSA XXII, 85).*

2. Neue Briefe an Heine

Von Franz Liszt

London, 29. Mai 1841, Samstag

Votre lettre mon cher Heine, me cause un regret – celui d'etre prévenu; d'un jour seulement il est vrai –
Ci joint un Billet de 10 Livres Sterling – c'est le moyen le plus simple de vous faire parvenir une aussi minim somme. N'était-ce l'embarras et le désordre momentané de mes affaires j'aurais été heureux de vous en offrir davantage.

Ce n'est que vers la mi Juillet que j'irai au Rhin. – En adressant à ma mère 19 rue Pigale, vos lettres me parviendront toujours, sur quelque point du globe que j'irai, et me feront toujours et partout un veritable plaisir.
Adieu cher Heine; gardez moi votre bon souvenir, et mieux si vous pouvez

tout à vous
F. Liszt

29 Mai -41.

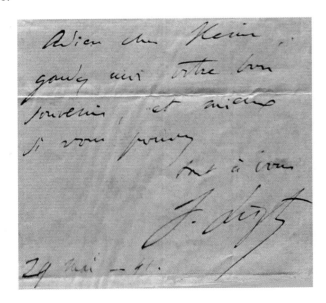

„Adieu cher Heine…". Schluss des Briefes von Franz Liszt an
Heine vom 29. Mai 1841

ÜBERLIEFERUNG

H   Heinrich-Heine-Institut, Düsseldorf.

MITTEILUNGEN ZUM TEXT

Siegeleinriss ohne Textberührung. Recto alte Beschriftung von fremder Hand (ital.: „al poeta Heine").

minim – *H kurz für* minim*ale*

ERLÄUTERUNGEN

Votre lettre – *Heines Brief an Liszt vom 25. Mai 1841.*[24]

Billet – *Das englische Papiergeld (die einseitig auf weißem Papier mit schwarzer Tinte gedruckte 10 Pfund-Note war 1759 eingeführt worden) war keine Banknote im heutigen Sinn, sondern eine verbriefte Gold-Forderung. Sie konnte zu einem festgelegten Tauschverhältnis gegen die entsprechende Menge Gold eingelöst werden.*

10 Livres Sterling – *In seinem Brief vom 25. Mai 1841 hatte Heine Liszt an* die 3 0 0 fs *erinnert, die Sie mir hierherschicken wollten, [...] ich habe sie bis auf diese Stunde noch nicht erhalten.*[25] *Die 10 Pfund Sterling, die Liszt daraufhin mit diesem Brief übersandte, entsprachen zu diesem Zeitpunkt etwa 250 Francs.*[26] *Das war keine geringe Summe: 370 Francs gab man 1854 in Paris im Durchschnitt jährlich für Lebensmittel aus*[27], *ein in der Industrie beschäftigter Schmied verdiente im Jahr 1840 pro Monat durchschnittlich 75 Francs, eine Köchin erhielt als Hausangestellte im Durchschnitt des Jahres 1853 ein Monatsgehalt von 190 Francs, ein Kutscher oder Stallknecht 254 Francs.*[28]
Wofür Heine diese Summe erhielt, ist nicht gewiss. Möglicherweise handelt es sich um eine Tantiemenzahlung für zwei Gedichte von ihm, die Liszt im späteren Verlauf des Jahres 1841 vertonte: Loreley *und* Am Rhein, am schönen Strome. *Komponiert wurden die Lieder zwar erst nach Liszts Aufenthalt im Rheinland, dass er sich mit Heine schon vorher darüber verständigt hatte, ist aber wahrscheinlich. Im Druck erschienen sie 1843 zusammen mit zehn weiteren Stücken (nach Texten von Goethe, Cesare Boccella und Victor Hugo) unter dem populären, von Heine übernommenen Titel „Buch der Lieder" bei Schlesinger in Berlin.*[29] *Vergleichbare Zahlungen für Vertonungen seiner Gedichte erhielt Heine z. B. auch von Giacomo Meyerbeer (wobei es in diesem Falle allerdings zu einem langwierigen Streit zwischen Autor und Komponist kam).*[30] *Diese Vermutung über den Anlass der Geldsendung erscheint zumindest ebenso plausibel wie die, „daß diese Summe mit Heines Artikel über die ,Musikalische Saison in Paris' und der geplanten französischen Übersetzung in Verbindung stand"*[31], *wodurch suggeriert wird, Heine habe von Liszt eine finanzielle Gegenleistung für seine journalistische Schilderung erhalten.*

Heines dringender Geldbedarf zu dieser Zeit könnte im Zusammenhang mit seinem Rückkauf des Verlagsrechts für De l'Allemagne *stehen: Heine plante eine neue Ausgabe des 1835 bei Eugène Renduel erschienen Werkes. Um es erneut publizieren zu können (im Verlag Delloye, so war seine Überlegung zu dieser Zeit), benötigte er die Zustimmung des ursprünglichen Verlegers. Im März 1841 kam es zu einer Einigung, und gegen Heines Zahlung von 500 Francs trat Renduel seine Rechte wieder an ihn ab.*[32]

vers la mi Juillet – *Liszt kam erst im August ins Rheinland. Er verließ London, wo er sich seit Anfang Mai 1841 aufgehalten hatte, am 3. Juli 1841 und brach nach Norddeutschland und Dänemark auf. Nach Konzerten in Hamburg (bis 29. Juli) reiste er über die Niederlande, Düsseldorf und Köln nach Nonnenwerth, wo er die Zeit von August bis Oktober 1841 verbrachte.*[33]

ma mère – *Anna Maria Liszt, geb. Lager (1788–1866). Sie war nach dem Tod ihres Ehemannes 1827 nach Paris gezogen, wo sie sich um die Erziehung der Kinder kümmerte, die aus Franz Liszts nicht-ehelicher Verbindung mit Marie d'Agoult hervorgegangen waren.*

Von George Sand

Paris, zwischen Dezember 1842 und Herbst 1844

Cher cousin, le nouveau directeur de notre revue vous demande de nous donner quelque chose pour nous renouveler. Causez avec lui, et voyez ce que vous pouvez faire, si le cœur vous en dit. Vous nous rendriez un inestimable service si vous pouviez vous charger de la chronique des théâtres lyriques. C'est un travail que vous feriez par-dessus la jambe et où vous mettriez le goût et le sentiment de l'art qui manquaient à tous les autres. Enfin, vous pourriez nous rendre ce petit service sans vous compromettre auprès de c e u x de l'autre revue. On vous garderait le secret si vous l'exigiez et vous signeriez d'un pseudonyme. Enfin, voyez si c'est une idée biscornue que je vous propose et décidez. Il y a bien longtemps que je ne vous ai vu, à bientôt, et à vous de cœur.

G. S.

DATUM

Die Datierung ergibt sich aus dem Antritt der neuen Direktion der „Revue indépendante" und dem Ende von George Sands Mitarbeit an der Zeitschrift (s. u., Erläuterungen). Der Brief ist aber sicher eher am Anfang dieses Zeit-raums, zwischen Dezember 1842 und Anfang 1843 einzuordnen, da ausdrücklich vom „nouveau directeur" die Rede ist. Weil George Sand hier zudem Heines seit September 1840 nicht mehr aktuelle Adresse in der rue des Martyrs (s. u.) verwendet (wie sie es zuletzt in ihrem Brief vom 16. März 1840 getan hatte; vgl. HSA XXV K, 217), in ihrem Schreiben vom 9. Januar 1843 dann aber wieder seine richtige Anschrift nennt („46. rue du faubourg Poissonnier"; HSA XXVI K, 66), ist anzu-nehmen, dass der vorliegende Brief vor dem 9. Januar 1843 geschrieben wurde.

ADRESSE

Monsieur Henry Heine/Rue des Martyres 46 ou 49

Heine wohnte von Juli 1838 bis September 1840 in der rue des Martyrs 23; als dieser Brief (wahrscheinlich) geschrieben wurde, lautete seine tatsächliche Anschrift Faubourg Poissonnière 46 (seit September 1841).[34]

ÜBERLIEFERUNG

H   Privatbesitz.

D   Sotheby's Paris, Auktionskatalog PF1513, Livres et Manuscripts, 17.12.2015, Los 56 (Faksimile).[35]

MITTEILUNGEN ZUM TEXT

Paris – Der mutmaßliche Absendeort ergibt sich aus der Datierung (s. o.) in Verbindung mit der Kenntnis von George Sands jeweiligem Aufenthaltsort[36] *sowie der praktischen Überlegung, dass sie persönlichen Kontakt zu den beiden neuen Direktoren gehabt haben dürfte, in deren Namen sie an Heine schreibt.*

cousin – *H am Wortanfang* a *überschrieben mit* c *(vermutlich der Ansatz zu* ami*)*

où – *H* que *(überschrieben)*

ERLÄUTERUNGEN

le nouveau directeur de notre revue – *Mit „notre revue" ist „La revue indépendante" gemeint, die George Sand 1841 zusammen mit Pierre Leroux und Louis Viardot ins Leben gerufen hatte, nachdem sie sich mit François Buloz (1803–1877), dem Herausgeber der „Revue des deux mondes" überworfen hatte, weil dieser vor dem Abdruck ihres Romans „Horace" aus Rücksicht auf das bourgeoise Publikum seiner Zeitschrift eine Abschwächung der politischen Tendenz von ihr verlangt hatte. „La revue indépendante" war „als links-intellektuelles Gegenunternehmen"*[37] *zur „Revue des deux mondes" konzipiert; sie widmete sich politischen, kulturellen und philosophischen Themen und hatte eine republikanische, sozialistische Tendenz. Die erste Ausgabe des monatlich (später alle zwei Monate) erscheinenden Blattes war im Dezember 1841 herausgekommen. George Sands Co-Direktoren waren zwei profilierte linke Journalisten: Pierre Leroux (1791–1871) hatte zuvor das Journal „Le Globe" gegründet, das ab 1831 das Organ der saint-simonistischen Bewegung war, Louis Viardot (1800–1883) war dort sein Redaktionskollege gewesen.*

Im Dezember 1842 übergaben Sand, Leroux und Viardot die Direktion der „Revue indépendante" an zwei andere Journalisten: den Mediziner Ferdinand François (1806–1868), der wie Leroux zu den ersten Anhängern Saint-Simons gehört hatte, und den aus Lyon stammenden radikal-demokratisch gesinnten Rechtsanwalt Louis-Marie Pernet (1814–1846).[38] *Welcher von beiden „le nouveau directeur" ist, in dessen Namen George Sand Heine hier um Beiträge bittet, ist nicht gewiss; mit beiden stand sie gleichermaßen in Kontakt.*[39]

Das Verhältnis zwischen Heine und Sand mit seinen privaten, literarischen und politischen Aspekten ist vielfach dargestellt worden[40]; *Sands Versuch, Heine in ihre Journalpolitik einzubinden, den dieser Brief dokumentiert, wirft jedoch ein Licht auf eine bisher noch nicht bekannte oder beachtete Facette dieser Beziehung, die also offenbar auch eine konkrete publizistische Seite aufwies. Auch wenn Heine ihr anscheinend nicht entsprochen hat (s. u.), ist Sands Bitte doch zudem ein Indiz für die besondere Position, die Heine zu dieser Zeit nicht nur in Deutschland, sondern eben auch in der französischen Zeitschriftenlandschaft ein-nahm sowie dafür, welchen Stellenwert insbesondere seine musikalischen Artikel in der Pariser Szene hatten.*

Causez avec lui – *Ob es tatsächlich zu einem Gespräch kam, lässt sich nicht ermitteln. Da aber weder François noch Pernet in Briefen von und an Heine oder in den von ihm überlieferten mündlichen Äußerungen jemals namentlich erwähnt sind, muss man annehmen, dass es keinen Kontakt gab.*

chronique des théâtres lyriques – *Eine eigene Rubrik mit Berichten allein über die Oper gab es in der „Revue indépendante" nicht. Unter den Überschriften „Revue musicale" oder „Critique musicale" wurde aber regelmäßig auch über Opern-aufführungen berichtet. Die meisten dieser Artikel sind mit dem Kürzel „F. G." gezeichnet. Möglicherweise verbarg sich dahinter George Sands vertrauter Freund Frédéric Girerd (1801–1859). In der anonymen Abteilung „Notes et nouvelles" war ebenfalls manchmal von der Pariser Oper die Rede, wobei es dort vorwiegend um Personalia ging. Die Opernberichte in der „Revue indépendante" haben mehrheit-lich einen eher summarischen Charakter, sie nennen Programm und Besetzung der jeweiligen Aufführungen, schildern die Stärke des Beifalls oder das Missfallen des Publikums und zählen einige Details der Inszenierungen auf. Dass Heine George Sands Vorschlag gefolgt ist und tatsächlich bisher unerkannt „d'un pseudonyme" oder anonym für das Blatt über die „théâtres lyriques" geschrieben hat, kann ange-sichts dieser zumeist anspruchslosen Opern-Berichte wohl ausgeschlossen werden.*

longtemps que je ne vous ai vu – *In der Korrespondenz zwischen Sand und Heine gibt es (bei den Briefen mit gesichertem Datum) eine Lücke von März 1840 bis Januar 1843; wann es zu ihrer bis dahin letzten Begegnung gekommen war, lässt sich darum nicht genau ermitteln. Der Umstand aber, dass George Sand die Adresse von Heines aktueller Wohnung, in der er seit September 1841 lebte, nicht kannte und stattdessen eine Anschrift verwendete, unter der er schon seit September 1840 nicht mehr zu erreichen war*[41], *spricht tatsächlich dafür, dass diese Formulierung hier nicht nur eine rhetorische Floskel ist. Vgl. auch oben die Erläuterung zur Datierung.*

l'autre revue – *Gemeint ist wohl die „Revue des deux mondes", in der Heine seit 1832 regelmäßig publizierte, der er allerdings in keiner Weise vertraglich ver-pflichtet war. Französische Übersetzungen einiger seiner musikalischen Berichte waren 1838 jedoch nicht dort, sondern in der „Revue et gazette musicale de Paris" sowie der „Revue du dix-neuvième siècle" erschienen.*

Anmerkungen

1 Vgl. Christian Liedtke: „Allerlei Dummes". Neue Heine-Briefe (Berichtszeitraum 2017–
  2020). – In: HJb 59 (2020), S. 239-252; ders.: „Ce pauvre ours allemand". Neue Heine-
  Briefe (Berichtszeitraum 2013–2016). – In: HJb 55 (2016), S. 197-211; ders.: „Eine ganze
  Ladung Schmeichelworte". Neue Heine-Briefe (Berichtszeitraum 2005–2012). – In:
  HJb 51 (2012), S. 185-214; Joseph A. Kruse, Marianne Tilch: „Ich hatte mir so oft vor-
  genommen Ihnen zu schreiben". Neue Heine-Briefe (Berichtszeitraum Mitte 1996 – Ende
  2004). – In: HJb 44 (2005), S. 204-219; Bernd Füllner, Christian Liedtke: Die Daten-
  banken des Heinrich-Heine-Portals. Mit fünf unbekannten Briefen von und an Heine. –
  In: HJb 43 (2004), S. 268-276; Helmuth Mojem: Als Cottascher Musquetir. Zu einem neu
  aufgefundenen Brief an Heinrich Heine. – In: Jahrbuch der deutschen Schillergesellschaft
  42 (1998), S. 5-20; Inge Hermstrüwer, Joseph A. Kruse, Marianne Tilch: „Blätter verweht
  zur Erde der Wind nun". Neue Heine-Briefe (Berichtszeitraum 1983–1996). – In: HJb 35
  (1996), S. 176-223; Christa Stöcker: Die Korrespondenz zwischen Heinrich Heine und
  Franz Liszt. Mit einem ungedruckten Brief Heines. – In: Das Goethe- und Schiller-Archiv.
  1896-1996. Beiträge aus dem ältesten deutschen Literaturarchiv. Hrsg. v. Jochen Golz.
  Weimar u. a. 1996, S. 337-346; Ana Maria Freire Lopez: Tres cartas ineditas de George
  Sand a Heinrich Heine. – In: Estudios de Investigacion Franco-Española 4 (1991), S. 181-
  184; Joseph A. Kruse: Neue Heine-Briefe. – In: HJb 22 (1983), S. 121-134.
2 Vgl. HSA XX K, 9–12; XXIII K, 9–13; XXIV K, 9–12; XXVII K, 9–12. Nicht übernommen wurde der dortige Halbfett-Druck der zu erläuternden Lemmata.
3 Vgl. Ilka Sommer: David Didier Roth (1808–1885). – In: Zeitschrift für klassische Homöopathie 60 (2016), S. 79–85; Judit Brody: An émigré Physician: Dr David (Didier) Roth,
  Homoeopath, Art Collector, and Inventor of Calculating Machines. – In: Journal of Medical
  Biography 8 (2000), S. 215–219.
4 Vgl. Henner Montanus: Der kranke Heine. Stuttgart, Weimar 1995, S. 347 ff. In der
  dortigen Übersicht über die Ärzte, die Heine behandelt haben, fehlt Roths Name. Das gilt
  auch für Arthur Stern: Heinrich Heines Krankheit und seine Ärzte. – In: HJb 3 (1964),
  S. 63–79.
5 Vgl. HSA XV K, 81; Mende, 153 und 407.
6 J. Siebmachers großes und allgemeines Wappenbuch. In Verbindung mit Mehreren neu
  hrsg. u. m. historischen, genealogischen u. heraldischen Notizen begleitet v. Otto Titan vom
  Hefner. Bd. 3, Abt. 1 bis 3: Der Adel des Königreichs Preußen. Nürnberg 1857, S. 242.
7 Vgl. Neues allgemeines deutsches Adels-Lexicon. Hrsg. v. Ernst Heinrich Kneschke. Bd. 5.
  Leipzig 1864, S. 583.
8 Es befindet sich in privatem Besitz. Vgl. die geographischen Angaben und die
  Abbildung online unter URL: https://de.wikipedia.org/wiki/Liste_der_Baudenkmale_in_
  Kramerhof#Klein_Kedingshagen [letzter Zugriff: 28.07.2022].
9 Zu den folgenden biographischen Angaben vgl. Helge Dvorak: Biographisches Lexikon
  der Deutschen Burschenschaft. Bd. 1: Politiker. T. 3: E-L. Im Auftrag der Gesellschaft für
  Burschenschaftliche Geschichtsforschung e. V. hrsg. v. Klaus Oldenhage. Heidelberg 1999,
  S. 297 f.
10 Vgl. Emil Pflugradt: Geschichte des Pommerschen Jäger-Bataillons Nr. 2 von seiner
  Errichtung im Jahre 1821 bis zum Jahre 1881. Berlin 1881, S. 6 f. Es wurde 1913 in „Jäger-
  Bataillon Fürst Bismarck" umbenannt.
11 Vgl. die Gerichtsakten zu seinem Prozess im Geheimen Staatsarchiv Preußischer Kultur-
  besitz, I. HA Repositur 97 (Kammergericht), Nr. 3000 und die Verhörprotokolle des Greifswalder Universitätsgerichts zur Untersuchung gegen die Mitglieder der „Gesellschaft der
  Volksfreunde" im Universitätsarchiv Greifswald, Hbg. 790.

12 In der Namensliste aller Offiziere des Bataillons taucht er nicht auf. Vgl. Pflugradt: Geschichte des Pommerschen Jäger-Bataillons Nr. 2 [Anm. 10], S. 57 ff. Material zu seinem Lebenslauf, das evtl. klären könnte, ob Hermann von Lobeck die hier gesuchte Person ist, befindet sich möglicherweise in den Papieren zur Pommerschen Familie Lobeck, die im Geheimen Staatsarchiv Preußischer Kulturbesitz in einer Akte mit der Signatur: I, HA Repositur 30, Generaldirektorium Pommern, Nr. 44, Adeliche Familien nr. L 73a verwahrt werden. Für den Hinweis darauf danke ich Dr. Claus Heinrich Bill, Institut Deutsche Adelsforschung, Kiel. Der Bestand wurde für diese Ausführungen nicht eingesehen.

13 Vgl. die Sammlung von Dienstlebensläufen Königlich Preußischer Offiziere von 1710 bis 1918 im Geheimen Staatsarchiv Preußischer Kulturbesitz IV, HA Preußische Armee Repositur 1, Geheime Kriegskanzlei, Nr. 80, S. 106. Für den Hinweis danke ich Dr. Claus Heinrich Bill, Institut Deutsche Adelsforschung, Kiel.

14 Vgl. Krister von Albedyll: Soldaten und Garnisonen in Pommern und im Bezirk des II. Armee-Korps. Stettin 1926, S. 20 f.

15 Otto Backström, A. von Hennigs: Offizier-Stamm- und Ranglisten des Pommerschen Füsilier-Regiments Nr. 34. Berlin 1895, S. 68. Weitere Angaben finden sich möglicherweise in den hierfür nicht konsultierten Papieren zur Pommerschen Familie Lobeck [Anm. 12].

16 Vgl. L. Schneider: Das sechste Cürassier-Regiment (Kaiser von Russland). Für die illustrirte Stamm-, Rang- und Quartier-Liste der Königlich Preußischen Armee. Berlin 1854, S. 99, 159. Dem Regiment hatte zur gleichen Zeit und im selben Rang auch der Dichter Friedrich de Motte-Fouqué angehört. Eine andere Quelle datiert von Lobecks Demission erst auf das Jahr 1820. Vgl. Rangliste der Königlich Preussischen Armee für das Jahr 1806, mit Nachrichten über das nachherige Verhältniß der darin aufgeführten Officiere und Militair-Beamten. Red. Kriegsrat Müller. Berlin 1827, S. 242.

17 Vgl. Christina Rathgeber: Herausforderung für den Staat. Die Altlutheraner und die preußische Religionspolitik (1830 bis 1847). Berlin, Boston 2017, S. 113.

18 Vgl. Johannes Boxdörfer: „Führ uns an der Hand ins Vaterland!" Die Auswanderung preußischer Altlutheraner nach Südaustralien Mitte des 19. Jahrhunderts. Stuttgart 2020.

19 Über Leben und Karriere des schöngeistig interessierten Juristen Brassier vgl. die Charakteristik bei Alfred von Reumont: Aus König Friedrich Wilhelms IV. gesunden und kranken Tagen. Leipzig 1885, S. 239 ff. Der Grafentitel wurde ihm 1857 verliehen.

20 Vgl. ebd., S. 242 und Waltraud und Heinz Müller-Dietz: Zur Biographie Maximilian (von) Heines. – In: HJb 26 (1987), S. 135–168, hier S. 145.

21 Reumont: Aus König Friedrich Wilhelms IV. gesunden und kranken Tagen [Anm. 19], S. 244.

22 Vgl. online unter URL: https://catalogue.swanngalleries.com/Lots/auction-lot/HEINE-HEINRICH-Two-items-Autograph-Endorsement-Signed--Fragm?saleno=2461&lotNo=241&refNo=736959 [letzter Zugriff: 28.07.2022].

23 Die Information über den Verso-Vermerk von Lutteroth wurde aus der kurzen Beschreibung im Auktionskatalog von Meyer und Ernst übernommen. Vgl. Hellmut Meyer und Ernst, Autographenhandlung und Antiquariat. Autographen aus sechs Jahrhunderten. 1450–1930. Katalog Nr. 36. Versteigerung am 8. Dezember 1933. Berlin 1933, S. 56, Los 365.

24 Vgl. Stöcker: Die Korrespondenz zwischen Heinrich Heine und Franz Liszt [Anm. 1], S. 340; Liedtke: „Eine ganze Ladung Schmeichelworte" [Anm. 1], S. 208 und online im „Heine-Portal" unter URL: http://heine-portal.de/Projekte/HHP/briefe [letzter Zugriff: 06.07.2022], dort als Nr. 854b.

25 Ebd.

26 Im Jahr 1838 lag in London der feste Wechselkurs für 1 Pfund Sterling bei 25 2/5 Francs. Vgl. Vollständiges Taschenbuch der Münz-, Maass- und Gewichts-Verhältnisse, der Staatspapiere, des Wechsel- und Bankwesens und der Usanzen aller Länder und Handelsplätze. Nach den Bedürfnissen der Gegenwart bearb. v. Christian Noback u. Friedrich Noback. Erste Abt.: Aachen-Pesth. Leipzig 1851, S. 57.

27 Vgl. Gustave Bienaymé: Le coût de la vie à Paris à diverses époques. Nancy 1897, S. 10.

28 Vgl. Émile Chevallier: Les salaires au XIXe siècle. Paris 1887, S. 59, 72.

29 Vgl. Buch der Lieder. Gedichte von Goethe, Heine, Victor Hugo etc. mit Begleitung des Pianoforte. Componirt von F. Liszt. 3 Bde. Berlin, Paris, Wien 1843. Zur Datierung und Entstehung von Liszts Heine-Vertonungen vgl. Ernst Burger: Franz Liszt. Eine Lebenschronik in Bildern und Dokumenten. München 1986, S. 135.

30 Vgl. dazu Heines Quittung über den Empfang von 500 Francs an Louis Gouin vom 16. September 1848, Liedtke: „Eine ganze Ladung Schmeichelworte" [Anm. 1], S. 192, die Erläuterungen ebd., S. 192 f. sowie Heinz Becker: Der Fall Heine-Meyerbeer. Neue Dokumente revidieren ein Geschichtsurteil. Berlin 1958, S. 77 ff.

31 Rainer Kleinertz: „Wie sehr ich auch Liszt liebe, so wirkt doch seine Musik nicht angenehm auf mein Gemüt." Freundschaft und Entfremdung zwischen Heine und Liszt. – In: HJb 37 (1998), S. 107-139, hier S. 118. Die in der Liszt-Literatur oft wiederholte Falschbehauptung einer „Erpressung" Listzts durch Heine widerlegt Kleinertz jedoch eindrücklich und weist ihren Ursprung und ihre antisemitische Motivation nach. Vgl. ebd., S. 127 ff.

32 Vgl. die Briefe Renduels an Heine vom 25. Februar 1841 (HSA XXV, 308), 15. März 1841 (HSA XXV, 310) und 23. März 1841 (HSA XXV, 312) sowie Heines Schreiben an Renduel vom 11. und 18. März 1841 (HSA XXI, 395 f.) und die Erläuterung dazu in HSA XXV K, 266. Die Ausgabe bei Delloye kam am Ende gar nicht zustande; eine Neuausgabe von „De l'Allemagne" erschien erst 1855 bei Michel Lévy frères.

33 Vgl. Burger: Franz Liszt [Anm. 29], S. 134.

34 Vgl. Mende, 353.

35 Vgl. online unter URL: https://www.sothebys.com/en/auctions/ecatalogue/2015/livres-manuscrits-pf1513/lot.56.html [letzter Zugriff: 28.07.2022].

36 Vgl. die Chronik in George Sand: Lettres retrouvées. Hrsg. v. Thierry Bodin. Paris 2004, S. 434 f.

37 Kerstin Wiedemann: Zwischen Irritation und Faszination. George Sand und ihre deutsche Leserschaft im 19. Jahrhundert. Tübingen 2003, S. 109.

38 Zur Geschichte des Blattes, das bis 1848 existierte, vgl. Nathalie Brémand: Une version socialiste de La Revue des Deux Mondes. La Revue indépendante de Leroux et Sand – In: Quand les socialistes inventaient l'avenir. 1825–1860. Hrsg. v. Thomas Bouchet, Vincent Bourdeau u. a. Paris 2015, S. 239–246. Zur politischen Ausrichtung der Zeitschrift vgl. auch Ortwin Lämke: Heines Begriff der Geschichte. Der Journalist Heinrich Heine und die Julimonarchie. Stuttgart, Weimar 1997, S. 80 ff. George Sand gab ihre Beteiligung daran 1844 auf, als sie die Regionalzeitschrift „L'Éclaireur de l'Indre" gründete.

39 Vgl. George Sand: Correspondance. Hrsg. v. Georges Lubin. Bd. 5: Avril 1840 – décembre 1842. Paris 1969, S. 888; ebd., Bd. 6: 1843 – juin 1845. Paris 1969, S. 960, 971.

40 Vgl. Anette Seemann: Die „schöne grosse Cousine" und die „Grossmutter der Doktrinäre". Heinrich Heine und sein Verhältnis zu George Sand und Madame de Staël. – In: Salonfähig. Frauen in der Heine-Zeit. Für den Heine Haus e. V. hrsg. v. Beate Borowka-Clausberg. Heidelberg 2016, S. 54-69; Karin Füllner: „Vous blamer c'est un blaspheme". Heinrich Heine et George Sand. – In: Heine a Paris. Temoin et critique de la vie culturelle française. Hrsg. v. Marie-Ange Maillet u. Norbert Waszek. Paris 2014, S. 32-52; Christoph Bartscherer: Heinrich Heine und die Frauen. „Und immer irrte ich nach Liebe". Freiburg 2006, S. 101 ff.; Wiedemann: Zwischen Irritation und Faszination [Anm. 37], S. 42 ff.; Diana Lynn Justis: The feminine in Heine's life and oeuvre. Self and other. New York 1997, S. 154 ff.; Geneviève Bianquis: Heine et George Sand. – In: Études germaniques 2 (1956), S. 114-121.

41 Heine lebte von Juli 1828 bis September 1840 in der rue des Martyrs 23, von September 1840 bis September 1841 in der rue Bleue 23 und seit September 1841 im Faubourg Poissonière 46. Vgl. Mende, 353.

In Memoriam Jost Hermand (1930–2021)

Robert C. Holub

On 9 October 2021 the world of German Studies lost one of its most prolific and preeminent voices. On that day Vilas Research Professor of German emeritus, Jost Hermand, almost halfway through his 92nd year on earth, passed away at his home in Madison, Wisconsin, where he had lived since he began his professorial career at the state university in 1958. For his colleagues and students he was a beloved friend and teacher, a stimulating conversationalist, and a kindhearted supporter of progressive causes. For the larger world of 'Germanistik' he was probably the most productive scholar writing about German literature, art, and music in the seven decades after the Second World War. He displayed his vast knowledge of German and European culture in scores of books he authored or co-authored, and he continued publishing at a steady pace even into his tenth decade, two of his books appearing posthumously. His lengthy bibliography includes hundreds of essays on the most varied topics. He lectured as keynote speaker or contributor to conferences and scholarly meetings throughout the world on a regular basis, and he enjoyed exchanges with his audiences, often provoking them with views that differed from the humdrum offerings of more staid German professors. Together with doctoral students and colleagues in Madison, above all Reinhold Grimm, he initiated several journals and edited many volumes that helped change the way in which scholars viewed the history of the discipline. "Basis" and the "Brecht-Jahrbuch", as well as the annual proceedings of the Wisconsin Workshop, contributed to and fostered literary scholarship in ways that were fresh and exciting.

His unbounded intellectual curiosity made him a pioneer in numerous areas of research. The volume "Synthetisches Interpretieren", which went through six editions from 1968 to 1978, was inspirational for a generation of German literary

R. C. Holub (✉)
Department of Germanic Languages and Literatures, Ohio State University, Columbus, USA
E-Mail: holub.5@osu.edu

© Springer-Verlag GmbH Deutschland, ein Teil von Springer Nature 2023
S. Brenner-Wilczek, *Heine-Jahrbuch 2022*, Heine-Jahrbuch,
https://doi.org/10.1007/978-3-662-66144-4_10

scholars seeking to break away from immanent methods and outmoded notions of 'Geistesgeschichte'. His work on progressive and democratic moments in the history of German letters, from Jacobin literature to Young Germany, 'Vormärz', Naturalism, and Expressionism, provided students of German culture influenced by the student movement with a concrete alternative to a conservative tradition, sometimes not far removed from views propagated during the Third Reich, that was the standard fare in German academic circles in the first postwar decades. Jost was a pioneer in ecocriticism, recognizing the dangers for the planet inherent in capitalist growth and embracing many aspects of the incipient green movement as an alternative to traditional political thought. In addition to writings dealing with the literary tradition, Jost displayed a masterful knowledge of art, the history of art, and music. He even dabbled in the history of film, composing a short piece on Charlie Chaplain's final speech in "The Great Dictator". The stimulation from Jost's scholarship will bear fruit for future generations in multiple areas of German Studies, but probably his most memorable writings will be the cultural histories of Germany from the 'Gründerzeit' on into the late twentieth century. He began work on a five-volume project with Richard Hamann in the 1950s, and this series of monographs was to conclude with a book on Expressionism. While both Hamann and Hermand are listed as authors, Hamann wrote large portions of only the first installment; Jost completed the cultural history of the 'Gründerzeit', composed the remaining four volumes with only outline notes from his older colleague, who passed away in 1961, well before the project was finished, and went on to complete a cultural history of the Weimar Republic, coauthored by his friend and colleague, Frank Trommler, and a two-volume study of the culture of the Federal Republic of Germany from its inception until 1989. He also wrote larger studies of culture during the 1930s and 1940s and a retrospective look at literature in the GDR. Anyone seriously interested in trends and tendencies in German culture from 1870 until 1989 will profit immensely from consulting Jost's comprehensive and fascinating studies for many decades to come.

Jost's youth and upbringing gave little indication that he would become the foremost progressive scholar of German culture in the postwar world. Born on 11 April 1930 in Kassel, he spent his early years in Berlin in a relatively modest household. His father, Jost wrote, came from an impoverished background and worked during the Third Reich as a poorly paid textile salesman, earning a bit of extra money playing piano in the evening in various taverns. His mother, "eine deklassierte 'höhere Tochter,'" contributed perhaps a bit more traditional culture to the household, but the fact that Jost's older brother was brought up by grandparents because of the relative penury in the Hermand household, tells us a great deal about the disadvantages Jost encountered compared with the progeny of bourgeois families, who possessed not only the comforts of middle-class life, but also an exposure to literature, art, and music that Jost did not enjoy. Jost, however, showed himself to be an exemplary student, and after graduating from elementary school (Volksschule), he was recommended in 1940 for more advanced education in an Oberschule. This graduation into higher culture was one of the major turning points in his young life.

Two experiences were tremendously important for Jost's formative years. The first occurred during the period 1940–1945. Because of Allied bombings in major German cities, Jost and his classmates were sent for their protection to camps in the country, where they could escape the dangers of the war. Jost's fate was shared by millions of German teenagers and preteens in the early 1940s, but the consequences of camp life were highly variable, depending on the administration and location of the particular camp. It is fair to say, however, that the impact on the youths forced to live away from their parents in strange surroundings was often quite negative and, in many cases, traumatic. In 1993 Jost wrote about his experiences in the "Erweiterte Kinderlandverschickung" or KLV in an autobiographical text that is both revealing and highly disturbing. He makes it clear that one of the main purposes of these camps was to indoctrinate the younger generation of Germans in the harsh realities of National Socialism and its ideology, and that he was one among many others who left the camps with emotional and psychological scars. In a later autobiographical work Jost insists that soon after the war he forgot about the camps; he downplays their negative influence on him, but the fact that he devotes one of only two autobiographical works to the KLV and that it was his first venture into autobiography belies his claim of minimal impact. Writing about the camps was obviously extremely difficult for Jost, and "Als Pimpf in Polen" is probably the single volume that cost him the greatest emotional anguish. But it does explain something about the resolutely anti-fascist attitude that permeates his entire scholarly oeuvre, as well as the uncompromising attitude he displays toward the remnants of National Socialism he detects in the German culture and the scholarship of the postwar period. His recounting of the trials and tribulations of the camps and the psychic toll they inflicted, as described in the original German publication and its English translation, "A Hitler Youth in Poland" (1997), had relatively little resonance in the public sphere of Germany or the Anglophone world. But their impact on Jost's development as a public intellectual was a significant factor in his thought and writings for his entire mature life.

The second impactful experience was his exposure in his schooling to a different class of pupils and to a culture that was unfamiliar to him. The recommendation that he be placed in an 'Oberschule' clearly came initially as a surprise to him and his family. In the first instance his parents dismissed it as too expensive, and without financial assistance from the National Socialist school administration, Jost would probably have continued on a path that would not have included study at the university or an exposure to the foremost achievements of literature, art, and music. For five years the camps were something of a detour to that exposure, but when the war ended, and Jost was removed from the agricultural work on a farm, to which he had grown accustomed and enjoyed, he was placed by his mother in the Realgymnasium I in Kassel. Jost criticizes the pedagogical techniques employed in that school, but more significant for his future develop-ment was that he was now in the company of peers, many of whom had not been sent to camps, who were therefore more advanced in their studies, having attended 'Oberschulen' outside of the areas threatened by Allied bombings, and who came

from backgrounds that were much different from Jost's. He found himself, as
he describes it in "Zuhause und anderswo" in a group consisting largely of sons
of physicians, lawyers, and upper-level civil servants; Jost considered himself
the only "barbarian" in his class. "Im Gegensatz zu diesen Jungen waren mir
klassische Musik, anspruchsvolle literarische Werke sowie Bilder der sogenannten
Museumskunst weitgehend unbekannt geblieben." In order to integrate himself
into this new situation, Jost turned to an intensive acquisition of knowledge
appropriate to the bourgeois elite. He describes how he availed himself of every
opportunity that presented itself, attending concerts and operas, as well as
theatrical productions; visiting museums where he could become acquainted with
painting and sculpture; and reading in particular dramas and poetry associated
with the accepted canon in German letters. Jost emphasizes in his account of his
extracurricular activities that he completely ignored contemporary culture and
evidenced no interest in current events or political trends in postwar life. But
surely his fervent desire to catch up with his peers instilled in him the work ethic
and productivity that embodies his later life as a scholar. Jost informs his readers
that in his initial semester of university studies in Marburg in 1950 he enrolled in
18 proseminars, lectures, and recitations. We recognize in this ambitious schedule
his dedication to an understanding of culture and his commitment to applying
all his energies to his chosen profession, which became hallmarks of his later
academic career.

Jost's focus on elitist, apolitical bourgeois culture gradually ceded to an
intense preoccupation with leftist political directions as he broadened his circle
of acquaintances and found himself in different circumstances during the 1950s.
Jost himself emphasizes repeatedly that in his years at the Gymnasium and initial
years of university study, he was completely uninterested in what was occurring
in Germany: he ignored current happenings in politics and avoided newspapers
and any other source of information on German, European, or world affairs. His
focus was strictly elitist: he was preoccupied with "high culture." In his personal
life a conversation in Bielefeld with his future father-in-law, Paul Jagenburg,
whose daughter Elisabeth was Jost's faithful companion and intellectual partner
for six decades, introduced the budding scholar to a world that to that point
in his development had remained foreign. The elder Jagenburg had been a
prominent National Bolshevist during the Weimar Republic, which led to his
incarceration in the Buchenwald concentration camp during the Third Reich.
He introduced the young man who would marry his daughter to political issues,
not only pertaining to fascism, but also to developments in the early years of a
newly divided Germany. About his initial conversation with Jagenburg, Jost later
wrote that although Jagenburg's views were completely alien to him, he began
to understand how Elisabeth and her family had suffered under the National
Socialist regime: "Demzufolge war dieser Tag in Bielefeld für mich nicht nur
ein schöner, sondern auch ein politisch verwirrender, weil er mir schlaglichtartig Einblicke in die Verfolgtenprobleme der NS-Zeit sowie die ideologische
Verdrängung der Adenauer-Ära gewährte, die ich wie Gespenster aus einer mir
unbekannten Welt empfand." Elisabeth was also responsible for a professional

connection that awakened a political consciousness in her future husband. She arranged with Richard Hamann-MacLean, the son of the celebrated art historian, for his father to read Jost's dissertation. So impressed was the elder Hamann, who was then teaching at the Humboldt University in Berlin, that he invited the young scholar to visit him and offered him co-authorship of the five-volume history of German culture since the Second Reich. Jost learned from the eminent scholar how his preoccupation with German culture could be more constructively pursued by understanding its relationship to the socio-political context in which it was produced. His political education was furthered not only by his work with Hamann, but also by his residence in East Berlin for a year and a half. Jost's political views developed rapidly when he began to take an interest in the connections between culture and society, and by the close of the decade he had matured into the progressive political observer we recognize in all his subsequent writings.

With his postwar transformation into a prolific, antifascist, politically aware and progressive scholar complete by the late 1950s, it was natural for Jost to be attracted to the most talented and controversial, leftist writer of the nineteenth century, Heinrich Heine. Jost's initial encounter with Heine scholarship, however, was not entirely fortuitous. After Hamann was replaced in East Berlin by a more dogmatic communist and Jost was also forced to leave the GDR, the young scholar had to seek employment in the West. At issue for Jost was his speech defect, a stutter that interfered with his oral communication to such a degree that even his most ardent supporters, including Hamann, thought him unsuitable for a teaching position at a university. While exploring his severely reduced options, Eberhard Galley invited him to participate in the historical–critical edition of Heine's works that was being sponsored by the Nationalen Kultur- und Gedenk-stätten in Weimar. Jost's recent experiences with the GDR and his suspicion that the political contention that surrounded Heine for the past century would hamper any cooperative East–West project led him to reject this offer. But a decade later, another opportunity to deal with Heine presented itself, when he was recruited to work on the West German Heine edition, produced in Düsseldorf under the general editorship of Manfred Windfuhr. Indeed, Hermand was assigned the first volume for this project, which included the "Briefe aus Berlin", "Über Polen", and the first two volumes of "Reisebilder". For Jost this project was also the final step in his legitimization as a bona fide academic. His writings before and after the completion of his editorial work in 1973 have often been criticized by detractors as unscholarly, as tendentious, as polemical, or as propagandistic, and therefore dismissed as unimportant for genuine students and scholars of German literature. With volume 6 of the critical Heine edition Jost's abilities as an academic and his dedication to German Studies could no longer be doubted. This volume is exemplary in every regard, but especially in its detailed commentary on sometimes obscure references and allusions in the texts. It set a high standard for the fifteen volumes that appeared in subsequent years, and it confirmed Jost's credentials as an outstanding scholar whose voice must be taken seriously.

Over the next half century Jost published repeatedly on Heine, starting with "Streitobjekt Heine" in 1975, a detailed review of Heine research in the postwar era, "Der frühe Heine" a year later, which contained studies of the four volumes of "Reisebilder", and finishing with two essay collections, "Mehr als ein Liberaler. Über Heinrich Heine" from 1991 (a second edition appeared in 1993) and "Heinrich Heine: Kritisch, Solidarisch, Umstritten" in 2007. In these books Jost explored multiple aspects of Heine's life and works, from the poetry of his early and later years to his correspondence articles written in Paris, from his relationship to various political movements of his time to his reception in several countries by different factions in the nineteenth and twentieth centuries. Why Jost took such an avid interest in Heine may seem like a naïve question with an obvious answer: both were progressive intellectuals in their respective eras, and Jost had developed since the late 1950s an affinity for the left-leaning tradition in German letters. But Heine and Hermand were different in essential ways: Heine, despite his intellectual and literary histories and observations on contemporary happenings in the nineteenth century, was essentially a creative writer, known for his poetry and lively prose more than any scholarly and academic efforts. Although Jost, like many young men, had dabbled in belletristic in his early years, he abandoned poetry and drama for scholarly pursuits and never returned to creative endeavors. Furthermore, Heine's Germany and Europe were quite different from Jost's: through traditions and historical happenstance Heine lived in a time when Germany unity was a dream shared by nationalists, liberals, and radicals, while Germany for Jost was divided initially into two halves, one a capitalist and democratic entity, the other belonging to the Soviet bloc. And Heine was an individual from a Jewish background, often subjected to anti-Semitic slurs both during his lifetime and in subsequent years. Jost was Germanic to the core, although his leftist leanings did expose him to denigration from conservative circles. Despite these differences Jost saw something in Heine that was not only attractive to him, but that he sought to emulate in his own actions and writings. For Jost Heine was a kindred spirit, someone Jost consistently admired and frequently fashioned into the exemplary progressive intellectual of his times.

Jost's identification with Heine starts with their absence from Germany. In a sense both existed in exile, away from the nation that they knew best and to which they devoted almost all their thoughts and energy. The ambivalence they felt about their exile status is evident in many reflections on the Germany of their times and their adopted homeland. Heine's aperçu about a fish in water feeling the way he does in Paris indicates his comfort in the French capital, his feeling that he was almost at home in the city of light. We know that he was acquainted with many of the leading cultural figures in Paris, from influential members of Saint Simonism to musicians, writers, and intellectuals who gathered for discussions in cafes and salons. His books were translated into French and were well received in French critical circles. But there are, nonetheless, indications that he was never completely content with the country in which he spent the last 25 years of his life. The memoirs and letters of the most prominent members of French society he knew contain scant mention of their German counterpart. He was evidently a presence, but perhaps not an active and central participant in conversations with his French peers. Heine became fairly fluent in French, but he was always more comfortable with German, and it appears that even in his writings composed originally for a French public, he was often more concerned with his German audience. His satires are directed largely at German foibles, individuals, and traditions. He admired various aspects of the political scene in France, but his focus was primarily Germany, even when he was openly persecuted in the Fatherland for his political views and risqué references.

Jost exhibited a similar ambivalence for his land of exile. The chapter describing his arrival in the United States is titled "Unfreiwillige Auswanderung," which conveys to the reader his disappointment in leaving Germany and his reluctant acceptance of his new home. Jost emphasizes that the United States was the foremost capitalist nation in the world, as well as the leading cold-war adversary of the Soviet bloc, which, from his recently acquired political perspective, made it an uncomfortable place to settle down. Jost learned English well, but even when I was a student in Madison during the 1970s, it was evident that he was much more comfortable in German. In all his courses he lectured in German, and almost everything he wrote over a period of nearly 70 years was in the German language. He was always well informed about happenings and cultural activities in Germany, but his knowledge of current events or electoral politics or the cultural scene in the United States was spotty and evidently of lesser importance for him. Jost was extremely grateful for the opportunity that the University of Wisconsin provided, and he expressed that gratitude in various ways over the years. But even in Madison he gravitated toward the Germans at the university: Reinhold Grimm and Klaus Berghahn, whose appointments in the German Department he facilitated, George Mosse, the celebrated European historian who was perhaps his closest friend, and Felix Pollak, the Austrian translator and poet, who dined with Jost on a regular basis. Jost frequently taught as an exchange professor in Germany, and after his retirement he received an honorary professorial position at the Humboldt University. Jost, like Heine, remained focused on German affairs even as he resided for the majority of his mature life in another country.

It was important for Heine, as it was for his postwar admirer, to maximize the exposure of his writings in the public sphere. To help him realize this goal, Heine relied to a large extent on the innovations of his publisher Julius Campe, who put Heine's works into series ("Reisebilder", "Salon") meant to maximize their sales. But Heine's aims were not simply mercantile; for political reasons he also wanted his ideas to enjoy widespread dissemination in the reading publics of his times. His efforts in writing correspondence articles and then collecting them in various editions were a strategy to secure a large readership. In the forward to his last great collection of reflections on France, "Lutetia", he justifies his choice of the Augsburg "Allgemeine Zeitung" for his observations on French affairs, implicitly comparing his preference to the contributions of supposedly more "radical" contemporaries that appeared in less frequently read journals. "Es gibt obskure Winkelblätter genug, worin wir unser ganzes Herz mit allen seinen Zornbränden ausschütten könnten," Heine writes, "aber sie haben nur ein sehr dürftiges und einflußloses Publikum, und es wäre ebensogut, als wenn wir in der Bierstube oder im Kaffeehaus vor den respektiven Stammgästen schwadronierten, gleich andern großen Patrioten. Wir handeln weit klüger," he continues, "wenn wir unsre Glut mäßigen, und mit nüchternen Worten, wo nicht gar unter einer Maske, in einer Zeitung uns aussprechen, die mit Recht eine Allgemeine Weltzeitung genannt wird, und vielen hunderttausend Lesern in allen Landen belehrsam zu Händen kommt." Not only was the medium significant for Heine; equally important was the style in which he communicated his thoughts. His "Zur Geschichte der Religion und Philosophie in Deutschland" is exemplary in this regard. It deals with some of the most sophisticated theological and philosophical ideas since the Reformation, but it does so in a language that is accessible to a non-academic public. Indeed, it was this accessibility that caused Metternich to single it out as a dangerous text. Twenty years after its publication, Heine himself reflects on the reasons that German authorities reacted so severely against Young Germany and, by extension, his own contributions to that movement:

> Nicht der gefährlichen Ideen wegen welche 'das junge Deutschland' zu Markte brachte, sondern der populären Form wegen worin jene Ideen gekleidet waren hat man das berühmte Anathema dekretirt über die böse Brut und namentlich über ihren Rädelsführer, den Meister der Sprache, in welchem man nicht eigentlich den Denker sondern nur den Stylisten verfolgte. Nein, ich gestehe bescheidentlich, mein Verbrechen war nicht der Gedanke, sondern die Schreibart, der Styl.

Heine's desire to communicate to a wider public, to have his ideas disseminated beyond academic and elite belletristic circles was a constant concern from his earliest poetry to his last literary endeavors.

Jost appreciated Heine's accessible style, his strategy for maximizing influence, and his aspiration to sway and provoke a wide swath of the public with his works. Moreover, he adopted a similar posture with his own publications. Jost, of course, did not have to contend with the censorship of the Metternich era: he did not have to modify his thoughts to get them into print or compromise content because of governmental restrictions. During the late 1960s and throughout the 1970s his essays can be found in major disciplinary journals and his books appeared in some of the most prominent publishing houses. The journals he edited with Reinhold Grimm, "Basis" and "Brecht-Jahrbuch", came out regularly in Suhrkamp Verlag, a leading publisher in these years. But he, like Heine, made a conscious effort to express himself in ways that were both creative, inspiring, and easily accessible to a broad reading public. Indeed, even in his earliest publications on German cultural history, he acknowledges his endeavor to avoid esoteric utterances of recondite academic prose. He took pride in the broad reception of the Hamann-Hermand collaboration:

> Und das empfand ich als Verpflichtung, bei der Niederschrift dieser Reihe einen Stil zu entwickeln, der auf allen akademischen Ballast – wie Fußnoten oder ausführliche biblio-graphische Hinweise – verzichtete, das heißt trotz der enormen Materialfülle der einzel-nen Bände zugleich 'lesbar' blieb, um nicht nur die Zunftangehörigen, sondern wesentlich

größere Schichten der Bevölkerung anzusprechen und sie mit der kulturellen Entwicklung Deutschlands vertraut zu machen.

When in the 1970s and 1980s literary studies in the USA and Germany began to succumb to increasingly esoteric jargon, and scholarship was often expressed in a language that only specialists could comprehend, Jost rebelled against this trend and remained true to his concern for communicating with a broad public. Like Heine, he wanted his writings to be widely disseminated and accessible to students of German culture at all levels of education and society.

The most important affinities between Heine and his postwar admirer are related to politics. In Heine scholarship, even among critics favorably inclined toward him, he has often been depicted as an unreliable political figure who alienated potential allies and ridiculed movements he ought to have embraced. Evidence for a politically unreliable Heine is not difficult to find: his severe criticism of Ludwig Börne in a book many felt should have celebrated a stalwart democrat; his harsh treatment of numerous patriotic poets in the 1840s, many of whom appeared to share Heine's desires for a united Germany free from princes and autocratic potentates; and, in his personal life, his public feud with family members over inheritance from Uncle Salomon Heine, his acceptance of a secret pension from the French government, and his fleeting engagement with capitalist speculation can easily give the impression of a writer insufficiently devoted to social justice, European democracy, and emancipation. Jost's image of Heine, however, always countered this portrayal of a fickle and undependable political thinker, depicting him instead as a complex, but consistent intellectual who never wavered from principles and who, from his earliest writings until the "Matrazengruft", exhibited remarkable insights into the political situation in Germany and France and the potential, as well as the shortcomings, of oppositional movements to the status quo. He attributes to the young Heine a penetrating analysis of the nationalist 'Burschenschaften', as well as a recognition of their insufficiencies for the type of radical democracy Heine came to champion. His later political maneuvers are similarly described in Jost's essays as the products of a superior political intelligence that never wavered from the most progressive oppositional positions. It was important for Jost, moreover, to see in Heine a writer who was "more than a liberal," a phrase that became the title of one of his collection of essays on him: the Heine Jost highlighted and admired most was an author who recognized the pernicious nature of social injustice, and who repeatedly advocated for the rights of the oppressed and for a society, "in which the freedom of the privileged individuals no longer resulted from the oppression and exploitation of the underprivileged." Marx, Jost argues, also recognized that Heine, unlike the typical liberal of his times, was a partisan for "all oppressed classes and peoples." "Nicht viele Liberale des 19. Jahrhunderts können sich damit brüsten, sich so nachdrücklich für die Enterbten und Entrechteten eingesetzt zu haben wie Heine," Jost asserts. Like other liberals Heine believed in the power of the idea, but unlike many like-minded compatriots he understood that the "Magenfrage" plays a decisive role in world history. Jost's image of Heine encompasses more than the abstract liberties of the liberal intelligentsia: it includes a recognition that political struggle must overturn the inequities inherent in a social order involving class, race, and gender.

Jost never writes about himself that he, like Heine, was "more than a liberal," but his writings and actions indicate that he aspired to distinguish himself from the typical left-leaning university professor. From the volume on Naturalism, where Jost became acquainted with the importance of the proletariat for the course of German culture, to his later writings that championed formerly excluded voices in the German tradition Jost demonstrated his desire to be more than a mere progressive exegete in German Studies. Indeed, he states explicitly that in Madison he and Grimm sought to establish a new paradigm, not to exclude canonical figures, but to view them in a differentiated socio-political context, and to introduce new writers and artists whose importance had been hitherto ignored. These dimensions of Jost's politics are well known. Less obvious to outsiders was his importance for German Studies at the University of Wisconsin and in the United States. Jost never assumed an administrative role in the German Department, but in subtle ways he used his influence, as the most prolific and controversial scholar on the faculty, to enable Madison to become not only the most highly ranked German department in the United States, but also the most diverse and progressive. It is no coincidence, for example, that 'Women in German' originated in Madison and was supported by men and women graduate students alike. Although Jost was not one to march in strikes or protests, the German department contributed disproportionately to the activities of the Teaching Assistants Association, the union of graduate-student instructors who fought for educational reforms and fair treatment as employees. Jost harbored misgivings about the views of the Frankfurt School, but he was instrumental in the hiring of David Bathrick, a leftist scholar who, together with like-minded young professors, founded "New German Critique", a journal Jost valued despite some principled disagreements with its theoretical predilections. And Jost was also influential in the appointment of James Steakley, an openly gay scholar who had already published on the "homosexual emancipation movement in Germany" when he was hired into a tenure-track position in the department. During the 1970s, when I was a graduate student, Madison became known in the States and in Germany as a leftist enclave of German Studies, and although Jost is rarely given the credit he deserves for shaping departmental culture, he, perhaps more than any other individual, was responsible for its sterling reputation in the world of 'Germanistik'.

Jost's appreciation for Heine's politics extends beyond his partisanship for the underprivileged and his superior insight into complex social movements. Important for Jost's image of Heine was his deft ability to embrace a utopian vision without ignoring concrete material circumstances. Unlike many of his contemporaries, Heine recognized that future developments promoting emancipation and equality would not always lead to results favorable to personal penchants. Heine's most celebrated utopian moments occur in the essay "Zur Geschichte der Religion und Philosophie in Deutschland" from the early 1830s and in the satirical epic poem "Deutschland. Ein Wintermärchen" from 1844. In the essay Heine opposes an emancipation of Republican austerity, instead championing the "divine rights of human beings." Inspired by Saint Simonist doctrine, he advocates a sensualist alternative to the sans-culottes of the French revolution in his demand for "nectar and ambrosia, crimson robes, costly perfumes, luxury and splendor, the dancing of laughing nymphs, music and comedies." In the "Wintermärchen" he is not satisfied with providing bread, the basic means of subsistence, for everyone: his utopian vision includes "roses and myrtle, beauty and joy" as well as green peas, which become the symbol for luxurious satiety. At other moments, however, Heine tempers his utopian projections with a realism that encompasses sacrifices of his most cherished achievements. In the Preface to "Lutetia" he speculates that the future belongs to the communists, who will "utterly shatter all the marble statues of my beloved world of art; they will smash all those fantastic knick-knacks that were so dear to the poet's heart." Roses and nightingales will not fare well under communist dominion, and the pages of Heine's own poetry books will come to serve "as little paper bags in which to pour coffee or snuff for the little old ladies of the future." Ultimately, Heine affirms emancipation over utopianism, but it is the tension between the two that Jost admired most in Heine's reflections on political change.

Like the nineteenth-century poet, Jost viewed utopian convictions as a necessary precondition for political progress. It is no coincidence that four of his books contain some variant of the word "utopian" in their title, and in countless essays the reader detects his optimistic vision for change and for the realization of a more humane and equitable social order. His publications from the late 1960s and 1970s, in which he extolled the progressive moments of German culture—the German Jacobins, the Young Germans, the poets and intellectuals of the German 'Vormärz'—demonstrated his desire to find models and predecessors for his progressive stance in his own cultural heritage. In his autobiographical account "Zuhause und anderswo", he writes passionately about his advocacy of a "third way," a non-Stalinist, non-capitalist, humanistic alternative to the global conflict that dominated the first forty-five years of the postwar era, and he states toward the end of his reflections that the absence of an open East–West Cold War after 1989 does not eliminate this "third way": the antagonism between these two mentalities continues unabated and demands from us, as it did before the "Wende," that we take a stand. Jost refused to relinquish the utopian impetus behind his scholarship even after the fall of the wall and the establishment of a unified Germany. Like Heine, he was enough of a realist to recognize that the historical parameters of utopianism had changed with the collapse of the Soviet Union. But he could see that the utopian "third way," which many others had perhaps superficially espoused in postwar times, now attracted fewer and fewer defenders. Jost's response was to immerse himself even more resolutely in progressive scholarship: instead of descending to his basement typewriter at six in the morning, he resolved to start work at four or five, to become more productive and more concrete in his political views. But the loss of utopian visions among his contemporaries took its toll. During the 1990s he became more isolated in his views, increasingly subjected to rejection or even ridicule by more frequent cynical or conservative voices. But, like Heine, he never veered from his principled positions. "If writing today still makes sense," he wrote at the turn of the millennium, then it is only as an appeal to rethink conventional views and to consider "the possibility of a 'third way,'" one which synthesizes the individualism of current society with a recognition of reciprocal social responsibility. He shared with Heine, in short, a utopian vision accompanied by a sober realism concerning its realization.

One final dimension of Jost's identification with Heine should not be neglected: their mutual appreciation for talent and artistic excellence. Jost's admiration of Heine extended beyond their circumstantial and political affinities; Jost recognized, moreover, Heine's immense talent and creative genius, qualities he consistently affirmed as essential for cultural excellence and for political influence. Heine, for his part, consistently emphasized artistry even when it appeared to conflict with political preferences. In his polemic against Platen, for example, it would be short-sighted to reduce Heine's objections to demeaning references to homosexuality. Platen was a target for Heine's criticism because he dabbled in banal imitations of creative works that he could not understand; his artistry was artificial. While Heine's own poetry, especially the verses in "Buch der Lieder", appears simple und uncomplicated, we should not underestimate his attention to the nuances of poetic accomplishment. We need only examine his lengthy letter to Karl Immermann in June 1830, in which he undertakes a detailed metric and stylistic critique of Immermann's "Tulifäntchen", to understand that Heine's writings are the product of a superior and exacting creative intelligence. The distinction between talent and character, most prominent in the Börne "Denkschrift", is further evidence that Heine regards inventiveness and artistry as essential features of a progressive culture. His rejoinder to the uproar he raised for defaming a writer admired for his integrity and staunch commitment to progressive causes—"but wasn't it beautifully written"—is more than a throwaway wisecrack; rather, it is an affirmation of the necessity for imagination and creativity even in political controversy. Similarly his remarks about the tendentious poets of the 'Vormärz' in "Atta Troll", and their satirical embodiment in the captive dancing bear are further evidence that Heine's objections were grounded in considerations beyond politics and that he never wavered from his espousal of originality and artistic quality in cultural endeavors.

Jost valued Heine's consistently high standards as well as his insistence on the most lofty level of artistic creativity. Above all, however, he recognized that Heine himself was one of the most innovative and gifted writers in the German tradition. Jost wrote about many progressive authors from previous centuries, and he affirmed their political insights even when they did not match their creative ambitions. He recognized artistic deficiencies in movements he deemed important to rediscover for their political impulses. Thus Jost confesses that his work on Naturalism, which followed closely on his intense preoccupation with the highest forms of German literature, art, and music, disappointed him:

> Obendrein vermißte ich, wie ich zugeben muß, an vielen Werken des Naturalismus, vor allem denen, die nicht von Gerhart Hauptmann oder Max Liebermann stammten, jene ästhetische Qualität, die ich noch kurz zuvor an den Werken der 'Klassiker der Moderne' so bewundert hatte und jetzt auch bei Brecht wiederfand.

Indeed, Jost's preference for Heine and Brecht is largely attributable to their ability to combine progressive political views with an inspiring creativity that raised them above other like-minded contemporaries. Jost's consistent appreciation for artistry can be seen best perhaps in his reflections on Heine as a leading figure in the Young German movement. Although Jost affirms the general liberalism of the group and its opposition to the petty statism of Germany in the 1830s, he observes that the Young Germans were primarily concerned with agitation, with provoking the repressive authorities, with being gadflies in the face of a Restoration and Biedermeier quiescence. Their ultimate failure, he suggests, is the result of their limited horizon for change, one that was mere provocation without aesthetic excellence: "Daß es bei dieser Auferweckung allerdings mit einer bloßen Journalisierung, Operationalisierung, Entauratisierung, Modernisierung, Liberalisierung oder auch Avantgardisierung nicht getan war, gehört auf ein anderes Blatt." Essential for Jost, as it was for Heine, is something more sustaining and admirable: genuine artistry: "Auf Kunst sollte man nicht pfeifen," Jost concludes in the spirit of Heine, "nicht einmal in Zeiten der äußersten Bedrängnis, des Aufruhrs oder gar der Revolution." The highest cultural concerns, for Heine and Hermand, are not incidental to social progress, but an essential feature of authentic revolutionary change.

With the passing of Jost Hermand we have lost not only a giant of postwar cultural criticism, but also one of the most perceptive and informed interpreters of Heinrich Heine's writings. Jost was more than an admirer of Heine, however: he was above all a scholar and critic who integrated key characteristics of Heine's life and oeuvre into his own worldview. He identified with Heine in an unusual fashion from his earliest books to his final reflections on German culture. As exiles from a Germany that they loved and sought to move in more progressive directions, Heine and Hermand were always concerned with communicating in a manner meant to appeal to more than the cultural elite: they wanted to engage broad audiences and to inspire them to action. They were progressive intellectuals who were "more than mere liberals," embracing the underprivileged and the minorities of their respective eras. They shared utopian views for a better world but recognized that an empty and fanciful utopianism contradicted the realities of their times. They appreciated the highest artistic creativity and promoted it as an essential element of any progressive politics.

Elisabeth Hermand, Jost's wife of almost sixty years, predeceased him in 2013. The Hermands had no biological children. But Jost produced five dozen 'Doktorkinder' over his lengthy career at the University of Wisconsin-Madison, as well as, through his writings, thousands of appreciative readers and, through his numerous lectures and public pronouncements, hundreds of devoted adherents.

These individuals will carry his legacy of a progressive German Studies forward in the twenty-first century. Fortunately Jost's death does not signal the demise of his most cherished beliefs. His writings and influence will continue to serve as an inspiration for Germanistik in general, and for Heine studies in particular, for many decades to come.

Columbus, Ohio, USA, 1 June 2022

Buchbesprechungen

Barbara Becker-Cantarino (Hrsg.): *Bettina von Arnim Handbuch*. Berlin, Boston: Walter de Gruyter 2019. 724 S. € 184,95

Den Protagonistinnen der Romantik hat Barbara Becker-Cantarino bereits zahlreiche Studien gewidmet, nicht zuletzt die grundlegende Monographie „Schriftstellerinnen der Romantik. Epoche – Werke – Wirkung" (München 2000). Im Zentrum des von ihr edierten und zu großen Teilen verfassten umfangreichen Handbuchs steht nun mit Bettina von Arnim (1785–1859) eine „gesellschaftlich und literarisch prominente Frau, eng vernetzt mit dem Adel, den Arnims und Savignys" (Becker-Cantarino, S. 260), sie ist die „Schwester von Clemens Brentano, Enkelin von Sophie La Roche, verschwägert mit Friedrich Carl von Savigny, verheiratet mit Achim von Arnim, befreundet mit Karoline von Günderrode und Goethe" (Hannelore Scholz-Lübbering, S. 640 f.). Somit erfreut sich Bettina von Arnim anderer Voraussetzungen, sich in der kulturellen und literarischen Szene des 19. Jahrhunderts einen Namen zu machen, als beispielsweise Dorothea Schlegel, die sich gleichsam aus einer Außenseiterposition heraus, bedingt durch Scheidung und ihre jüdische Religionszugehörigkeit, Gehör verschaffen muss. Entsprechend selbstbewusst begreift Bettina von Arnim offenbar auch ihre gesellschaftliche Position und ihre Rolle als Autorin, die trotz etlicher schreibender Geschlechtsgenossinnen im 19. Jahrhundert durchaus noch nicht selbstverständlich ist, wie nicht zuletzt anonyme Herausgaben von Werken weiblicher Urheberschaft bezeugen (neben Dorothea Schlegels „Florentin" (1801) wäre hier auch Karoline von Günderrode zu nennen, die für die Publikation ihrer Gedichte das Pseudonym „Tian" wählte).

Als Tochter der durch den Handel wohlhabend gewordenen Frankfurter Brentanos (die Familie kommt ursprünglich aus der Lombardei) wächst Bettina nach dem Tod der Eltern bei wechselnden Bezugspersonen in der weit verzweigten Verwandtschaft auf, die einer „Patchwork-Familie" ähnelt und nicht

P. Czezior (✉)
München, Deutschland
E-Mail: Patricia.Czezior@randomhouse.de

© Springer-Verlag GmbH Deutschland, ein Teil von Springer Nature 2023
S. Brenner-Wilczek, *Heine-Jahrbuch 2022*, Heine-Jahrbuch,
https://doi.org/10.1007/978-3-662-66144-4_11

dem bürgerlichen Ideal einer „klassischen geschlossenen Kleinfamilie" ent-
spricht (Becker-Cantarino, S. 99). Mit der 1811 erfolgenden Heirat Achim von
Arnims (1781–1831) steigt sie dann nicht nur in den Adelsstand auf, sondern hat
fortan auch aktiv teil an der Literaturszene, wobei Achim von Arnim und Bettinas
Bruder Clemens Brentano (1778–1842) mit ihrer Volkslied-Sammlung „Des
Knaben Wunderhorn" (1805–1808) zum berühmten Zweiergestirn der Romantik
aufsteigen. Die später in der Rezeption erfolgende Wahrnehmung Bettinas als
Romantikerin mag vor allem auch daher rühren, obschon ihre Werke von der zeit-
lichen Einordnung bereits der Epoche des Vormärz zuzurechnen sind. Trotz alltäg-
licher Sorgen finanzieller Art und in Bezug auf die Erziehung der sieben Kinder,
die Bettina mit Achim hat, zeigt sich eine gewisse Eigenständigkeit Bettinas
bereits darin, dass sie zumeist in Berlin lebt, während ihr Mann das Landgut
Wiepersdorf (im Ländchen Bärwalde, heute Brandenburg) zu bewirtschaften hat –
was nicht zuletzt auch zu einem umfangreichen Briefwechsel der beiden führt. In
Berlin etablieren die Arnims ein umfassendes Netzwerk innerhalb der damals tonangebenden kulturellen und gesellschaftlichen „Elite" (so besuchen sie beispielsweise auch den Salon der Varnhagens), wie im Handbuch in Teil III ausführlich
dargelegt wird. Dieses Netzwerk wird für Bettina nach Achims frühem Tod dann
auch sehr hilfreich, um sich nach der so einschneidenden Zäsur als Autorin auf
dem Markt zu behaupten.

Mit ihrer Rolle und Verortung als Schriftstellerin beschäftigen sich zahlreiche
Artikel des Handbuchs, angefangen bei Bettina von Arnims schwierigem Verhältnis zu ihren oft wechselnden Verlegern, was „nach Streitigkeiten mit jedem ihrer
Verleger" im Selbstvertrieb ihrer und Achim von Arnims „Sämmtlicher Werke"
(von Bettina herausgegeben) gipfelt und ihr schließlich fast einen Gerichtsprozess
beschert (wg. des „Verstoß[es] gegen die Zunftprivilegien der Berliner Buch-
händler", Yvonne Pietsch, S. 291 f.). Letztere Eskalation spiegelt nicht zuletzt
ihr auch an anderer Stelle wenig unterwürfiges und mitunter renitentes Verhalten
Behörden und Autoritäten gegenüber. In einer Zeit des tiefgreifenden Wandels des
Buchmarktes, der sich im Laufe des 19. Jahrhunderts immer mehr ausdifferenziert
und dabei das Exklusivitätsverhältnis zwischen Autoren und ihrem Publikum, das
jahrhundertelang die Werkrezeption bestimmte, zugunsten eines anonymisierten
Lese- und Konsumverhaltens aufhebt, muss Bettina von Arnim ihre Position
finden. Als „Literatorin" will sie dabei auf keinen Fall wahrgenommen werden,
ein Terminus, mit dem sie die Berufsschriftstellerinnen belegt, wobei hier, wie
Becker-Cantarino vermutet, wohl vor allem auch eine gewisse Attitüde der
Abgrenzung jenen Frauen gegenüber hineinspielt, die durch das Schreiben ihren
Lebensunterhalt erwirtschaften mussten (S. 330). Ihr Selbstverständnis als gleichsam vom Markt nicht korrumpierte Dichterin und Künstlerin hindert sie aber nicht
daran, an ihre Verleger übersteigerte Absatzerwartungen heranzutragen.

Poetologisch bricht Bettina von Arnim in ihren Werken Gattungsgrenzen
auf und perfektioniert nicht zuletzt in ihren Briefromanen das „Vermischen von
Faktizität und Fiktionalität" (Becker-Cantarino, S. 339), wobei ihr Verfahren der
„Poetisierung des Lebens" verbunden mit einem fragmentarischen Charakter ihrer
Texte als Verweis auf die progressive Universalpoesie der Romantik interpretiert

wurde (Becker-Cantarino, S. 331); andererseits weist die Vermischung von (auto-) biographischen und fiktionalen Elementen deutlich auf Erzählverfahren des Vormärz, wie etwa Heinrich Heines „Reisebilder" (1826–1831) als prominentes Beispiel belegen. Letzterem gegenüber, den Bettina wohl aus dem Salon der Varnhagens kannte, blieb sie „distanziert", seine „satirische Schreibweise [war] ihrem poetischen Pathos so entgegengesetzt" (Becker-Cantarino und Helga Brandes, S. 242).

Leben und Werk Bettina von Arnims bezeugen eindrucksvoll eine Gleichzeitigkeit des Ungleichzeitigen, die wohl gerade für die erste Hälfte des 19. Jahrhunderts typisch ist. So entspringt ihr erstes und bekanntestes Werk „Goethe's Briefwechsel mit einem Kinde" (1835) ihrer tiefen Verehrung für den Dichterfürsten der vergangenen Periode der Klassik, dem sie damit ein Denkmal setzen will – im wörtlichen Sinne, denn mit dem Erlös ihres Werks will sie Goethe ein von ihr entworfenes Monument stiften. Gleichsam am entgegengesetzten Pol ihres Schaffens ist Bettina von Arnims „Polenbroschüre" (1849) angesiedelt, deren Veröffentlichung wenig zu ihrem Ruhm beiträgt (zumal sie den Text unter Pseudonym publiziert) und mit dem sie angesichts der Zensur und anderer obrigkeitsstaatlicher Repressalien viel riskiert. Sie prangert darin nicht nur den völligen Souveränitätsverlust des polnischen Volkes an, sondern auch die Rolle, die der preußische Staat dabei spielt – ein Werk, das sich klar ins Umfeld hochpolitischer Vormärz-Schriften im Kontext der Revolutionen von 1848/1849 einreiht.

Insgesamt changiert Bettina von Arnim, die sich erwiesenermaßen auch immer wieder karitativ für die Armen einsetzte, zwischen einer ihr durch gewisse Privilegien und gesellschaftliche Erwartungen erwachsenen Rolle als Angehörige des Adels und der kulturellen Elite und einer Neudefinition ihrer selbst, in der sie sich in der zweiten Lebenshälfte als verwitwete Mutter und Autorin Freiräume erobert und dabei auch Denkmuster aufgreift und gleichzeitig hinterfragt, die einer vergangenen (Kultur-) Epoche angehören.

Eminent wichtig für das Verständnis ihres Werkes ist das von Wolfgang Bunzel verfasste Kapitel „Die Briefwechsel"; mit ca. 200 Briefpartnern richtet sich ihre Korrespondenz an einen „relativ überschaubar[en]" Kreis (Bunzel, S. 494), zumal ein Großteil der Briefe den Austausch mit Familienangehörigen betrifft. Jenseits des Wertes der Briefe als individuell-biographische Zeugnisse sind diese immer auch mit Bettina von Arnims schriftstellerischer Produktion verschränkt, ist ihr Werk doch „überwiegend briefförmig strukturiert" und auf Dialogizität angelegt, sie kann so als „herausragende epistolare Strategin des 19. Jahrhunderts" gelten, „die die Gestaltungs- und Wirkmöglichkeiten dieser Textsorte in einer Virtuosität zu nutzen verstand wie kaum jemand sonst" (Bunzel, S. 496).

Ganz im (romantischen) Sinne einer universalen Kunstauffassung betätigte Bettina von Arnim sich auch in der Bildenden Kunst und der Musik, wie von Petra Maisak und Renate Moering dargelegt wird. Dabei gefiel sie sich stets in der stilisierten Rolle der Dilettantin, die sich, wie ja auch auf dem Gebiet der Schriftstellerei, bewusst gegen eine (gewerbliche) Professionalisierung stellte. Viel Mühe verwendete sie vor allem auf ihre Entwürfe des Goethe-Denkmals, das am Ende freilich eine andere Realisierung erfuhr als die von ihr geplante, die sie bis fast zu ihrem Lebensende immer weiter verfolgte, wie zahlreiche Skizzen belegen.

Das Handbuch schließt mit einem Blick in die wechselvolle Rezeptionsgeschichte; bereits im 19. Jahrhundert ist Bettina von Arnim als „Autorin, Verlegerin, Publizistin und Briefschreiberin […] eine ebenso prominente wie kontrovers beurteilte Berliner Persönlichkeit" (Becker-Cantarino, S. 632). Bis weit ins 20. Jahrhundert hinein werden ihre Vita und ihr Werk allerdings je nach politischer Ausrichtung (BRD, DDR) auf bestimmte Aspekte reduziert, lange herrschte wohl auch noch die Tendenz vor, sie gleichsam im Schatten berühmter Männer wie ihres Bruders Clemens Brentano, ihres Mannes Achim von Arnim oder Goethes zu betrachten, wobei dann gerade ihr Erstlingswerk mehr als Quelle zum Verständnis des Dichterfürsten gelesen wurde. Mit der auch von Barbara Becker-Cantarino angestoßenen „feministischen Re-Lektüre" werden die „‚schreibenden Frauen' […] als *Autorinnen* anerkannt" (Becker-Cantarino, S. 656), ab den 1980er-Jahren setzt ein Perspektivwechsel ein, der bis in die aktuelle Forschung hinein zu einer differenzierten Analyse von Teilaspekten des Werks und der Vita führt, dabei immer unter Beachtung des sozialen und milieugeschichtlichen Kontexts.

Trotz des beachtlichen Umfangs ist das Handbuch sehr übersichtlich strukturiert, jedem der insgesamt sechs Themenblöcke (in einem siebten Kapitel ergänzt durch ein ausführliches Literaturverzeichnis und Personenregister) ist eine Gliederung vorangestellt, die die Orientierung innerhalb der einzelnen Artikel erleichtert. Besonders hervorzuheben ist die von Heinz Härtl verantwortete mit zahlreichen Zitaten untermauerte Chronologie der Vita, die als erster Teil die übrigen Kapitel einleitet. Sie ermöglicht einen fundierten Überblick bezüglich der einzelnen Lebensstationen Bettina von Arnims. Beachtlich ist des Weiteren die ausführliche Entfaltung des Netzwerks und die Skizzierung aller Persönlichkeiten, mit denen Bettina näheren Umgang pflegte (wie Hermann von Pückler-Muskau, die Varnhagens, Friedrich Carl von Savigny). Dies macht das Handbuch zu einem wertvollen Hilfsmittel für alle, die sich nicht allein für Bettina, sondern auch für ihre Epoche und ihre Zeitgenossen interessieren. Insgesamt vermögen die Herausgeberin und die einzelnen Autorinnen und Autoren das differenzierte Bild einer Frau zu zeichnen, deren Leben und Werk exemplarisch für die von großen gesellschaftlichen Umbrüchen geprägte erste Hälfte des 19. Jahrhunderts stehen, literaturhistorisch zwischen Romantik und Vormärz angesiedelt und dabei herausragend durch die weibliche Perspektivierung und Stimme, die auch in der Rezeption noch lange im Chor der tonangebenden Männer verhallte. Da sich das Handbuch nicht nur an Expertinnen und Experten richtet, sondern in jedem Fall auch einen fundierten Einstieg in die Thematik gewährleistet, wäre indes (als einziges Desiderat) zusätzliches Bildmaterial wünschenswert; zwar finden sich im fünften Teil, der sich mit Bettina von Arnims bildkünstlerischem und musikalischem Werk beschäftigt, vier Abbildungen ihrer Skizzen sowie eines nach den Skizzen angefertigten Modells und eines Stichs, jedoch würde auch der biographische Teil durch einige Porträts, zumindest von Bettina und Achim, sowie gegebenenfalls durch Stiche oder Fotografien wichtiger Schauplätze ihres gemeinsamen Lebens (wie Wiepersdorf) nochmals an Anschaulichkeit gewinnen (Bildmaterial hierzu lässt sich in den Archiven vermuten). Dieser marginale Kritikpunkt soll freilich die bemerkenswerte Leistung des Handbuchs nicht schmälern, die neben dem Leben Bettina von Arnims auch wichtige Themen der Epoche und Literaturgeschichte herausarbeitet und in einem neuen Licht zeigt.

Patricia Czezior

Patricia Czezior: *Die Figur des Philisters. Projektionsfläche bürgerlicher Ängste und Sehnsüchte in der Romantik und im Vormärz.* Göttingen: V&R unipress 2021. 179 S. € 35

In dem vorliegenden Bändchen erforscht Patricia Czezior die Typenfigur des Philisters in der deutschen Literatur der Romantik und des Vormärz. Der Begriff „Philister" entstammt dem Studentenjargon des 18. Jahrhunderts, wo er zunächst für den Zimmerwirt und alle Personen, die keine Studenten waren, gebraucht wurde. In der Literatur der Romantik wird der Philister dann zu einem Gegenbild, von dem sich die jungen Schriftsteller und Künstler absetzen wollen. Während der Philister ganz in den Banalitäten des täglichen Lebens aufgeht und in den kleinen Freuden des bürgerlichen Daseins – Pfeife rauchen, Bier trinken, Beamtenkarriere – seinen Lebensinhalt findet, strebt der romantische Künstler nach Höherem, nach Poesie und Transzendenz, und versucht, die engen Grenzen des bürgerlichen Daseins zu überschreiten. Die Autorin zeigt zunächst an Novalis' Blütenstaub-Fragmenten und an Clemens Brentanos satirischer Festrede „Der Philister vor, in und nach der Geschichte" (1811), wie sich die Romantiker den Philister als Feindbild entwerfen. Dann untersucht sie Philisterfiguren in den Erzähltexten E. T. A. Hoffmanns und Joseph von Eichendorffs, in Heinrich Heines „Reisebildern" und in Karl Immermanns Romanen.

Czezior legt dar, wie bei E. T. A. Hoffmann die Gegenüberstellung von Philistertum und Künstlertum, die in „Der goldne Topf" noch scharf konturiert ist, in späteren Erzählungen wie etwa „Die Brautwahl" zunehmend unsicher wird – Tusmann ist nicht nur Philister, Edmund wird doch (noch) kein Künstler. In „Klein Zaches genannt Zinnober" sind schließlich alle Figuren in den Mikrokosmos der bürgerlichen Welt gebannt. Auch in Joseph von Eichendorffs Drama „Krieg den Philistern" (1823/24) verschwimmen die Grenzen zwischen den Philistern und den sie bekämpfenden Poeten, so dass schließlich alle als Philister desavouiert werden. Czezior zeigt, wie Eichendorff den Egoismus und Materialismus beider

L. Brückner (✉)
Kehl, Deutschland
E-Mail: leslie.brueckner@gmx.de

© Springer-Verlag GmbH Deutschland, ein Teil von Springer Nature 2023
S. Brenner-Wilczek, *Heine-Jahrbuch 2022*, Heine-Jahrbuch,
https://doi.org/10.1007/978-3-662-66144-4_12

Parteien scharf kritisiert. Ein positiver Gegenpol zum Philistertum existiert hier
nicht mehr. In zwei späteren Erzählungen gestaltet Eichendorff das Wiedersehen
zweier gegensätzlicher Freunde. Der Gefahr, im biedermeierlichen Philistertum zu
erstarren, steht hier aber die Gefahr einer Entwurzelung bis hin zum Wahnsinn für
den nach Höherem strebenden Künstler gegenüber.

Heinrich Heine knüpft in seiner Satire auf die Universitätsstadt Göttingen
an den zeitgenössischen Studentenjargon an: Die Philister erscheinen nach
Professoren und Studenten als dritte Gesellschaftsklasse, direkt vor dem Vieh. In
der „Harzreise" nimmt Heine einige Formulierungen Brentanos auf: So wird deutlich, dass die Philisterkritik in der Spätromantik bereits ein romantischer Topos
ist, der von Heine wiederum parodiert wird. Allerdings sind nicht alle satirisch
überzeichneten Figuren der „Harzreise" Philister, so etwa die beiden betrunkenen
Jünglinge, die als Parodie auf die Romantiker aufzufassen sind. Im weiteren Verlauf der „Reisebilder" präsentiert Heine viele Philisterfiguren – von den Touristen
am Brocken bis zu den Aufsteigern Gumpelino und Hyazinth in den italienischen
„Reisebildern", an denen er seine Satire auf deutsche Spießbürger und geistlose
Bildungsreisende darstellt. Neben der Borniertheit der angeblichen Bildungs-
touristen kritisiert Heine dabei vor allem den dumpfen Untertanengeist und die
Obrigkeitshörigkeit seiner Zeitgenossen.

Schließlich geht Czezior auf den Vormärz-Schriftsteller Karl Immermann
ein, der bis zur Platen-Polemik mit Heine befreundet war. Immermann gestaltet
in seinem Roman „Die Epigonen" (1836), ähnlich wie Eichendorff, anhand
zweier Freunde zwei gegensätzliche Lebensentwürfe zwischen Freiheitsliebe und
Philistertum. Die beiden Studenten entstammen demselben bürgerlichen Milieu,
entwickeln sich aber unterschiedlich weiter, bis beide Lebenswege in Stillstand
und biedermeierliche Erstarrung im Privatleben münden. Immermann kritisiert
dabei vor allem die negativen gesellschaftlichen Auswirkungen des Philistertums,
wenn ein blinder Diensteifer jede eigenständige kritische Reflexion unterdrückt.

Czezior arbeitet in ihrer Studie die ambivalente Beziehung der Spätromantiker
zu dem Feindbild des Philisters heraus: Einerseits setzen sich die Romantiker
von dem selbst konstruierten Gegenbild des Philisters ab, andererseits scheint
die Angst, selbst ein Philister zu werden, in ihren Texten vielfach auf. Bei den
Spätromantikern Hoffmann und Eichendorff werden die Grenzen zwischen den
Lebensentwürfen Künstler und Philister zunehmend unsicher. Czeziors zeigt, dass
bei Hoffmann, Eichendorff und Immermann mit zunehmendem Alter eine gewisse
Nachsicht gegenüber „philiströsen" Neigungen ihrer Figuren einsetzt. Der junge
Heine hingegen führt die Philistersatire der Romantik in seinen „Reisebildern"
weiter und setzt sie zur Kritik an der Borniertheit der bürgerlichen Gesellschaft
der Restaurationszeit ein. Ähnlich, wenn auch nicht ganz so scharf, kritisiert
Immermann anhand der Philisterfigur den Untertanengeist und blinden Gehorsam.

Die Behauptung, der Begriff des „Philisters" sei polysem trägt allerdings
meines Erachtens nicht, zumal die Autorin selbst anhand verschiedener
europäischer Lexika aufzeigt, dass er sehr ähnlich definiert wird. Eine ver-
tiefende Analyse der grundlegend verwandten Typenfiguren „Biedermeier"
und „Spießbürger" – bei Heine sind „Philister" und „Spießbürger" weitgehend

identisch – hätte die Studie weiter bereichert. Czezior zitiert vielfach aus der einschlägigen Forschungsliteratur neueren und älteren Datums. Manches hätte möglicherweise knapper gehalten werden können, so die Darstellung zu gut erforschten Texten wie der „Harzreise" und einige Fußnoten, die allseits Bekanntes referieren – etwa zum Stichwort „Aufklärung" oder zum Bergbaumotiv in der Romantik. Dafür hätte man sich an mancher Stelle, besonders zu Novalis und Brentano, eine noch tiefer gehende Interpretation und Analyse der Textbefunde gewünscht. Insgesamt gelingt es Czezior jedoch, das Thema wissenschaftlich fundiert darzustellen und auch einige weniger bekannte Texte in die Darstellung des Philistermotivs in der Romantik und im Vormärz einzubeziehen.

Leslie Brückner

Patrick Fortmann: *Kristallisationen von Liebe. Zur Poetik des Gefühlswissens zwischen Romantik und Realismus.* Paderborn: Brill Fink 2021. 344 S. € 89

> Bergleute werfen in die verlassenen Tiefen eines Stollens einen winterlich kahlen Baumzweig; zwei oder drei Monate später zieht man ihn wieder heraus, bedeckt mit glitzernden Kristallen: die kleinsten Ästchen, nicht dicker als eine Meisenkralle, sind besetzt mit einer Unzahl beweglicher, blendender Diamanten; man kann den ursprünglichen Zweig nicht wiedererkennen. (S. 39)

Mit diesem Zitat aus Stendhals „De l'amour" (in der Übersetzung von Franz Hessel) führt Patrick Fortmann den Begriff der Kristallisation ein, den er aus Stendhals Reflexionen über die Wahrnehmung und Wahrnehmbarkeit des Phänomens Liebe in die Sphäre der Literaturwissenschaft überträgt. Ausgehend von dem Gedanken, dass nach der Romantik das „maßgebliche Wissen von der Liebe schon nicht mehr in der Literatur vermutet wird" (S. 40), fragt er nach der „Neuausrichtung der Liebesfiktion im Gravitationsfeld des Realen" (S. 41 f.), der er als den „Kristallisationen von Liebe" in der deutschen Literatur der Restaurationsperiode nachspürt. Drei große Kapitel widmen sich jeweils einem Autor oder einer Autorengruppe und dabei zugleich im Wesentlichen einer literarischen Gattung. Sein Ziel ist es, Modelle einer „Poetik des Liebeswissens" (S. 43) für die Literatur zwischen Romantik und Realismus herauszuarbeiten, die „in ihrer Vielschichtigkeit und ihren Anschlussmöglichkeiten an unterschiedliche Ordnungsrahmen auf die zutiefst verwirrende und widersprüchliche Wissenskonstellation voraus[weisen], die für das Gefühlsleben der Moderne kennzeichnend ist" (ebd.).

Das erste Kapitel, „Poetische Mythologie der Liebe – Heinrich Heine", stellt das „Buch der Lieder" in den Mittelpunkt und zeichnet nach, wie Heine im Anschluss an August Wilhelm von Schlegels Überlegungen zu einer poetischen Restitution der Mythologie eine Liebesmythologie entfaltet, die über die Romantik

R. Steegers (✉)
Bonn, Deutschland
E-Mail: steegers@uni-bonn.de

© Springer-Verlag GmbH Deutschland, ein Teil von Springer Nature 2023
S. Brenner-Wilczek, *Heine-Jahrbuch 2022*, Heine-Jahrbuch,
https://doi.org/10.1007/978-3-662-66144-4_13

hinausweist und die er in den Kontext der zeitgenössischen Lebenswirklichkeit stellt. Als eine Scharnierstelle zwischen A. W. Schlegel und Heines Lyrik stellt Fortmann Heines frühen Aufsatz „Die Romantik" heraus, in dem Heine Impulse der Romantik aufgreift, die romantische Rückwendung zum Mittelalter, zu „Christenthum und Ritterthum" (DHA X, 195), aber zurückweist. Auf dieser Folie analysiert Fortmann eine Reihe von Einzelgedichten aus dem „Buch der Lieder", das Gedicht „Epilog", das als letztes im zweiten „Nordsee"-Zyklus zugleich die Sammlung als ganze beschließt, das Gedicht XLIV aus der „Heimkehr" („Nun ist es Zeit, daß ich mit Verstand") und „Lyrisches Intermezzo" L („Sie saßen und tranken am Theetisch"). Hier sieht Fortmann den gesuchten neuen Ort der Liebe, der „nur jenseits von etablierten Wissensordnungen und bürgerlicher Gefühls-kultur zu finden sein wird" (S. 105), in der Schlussstrophe aufscheinen, u. a. weil er aus der Anrede der abwesenden Geliebten als „Liebchen" und „Schätzchen" darauf schließt, dass „dieses Paar tatsächlich die Liebe erfährt" (ebd.), über die die anderen anwesenden „Herren" und „Damen" nur in konventionellen, tradierten Denkmustern zu reden wissen. Hier ließe sich indes einwenden, ob nicht hier, wie so oft im „Lyrischen Intermezzo", der enttäuschte Liebhaber spricht, der von seinem „Liebchen" erwartet, dass es „so hübsch", d. h. so konventionell und ober-flächlich wie die anderen Anwesenden, von ihrer (falschen oder verflossenen) Liebe erzählt hätte. Weitere Analysen gelten den Erzählgedichten „Götter-dämmerung", „Ratcliff", „Donna Clara", „Almansor" und „Die Wallfahrt nach Kevlaar", in denen die Sphären des Religiösen bzw. Mythologischen und die der Liebe ineinandergreifen und von Fortmann auf den gemeinsamen Nenner gebracht werden, dass sie den „Zusammensturz der jenseitigen, heilsgeschichtlichen Ordnung" (S. 107) als Grundlage für das „Auftreten der Liebe als neuer, säkularer Religion" (ebd.) inszenieren.

Das zweite Kapitel, „Emanzipation der Liebe durch Prosa – Das Junge Deutschland", schreitet den Kreis der bekanntesten Prosaschriften der kurzen jungdeutschen Episode in der deutschen Literaturgeschichte ab, neben Theodor Mundts „Madonna" und Karl Gutzkows „Wally, die Zweiflerin" werden Heinrich Laubes „Reisenovellen" und dessen Romantrilogie „Das junge Europa" als Referenztexte herangezogen, an denen das Programm der „Wiedereinsetzung des Fleisches", wie es in Mundts „Madonna" heißt, als „Verklammerung des Umbruchs in Religion und Sinnlichkeit" (S. 129) – und als Projekt schreibender „ehemalige[r] Theologiestudenten" (S. 134) – rekonstruiert wird. Fortmann arbeitet die im Detail unterschiedlichen Ansätze von Laube, Mundt und Gutzkow heraus. Nicht zuletzt sein genauer Blick auf die Geschlechterverhältnisse, die in und hinter den Texten ihr Wesen treiben, schärft die Wahrnehmung ihrer – von Gutzkows „Wally" einmal abgesehen – von der Literaturwissenschaft eher ver-nachlässigten Werke. Das gilt sicherlich am stärksten für Theodor Mundt, und gerade die Teilkapitel zur „Madonna" lesen sich mit großem Gewinn, nicht zuletzt durch das Augenmerk, das die Untersuchung auf die Rolle der Kunst im emanzipatorischen Prozess richtet. So stellt Fortmann die „eigenwillige Ver-söhnungstheologie" (S. 189) heraus, die, den Akzent auf die Menschwerdung Christi legend, in der Darstellung der Madonna von Sevilla zum Ausdruck kommt, deren Beschreibung der Reisende nach einem Besuch der Gemäldegalerie des Fürsten von Esterházy seiner Madonna in einem Brief zukommen lässt: „Dies ist das Weltkind, das die Erlösung bringt, der Mittler, welcher die Erlösung spricht über die Formen der Erde!" (Theodor Mundt, Madonna. Leipzig 1835, S. 417).

Mit dem dritten Kapitel, „Physiologie der Liebe auf der Bühne – Georg Büchner", begibt sich Fortmann auf vertrautes Terrain: Zu Büchners drei Dramen hat er bereits mehrere Studien vorgelegt, was sich sicherlich ebenso auf die Intensität und Überzeugungskraft seiner Überlegungen ausgewirkt hat wie die Tatsache, dass die Primärtexte selbst, „Danton's Tod", „Leonce und Lena" und „Woyzeck", sicher auch aufgrund der Besonderheiten der Textkonstitution, über eine außergewöhnliche Dichte verfügen. Während Stendhals „De l'amour" und in seinem Gefolge eine ganze Reihe von populären Schriften im Frankreich des 19. Jahrhunderts den naturwissenschaftlichen Begriff der Physiologie in einem übertragenen Sinne für ihre Betrachtungen von „markanten Phänomenen des gesellschaftlichen Lebens" (S. 217) verwenden, ist, wie Fortmann überzeugend darlegt, der Blick des Naturforschers Büchner auf das Phänomen der Liebe in ihrer vielfältigen gesellschaftlichen Bedingtheit einer, der der wissenschaftlichen Physiologie seiner Zeit entspricht und die „methodisch kontrollierte, nach den Maßgaben standardisierter Protokolle von Beobachtung und Versuch und mit einem modernen Instrumentarium durchgeführte Neuvermessung des gesamten Felds des Lebendigen" (S. 218) als Richtschnur nimmt. Der Weg von Büchners Dissertation über das Nervensystem der Flussbarben zu seinen Dramen (aber auch zum „Lenz") ist nicht weit, der Blick auf die äußeren (physisch-dinglichen wie gesellschaftlichen) Bedingtheiten des Denkens und Handelns dem des Naturforschers ähnlich – der aber nicht mit dem des Doktors auf sein Objekt Woyzeck in den beiden Varianten der betreffenden Szene verwechselt werden darf. Doch wie man sich diese Szene in einem Hörsaal fortgeschrieben denken kann, in dem der Doktor Medizinstudierenden „die schönste aberratio mentalis partialis" (Büchner: Woyzeck, H4, 9) vorstellt und später die Leichen von Marie und Woyzeck seziert, spielt die Physiologie der Liebe (und das Theater der Körper) in Büchners Dramen eine so zentrale Rolle, dass man sie sich in einem Anatomischen Theater aufgeführt vorstellen könnte. Fortmann sieht bei Büchner eine „neuartige Konfiguration der Sprache und des Wissens von der Liebe", die das Hergebrachte „so radikal für die Irritationen und die Stimulationen des Körpers, der Sinnesorgane und des Nervensystems [öffnet], dass von einer Physiologie der Liebe gesprochen werden kann" (S. 210 f.), die sich in Büchners Dramen Bahn bricht. Seine Analysen sind überzeugend und dringen tief in die Texte ein, und ihr Ergebnis lässt sich nicht konzentrierter wiedergeben als in Fortmanns eigenen Worten:

> *Danton's Tod* entfaltet vor dem Hintergrund der Umwälzungen in der Natur und der Geschichte ein Panorama von Liebe und Geschlechtlichkeit. *Leonce und Lena* konfrontiert die repräsentative Hofkultur der Restauration wie auch die Phantasmen der romantischen Liebe mit den unhintergehbaren Tatsachen der Leiblichkeit. [...] Demgegenüber rehabilitiert das Trauerspiel *Woyzeck* die Liebe in der Unterschicht und verteidigt die Sexualität gegen die Einsprüche von Religion und Moral als naturgegeben. (S. 224)

Der Erkenntnisgewinn und die Perspektiverweiterungen, die Fortmanns Zugriff auf die Texte in allen drei Kapiteln bietet, trösten darüber hinweg, dass es ihm nicht in gleicher Weise gelingen will, seine „Poetik des Gefühlswissens" zu einer Einheit zu runden, in der die von ihm herausgearbeiteten „Entwürfe zur Poetik, des Liebeswissens zwischen Romantik und Realismus" (S. 45) über die Gruppen von (exemplarischen?) Einzelfällen hinaus greifbar werden. Der Plural „Entwürfe" deutet an, dass Fortmann dies aber vielleicht auch gar nicht beabsichtigt oder für unmöglich hält. An die Stelle eines zusammenfassenden Abschlusskapitels tritt daher – „Statt eines Schlusses" (S. 287) – ein Exkurs in die parallelen Entwicklungen in der Philosophie, bei Hegel, Schopenhauer und Kierkegaard.

Robert Steegers

Claas Morgenroth: *Bleistiftliteratur.* Paderborn: Brill Fink 2022 (Zur Genealogie des Schreibens, Bd. 30). 807 S. € 79

Claas Morgenroths umfangreiche Publikation mit dem – vordergründig unverdächtigen – Titel „Bleistiftliteratur" wurde 2021 als Habilitationsschrift an der Universität Düsseldorf angenommen. Hinter dem knappen Terminus breitet sich allerdings ein ganzes Kaleidoskop an Zuschreibungen und Anknüpfungspunkten aus. Erstaunlich genug also erscheint die Tatsache, dass dieser spezifische Schreibgegenstand trotz seiner ubiquitären Verfügbarkeit bis dato noch keiner systematischen Untersuchung zugeführt wurde – noch dazu, wie der Autor bemerkt, da der Bleistift, zumindest auf inhaltlicher Ebene, „immer wieder zum Gegenstand der Literatur geworden" ist (S. 100). Morgenroth baut in diesem Zusammenhang eine Brücke vom Schreibmedium zur Schreibprozessforschung und konstatiert eingangs, dass es keine dezidierte „Bleistiftliteratur" gebe, weder in onomasiologischer noch in semasiologischer Hinsicht.

Das Buch entstand als Reaktion auf dieses Forschungsdesiderat und leistet, der Tradition von Medien- und Materialitätsforschung folgend, nichts weniger als eine Genealogie des Bleistifts. Diese besteht in einer Zusammenführung von in der Regel disparat gedachten Kategorien, nämlich des Bleistifts als physischem Gegenstand, dessen symbolischer Bedeutung, seiner Instrumentalität und seiner konkreten Nutzung im Zuge des Schreibakts. Der eigentliche Reiz liegt zum einen in der diskursiven Verschränkung dieser Kriterien, denn der Bleistift und damit die daraus erzeugte Bleistiftliteratur werden sowohl als Material wie auch als Dokument(e) betrachtet, und zum anderen in der diachronen Verortung dieser Kriterien, exemplifiziert an einigen Referenz- und einer Vielzahl an Vergleichstexten. Morgenroth dringt noch tiefer in die Materie ein und bezieht auch die Körperlichkeit qua Verbindung mit der/dem Schreibenden in seine Überlegungen zur „Ideengeschichte des Materials" (S. 291) mit ein. Im Feld der Begriffstrias

M. Ender (✉)
Innsbruck, Österreich
E-Mail: Markus.Ender@uibk.ac.at

© Springer-Verlag GmbH Deutschland, ein Teil von Springer Nature 2023
S. Brenner-Wilczek, *Heine-Jahrbuch 2022*, Heine-Jahrbuch,
https://doi.org/10.1007/978-3-662-66144-4_14

von Semantik, Pragmatik und Körperlichkeit werden nun die Möglichkeits-
bedingungen und vor allem die Praktiken unterschiedlichster Schreib-Akte
verhandelt, unterfüttert durch ein von den poststrukturalistischen Denkern beein-
flusstes Theorie- und Methodengerüst.

Schon auf den ersten Seiten vermag Morgenroth mit dem Verweis auf die
Apple-Werbung, die den Bleistift in Verbindung mit dem iPad bringt, die Aufmerksamkeit auf die bis dato kaum wahrgenommenen kulturellen Eigenheiten
dieses Mediums zu richten und gleichzeitig die methodischen Grundbedingungen
und Denkrichtungen der Untersuchung vorzugeben. Die Einleitung nimmt mit
200 Seiten ein gutes Drittel des Raumes ein; dieser Raum wird aber sinnvoll
befüllt, da Morgenroth unter dem Zentralbegriff des „Schreibens" in unterschiedliche Bereiche eindringt und der Autor die Einleitung durchaus als Handreichung
zur Schreibprozessforschung verstanden wissen will, die auch losgelöst von den
konkreten Beispielen funktionieren soll. Ausgebreitet werden darin Überlegungen
zur Genealogie des Bleistifts, zu den Techniken der Schreibprozessforschung bzw.
den Praktiken des Schreibens selbst, letztere in ihren Facetten und Möglichkeits-
bedingungen innerhalb des diskursiven Netzwerks verortet. Zentral erscheint in
der Einleitung der Hinweis auf einen Wandel in der Wahrnehmung des Gegenständlichen (und damit auch des Bleistifts als konkretem „Ding"), dem die
literaturwissenschaftliche Disziplin durch den Medienwechsel und durch die fort-
schreitende Digitalisierung seit geraumer Zeit unterworfen ist. Ein Aspekt, der die
Forschung befeuert, denn insbesondere die in den letzten Jahren in ihrem Selbstverständnis weiter gefestigten Digital Humanities beginnen das Digitale wieder
mit der „Materialität der Literatur" zu koppeln. (In diesem Zusammenhang bieten
sich, gleichsam in Überwindung der „analogen" Bleistiftliteratur, auch weiterführende Fragen hinsichtlich einer originären Materialität des Digitalen und des
Umgangs mit derselben an; diese stehen freilich auf einem anderen Blatt.)

Ergiebig sind bereits die mit „Szenographien" betitelten umfangreicheren
ersten Interpretationen, einerseits zu Robert Walsers „Mikrogrammen", an denen
Morgenroth das Prinzip des Bleistift-Schreibens in generativer wie auch dis-
kursiver Hinsicht exemplifiziert, andererseits zu Goethes „Dichtung und Wahrheit", wo der Fokus auf der Trennung zwischen Bleistift und Feder liegt,
äquivalent gesetzt mit dem Geist des Sturm und Drangs gegenüber jenem der Aufklärung. Spätestens an dieser Stelle wird deutlich, dass durch das Sujet sowohl
poetologische, rhetorische und editionsphilologische Fragestellungen anstoßen
werden: Der Bleistift kulminiert bei Goethe in einem „Nullpunkt des Schreibens"
(S. 160), indem er angesichts der spontanen Emanationen des Dichter-Genies (im
Sinne eines *poeta vates* gelesen) zum adäquaten Instrument der Fixierung nicht
allein des literarischen Textes, sondern auch von Raum, Zeit und Stimmung wird.

Die Crux liegt bei einem solch breit gefassten Themenbereich vor allem in
der Korpusbildung. Die Tatsache, dass bei der Auswahl der Autorinnen und
Autoren vermieden werden sollte, dass sich das Material der Theorie beugt,
wird vom Autor klar benannt und reflektiert. Morgenroth erweist sich in seiner
Monografie entsprechend als profunder Kenner sowohl der Primärtexte als auch
der theoretischen Materie; die Interpretationen reichen, im Sinne eines „close

reading", bis auf die Wortebene. Prägnant gestalten sich im Band vor allem die zahlreichen Verweise auf inhaltlich ähnlich gelagerte Textstellen der Primärliteratur, die abseits des jeweiligen Haupttextes angeführt und mit diesem in Wechselwirkung gesetzt werden. Die Interpretationen der jeweiligen Texte bzw. Textphänomene geschehen dabei unter Rückbeziehung auf die theoretische Fundierung aus der Einleitung. Heinrich Heine und Peter Handke bieten sich vordergründig als Leit-Autoren an, da beide in ihrer Kunstproduktion auf das Medium Bleistift zurückgreifen und dies gleichzeitig in die Handlungs- und Bedeutungsebenen ihrer Texte integrieren, also Schreib-Szenen inszenieren.

Die vielfältigen Beispiele illustrieren das in der Einleitung formulierte Postulat, dass der Bleistift „alles und nichts sein kann" (S. 41); sie folgen trotz dieser (scheinbaren) Paradoxie einer roten Linie. So betrachtet Morgenroth Heines „Lutezia", entsprechend der beiden Arbeitsphasen, in denen die Journaltexte entstanden bzw. überarbeitet worden sind, im Spannungsfeld der „Tinte der vorrevolutionären Zeit und [des] Graphit[s] der postrevolutionären Malaise" (S. 203). Der Hiatus, verursacht durch die Revolution 1848 und Heines Erkrankung, hat den Dichter zur Revision seiner Tinten-Manuskripte und der Druckfahnen mit Bleistift gezwungen und deshalb gleichzeitig, so die These Morgenroths, eine Überlagerung unterschiedlicher (individueller) Schreibweisen und (kollektiver) Politiken produziert. Überzeugend wird anhand der Bleistiftspuren in den Druckbögen demonstriert, wie gespalten Heine zwischen seiner grundsätzlich positiven Revolutionserwartung und der Angst vor dem heraufdämmernden Kommunismus war, und wie sich die ästhetischen wie ideologisch-politischen Diskurse in diese Spuren eingeschrieben haben. Letztlich wird Heine über seine Bleistiftliteratur mit „Lutezia" als Vordenker der Moderne apostrophiert, der relevante ästhetische Positionen Walter Benjamins ebenso wie die Erkenntnis von der einsetzenden Kapitalisierung der Literatur als Ware und dem Dichter als Lohnarbeiter vorweggenommen hat; der Text „verbindet die Poetik der Literatur mit den gesellschaftlichen Umwälzungen im Prozess des Schreibens" (S. 280 f.). Am Beispiel Heines wird zudem die Notwendigkeit einer editionsphilologischen Grundlagenentscheidung evident, die neben der inhaltlichen Dimension die Materialität des Schreibens, die sich im Beschreibstoff, den verwendeten Werkzeugen etc. äußert, in den (historisch-kritischen) Editionen mitberücksichtigt. Ein Verzicht auf solche Informationen kann, wie Morgenroths Ausführungen anschaulich illustrieren, in eine Verknappung relevanter bedeutungstragender Text-Ebenen münden (es verwundert aus diesem Grund nicht, dass die Lanze explizit für die Düsseldorfer Heine-Ausgabe gebrochen wird).

Zur Politisierung des Bleistifts tritt dessen Sexualisierung, wie Morgenroth im nicht zufällig an Foucault angelehnten Kapitel „Sexualität, Wahrheit, Protokoll" an scheinbar disparater Literatur, darunter Albert Drachs „Untersuchung an Mädeln" und Thomas Manns „Zauberberg", ausführt. Am Beispiel von Texten Peter Handkes geht Morgenroth schließlich dem titelgebenden Terminus „Bleistiftliteratur" auf den Grund. Zu diesem Zweck taucht der Autor tief in die Sphären des Archivs ein, denn insbesondere Handkes Tagebücher im Deutschen Literaturarchiv Marbach dienen als Referenz für das mit einem Terminus

von Roland Barthes beschriebene Oszillieren zwischen „Notula und Nota"
(S. 422 ff.). Morgenroth schreibt dem Bleistift bei Handke als „Motiv und Träger
eines poetischen Ideals" bedeutungstragende Funktion zu, auf einer technisch-
pragmatischen Ebene lässt er ihm als „alleiniges Instrument des Schreibens" die
Rolle des *„primus* der rhetorischen Ordnung von der Notiz über den Entwurf
zur Druckvorlage" (S. 454) zukommen. Die mit diesen Aspekten in Wechselwirkung stehende Kunstproduktion Handkes gewinnt, wie die Untersuchung zeigt,
vor allem durch die Mobilisierung des Schreibens, die mit den Notizbüchern als
ständigen Begleitern erreicht wird.

Die Bleistift-Szene in Oswald Wieners Avantgarde-Roman „Die Verbesserung
von Mitteleuropa" dient Morgenroth schließlich als Blaupause für Überlegungen
zur Modellbildung in Schreibprozessen, im Besonderen zum Verhältnis von
Schreiben und Sprechen. Unter Zuhilfenahme der kognitionslinguistischen
„Think-Aloud"-Methode, einer dem Inneren Monolog verwandten Technik
zur systematischen Sichtbarmachung von Denkprozessen, führt Morgenroth
die theoretischen und praktischen Positionen, die in den vorangegangenen
Kapiteln ausgebreitet wurden, zusammen. Das daraus resultierende Modell wird
im Spannungsfeld von Literatur, Sprachwissenschaft, Psychologie und sogar
Okkultismus (dessen Sprechen mit Toten Parallelen zum sprechenden Denken
der „Think-Aloud"-Methode aufweist) verortet. Bezeichnenderweise schließt
Morgenroth den Bogen seiner Genealogie des Bleistifts mit dem Kapitel „Rest-
blüten der Bleistiftliteratur", und hier mit den „Letzten Worten", die wiederum
im polyvalenten Sinn zu verstehen sind. Er behandelt den Topos der Abgesänge
sterbender Dichterinnen und Dichter samt ihrer zu Ende geschriebener Bleistifte,
der (unfreiwillig) auch einen Verweis auf ein stillschweigendes Verschwinden
dieser spezifischen Schreibpraxis in sich trägt.

Die Monografie löst eindrücklich ein, was in der Einleitung unter Darlegung
der Termini „Aneignung", „Gebrauch", „Konsum" angestoßen wurde: eine
holistische Sicht auf den Forschungsgegenstand (hier durchaus auch im wörtlichen
Sinne gebraucht!), die neben den Inhalten auch die außerliterarischen Diskurse,
einschließlich der Produktions- und Distributionsweisen der Literatur (S. 123), im
Blick behält. Das Bleistift-Schreiben, genauer: der Schreibprozess qua Bleistift
vermag über den reinen performativen Akt hinaus in der Schreibszene eine Vielzahl von Zuschreibungen zu subsumieren, die sowohl das Medium transzendieren
als auch die Körper der Schreibenden (frei nach Foucaults Definition des Diskurses) durchdringen.

Was die formale Ausgestaltung des Bandes anbelangt, wurde vorbildlich verfahren; neben dem (heutzutage schon etwas kurios wirkenden) sprechenden
Inhaltsverzeichnis liefert das Personenregister den größten Mehrwert, denn es
erleichtert die Orientierung im Band und liefert darüber hinaus auf einer Meta-
ebene wertvolle Informationen über die im Buch zur Anwendung gebrachte
Methodik und die theoretische Fundierung. Die pointiert eingesetzten
Abbildungen vermögen hinsichtlich ihrer Aussagekraft und Druckqualität weitgehend zu überzeugen. So illustrieren beispielsweise die annähernd ganzseitig
abgebildeten Arbeitsmanuskripte Heinrich Heines gut dessen Überarbeitungs- und

Korrekturpraxis (so z. B. S. 240), dasselbe gilt für die Manuskript- und Notiz-
buchseiten Peter Handkes (S. 383, 432). Einige der Abbildungen genügen hingegen leider nicht; unter anderem ist die Seite aus Heideggers „Feldweg" mit den
Bleistiftannotationen Karl Löwiths derart klein geraten, dass die feinen Details
kaum mehr erkennbar sind (vgl. S. 666). Das selbe Problem tritt bei den aus der
Fachliteratur übernommenen Schemata und Modellen im Kapitel „Schreiben und
Modell" auf, auch sie sind nur schwer zu entziffern (vgl. z. B. S. 536).

Abseits dieser (absolut verzeihlichen!) formalen Marginalien handelt es sich
bei Morgenroths „Bleistiftliteratur" insgesamt aber um eine ausgesprochen dichte,
anregende und mit Gewinn zu lesende Studie zur Medialitäts- und Instrumentali-
tätsforschung, die sich mit dem Bleistift eines bisher in der Forschung nicht in
dieser Weise wahrgenommenen Gegenstandes angenommen hat und die sich auf
dem weiten Feld zwischen Praktiken, Literatur- und Körperdiskursen behauptet,
ohne das Generalthema Schreiben aus dem Fokus zu verlieren.

Markus Ender

Madleen Podewski: *Heinrich Heine (1797–1856). Emanzipation in Zeiten des Umbruchs*. Würzburg: Königshausen & Neumann 2021 (Humanistische Porträts, Bd. 8). 94 S. € 9,80

Die übersichtlich gegliederte, gut lesbare Studie ist Teil der von Hubert Cancik und Ralf Schöppner edierten Reihe „Humanistische Porträts"; gemäß dieser Fokussierung konzentriert Madleen Podewski ihre Analyse auf die „Vorstellungen, die Heine von Freiheit und Emanzipation entwickelt" (S. 12). In 19 kürzeren Kapiteln (begleitet von 11 Abbildungen) widmet sich ihre Darstellung sowohl in einem kurzen Abriss wichtigen Zäsuren in Heines Vita als auch ausführlicher den gesellschaftlich-politischen Umbrüchen, die die damalige Ideenwelt entscheidend verändern. Ein großes Themenfeld ist dabei Heines Rolle als professioneller Schriftsteller, der einerseits Zeit seines Lebens von den deutschen Zensurbehörden massiv verfolgt wird, andererseits aber auch im Exil in der Lage ist, ein Netzwerk aufzubauen und sich schließlich „sehr gut auf dem deutschen und dann ebenso auf dem französischen Printmedienmarkt behaupten" (S. 28) kann. Nicht zuletzt mit den „Reisebildern" etabliert Heine eine eigene Form des neuen Erzählens, die ganz im Sinne der Jung-deutschen „die Emanzipation der Prosa" (S. 35) propagiert und sich in einer „Art pseudo-biographische[m] Kunst-Ich" (S. 34) manifestiert. In der Abkehr der von Heine so titulierten „Kunstperiode", die mit dem Tod Goethes ihr Ende findet, gilt es, sich als Dichter neu zu verorten, wobei Heine sich einer mit politischen Botschaften aufgeladenen „Tendenz-Literatur" bekanntermaßen stets verweigert und die Kunst und Literatur als einen eigenen Bereich und gewissermaßen als ein Gegengewicht verstanden wissen möchte, jenseits des „Entweder-Oder zwischen Kunstautonomie und Missbrauch der Kunst für politische Zwecke" (S. 39).

Trotz der deutlichen und scharfen Kritik an allen Instanzen der Obrigkeit (kirchliche und weltliche Herrscher) und zugleich auch an den schweigenden Untertanen, die gerade in den deutschen Landen in Heines Augen wenig

P. Czezior (✉)
München, Deutschland
E-Mail: Patricia.Czezior@randomhouse.de

© Springer-Verlag GmbH Deutschland, ein Teil von Springer Nature 2023
S. Brenner-Wilczek, *Heine-Jahrbuch 2022*, Heine-Jahrbuch,
https://doi.org/10.1007/978-3-662-66144-4_15

dazu beitragen, die Verhältnisse zu ändern, steht bei ihm doch ganz im Wort-
sinn des Humanismus immer der einzelne Mensch im Mittelpunkt. Religiös-
transzendente Heilslehren, die das Wohlergehen im Diesseits negieren, sind dem
Dichter daher ebenso suspekt wie gewisse „republikanische Gruppierungen", die
„ihm zu sinnenfeindlich und viel zu schnell bereit sind", diesseitige Annehm-
lichkeiten „samt dem Leben der Menschen für ein abstraktes Ideal zu opfern"
(S. 59) – womit er sich in der Opposition Spiritualismus vs. Sensualismus klar
vom Spiritualismus abgrenzt. Seine Neigung zum philosophisch-theoretischen
Eklektizismus – er ist „eher ein suchender Beobachter als ein Parteigänger oder
ein Systematiker" (S. 57) – findet in der literarischen Praxis ihren Ausdruck in
„Verfahren des Umbauens", mit denen Heine „aus Aufklärung und Goethezeit
überkommene Vorstellungen von Geschichte, Kunst, Menschheit und Gesellschaft" aufgreift und im „Experimentierfeld" des Vormärz neu kombiniert (S. 24).
Seine Widerständigkeit jedweder Vereinnahmung gegenüber bietet den Zeitgenossen auch Anlass zur Kritik und macht Heine, vor dem Hintergrund der
Besonderheiten seiner Biographie (Judentum, Exil), mitunter zum Außenseiter,
eine Rolle, die er allerdings auch fruchtbar zu reflektieren und zu nutzen versteht und die mit seinem Hauptanliegen korreliert: dem Recht des einzelnen
Individuums auf Freiheit und größtmögliche Unabhängigkeit noch „vor seiner
Einbettung in eine allumfassende ‚Menschheit'" (S. 68).

Madleen Podewskis Studie schließt mit einer Zeittafel, die die wichtigsten
Stationen in Heines Leben vermerkt, und einem Literaturverzeichnis, wobei die
aufgelistete Forschungsliteratur evtl. etwas umfangreicher hätte ausfallen können,
die Verknappung ist aber natürlich auch vor dem Hintergrund des durch die
Reihe gesetzten Rahmens und der eher geringen Länge des Textes zu betrachten.
Insgesamt sei die Monographie jedem Studierenden als fundierte Einführung
empfohlen, und auch als weiterführende Lektüre eröffnet die Konzentration auf die
Humanismus- und Emanzipations-Thematik neue Perspektiven, unterstützt durch
zahlreiche Zitate aus Heines umfangreichem Werk sowie etliche Abbildungen.
Eine kleine Fehlerkorrektur für künftige Auflagen sei angemerkt: In der Auf-
zählung der großen französischen Revolutionen „1797, 1830 und 1848" (S. 55)
ist wohl Heines Geburtsjahr fälschlicherweise an die Stelle der Französischen
Revolution (1789) geraten. Zwei kleine Desiderate verbleiben, allerdings ist
auch hier wieder die Kürze der Darstellung in Rechnung zu stellen, die natürlich
zur Aussparung mancher Inhalte führen muss: Bei der Skizzierung von Heines
Umgang mit der „Kunstperiode" wäre ein etwas ausführlicheres Eingehen auf die
Romantik evtl. wünschenswert gewesen, finden sich doch in Heines Werk noch
zahlreiche (ironische) Anspielungen auf romantische Motive und Ideen (nicht
zuletzt seine Selbstcharakterisierung als „entlaufener Romantiker") und ist doch
gerade auch die Romantik in ihrer versuchten Opposition zu Klassik und Aufklärung bereits ein Versuchslabor der Moderne. Der zweite Punkt betrifft Heines
Positionierung bezüglich des Judentums, seiner ursprünglichen Religion, die er
äußerlich mit der Konversion zwar ablegt, an der er sich aber doch noch länger
abzuarbeiten scheint, wie etliche Spuren in seinem Werk bezeugen können. Auch
wenn ihn also seine Taufe nicht „in dramatische innere Konflikte" (S. 63) stürzt,

wie Podewski postuliert, hätte man diesem Sujet vielleicht noch etwas mehr Diskussionsraum zugestehen können.

Abschließend bleibt noch einmal zu betonen, dass Madleen Podewskis Studie in jedem Fall die Forschung bereichert und ein Stück weit besser begreifbar macht, wie fundamental wichtig für Heinrich Heine Emanzipation und Freiheit des Individuums als unverhandelbare Werte sind – ein Umstand, der ihn wohl auch heute noch so fortschrittlich und teilweise sogar provokant erscheinen lässt.

Patricia Czezior

George Prochnik: *Heinrich Heine. Writing the Revolution*. New Haven, London: Yale University Press 2020. 319 pp. $ 26

George Prochnik's literary biography, "Heinrich Heine. Writing the Revolution", is a readable and approachable introduction to Heine for English-speaking readers. The book provides a way into Heine's somewhat amorphous *oeuvre,* which is not easily accessible to readers without German, by omitting the philological detail characteristic of say, Jeffrey Sammons' 1979 biography. It emphasizes instead in its narrative and style the wit and buoyancy of Heine's voice. Prochnik's channeling of Heine's voice preserves many of the ironies, ambiguities, and startling juxtapositions that enrich his writings. The book starts with a Heinean juxtaposition of grand abstraction and material creature comforts that establishes a tension often found in Heine's best writings: "What's life without glory, blazing love affairs, and apple tarts?" (p. 3). If Prochnik's book succeeds in bringing new readers to Heine, it will do so in part through its embodiment of his mellifluous yet disruptive style.

The book will also generate new interest in Heine by showing how his life intersected with many of his prominent contemporaries. Prochnik repeats well known stories of Heine's encounters with luminaries like Hegel (Heine was a curious, quietly critical student of his in Berlin) and Goethe (Heine called on him in Weimar and was snubbed). Just as engaging as these brushes with universally acknowledged greatness, however, are the vivid portraits of important Jewish figures in Heine's milieu who are less known to English speakers. The salonnière Rahel Varnhagen and notedly corpulent jurist Eduard Gans (Prochnik devotes at least 100 words to mocking his physique) receive as much if not more attention than the abovementioned Olympians of German thought. These portraits of notable German Jewish lives with which Heine's was consequentially connected

M. Swellander (✉)
Iowa City, USA
E-Mail: mswellander@gmail.com

© Springer-Verlag GmbH Deutschland, ein Teil von Springer Nature 2023
S. Brenner-Wilczek, *Heine-Jahrbuch 2022*, Heine-Jahrbuch,
https://doi.org/10.1007/978-3-662-66144-4_16

initiate readers into their vibrant intellectual scene. These portraits also draw attention to the fact that English-language biographies of important figures like Rahel Varnhagen are still needed.

Heine's politics are primarily explored through his experience as a German Jew. His life as a German Jewish intellectual in the nineteenth century is vividly depicted through his participation in the „Verein für Cultur und Wissenschaft der Juden", the professional pressure he faced to get baptized, and his admiration of Napoleon for the civil rights he granted Jews during his short reign over German territories. It should be noted that despite the book's subtitle, "Writing the Revolution," Heine is not depicted as particularly revolutionary in his ideal of political and social emancipation. If anything, Napoleon and his codification of civil rights is shown to be Heine's political lodestar. Heine's life in post-revolutionary France (1831–1856), in fact, receives considerably less attention than his early life in Germany and his connection to Karl Marx is discussed only in the epilogue. Their relationship is, refreshingly, treated primarily in terms of Heine's poetic influence on the younger Marx, rather than the possible continuities of their politics. In Prochnik's biography, as in Sammons' biography before it, Heine emerges as a poet above all else.

Despite citing Heine's poems and literary prose almost exclusively in English translation, Prochnik's readings, especially of the early poems, are an excellent introduction to characteristic features of Heine's writing for which he has been celebrated and reviled. Heine's balance of pathos and irony, his deceptive simplicity, and his indebtedness to German folk song are admirably explained in an unspecialized way that might appeal to readers of Jonathan Franzen's "The Kraus Project" (2013) who want more detail about what in Heine's popular poetry so troubled Karl Kraus.

The discussion of Heine's most famous poem, "Ich weiß nicht, was soll es bedeuten," is particularly strong, where Prochnik reads the poet's fixation on the Rhine siren as a negotiation of his German Jewish identity and a struggle against "drown[ing] if he indulges his love for his place of origin" (p. 161). Prochnik contextualizes the poem in the literary scenes and poetic vocabulary of the early nineteenth century, referring to Goethe's "Der Fischer" as a thematic touchstone and to Rahel Varnhagen's Berlin salon as the venue where Heine refined his contribution to the Lorelei myth inaugurated in Clemens Brentano's ballad "Zu Bacharach am Rheine." Heine's ambivalent relationship to the Germanness of the poem's landscape—the Lorelei rock feature near Bacharach on the Rhine—is explored through an illuminating digression on Heine's unfinished novel, "The Rabbi of Bacharach". The connection Prochnik draws between Heine's novel and poem introduces the political stakes of both for readers unfamiliar with the period. Prochnik's chapter on the Lorelei poem unfortunately also propagates the rumor, circulated most prominently by Adorno, that Heine's poem was attributed to an anonymous author ("Dichter unbekannt") when it was published under the Nazis. This legend would suggest that Heine's poem transcended attempts at suppression, rising to the status of folk song and the common property of all German speakers. Sadly, it is just a rumor which research has not substantiated.

One of the drawbacks of Prochnik's less philological approach is that it is sometimes unclear where his expressions derive. When Prochnik cites Heine's famous line, "Dort wo man Bücher verbrennt, verbrennt man auch am Ende Menschen" ("Where they have burned books, they will end up burning people"), for example, he helpfully contextualizes the line in the period around the 1817 Wartburg Festival book burning. It would have benefitted readers just getting to know Heine, however, that these words come from a play, "Almansor", written in 1823 and that the book burning there involved the Quran. This citation would have underlined Heine's striking cosmopolitanism, one of the many qualities that make him of interest to contemporary readers. The book could also have done more to acknowledge the vast German scholarship on Heine. It directs readers toward nearly 150 years of the best English resources (from Stigand in 1875 to Goetschel in 2020), but the only German source cited is the "Düsseldorfer Heine-Ausgabe". It is understandable why: the biography is intended for a general reader without German. The sheer breadth and depth of German secondary literature on Heine, however, whose English counterpart is quite modest in comparison, deserves a brief sketch.

Despite these areas where the presentation could have gone a little deeper into the philological and scholarly weeds, Prochnik's book is a delightful introduction to the life and importance of Heine in a variety of areas: German poetry, political and philosophical history, and the life of German Jews in the nineteenth century. While little of what it reports will be news to Heine scholars, it is highly recommended to students just getting to know his work and to the general reader.

Michael Swellander

Rüdiger Scholz: *Die Weltgeschichte und der große Dichter. Heinrich Heines Denkschrift über Ludwig Börne und die innere Biographie. Ein Lehrbuch.* Würzburg: Königshausen und Neumann 2021. 608 S. € 29,80

„Ludwig Börne. Eine Denkschrift" ist, so Rüdiger Scholz im Vorwort seines Buches, „Heines abschließendes großes Geschichtsbuch über die Welt- und die Zeitgeschichte, groß nicht den Seitenzahlen nach, sondern groß in der Themenstellung und in der Verdichtung" (S. 8), und er nennt sie die „wohl am meisten verkannte Schrift Heinrich Heines" (S. 11). Er erkennt in ihr „ein Geschichtsbuch in den Dimensionen der aktuellen Revolutionsgeschichte der Gegenwart, der europäischen Geschichte der Neuzeit und der Weltgeschichte […], eine fünfaktige Tragödie der modernen Gesellschaft am Leitfaden der Biographie von Heine und Börne" (S. 13). Statt des Titels „Heinrich Heine über Ludwig Börne", den der Verleger Campe der Schrift bei der Erstveröffentlichung gab, wäre also vielleicht „Heinrich Heine über alles" der geeignetere Titel gewesen, wenn man Scholzens umfangreiche Auflistung der simultan verhandelten Themenbereiche (vgl. S. 18 f.) folgt, die, als Punkt 9, in der Aussage gipfelt, die Börne-Denkschrift sei „die gelungenste Vereinigung fiktionaler, analytischer, realistisch biographischer und politisch eingreifender Literatur, das größte Kunstwerk von allen Prosaschriften Heines" (S. 19). Ins Zentrum seiner Analyse rückt Scholz die Passage aus dem ersten Buch der Denkschrift, in der Kardinal Richelieu, als Architekt des absolutistischen französischen Staats, Maximilien Robespierre, als Motor einer blutigen Herrschaft im Namen bürgerlicher Tugend, und James de Rothschild, als Urbild des Finanzkapitalisten, als die „drey furchtbarsten Nivelleurs Europas" (DHA XI, 28) und die „drey größten Terroristen" (DHA XI, 29) eingeführt werden. Scholz entfaltet hier, was er, in gedrängter Form, in seinem Aufsatz „Heinrich Heine über den Terrorismus der Neuzeit. Revolutionäre, Terroristen und Nivellierer in ‚Ludwig Börne. Eine Denkschrift'" (im Heine-Jahrbuch 2010) bereits vorgetragen hat.

R. Steegers (✉)
Bonn, Deutschland
E-Mail: steegers@uni-bonn.de

© Springer-Verlag GmbH Deutschland, ein Teil von Springer Nature 2023
S. Brenner-Wilczek, *Heine-Jahrbuch 2022*, Heine-Jahrbuch,
https://doi.org/10.1007/978-3-662-66144-4_17

Wie der Untertitel verrät, versteht Scholz sein Werk als „Lehrbuch", das, auf eine Vorlesung zurückgehend, den „Charakter eines Unterrichtsbuches für Studentinnen und Studenten" (S. 7) beibehalten habe. „Das bedingt", schreibt er, „einige Besonderheiten, längere Ausflüge und Abschweifungen" sowie die „mitunter sehr langen Zitate" (ebd.). Kapitel über „Personenfehden in der Publizistik" (am Beispiel einiger Gegner von Heine und Börne), über „Heine und die Zensur" (einschließlich eines Exkurses über den Bundestagsbeschluss gegen das Junge Deutschland) und zur Biographie Ludwig Börnes, die alle wenig Neues bieten, gehören in diesen Kontext. Viel Raum nimmt ein Kapitel namens „Die innere Biographie Heines" ein, das den von Scholz in den Heine-Biographien beobachteten Mangel an „tiefenpsychologische[n] Erörterungen" (S. 375) beheben soll. Ausgangspunkt seiner Betrachtungen ist das Amalienerlebnis, die unglückliche Liebe des jungen Harry Heine zur reichen und unerreichbaren Hamburger Cousine. Heines Werk, insbesondere die frühe Lyrik, aber auch Teile der „Reisebilder" und die „Florentinischen Nächte" von dieser Erfahrung der Kränkung und Zurückweisung aus zu erschließen, läuft stets Gefahr, in die Falle des Biographismus zu tappen, da auch Zeugnisse wie der vielzitierte (so auch von Scholz) Brief an den Jugendfreund Christian Sethe vom 20. November 1816 („Sie liebt mich *nicht!* – Mußt, lieber Christian, dieses *letzte* Wörtchen ganz leise, leise aussprechen."; HSA XX, 19) vielleicht schon zur Selbstinszenierung des angehenden Dichters gehören, der als romantischer Wiedergänger der Minnesänger eine jenseits gesellschaftlicher Schranken befindliche Geliebte anbetet und aus dem möglicherweise mehr erdachten als wirklich erlebten Liebesleid den Brennstoff für seine „Jungen Leiden" destilliert. Was hier authentisch und erlitten und was Selbstbeschwörung und Rollenspiel ist, lässt sich kaum entscheiden. Die zwingende Verbindung, die der Untertitel von Scholzens Studie zwischen der Börne-Denkschrift und Heines „innerer Biographie" suggeriert, wird so oder so nicht recht eingelöst, so dass hier letztlich zwei sehr unterschiedlich gelagerte Untersuchungen zu Heine zwischen zwei Buchdeckeln nebeneinanderstehen und der Eindruck entsteht, Scholz habe hier alle Früchte seiner offensichtlich umfassenden und langwierigen Auseinandersetzung mit Heine in einem Opus präsentieren wollen. Eine Konzentration oder eine Aufteilung auf mehrere Publikationen wäre hier sicherlich hilfreich gewesen, zumal sich kaum vorstellen lässt, dass der gut 600 Seiten starke Band tatsächlich als Lehr- und Studienbuch etwa in einem Seminar zu Heine eingesetzt wird. Einzig der ungewöhnlich günstige Preis von knapp 30 Euro ist studierendenfreundlich.

Was die Lektüre zugegebenermaßen etwas unleidlich macht, ist allerdings der Gestus, mit dem die Einsichten über Heine, sein Leben und seine Zeit und insbesondere über die Börne-Denkschrift dargeboten werden. Das beginnt beim Hang zum Superlativischen (S. 19: „das größte Kunstwerk von allen Prosaschriften Heines"; S. 11: „die wohl am meisten verkannte Schrift Heines"), reicht zu einer überstarken Betonung der eigenen Erkenntnisleistung (S. 25: „Ich bin daher der erste, der in dem Aufsatz *Heinrich Heine über den Terrorismus der Neuzeit* das Thema Terrorismus und Revolution in Heines *Denkschrift* erörtert hat.") und gipfelt in der Klage darüber, dass diese herausragende Leistung nicht gewürdigt wurde: „Mein Beitrag im *Heine-Jahrbuch* von 2010 hat bisher keine Diskussion ausgelöst." (ebd.) Das mag man als Autor bedauern, muss aber, zumindest im Kontext einer wissenschaftlichen Publikation, nicht dazu verleiten, die Fähigkeiten der Fachkolleginnen und -kollegen anzuzweifeln. Da begeht jemand in einem Aufsatz „den krassen Fehler, Heines Börne-Buch auszuklammern" (S. 26), ein anderer „leistet sich in einem hochwissenschaftlich angelegten Aufsatz, Heines Ansichten über Robespierre zu diskutieren, ohne auf Heines These vom größten Terroristen der Neuzeit einzugehen" (S. 25), und wieder andere „kennen meinen Heine-Aufsatz von 2010 nicht" (S. 26) – woraus Scholz folgert: „Wissenschaftliche Solidität sieht anders aus." (ebd.) Wenn dieser subjektive Forschungsbericht dann auch noch in verschwörungstheoretisches Raunen übergeht (ebd.: „Seit den ersten Rezensionen 1840/41 besteht bis heute eine unausgesprochene Übereinkunft aller Heine-Ausleger und -Auslegerinnen, Heines Thesen über den Zusammenhang von Revolution und Terrorismus bei Richelieu, Robespierre, Kant und Rothschild totzuschweigen."), wird es bedenklich.

Und wer so hohe Maßstäbe an die Heine-Forschung anlegt, sollte ihnen möglichst selbst genügen. Drei auf sehr unterschiedlichen Ebenen liegende Beispiele sollen abschließend zeigen, dass das Scholz nicht gelingt. Da wäre erstens das Kapitel „Der Klang des Terrorismus" (vgl. S. 191–196) zu nennen, dem der Verfasser zu Recht den Warnhinweis voranstellt: „Das Folgende mag manchen Leserinnen und Lesern als Überinterpretation erscheinen; ich dagegen bin von der Richtigkeit überzeugt." (S. 191) Darin heißt es über das „System harter Sprachklänge", in dem bei Heine das „Terroristische der Neuzeit [...] seine Entsprechung habe": „Das Wort ‚Terror' nimmt den Spitzenplatz auf der Skala destruktiver Aggressivität ein. Der harte Dentallaut ‚T' sprengt voran. Das ‚T' explodiert zwischen den Schneidezähnen und zieht zwei, fast drei knarrende ‚r' hinterher: die Bedrohung ist sinnlich präsent." (ebd.) Da fühlt man sich einerseits an Robert Gernhardts Gedicht „Zum Muttertag" erinnert („Erdbeerbecher hat mehr E's/Schamhaaransatz hat mehr A's") erinnert, andererseits fragt man sich, ob das Lenin zugeschriebene, aber nicht verifizierbare Bonmot, dass deutsche Revolutionäre sich vor dem Erstürmen eines Bahnhofs erst Bahnsteigkarten kaufen würden, darin seinen Ursprung hat, dass auch im Wort „Perron" zwei terroristische „r" den Hörer bedrohen und hier die Brücke vom Revolutionär zum Bahnsteig führt. Natürlich arbeitet der Lyriker Heine auch in seiner Prosa mit Klängen und Anklängen, wo er aber mit vorgefundenem Material arbeiten muss (Was hätte er getan, wenn Robespierre mit einem weichen „B" oder „W" beginnen würde? Hätte er ihn aus der Reihe seiner „Terroristen" aussortiert?), ist der Weg zur Überinterpretation kurz. Zweitens beeinträchtigt das offensichtliche Fehlen eines Korrektorats und einer sorgfältigen Überprüfung des Textlayouts nachhaltig den Lesefluss. Da gibt es falsch formatierte Absätze, die als eingerücktes Zitat daherkommen, aber Autortext sind (vgl. S. 13), da beginnt mitten im Satz ein neuer Absatz (vgl. S. 25), da hat die Autokorrektur des Textverarbeitungssystems einen Punkt, der zu einer Ordnungszahl gehört, als Satzzeichen gedeutet (S. 26: „im 20. Und 21. Jahrhundert") und da finden sich zuhauf Trennstriche mitten in Wörtern (vgl. S. 49, 52, 54, 62, 68 usw.).

Drittens und letztens fällt die Abbildung 35 auf S. 451 ins Auge, die man zunächst für einen bereichernden Glücksfall für die Heine-Forschung zu halten bereit ist. Dort findet sich nämlich eine Daguerreotypie, die, so die Bildunterschrift, „Samson Heine 1764–1829/Betty Heine 1770–1859" zeigen soll. Nun sollte jedem, der mit der Literatur und Geschichte des 19. Jahrhunderts einigermaßen vertraut ist (und insbesondere mit Heine, der auf die neue Technik im Zueignungsbrief der „Lutezia" verweist und seine Berichte aus Paris „ein daguerreotypisches Geschichtsbuch" nennt; DHA XIII, 19), bekannt sein, dass die Daguerreotypie als erstes praktisch verwendbares fotografisches Verfahren erstmals im Jahre 1839 zum Einsatz kam, mithin also zehn Jahre nach dem Tod von Samson Heine. Ein ähnlich gelagerter Fehler, Stichworte: Goethe und Frankfurter Bahnhof, hat Fritz J. Raddatz seinerzeit den Posten als Feuilletonchef der „Zeit" gekostet… Das Ehepaar Heine zeigt die Daguerreotypie also offensichtlich nicht, und die sehr nonchalante pauschale Quellenangabe unter dem Abbildungsverzeichnis (S. 608: „Abbildungen nach Wikipedia") führt auch nicht weiter. Wenn man jedoch ein wenig recherchiert, stößt man darauf, dass Scholzens Quelle offenbar eine in ihrer Seriosität schwer einzuschätzende Website zur Ahnenforschung ist, die das Bild als eines von Samson und Betty Heine führt (URL: https://gw.geneanet.org/tinagaquer?lang=en&n=heine&oc=0& p=samson). Wer das Bild besitzen möchte, kann es bei Amazon als „weird old couple" als Druck erwerben (URL: https://www.amazon.de/Kunstdruck-Weird-Vintage-Couple-Vintage-Heimdekoration/dp/B08XJS3MMC), und wie man, dann doch bei Wikipedia (https://commons.wikimedia.org/wiki/File:1860_Anonyme_ Un_v%C3%A9t%C3%A9ran_et_sa_femme_Ambrotype.jpg [letzter Zugriff auf alle drei Websites am 16. August 2022]) erfahren kann, handelt es sich um ein auf die 1860er Jahre datiertes anonymes Bild, das einen britischen Kriegsveteranen – mit der „Crimean Medal", einer Auszeichnung für Teilnehmer am Krimkrieg 1854–1856 – nebst seiner Frau zeigt. Wenn der Verfasser sich hier nicht einen gelehrten Scherz in der Art des Artikels zu Loriots Steinlaus im Klinischen Wörterbuch Pschyrembel erlaubt hat, wird man ihm wohl vorhalten dürfen: „Wissenschaftliche Solidität sieht anders aus." (S. 26)

Robert Steegers

Azade Seyhan: *Heinrich Heine and the World Literary Map. Redressing the Canon.* Singapur: Palgrave Macmillan 2019 (Canon and World Literature). 235 pp. € 80,24

The stated intent of Seyhan's book is "the reevaluation of [Heine's] […] work as a model of world or worldly literature," conceived as "the repository of human wisdom and exemplary cultures." (p. 2, 4) What distinguishes such works is "their resonance with readers beyond the borders of the lands where they were produced," "their resistance to any national characterization," "their implicit conversation across time and history with other texts," but also "a philosophical depth that is neither time nor place specific." (p. 9 f.) What justifies Heine's "place in a new world literary canon" is his "genre and gender bending work; his writing between national and linguistic borders; and his resistance to provincialism and the separation of literature and history that short-circuits the synapses of life and the social imaginary"—but also his "direct and immediate representation of *Zerrissenheit* (disruption, split) as the regulative metaphor of modernity," his "genuine philosophical sensibility," and his "experience of censorship" (pp. 8, 7, 11, 12) The introduction implies that the relevance of these features of Heine's work to "world literary status" will be explained in detail in the book's body.

Chapter 2, the first "body" chapter of Seyhan's book, is an analysis of the "Harzreise". Seyhan views this text as "anticipating certain postmodernist or poststructuralist positions" in that it functions "to illustrate the difference between good and bad interpreters"—of "texts and traditions," "narratives," and "history." (pp. 22 f.) "Bad interpreters" or "failed readers" are those who strive for "one-dimensional truth" or "final resolution." (pp. 24, 31). "Good" interpretation is "elusive, indecisive, and ironic," qualities which, in the "Harzreise", are manifested as a Bahktinian *carnivalesque* style and *heteroglossia.* (p. 31) This approach "makes a critical questioning of philosophical and universal truths […] possible." (p. 34).

W. Ohm (✉)
Toronto, Kanada
E-Mail: will.ohm@mail.utoronto.ca

© Springer-Verlag GmbH Deutschland, ein Teil von Springer Nature 2023
S. Brenner-Wilczek, *Heine-Jahrbuch 2022*, Heine-Jahrbuch,
https://doi.org/10.1007/978-3-662-66144-4_18

A similar conception of Heine as a critic of universalist interpretation dominates Chapter 3, which focuses on three works of "cultural translation," "Französische Zustände", "Die romantische Schule", and "Zur Geschichte der Religion und Philosophie in Deutschland". Seyhan argues that the aforementioned writings perform a "genuinely modern" kind of "cultural translation" involving correcting "misrepresentations of the other" committed by previous interpreters. (pp. 39 f.; 42 f.) In "Französische Zustände", this "corrective cultural translation" primarily aims at challenging "historicism." (p. 42; 53) Heine's two "German essays," on the other hand, "set out to correct the one-sided and highly romanticized view of contemporary German literature and culture in Madame de Staël's 'De l'Allemagne'." (p. 56).

Chapter 4 shifts the focus from Heine as critic of universalist interpretation to considering this writer as a "poet in and of exile." (p. 105) Beginning with an analysis of the "Wintermärchen", Seyhan discusses how this text illuminates several central characteristics of the experience of exile and return. Seyhan then relates the "Wintermärchen" to two other epic poems that "take up similar themes," Pablo Neruda's "Canto General" and Nâzım Hikmet's "Human Landscapes from My Country", arguing that they present "expanded versions of the ideas and concerns poetically identified and heightened in that epic, in the context of different times and places." (p. 120).

Continuing the focus on the subject of exile, chapter 5 examines "Ludwig Börne" as a "bold and unflinching depiction of the enmity and divisions among political, religious, ethnic, and economic groups from the same country"; "Ludwig Börne" is a "reflection on ex-patriots, who fall in conflict, depart from the group, or simply go their separate ways" due to their differing views on how to deal with the problems that have driven them from their homelands. (pp. 127, 145).

In Chapter 6, Seyhan returns to her notion of Heine as a critic of universal interpretations or "symbolic regimes" via an analysis of another group that resembles exiles in terms of its social marginalization. Focusing on the figures of Laurence in the "Florentinische Nächte", Mephistophela in "Der Doktor Faust", and Mathilde in "Die Stadt Lukka", Seyhan argues that these three figures illustrate Heine's "legitimization of the symbolically volatile regimes women characters like Laurence set up," which "brings Heine's writing very close to the notion of *écriture féminine*," the idea that "women, positioned as the 'other' in the patriarchal symbolic system, can reclaim agency by engaging in language with their outsider position." (p. 160).

Chapter 7 takes another run at the idea that Heine was centrally concerned with cultural representation, portraying Heine and Walter Benjamin as key figures in the tradition of viewing modernity as characterized by "ubiquity of representation" and engaging in the "critique of representational certainties"—but also as writers who "consistently cast [historical] experience in imagistic and allegorical forms" and as "avid spectators of the physiognomy of the city." (pp. 173, 181, 175 f.) The notion of allegory as a central common feature of Heine's and Benjamin's writings is then illustrated by way of an analysis of "Atta Troll": Seyhan argues that this text employs allegory in the Benjaminian sense of a "trope that simultaneously disrupts the continuity of history and its stories and myths to reconfigure them" (p. 180). The focus is then shifted to Heine's use of irony as a "censor-resistant rhetorical strategy"; Seyhan argues that this feature of Heine's work links it to "contemporary writers of exile," making it relevant to the study of those writers; this argument is then supported by means of a brief discussion of the engagement with the subject of censorship in Shahriar Mandanipour's *Censoring an Iranian Love Story.* (p. 190).

The concluding "Prefatory Postscript" picks up themes from preceding chapters in order to promote the notion of Heine as a "canonical writer of world literature." (p. 201) Contrasting Heine's obscurity with Benjamin's fame within academia outside of Germany, Seyhan explains this disparity with reference to the contrast between the "dense" quality of Benjamin's prose and Heine's "natural," "good" style, which, "in the current academic climate [...] may brand a work as light-weight"; Seyhan expresses the "hope" that Heine be "reevaluated in the context of an age of unprecedented movements across borders and read more comparatively and in dialog with contemporary writers of exile"—writers such as Neruda, Hikmet, and Emine Sevgi Özdamar, the last of whom shares a similar "mode of *écriture féminine.*" (pp. 197 f., 202).

The book's promise to demonstrate Heine's title to the status of "world literary writer" is not, in the reviewer's view, fulfilled—it is not made clear enough why the specific aspects of Heine's work discussed in the book support the notion of Heine as a "world literary writer." However, the book does contain many compelling ideas and observations: the comparisons with Hikmet are especially interesting sections that justify Seyhan's call for more studies that read Heine alongside other writers of exile, and this reviewer also found the various approaches taken to demonstrate Heine's critical interest in cultural representation quite intriguing. This profusion of ideas can get in the way of their explication and justification, an issue that is exacerbated by what is at times a rather wordy and abstract style; nevertheless, the reviewer thinks that the book will prove stimulating for those working in similar areas, especially scholars of Heine as a writer on exile and as a critic of representation.

William Ohm

Pawel Zarychta: *Selbstinszenierung und Gedächtnisbildung. Rosa Maria Assing in Briefen und Lebenszeugnissen aus der Sammlung Varnhagen. Edition und Kommentar. Teil I: 1783–1823. Teil II: 1823–1840* **Berlin u. a.: Peter Lang 2021 (Perspektiven der Literatur- und Kulturwissenschaft; Bd. 5, 6). 454, 586 S. Je Band € 59,95**

Seit den achtziger Jahren des 20. Jahrhunderts steht die durch Kriegseinwirken in die Jagiellonen Bibliothek in Krakau gelangte Sammlung Varnhagen der Forschung zwar wieder zur Verfügung. Dennoch vergingen weitere Jahrzehnte, bis dem in der Sammlung verwahrten Schriftgut von Karl August Varnhagen von Enses Schwester Rosa Maria Beachtung geschenkt wurde. Dem Germanisten und Assistenten am Fachbereich Deutsche Sprache und Literatur der Jagiellonen- Universität Krakau, Pawel Zarychta kommt das Verdienst zu, diesen Quellenschatz gehoben zu haben. Mit seiner zweibändigen, reich und kenntnisreich annotierten Edition macht Zarychta Quellen zugänglich, die für die Literatur- und Kulturgeschichte, aber auch die Geschichtswissenschaft von großem Wert sind.

Die in den beiden Bänden publizierten, mehr als 300 Briefe und Schriftzeugnisse von Rosa Maria Assing aus den Jahren 1783 bis 1840 sind eine reiche Fundgrube, aus der die Forschung ausgiebig schöpfen kann. Varnhagens Schwester, die sich ihren Lebensunterhalt lange Jahre als Erzieherin bzw. als Leiterin eines Mädchenpensionats in Altona verdiente, war eine selbständige und selbstbewusste Frau mit wachem Sinn und klaren Lebensmaximen. Sie nahm lebhaft an kulturellen und literarischen Entwicklungen ihrer Zeit Anteil und unterhielt Kontakte zu Schriftstellern und Dichtern, u. a. zum Schwaben Justinus Kerner. Selbst künstlerisch begabt, verfasste sie Gedichte und Kurzgeschichten, die sie unter dem Namen Rosa Maria publizierte, und verfertigte kunstvolle Silhouetten (Scherenschnitte). 1816 heiratete sie den jüdischen Arzt David Assur, der seinem Namen nach der Taufe den Familiennamen Assing hinzufügte. Das Wohnhaus des Ehepaares in der Hamburger Poolstraße wurde zu einem Ort der Salonkultur in der Hansestadt, der Vertreter der geistigen Elite Hamburgs sowie Dichter und Literaten wie z. B. Heinrich Heine, Adelbert von Chamisso oder auch Karl Gutzkow anzog.

J. Braden (✉)
Hamburg, Deutschland
E-Mail: bradenj@posteo.de

S. Brenner-Wilczek, *Heine-Jahrbuch 2022*, Heine-Jahrbuch,
https://doi.org/10.1007/978-3-662-66144-4_19

Von Interesse für Literaturhistoriker sind Rosa Maria Assings Schilderungen von Begegnungen mit Publizisten ihrer Zeit, aber auch ihre Kommentare über in ihrer Zeit aktuelle literarische Werke. Kunsthistoriker finden in ihren Aufzeichnungen Berichte über Kunstausstellungen, die sie in Hamburg besuchte, samt Beschreibungen der dort ausgestellten Gemälde und Zeichnungen. Reichhaltiges Material bietet die Edition von Assings Aufzeichnungen auch Historikern dar, die sich mit der Geschichte Hamburgs, auch der Geschichte der Juden in dieser Stadt, der Alltags- und Kulturgeschichte oder auch der Geschichte des Reisens befassen.

Der erste Band der Edition setzt ein mit einer Einführung des Autors (I, S. 9–85). In einem kurzen einleitenden Kapitel (I, S. 9–12) weist Zarychta auf die Bedeutung des Nachlasses von Rosa Maria Assing in Krakau hin, sind doch in Hamburg selbst kaum noch Spuren ihrer Existenz – nicht einmal ihre Grabstätte – erhalten. Erläuterungen des „methodologische[n] Ausgangspunkt[s]" und der „theoretische[n] Perspektive", die den Blick des Autors auf den Assing-Nachlass „als Ganzes" bestimmen und die in den „kulturpoetischen Konzepten des New Historicism" wurzeln (I, S. 13), schließen sich an (I, S. 13–18). An dieser Stelle erfährt der Leser von dem ursprünglich ausschließlich auf die Analyse einzelner Briefe geplanten Forschungsprojekt, das nach der Wiederentdeckung des innerhalb der Sammlung verlegten umfangreichen Briefwechsels zwischen Rosa Maria und ihrem Bruder eine Änderung hin zu einer kommentierten Edition erforderte (I, S. 13).

Folgend geht der Autor auf die nach 1800 in der bürgerlichen Welt auflebende Kultur des Briefeschreibens ein (I, S. 19–29). Dabei weist er darauf hin, dass diese dem Brief über dessen ursprüngliche Nachrichten-Übermittlungs-Funktion hinaus eine „ästhetische Dimension" (I, S. 21) verlieh, ihn zu einem Medium machte, dessen sich Frauen verstärkt bedienten (I, S. 22), und ihn zu einem „Mittel der Selbstinszenierung und Gedächtnisbildung" (I, S. 19) werden ließ.

In dem anschließenden Kapitel zur „Geschichte und Überlieferung des Nachlasses Assing" (I, S. 31–52) stellt Zarychta heraus, dass dieser Nachlass neben denen „Rahel Varnhagens, Ludmilla Assings sowie des Fürsten Hermann von Pückler-Muskau" eines der Zentren ist, die der Sammlung Varnhagen „einen nahezu monumentalen Charakter" verleihen (I, S. 31). Außerdem gibt der Autor Erläuterungen zur von Rosa Maria Assing verfolgten „Strategie des Sammelns" (I, S. 32–38) und zeichnet den wechselvollen Weg des Nachlasses Assing nach, der 1842 nach Rosa Maria und David Assur Assings Tod begann. Dieser führte das Schriftgut erst nach Berlin, dann inkorporiert in die Sammlung Varnhagen nach Florenz und wieder zurück nach Berlin (I, S. 38–46). Folgend referiert Zarychta kurz, wie die Sammlung Varnhagen durch Kriegseinwirken 1946 nach Krakau gelangte (I, S. 46–52).

Weitere Kapitel sind dem Stand der Forschung zu Rosa Maria Assing und ihrem Nachlass (I, S. 53–70), Erläuterungen zum Textkorpus der Edition (I, S. 71–76) und den Transkriptions- und Kommentierungsgrundsätzen der Edition (I, S. 77–78) gewidmet. Eine Danksagung des Autors (I, S. 79–80) und eine Zeittafel mit den wichtigsten Daten in Rosa Maria Assings Leben schließen die Einführung des Autors in die Edition ab (I, S. 81–85).

Der folgende editorische Teil umfasst unter 321 Nummern geordnete Schriftzeugnisse aus dem Nachlass Assing (I, S. 89–435, Nr. 1–172; II, S. 7–533, Nr.
173–321). Dem editorischen Teil folgen sowohl im ersten als auch im zweiten
Band jeweils ein Abbildungsverzeichnis (I, S. 437; II, S. 565) und ein Personenregister (I, S. 439–452; II, S. 567–583) sowie im zweiten Band Verzeichnisse
der Siglen und Abkürzungen (II, S. 535–536) und der Quellen und Literatur (II,
S. 537–563).

Die Edition enthält in der Mehrzahl Briefe, die Rosa Maria Assing zwischen
1804 und 1839 an ihren Bruder Karl August Varnhagen von Ense schrieb,
ergänzt um Auszüge aus dem Tagebuch (Tageblätter), das Rosa Maria seit 1823
führte. Ihre Briefe und Aufzeichnungen geben einen faszinierenden Einblick
in fast vier Jahrzehnte ihres Lebens, sowohl in alltägliche als auch in besondere
oder existentielle Ereignisse und Begebenheiten und in ihre damit verbundenen
Gedanken, Gefühle und Sorgen. Pawel Zarychta hat mit seiner Edition eine
bemerkenswerte Frau des frühen 19. Jahrhunderts in den Mittelpunkt gerückt, die
bisher viel zu wenig beachtet wurde. Über ihren wissenschaftlichen Wert hinaus
sind diese zwei Bände auch fesselnde historische Lesebücher, denen ein breiter
Leserkreis zu wünschen ist.

Jutta Braden

Heine-Literatur 2021 mit Nachträgen

Zusammengestellt von Elena Camaiani

© Springer-Verlag GmbH Deutschland, ein Teil von Springer Nature 2023
S. Brenner-Wilczek (Hrsg.), *Heine-Jahrbuch 2022,* Heine-Jahrbuch,
https://doi.org/10.1007/978-3-662-66144-4

1 Primärliteratur

1.1 Gesamtausgaben

Heine, Heinrich: Sämtliche Werke in vier Bänden. Lizenzausg. Unveränd. Nachdr. der 6. Aufl. Berlin 1992. Darmstadt 2022. 3858 S.

1.2 Einzelausgaben und Teilsammlungen

Heine, Heinrich: Dalle memorie del Signore di Schnabelewopski = Aus den Memoiren des Herren von Schnabelewopski. A cura di Barbara di Noi con originale a fronte. Ediz. Bilingue. Sanremo 2019. XLIV, 154 S.

Heine, Heinrich: Florentinische Nächte. Gudrun Landgrebe liest. Konzept: Ralf Pispers und Thomas Pflaum. Regie: Ingo Gregus und Daniela Wakonigg. Inszenierte Lesung der gekürzten Romanfassung. Köln 2006. 2 CDs (157 Min.). (Gudrun Landgrebe liest fünf Klassiker der Weltliteratur).

Heine, Heinrich: Heine gets the Groove. Ian Melrose, Uwe Neumann. Texte von Heinrich Heine (ausgew. von Uwe Neumann). [Osnabrück 2021]. 1 CD (ca. 60 Min.) + 1 Bookl. (23 S.).

Heine, Heinrich: Lyrisches Intermezzo. Et autres poèmes = Intermezzo lyrique. Trad. Jacky Lavauzelle. [Frankreich] 2020. 215 S.

Heine, Heinrich: Matratzengruft. [Textcollage]. Sprecher: Anette Daugardt, Uwe Neumann. Berlin 2021. 1 CD (75 Min.).

Heine, Heinrich: Reisebilder. Lesung mit Walter Andreas Schwarz. Gekürzte Lesung. Berlin 2021. 2 mp3-CDs (13 Std.). (Große Werke – große Stimmen).

Heine, Heinrich: Traumbilder. Christian Brückner (Sprecher), Michael Wollny (Klavier). München 2021. 1 CD (ca. 46 Min.).

1.3 Texte in Anthologien und Sammelwerken

24 zauberhafte Geschichten. Adventskalenderbuch mit Ausklappseiten. Marjolein Bastin. Münster 2020. Ca. 120 S.: Ill.

Aus den Wolken fallen die Heringe. Hamburg in Gedichten. Hrsg. von Werner Irro. Mit e. Vorw. von Ulla Hahn. Fotografien von Hans Meyer-Veden. Hamburg 2020. 143 S.

Bär und Biene. Schöne deutsche Tiergedichte. Neu hrsg. von B.-U. Hergemöller und original-ill. von Nele Heitland. Hamburg 2016. 187 S.: Ill. (HHL – kleine Formen; 4).

Besuch aus dem Grab. Vampire und andere Untote in klassischen Balladen und Gedichten. [Anthologie]. Korrekturen und Lektorat: Dirk Seliger. Berlin 2021. 255 S. (Taschenschmöker aus Vergangenheit und Gegenwart; 33).

Bibel. Jugendbibel der Katholischen Kirche. Gesamtleitung und Red.: Bernhard Meuser. [Stuttgart 2015]. 429 S.: Ill.

Bleib gesund und fröhlich. Zusammengest. von Helga Dick und Lutz-W. Wolff. Grossdr. München 2020. 267 S.

Blumen – ein Lächeln für Dich. Ein Strauß Lyrik. Hamburg 2021. 1 CD.

Doehlemann, Martin; Liese, Knut: Lachen. Lust und Laster über die Jahrhunderte. Ein illustrierter Sammelband. Berlin, Münster 2020. 242 S.: Ill. (Neo-Jocologica; 9).

Einfach mal Atemholen. Bild- und Textausw.: Stephanie Spengler. München 2013. 240 S.: Ill.

Es war als hätt der Himmel die Erde still geküsst. Gedichte aus fünf Jahrhunderten, in denen der Mond erscheint. Hrsg.: Ulrich Maske. Ill.: Franziska Harvey. Hamburg 2021. 223 S.: Ill. – Dass.: Produktion: Ulrich Maske. Hamburg 2021. 3 CDs (ca. 195 Min.). (Goya LiT).

Es war einmal ... 24 Wintermärchen. Adventskalenderbuch mit Ausklappseiten. Textsammlung: Kreativlektorat Daniela Vogel, Finnentrop; Red.: Kai König und Nina Sträter. Münster 2020. Ca. 112 S.: Ill.

Frohes Fest! Die schönsten Geschichten zu Weihnachten. Red.: Kai König. Ill. von Marjolein Bastin. Münster 2020. 239 S.: Ill. + 11 Bl.

Goldgrün erblühende Wiesen. Wildblumen im Gedicht. Hrsg. von Eberhard Scholing. Mit Ill. von Soyeon Starke-An. Ditzingen 2021. 127 S.

Das große Buch vom Weihnachtsfest. Die schönsten Gedichte, Lieder und Geschichten. Hrsg. von Franz-Heinrich Hackel. Hamburg 2006. 315 S.: Ill.

Der große Fabelschatz. Weisheitsgeschichten aus aller Welt. Red.: Kai König & Katrin Gebhardt. Münster 2021. 240 S.: Ill. (Sammlung Augustina).

Grüß Gott! Kleine Aufheiterungen für jeden Tag. [Zusammengest. von Volker Bauch]. Leipzig 2009. 272 S.: Ill.

Hearing Stories. Geschichten, Gespräche und Gedichte über das Hören. [Hrsg. von] Rainer Hüls, Martin Schaarschmidt. Hamburg 2012. 390 S.

Ich ging im Walde so für mich hin. Die schönsten Natur- und Tiergedichte. Ausgew. von Jan Strümpel. Köln 2019. 256 S.

Küssen will ich, ich will küssen. Gedichte für Frauen. Hrsg. von Ada Meerbaum. Wiesbaden 2020. 223 S.

Die Landschaft interpretieren. Interdisziplinäre Ansätze = Interpreting Landscape. Interdisciplinary. Werner Kreisel, … (Hrsg./Eds.). Göttingen 2021. 345 S.: Ill. (ZELTForum; 11). (Universitätsdrucke Göttingen). [„Auszüge aus ‚Die Harzreise' (1826)". S. 227–234].

Leselust im Frühling. Hrsg. von Julia Gommel-Baharov. Frankfurt a. M. 2020. 286 S. (Fischer TaschenBibliothek).

Literarische Nordsee. Lektüre für die Tage am Meer. Hrsg. von Johannes Thiele. Wien 2021. 175 S.: Ill.

Mein Herz, ich will dich fragen! Von Liebeslust und Liebesleid. Zusammengest. von Frank Suchland. Bückeburg 2018. 52 S. (Gedichte für die Hosentasche; 3).

Melodien. Eine Anthologie. Hrsg. von Bianca Blessing. Birnbach 2020. 184 S.

Mit deutschen Gedichten durchs Jahr 2014. Textabreißkalender. München 2013. 368 S.: Ill.

Mit Wittgenstein bei Kerzenschein. Ein Lesebuch für Nachdenkliche. Hrsg. von
Matthias Viertel. München 2020. 255 S.

Mond. Gedichte. Ostfildern 2021. 63 S. (Thorbeckes kleine Schätze).

Romanticism. 100 Poems. Ed. by Michael Ferber. Cambridge 2021. X, 172 S.

Rosenkäfer und Libelle. Gedichte vom Leben auf der Wiese. Ostfildern 2021.
64 S.: Ill. (Thorbeckes kleine Schätze).

Scheintot. Ein Lesebuch mit Texten aus drei Jahrhunderten. Dieser Band erscheint
anlässlich der Ausstellung „scheintot – Über die Ungewissheit des Todes und
die Angst, lebendig begraben zu werden" (17. Oktober 2019 – 13. September
2020). Gesammelt und hrsg. von Udo Andraschke. Ingolstadt 2020. 200 S.: Ill.
(Kataloge des Deutschen Medizinhistorischen Museums Ingolstadt; 45).

Die schönsten Glückwünsche. Grüße und Gedichte für alle Gelegenheiten. [Hrsg.
von:] Claudia Krader. Augsburg 2005. 80 S.: Ill.

Die schönsten Herbstgedichte. Hrsg. von Matthias Reiner. Mit Ill. von Philippe
Robert. Berlin 2021. 100 S.: Ill. (Insel-Bücherei; 2530).

Vorwiegend heiter. Claudia Gahrke liest zumeist lustige Gedichte. Solingen 2021.
1 CD (26 Min.).

Yakut, Atilla: Literatur für deutsch-französisch zweisprachige Kinder. Heidelberg
2020. 224 S.: Ill. (Edition Zweisprachigkeit – iki; 22).

Zabransky, Siegfried: Lyrik und Musik. Textbuch meiner Liederzyklen zu Gedichten von Goethe, Heine, Hesse, Rilke, Gedichten der Romantik, und eigenen
Gedichten. Hamburg 2020. 216 S.

1.4 Übersetzungen

Brotzer, Hugo: Schwäbische Kunde. Klassische Balladen. Deutsch – Schwäbisch,
Schwäbisch – Deutsch. Bad Schussenried 2020. 239 S. [„Belsazar", „Die Grenadiere", „Loreley" <schwäb.>. S. 123–139].

Carey, John Wakayama: 100 Poets. A little Anthology. New Haven, London 2021.
VIII, 268 S. [„Wie langsam kriechet dahin" <engl.> (übers. v. Louis Unter-
meyer), S. 121–122].

Heine, Heinrich: Aikarunoja. Suomensi Hilja Liinamaa. [Nachdr. der Ausg. von
1910]. o. O. 2020. 26 ungez. S. [Gedichte <fin.>].

Heine, Heinrich: Dalle memorie del Signore di Schnabelewopski = Aus den
Memoiren des Herren von Schnabelewopski. A cura di Barbara di Noi con originale a fronte. Ediz. Bilingue. Sanremo 2019. XLIV, 154 S.

Heine, Heinrich: Libro de las canciones. Trad. de Sabine Ribka. Tres Cantos,
Madrid 2015. 235 S. (Akal/Istmo básica de bolsillo; 314). (Serie Clásicos de la
literatura alemana). [Buch der Lieder <span.>].

Heine, Heinrich: Lied'ler Kitabı. (Şiirler). Çeviren: Osman Tuğlu. Istanbul 2020.
248 S. [Buch der Lieder <türk.>].

Heine, Heinrich: Lyrisches Intermezzo. Et autres poèmes = Intermezzo lyrique.
Trad. Jacky Lavauzelle. O. O. [Frankreich] 2020. 215 S.

Heine, Heinrich: Melodie ebraiche. A cura di Liliana Giacoponi. Pref. di Vivetta Vivarelli. Trad. di Giorgio Calabresi. Firenze 2017. 206 S. (Collana „Schulim Vogelmann"; 207). [„Hebräische Melodien" <ital.>].

Heine, Heinrich: Notti fiorentine. Trad. a cura di Barbara Di Noi. Sanremo 2017. 117 S. (EBK narrativa). [„Florentinische Nächte" <ital.>].

Heine, Heinrich: Pensées & trouvailles. Florilège. Prés. & trad. de l'allemand par Charles Jeanson. Cœuvres-et-Valsery 2017. 79 S. (Polychrome; 16). [„Gedanken und Einfälle" <franz.>].

Helbesta Hefteyê Îthaka = The Poem of the Week Ithaca. Husên Hebeş, ji elmanî, îngilîzî, rûsî û erebî wergerandine kurdî. Bonn 2020. 175 S. (Ji helbestvanîya cîhanî; 1). [„Ein Fichtenbaum steht einsam" <kurd.>. S. 145].

Machadiana Eletrônica 3, 2020, 5. [„Die Nixen" <port.>, übers. von Machado de Assis]. [URL: https://periodicos.ufes.br/machadiana/issue/view/982, letzter Zugriff: 15.02.2022].

Natale in poesia. Antologia dal IV al XX secolo. Pres. di Luciano Erba. Nuova (terza) edizione ampliata. Novara 2019. 179 S.: Ill. (Nativitas; 22). [„Il tre santi Re Magi dall'Oriente" („Die heiligen drei Könige" <ital.>). S. 51].

Revista electrónica de ciencia penal y criminología 17, 2015, 1. 8 S. [„Reforma penitenciaria y legislación penal" („Gefängnisreform und Strafgesetzgebung" <span.>). Trad. y notas de José Luis Guzmán Dalbora]. [URL: http://criminet. ugr.es/recpc/17/recpc17.html, letzter Zugriff: 15.02.2022].

Romanticism. 100 Poems. Ed. by Michael Ferber. Cambridge 2021. X, 172 S. [„Alone a Spruce is standing/Ein Fichtenbaum steht einsam". S. 117–118; „In the dreamy Wood I wander/Wandl' ich in dem Wald des Abends". S. 118].

Swan, Jon: Heinrich Heine, now where? – In: Michigan Quarterly Review 48, 2009, 1. S. 87–89. [„Jetzt wohin?" <engl.>].

2 Sekundärliteratur

2.1 Studien zu Leben und Werk

Amatruda, Arianna: (Auto)ritratti di dèi decaduti. ‚Die Götter im Exil' di Heinrich Heine. – In: LEA 2021, 10. S. 233–249. [URL: https://oajournals.fupress.net/ index.php/bsfm-lea/article/view/12919, letzter Zugriff: 22.12.2021].

Ateşoğlu, Güçlü: „Liedler Kitabı" Olur mu? – In: Heine, Heinrich: Lied'ler Kitabı. (Şiirler). Çeviren: Osman Tuğlu. Istanbul 2020. S. 4–8.

Azuélos, Daniel: Heine et Tocqueville ou le désenchantement démocratique. – In: Études Germaniques 75, 2020, 4. S. 669–690.

Bluhm, Lothar: „Ein Jüngling liebt ein Mädchen ...". Stationen der Liebe in der deutschen Lyrik. – In: „Das süße Wort: Ich liebe dich". Konstellationen der Liebe in Literatur, Kunst und Wissenschaft. Hrsg. von Lothar Bluhm, ... Baden-Baden 2018. (Landauer Beiträge zur Kultur- und Sozialgeschichte; 2). S. 121–158.

Braden, Jutta: Ein Fundstück zu Heinrich Heines Gedicht „Ein Jüngling liebt ein Mädchen". – In: Liskor – Erinnern 6, 2021, 22. S. 35–36.

Brenner-Wilczek, Sabine: Von Blogs und Blumen. 23. Internationales Forum Junge Heine-Forschung. – In: HJb 60, 2021. S. 241–243.

Brokoff, Jürgen: Prosareflexion und das Schreiben von Prosa nach dem ‚Ende der Kunstperiode' (Theodor Mundt, Heinrich Heine). – In: Prosa. Geschichte, Poetik, Theorie. Hrsg. von Svetlana Efimova und Michael Gamper. Berlin 2021. (WeltLiteraturen; 20). S. 225–236.

Calimanil, Riccardo: Gli ebrei e la Germania. Storia di un legame forte e complesso. Torino 2021. 399 S. (Saggi tascabili Bollati Boringhieri; 59). [„Heinrich Heine". S. 49–93].

Calvié, Lucien: 1830, Heine et Delacroix. ‚La Liberté guidant le peuple'. – In: Études Germaniques 75, 2020, 4. S. 653–668.

Calvié, Lucien: „Die Freiheit führt das Volk" („La Liberté guidant le peuple"). 1830, Heine und Delacroix. – In: HJb 60, 2021. S. 67–86.

Collini, Patrizio: Le „Notti fiorentine" di Heine. Les dieux s'en vont à Paris. – In: Viaggi di Toscana. Lezioni magistrali 9 novembre – 12 dicembre 2017. A cura di Maria Fancelli. Firenze 2019. (Accademia toscana di scienze e lettere La Colombaria; 4). S. 33–42.

Czezior, Patricia: Die Figur des Philisters. Projektionsfläche bürgerlicher Ängste und Sehnsüchte in der Romantik und im Vormärz. Göttingen 2021. 179 S. (Gesellschaftskritische Literatur – Texte, Autoren und Debatten; 11). [Kap. 6: „Literarische Figurationen des Philisters in ausgewählten Werken II: Der Bildungsphilister bei Heinrich Heine und der geläuterte Exekutiv-Beamte bei Immermann". S. 99–154].

Dawidowski, Christian: Himmelfahrt? Religion und Judentum in Heines ‚Harzreise'. – In: Euphorion 114, 2020, 2. S. 225–247.

Dembeck, Till: Foreign Words in German lyric Poetry. Heinrich Heine and August von Platen. – In: Mapping Multilingualism in 19th Century European Literatures = Le plurilinguisme dans les littératures européennes du XIXe siècle. Ed. by Olga Anokhina, … Zürich 2019. (poethik polyglott; 5). S. 255–275.

Deutschbuch. Hrsg. von Bernd Schurf und Andrea Wagener. 7: [Hauptwerk, Neue Grundausgabe]. Hrsg. von Bernd Schurf und Andrea Wagener. Berlin 2008. 295 S.: Ill. [„Belsazar als szenisches Spiel". S. 149–150].

Deutschbuch. Hrsg. von Bernd Schurf und Andrea Wagener. 7: [Hauptwerk, Gymnasium Berlin, …]. Hrsg. von Deborah Mohr und Andrea Wagener. Berlin 2021. 376 S.: Ill. [„Die Lorelei – Balladen zu einem Mythos kennenlernen". S. 153–154].

Deutschbuch. Hrsg. von Bernd Schurf und Andrea Wagener. 9: [Hauptwerk, Neue Grundausgabe]. Hrsg. von Bernd Schurf und Andrea Wagener. Berlin 2010. 295 S.: Ill. [Kap. 7.1: „Der Liebe auf der Spur – Gedichte erschließen". S. 113–123, darin „Ein Jüngling liebt ein Mädchen". S. 119–120].

Deutschbuch. Hrsg. von Bernd Schurf und Andrea Wagener. 9: [Hauptwerk, Gymnasium Bayern]. Hrsg. von Kurt Finkenzeller und Andrea Wagener. Berlin 2021. 367 S.: Ill. [Kap. 6.1: „„Liebe muss, sei, ist ..." – Liebeslyrik verschiedener Zeiten untersuchen und vergleichen". S. 142–151, darin „Wir saßen und tranken am Teetisch". S. 142–144].

Di Noi, Barbara: Heine und die Folgen. Die gebrochene jüdische Identität im magischen Medium der Sprache. Judentum als Medium der Moderne bei Kafka und Heine. – In: Identitätskonzepte in der Literatur. Hermann Gätje, Sikander Singh (Hrsg.). Tübingen 2021. (Passagen; 6). S. 209–228.

Di Noi, Barbara: Heinrich Heine. Nota sulla vita e le opere. – In: Heine, Heinrich: Notti fiorentine. Trad. a cura di Barbara Di Noi. Sanremo 2017. (EBK narrativa). S. 109–115.

Di Noi, Barbara: Lo ‚Schnabelewopski‘ heiniano. Il ‚Fanfaron de la Liberté‘ e la retorica del ‚großer Mann‘. – In: Heine, Heinrich: Dalle memorie del Signore di Schnabelewopski = Aus den Memoiren des Herren von Schnabelewopski. A cura di Barbara di Noi con originale a fronte. Sanremo 2019. S. IX–XXVIII.

Di Noi, Barbara: Il silenzio, la statua, la morte. Le Notti fiorentine di Heine tra Schwarzromantik e morte dell'arte nel mondo desacralizzato. – In: Heine, Heinrich: Notti fiorentine. Trad. a cura di Barbara Di Noi. Sanremo 2017. (EBK narrativa). S. 7–22.

Dörr, Volker: Zwischenräume – Zwischentöne? Kultur und Geschlecht in Heinrich Heines Reisebericht „Ueber Polen". – In: 30 Jahre germanistische Forschung in Polen und Deutschland. Reflexionen und Erinnerungen – Literaturwissenschaft. Red. / Hrsg. Andrzej Kątny. Gdańsk 2020. (Studia Germanica Gedanensia; 42). S. 24–34. [URL: https://czasopisma.bg.ug.edu.pl/index.php/SGG/issue/view/405, letzter Zugriff: 22.12.2021].

Epstein, Joseph: Wit, Exile, Jew, Convert, Genius. The Life and Art of Heinrich Heine. – In: Commentary 145, 2018, 6. S. 40–46.

Fambrini, Alessandro: „Deutschland ist noch ein kleines Kind". Heinrich Heine e il ‚Nibelungenlied‘. – In: Filologia Germanica 2020, 12: Riletture del medioevo germanico tra rinascimento e romanticismo = Reinterpreting the Germanic Middle Ages from Renaissance to Romanticism. S. 53–70.

Faßhauer, Vera: Unharmonious Images conceived by Troubled Minds. Graphic and literary Caricatures in Heinrich Heine's French Affairs and French Painters. – In: Interfaces 42, 2019: Creative paths. Les sentiers de la création. S. 129–164.

Fortmann, Patrick: Heine's Divan. West-Eastern Voyages after Goethe. – In: Publications of the English Goethe Society 89, 2020, 2/3. S. 157–172.

Fortmann, Patrick: Kristallisationen von Liebe. Zur Poetik des Gefühlswissens zwischen Romantik und Realismus. Paderborn 2021. VII, 344 S. [Kap. I: „Poetische Mythologie der Liebe – Heinrich Heine". S. 47–126].

Furlani, Simone: Tra idealismo, realismo e autoironia. ‚L'introduzione‘ di Heine al ‚Don Chisciotte‘. – In: Eudia 11, 2017. S. 1–11.

Gaßdorf, Dagmar; Heizmann, Bertold: Heine. Populäre Irrtümer und andere Wahrheiten. Essen 2021. 120 S.: Ill. (Irrtümer und Wahrheiten).

George, Robert P.: Realms visible and invisible. Heinrich Heine knew that Action follows Thought. – In: National Review 72, 2020, 23. S. 34–36.

Giacoponi, Liliana: Heinrich Heine, un'introduzione. – In: Heine, Heinrich: Melodie ebraiche. A cura di Liliana Giacoponi. Pref. di Vivetta Vivarelli. Trad. di Giorgio Calabresi. Firenze 2017. 206 S. (Collana „Schulim Vogelmann"; 207). S. 15–41.

Giacoponi, Liliana: Le ‚Melodie ebraiche‘. – In: Heine, Heinrich: Melodie ebraiche. A cura di Liliana Giacoponi. Pref. di Vivetta Vivarelli. Trad. di Giorgio Calabresi. Firenze 2017. 206 S. (Collana „Schulim Vogelmann“; 207). S. 43–129.

Gille, Klaus F.: ‚Das Censurschwert an einem Haare über meinem Kopf‘. Heinrich Heine und die Zensur am Beispiel von ‚Deutcshland. Ein Wintermärchen‘. – In: Verbotene Bücher. Aspekte einer literaturgeschichtlichen Dynamik. Hrsg. von Barbara Mariacher und Hans Ester. Würzburg 2021. (Deutsche Chronik; 64). S. 13–22.

Harris, Justin William: Heine der Narr. Towards a universal Freiheitsliebe. Denver, Univ. of Colorado, Masterarb., 2019. 58 S. [URL: https://scholar.colorado.edu/downloads/t435gd27d, letzter Zugriff: 15.02.2022].

Hartmann, Stefan: Heinrich Heine, Hegel und die Theologie der Gegenwart. – In: Theologisches 36, 2006, 3/4. Sp. 97–100. [URL: http://www.theologisches.net/files/THEO306.pdf, letzter Zugriff: 15.02.2022].

Hellwig, Michael: Kreatives Arbeiten im Deutschunterricht. Aachen 2020. 32 S.: Ill. + Folien, 1 CD-ROM. (Deutsch betrifft uns; 2020, 4). [„Heinrich Heine „An meine Mutter B. Heine, geborne v. Geldern. II““. S. 10].

Hilbert, Matthias: Heinrich Heine. Taufe und späte Bekehrung. – In: Ders.: Gottsucher. Dichter-Bekehrungen im 19. und 20. Jahrhundert – zwölf Dichterporträts. Neuenkirchen 2020. S. 90–101.

Höhn, Gerhard: Heine. Baudelaire. Kontrastästhetik. – In: HJb 60, 2021. S. 27–66.

Honcharuk, Ruslana: H. Heyne „Enfant Perdü“. Dva Pereklady odoho virsha. – In: Naukovì zapiski/Serìâ: Fìlologìčnì nauki 2021, 1=193. S. 122–127.

Honsza, Norbert: Heinrich Heine: Pariser Streifzüge. – In: Studia niemcoznawcze 64, 2019. S. 219–224.

Honsza, Norbert: „Und immer irrte ich nach Liebe“. Heinrich Heine: Frauen und Erotik. – In: Studia niemcoznawcze 64, 2019. S. 239–244.

Ionkis, Greta Èvriviadovna: Juden und Deutsche. Im Kontext von Geschichte und Kultur. Hrsg. von Kathinka Dittrich van Wering. Aus dem Russ. von Christine Rädisch. Leipzig 2021. 471 S. [Kap. „Das Golgatha des Heinrich Heine“. S. 209–255 und weitere Bezüge].

Kaufmann, Sebastian: „Wir Götter in der Verbannung!“. Heine, Nietzsche und die „Irrthümer“ des Menschen über sich selbst. – In: Götter-Exile. Neuzeitliche Figurationen antiker Mythen. Hrsg. von Ralph Häfner, Markus Winkler. Heidelberg 2020. (Myosotis; 7). S. 101–114.

Kemptner, Klaus: Der deutsche Weg in die Moderne. Über Heinrich Heine, ‚Deutschland. Ein Wintermärchen‘. – In: Krise(n) der Moderne. Über Literatur und Zeitdiagnostik. Hrsg. von Klaus Kempter, Martina Engelbrecht. Heidelberg 2020. S. 39–50.

Klein, Jürgen: Nachrichten aus meiner Bibliothek. Außenseiter der Moderne. Hamburg 2020. 307 S. (Sammlung Flandziu; 4). [Kap. 5: „Heinrich Heine, ‚Die romantische Schule‘“. S. 138–168].

Knode, Felix: Idee und Realität. Zum Verhältnis von ästhetischer Theorie und Ästhetik bei Heinrich Heines ‚Reise von München nach Genua‘, ‚Ideen. Das Buch Le Grand‘ und ‚Die romantische Schule‘. – In: Ästhetik im Vormärz.

Hrsg. von Norbert Otto Eke und Marta Famula. Bielefeld 2021. (Forum Vormärz Forschung: Jahrbuch 26, 2020). S. 159–180.

Koebner, Thomas: Inseln – Wunschland, Wildnis, Weltferne. Fundstücke aus Literatur und Film. Marburg 2021. 372 S.: Ill. [„Heinrich Heine. Bimini (1853?, postum 1869)". S. 260–263].

Kortländer, Bernd: „... das letzte Wort des Lebens ...". Tod und Sterben im Werk Heinrich Heines. – In: Vor aller Augen … Tod in öffentlicher Wahrnehmung und Begegnung. Dokumentation der Tagung vom 5. bis 7. Nov. 2013. Hrsg. von Volker Kalisch. Düsseldorf 2015. S. 228–245.

Krause, Robert: Muße und Müßiggang im Zeitalter der Arbeit. Zu einer Problemkonstellation der deutschen und französischen Literatur, Kultur und Gesellschaft im ‚langen‘ 19. Jahrhundert. Berlin 2021. X, 414 S. (Schriften zur Weltliteratur; 11). [Zugl.: Freiburg i. Br., Albert-Ludwigs-Univ., Diss., 2019]. [Kap. 3: „Heines Dialektik des Engagements". S. 119–190 und weitere Bezüge].

Kruse, Joseph A.: „In dem Dome zu Corduva". Zu Heines jüdisch-christlich-muslimisch geprägtem, zumal analusischem, Spanien-Bild. – In: Zeitschrift für Religions- und Geistesgeschichte 73, 2021, 1. S. 21–38.

Kruse, Joseph A.: „und ich weinte bitterlich". Heine beschreibt die Cholera. – In: Meyersiek, Dietmar: Weihnachts- und Neujahrsgruß. Meerbusch 2021. S. 3–4.

Kühn, Walter: Von Hesiod bis Brecht. Eine Literaturgeschichte der Widmung. Trier 2021. 409 S. (Koblenz-Landauer Studien zu Geistes-, Kultur- und Bildungswissenschaften; 28). [Landau, Univ. Koblenz-Landau, Habilitationsschrift, 2020]. [Kap. 7: „Widmen auf verlorenem Posten: Heinrich Heine". S. 225–261].

Lerousseau, Andrée: Heinrich Heine, éternel rebelle. – In: La lettre de LJ 2017, 144. S. 1–3.

Liedtke, Christian: Heinrich Heine. 4. Aufl. [der Neuausg. Februar 2006]. Reinbek bei Hamburg 2021. 199 S.: Ill. (rororo; 50685).

Maillet, Marie-Ange: Götter im Exil im Frankreich der 1840er und 50er Jahre. Heinrich Heines ‚Göttin Diana‘ im Kontext. – In: Götter-Exile. Neuzeitliche Figurationen antiker Mythen. Hrsg. von Ralph Häfner, Markus Winkler. Heidelberg 2020. (Myosotis; 7). S. 17–32.

Martín Largo, José Ramón: Los escritores y la mùsica: Heine. – In: Filomúsica 2003, 36, 37, 38. o. S. [URL: http://filomusica.com/filo36/heine.html, http://filomusica.com/filo37/heine2.html, http://filomusica.com/filo38/heine3.html, letzter Zugriff: 21.1.2022].

Materialien-Handbuch Deutsch. Bd. 4: Lyrik. Dorothee von Hoerschelmann (Hrsg.). Hallbergmoos 2007. XXIV, 312 S. + 6 Folien. [Kap. 4: „Heinrich Heine: Die Lotosblüten-Gedichte". S. 72–87].

Matussek, Matthias: Pistolenknall und Harfenklang. Warum uns Heinrich Heine heute noch angeht. – In: Ders.: Außenseiter. Von Rebellen, Heiligen und Künstlern auf der Klippe. Dresden 2021. (EXIL). S. 16–37.

Matussek, Matthias: Wider die Zensoren und Dummköpfe. Heinrich Heine. – In: Tichys Einblick [7], 2022, 1. S. 76–78.

Mendosa, Maria Antonietta: La letteratura heiniana del pensiero filosofico moderno. – In: Aquinas 46, 2003, 1. S. 173–178.

Michaelis-König, Andree: „Aber der Text aus meinem alten beleidigten Herzen wird doch dabei der Ihrige bleiben müssen ...". Die Briefe Rahel Levin Varnhagens und Heinrich Heines als Laboratorium poetologischer und politischer Reflexion. – In: Briefe als Laboratorium der Literatur im deutsch-jüdischen Kontext. Schriftliche Dialoge, epistolare Konstellationen und poetologische Diskurse. Chiara Conterno (Hrsg.). Göttingen 2021. (Poetik, Exegese und Narrative; 17). S. 55–76.

Michaelis-König, Andree: Freundschaft im Angesicht erbitterter Feinde. Heinrich Heine und die Platen-Affäre. – In: Freundschaften – Feindschaften. Essays. Hrsg. von Gisela Dachs im Auftrag des Leo Baeck Instituts Jerusalem. Berlin 2020. (Jüdischer Almanach des Leo-Baeck-Instituts). S. 37–47.

Moskalenko, O. O.: Kontseptual'na kartyna svitu na materiali poeziyi H. Heyne. Sumy, Univ., Magisterarb., 2020. 83 S.

Müller, Torsten W.: Das Eichsfeld. 55 Highlights aus der Geschichte. Menschen, Orte und Ereignisse, die unsere Region bis heute prägen. Erfurt 2020. 120 S. (Sutton Heimat). [Kap. 22: „Verwandlung zum Christen. Heinrich Heines Taufe". S. 50–51].

Müller-Klösel, Marina: Heinrich Heines Familien-Haggadah. Düsseldorfer Uni veröffentlicht die Pracht-Handschrift mit Heines Erzählung „Der Rabbi von Bacherach". – In: Das Tor 87, 2021, 3. S. 16.

Münster, Arno: Émancipation (de Marx à Marcuse). Historique et actualité d'un concept. Paris 2020. 247 S. [Kap. V: „Heinrich Heine – porte-parole de l'emancipation a l'ere du romantisme". S. 27–29].

Nau-Bingel, Katharina; Vinckel-Roisin, Hélène: „Es fällt ein Stern herunter". Das Platzhalter -‚es' in Heines ‚Buch der Lieder' und seine Entsprechungen im Französischen. – In: Nouveaux cahiers d'allemand 38, 2020, 3. S. 327–345.

Nebrig, Alexander: Heine mit Ariost an den König. Die ästhetische Vermittlung politischer Autorschaft im Versepos ‚Atta Troll' (1843). – In: Ariost in Deutschland. Seine Wirkung in Literatur, Kunst und Musik. Internationale Fachkonferenz vom 6. bis zum 9. Juni 2018 an der Albert-Ludwigs-Universität in Freiburg. Hrsg. von Achim Aurnhammer und Mario Zanucchi. Berlin 2020. (Frühe Neuzeit; 238). S. 316–336.

Neuhumanismus. Pedagogie e culture del Neoumanesimo tedesco tra Settecento e Ottocento. A cura di Mario Gennari. 3 Bände. Genova 2018–2020. (Filosofia della formazione; 24, 26, 27). [Bd. 2: Kap. 2.5.3: „I romantici e la poetica del ritorno. Novalis e Brentano, Eichendorff e Heine". S. 351–381].

Nikolenko, Katerina Sergiïvna: Kontsept „Pryroda" u zbirtsi „Novi poeziyi" H. Heyne. – In: Filolohichni nauky 2016, 22. S. 89–96.

Nikolenko, Katerina Sergiïvna: Romantychna ironiya ta mifopoetyka v „Podorozhi na Harts H. Heyne". – In: Filolohichni nauky 2015, 21. S. 80–89.

Oberhänsli-Widmer, Gabrielle: Heinrich Heine: Prinzessin Sabbath (1851). – In: Kirche und Israel 31, 2016. S. 176–191.

Oberlin, Gerhard: Eifersucht. Movens – Motiv – Motivik. Würzburg 2020. 207 S. [„Heine". S. 61–71].

Och, Gunnar: Executio in effigie. Heinrich Heine im Streit mit der schwäbischen Dichterschule. – In: Romantik in Württemberg. Tagung des Arbeitskreises für Landes- und Ortsgeschichte im Verband der württembergischen Geschichts- und Altertumsvereine am 14. Juni 2018 im Hauptstaatsarchiv Stuttgart. Festakt zum 175-jährigen Bestehen des Württembergischen Geschichts- und Altertumsvereins am 13. Juni 2018. Hrsg. von Nicole Bickhoff und Wolfgang Mährle. Stuttgart 2020. (Geschichte Württembergs; 6). S. 119–130.

Oei, Bernd: Vormärz: Heine, Hebbel, Büchner, Grabbe. Hamburg 2020. 445 S. (Schriftenreihe Studien zur Germanistik; 93).

Özyer, Nuran: Heinrich Heine. Der letzte Dichter der Romantik. – In: Jüdische Lebenswelten im Diskurs. Leyla Coşan, Mehmet Tahir Öncü (Hrsg.). Berlin 2021. (Germanistik in der Türkei; 10). S. 27–36.

Otte, Jehuda David Michael: „... dass der Geschichtsschreiber einem Phidias gleichen muss ...". Zur Bildlichkeit der Methodenschrift Lukians und ihrer feuilletonistischen Rezeption, insbesondere durch Heinrich Heine und Joseph Roth. Graz, Karl-Franzens-Univ., Diplomarb., 2021. 89 S. [URL: https://unipub. uni-graz.at/obvugrhs/download/pdf/6321924?originalFilename=true, letzter Zugriff: 15.02.2022].

Paulin, Roger: From Goethe to Gundolf. Essays on German Literature and Culture. Cambridge 2021. 420 S. [Kap. 11: „Heine and Shakespeare". S. 207–220 und weitere Bezüge].

Peters, Jochen-Ulrich: Hegels Diktum vom „Ende der Kunst" und Heines Postulat über das „Ende der Kunstperiode". – In: Das „Ende der Kunstperiode". Kulturelle Veränderungen des „literarischen Feldes" in Russland zwischen 1825 und 1842. Jochen-Ulrich Peters & Ulrich Schmid (Hrsg.). Bern [u. a.] 2007. (Slavica Helvetica; 75). S. 19–27.

Podewski, Madleen: Heinrich Heine (1797–1856). Emanzipation in Zeiten des Umbruchs. Würzburg 2021. 94 S. (Humanistische Porträts; 8).

Preuß, Monika: Jüdische Mittelalterrezeption. Heinrich Heines ‚Der Rabbi von Bacharach' und Michael Chabons ‚Gentlemen of the Road'. – In: Judaica 67, 2011, 3. S. 289–310.

Prochnik, George: Heinrich Heine. Writing the Revolution. New Haven, London 2020. 319 S.

Pyatkov, Sergej Sergeevich: Poetika Ye. L. Mil'keyeva v kontekste opytov perevoda „Ein Fichtenbaum steht einsam" G. Geyne yego sovremennikami (F. I. Tyutchevym, M. YU. Lermontovym). – In: Vestnik Tyumenskogo gosudarstvennogo universiteta 5, 2019, 2. S. 75–87. [URL: https://vestnik.utmn.ru/upload/ iblock/ad4/075_087.pdf, letzter Zugriff: 15.02.2022].

Reents, Friederike: Zwischen Krise und Kritik. Heines ‚Deutschland. Ein Wintermärchen'. – In: Krise(n) der Moderne. Über Literatur und Zeitdiagnostik. Hrsg. von Klaus Kempter, Martina Engelbrecht. Heidelberg 2020. S. 29–38.

Reinartz, Burkhard; Liedtke, Christian: „Den Himmel überlassen wir den Engeln und den Spatzen". Heinrich Heine und die Religion. Radiofeature. Deutschlandfunk „Aus Religion und Gesellschaft". Sendung vom 27. Januar 2021. Von Burkhard Reinartz im Gespräch mit Christian Liedtke. Köln 2021. 1 CD (20 Min.).

Renzi, Luca: Heinrich Heine und ‚Der Schwabenspiegel'. – In: Studi urbinati/Ser. B, Scienze umane e sociali 79, 2009. S. 401–415. [URL: https://journals.uniurb. it/index.php/studi-B/article/view/1457/1338, letzter Zugriff: 15.02.2022].

Rölleke, Heinz: Spitzen und Bijouterien als Contrebande. Zu ‚Caput II' in Heinrich Heines ‚Wintermärchen'. – In: Wirkendes Wort 70, 2020, 2. S. 165–168.

Roßbach, Nikola: „... die Nebel der Dämmerung umhüllten wie weiße Laken das kranke Paris ...". Heinrich Heines Cholera-Bericht von 1832. – In: Pandemie und Literatur. Angela Oster, Jan-Henrik Witthaus (Hrsg.). Wien 2021. S. 43–56.

Salamander, Rachel: Heine und der deutsche Donner. Heine-Preis 2020. Laudatio: Frank-Walter Steinmeier. Berlin 2021. 48 S.

Santos, Lapa: Raphael: A transformação do deísmo protestante em deísmo na Alemanha de Heine. – In: Cadernos do PET Filosofia 3, 2012, 6. S. 10–17. [URL: https:// revistas.ufpi.br/index.php/pet/article/view/663/775, letzter Zugriff: 15.02.2022].

Sagarra, Eda: Der „Fall" Heine. Deutscher, Jude, Europäer. – In: Ders.: Fontane unter anderem. Essays zur Sozialgeschichte der deutschen Literatur im 19. Jahrhundert. Würzburg 2021. S. 195–203.

Sari, Ahmet; Akyildiz Ercan, Cemile: Asaf Halet Çelebi ve Heinrich Heine'nin Şiirlerinde Kan İzleği = Blood Theme in the Poetry of Asaf Halet Çelebi and Heinrich Heine. – In: Atatürk Üniversitesi Sosyal Bilimler Enstitüsü Dergisi 16, 2012, 1. S. 245–257. [URL: https://dergipark.org.tr/en/download/article-file/32263, letzter Zugriff: 15.02.2022].

Schäpers, Andrea: De dioses y princesas. Mitología en el ‚Harzreise' de Heinrich Heine. – In: Anuari de filologia 2020, 10. S. 101–115.

Scherübl, Florian: Eduard Gans' Hegelianism and the Verein für Cultur und Wissenschaft des Judentums = Reconsideration of a Constellation regarding Heinrich Heine's Relationship to Hegel. – In: Revista Eletrônica Estudos Hegelianos 16, 2019, 28. S. 123–147. [URL: http://ojs.hegelbrasil.org/index.php/reh/article/ view/377/303, letzter Zugriff: 15.02.2022].

Schlingensiepen, Ferdinand: Christian Johann Heinrich Heine oder: Der Versuch, ein Taufgespräch aus dem Jahre 1825 zu rekonstruieren. – In: Evangelische Aspekte 16, 2006, 3. S. 54–59.

Schmidt, Manfred: Niederrhein. 55 Highlights aus der Geschichte. Menschen, Orte und Ereignisse, die unsere Region bis heute prägen. Erfurt 2020. 121 S.: Ill. (Sutton Heimatarchiv). [Kap. 5: „„Denk ich an Deutschland in der Nacht ...". Heinrich Heine". S. 16–17].

Scholz, Rüdiger: Die Weltgeschichte und der große Dichter. Heinrich Heines Denkschrift über Ludwig Börne und die innere Biographie. Ein Lehrbuch. Würzburg 2021. 612 S.

Schulz, Holger: Angekränkeltes Land. Skizzen zweier Übel. Hamburg 2021. 204 S.: Ill.

Selbmann, Rolf: Das Ende der Texte, am Ende der Text. Über Autorschaft und Schrift, letzte Botschaften und Vermächtnisse. Würzburg 2021. 391 S. [Kap. 6.2: „Heine: Vermächtnis einer anderen Geschichte". S. 173–201].

Sola, Giancarlo: Heinrich Heine: poesia, letteratura e filosofia nel ‚Neuhumanismus'. – In: Neuhumanismus. Pedagogie e culture del Neoumanesimo tedesco tra Settecento e Ottocento. A cura di Mario Gennari. Vol. 3. Genua 2020. (Filosofia della formazione; 27). S. 301–318.

Soukah, Zouheir: „Zuleima, du bist meine heil'ge Kaaba". Arabismen in Heines Lyrik. Eine lexikalische Bestandsaufnahme. – In: HJb 60, 2021. S. 87–105.

Stewart, Jon: Hegel's Century. Alienation and Recognition in a Time of Revolution. Cambridge 2021. XI, 338 S. [Kap. 3: „Heine, Alienation, and political Revolution". S. 67–88 und weitere Heine-Bezüge].

Tempian, Monica: Die griechischen Göttinnen haben das Wort – ‚im Traum, im Traum versteht sich'. Satire und Travestie in Heinrich Heines Traum von der Göttinger Bibliothek. – In: Mimesis, Mimikry, Simulatio. Tarnung und Aufdeckung in den Künsten vom 16. bis zum 21. Jahrhundert. Festschrift für Erwin Rotermund. Hrsg. von Hanns-Werner Heister und Bernhard Spies. Berlin 2013. (Musik, Gesellschaft, Geschichte; 6). S. 395–404.

Tofi, Leonardo: Desacralizzazione e riutilizzo poietico. Gli dèi dell'antichità nell'opera di Heinrich Heine. – In: Ders.: Al bivio. Latenti ambiguità del mito classico nella letteratura tedesca. Perugia 2019. (Goethe & Company; 14). S. 21–63.

Vasenina, Alisa: Naturbilder in der Lyrik von Heinrich Heine und Juhan Liiv. Tartu, Univ., Magisterarb., 2021. 57 S. [URL: http://dspace.ut.ee/bitstream/handle/10062/74353/Vasenina_ma_2021.pdf?sequence=1&isAllowed=y, letzter Zugriff: 15.02.2022].

Vivarelli, Vivetta: Prefazione. – In: Heine, Heinrich: Melodie ebraiche. A cura di Liliana Giacoponi. Pref. di Vivetta Vivarelli. Trad. di Giorgio Calabresi. Firenze 2017. 206 S. (Collana „Schulim Vogelmann"; 207). S. 9–13.

Walzer, Dorothea: Gattungspolemik in Heinrich Heines „Geständnissen". – In: Polemische Öffentlichkeiten. Zur Geschichte und Gegenwart von Meinungskämpfen in Literatur, Medien und Politik. Elke Dubbels, … (Hrsg.). Bielefeld 2021. (Lettre). S. 75–98.

Waszek, Norbert: Moses Mendelssohn und die ‚Haskala' in zwei innerjüdischen Rückblicken des 19. Jahrhunderts. Moritz Daniel Oppenheim und Heinrich Heine. – In: Kunst – Religion – Politik. Alain Patrick Olivier; Elisabeth Weisser-Lohmann (Hrsg.). Paderborn 2012. (HegelForum). S. 385–404.

Weissmann, Dirk: La dimension plurilingue de la littérature germanophone au XIXe siècle. Les langues étrangères comme palimpsestes chez quelques écrivains du canon (Heine, Büchner, George, Wedekind). – In: Mapping Multilingualism in 19th Century European Literatures = Le plurilinguisme dans les littératures européennes du XIXe siècle. Ed. by Olga Anokhina, … Zürich 2019. (poethik polyglott; 5). S. 125–140.

Wendler, Eugen: Friedrich List: persönliche Begegnungen mit berühmten Zeit-
    zeugen. Seine bedeutendsten Gönner und Widersacher. Wiesbaden 2020. 143 S.
    [Kap. 6: „Heinrich Heine (1797–1856), einer der bedeutendsten deutschen
    Dichter, Schriftsteller und Journalisten im 19. Jahrhundert". S. 111–114].
Wenz, Gunther: Heinrich Heine. Spötter vor dem Herrn. München 2021. 242 S.
    (Zur Literatur; 3).
Wieland, Wolfgang: Heinrich Heine und die Philosophie. – In: Ders.: Philosophi-
    sche Schriften. Hrsg. von Nicolas Braun. Göttingen 2020. S. 430–450.
Windfuhr, Manfred: Poetik und Rhetorik. Heines Schriftstellerbegriff. – In: HJb
    60, 2021. S. 3–26.
Yaman, Memnune: Mittelalterrezeption der Romantik in Frankreich und Deutsch-
    land. (Am Beispiel ‚De l'Allemagne‘ und ‚Die romantische Schule‘). –
    In: Ataturk Üniversitesi Kazim Karabekir Egitim Fakültesi Dergisi 2008,
    17. S. 382–407. [URL: https://dergipark.org.tr/en/download/article-file/31381,
    letzter Zugriff: 15.02.2022].
Zacher, Inge: Heinrich Heines „Kleiner Wilhelm". Seine Herkunft aus der Düssel-
    dorfer Buchhändlerfamilie von Wizezky. [Düsseldorf 2021]. 96 S.: 28 Ill.

2.2 Untersuchungen zur Rezeption

Adams, Barbara Helena: Familiendynamiken. Theodor Fontanes „Effi Briest"
    und „Frau Jenny Treibel". Würzburg 2020. 275 S. (Epistemata/Reihe Lite-
    raturwissenschaft; 939). [Köln, Univ., Diss., 2020]. [Kap. III.4.2: „Verführ-
    rungsmechanismen: Major Crampas und sein Lieblingsdichter Heinrich
    Heine". S. 128–149].
Akkiliç, Demt: Lied sanatında F. Schubert ve Schwanengesang lied dizisinden
    ‚Standchen‘ in incelenmesi. – In: Trakya Üniversitesi Sosyal Bilimler dergisi
    12, 2010, 1. S. 434–444. [URL: https://dergipark.org.tr/en/download/artic-
    le-file/321616, letzter Zugriff: 15.02.2022].
Argianas, Konstantinos: „O sklirós enklimatías". To mnimeío tou Heinrich Heine sto
    Achílleio (1891) kai o aftokrátoras Gouliélmos V‘ stis germanikés geloiografíes ton
    archón tou eikostoú aióna (1907–1909). – In: Peri Istorias 9, 2019. S. 11–49. [URL:
    https://ejournals.epublishing.ekt.gr/index.php/ieim/article/view/24760/20565, letzter
    Zugriff: 15.02.2022].
Arora, Anhad: Heine's Flowers in Schumann's „Myrthen". – In: HJb 60, 2021.
    S. 107–125.
Bernhardt, Rüdiger: Maßstab: Humanismus. Die sowjetischen Kulturoffiziere und
    ihr Tätigkeit (1945–1949/50). Essen 2020. 276 S. (Edition Marxistische Blät-
    ter; 117). [Kap. 5: „Heinrich Heine, Wladimir Majakowski, Hans Fallada und
    andere". S. 115–128 und weitere Bezüge].
Beutin, Wolfgang: Tod – Liebe – Weiblichkeit. Heinrich Heine im Werk Freuds. –
    In: Futhark 2007, 2. S. 9–47.
Binder, Benjamin: Disability, Self-Critique and Failure in Schubert's ‚Der Doppel-
    gänger‘. – In: Rethinking Schubert. Ed. by Lorrainer Byrne Bodley and Julian
    Horton. Oxford 2018. S. 418–436.

Binder, Benjamin: Performance Matters in Heine. The Case of Pauline Viardot's ‚Das ist ein schlechtes Wetter'. – In: Song beyond the Nation. Translation, Transnationalism, Performance. Ed. by Philip Ross Bullock and Laura Tunbridge. Oxford 2021. S. 94–113.

Bukreeva, L. L.: Komparativnyj analiz russkich perevodov poemy Genricha Gejne „Germanija. Zimnjaja skazka" = Vergleichende Analyse russischer Übersetzungen von Heinrich Heines Gedicht „Deutschland. Ein Wintermärchen". – In: Zapiski z romano-germans'koï filologïï 44, 2020, 1. S. 70–81. [URL: http://rgnotes.onu.edu.ua/article/view/210997/212419, letzter Zugriff: 15.02.2022].

Chantelau, Ernst-Adolf: Die historischen Heine-Bozzetti von Hugo Lederer. – In: Kunsttexte.de 2017, 1. S. 1–12. [URL: https://docplayer.org/69557981-Die-historischen-heine-bozzetti-von-hugo-lederer.html, letzter Zugriff: 21.12.2021].

Clark, Suzannah: Traces of Tourism and Transnationalism in Liszt's Heine Settings. – In: Song beyond the Nation. Translation, Transnationalism, Performance. Ed. by Philip Ross Bullock and Laura Tunbridge. Oxford 2021. S. 67–93.

Cless, Olaf: Im Geiste Heinrich Heines. [Heinrich-Heine-Preis an Rachel Salamander]. – In: Fiftyfifty 26, 2020, 12. S. 20.

Degenève, Jonathan: Heine, Schumann, Blanchot. – In: Maurice Blanchot. Colloque de Genève. „La littérature encore une fois". [Papers from the Maurice Blanchot Colloque de Genève, held May 17–20, 2017 at the Comédie de Genève, organized by Èditions Furor and the Association des Amis de Maurice Blanchot]. Genève 2017. S. 228–242.

Dichterliebe. Musiktheater. Christian Jost nach Robert Schumann. [Programmheft]. Staatstheater Darmstadt. Darmstadt 2020. 29 S. [Programmhefte Schauspiel, Oper, Ballett. Spielzeit 2020/21, 1].

Dietz, Hans-Joachim: Daelen und Heinrich Heine. – In: Ders.: Maler und Schriftsteller Eduard Adolf Daelen. Erkrath 2021. 142 S.: Ill. (Niederbergische Geschichte; 12). S. 37–40.

Eide, Stephen: The Scars of Lorelei. Letter from the Bronx. – In: The new Criterion 34, 2015, 8. S. 42–44.

Englund, Axel: Sluta sår. Wagner och Adorno läser Heine. – In: Okonstlad konst? Om äkthet och autenticitet i estetisk teori och praktik. Axel Englund & Anna Jörngården (Red.). Lindome 2011. S. 183–196.

Ferris, David: Dissociation and Declamation in Schubert's Heine Songs. – In: Rethinking Schubert. Ed. by Lorrainer Byrne Bodley and Julian Horton. Oxford 2018. S. 383–403.

Flascha, Michael: [draußen] [drinnen] Bert Gerresheim – Bildergeschichten. – In: Terz 30, 2021, 5. S. 18–20.

Fornasiero, Jean; West-Sooby, John: Translating Friendship. Nerval, Tessié du Motay, and Heine's ‚Die Nordsee'. – In: Australian Journal of French Studies 57, 2020, 1. S. 78–92.

Francke, Renate: Zur Geschichte der Heine-Edition in der Weimarer Republik und im Nationalsozialismus. Unbekannte Zeugnisse im Goethe- und Schiller-Archiv Weimar. – In: HJb 60, 2021. S. 143–155.

Friedrich, Carsten: „Ihr lieben Leut', Ihr müßt nicht jammern und flennen ...“. Heinrich Heines Geburtstag in Corona-Zeiten. – In: Das Tor 87, 2021, 1. S. 8.

Geller, Jay: „Leaping Lizards Max“. Kafka asks Brod asks Kraus asks Heine a Jewish Question – and it's not Judith Butler's. – In: Transversal 12, 2011, 1/2. S. 75–82.

Giese, Thomas: Der Heilige Rock zu Trier und die Schlesischen Weber. – In: Ästhetik im Vormärz. Hrsg. von Norbert Otto Eke und Marta Famula. Bielefeld 2021. (Forum Vormärz Forschung: Jahrbuch 26, 2020). S. 253–286.

Gottwald, Herwig: Die „Götter im Exil“ bei Hans Henny Jahnn. – In: Götter-Exile. Neuzeitliche Figurationen antiker Mythen. Hrsg. von Ralph Häfner, Markus Winkler. Heidelberg 2020. (Myosotis; 7). S. 229–246.

Hampp, Bernhard: Berlin erlesen! Eine literarische Schatzsuche. Meßkirch 2021. 187 S.: Ill. (Lieblingsplätze im GMEINER-Verlag). [Kap. 15: „Heine und ein anderer Buchladen. Heine-Denkmal und Buchhandlung „ocelot“ am Weinsbergplatz“. S. 54–57].

Hascher, Xavier: ‚In dunklen Träumen‘. Schubert's Heine-Lieder through the psychoanalytical Prism. – In: Nineteenth Century Music Review 5, 2008, 2. S. 43–70.

Heller, Jakob Christoph; Martin, Erik; Schönbeck, Sebastian: „Die Erkenntnis der Duplizität“. Zum Verhältnis von Ding und Bild in der europäischen Romantik. – In: Ding und Bild in der europäischen Romantik. Hrsg. von Jakob Christoph Heller, ... Berlin 2021. (Spectrum Literaturwissenschaft; 70). S. 1–20.

Jankofsky, Jürgen: Herbergen und Wege. Walter Bauer. Ein Œuvre in Rezensionen. Halle (Saale) 2020. 240 S. [„Der junge Heine“. S. 133–134].

Kolb, Jocelyne: Jeffrey L. Sammons 1936–2021. – In: HJb 60, 2021. S. 247–251.

Kuhlmann, Hauke: Wahre Bilder. Über Theodor Mundts ‚Aesthetik‘ (1845). – In: Ästhetik im Vormärz. Hrsg. von Norbert Otto Eke und Marta Famula. Bielefeld 2021. (Forum Vormärz Forschung: Jahrbuch 26, 2020). S. 37–56.

Lentsner, Dina: „Farewell, my Dichterliebe ...“. Schumann, Kurtág, and the Intertext, in achingly-tender Tones. – In: Naukovyy Visnyk Natsional'noyi Muzychnoyi Akademiyi Ukrayiny imeni P. I. Chaykovs'koho 2020, 129. S. 202–212. [URL: http://naukvisnyknmau.com.ua/article/view/219739, letzter Zugriff: 15.02.2022].

May, Otto: Geld und die Welt. Geld und die Welt in Postkarten. Hildesheim 2021. 309 S.: Ill. (Kultur im Postkartenbild; 8).

Müller-Dohle, Carolin: Gedanken zum filmischen Musiktheaterprojekt ‚Dichterliebe‘. – In: Dichterliebe. Musiktheater. Christian Jost nach Robert Schumann. [Programmheft]. Staatstheater Darmstadt. Darmstadt 2020. [Programmhefte Schauspiel, Oper, Ballett. Spielzeit 2020/21, 1]. S. 4–19.

Nieradka-Steiner, Magali: „Wo wird einst des Wandermüden/Letzte Ruhestätte sey?“. Heinrich – Henri – Heine als Schicksalsgenosse der Exilanten von 1933 bis 1945. – In: Feuchtwanger und die Erinnerungskultur in Frankreich. Frankreich als Gastland der deutschsprachigen, insbesondere der deutsch-jüdischen und österreichisch-jüdischen Emigration zwischen 1933 und 1940. Formen und Medien öffentlicher Erinnerungskultur = Feuchtwanger et la culture mémorielle en France. La France comme pays hôte des émigrés de langue allemande, et en particulier des émigrés juifs allemands et juifs autrichiens entre 1933 et 1940. Formes et documents de la culture mémorielle. Daniel Azuélos, … (Hrsg./éds). Oxford [u. a.] 2020. (Feuchtwanger Studies; 7). S. 363–374.

Placial, Claire: „Il faut faire à Heine une place exceptionnelle … “. Réception et traduction des œuvres de Heinrich Heine par les militants et sympathisants communistes. – In: Le tournant des rêves. Traduire en français en 1936. Sous la dir. de Bernard Banoun & Michaela Enderle-Ristori. Tours 2021. S. 81–98.

Pronin, V. A.; Smirnova, Ju. V.: Poemy Genricha Gejne v interpritacii N. S. Gumileva. – In: Voprosy filologii. Naučnyj žurnal 2019, 1–2 = 65–66. S. 142–148.

Rickes, Hans-Joachim: Heinrich Heine und Gerhart Hauptmann als Lyriker. – In: HJb 60, 2021. S. 127–141.

Rickes, Hans-Joachim: Der Name „Heine“. Zur Rezeption Heinrich Heines in einer Collage von Max Ernst. – In: Wirkendes Wort 70, 2020, 2. S. 205–211.

Ringen um eine Marmorskulptur. Das Heinrich-Heine-Denkmal in Toulon. – In: Hamburgische Zeitschrift für den öffentlichen Dienst 72, 2020, 7/8. S. 14–15. [URL: http://vhst.de/cgi-bin/adframe/zeitschrift/top_themen/article.html?AD-FRAME_MCMS_ID=2900, letzter Zugriff: 15.02.2022].

Rodríguez Yáñez, Yago: Heinrich Heine y su recepción en España en la época de Emilia Pardo Bazán. – In: La Tribuna 2005, 3. S. 71–89. [URL: http://revistalatribuna.gal/index.php/TRIBUNA/article/view/46/42, letzter Zugriff: 15.02.2022].

Ronyak, Jennifer: Women's private Cosmopolitanism in literary Translation and Song. Fanny Hensel's ‚Drei Lieder nach Heinrich Heine von Mary Alexander'. – In: The Songs of Fanny Hensel. Ed. by Stephen Rodgers. New York 2021. S. 77–92.

Satarova, Lejla Hajdarovna; Kurmaeva, Irina Ildarovna: Problems of intercultural Communication and Translation Adaption. From the Example of the Translation of the Poem by Heinrich Heine „Lorelei“. – In: Kazanskij lingvisticheskij zhurnal = Kazan linguistic Journal 2, 2019, 2. S. 68–77. [URL: https://www.researchgate.net/publication/325274225_Intercultural_Communication_through_Translation_The_Evaluation_of_Gerhard_Grotjahn_Pape%27s_Strategies_in_the_Translation_of_Ken_Saro-Wiwa%27s_Sozaboy_into_German, letzter Zugriff: 26.01.2022].

Sayapova, A. M.: Khudozhestvennaya sistema F. I. Tyutcheva kak tip rezonansnykh otnosheniy s lirikoj G. Gejne. – In: Filologija i kul'tura 2014, 1 = 35. S. 204–207.

Schäpers, Andrea: The Image of Germany transmitted by the Spanish Translations of Heinrich Heine's ‚Harzreise'. – In: National Identity in literary Translation. Łukasz Barchiński (ed.). Berlin [u. a.] 2019. (Studies in Linguistics, anglophone Literatures and Cultures; 25). S. 233–246.

Schneider, Frank: Form und Klang. Essays und Analysen zur Musik von Friedrich Goldmann. Hrsg. von Reiner Kontressowitz und Gisela Schneider. Neumünster 2021. 399 S.: Ill. [Über: „Sechs Heine-Lieder von Franz Schubert – eingerichtet für Bariton und Orchester (1997)“. S. 269–278].

Schuberth, Richard: Tränen ohne Salz. Kraus, Heine und die Folgen. – In: Ders.: 30 Anstiftungen zum Wiederentdecken von Karl Kraus. Wien 2008. S. 105–112.

Shao, Xin: The Words and Music of Dichterliebe. – In: Accelerando 2021, 6. 17 S. [URL: https://accelerandobjmd.weebly.com/issue6/the-words-and-music-of-dichterliebe, letzter Zugriff: 15.02.2022]

Shevtsov, A. V.: Zametki o filosofii Georga Lukacha (po stat'ye o Genrikhe Geyne). – In: Sibirskij filosofskij žurnal 17, 2019, 4. S. 196–207. [URL: https://sibphil.elpub.ru/jour/article/view/327/268, letzter Zugriff: 15.02.2022].

Sieg, Anja: Hullabaloo over Heinrich Heine. – In: The Bookseller 2006, 5236. S. 18. [Heinrich-Heine-Preis für Handke]. [URL: https://www.thebookseller.com/news/2006-hullabaloo-over-heinrich-heine, letzter Zugriff: 15.02.2022].

Sitarz, Magdalena: Romantic Afterlives. Heinrich Heine's „Deutschland. Ein Wintermärchen" in Yiddish Translations. – In: Scripta judaica cracoviensia 17 2019. S. 69–78. [URL: https://www.ejournals.eu/pliki/art/16800/pl, letzter Zugriff: 15.02.2022].

Stašková, Alice: Philologus (und) poeta: Fischers Heine. Mit Anmerkungen zu Fischers Universitätsvorlesungen. – In: Otokar Fischer (1883–1938). Ein Prager Intellektueller zwischen Dichtung und Wissenschaft. Hrsg. von Václav Petrbok, … Wien, Köln, Weimar 2020. (Intellektuelles Prag im 19. und 20. Jahrhundert; 15). S. 367–388.

Tashpulatova Mamarizayevna, Nargizakhon: The comparative Analysis of Translations and original Poem „The Lorelei" by German Poet Heinrich Heine. – In: Euro-Asia Conferences 1, 2021, 1: ITRIIS. International Virtual Conference on Innovative Thoughts, Research Ideas and Inventions in Sciences. S. 413–417. [URL: https://papers.euroasiaconference.com/index.php/eac/article/view/132, letzter Zugriff: 15.02.2022].

Tunbridge, Laura: ‚Once again … speaking of' Heine, in Song. – In: Song beyond the Nation. Translation, Transnationalism, Performance. Ed. by Philip Ross Bullock and Laura Tunbridge. Oxford 2021. S. 114–132.

Vaget, Hans Rudolf: Der fliegende Holländer. The Jewish Connection: Wagner and Heine. – In: Archiv für Musikwissenschaft 78, 2021, 1. S. 2–10.

Volkmann, Andree: Hall of fame. Eine Installation im Jüdischen Museum Berlin. [76 Porträtzeichnungen. Zeichnungen für Wand und Boden]. Text Peter Malnikow. Stralsund 2020. 80 S.: Ill. [Heine-Porträt S. 71].

Walcher, Bernhard: Das deutschsprachige Bildgedicht. Kunstwissen und imaginäre Museen (1870–1968). Berlin 2020. X, 788 S. (Untersuchungen zur deutschen Literaturgeschichte; 160). [Zugl.: Heidelberg, Ruprecht-Karls-Univ., Habilitationsschrift, 2018]. [Kap. 2.3: „Zeitdiagnose und Zukunftsutopie: Richard Dehmel und die Bildende Kunst (Heine-Denkmal, Ferdinand Hodler, Max Klinger)". S. 336–355].

2.3 Forschungsliteratur mit Heine-Erwähnungen und -Bezügen

AHA! Sachwissen für Grundschüler. Klasse 10. Arbeitsheft. Erarb. von: Tommy Greim, Felicitas Hampel. Stuttgart, Leipzig 2017. 128 S.: Ill.

Alst, Abigael van: Zwischen Anschein und Verborgenheit. Eine allegorische Lektüre von Charles Baudelaires ‚Die Maske'. – In: Ding und Bild in der europäischen Romantik. Hrsg. von Jakob Christoph Heller, … Berlin 2021. (Spectrum Literaturwissenschaft; 70). S. 205–219.

Appel, Bernhard R.: Robert Schumanns Krankheit und Tod im öffentlichen Diskurs. Zur Konstitutionierung des Schuman-Bildes in der zweiten Hälfte des 19. Jahrhunderts. – In: Robert Schumann und die Öffentlichkeit. Hans Joachim Köhler zum 70. Geburtstag. Hrsg. von Helmut Loos. Leipzig 2007. S. 275–312.

Aramayo, Roberto R.: La plausible ‚impronta' (política) de Diderot en Kant. – In: Ideas y valores 2017, 163. S. 13–37. [URL: https://revistas.unal.edu.co/index.php/idval/article/view/61939/pdf1, letzter Zugriff: 15.02.2022].

Arendt, Hannah: Rahel Varnhagen. Lebensgeschichte einer deutschen Jüdin. Hrsg. von Barbara Hahn. Göttingen 2021. 969 S. (Kritische Gesamtausgabe; 2).

Barnová, Michala Frank: In Wort und Bild. Otokar Fischer und Vlasta Vostřebalová. – In: Otokar Fischer (1883–1938). Ein Prager Intellektueller zwischen Dichtung und Wissenschaft. Hrsg. von Václav Petrbok, … Wien, Köln, Weimar 2020. (Intellektuelles Prag im 19. und 20. Jahrhundert; 15). S. 97–120.

Behre, Maria: Rose Ausländers Doppelspiel. Dichtung, Denkstoß, Deutungslust. Weilerswist 2021. 179 S. (Materialien zur Literatur; 2).

Berner, Hannah: Inszenierte Volkstümlichkeit in Balladen von 1800 bis 1850. Heidelberg 2020. VIII, 416 S. (Beiträge zur Literaturtheorie und Wissenspoetik; 18). [Zugl.: Genève, Univ., Diss., 2019].

Bernstein, Richard J.: Denkerin der Stunde. Über Hannah Arendt. Aus dem Engl. von Andreas Wirthensohn. Berlin 2020. 140 S.

Beutin, Wolfgang: Die Literatur der Reformation und die Reformation in der deutschsprachigen Literatur. Berlin, Bern, Wien 2019. 363 S. (Bremer Beiträge zur Literatur- und Ideengeschichte; 67).

Bezerra de Meneses, Adelia: Sereias. Sedução e saber = Mermaids. Seduction and Knowledge. – In: Revista do Instituto de Estudos Brasileiros 2020, 75. S. 71–93. [URL: https://www.revistas.usp.br/rieb/article/view/169168/160393, letzter Zugriff: 15.02.2022].

Binder, Benjamin: The Lied from the Inside Out. – In: Journal of the American Musicological Society 67, 2014, 2. S. 549–553.

Black, Brian: The Sensuous as a constructive Force in Schubert's late Works. – In: Rethinking Schubert. Ed. by Lorrainer Byrne Bodley and Julian Horton. Oxford 2018. S. 77–110.

Boletsi, Maria: Die Landschaft des Göttlichen in Konstantinos P. Kavafis' Dichtung. – In: Götter-Exile. Neuzeitliche Figurationen antiker Mythen. Hrsg. von Ralph Häfner, Markus Winkler. Heidelberg 2020. (Myosotis; 7). S. 203–228.

Brall-Tuchel, Helmut: „Denk ich an Düsseldorf". Stadtbilder in der Literatur. – In: Ders.: Mit anderen Augen. Düsseldorf aus Sicht der Welt. Düsseldorf 2020. S. 145–167.

Brenner, Helmut: Charlotte Blume-Arends. Eine Hamburger Schülerin von Franz Liszt. Hamburg 2020. 328 S.

Breuer, Ulrich: Ungeschickt. Eine Fallgeschichte der deutschen Literatur. Paderborn 2021. X, 769 S.

Briese, Olaf; Valerius, Alexander: Findbuch archivalischer Quellen zum frühen Anarchismus. Beiträge zur Erschließung von Akten aus Berliner Archiven über die „Freien" (1837–1853). Bad Salzdetfurth 2021. 372 S. (Findmittel und Bibliographien).

Brucklacher, Emma Louise: Ariost-Viten in Deutschland. – In: Ariost in Deutschland. Seine Wirkung in Literatur, Kunst und Musik. Internationale Fachkonferenz vom 6. bis zum 9. Juni 2018 an der Albert-Ludwigs-Universität in Freiburg. Hrsg. von Achim Aurnhammer und Mario Zanucchi. Berlin 2020. (Frühe Neuzeit; 238). S. 43–67.

Brusniak, Friedhelm: „Silberklaren Bächen gleich fliessen die Melodien". Friedrich Silchers „romantische" Volkslieder. Fallstudien. – In: Romantik in Württemberg. Tagung des Arbeitskreises für Landes- und Ortsgeschichte im Verband der württembergischen Geschichts- und Altertumsvereine am 14. Juni 2018 im Hauptstaatsarchiv Stuttgart. Festakt zum 175-jährigen Bestehen des Württembergischen Geschichts- und Altertumsvereins am 13. Juni 2018. Hrsg. von Nicole Bickhoff und Wolfgang Mährle. Stuttgart 2020. (Geschichte Württembergs; 6). S. 65–78.

Burnham, Scott: ‚Waldszenen' and ‚Abendbilder'. Fanny Hensel, Nikolaus Lenau, and the Nature of Melancholy. – In: The Songs of Fanny Hensel. Ed. by Stephen Rodgers. New York 2021. S. 35–54.

Buth, Matthias: Der Schnee stellt seine Leiter an die Ringmauer. Poetische Annäherungen an Rumänien und andere Welten. Mit e. Nachw. von Markus Bauer. Ludwigsburg 2020. 179 S. (Die Pop-Verlag-Fragmentariumreihe; 19). [Kap.: „Nahe Nachbarn". S. 121–127].

Cadenbach, Rainer: Robert Schuman und Julius Becker. – In: Robert Schumann und die Öffentlichkeit. Hans Joachim Köhler zum 70. Geburtstag. Hrsg. von Helmut Loos. Leipzig 2007. S. 40–62.

The Cambridge Companion to Primo Levi. Ed. by Robert S. Gordon. New York, NY 2007. XXI, 205 S.

Čapková, Kateřina: Zu Judentum und Nationalismus in Otokar Fischers Korrespondenz. – In: Otokar Fischer (1883–1938). Ein Prager Intellektueller zwischen Dichtung und Wissenschaft. Hrsg. von Václav Petrbok, … Wien, Köln, Weimar 2020. (Intellektuelles Prag im 19. und 20. Jahrhundert; 15). S. 121–146.

Conway, Moncure Daniel: Demonology and Devil-Lore. Nachdr. der Ausg. von 1879. o. O. 2020. 215 S.: Ill.

Corbea-Hoisie, Andrei: „nu vrea/cicatrice". Studii despre Paul Celan la împlinirea a 100 de ani de la nașterea poetului. Iași 2020. 382 S.

Covindassamy, Mandana: ‚Boussole' au prisme de l'orientalisme allemand du XIXe siècle. – In: Romantisme 50, 2020, 2=188. S. 119–137.

Cruz, Gabriela: Grand Illusion. Phantasmagoria in Nineteenth-Century Opera. New York 2020. XX, 290 S.

De Angelis, Luca: Cani, topi e scarafaggi. Metamorfosi ebraiche nella zoologia letteraria. Bologna 2021. 211 S.

De Martini, Piero: Schumann. L'ultimo capitolo. Milano 2020. 211 S. (La cultura; 1369).

Dedner, Burghard: „Aber eine Ursache muss doch da sein". Überlegungen zu Büchners Religionsbegriff. – In: Georg-Büchner-Jahrbuch 14, 2016–2019 (2020). S. 255–297.

Del Estal Sánchez, Hector: La religión secreta de los alemanes. Panteísmo y revolución en la Alemania decimonónica (1831–1848). Primera parte. – In: Araucaria 22, 2020, 43. S. 143–167. – Segunda parte. – In: Araucaria 22, 2020, 44. S. 107–124.

Deterding, Klaus: Über die Räume und Zeiten hinweg. Vom Nibelungenlied bis zur Dokusoap. Gesammelte Aufsätze aus drei Jahrzehnten. Berlin 2020. 168 S.

Distler, Jessica: Der Wendepunkt der Virtuosität. Schumanns Werke für Klavier im Einflussbereich von Paris. – In: Robert Schumann (1810–1856). Hrsg. von Jessica Distler und Michael Heinemann. Berlin 2006. (Memoria; 6). S. 35–58.

Dopheide, Susanne: Pandemien in Geschichte, Gegenwart und Zukunft. Verblüffende Parallelen über die Jahrhunderte. – In: Magazin der Heinrich-Heine-Universität Düsseldorf 2020, 2. S. 44–47.

Duchková, Zuzana: Die Rolle Otokar Fischers in tschechoslowakischen Hilfsorganisationen für deutsche Flüchtlinge nach 1933. – In: Otokar Fischer (1883–1938). Ein Prager Intellektueller zwischen Dichtung und Wissenschaft. Hrsg. von Václav Petrbok, … Wien, Köln, Weimar 2020. (Intellektuelles Prag im 19. und 20. Jahrhundert; 15). S. 513–524.

Dufour, Philippe: Image à suivre. – In: Flaubert 2017, 17. o. S. [URL: https://journals.openedition.org/flaubert/2716, letzter Zugriff: 15.02.2022].

Ehrlich, Lothar: Grabbes Verhältnis zur zeitgenössischen Literatur während seiner Düsseldorfer Zeit (1834–1836). – In: Grabbe-Jahrbuch 40. 2021, 2022. S. 54–83.

Eiland, Howard; Jennings, Michael W.: Walter Benjamin. Eine Biographie. Aus dem Engl. von Ulrich Fries und Irmgard Müller. Berlin 2020. 1020 S.: Ill.

Eilert-Ebke, Gabriele; Ebke, Hans: August Cleeves (1780–1847). Hofbeamter, Künstler und Theatersektretär im Königreich Hannover. 2. Aufl. Sulzburg 2021. 126 S.: Ill.

Enck, Paul; Mai, Gunther; Schemann, Michael: Die Familie Lüderitz. Geschichte und Geschichten aus drei Jahrhunderten. Hrsg. Ertay Hayit. Köln 2021. 316 S.: Ill. [„Harzreisen: Die deutsche Seele beim Wandern. Kap. 11: „Berühmte Vorläufer: Goethe, Chamisso, Heine, Fontane"". S. 159–163].

Engels, Friedrich: Briefe aus dem Wupperthal. Reiseskizzen, Essays und Rezensionen aus Bremen 1839 bis 1841. Hrsg. und mit Erl. vers. von Bernd Füllner. Bielefeld 2021. 328 S. (Veröffentlichungen der Literaturkommission für Westfalen; 86). (Veröffentlichungen der Literaturkommission für Westfalen/Reihe Texte; 42).

Evangelista, Stefano: Gods of Greece and Ghosts of Japan in the Writings of Lafcadio Hearn. – In: Götter-Exile. Neuzeitliche Figurationen antiker Mythen. Hrsg. von Ralph Häfner, Markus Winkler. Heidelberg 2020. (Myosotis; 7). S. 191–202.

Felix Mendelssohn Bartholdy – Interpretationen seiner Werke. In 2 Bänden. Hrsg. von Matthias Geuting. Laaber 2016. XIII, 625, 653 S.

Fisch, Michael: „Wer die Schönheit angeschaut mit Augen". Aufsätze zu Gotthold Ephraim Lessing (1729–1781), August von Platen (1796–1835) und Ernst Jünger (1895–1998). Berlin 2020. 155 S. (Beiträge zur transkulturellen Wissenschaft; 3).

Fischer, Dietrich H.: Wordsworth in Cotta's literary Journal ‚Blätter zur Kunde der Literatur des Auslands‘, 1836–1840. Egelsbach 2015. 33 S. [URL: http://www.william-wordsworth.de/pdfs/Wordsworth%20Translated%20in%20Cottas%20Ausland%202015-07-02.pdf, letzter Zugriff: 21.12.2021].

Fischer, Rotraut: „Gleichsam eine geistige Auferstehung". Der Brief als Zeugnis im biographischen Text und als Kontext. Zum publizistischen Werk Ludmilla Assings. – In: Briefe als Laboratorium der Literatur im deutsch-jüdischen Kontext. Schriftliche Dialoge, epistolare Konstellationen und poetologische Diskurse. Chiara Conterno (Hrsg.). Göttingen 2021. (Poetik, Exegese und Narrative; 17). S. 77–96.

Fleermann, Bastian: Ulmer Höh'. Das Gefängnis in Düsseldorf-Derendorf im Nationalsozialismus. Düsseldorf 2021. 488 S.: Ill. [Kap.: „Alltag in Haft". S. 218–235].

Fricke, Anna: Eugen Napoleon Neureuthers Randzeichnungen. Eine kritische Reflexion seiner Position. Hildesheim, Zürich 2020. 450 S.: Ill. (Studien zur Kunstgeschichte; 216). [Berlin, Freie Univ., Diss., 2016].

Füllner, Bernd: Georg Weerths ‚Abgesang von der Romantik‘. Zu den beiden Lyrik-Sammelhandschriften im Amsterdamer Nachlass. – In: Grabbe-Jahrbuch 39, 2020. S. 165–181.

Füllner, Bernd: „Mit den Königen sinken die Dichter". Georg Weerth und die 48er Revolution. – In: Nonkonformismus und Subversion. Festschrift zu Ehren von Thomas Bremer. Hrsg. von Martina Bender, … Dößel, Wettin-Löbejün 2020. S. 469–478.

Füllner, Karin: Maigedanken. Gastbeitrag [in dem Blog „Himmelsleiter. Ein evangelisches Tagebuch"]. Düsseldorf 2021. 3 S. [URL: http://himmelsleiter.evdus.de/maigedanken, letzter Zugriff: 15.02.2022].

Füllner, Karin: Zwei Leben. Gastbeitrag [in dem Blog „Himmelsleiter. Ein evangelisches Tagebuch"]. Düsseldorf 2021. 3 S. [URL: http://himmelsleiter.evdus.de/zwei-leben/, letzter Zugriff: 15.02.2022].

Gatter, Nikolaus: „Spreu", „Kehricht", „Goldkörner", „Aergerniß"? Skandalöse Briefbücher von Herausgeberinnen aus dem Varnhagenkreis. – In: „… nur Frauen können Briefe schreiben". Facetten weiblicher Briefkultur nach 1750. Renata Dampc-Jarosz, Paweł Zarychta (Hrsg.). Bd. 1. Berlin [u. a.] 2019. (Perspektiven der Literatur- und Kulturwissenschaft; 3). S. 259–280.

Genton, François: La Prusse de Stendhal. – In: Revue de littérature comparée 2014, 1=349. S. 3–14.

Germanese, Donatella: Pan (1910–1915). Schriftsteller im Kontext einer Zeitschrift. Würzburg 2000. 404 S. (Epistemata/Reihe Literaturwissenschaft; 305). [Zugl.: Berlin, Freie Univ., Diss., 1998].

Glaßbrenner, Adolf: Eine Fahrt nach Oranienburg. Feuilleton-Erzählung. Mit anderen neuentdeckten Beiträgen zum Freimüthigen (1839). Hrsg. mit e. Vorw. und e. Komm. von Peter Sprengel. Bielefeld 2019. 158 S. (Vormärz-Archiv; 6). (Aisthesis-Archiv; 21).

Glitz, Rudolph: Invoking unheard Melodies. Rellstab's Lyric to Schubert's ‚Serenade'. – In: Monatshefte für deutschsprachige Literatur und Kultur 111, 2019, 4. S. 479–490.

Golder, Waltraud; Golder, Werner: Xanthippe. Die ganze Wahrheit über eine böse Frau. Quellen, Motive, Deutung und Fortleben einer erstaunlichen antiken Tradition. Würzburg 2019. 494 S.

Goos, Hauke: Wie man einen Freund zum Teufel jagt. Alfred Kerr, Gerhart Hauptmanns Schande. – In: Ders.: Schöner schreiben. 50 Glanzlichter der deutschen Sprache von Adorno bis Vaterunser – Ein SPIEGEL-Buch. München 2021. S. 49–52.

Gronemann, Sammy: Hawdoloh und Zapfenstreich. Erinnerungen an die ostjüdische Etappe 1916–1918. Hrsg. von Jan Kühne und Hanni Mittelmann. Berlin 2020. XXVIII, 238 S. (Conditio Judaica; 92, 3).

Gsertz, Julia: Jung-Österreich und sein Verhältnis zur deutschen und französischen Literatur. Eine Darstellung anhand von Moritz Hartmann und Alfred Meißner. Wien 2010. 133 S.

Guével, Didier: Postfaces. – In: Quels nouveaux droits pour les personnes en fin de vie? Sous a dir. de Karine Lefeuvre, Valérie Depadt. Rennes 2017. (Protéger les majeurs vulnérables; 3). S. 225–229.

Gutzkow, Karl: Ueber Göthe im Wendepunkte zweier Jahrhunderte. Mit weiteren Texten Gutzkows zur Goethe-Rezeption im 19. Jahrhundert. Hrsg. von Madleen Podewski. Münster 2019. 273 S. (Gutzkows Werke und Briefe; Abt. 4. Schriften zur Literatur und zum Theater; 3).

Häfner, Ralph: Das Puppenspiel ‚Orlando und Angelica' (1912). Traditionsgeschichtliche Aspekte des Burlesken im Werk von Erich Klossowski und Julius Meier-Graefe. – In: Ariost in Deutschland. Seine Wirkung in Literatur, Kunst und Musik. Internationale Fachkonferenz vom 6. bis zum 9. Juni 2018 an der Albert-Ludwigs-Universität in Freiburg. Hrsg. von Achim Aurnhammer und Mario Zanucchi. Berlin 2020. (Frühe Neuzeit; 238). S. 390–421.

Hahn, Hans-Werner: Einheit, Freiheit und sozialökonomischer Wandel. Das 19. Jahrhundert im Spiegel deutscher Briefmarken. – In: Geschichte zum Aufkleben. Historische Ereignisse im Spiegel deutscher Briefmarken. Hrsg. von Achim Thomas Hack und Klaus Ries. Stuttgart 2020. (Geschichte). S. 49–73.

Hampton, Alexander J. B.: Religion and the Problem of Subjectivity in the Reception of early German Romanticism. – In: Journal for the History of modern Theology 22, 2015, 1. S. 35–58.

Handbuch Lyrik. Theorie, Analyse, Geschichte. Dieter Lamping (Hrsg.). 2., erw. Aufl. Stuttgart, Weimar 2016. XII, 504 S.

Hannig, Steffen: Dionysos im expressionistischen Jahrzehnt. Ewiger Trieb, Künstlertum und Gemeinschaftsvision bei Georg Heym, Franz Kafka und Franz Werfel. Würzburg 2020. 479 S. (Epistemata/Reihe Literaturwissenschaft; 929). [Berlin, Freie Univ., Diss., 2019]. [Kap. 3: „Das Gedicht ‚Dionysos' [Georg Heym] zu Beginn der Epoche". S. 72–117].

Hartmann, Christoph Paul: Hemmel on Ähd. Unterhaltsame Spaziergänge durch Düsseldorfs Kultur und Geschichte. Saarbrücken 2021. 232 S.: Ill.

Hartung, Günter: Ein unbekanntes Marx-Gedicht. – In: Ders.: Werkanalysen und -kritiken. Leipzig 2007. (Gesammelte Studien und Vorträge; 5). S. 227–253.

Hartung, Günter: Tagebücher aus dem Krieg. – In: Ders.: Werkanalysen und -kritiken. Leipzig 2007. (Gesammelte Studien und Vorträge; 5). S. 429–445.

Hartung, Günter: Text und Musik in Robert Franz' Liedern. – In: Ders.: Werkanalysen und -kritiken. Leipzig 2007. (Gesammelte Studien und Vorträge; 5). S. 201–225.

Hay, Louis: Rückschau. Das Institut für moderne Handschriften feiert seinen 50. Geburtstag. – In: Editio 33, 2019, 1. S. 1–9.

Heimböckel, Dieter: Der Unaussprechliche. Otokar Fischers Kleist-Rezeption. – In: Otokar Fischer (1883–1938). Ein Prager Intellektueller zwischen Dichtung und Wissenschaft. Hrsg. von Václav Petrbok, … Wien; Köln; Weimar 2020. (Intellektuelles Prag im 19. und 20. Jahrhundert; 15). S. 351–366.

Heine, Matthias: Krass. 500 Jahre deutsche Jugendsprache. Berlin 2021. 271 S.

Helbig, Jürgen: Das Fanal. Aufbruch zu Luther und Nachkommen, Teil 2. Jahrhundertereignisse mit Luther, Schulmeister Johannes Lindemann & Susanne Wirth im Blickpunkt. – In: Familienblatt der Lutheriden-Vereinigung 96, 2021, 8=225. S. 14–15.

Held, Wolfgang: Geliebte Clara. Die Geschichte von Clara und Robert Schumann. Frankfurt a. M. 2008. 260 S. (Insel-Taschenbuch; 3354).

Hellfaier, Detlev: Studenten, Advokaten und Poeten. Grabbe und Köchy. – In: Grabbe-Jahrbuch 40. 2021, 2022. S. 37–53.

Hellmuth, Thomas: Frankreich im 19. Jahrhundert. Eine Kulturgeschichte. Wien, Köln, Weimar 2020. 382 S.: Ill.

Henzel, Katrin: Zur Praxis der Handschriftenbeschreibung. Am Beispiel des Modells der historisch-kritischen Edition von Goethes ‚Faust'. – In: Vom Nutzen der Editionen. Zur Bedeutung moderner Editorik für die Erforschung von Literatur- und Kulturgeschichte. Hrsg. von Thomas Bein. Berlin, Boston, MA 2015. (Editio/Beihefte; 39). S. 75–95.

Hilmes, Oliver: Herrin des Hügels. Das Leben der Cosima Wagner. München 2007. 493 S.: Ill.

Höhne, Steffen: Otokar Fischers Gottfried Keller-Lektüre. Eine wissenschafts-historische Betrachtung. – In: Otokar Fischer (1883–1938). Ein Prager Intellektueller zwischen Dichtung und Wissenschaft. Hrsg. von Václav Petrbok, … Wien, Köln, Weimar 2020. (Intellektuelles Prag im 19. und 20. Jahrhundert; 15). S. 389–406.

Hölter, Achim: Ariost in Dichterbibliotheken der Goethezeit. – In: Ariost in Deutschland. Seine Wirkung in Literatur, Kunst und Musik. Internationale Fachkonferenz vom 6. bis zum 9. Juni 2018 an der Albert-Ludwigs-Universität in Freiburg. Hrsg. von Achim Aurnhammer und Mario Zanucchi. Berlin 2020. (Frühe Neuzeit; 238). S. 91–115.

Hofer, Daniel: Ein Literaturskandal, wie er im Buche steht. Zu Vorgeschichte, Missverständnissen und medialem Antisemitismusdiskurs rund um Martin Walsers Roman ‚Tod eines Kritikers‘. Klagenfurt, Alpen-Adria-Univ., Diplomarb., 2006. 97 S.

Holbo, Christine: Legal Realisms. The American Novel under Reconstruction. Oxford 2019. X, 452 S.

Hübner, Alfred: Die Leben des Paul Zech. Eine Biographie. Heidelberg 2021. 935 S.: Ill.

Hufnagel, Henning: Das letzte Exil. Mythologie im szientistischen Zeitalter. Die Dichtung der Parnassiens. – In: Götter-Exile. Neuzeitliche Figurationen antiker Mythen. Hrsg. von Ralph Häfner, Markus Winkler. Heidelberg 2020. (Myosotis; 7). S. 163–190.

Husser, Irene: Poetische Autonomie wider den (Markt-)Konformismus. Konstruktionen literarischer Exzellenz in Christian Dietrich Grabbes „Scherz, Satire, Ironie und tiefere Bedeutung" und Annette von Droste-Hülshoffs „PERDU! Oder Dichter, Verleger, und Blaustrümpfe". – In: Grabbe-Jahrbuch 40. 2021, 2022. S. 84–114.

Israel, Jonathan I.: Revolutionary Jews from Spinoza to Marx. The Fight for a secular World of universal and equal Rights. Seattle 2021. IX, 549 S. (The Samuel & Althea Stroum Lectures in Jewish Studies).

Janover, Louis: La généalogie d'une révolte. Nerval, Lautréamont. Paris 2020. 206 S.

Jastal, Katarzyna: Wege zur Autorschaft im Briefwechsel Rahel Varnhagens mit Hermann Fürst von Pückler-Muskau. – In: „… nur Frauen können Briefe schreiben". Facetten weiblicher Briefkultur nach 1750. Renata Dampc-Jarosz, Paweł Zarychta (Hrsg.). Bd. 1. Berlin [u. a.] 2019. (Perspektiven der Literatur- und Kulturwissenschaft; 3). S. 243–258.

Joch, Markus: Vom Heine- zum Börne-Preis. Hans Magnus Enzensbergers paradoxe Konsekrationen. – In: Literaturpreise. Geschichte und Kontexte. Christoph Jürgense, Antonius Weixler (Hrsg.). Stuttgart 2021. (Kontemporär; 5). S. 405–426.

Kalergis, Maria: Marie Kalergis-Mouchanoff, née comtesse Nesselrode. Itinéraires et correspondance d'une fée blanche. Prés. et comm. de Luc-Henri Roger. Paris 2020. 612 S.

Kaplan, Louis: Vom jüdischen Witz zum Judenwitz. Eine Kunst wird entwendet. Aus dem amerik. Engl. von Jacqueline Csuss. Originalausg., lim. und num. Berlin 2021. 415 S.: Ill. + 1 Bl. (Die Andere Bibliothek; 439).

Kinderman, William: Franz Schubert's ‚New Style' and the Legacy of Beethoven. – In: Rethinking Schubert. Ed. by Lorrainer Byrne Bodley and Julian Horton. Oxford 2018. S. 41–60.

Kirkovits, August Ernst: Der Illustrator, Kupferstecher und Radierer William Unger (1837–1932). Graz, Univ., Dipl.-Arb., 2011. 160, [19] Bl. [URL: https://unipub.uni-graz.at/obvugrhs/download/pdf/217393?originalFilename=true, letzter Zugriff: 15.02.2022].

Kiseleva, Irina A.; Potashova, Ksenija A.; Sechenych, Ekaterina A.: Rekonstruktsiya tvorcheskoy istorii stikhotvoreniya M. YU. Lermontova „Oni lyubili drug druga tak dolgo i nezhno ..." (1841) kak put' postizheniya smysla teksta. – In: Naučnyj dialog 2020, 6. S. 265–282. [URL: https://www.nauka-dialog.ru/jour/article/view/1618/1317, letzter Zugriff: 15.02.2022].

Kita-Huber, Jadwiga; Bohley, Jadwiga: „Viel lieber schweige ich". Briefe als Medien einer Gegenöffentlichkeit im Briefwechsel zwischen Helmina von Chézy und Amalia Schoppe. – In: „... nur Frauen können Briefe schreiben". Facetten weiblicher Briefkultur nach 1750. Renata Dampc-Jarosz, Paweł Zarychta (Hrsg.). Bd. 2. Berlin [u. a.] 2019. (Perspektiven der Literatur- und Kulturwissenschaft; 4). S. 11–30.

Klapdor, Heike: „Mein Schicksal ist romantisch". Der Künstler und die Lächerlichkeit der Autoritäten: Hin und Her. – In: Kellerkinder und Stacheltiere. Film zwischen Polit-Komödie und Gesellschafts-Satire. Red.: Erika Wottrich und Swenja Schiemann. München 2020. (Ein CineGraph Buch). S. 41–55.

Klingemann, Ernst August Friedrich: Briefwechsel. Hrsg. von Alexander Košenina und Manuel Zink. Göttingen 2018. 470 S.: Ill.

Kodym, Caroline: Mexiko als Geliebte – Europas literarische Conquista. Über einen Sehnsuchtsort in der deutschsprachigen Literatur. Bielefeld 2020. 298 S. (Lettre). [Klagenfurt, Alpen-Adria-Univ., Diss., 2017].

Köhler, Hans Joachim: Robert und Clara Schumann – ein Lebensbogen. Eine aphoristische Biographie. Altenburg 2006. 333 S.: Ill. [Kap. 19: „1850–1856 Düsseldorf – der Kontrast zwischen Realität und Illusion". S. 254–296].

Kontje, Todd: The Uses of German Romanticism in the Work of Thomas Mann. – In: Constructions of German Romanticism. Six Studies = Konstruktionen der deutschen Romantik. Sechs Studien. Ed. Mattias Pirholt. Västerås 2011. (Acta Universitatis Upsaliensis/Historia litterarum). S. 127–151.

Korn, Uwe Maximilian: Von der Textkritik zur Textologie. Geschichte der neugermanistischen Editionsphilologie bis 1970. Heidelberg 2021. 313 S. (Beihefte zum Euphorion; 114). [Heidelberg, Univ., Diss., 2021].

Kotowski, Elke-Vera: „... a thejl fun jener kraft" „... ein Teil von jener Kraft". Jiddische Übersetzungen deutschsprachiger Literatur in der Zwischenkriegszeit (1919–1939). Leipzig 2020. 284 S.: Ill.

Krallinger-Gruber, Eva: Die Mythisierung Paganinis als Rezeptionsphänomen der deutschen Romantik. Graz, Karl-Franzens-Univ., Diplomarb., 2009. 92 S. [URL: https://unipub.uni-graz.at/obvugrhs/download/pdf/206782?originalFilename=true, letzter Zugriff: 15.02.2022].

Krappmann, Jörg: Der „Mitgenannte". Ludwig August Frankls Stellung in der Literaturgeschichte. – In: Ludwig August Frankl (1810–1894). Eine jüdische Biographie zwischen Okzident und Orient. Louise Hecht (Hrsg.). Köln, Weimar, Wien 2016. (Intellektuelles Prag im 19. und 20. Jahrhundert; 10). S. 121–136.

Krauss, Hannes: Sozialistischer Wettbewerb? Literaturpreise in der DDR. – In: Literaturpreise. Geschichte, Theorie und Praxis. Hrsg. von Dennis Borghardt, … Würzburg 2020. S. 91–104.

Kuh, Anton: Werke. Hrsg. von Walter Schübler. Göttingen 2016. 7 Bände.

Lamy, Jérôme: 1848, révolution majeure. Littérature, images et politique. – In: Cahiers d'histoire 2020, 146: La fabrique européenne de la race (17e-20e siècles). S. 123–144.

Le Rider, Jacques: Vormärz VS Biedermeir. – In: Revue d'histoire du XIXe siècle 2016, 52: Chrononymes. Dénommer le siècle. S. 19–29. [URL: https://journals. openedition.org/rh19/4986, letzter Zugriff: 15.02.2022].

Lee, Sinae: Wolfgang Koeppens Reiseessays im Spannungsfeld zwischen Fiktionalität und Faktizität. Studien zur hybriden Textsorte als Möglichkeit einer ästhetischen Wirklichkeitserfassung. München, Univ., Diss., 2005. II, 191 S. [URL: https://edoc.ub.uni-muenchen.de/8755/1/Lee_Sinae.pdf, letzter Zugriff: 15.02.2022].

Lehner, Sonja; Unger, Afra: Faszination Blond im Wandel der Zeit? Geschichte und Klischees über Frauen mit blonden Haaren im Wandel der Zeit, eine historische und gesellschaftliche Darstellung. Wien, Pädagogische HS, Bachelorarb., 2017. 105 S.

Lengauer, Hubert: Konkurrenz und Kompensation. Ludwig August Frankl und Ferdinand Kürnberger. – In: Ludwig August Frankl (1810–1894). Eine jüdische Biographie zwischen Okzident und Orient. Louise Hecht (Hrsg.). Köln, Weimar, Wien 2016. (Intellektuelles Prag im 19. und 20. Jahrhundert; 10). S. 137–156.

Die Leseliste. Kommentierte Empfehlungen. Zusammengest. von Sabine Griese, … Ditzingen 2020. 199 S. (Reclams Universal-Bibliothek; 17692).

Lestringant, Frank: „Un romantique né classique"? Entretien avec Frank Lestringant. – In: Littératures 61, 2009: Musset un romantique né classique. S. 139–152. [URL: https://journals.openedition.org/litteratures/2060, letzter Zugriff: 15.02.2022].

Liedtke, Christian: Kahldorf über Amerika. Unbekannte Briefe von Robert Wesselhöft aus den Vereinigten Staaten. – In: HJb 60, 2021. S. 189–223.

Lösener, Hans; Siebauer, Ulrike: hochform@lyrik. Konzepte und Ideen für einen erfahrungsorientierten Lyrikunterricht. Mit Ill. von Andreas Dörfler. 3., überarb. Aufl. Regensburg 2021. 174 S.: Ill.

Loos, Helmut: Robert Schumann. Werk und Leben. Wien 2010. 134 S.: Ill. (Neue Musikportraits; 7).

Luiz dos Santos, Alckmar; Silva, Thais Piloto da: Introdução a um estudo do verso de Alberto Ramos. – In: Revista de letras Juçara 4, 2020, 2. S. 73–89. [URL: https://ppg.revistas.uema.br/index.php/jucara/article/view/2380, letzter Zugriff: 24.11.2021].

Lund, Hannah Lotte: „Die reinen Frauen stehen im Leben ...". Julius Rodenberg im Brief-Gespräch mit Ludmilla Assing, Fanny Lewald und Ossip Schubin. – In: „... nur Frauen können Briefe schreiben". Facetten weiblicher Briefkultur nach 1750. Renata Dampc-Jarosz, Paweł Zarychta (Hrsg.). Bd. 2. Berlin [u. a.] 2019. (Perspektiven der Literatur- und Kulturwissenschaft; 4). S. 129–142.

Maar, Michael: Die Schlange im Wolfspelz. Das Geheimnis großer Literatur. Hamburg 2020. 655 S.

Maillet, Marie-Ange: Fürst Pückler, Frankreich und die Kolonisierung Algeriens. – In: Fürst Pücklers Orient. Zwischen Realität und Fiktion. Marie-Ange Maillet, Simone Neuhäuser (Hrsg.). Université Paris 8 Vincennes-Saint-Denis. SFPM, Stiftung Fürst-Pückler-Museum Park und Schloss Branitz. Berlin 2020. S. 75–106.

Malin, Yonatan: Modulating Couplets in Fanny Hensel's Songs. – In: The Songs of Fanny Hensel. Ed. by Stephen Rodgers. New York 2021. S. 171–194.

Marquart, Benjamin: Held – Märtyrer – Usurpator. Der europäische Napoleonismus im Vergleich (1821–1869). Baden-Baden 2019. 615 S. (Helden – Heroisierungen – Heroismen; 11). [Freiburg i. Br., Univ., Diss., 2019].

Martens, Michael: Im Brand der Welten. Ivo Andrić. Ein europäisches Leben. 2. Aufl. Wien 2020. 493 S.

Martínez Becerra, Pablo: El problema del radicalismo cosmológico de Spinoza y Nietzsche. Análisis desde dos lecturas nietzscheanas. – In: Revista de Filosofia Aurora 32, 2020, 56: Atualidade da Filosofia de Espinosa. Matéria e potência. S. 414–432. [URL: https://periodicos.pucpr.br/aurora/article/view/25969, letzter Zugriff: 26.02.2021].

Matuschek, Stefan: Der gedichtete Himmel. Eine Geschichte der Romantik. München 2021. 400 S.: Ill.

Matveeva, Galina G.; Zyubina, Irina A.: Rechevoye povedeniye avtorov iskhodnogo i perevodnogo tekstov. Pragmalingvisticheskiy aspekt. – In: Vestnik Volgogradskogo gosudarstvennogo universiteta/Serija 2, Jazykoznanie = Linguistics 16, 2017, 3. S. 103–111. [URL: https://l.jvolsu.com/index.php/ru/component/attachments/download/1641, letzter Zugriff: 15.02.2022].

Mendelssohn Bartholdy, Felix: Sämtliche Briefe. Auf Basis der von Rudolf Elvers angelegten Sammlung hrsg. von Helmut Loos und Wilhelm Seidel. Bd 3: August 1832 bis Juli 1834. Hrsg. und komm. von Uta Wald. Kassel [u. a.] 2010. 808 S.

Meter, Helmut: Facetten polymorpher Lyrik. Beobachtungen zu Gedichten Apollinaires. Göttingen 2021. 260 S.: Ill. (Deutschland und Frankreich im wissenschaftlichen Dialog; 10).

Metz, Franz: Carmen Sylva und die Musik. – In: Musikzeitung 2006, 5. S. 13–15. [URL: https://www.suedost-musik.de/app/download/7485066254/Musikzeitung+2006-2007.pdf?t=1609704371, letzter Zugriff: 09.12.2021].

Meyer, Christine: Questioning the Canon. Counter-Discourse and the minority Perspective in contemporary German Literature. Transl. from the original unpublished French manuscript by Dustin Lovett and Tegan Raleigh. Berlin, Boston 2021. XI, 343 S. (Culture & Conflict; 17).

Meyer-Kalkus, Reinhart: Geschichte der literarischen Vortragskunst. Bd 1. Berlin 2020. X, 558 S.

Michaelsen, René: Der komponierte Zweifel. Robert Schumann und die Selbstreflexion in der Musik. Paderborn 2015. 487 S.

Mieder, Wolfgang: „Was soll es bedeuten". Das Lorelei-Motiv in Literatur, Sagen, Kunst, Medien und Karikaturen. Wien 2021. 371 S.: Ill. (Kulturelle Motivstudien; 21).

Mojem, Helmuth: Das Cotta'sche „Morgenblatt", die Romantik und die Schwaben. Eine Gegenüberstellung. – In: Romantik in Württemberg. Tagung des Arbeitskreises für Landes- und Ortsgeschichte im Verband der württembergischen Geschichts- und Altertumsvereine am 14. Juni 2018 im Hauptstaatsarchiv Stuttgart. Festakt zum 175-jährigen Bestehen des Württembergischen Geschichts- und Altertumsvereins am 13. Juni 2018. Hrsg. von Nicole Bickhoff und Wolfgang Mährle. Stuttgart 2020. (Geschichte Württembergs; 6). S. 131–150.

Mojem, Helmuth: Romantisches Rückzugsgefecht. Ein unbekanntes Uhland-Sonett mit Widerhall. – In: Sonett-Gemeinschaften. Die soziale Referentialität des Sonetts. [Wissenschaftliches Symposium am 24. und 25. September 2015 in Tübingen]. Mario Gotterbarm, … (Hrsg.). [Paderborn] 2019. S. 159–178.

Mrugalski, Michał: ‚Incipit tragoedia‘. Verdinglichung und Entdinglichung des Menschen im Drama des Besitzens. – In: Ding und Bild in der europäischen Romantik. Hrsg. von Jakob Christoph Heller, … Berlin 2021. (Spectrum Literaturwissenschaft; 70). S. 93–108.

Müller, Gernot: Auf romantischem Grund, der Intention nach klassisch? Zur Rezeption Heinrich von Kleists in Schweden. – In: Constructions of German Romanticism. Six Studies = Konstruktionen der deutschen Romantik. Sechs Studien. Ed. Mattias Pirholt. Västerås 2011. (Acta Universitatis Upsaliensis/ Historia litterarum). S. 93–125.

Müller, Thomas: Der Harz. Populäre Irrtümer und andere Wahrheiten. Essen 2021. 120 S.: Ill.

Narayanan, Nishant K.: Das Fremde als die gewünschte Heimat. Kontrapunktische Stellungnahme. – In: Fremde Heimat – Heimat in der Fremde. Clemens Brentano und das Heimatgefühl seit der Romantik. [Brentano-Kolloquium vom 22. bis 24. Oktober 2019 in Koblenz]. Hrsg. von Stefan Neuhaus, Helga Arend. Würzburg 2020. S. 181–188.

Neuhumanismus. Pedagogie e culture del Neoumanesimo tedesco tra Settecento e Ottocento. A cura di Mario Gennari. Genua 2018–2020. 3 Bände. (Filosofia della formazione; 24, 26, 27).

Neuwirth, Julia: Feuilleton. Ein historisches Phänomen mit Potenzial für einen qualitativen Journalismus von morgen. Graz, Karl-Franzens-Univ., Masterarb., 2016. 122 S. [URL: https://unipub.uni-graz.at/obvugrhs/download/pdf/1371614?originalFilename=true, letzter Zugriff: 15.02.2022].

Niemeyer, Christian: Nietzsches Syphilis – und die der Anderen. Eine Spurensu-
che. Freiburg i. Br., München 2020. 548 S.

Nutt-Kofoth, Rüdiger: Wie werden neugermanistische (historisch-)kritische Edi-
tionen für die literaturwissenschaftliche Interpretation genutzt? Versuch einer
Annäherung aufgrund einer Auswertung germanistischer Periodika. – In: Vom
Nutzen der Editionen. Zur Bedeutung moderner Editorik für die Erforschung
von Literatur- und Kulturgeschichte. Hrsg. von Thomas Bein. Berlin, Boston,
Mass. 2015. (Editio/Beihefte; 39). S. 233–245.

Oesterle, Günter: Mystifikation und Camouflage nach 1800. Ein Essay. – In:
Mimesis, Mimikry, Simulatio. Tarnung und Aufdeckung in den Künsten vom
16. bis zum 21. Jahrhundert. Festschrift für Erwin Rotermund. Hrsg. von
Hanns-Werner Heister und Bernhard Spies. Berlin 2013. (Musik, Gesellschaft,
Geschichte; 6). S. 13–26.

Özmen, Seda: Moses Mendelssohn ve Martin Luther'in karşılaştırılmasına dair
bir inceleme. – In: İnsan ve toplum bilimleri araştırmaları dergisi 3, 2014,
3. S. 554–570. [URL: http://www.itobiad.com/en/pub/issue/8763/109367, letzter Zugriff: 15.02.2022].

Osborne, Charles: The Concert Song Companion. A Guide to the classical Repertoire. Reprint. Originally published: London 1974. New York, NY. 2021 285 S.

Osborne, Tyler: „You too may change". Tonal Pairing of the Tonic and Subdomi-
nant in two Songs by Fanny Hensel. – In: The Songs of Fanny Hensel. Ed. by
Stephen Rodgers. New York, NY 2021. S. 113–128.

Osterloh, Jörg: „Ausschaltung der Juden und des jüdischen Geistes". Nationalsozialistische Kulturpolitik 1920–1945. Frankfurt a. M. 2020. 643 S. (Wissenschaftliche Reihe des Fritz-Bauer-Instituts; 34).

Østermark-Johansen, Lene: Apollo in the North. Transmutations of the Sun God
in Walter Pater's ‚Imaginary Portraits'. – In: Cahiers victoriens et édouardiens
2014, 80. 11 S. [URL: https://journals.openedition.org/cve/1520, letzter Zugriff:
21.12.2021].

Penker, Sabine: Aspekte jüdischen Lebens in Soma Morgensterns Romantrilogie
‚Funken im Abgrund'. Klagenfurt, Alpen-Adria-Univ., Diplomarb., 2009. 155
Bl. [URL: https://netlibrary.aau.at/obvuklhs/download/pdf/2410906?originalFi-
lename=true, letzter Zugriff: 15.02.2022].

Penshorn, Sascha: Die deutsche Misere. Geschichte eines Narrativs. Aachen,
RWTH, Diss., 2018. 304 S. [URL: https://publications.rwth-aachen.de/
record/784668/files/784668.pdf, letzter Zugriff: 04.01.2022].

Petersdorff, Dirk von: Romantik. Eine Einführung. Frankfurt a. M. 2020. 162 S.
(Klostermann Rote Reihe; 126).

Petrbok, Václav: „Entlass deine Getreuen nicht mehr weiter in die Welt, / nur die,
die dir sehnsüchtig wieder entgegeneilen". Die persönlichen und familiären
tschechisch-deutschen Affinitäten Otokar Fischers. – In: Otokar Fischer (1883–
1938). Ein Prager Intellektueller zwischen Dichtung und Wissenschaft. Hrsg.
von Václav Petrbok, … Wien, Köln, Weimar 2020. (Intellektuelles Prag im 19.
und 20. Jahrhundert; 15). S. 25–64.

Pirholt, Mattias: Romanticism and Modernity. Master Narrative and the ideological Construction of literary History. – In: Constructions of German Romanticism. Six Studies = Konstruktionen der deutschen Romantik. Sechs Studien. Ed. Mattias Pirholt. Västerås 2011. (Acta Universitatis Upsaliensis/Historia litterarum). S. 153–181.

Plachta, Bodo: Die Inszenierung von Text- und Werkgenesen in Dichter-, Künstler- und Komponistenhäusern. – In: Editio 33, 2019, 1. S. 31–46.

Polaschegg, Andrea: Der andere Orientalismus. Regeln deutsch-morgenländischer Imagination im 19. Jahrhundert. Berlin, New York 2005. XI, 613 S. (Quellen und Forschungen zur Literatur- und Kulturgeschichte; 35=(269)). [Zugl.: Berlin, Humboldt-Univ., Diss., 2003 u. d. T.: Deutscher Orientalismus im frühen 19. Jahrhundert].

Polaschegg, Andrea: Möglichkeitsraum Morgenland. Fürst Pückler im Schwerefeld orientalistischer Erfahrungswelten des 19. Jahrhunderts. – In: Fürst Pücklers Orient. Zwischen Realität und Fiktion. Marie-Ange Maillet, Simone Neuhäuser (Hrsg.). Université Paris 8 Vincennes-Saint-Denis. SFPM, Stiftung Fürst-Pückler-Museum Park und Schloss Branitz. Berlin 2020. S. 25–46.

The Posen Library of Jewish Culture and Civilization. Deborah Dash Moore, James E. Young, Ed. in Chief. Vol. 6: Confronting Modernity, 1750–1880. Elisheva Carlebach, Ed. New Haven, CT [u. a.] 2019. LXXI, 524 S.: Ill. – Vol. 8: Crisis and Creativity between World Wars, 1918–1939. Todd M. Endelman and Zvi Gitelman, Ed. New Haven, CT [u. a.] 2020. LXI, 1318 S.: Ill. – Vol. 9: Catastrophe and Rebirth, 1939–1973. Samuel D. Kassow and David G. Roskies, ed. New Haven, CT [u. a.] 2020. LXIX, 1014 S.: Ill. – Vol. 10: 1973–2005. Deborah Dash Moore and Nurith Gertz, Ed. New Haven, CT [u. a.] 2012. LXVI, 1160 S.: Ill.

Pravida, Dietmar: Gedrängte Tagebücher. Clemens Brentanos Kontoauszüge. – In: Pässe, Reisekoffer und andere „Asservate". Archivalische Erinnerungen ans Leben. Hrsg. von Volker Kaukoreit [u. a.]. Wien 2021. (Sichtungen; 18/19). S. 76–90.

Preuss, Matthias: Holz, Hude, Hauff. Silvikultur und Infrastruktur. – In: Ding und Bild in der europäischen Romantik. Hrsg. von Jakob Christoph Heller, … Berlin 2021. (Spectrum Literaturwissenschaft; 70). S. 187–203.

Prütting, Lenz: Brechts Metamorphosen. Von Jesus zu Stirner, Lenin und Lao-tse = Brecht's Metamorphoses. From Jesus to Stirner, Lenin and Lao-tse. Freiburg i. Br., München 2020. 629 S.: Ill. (Literatur & Philosophie; 1). [Kap. 2.2: „Umbrüche ‚im Banne Griechenlands'". S. 80–93].

Quesada Novás, Ángeles: „El pescador" de Emilia Pardo Bazán. Un ejemplo de imitatio. – In: La Tribuna 2009, 7. S. 81–94. [URL: https://revistalatribuna.gal/index.php/Tribuna/article/view/144, letzter Zugriff: 15.02.2022].

Redl, Philipp: Proserpina im langen 19. Jahrhundert. Von Goethes Monodrama zu Gides Melodrama. – In: Götter-Exile. Neuzeitliche Figurationen antiker Mythen. Hrsg. von Ralph Häfner, Markus Winkler. Heidelberg 2020. (Myosotis; 7). S. 49–66.

Řehák, Daniel: Lyrik, Psychologie und Wissenschaft (Otokar Fischer als Dichter). – In: Otokar Fischer (1883–1938). Ein Prager Intellektueller zwischen Dichtung und Wissenschaft. Hrsg. von Václav Petrbok, … Wien, Köln, Weimar 2020. (Intellektuelles Prag im 19. und 20. Jahrhundert; 15). S. 313–332.

Reichert, Carmen: Poetische Selbstbilder. Deutsch-jüdische und jiddische Lyrikanthologien 1900–1938. Göttingen 2019. 350 S. (Jüdische Religion, Geschichte und Kultur; 29). [Augsburg, Univ., Diss., 2017].

Robb, David: The Reception of ‚Vormärz‘ and 1848 revolutionary Song in West Germany and the GDR. – In: Protest Song in East and West Germany since the 1960s. Ed. by David Robb. Rochester, NY 2007. (Studies in German Literature, Linguistics, and Culture). S. 11–33.

Robert, Jörg: Sonettdialog und Liebesmystik. Rilke übersetzt Louise Labé. – In: Sonett-Gemeinschaften. Die soziale Referentialität des Sonetts. [Wissenschaftliches Symposium am 24. und 25. September 2015 in Tübingen]. Mario Gotterbarm, … (Hrsg.). [Paderborn] 2019. S. 215–236.

Rodgers, Stephen: Pagal Cadences in Fanny Hensel's Songs. – In: The Songs of Fanny Hensel. Ed. by Stephen Rodgers. New York 2021. S. 129–148.

Rodgers, Stephen; Osborne, Tyler: Prolongational Closure in the Lieder of Fanny Hensel. – In: Music Theory online 26, 2020, 3. 17, 20 S. [URL: https://mtosmt.org/issues/mto.20.26.3/mto.20.26.3.rodgers_osborne.pdf und https://mtosmt.org/issues/mto.20.26.3/rodgers_osborne_examples.pdf, letzter Zugriff: 15.02.2022].

Rodríguez Yáñez, Yago: Concepcións e referentes líricos de Emilia Pardo Bazán. Traducións e imitacións. – In: La Tribuna 2009, 7. S. 95–138. [URL: https://revistalatribuna.gal/index.php/Tribuna/article/view/145, letzter Zugriff: 15.02.2022].

Rohan, Sophia: Nachwort. – In: Maiwald, Peter: Lesebuch. Zusammengest. von Sophia Rohan. Düsseldorf 2021. (Nylands kleine rheinische Bibliothek; 17). S. 139–152.

Rohner, Melanie: Venus im Exil. Mythologie und „Rasse“ in Theodor Storms ‚Von Jenseit des Meeres‘. – In: Götter-Exile. Neuzeitliche Figurationen antiker Mythen. Hrsg. von Ralph Häfner, Markus Winkler. Heidelberg 2020. (Myosotis; 7). S. 87–100.

Rose, Dirk: Nach der Kunstperiode. Polemik und Ästhetik im Umfeld des Jungen Deutschland. – In: Der Streit um Klassizität. Polemische Konstellationen vom 18. zum 21. Jahrhundert. Daniel Ehrmann, Norbert Christian Wolf (Hrsg.). Paderborn 2021. S. 135–156.

Ross, Janet: Three Generations of English Women. Memoirs and Correspondence of Mrs. John Taylor, Mrs. Sarah Austin, and Lady Duff Gordon – Vol. 2. Nachdr. der Ausg. von 1888. Norderstedt 2021. 290 S.

Roth, Hermann Josef: Grün. Das Buch zur Farbe. Berlin 2021. 207 S.: Ill.

Sattler, Martin: Carl Gustav Jochmanns ‚Naturgeschichte des Adels‘. – In: Carl Gustav Jochmann – ein Kosmopolit aus Pernau. Hrsg. im Auftrag der Jochmann-Gesellschaft Heidelberg und des Under-und-Tuglas-Literaturzentrums der Estnischen Akademie der Wissenschaften von Ulrich Kronauer und Jaan

Undusk. Heidelberg 2020. (Jochmann-Studien; 3). (Beiträge zur Philosophie/ Neue Folge). S. 109–126.

Schiffermüller, Isolde: „Mein ganzes Wesen ist auf Litteratur gerichtet". Zum Briefwerk von Franz Kafka. – In: Briefe als Laboratorium der Literatur im deutsch-jüdischen Kontext. Schriftliche Dialoge, epistolare Konstellationen und poetologische Diskurse. Chiara Conterno (Hrsg.). Göttingen 2021. (Poetik, Exegese und Narrative; 17). S. 97–114.

Schildberger, Gabriele: France Prešeren – auch ein deutscher (National)dichter? Ein Vergleich der deutschen Werke Prešerens mit der deutschen Lyrik Anfang des 19. Jahrhunderts. Klagenfurt, Alpen-Adria-Univ., Diplomarb., 2009. 96 S. [URL: https://netlibrary.aau.at/obvuklhs/content/titleinfo/2409468/full.pdf, letzter Zugriff: 15.02.2022].

Schilling, Erik: At the Edge of being Human. Liminality in free Meter hymnic Poetry (Goethe, Hölderlin, Nietzsche, Rilke). – In: Oxford German Studies 48, 2019, 2. S. 183–195.

Schmalfeldt, Janet: From literary Fiction to Music. Schumann and the unreliable Narrative. – In: 19th Century Music 43, 2020, 3. S. 170–193.

Schneider, Gabriele: Auf Augenhöhe. Neue Briefe Fanny Lewalds an Verleger und Redakteure. – In: „... nur Frauen können Briefe schreiben". Facetten weiblicher Briefkultur nach 1750. Renata Dampc-Jarosz, Paweł Zarychta (Hrsg.). Bd. 2. Berlin [u. a.] 2019. (Perspektiven der Literatur- und Kulturwissenschaft; 4). S. 73–84.

Schneider, Gabriele: „Liebe Kleine!". Briefe Fanny Lewalds an Ludmilla Assing aus der Sammlung Varnhagen. – In: HJb 60, 2021. S. 157–187.

Schoeps, Julius H.: Gabriel Riesser. Demokrat – Freiheitskämpfer – Vordenker. Leipzig 2020. 104 S. (Jüdische Miniaturen; 256).

Schorsch, Ismar; Bormuth, Matthias: Jüdische Tradition zwischen Kritik und Poesie. Ein Gespräch. – In: Offener Horizont 6, 2019/20. S. 252–271.

Schubenz, Klara: Der Wald in der Literatur des 19. Jahrhunderts. Geschichte einer romantisch-realistischen Ressource. Göttingen 2020. 504 S.: Ill. [Zugl.: Konstanz, Univ., Diss., 2019].

Schütte, Uwe: Gratulationen. Über W. G. Sebald und seine Literaturpreise. – In: Literaturpreise. Geschichte und Kontexte. Christoph Jürgense, Antonius Weixler (Hrsg.). Stuttgart 2021. (Kontemporär; 5). S. 367–390.

Schulz-Marzin, Joachim: Ein großer Narr, aber der beste General der Kavallerie. Joachim Murat im Napoleon-Jubiläumsjahr. – In: Der Niederrhein 88, 2021, 3. S. 103–105.

Schumann, Robert: Neue Ausgabe sämtlicher Werke. Hrsg. von der Robert-Schumann-Gesellschaft, Düsseldorf durch Akio Mayeda und Klaus Wolfgang Niemöller in Verb. mit dem Robert-Schumann-Haus Zwickau. Ser. 6: Lieder und Gesänge für Solostimmen; Bd. 9,2: Kritischer Bericht. Spanisches Liederspiel. Ein Cyclus von Gesängen aus dem Spanischen. Op. 74. Hrsg. von Thomas Synofzik. Kritischer Bericht. Mainz [u. a.] 2020. XXIII, 369 S.

Schwab, Jürgen: Flucht in die Menschheit. Der Schriftsteller Jakob Wassermann und den Typus des nichtjüdischen Juden. Neustadt an der Orla 2020. 183 S.

Schwake, Timotheus: Balladen. Paderborn 2020. 175 S.: Ill. (EinFach Deutsch. Unterrichtsmodell).

Scliar-Cabral, Leonor: Borges e o judaísmo. – In: Arquivo maaravi 12, 2018, 23: Jorge Luis Borges e o arquivo da tradição judaica. S. 71–78.

Segebrecht, Wulf: Was sollen Germanisten lesen? Ein Vorschlag. 3., neu bearb. und erw. Aufl. Berlin 2006. 83 S.: Ill.

Seidl, Eva Maria: Der Virtuose in seinem Wirkungsfeld in der ersten Hälfte des 19. Jahrhunderts. Mit einer Fallstudie zum Geigenvirtuosen Niccolò Paganini. Graz, Karl-Franzens-Univ., Masterarb., 2011. 114 S. [URL: https://unipub.uni-graz.at/obvugrhs/download/pdf/215857?originalFilename=true, letzter Zugriff: 15.02.2022].

Seltmann, Uwe von: Wir sind da! 1700 Jahre jüdisches Leben in Deutschland. Erlangen 2021. 344 S.: Ill.

Simon, Ralf: Ding und Bild. Romantik als Prozessualisierung des Ikonischen und als Reflexionsmedium der Dinglichkeit. – In: Ding und Bild in der europäischen Romantik. Hrsg. von Jakob Christoph Heller, … Berlin 2021. (Spectrum Literaturwissenschaft; 70). S. 23–48.

Small, Helen: The Function of Cynicism at the present Time. New York 2020. XII, 264 S.

Smith, Helmut Walser: Deutschland. Geschichte einer Nation. Von 1500 bis zur Gegenwart. Aus dem Engl. von Andreas Wirthensohn. München 2021. 667 S.: Ill.

Smith, Helmut Walser: Germany, a Nation in its Time. Before, during, and after Nationalism, 1500–2000. New York 2020. XVI, 590 S.

Sobczak, Michael: „An Freundesumgang aller Art fehlt es uns nicht". Rahel Varnhagens literarischer Salon und seine Gäste in den Briefen Karl August Varnhagens an Rosa Maria Assing. – In: „… nur Frauen können Briefe schreiben". Facetten weiblicher Briefkultur nach 1750. Renata Dampc-Jarosz, Paweł Zarychta (Hrsg.). Bd. 1. Berlin [u. a.] 2019. (Perspektiven der Literatur- und Kulturwissenschaft; 3). S. 299–310.

Sternagel, Renate: Der Ton macht die Musik. Fanny Lewalds Briefschreib-Strategien und Selbstinszenierungen. – In: „… nur Frauen können Briefe schreiben". Facetten weiblicher Briefkultur nach 1750. Renata Dampc-Jarosz, Paweł Zarychta (Hrsg.). Bd. 2. Berlin [u. a.] 2019. (Perspektiven der Literatur- und Kulturwissenschaft; 4). S. 55–72.

Stückemann, Frank: Presse des Lumières en Westphalie. ‚Anti-Kandide' et „Apologie pour le Dr Martin". La critique de Voltaire par Justus Möser. – In: Revue Voltaire 2021, 20: Voltaire dans le monde germanique. S. 207–218.

Šuran, Fulvio: Thaumàzein at the Origin of Philosophy and Music. – In: In Medias Res 7, 2018, 12. S. 1913–1934. [URL: https://fulviosuran.weebly.com/uploads/6/2/3/9/62390407/thaum%C3%80zein_na_izvoru_filozofije_i_glazbe_1.pdf, letzter Zugriff: 21.12.2021].

Thirouin, Marie-Odile: Otokar Fischers Verhältnis zu Frankreich und Belgien. – In: Otokar Fischer (1883–1938). Ein Prager Intellektueller zwischen Dichtung und Wissenschaft. Hrsg. von Václav Petrbok, … Wien, Köln, Weimar 2020. (Intellektuelles Prag im 19. und 20. Jahrhundert; 15). S. 147–178.

Texte, Themen und Strukturen. Deutschbuch für die Sekundarstufe II. Schweizer Ausgabe. [Hauptbd.]. Erarb. von Lisa Böcker … Hrsg. von Bernd Schurf und Andrea Wagener. 1. Dr. Berlin 2013. 640 S.: Ill.

Thym, Jürgen: Reading Poetry through Music. Fanny Hensel and others. – In: The Songs of Fanny Hensel. Ed. by Stephen Rodgers. New York 2021. S. 195–216.

Todd, R. Larry: Fanny Hensel's ‚Lieder (ohne Worte)‘ and the Boundaries of Song. The curious Case of the ‚Lied‘ in D♭ major, Op. 8, No. 3. – In: The Songs of Fanny Hensel. Ed. by Stephen Rodgers. New York 2021. S. 217–238.

Tolan, John: 19. Yüzyıl Aşkenaz Yahudilerinin Monoteist Reformu İçin Bir Model Olarak Hz. Muhammed. – In: Oksident 2, 2020, 1. S. 93–122. [URL: https://dergipark.org.tr/tr/download/article-file/1173948, letzter Zugriff: 15.02.2022].

Tolan, John: The Prophet Muhammad. A Model of monotheistic Reform for Nineteenth-Century Ashkenaz. – In: Common Knowledge 24, 2018, 2. S. 256–279. [URL: https://hal.archives-ouvertes.fr/hal-03019501/document, letzter Zugriff: 15.02.2022].

Topor, Michal: Otokar Fischer in Berlin (1903/1904). – In: Otokar Fischer (1883–1938). Ein Prager Intellektueller zwischen Dichtung und Wissenschaft. Hrsg. von Václav Petrbok, … Wien, Köln, Weimar 2020. (Intellektuelles Prag im 19. und 20. Jahrhundert; 15). S. 65–96.

Viardot-García, Pauline; Rietz, Julius: Viardot-Garcia-Studien. Bd. 1: Der Briefwechsel 1858–1874. Hrsg. von Beatrix Borchard und Miriam-Alexandra Wigbers. Hildesheim 2021. 663 S.: Ill., Faks., Notenbeisp.

Voci, Anna Maria: „Oh, die Verleger!“. Unbekannte Briefe von Karl Hillebrand. – In: HJb 60, 2021. S. 225–240.

Wälchli, Tan: Körper ohne Seelen. Achim von Arnim und E. T. A. Hoffmann. – In: Phantasmata. Techniken des Unheimlichen. Hrsg. von Martin Doll, … Wien, Berlin 2011. (Cultural Inquiry; 3). S. 173–138.

Wangerin, Wolfgang: „Ich bin zu Ende mit allen Träumen!“. Franz Schuberts Erzählung ‚Mein Traum‘ und das Ende einer romantischen Illusion. – In: Musik und literarisches Lernen. Johannes Odendahl (Hrsg.). [Innsbruck] 2019. (Innsbrucker Beiträge zur Fachdidaktik; 5). S. 123–141.

Weber, Jutta: Berühmte Frauen und ihre Autographensammlungen. Vorgestellt am Beispiel der ‚Autographen-Sammlung Herbert Adam‘ der Staatsbibliothek zu Berlin. – In: „… nur Frauen können Briefe schreiben“. Facetten weiblicher Briefkultur nach 1750. Renata Dampc-Jarosz, Paweł Zarychta (Hrsg.). Bd. 2. Berlin [u. a.] 2019. (Perspektiven der Literatur- und Kulturwissenschaft; 4). S. 143–152.

Weidner, Daniel: Literatur und die Entzauberung der Welt. Arbeit an der Figur. – In: Literatur/Religion. Bilanz und Perspektiven eines interdisziplinären Forschungsgebietes. Wolfgang Braungart, … (Hrsg.). Berlin 2019. (Studien zu Literatur und Religion; 1). S. 275–293.

Wender, Herbter: Vom potentiellen Nutzen des Quelltexts digital distribuierter Editionen. – In: Vom Nutzen der Editionen. Zur Bedeutung moderner Editorik für die Erforschung von Literatur- und Kulturgeschichte. Hrsg. von Thomas Bein. Berlin, Boston, Mass. 2015. (Editio/Beihefte; 39). S. 381–396.

Wertheim, David J.: The ‚Pantheismusstreit' and the Spiritualization of Spinozism. – In: Religion & Theology 23, 2016, 1/2. S. 148–160.

Wilke, Carsten: Ludwig August Frankl als historischer Mythograph der Marranen. – In: Ludwig August Frankl (1810–1894). Eine jüdische Biographie zwischen Okzident und Orient. Louise Hecht (Hrsg.). Köln, Weimar, Wien 2016. (Intellektuelles Prag im 19. und 20. Jahrhundert; 10). S. 221–240.

Winkler, Markus: „verbannt [...] von aller Wahrheit". Dionysos als Gott im Exil in Nietzsches ‚Dionysos-Dithyramben' und ‚Jenseits von Gut und Böse'. – In: Götter-Exile. Neuzeitliche Figurationen antiker Mythen. Hrsg. von Ralph Häfner, Markus Winkler. Heidelberg 2020. (Myosotis; 7). S. 115–130.

Wörner, Ulrike; Rau, Tilman; Noir, Yves: Erzählendes Schreiben im Unterricht. Werkstätten für Skizzen, Prosatexte, Fotografie. [Stuttgart] 2012. 223 S.: Ill. (Reihe Unterricht im Dialog).

Wollenberg, Susan: Songs of Travel. Fanny Hensel's Wanderings. – In: The Songs of Fanny Hensel. Ed. by Stephen Rodgers. New York 2021. S. 55–76.

„Wszystkie Pani listy ...". Rahel Varnhagen i kolekcja Varnhagena. Katalog wystawy rękopisów w Bibliotece Jagiellońskiej z okazji 250. urodzin autorki 8–22.10.2021 = „All Ihre Briefe...". Rahel Varnhagen und die Varnhagensammlung. Ausstellungskatalog von Handschriften in der Jagiellonen-Bibliothek Krakau zum 250. Geburtstag der Autorin 8. – 22.10.2021. Biblioteka Jagiellońska, Instytut Filologii Germańskiej Uniwersytetu Jagiellońskiego w Krakowie, Varnhagen Gesellschaft e.V. Teksty/Texte Nikolaus Gatter, Katarzyna Jaśtal, Paweł Zarychta. [Köln] 2021. 75 S.: Ill. (Jahresgabe der Varnhagen-Gesellschaft).

Youens, Susan: „In this elusive Language". A Byron Song by Fanny Hensel. – In: The Songs of Fanny Hensel. Ed. by Stephen Rodgers. New York 2021. S. 93–112.

Zahn, Kailang: A Foundation for Collaboration. An Analysis of Robert Schumann's Dichterliebe, Op. 48. Morgantown, WV, West Virginia Univ., Diss., 2021. VIII, 145 S.: Notenbeisp. [URL: https://researchrepository.wvu.edu/etd/8107/, letzter Zugriff: 15.02.2022].

Zanardo, Monica: La critique génétique comme processus (1968–2018). Congrès international du cinquantenaire de l'Institut des textes et manuscrits modernes, Paris, École normale supérieure, Bibliothèque nationale de France, 17.–20. Oktober 2018. – In: Editio 33, 2019, 1. S. 159–168.

Zarychta, Paweł: „wir werden also Paris auf sehr verschiedene Weise verlassen". Reisebriefe Rosa Maria, Ottilie und Ludmilla Assings von 1835. – In: „... nur Frauen können Briefe schreiben". Facetten weiblicher Briefkultur nach 1750. Renata Dampc-Jarosz, Paweł Zarychta (Hrsg.). Bd. 1. Berlin [u. a.] 2019. (Perspektiven der Literatur- und Kulturwissenschaft; 3). S. 281–298.

Zbytovský, Štěpán: Wedekind – Fischer – Zavřel. Hoffnungsvolle Begegnung auf dem Theater 1914. – In: Otokar Fischer (1883–1938). Ein Prager Intellektueller zwischen Dichtung und Wissenschaft. Hrsg. von Václav Petrbok, ... Wien, Köln, Weimar 2020. (Intellektuelles Prag im 19. und 20. Jahrhundert; 15). S. 465–492.

Zimorski, Walter: Die Husumer ,Storm-Stiftung zum Wohle der Arbeiter' aus Anlass der ,Doppelgänger'-Novelle. Zur sozialen Solidarität Husumer Bürger mit armen Arbeitern. – In: Storm, Theodor: Ein Doppelgänger. Eine gesellschaftskritische Novelle. Kommentierte Studienausgabe. Hrsg. von Walter Zimorski. Hannover 2021. (Edition Wehrhahn; 33). S. 157–161.

Zittel, Claus: „Don Juan der Sprache". Otokar Fischer und die tschechische Nietzsche-Rezeption. – In: Otokar Fischer (1883–1938). Ein Prager Intellektueller zwischen Dichtung und Wissenschaft. Hrsg. von Václav Petrbok, ... Wien, Köln, Weimar 2020. (Intellektuelles Prag im 19. und 20. Jahrhundert; 15). S. 407–426.

3 Literarische und künstlerische Behandlung von Person und Werk

3.1 Literarische Essays und Dichtungen

Ani, Friedrich: Die Raben von Ninive. Balladen, andere Gedichte und ein Zwiegespräch. Berlin 2020. 172 S. (Suhrkamp Taschenbuch; 5067). [Gedicht „Tagesgedanken". S. 81–82 nach Heine].

Ausländer, Rose: Czernowitz, Heine und die Folgen. – In: Czernowitz. Jüdisches Städtebild. Hrsg. von Andrei Corbea-Hoisie. Mit Fotografien von Guido Baselgia und Renata Erich. [Berlin] 2020. S. 191–194.

Becker, Kurt E.: Schickt einen Philosophen nach London. Im Gespräch mit Heinrich Heine. – In: Ders.: Der behauste Mensch. Von vier Wänden und einem Dach über dem Kopf. Im Dialog mit 77 Persönlichkeiten von Aristoteles bis Stefan Zweig. Ostfildern 2021. S. 243–245.

Blecking, Diethelm: Heinrich Heine und die Grenze. Eine Komödie in zwei Akten. – In: Ders.: Tempel aus Blättern der Phantasie. Skizzen zu Politik, Film, Literatur und Sport. Norderstedt 2021. S. 172–177.

Coburg, Alexander S.: Heine lässt grüßen. Gedanken aus dem Jenseits. Norderstedt 2020. 284 S.

Farber, Richard: „Der Zersetzer". Hommage an Heinrich Heine. – In: A propos. Kulturwissenschaftliche Miszellen von und für Richard Faber. Hrsg. von Christine Holste und Barbara von Reibnitz. Würzburg 2013. S. 48–54.

Gasseleder, Klaus: Ein Schellfisch schwimmt im Aralsee et cetera pp. Bagatellen und Abfuhrismen. Nürnberg 2020. 145 S. [„Heine verkehrt". S. 77].

Guben, Günter; Schlack, Peter; Elhardt, Armin; Bushoff, Klaus: Vier im Doppelpack. Texte und Bilder. Hrsg. von Klaus Bushoff. 2. Aufl., Lizenzausg. Freiberg a. N. 2020. 62 S.: Ill. [Gedicht von Armin Elhardt: „Heinrich der Heine". S. 42].

Herlyn, Heinrich: Es war einmal. Balladen. [Aurich] 2021. 70 S. [Gedicht: „Heinrich Heine". S. 29–30].

Honsza, Norbert: Zwei Europäer im fiktiven Gespräch. Heinrich Heine – Marcel Reich-Ranicki. – In: Begegnung ist das wirkliche Leben. Literatur-, kultur- und sprachwissenschaftliche Beiträge. Festschrift für Professor Dr. habil. Klaus Hammer zum 85. Geburtstag. Anna Mrożewska, Anna Nieroda-Kowal (Hrsg.). Hamburg 2020. (Schriftenreihe Studien zur Germanistik; 85). S. 155–165.

Krzywon, Ernst Josef: Mein Schlesien. Gesammelte Gedichte. Görlitz 2020. 108 S. [Gedicht „Die oberschlesischen Bergarbeiter. Für Heinrich Heine". S. 63–64].

Kuh, Anton: Werke. Hrsg. von Walter Schübler. Bd. 2: 1918–1923. Göttingen 2016. 558 S. [Gedicht „Literatur! Achtung schütteln!". S. 250 mit Heine-Bezug].

Maiwald, Peter: Lesebuch. Zusammengest. von Sophia Rohan. Düsseldorf 2021. 150 S.: Ill. (Nylands kleine rheinische Bibliothek; 17). [Gedicht: „Heine geht durch Düsseldorf". S. 33].

Maron, Monika: „Liebster Heinrich". – In: Dies.: Was ist eigentlich los? Ausgewählte Essays aus vier Jahrzehnten. Mit e. Vorw. von Jürgen Kaube. Hamburg 2021. S. 31–33.

Mittelberg, Ekkehart: Sonette über Dichter und zum Thema Leben. Kirchheim 2020. 56 S. [Gedicht „Romantische Ironie. Heinrich Heine 1797–1856". S. 19].

Noll, Wulf: Straße der Konkubinen. Und andere „chinesische" Liebesgedichte. Großheirath 2020. V, 72 S. (Reihe Phönixfeder; 54). [Gedicht „Straße der Konkubinen". S. 37–64 mit Heine-Bezug].

Panagl, Helga: Lachen hilft (fast immer). Erzählungen und Satiren, Ernstes und Heiteres. Horn/Wien 2021. 151 S. [Gedicht „Ein Hund kam in die Küche. Frei nach Heinrich Heine". S. 134].

Picoult, Jodi: Bis ans Ende der Geschichte. Roman. Aus dem Amerik. von Elfriede Peschel. 7. Aufl. München 2016. 574 S.

Pietsch, Irene: Der Plot H. Heine 1. Hamburg 2020. 276 S. – Der Plot H. Heine 2. Hamburg 2021. 274 S.: Ill.

Pleitgen, Fritz: Genosse Heinrich Heine. – In: Ders.: Eine unmögliche Geschichte. Als Politik und Bürger Berge versetzten. 3. Aufl. Freiburg i. Br. 2021. S. 157–159.

Samson, Horst: In der Sprache brennt noch Licht. Gedichte. Ludwigsburg 2021. 195 S. (Lyrik; 165). [Gedicht „Zu Heine". S. 155].

Schumann, Ernst-Eckhard: Ach, könnt' ich doch auf Wolken schreiten. Gedanken, Sprüche, Niederschriften. Duderstadt 2020. 253 S. (Schumanns lyrisches Füllhorn; 8). [Gedicht „Heinrich Heine verstehen". S. 13].

Suhr, Geertje: Herz im Exil. Ein deutsches Dichterleben in den Vereinigten Staaten. Wiesenburg 2020. 45 S. [Gedicht „Sorgenvolle Meditation zu Heine und mir". S. 10].

Weinkauf, Bernd: Leipziger Merkwürdigkeiten. Markkleeberg 2021. 152 S.: Ill. [Kap.: „Ach, Heinrich. Von einem, der nie in Leipzig war. Heinrich Heine". S. 44–55].

Wittenberg, David: „Wir haben alles mitgeträumt". Heinrich Heine. Eine Zeitgeschichte. [Text zum Film]. – In: Ders.: Film und Text. Herausgeberin: Irma Wittenberg. Tbilissi, 2020. S. 17–38.

Wolf. Christa: Heine, die Zensur und wir. – In: Dies.: Sämtliche Essays und Reden. Hrsg. von Sonja Hilzinger. Bd. 2: 1981–1990. Wider den Schlaf der Vernunft. Berlin 2021. S. 491–497.

3.2 Werke der Bildenden Kunst

Gestalterische Dialoge. Forschung, Prozess, Ausstellung. [Ausstellungskatalog, Stadtmuseum Düsseldorf, 08.11.2017–08.01.2018]. Hrsg. & Red. Elisabeth Holder, Gabi Schillig. Tübingen, Berlin 2017. 173 S.: Ill. (ALUF; 14). [Nora Kreuels: Heinrich -----. Rauminstallation. S. 105–109].

3.3 Werke der Musik, Vertonungen

Aldridge, Robert Livingston: Lovesongs. Fifteen Songs for Voice and Piano. Vol. I: High Voice. New York [u. a.] 2011. [„Why is the Rose so pale" („Warum sind die Rosen so blaß"); „Of Pearls and Stars" („Das Meer hat seine Perlen")].

Anton, Gus: Zwei Frühlingslieder für dreistimmigen Frauenchor und Klavier. Partitur. Gummersbach 2016. [2. „Leise zieht durch mein Gemüt"].

Antoniazzo, Nataša: Lieder. Nach Gedichten von Heinrich Heine und Nikolaus Lenau. Franjo Krežma. Nataša Antoniazzo Mezzosopran. Mia Elezović Klavier. Bühl/Baden 2021. 1 CD (35 Min.).

Berchtold, Bernhard: Im bitteren Menschenland. Lieder nach Gedichten von Ehrler, Goethe, Goll, Hartleben, Heine, Hölderlin, Holst, Lasker-Schüler, Morgenstern u. a. Margarete Schweikert [Komp.]. Bernhard Berchtold, Tenor. Jeannette La-Deur, Piano. [Nittendorf] 2018. 1 CD (75 Min.) + 1 Bookl. (20 S.). (Classics). [„Es liegt der heiße Sommer"; „Es war ein alter König"].

Bläserphilharmonie Mozarteum Salzburg: Die Zeit, die ist ein sonderbar Ding ... Ernst Ludwig Leitner, Kurt Weill, Bertold Hummel. Dirigent: Hansjörg Angerer. Benjamin Schmidt, Violine. Salzburg. Universität Mozarteum Salzburg 2014. 2 CDs (51, 29 Min.). [CD 2: Bertold Hummel: „Faustszenen nach einem Tanzpoem von Heinrich Heine für Bläser- und Schlagzeugensemble op. 72b"].

Casals, Pau: Veu i piano. Vol. 1. Edició dirigida per Marta Casals Istomin. Barcelona 2011. [„Romanza I" („Ein Fichtenbaum steht einsam")].

Chudak, Andrea: Romanzen, Lieder, Balladen. Giacomo Meyerbeer; Andrea Chudak, Sopran; Tobias Hagge, Bass-Bariton; Julian Rohde, Tenor; Alexandra Rossmann, Klavier. Bühl/Baden 2019. 2 CDs (62, 61 Min.) + 1 Bookl. (30 S.). [16. „Komm!". 17. „Hör' ich das Liedchen klingen". 18. „Die Rose, die Lilie, die Taube"].

Debussy, Claude: Oeuvres pour piano à 4 mains. Édition de Noël Lee. Vol. II. Paris 2007. (Oeuvres complètes de Claude Debussy, Série I, Vol. 7). [„Intermezzo" („Mein Liebchen, wir saßen beysammen")].

Delius, Frederick: Complete Works. Editor-in-chief Sir Thomas Beecham. Vol. 18a: Twenty-two Songs with Piano. Prepared for publication by Robert Threlfall and Allen Percival. London 2009. [„Der Fichtenbaum" („Ein Fichtenbaum steht einsam"); „Mit deinen blauen Augen"; „Ein schöner Stern geht auf in meiner Nacht"; „Hör ich das Liedchen klingen"].

Dichterliebe. Liederzyklus von Christian Jost nach Robert Schumanns „Dichterliebe" op. 48 auf Texte von Heinrich Heine. Ein Film von Franziska Angerer, Fabio Stoll und Carolin Müller-Dohle. Darmstadt. Staatstheater, 2021. 1 DVD-R (1 Std.).

Führe, Uli: My trembling Heart. 36 Chorlieder für 4 gemischte Stimmen. Boppard/Rhein 2015. [„Einsame Träne" („Was will die einsame Träne?"); „Frühling" („Die Wellen blinken und fließen dahin")].

Gentele, Caroline: Songs for Voice and Piano. Albert Rubenson. Caroline Gentele, soprano. Victoria Power, piano. Stockholm 2019. 1 CD (47 Min.). [„Fem Dikter af Heinrich Heine = Five Poems by Heinrich Heine, Op. 3"].

Gordon, Chris: Du liebst mich nicht. Privatdr. [Glasgow?] 2013.

Hahn, Reynaldo: Mélodies. Reprint. Paris 2005. (Vingt melodies chacun; 1). [No. 18 „Séraphine"].

Harsányi, Tibor: Six mélodies = Six melodies = Sechs Lieder pour chant & piano. Poèmes de Heinrich Heine. Nachdr. der Ausg. 1925. Paris 2014. [„La mort est une nui glacée" („Der Tod das ist die kühle Nacht"); „Devant la maison du pêcheur" („Wir saßen am Fischerhause"); „La rose, le lys, la colombre et le soleil" („Die Rose, die Lilie, die Taube, die Sonne"); „Mon bateau vogue avec des voiles noires" („Mit schwarzen Segeln segelt mein Schiff"); „La leçon" („Die Lehre"); „Le pauvre Pierre" („Der arme Peter")].

Hergert, Roland: Liederzyklus. Mit Freud und Leid durch Jahr und Zeit. Zehn romantische Lieder für Sopran/Tenor und Klavier. Mit Gedichten von Fontane, Geibel, Hebbel, Hergert, Hölty, Mörike und Storm. Hohenems 2021. [2 „Mailied" („Gekommen ist der Maie")].

Immler, Christian: Hidden Treasure. 26 unpublished Lieder. Hans Gal. Christian Immler, bass-baritone. Helmut Deutsch, piano. Åkersberga 2020. 1 CD (72 Min.). [„Nachts in der Kajüte I–III" („Es träumte mir von einer weiten Heide"); „Sternenzwiesprach" („Was treibt dich umher in der Frühlingsnacht?"); „Liebesmüde" („Schon mit ihrem schlimmsten Schatten")].

Incantatem: Katharsis. Texte, texts: Malte Storjohann; Komposition, compositions: Christopher Ried, Mella Winterfeld, Malte Storjohann. [Winnenden] 2020. 1 CD + 1 Bookl. [3. „Loreley"].

Jontef: Bin ich verliebt! o. O. 2007. 1 CD + Beih. [6. „Mir träumte wieder der alte Traum"; 8. „Du liebst mich nicht" („O schwöre nicht und küsse nur"); 10. „In den Küssen" („In den Küssen welche Lüge!"); 11. „Saphire sind die Augen dein"; 14. „Mein süßes Lieb". Musik: H. J. Günther].

Kalmbach, Hans-Jörg: Lieder für kleine und große Frauenzimmer für Frauenchor a cappella. Ober-Mörlen 2013. [„Ein Weib" („Sie hatten sich beide so herzlich lieb"); „Die Fensterschau" („Der bleiche Heinrich ging vorbei")].

Koessler, Hans: Lieder und Gesänge = Lieder and Part Songs. Hrsg. von Matthias Beckert. Ausgabe mit deutschem und neuem englischen Liedtext. Gemischter Chor. Innsbruck 2017. [3. „Es fällt ein Stern" („Es fällt ein Stern herunter")].

Koolmees, Hans: Fremdkörper for Soprano and Ensemble. 2006, revision 2007. Lyrics by Dante Alighieri and Heinrich Heine. Den Haag 2008. [„Ein Weib (aus Romanzen)" („Sie hatten sich beide so herzlich lieb"); „Die Lorelei (aus Die

Heimkehr)" („Ich weiß nicht, was soll es bedeuten"); „XXXII (aus Lyrisches Intermezzo)" („Mein süßes Lieb, wenn du im Grab")].

Langgaard, Rued: Sange til tyske tekster (1907–15) for sangstemme og klaver = Songs to German Texts (1907–15) for Voice and Piano. Kritisk udgave ved Ole Ugilt Jensen og Bendt Viinholt Nielsen. Kopenhagen 2016. [„Ein Fichtenbaum" („Ein Fichtenbaum steht einsam"); „Aus alten Märchen" („Aus alten Märchen winkt es hervor"); „Wer zum ersten Male liebt"; „Lyrisches Intermezzo"; „Der Tod das ist die kühle Nacht"; „Das ist ein Brausen" („Das ist ein Brausen und Heulen"); „Mir träumte von einem Königskind"].

Lodahl, Peter: Dichterliebe. Christian Jost. Robert Schumann. Peter Lodahl, tenor. Horenstein Ensemble. Stella Doufexis, mezzo-soprano. Daniel Heide, piano. Berlin. Deutsche Grammophon, 2019. 2 CDs (61:38, 53:53 Min.) + 1 Bookl. (27 S.).

Lore-Ley. Chorbuch deutsche Volkslieder für Frauenchor a cappella. Im Auftr. des Deutschen Musikrats hrsg. von Volker Hempfling und Günter Graulich. Stuttgart 2009. XI, 212 S.: Notenbeisp.; überw. Ill. [„Ich weiß nicht, was soll es bedeuten". S. 74, 76, 77].

Mendelssohn-Bartholdy, Felix: Drei Lieder für dreistimmigen gemischten Chor und Klavier. Bearb.: Gus Anton. Nur Probe-Partitur. Gummersbach 2009. [„Leise zieht durch mein Gemüt"].

Perler, René: Wallfahrt nach Kevelaer. Weingartner, Kropfreiter, Rheinberger, Cornelius. René Perler, Bassbariton. Romano Giefer, Orgel. Witten 2021. 1 CD (72 Min.). [1. „Die Wallfahrt nach Kevlaar, op. 12 (Heinrich Heine)". Felix Weingartner].

Primavesi, Martha: Von der Freundlichkeit der Welt. Brecht, Heine, Hikmet, Altenberg, Eisler. Martha Primavesi, vcocals, piano, accordion, kazoo. Köln [2018]. 1 CD (36 Min.). [„Verfehlte Liebe". Melodie: Hanns Eisler].

Sukowa, Barbara: Im wunderschönen Monat Mai. Dreimal sieben Lieder = In the lovely Month of May. Nach Schumann und Schubert. Barbara Sukowa, voice. Reinberg de Leeuw, piano. Schönberg Ensemble. München 2007. 1 CD (58 Min.).

Urban, Klaus: Song Book. Texte und Noten. Hannover 2021. [„Am Teetisch" („Sie saßen und tranken am Teetisch"); „Da droben" („Da droben auf jenem Berge"); „Das Hohelied" („Das Weibes Leib ist ein Gedicht"); „Es war ein Traum" („Ich hatte einst ein schönes Vaterland"); „Guter Rat" („Laß dein Grämen und dein Schämen"); „Jetzt wohin?"; „Michel nach dem März" („Solang ich den deutschen Michel gekannt")].

Vande Ginste, Stephane: Complete 366'. Book XXXV: Poetic Pieces on Poems by Heinrich Heine. Puurs 2016. [„Wandl'ich in dem Wald … [aus: „Seraphine"]"; „Der Schmetterling [aus: „Neuer Frühling"]"; „Der Tod das ist die kühle Nacht [aus: „Die Lore-ley"]"].

Zabransky, Siegfried: Meine Lieder zu Gedichten von Heinrich Heine. Self published online 2011. [„Leise zieht durch meine Gemüt"; „Im wunderschönen Monat Mai"; „Ich wollte, meine Lieder wären Blümelein"; „Du bist wie eine Blume"; „Meiner Liebe Flammen"; „Weiße Blume"; „Lehn dein Wang an meine Wang"; „Ein Jüngling liebt ein Mädchen"; „Alte Rose"; „Ich hab im Traum geweint"; „Wenn ich in deine Augen seh"; „Die Rose, die Lilie..."; „Am leuchtenden Sommermorgen"; „Aus meinen Tränen sprießen"; „Hör ich das Liedchen klingen"; „Ich will meine Seele tauchen"; "Fensterschau"; „Es schauen die Blumen alle"; „Wer zum ersten Male liebt"; „Herz, mein Herz, sei nicht beklommen"; „Es fällt ein Stern herunter"; „Das Fräulein stand am Meere"; „Der Schmetterling liebt die Rose"; „Anfangs wollt ich fast verzagen"; „Und wüsstens die Blumen, die kleinen"; „Dass du mich liebst, das wusste ich"; „Allnächtlich im Traume seh ich dich"; „Ich halte ihr die Augen zu"; „Mit deinen blauen Augen"; „Morgens send ich dir Veilchen"]. [URL: https://docplayer. org/48277342-Meine-lieder-siegfried-zabransky-schwandorf-opf-heinrich-heine-musik-zu-gedichten-von.html, letzter Zugriff: 21.12.2021].

Zeh, Carl-Frederik: Die Bergstimmen für Bariton, Violine, Viola und Violoncello nach einem Text von Heinrich Heine. Berlin 2016. [(„Ein Reiter durch das Bergtal zieht")].

4 Rezensionen

Boyer, Sophie: La femme chez Heinrich Heine et Charles Baudelaire. Le langage moderne de l'amour. Paris [u. a.] 2004. (Allemagne d'hier et d'aujourd'hui). – Rez. von Catherine Witt in: Nineteenth-Century French Studies 36, 2007–08, 1/2. S. 154–156.

Danneck, Anna: „Mutterland der Civilisazion und der Freyheit". Frankreichbilder im Werk Heinrich Heines. Würzburg 2020. 282 S. (Epistemata/Reihe Literaturwissenschaft; 919). – Rez. von Ortwin Lämke in: HJb 60, 2021. S. 259–262. – Rez. von Sandra Markewitz in: Ästhetik im Vormärz. Hrsg. von Norbert Otto Eke und Marta Famula. Bielefeld 2021. (Forum Vormärz Forschung: Jahrbuch 26, 2020). S. 435–438.

Drost, Wolfgang: Der Dichter und die Kunst. Kunstkritik in Frankreich. Baudelaire, Gautier und ihre Vorläufer Diderot, Stendhal und Heine. Unter Mitw. von Ulrike Riechers. Heidelberg 2019. 317 S.: Ill. (Reihe Siegen; 180). – Rez. von Pierre Vaisse: Réflexions sur l'étude de la critique d'art, à propos d'un livre récent in: Revue de l'art 2020, 1 = 207. S. 67–74.

Goetschel, Willi: Heine and critical Theory. London [u. a.] 2019. XII, 311 S.: Ill. – Rez. von Roger F. Cook in: The German Quarterly 93, 2020, 3. S. 417–418.

Heine, Heinrich: Libro de las canciones. Trad. e introd. Jose Luis Reina Palazon. [Ourense] 2009. 713 S. (Linteo Poesia; 18). – Rez. in: El Ciervo 58, 2009, 700/701. S. 47.

Heine, Heinrich: Das Märchen meines Lebens. Poetische Selbstporträts. Hrsg. von Christian Liedtke. Hamburg 2020. 287 S. – Rez. von Joachim Umbach: Das Märchen meines Lebens. Poetische Selbstporträts des Aufklärers und Freiheitskämpfers aus Düsseldorf: Heinrich Heine in: Das Tor 87 2021, 2. S. 20.

Heine, Heinrich: On the History of Religion and Philosophy in Germany. And other Writings. Ed. by Terry Pinkard. Transl. by Howard Pollack-Milgate. Cambridge 2007. XLI, 218 S. (Cambridge Texts in the History of Philosophy). – Rez. von Veronika Wegener in: European Journal for Philosophy of Religion 4, 2012, 1. S. 276–281.

Heine, Heinrich: Sobre la historia de la relígion y la fi losofía en Alemania. Edición a cargo de Juan Carlos Velasco. Trad.: Manuel Sacristán y Juan Carlos Velasco. Madrid 2008. 258 S. – Rez. in: El Ciervo 57, 2008, 668/689. S. 43. – Rez. von Daniel Moreno Moreno: Heine o la ductilidad del romanticismo in: Análisis 2, 2015, 2: Early German Romanticism. S. 415–424. [URL: https://papiro.unizar.es/ojs/index.php/analisis/article/view/1197, letzter Zugriff: 15.02.2022].

Höhn, Gerhard: Heine-Handbuch. Zeit, Person, Werk. 3. Aufl. Stuttgart 2004. XVII, 590 S. – Rez. von Hans Otto Horch: Deutsch-jüdische Weltliteratur. Neue Dokumentationen und Handbücher zu Heinrich Heine, Franz Kafka und Paul Celan in: Aschkenas 17, 2007, 1. S. 273–283.

Honsza, Norbert: Heinrich Heine. Ein Intellektueller erobert Europa. Biographie. Berlin [u. a.] 2019. 189 S. (Europäische Studien zur Germanistik, Kulturwissenschaft und Linguistik; 13). – Rez. von Piotr Sput in: Studia niemcoznawcze 64, 2019. S. 693–699.

Medien öffentlicher Rede nach Heine. Zwischen Popularität und Populismus. Hrsg. von Dorothea Walzer. Berlin 2020. (Beihefte zur Zeitschrift für Deutsche Philologie; 18). – Rez. von Patricia Czezior in: HJb 60, 2021. S. 293–297.

Müller, Ingo: Maskenspiel und Seelensprache. Zur Ästhetik von Heinrich Heines „Buch der Lieder" und Robert Schumanns Heine-Vertonungen. Bd. 1: Heinrich Heines Dichtungsästhetik und Robert Schumanns Liedästhetik. Baden-Baden 2020. 445 S. – Bd. 2: Heinrich Heines ‚Buch der Lieder' und Robert Schumanns Vertonungen. Baden-Baden 2020. 649 S. – Rez. von Joseph A. Kruse in: Gestern – Romantik – Heute. Forum für Wissenschaft und Kultur. Hrsg.: Friedrich-Schiller-Universität Jena [URL: http://www.gestern-romantik-heute. uni-jena.de/index.php/de/start, letzter Zugriff: 22.12.2021]. – Rez. von Thomas Synofzik in: HJb 60, 2021. S. 279–281.

Prochnik, George: Heinrich Heine. Writing the Revolution. New Haven, London 2020. 319 S. – Rez. in: Kirkus Reviews 88, 2020, 19. o. S. [URL: https://www.kirkusreviews.com/book-reviews/george-prochnik/heinrich-heine/, letzter Zugriff: 15.02.2022]. – Rez. von Michael Hofmann: Heine's Heartmobile in: The New York Review of Books 68, 2021, 12 vom 22.07.2021. S. 1–7. [URL: https://www.nybooks.com/articles/2021/07/22/heinrich-heine-heartmobile/, letzter Zugriff: 15.02.2022].

Robertson, Ritchie: Mock-epic Poetry from Pope to Heine. Oxford [u. a.] 2009. – Rez. von Theodore Ziolkowski in: MLN 127, 2012, 5. S. 1274–1278. – Rez. von Robert Phiddian in: Comparative Literature Studies 50, 2013, 2. S. 373–375.

Rokem, Na'ama: Prosaic Conditions. Heinrich Heine and the Spaces of Zionist Literature. Evanston, IL 2013. [Zugl.: Stanford, CA, Univ., Diss., 2007 u. d. T.: „Prosaic Conditions. Writing in the modern Mode from Hegel to Bialik"]. – Rez. von: Allison Schachter in: H-Judaic, H-Net Reviews 2018. o. S. [URL: https://www.h-net.org/reviews/showpdf.php?id=42229, letzter Zugrif: 14.04.2022].

Synofzik, Thomas: Heinrich Heine – Robert Schumann. Musik und Ironie. Köln 2006. 190 S. – Rez. von Andrea Malvano in: Il saggiatore musicale 15, 2008, 1. S. 157–159.

Zacher, Inge: Heinrich Heines „Kleiner Wilhelm". Seine Herkunft aus der Düsseldorfer Buchhändlerfamilie von Wizezky. [Düsseldorf 2021]. 96 S.: 28 Ill. – Rez. von MB: Erinnerung an den Schulfreund von Heinrich Heine in: Das Tor 87, 2021, 8. S. 16.

5 Allgemeine Literatur mit Heine-Erwähnungen und -Bezügen

Aramburu, Fernando: Reise mit Clara durch Deutschland. Roman. Aus dem Span. von Willi Zurbrüggen. Hamburg 2021. 590 S.

Barreau, Nicolas: Das Lächeln der Frauen. Roman. Aus dem Franz. übers. von Sophie Scherrer. München, Zürich 2012. 333 S. (Piper; 7285).

Barreau, Nicolas: Die Liebesbriefe von Montmartre. Roman. 2. Aufl. München, Wien 2018. 325 S.

Baumann, Evgenija A.: A-bis-Z-Geschichten. Für Schulen, Vorschulen, Sprachunterricht, Logopäden und alle kleinen und großen Leserinnen und Leser, die meine Geschichten mögen. [Freiburg i. Br.] 2020. 100 S. [Kap.: „Die Geschichte von Heinrich Heine und seinen hungrigen Hühnern". S. 26–27].

Bernhardt, Thomas: Düsseldorf. 55 Highlights aus der Geschichte. Menschen, Orte und Ereignisse, die unsere Stadt bis heute prägen. Erfurt 2020. 122 S.: Ill. (Sutton Heimat).

Böttger, Steffi: Düsseldorf. Stadtspaziergänge. Hrsg. von Mark Lehmstedt. Leipzig 2021. 80 S.: Ill.

Bonner, Stefan; Weiss, Anne: Generation Doof. Wie blöd sind wir eigentlich? 14. Aufl. Bergisch Gladbach 2008. 334 S. (Bastei-Lübbe-Taschenbuch; 60596).

Brüggemann, Helga: Online-Präsenz. Virtuell und doch ganz nah. Krefeld 2020. 64 S.: Ill. [Das Heinrich-Heine-Institut dient als Kulisse].

Bruns, Alred: Autoverkehr. Straßenverkehr und Unfälle vor über 100 Jahren. – In: Schmallenberger Almanach 2021 (2020). S. 33–37.

Deutschland – so schön ist unser Land. Bildred. und Bildlegenden: Gerhard Richter. Hamburg 2020. 462 S.: Ill.

Doerry, Martin; Hage, Volker: Wen liebte Goethes Faust? Der große SPIEGEL-Wissenstest zu Mitmachen. Köln 2018. 191 S.: Ill.

Eickhoff, Peter: 111 Orte in Düsseldorf, die man gesehen haben muss. Komplett überarb. Neuaufl. Köln 2020. 230 S.: Ill.

Giese, Thomas: Aschermittwoch-Nachlese. Der diesjährige Aschermittwoch fiel mit Heines Todestag zusammen [...]. – In: Terz 30, 2021, 3. S. 14–16.

Giese, Thomas: Aufklärung gegen Nebelschwaden. [„Caspar David Friedrich und die Düsseldorfer Romantiker" im Kunstpalast]. – In: Terz 29, 2020, 12. S. 12–13.

Giese, Thomas: Godzilla in der Kunstsammlung. Das K20 zeigt Werke von Thomas Ruff – Mao wirbt an Litfaßsäulen für die Schau. – In: Terz 30, 2021, 1. o. S.

Giese, Thomas: Heine-Preis für Alexander Kluge. – In: Terz 24, 2015, 1. o. S.

Gottschalk, Maren: Wie schwer ein Menschenleben wiegt – Sophie Scholl. Eine Biografie. 2., durchges. Aufl. München 2020. 347 S.: Ill.

Gurnah, Abdulrazak: Afterlives. London 2021. 275 S.

Hahn, Ulla: Aufbruch. Roman. München 2011. 586 S. (dtv; 13993).

Hahn, Ulla: Das verborgene Wort. Roman. Neuausg., 7. Aufl. München 2010. 622 S. (dtv; 21055).

Heine Haus Hamburg: Jahresbericht 2020. 25 S.: Ill.

Hildebrandt, Cornelie: Dunkle Geschichten aus Göttingen. Gudensberg 2020. 79 S. (Schön & schaurig). [Kap.: „„Wo man Bücher verbrennt ...". Heinrich Heines Weitsicht". S. 69–74].

Karn, Catharina; Gaffert, Peter: Das Heine in Schierke. Hommage an eine Hotel-Legende. Mit einer Geschichte von Peter Gaffert und Ill. von Sabine Riemenschneider. 2. Auflage. [Quedlinburg] 2019. 103 S.

Kast, Bas: Die Liebe und wie sich Leidenschaft erklärt. 2. Aufl. Frankfurt a. M. 2009. 223 S. (Fischer; 16198).

Law-Yone, Wendy: Dürrenmatt and me. Eine Passage von Burma nach Bern. Aus dem Engl. von Johanna von Koppenfels. Berlin 2021. 173 S.

Kempowski, Walter: Letzte Grüße. Roman. München 2005. 429 S. (btb; 73330).

Krüger, Wolfgang: Freundschaft. beginnen – verbessern – gestalten. 2. korr. Aufl. Norderstedt 2020. 178 S.

Kuka, Brigitte: Das große Düsseldorf-Wimmelbuch. Konzept & Text: Roland Siekmann. Bielefeld 2020. 16 ungez. S.

Levi, Primo: Die Untergegangenen und die Geretteten. Aus dem Ital. von Moshe Kahn. 5. Aufl. München 2021. 217 S. (dtv; 14447).

Löwer, Hans-Joachim: Wasser und Boot. Nibelungensage und Loreley-Felsen, ... Rheintal. – In: Geo-Saison 2009, 6. S. 90–101.

Maltzan, Maria von: Schlage die Trommel und fürchte dich nicht. Erinnerungen. 2. Aufl. Berlin 2011. 266 S.: Ill. (List-Taschenbuch; 60877).

Morgenthaler, Katja: Weltläufiger Weißkohl. – In: Greenpeace-Magazin 2021, 6. S. 84–85.

Noll, Wulf: Mit dem Drachen tanzen. Erzählungen aus China und Deutschland. Schiedlberg 2021. 400 S.

Obert, Angelika: Auguste Victoria. Wie die Provinzprinzessin zur Kaiserin der Herzen wurde. Hrsg. von Uwe Birnstein. Berlin 2011. 143 S.: Ill. (Wichern-Porträts).

Pleschinski, Hans: Am Götterbaum. Roman. München 2021. 275 S.

Precht, Richard David: Liebe. Ein unordentliches Gefühl. München 2010. 396 S. (Goldmann; 15554).

Raus! Nur raus! Unterwegs zu Lieblingsorten der Hamburger Literatur. Hrsg. und Lektorat: Dr. Antje Flemming, Dr. Carolin Löher. Hamburg 2020. 120 S.: Ill.

Sand, George: Ein Winter auf Mallorca. Aus dem Franz. neu übers. von Kerstin Adam. Wiesbaden 2010. 192 S.

Schatzhäuser der Romantik. Ein Wegweiser zu Museen, Wohnhäusern und Gedenkstätten. Hrsg. von Anne Bohnenkamp, … Ditzingen 2021. 400 S.: Ill.

Schmitt, Arno: Im Takt der Zeiten und Gelegenheiten. Bd. 2: Liturgisches Werkbuch zu Spätsommer, Herbst und Ende des Kirchenjahres. Gütersloh 2015. 328 S. + 1 CD-ROM.

Schott, Ben: Sammelsurium. 10., verb. Aufl. Berlin 2005. 158 S.: Ill.

Skalecki, Liliane; Rist, Biggi: Rabenfraß. Kriminalroman. Meßkirch 2016. 415 S.

Spieker, Markus: Um das Böse zu besiegen, muss man es begreifen. Asslar 2013. 238 S.

Steinmeier, Frank-Walter: Konterbande des Geistes. Laudatio [auf Rachel Salamander, Heine-Preis 2020]. – In: Salamander, Rachel: Heine und der deutsche Donner. Heine-Preis 2020. Berlin 2021. S. 35–45.

Strauss, Marianne Julia: Wie heisst das Zauberwort? Tradwell's, London, Vereinigtes Königreich. – In: Dies.: Do you read me? Besondere Buchläden und ihre Geschichten. Hrsg. von Robert Klanten und Maria-Elisabeth Niebius. Berlin 2020. S. 194–199.

Tergit, Gabriele: Effingers. Roman. Mit e. Nachw, von Nicole Henneberg. München 2020. 898 S.

Tergit, Gabriele: Käsebier erobert den Kurfürstendamm. Roman. Hrsg. und mit e. Nachw. von Nicole Henneberg. 2. Aufl. München 2017. 398 S. (btb; 71556).

Was bleibet aber ... Literatur im Land. Katalog und Lesebuch. Eine Publikation zur gleichnamigen bundesweit gezeigten Wanderausstellung. Eine Ausstellung der Arbeitsgemeinschaft Literarischer Gesellschaften und Gedenkstätten. Hrsg. von Christiane Kussin. Berlin 2021. 181 S.: Ill.

Weinert, Roland: Vision Schumann-Museum Düsseldorf 2019. Schumann-Haus sanieren – Schumann-Museum errichten – Schumann-Sammlung präsentieren. – In: Correspondenz 2017, 39. S. 65–75.

Wie gut ist Ihre Allgemeinbildung? Der große SPIEGEL-Wissenstest zum Mitmachen. Martin Doerry, Markus Verbeet (Hrsg.). 3. Aufl. Köln 2010. 159 S. (KiWi; 1162).

Woick, Horst: Auf den literarischen Spuren von J. W. Goethe, H. Heine und H. Löns im Harz. Auf dem Teufelsstieg von Elend über den Brocken nach Bad Harzburg. – In: Uhlenklippen-Spiegel 35, 2020, 129. S. 35–43.

Zeiner, Monika: Die Ordnung der Sterne über Como. Roman. Berlin 2014. 607 S.

Veranstaltungen des Heinrich-Heine-Instituts und der Heinrich-Heine-Gesellschaft e. V. Januar bis Dezember 2021

Zusammengestellt von Maren Winterfeld

17.02.2021	Virtuelles Treffen der Heinrich-Heine-Gesellschaft mit Buchpräsentation Vortrag und Lesung von Christian Liedtke aus seinem Buch „Heinrich Heine: Das Märchen meines Lebens" Veranstalter: Heinrich-Heine-Gesellschaft
21.02.2021	Digitale Führung: „Nektar und Ambrosia" – Heine als Genussmensch und Dichter Virtueller 3D-Rundgang durch die Dauerausstellung Führung: Jan von Holtum M.A. Veranstalter: Heinrich-Heine-Institut
28.02.2021	Digitale Führung: „Auf die Berge will ich steigen" – Heines „Reisebilder" Virtueller 3D-Rundgang durch die Dauerausstellung Führung: Vanessa Mittmann M.A. Veranstalter: Heinrich-Heine-Institut
07.03.2021	Digitale Führung: „der geistreichsten Frau des Universums" – Bedeutende Frauen an Heines Seite Virtueller 3D-Rundgang durch die Dauerausstellung anlässlich des Internationalen Frauentags Führung: Nora Schön M.A. Veranstalter: Heinrich-Heine-Institut
14.03.2021	Digitale Führung: „Eine literarische Ehe" – Heinrich Heine und sein Verleger Julius Campe Virtueller 3D-Rundgang durch die Dauerausstellung Führung: Jan von Holtum M.A. Veranstalter: Heinrich-Heine-Institut
31.03.2021	Digitaler Vortrag: „Heinrich Heine und Gerhart Hauptmann als Lyriker" Prof. Dr. Hans-Joachim Rickes (Humboldt-Universität zu Berlin) Veranstalter: Heinrich-Heine-Gesellschaft, Sektion Berlin-Brandenburg
14.04.2021	Digitales informatives Treffen der Heinrich-Heine-Gesellschaft Mit Rezitation aus „Deutschland. Ein Wintermärchen" durch Georg Stephan Veranstalter: Heinrich-Heine-Gesellschaft

© Springer-Verlag GmbH Deutschland, ein Teil von Springer Nature 2023
S. Brenner-Wilczek (Hrsg.), *Heine-Jahrbuch 2022,* Heine-Jahrbuch,
https://doi.org/10.1007/978-3-662-66144-4

18.04.2021	Digitale Führung: „…es giebt jetzt in Europa keine Nazionen mehr" – Heine als überzeugter Europäer Virtueller 3D-Rundgang durch die Dauerausstellung Führung: Nora Schön M.A. Veranstalter: Heinrich-Heine-Institut
25.04.2021	Digitale Führung: „O süße Thorheit, verlaß mich nicht!" – Heinrich Heine und die Liebe Virtueller 3D-Rundgang durch die Dauerausstellung Führung: Jan von Holtum M.A. Veranstalter: Heinrich-Heine-Institut
06.05.2021	Digitale Lesung mit Steffen Kopetzky aus seinem Roman „Monschau" Im Rahmen der Düsseldorfer Literaturtage Moderation: Maren Winterfeld M.A. Veranstalter: Heinrich-Heine-Institut
14.05.2021	„Der innere Schimmer" Videopräsentation anlässlich des 120. Geburtstags von Rose Ausländer in Czernowitz und Düsseldorf Veranstalter: Friederike Felbeck in Verbindung mit dem Heinrich-Heine-Institut
16.05.2021	„Das ist der Bücher tiefster Sinn" Virtueller Museumsrundgang mit Denis Scheck und Dr. Sabine Brenner-Wilczek Im Rahmen des Internationalen Museumstags Veranstalter: Heinrich-Heine-Institut
18.05.2021	Digitale Lesung mit Valerie Fritsch aus ihrem Roman „Herzklappen von Johnson & Johnson" Im Rahmen der Düsseldorfer Literaturtage Moderation: Katja Gasser Veranstalter: Heinrich-Heine-Institut
19.05.2021	Clara Schumann zum 125. Todestag Digitale Lesung mit Tessa Mittelstaedt Moderation: Dr. Irmgard Knechtges-Obrecht Veranstalter: Heinrich-Heine-Institut in Kooperation mit der Robert-Schumann-Gesellschaft
26.05.2021	EXPERIMENTALE VII – 2021 Digitale Präsentation der Workshopergebnisse, Experimentelle Künstler*innen treffen auf Schüler*innen Im Rahmen der Düsseldorfer Literaturtage Veranstalter: Heinrich-Heine-Institut
24.06.2021	„Paris, die schöne Zauberstadt …" Heinrich Heines Pariser Jahre Vortrag von Dr. Jan-Christoph Hauschild im Rahmen der Sonderausstellung „Paris, die schöne Zauberstadt" Veranstalter: Heinrich-Heine-Institut
28.06.2021	Montaigne übersetzen: Zum „Tagebuch einer Reise nach Italien" Digitaler Vortrag von Dr. Ulrich Bossier Moderation: PD Dr. Vera Elisabeth Gerling, Heinrich-Heine-Universität Düsseldorf Veranstalter: Heinrich-Heine-Universität Düsseldorf in Kooperation mit dem Heinrich-Heine-Institut

01.07.2021	Literatursalon „In Heines Gesellschaft"
	Lektüreempfehlungen für den Sommer
	Moderation: Maren Winterfeld M.A.
	Veranstalter: Heinrich-Heine-Gesellschaft
11.07.2021	„Ein neues Lied, ein besseres Lied"
	Digitale Führung mit Lesung von Heine-Texten
	Führung: Nora Schön M.A.
	Rezitation: Falk Philippe Pognan
	Veranstalter: Heinrich-Heine-Institut
08.08.2021	„Die Stadt Düsseldorf ist sehr schön"
	Stadtrundgang auf Heines Spuren mit Sophia Rohan M.A.
	Veranstalter: Heinrich-Heine-Institut
11.08.2021	„Wo bist du, o Möpschen?"
	Familienrallye für Klein und Groß mit Sophia Rohan M.A.
	Veranstalter: Heinrich-Heine-Gesellschaft und Heinrich- Heine-Institut
22.08.2021	Finissage der Sonderausstellung „Paris, die schöne Zauberstadt"
	Lesung mit Nils Minkmar und Kuratorinnenführung mit Gaby Köster
	Veranstalter: Heinrich-Heine-Institut
29.08.2021	Verleihung des Heine-Preises 2020 an Dr. Rachel Salamander im Düsseldorfer Schauspielhaus
	Laudatio: Bundespräsident Frank-Walter Steinmeier
	Veranstalter: Landeshauptstadt Düsseldorf
05.09.2021	Internationale Gitarrenmatinee mit Peter Finger
	Veranstalter: Heinrich-Heine-Institut
12.09.2021	Das Symphonische Palais I
	„Vom (Un-)Perfekten"
	Konzert mit Mitgliedern der Düsseldorfer Symphoniker
	Musik von Ludwig van Beethoven, Maurice Ravel und George Enescu
	Veranstalter: Heinrich-Heine-Institut
12.09.2021	„Kriwet – Ein Dichter aus Düsseldorf"
	Vernissage der Sonderausstellung
	Einführung durch die Kurator*innen Dr. Enno Stahl und Nora Schön M.A.
	Veranstalter: Heinrich-Heine-Institut in Kooperation mit der LWL-Literaturkommission und dem Museum für Westfälische Literatur – Kulturgut Haus Nottbeck. Gefördert von der Kunststiftung NRW und dem Ministerium für Kultur und Wissenschaft NRW
16.09.2021	„Visueller Poet Kriwet"
	Kuratorinnenführung durch die Sonderausstellung mit Nora Schön M.A.
	Veranstalter: Heinrich-Heine-Institut
19.09.2021	Das Symphonische Palais II
	„Neue Wege"
	Konzert mit Mitgliedern der Düsseldorfer Symphoniker
	Musik von Joseph Haydn, Anton Webern und Alexander von Zemlinksy
	Veranstalter: Heinrich-Heine-Institut
28.09.2021	„Um zu erleben, was Geschichte ist, muss man Jude sein"
	Die deutsch-jüdische Schriftstellerin Jenny Aloni
	Dialogische Lesung mit dem Literaturwissenschaftler Walter Gödden und dem Schauspieler Carsten Bender
	Veranstalter: Heinrich-Heine-Instituts, GLOSTER und die Gesellschaft für Christlich-Jüdische Zusammenarbeit Düsseldorf. Gefördert von der LWL-Kulturstiftung

03.10.2021	Internationale Gitarrenmatinee mit Stephanie Jones Veranstalter: Heinrich-Heine-Institut
10.10.2021	Das Symphonische Palais III „Im Zeichen der Zeit" Konzert mit Mitgliedern der Düsseldorfer Symphoniker Musik von Ludwig van Beethoven, Mieczysław Weinberg und Wolfgang Amadeus Mozart Veranstalter: Heinrich-Heine-Institut
13.10.2021	„Text – Film" Begleitprogramm zur Ausstellung „Kriwet – Ein Dichter aus Düsseldorf" Filmmuseum Düsseldorf Mit einer Einführung von Dr. Enno Stahl Veranstalter: Heinrich-Heine-Institut in Kooperation mit der LWL-Literaturkommission und dem Museum für Westfälische Literatur – Kulturgut Haus Nottbeck. Gefördert von der Kunststiftung NRW und dem Ministerium für Kultur und Wissenschaft NRW
14.–17.10 2021	Bücherbummel auf der Kö Veranstalter: Bücherbummel auf der Kö e. V.
15.10.2021	Lange Nacht der Düsseldorfer Literatur „Düsseldorfer Worte" Lesung mit Florence Hervé, Nicolette Bohn und Martin Roos Veranstalter: Literaturbüro NRW in Kooperation mit dem Heinrich-Heine-Institut
20.10.2021	„Die Bäume sie entlauben sich" Herbstferienangebot: Herbstliche Schreibwerkstatt Für Kinder von 8 bis 14 Jahren Veranstalter: Heinrich-Heine-Institut
23.10.2021	„Wo bist du, o Möpschen?" Familienrallye für Klein und Groß mit Sophia Rohan M.A. Veranstalter: Heinrich-Heine-Gesellschaft und Heinrich-Heine-Institut
24.10.2021	Das Symphonische Palais IV „Mehr als ein Ich" Konzert mit Mitgliedern der Düsseldorfer Symphoniker Musik von Carl Philipp Emanuel Bach, Bernhard Hilse, Lowell Liebermann und Albert Franz Doppler Veranstalter: Heinrich-Heine-Institut
28.10.2021	Lesung mit Emine Sevgi Özdamar aus ihrem Roman „Ein von Schatten begrenzter Raum" Moderation: Maren Winterfeld M.A. Im Rahmen von „Respekt und Mut – Die Düsseldorfer Beiträge zur interkulturellen Verständigung" Veranstalter: Heinrich-Heine-Institut
31.10.2021	Das Symphonische Palais V „Zurück zum Ursprung" Konzert mit Mitgliedern der Düsseldorfer Symphoniker Musik von Arvo Pärt, Fazil Say, Béla Bartók, Sergei Prokofiev und Alfred Schnittke Veranstalter: Heinrich-Heine-Institut

31.10.2021	„Blicke aus den Fenstern dieser Welt" Feierstunde und Lesung zum 100. Geburtstag von Nino Erné Veranstalter: Heinrich-Heine-Institut
02.11.2021	„Ein Abend über das Creamcheese" Gespräch mit Filmemacher Lutz Mommartz im Rahmen der Sonderausstellung „Kriwet – Ein Dichter aus Düsseldorf" Veranstalter: Heinrich-Heine-Institut
06.11.2021	„Clara Schumann: Die Dirigentin" Theaterstück auf der Straße der Romantik und Revolution Veranstalter: Friederike Felbeck in Verbindung mit dem Heinrich-Heine-Institut
07.11.2021	Internationale Gitarrenmatinee mit dem Duo GolzDanilov Veranstalter: Heinrich-Heine-Institut
10.11.2021	Zwischen den Sprachen. Kanadische Literatur übersetzen Lesung mit Peter Groth, Stefanie Schäfer und Stefan Weidle Veranstalter: Heinrich-Heine-Institut in Kooperation mit dem Konsulat von Kanada Düsseldorf
13.11.2021	Heine-Abend mit Cordula Stratmann und Ulrich Noethen im Savoy Theater Veranstalter: Savoy Theaters in Verbindung mit der Heinrich-Heine-Gesellschaft
15.11.2021	Festakt und Konzert. Jürg Baur zu Ehren Mit Migliedern der Düsseldorfer Symphoniker Veranstalter: Heinrich-Heine-Institut
19.11.2021	„Gute Nacht, Harry!" I Musikalische Lesung mit Victor Maria Diderich, Paula Luy und einem Jazz-Ensemble der Robert Schumann Hochschule Düsseldorf unter der Leitung von Jan Schneider Veranstalter: Heinrich-Heine-Institut und Heinrich-Heine-Gesellschaft Gefördert von der Kunst- und Kulturstiftung der Stadtsparkasse Düsseldorf
21.11.2021	Das Symphonische Palais VI „Durch Mark und Bein" Konzert mit Mitgliedern der Düsseldorfer Symphoniker Musik von Robert Schumann, Johannes Brahms, Frank Bridge und Charles Martin Loeffler Veranstalter: Heinrich-Heine-Institut
23.11.2021	Literatursalon in Heines Gesellschaft – Spezial mit Christine Westermann Veranstalter: Heinrich-Heine-Institut in Kooperation mit der Heinrich-Heine-Gesellschaft und dem Maxhaus

25.11.2021	„Der Autor Ferdinand Kriwet"
	Vortrag von Dr. Enno Stahl zur Sonderausstellung „Kriwet – Ein Dichter aus
	Düsseldorf"
	Veranstalter: Heinrich-Heine-Institut in Kooperation mit
	der LWL-Literaturkommission und dem Museum für
	Westfälische Literatur – Kulturgut Haus Nottbeck
	Gefördert von der Kunststiftung NRW und dem
	Ministerium für Kultur und Wissenschaft NRW
28.11.2021	ToyPiano Festival
	Konzert mit Frederike Möller zum 245. Geburtstag
	E. T. A. Hoffmanns
	Veranstalter: Heinrich-Heine-Institut
04.12.2021	Eine musikalische Dreiecksgeschichte
	auf der „Straße der Romantik & Revolution"
	Konzert mit Birgit Seibt (Violine) und Heike-Angela
	Moser (Klavier, Ur-Ur-Ur-Enkelin von Clara und Robert Schumann). Rezitation:
	Julia Goldberg (Clara) und Joscha Baltha (Robert)
	Veranstalter: Heinrich-Heine-Institut, Heinrich-Heine-Gesellschaft und
	Robert-Schumann-Gesellschaft
	im Rahmen der Kooperation Heine@Schumann
05.12.2021	Weihnachtskonzert der Deutsch-Finnischen Gesellschaft Düsseldorf
	Mit Musik von Jean Sibelius und Edvard Grieg
	Veranstalter: Deutsch-Finnischen Gesellschaft e. V. in Verbindung mit dem
	Heinrich-Heine-Institut
11.12.2021	„Gute Nacht, Harry!" II
	Digitale Podiumsdiskussion mit Trendforscher Thomas
	Neubner und Marketing-Expertin Christine Pütz
	Mit Rezitation von Julian Horeyseck
	Veranstalter: Heinrich-Heine-Institut und Heinrich-Heine-
	Gesellschaft. Gefördert von der Kunst- und Kulturstiftung
	der Stadtsparkasse Düsseldorf
13.12.2021	„Gute Nacht, Harry!" III
	Literarisch-Musikalisches Programm mit Oliver Steller
	Veranstalter: Heinrich-Heine-Institut und Heinrich-Heine-
	Gesellschaft. Gefördert von der Kunst- und Kulturstiftung
	der Stadtsparkasse Düsseldorf

Ankündigung
26. Forum Junge Heine-Forschung
Heinrich-Heine-Institut, Düsseldorf
9. Dezember 2023

Gesucht werden neue Arbeiten und Forschungsansätze, die sich mit dem Werk des Dichters, Schriftstellers und Journalisten Heinrich Heine beschäftigen oder die Heine-Zeit thematisieren. Die Forschungsergebnisse können auf Bachelor- und Masterarbeiten, Dissertationen oder laufenden, nicht abgeschlossenen Studien basieren und im Rahmen halbstündiger Vorträge einem interessierten und fachkundigen Publikum präsentiert werden. Das Forum Junge Heine-Forschung weist eine internationale sowie interdisziplinäre Ausrichtung auf.

Als Vernetzungs- und Austauschplattform blickt das „Forum Junge Heine Forschung" auf eine mehr als zwanzigjährige Tradition zurück. Am 9. Dezember 2023 laden das Heinrich-Heine-Institut der Landeshauptstadt Düsseldorf, die Heinrich-Heine-Gesellschaft e. V. und das Institut für Germanistik der Heinrich-Heine-Universität Düsseldorf anlässlich des Geburtstags des Dichters bereits zum 26. Mal zu diesem besonderen Kolloquium ein.

Die anfallenden Fahrt- und Übernachtungskosten werden für alle Referentinnen und Referenten übernommen. Die Heinrich-Heine-Gesellschaft lobt für das beste Referat, die Auswahl erfolgt durch eine Fachjury, einen Geldpreis aus. Der prämierte Vortrag wird zudem im Heine-Jahrbuch 2023 publiziert. Weitere Informationen zur Konzeption und Ausrichtung bieten die Berichte in den Heine-Jahrbüchern von 2001 bis 2021.

Einsendungen

Für die Anmeldung eines Referats ist es erforderlich, ein kurzes Exposé (ca. 1 Seite) sowie ein Curriculum Vitae per Email einzureichen. Stichtag ist der 1. Oktober 2023.

© Springer-Verlag GmbH Deutschland, ein Teil von Springer Nature 2023
S. Brenner-Wilczek (Hrsg.), *Heine-Jahrbuch 2022,* Heine-Jahrbuch,
https://doi.org/10.1007/978-3-662-66144-4

Heinrich-Heine-Institut
Landeshauptstadt Düsseldorf
Bilker Straße 12–14
40213 Düsseldorf

Dr. Sabine Brenner-Wilczek, Direktorin
E-Mail: sabine.brennerwilczek@duesseldorf.de
Tel.:+49 211 – 8992902
https://www.duesseldorf.de/heineinstitut/

Abbildungsnachweise

© Springer-Verlag GmbH Deutschland, ein Teil von Springer Nature 2023
S. Brenner-Wilczek (Hrsg.), *Heine-Jahrbuch 2022,* Heine-Jahrbuch,
https://doi.org/10.1007/978-3-662-66144-4

S. 162   Johannes Vilhelm Jensen (1873–1950). Gemälde von Ludvig Find, 1927,
         Reproduktion
         Det Kongelige Bibliotek, Kopenhagen, Billedsamlingen, Danske portræt-
         ter, Creative Commons
S. 208   Georg Wilhelm Friedrich Hegel (1770–1831). Lithographie von Ludwig
         Sebbers nach eigener Zeichnung
         Heinrich-Heine-Institut, Düsseldorf
S. 228   Brief von Franz Liszt an Heinrich Heine vom 29. Mai 1841 (Schluss)
         Heinrich-Heine-Institut, Düsseldorf

Hinweise für die Manuskriptgestaltung

Für unverlangt eingesandte Texte und Rezensionsexemplare wird keine Gewähr übernommen. Ein Honorar wird nicht gezahlt.

Es gelten die Regeln der neuen deutschen Rechtschreibung.

Bei der Formatierung des Textes ist zu beachten: Schriftart Times New Roman 14 Punkt, linksbündig, einfacher Zeilenabstand, Absätze mit Einzug (erste Zeile um 0,5 cm); ansonsten bitte keine weiteren Formatierungen von Absätzen oder Zeichen vornehmen, auch keine Silbentrennung.

Zitate und Werktitel werden in doppelte Anführungszeichen gesetzt. Langzitate (mehr als drei Zeilen) und Verse stehen ohne Anführungszeichen und eingerückt in der Schriftgröße 12 Punkt. Auslassungen oder eigene Zusätze im Zitat werden durch eckige Klammern [] gekennzeichnet.

Außer bei Heine-Zitaten erfolgen die Quellennachweise in den fortlaufend nummerierten Anmerkungen. Die Anmerkungsziffer (Hochzahl ohne Klammer) steht vor Komma, Semikolon und Doppelpunkt, hinter Punkt und schließenden Anführungszeichen. Die Anmerkungen werden als Endnoten formatiert und stehen in der der Schriftgröße 10 Punkt am Schluss des Manuskriptes. Literaturangaben haben die folgende Form:

Monographien: Vorname Zuname des Verfassers: Titel. Ort Jahr, Band (römische Ziffer), Seite.
Editionen: Vorname Zuname (Hrsg.): Titel. Ort Jahr, Seite.
Artikel in Zeitschriften: Vorname Zuname des Verfassers: Titel. – In: Zeitschriftentitel Bandnummer (Jahr), Seite.
Artikel in Sammelwerken: Vorname Zuname des Verfassers: Titel. – In: Titel des Sammelwerks. Hrsg. von Vorname Zuname. Ort Jahr, Band, Seite.
Verlagsnamen werden nicht genannt.
Bei wiederholter Zitierung desselben Werks wird in Kurzform auf die Anmerkung mit der ersten Nennung verwiesen: Zuname des Verfassers: Kurztitel [Anm. XX], Seite.

© Springer-Verlag GmbH Deutschland, ein Teil von Springer Nature 2023
S. Brenner-Wilczek (Hrsg.), *Heine-Jahrbuch 2022,* Heine-Jahrbuch,
https://doi.org/10.1007/978-3-662-66144-4

Bei Heine-Zitaten erfolgt der Nachweis im laufenden Text im Anschluss an das Zitat in runden Klammern unter Verwendung der Abkürzungen des Siglenverzeichnisses (hinter dem Inhaltsverzeichnis) mit Angabe von Band (römische Ziffer) und Seite (arabische Ziffer), aber ohne die Zusätze „Bd." oder „S.": (DHA I, 850) oder (HSA XXV, 120).

Der Verlag trägt die Kosten für die von der Druckerei nicht verschuldeten Korrekturen nur in beschränktem Maße und behält sich vor, den Verfasserinnen oder Verfassern die Mehrkosten für umfangreichere Autorkorrekturen in Rechnung zu stellen.

Das Manuskript sollte als „Word"-Dokument oder in einer mit „Word" kompatiblen Datei per E-Mail (an: christian.liedtke@duesseldorf.de) eingereicht werden.

Mitarbeiterinnen und Mitarbeiter des Heine-Jahrbuchs 2022

Dr. Jutta Braden, Beerenwinkel 11, 22359 Hamburg

Prof. Dr. Johann Braun, Universität Passau, Juristische Fakultät, Innstraße 39, 94032 Passau

Dr. Sabine Brenner-Wilczek, Heinrich-Heine-Institut, Bilker Str. 12–14, 40213 Düsseldorf

Dr. Leslie Brückner, Goldscheuerstraße 23, 77694 Kehl

Prof. Dr. Lucien Calvié, Université Toulouse II-Jean-Jaurès, privat: „La Pléiade" n° 2, 506 route de Grézac, 34700 Lodève, Frankreich

Elena Camaiani, Heinrich-Heine-Institut, Bilker Str. 12–14, 40213 Düsseldorf

Dr. Patricia Czezior, Verlagsgruppe Random House GmbH, Neumarkter Str. 28, 81673 München

Mag. Dr. Markus Ender, Universität Innsbruck, Forschungsinstitut Brenner-Archiv, Josef-Hirn-Str. 5, 10. St., 6020 Innsbruck, Österreich

Prof. Dr. Robert C. Holub, Ohio State University, Department of Germanic Languages and Literatures, 340 Hagerty Hall, 1775 South College Road, Columbus, OH 43210, USA

Prof. Dr. Joseph A. Kruse, Heylstr. 29, 10825 Berlin

Christian Liedtke, Heinrich-Heine-Institut, Bilker Str. 12–14, 40213 Düsseldorf

William Ohm, University of Toronto, Department of Germanic Languages and Literatures, 50 St. Joseph Street, Toronto, Ontario M5S 1J4, Kanada

Prof. Dr. Ernst-Ulrich Pinkert, Digevangen 11, 9260 Gistrup, Dänemark

Dr. Inge Rippmann, C. F. Meyer Str. 44, 4059 Basel, Schweiz

Dr. Esther Schmitz-Gundlach, Campendonkstr. 11, 47800 Krefeld

Pauline Solvi, Universität Heidelberg, Germanistisches Seminar, Hauptstraße 207–209, 69117 Heidelberg

Dr. Robert Steegers, Rheinische Friedrich-Wilhelms-Universität Bonn, Bonner Zentrum für Lehrerbildung, Poppelsdorfer Allee 15, 53115 Bonn

© Springer-Verlag GmbH Deutschland, ein Teil von Springer Nature 2023
S. Brenner-Wilczek (Hrsg.), *Heine-Jahrbuch 2022,* Heine-Jahrbuch,
https://doi.org/10.1007/978-3-662-66144-4

Frank Stückemann, Schwemecker Weg 34, 59494 Soest

Michael Swellander, 111 Phillips Halls, 16 N Clinton Street, Iowa City, IA 52245, USA

Prof. Dr. Norbert Waszek, 128, rue de la Tombe Issoire, 75014 Paris, Frankreich

Maren Winterfeld M. A., Heinrich-Heine-Institut, Bilker Str. 12–14, 40213 Düsseldorf

Printed by Wilco bv, the Netherlands